走心时代国学丛书

庄子素解

陈永 注解

中山大學出版社
SUN YAT-SEN UNIVERSITY PRESS
·广州·

图书在版编目（CIP）数据

庄子素解/陈永注解．—广州：中山大学出版社，2017.12
（走心时代国学丛书）
ISBN 978－7－306－06170－6

Ⅰ．①庄…　Ⅱ．①陈…　Ⅲ．①道家—《庄子》—注释　Ⅳ．①B223.5

中国版本图书馆CIP数据核字（2017）第220348号

出 版 人：徐　劲
策划编辑：钟永源
责任编辑：钟永源
封面设计：曾　斌
责任校对：杨文泉
责任技编：何雅涛
出版发行：中山大学出版社
电　　话：编辑部 020－84111996，84113349，84111997，84110779
　　　　　发行部 020－84111998，84111981，84111160
地　　址：广州市新港西路135号
邮　　编：510275　　　　传　真：020－84036565
网　　址：http://www.zsup.com.cn　　E-mail：zdcbs@mail.sysu.edu.cn
印 刷 者：佛山市浩文彩色印刷有限公司
规　　格：787mm×1092mm　1/16　35.75印张　721千字
版次印次：2017年12月第1版　2017年12月第1次印刷
定　　价：99.80元

如发现本书因印装质量影响阅读，请与出版社发行部联系调换

出版导读

说“心学”，要数王阳明，他以“心学”而在中国哲学和文化史上独树一帜，他的哲学主体是“心本体论”。也就是说，你所见、所闻、所感、所想，你脑子里的全部，就构成了你的全部世界，除此以外，对你来说，不存在另外一个什么世界；或者是说，另外一个所谓的客观世界对你来说不存在任何意义。

2011 年 5 月，习近平视察贵州时，在贵州大学中国文化书院讲话时也谈及王阳明。他说他很景仰龙场悟道的王阳明先生，贵州的文化传人对王阳明先生的学习，更应该有深刻的心得，我们的古代优秀文化值得自豪，要把文化变成一种内生的源泉动力，作为我们的营养，像古代圣贤那样格物穷理、知行合一、经世致用。

2014 年全国“两会”期间，习近平参加贵州代表团讨论时说到，体现一个国家综合实力最核心的、最高层的，还是文化软实力，这事关一个民族精气神的凝聚，我们要坚持道路自信、理论自信、制度自信，最根本的还有一个文化自信，只要把我们的优秀文化传承好，核心价值观建设好，就一定能把我们的国家建设成为社会主义强国。王阳明曾在贵州参学悟道，贵州在弘扬传统文化方面有独特优势，希望继续深入探索、深入挖掘，创造出新的经验。

王阳明“心学”不是简单地强调人的意识的作用，不是单就精神的方面强调人对周围事物的关系，而是强调人与客观事物、精神与物质的相互关系及作用，强调精神对物质、精神现象转化为物质变化的完整的过程和统一，是从精神到物质、主观到客观、主观和客观相统一运动的完整体系。

他的“心学”体系就在“无善无恶心之体、有善有恶意之动、知善知恶是良知、为善去恶是格物”这“四句教”中得以体现。

无善无恶心之体

善与恶本来是一对道德范畴，在没有认识之前，是无法界定善恶的，这句话的意思也就是说，心作为一客观存在的主体，本来无善恶可言，是一本来空灵清净之物，就心体本来而言，是没有善恶的。还有一层意思，就是说心一定要保持本真，不能有善恶之偏，如果有善恶之偏，心体就会失去本色，丧失了它的本来面目。

有善有恶意之动

意是指意念，意念就是心动。善恶是与人的意念同时出现的。一是说心本无善恶，善恶是由于心动产生的，人只要有意念心就动，心动就不可能是中性的，心动产生意念，意念不是向善就是向恶。二是指人的心中一旦有“善”或“恶”，心就不再平静了，就会有“动”。这是因为“善”和“恶”都是有“意”的，心一有“意”，就有所指，就将产生欲望。所以，人只要心动，只要一有意欲，就必然相伴而出现善或恶。意动是知也是行。从这里也可引申出，只要有知有行就必然会出现善恶，非善即恶，非恶即善。

知善知恶是良知

当善恶已经存在的时候，分清善恶就非常重要。如果能分清孰善孰恶，这就是良知；如果不分孰善孰恶，就是没有良知，这里提出两个概念，一是知，就是要有判断力，能分出有善有恶，何善何恶，而不能善恶不分。二是良知，这是一个判断的标准问题。良知的观念原出于《孟子》，孟子说："人之所不学而能者，其良能也。所不虑而知者，其良知也。孩提之童无不爱其亲者，及其长也，无不知敬其兄也。"只有把善作善，把恶当恶，才叫良知。如果只"知"，而没有"良知"，虽然能分清善恶之别，但有可能会把"善"当"恶"，或者把"恶"当"善"。只有良知，才能以"善"为善，以"恶"为恶。

如果说"有善有恶意之动"是纯粹理性的话，"知善知恶是良知"不但强调纯粹理性，而且还强调实践理性，也就是具有道德的含义。因此，"知"只是客观的、纯粹的认识问题，而"良知"就有了道德的、社会的含义，有了价值取向的问题。王阳明继承了孟子的思想，他说："心自然会知，见父自然知孝，见兄自然知悌，见孺子入井自然知恻隐，此便是良知，不假外求。"

良知作为先天原则，不仅表现为"知是知非"或"知善知恶"，还表现为"好善好恶"，既是道德理性原则，又是道德情感原则，良知不仅指示我们何者为是何者为非，而且使我们"好"所是而"恶"所非，它是道德意识与道德情感的统一。一个人的价值观受他的环境影响，因此，良知不是天生的，这就提出了"致良知"的问题。

为善去恶是格物

格物在这里的涵义非常丰富，指人类的各个方面的活动。如果概括地说，就是改造客观世界，就是人生实践的目的。为善去恶就是人类改造客观世界的目的和标准。阳明先生在这里用了格物这样一个内涵抽象模糊而内容非常丰富的词，给后人留下了想象空间。可以说，"格物"二字可涵盖人类的一切行为，人类对自己、对他人、对社会的一切活动都可以"为善去恶"为标准。

从"知善知恶是良知"到"为善去恶是格物"，通过"致良知"达到"知行合一"的境界。"致良知"和"知行合一"是阳明思想的精粹和核心，这是认识和实践的统一。

阳明的“四句教”，从逻辑上是一个从认识到实践的过程。从“心”到“物”，从“无”到“有”，从“知”到“行”，从主观到客观，再到“知行合一”，达到物我同体的境界。尤其需要指出的是，“知行合一”的过程，并不是自发就能实现，而是需要一个“致”的“工夫”。程颢说：“涵养须用敬，为学则在致知，”“致”的过程，既是一个认知的过程，也是一个磨练修习的过程，因此需要下艰苦的“工夫”。“工夫”在阳明心学中是一个十分重要的范畴，是一个不可或缺的环节和过程，没有“工夫”的过程，就无法从“知”到“良知”，从“良知”到“知行合一”。

把在实践中磨练和静思中体悟作为“学问”的范畴，这是阳明为学治学的一个特点，也为中国学术开辟了一个新的境界。这种思维方式和哲学理念对三百年后王夫之的“经世致用”“在事中磨练”的治学思想的提出有很大的启迪作用，从而使中国传统学术走出了宋明理学空谈道论的窘境。

作者陈永，清华大学研究生毕业。他对古圣先贤留给我们每一位炎黄子孙的瑰宝情有独钟，在工作实践中对阳明“心学”有所感悟，有独到的见解。走心时代国学丛书——《当量子理论遇上阳明心学》《传习录素解》《庄子素解》是陈永先生十年磨一剑的处女作，三本书共有150多万字，述说了王阳明“心学”的哲学思想核心要领，体现了阳明思想的终极关怀和基本宗旨。他——手中拿到了打开传统文化宝库的金钥匙。

如，对《当量子理论遇上阳明心学》而言，陈永先生把自然科学与阳明“心学”联系起来，融为一体，敢想、敢干，创造性地提出破解大统一理论需要有两个条件：第一是得道的人，如同阳明先生那样，只有得道了，才能在更高的层面去格物，去看清楚量子理论和相对论其实并无矛盾；第二是精通物理学的人，用阳明的“心本体论”去诠释量子纠缠、标准粒子模型等难题。这种敢于创新的有益尝试，他不仅仅是抛砖引玉，更是用“心学”去研究量子力学这一新颖的题材，弥补了中国传统哲学只研究客观世界而忽视人们的主观能动作用这一空白。这一创举，把阳明“心学”与自然科学有机地结合，它必将对后世东西方人文思想的变革与发展产生巨大的影响。

《庄子素解》记录了黄帝、老子、孔子、列子、惠能、公孙龙、墨子和杨朱等古圣先贤的典故和故事。虽然是一家之言，但作者陈永认为，庄子之道是中华文明的道统所在，是龙的传人真正的血脉。

我们特意撰写“出版导读”，从舆论导向牢记习近平总书记提出的坚持道路自信、理论自信、制度自信，最根本的还有一个文化自信。牢记“勿忘昨天的苦难辉煌，无愧今天的使命担当，不负明天的伟大梦想”，习总书记的谆谆教导，我们铭记在心里，为早日复兴中华，实现“中国梦”的伟大理想而努力奋斗。

中山大学出版社

2016 年 12 月 13 日

目录

庄子素解外篇

庄子素解杂篇

庄子素解内篇

第一章 逍遥游

1. 北冥有鱼

【原文】北冥有鱼，其名为鲲。鲲之大，不知其几千里也。化而为鸟，其名为鹏。鹏之背，不知其几千里也。怒而飞，其翼若垂天之云。是鸟也，海运则将徙于南冥。南冥者，天池也。

【注释】北冥有鱼，其名为鲲。传说中北方的大海，在地球的最北端，日光照射不到，无边无际的，水深而且黑。在这个大海里有一条大鱼，名字可以称之为“鲲”。

鲲之大，不知其几千里也。这条鱼很大，从头到尾都不知道有几千里那么大。

化而为鸟，其名为鹏。这条大鱼又会变化而为一只大鸟，这只大鸟的名字叫鹏。

鹏之背，不知其几千里也。这只大鸟很大，背脊很长，不知有几千里那么长。庄子是不是很夸张啊，到底有没有这么大的鸟呢？

怒而飞，其翼若垂天之云。当大鹏展翅奋起飞翔的时候，翅膀巨大如同天边的云彩一样。

是鸟也，海运则将徙于南冥。海水每年都会有大的循环，这只大鸟就会顺着海水的循环往复，将要迁徙到南方的大海。

南冥者，天池也。南冥也跟北冥类似的，这里也是无边无际的大海，可以称之为天池。

庄子要给我们讲个什么故事呢？我们接着再往下看看。

2. 天之苍苍

【原文】《齐谐》者，志怪者也。《谐》之言曰：“鹏之徙于南冥也，水击三千里，抟扶摇而上者九万里，去以六月息者也。”野马也，尘埃也，生物之以息相吹也。天之苍苍，其正色邪？其远而无所至极邪？其视下也，亦若是则已矣。

【注释】《齐谐》者，志怪者也。《齐谐》是一部专门记录怪异事情的书。

《齐谐》中有讲：“鹏迁徙到南方的天池，一路上翅膀拍击起三千里的波浪，在海面上扶摇直上到了九万里的高空，离开北方的大海要飞行六个月才能够停歇下来。”

野马也，尘埃也，生物之以息相吹也。激起的雾气蒸腾如同万匹野马在奔腾，又激起大地上沸沸扬扬的尘埃。这只大鸟就好似大道，以一气息相吹而生出天地万物。

天之苍苍，其正色邪？其远而无所至极邪？天空是那么湛蓝湛蓝的，难道这就是天空的正色吗？是不是天空原本的颜色呢？是不是由于天空太过于遥远，太过于无边无际的缘故呢？才呈现出这样的颜色呢？也许天空本然是无色的呢？

其视下也，亦若是则已矣。这只大鸟从九万里的高空往下一看，是不是也是由于离得太遥远，看不到尽头，所以看到的也是湛蓝湛蓝的呢。

3. 背负青天

【原文】且夫水之积也不厚，则其负大舟也无力。覆杯水于坳堂之上，则芥为之舟。置杯焉则胶，水浅而舟大也。风之积也不厚，则其负大翼也无力。故九万里则风斯在下矣，而后乃今培风；背负青天而莫之夭阏者，而后乃今将图南。

【注释】且夫水之积也不厚，则其负大舟也无力。如果水积累得不够深厚，那么就无足够的力量去承载大的船只。

覆杯水于坳堂之上，则芥为之舟。如果把一杯水倾倒在厅堂地面的低洼处，那么小草的叶子就可以当船了。

置杯焉则胶，水浅而舟大也。如果把杯子放下去当船，必然会触底不能漂浮起来的，这是由于水太浅，而船太重太大了。

风之积也不厚，则其负大翼也无力。如果风所积累的不够厚，太单薄了，也不能承载起大鸟的翅膀，力量也不够，也就无法飞翔到那么高的地方。

故九万里则风斯在下矣，而后乃今培风。所以说大鸟必须要扶摇直上九万里，在那样的高空，下面就有很大的狂风支撑，而后可以凭借着风力飞行了。

背负青天而莫之夭阏者，而后乃今将图南。虽然大鸟背负着青天而没有感觉到有什么可以阻遏的，并不觉得很重的，而后才可以向南方无边无际的大海飞去。

4. 二虫何知

【原文】蜩与学鸠笑之曰：“我决起而飞，抢榆枋，时则不至而控于地而已矣，奚以之九万里而南为?”适莽苍者，三餐而反，腹犹果然；适百里者，宿舂粮；适千里者，三月聚粮。之二虫又何知!

【注释】寒蝉和小灰雀讥笑它道：“我们从地面上起飞，飞到榆树上去，或者飞到檀树上去，如果一次飞不到也没有关系，大不了我先在地面上休息一下，然后再继续飞就可以了。还用得着飞到九万里的高空，浪费那么多精力，而然后再往南飞行吗?”

适莽苍者，三餐而反，腹犹果然。去苍茫的野外，只要带足三餐粮食就可以了，回来的时候，肚子还不是很饿。

适百里者，宿舂粮。要到百里之外去，一整晚都要准备干粮了。

适千里者，三月聚粮。要到千里之外去，要花三个月来准备粮食了。

之二虫又何知！人的这些事情，寒蝉和小灰雀如何能够知晓呢？对于大鹏也是一样的，它们无法知晓的，还在那里讥笑。

如果我们要发大菩提心去修行，就要准备好资粮了。我们要去的地方必定是千里之外，如此的遥远。虽然路程很遥远，可是实则就在我们心里，再近不过了。可能要多花些时间，锲而不舍地去积德行善，去做致良知的功夫。

5. 小年大年

【原文】小知不及大知，小年不及大年。奚以知其然也？朝菌不知晦朔，蟪蛄不知春秋，此小年也。楚之南有冥灵者，以五百岁为春，五百岁为秋；上古有大椿者，以八千岁为春，八千岁为秋。而彭祖乃今以久特闻，众人匹之，不亦悲乎！

【注释】小知不及大知，小年不及大年。小聪明的不及大智慧的，寿命短的不及寿命长的。

奚以知其然也？朝菌不知晦朔，蟪蛄不知春秋，此小年也。为什么这么说呢？怎么知道是这样子的呢？晦是阴历每月末的一天，朔是阴历月初的一天。

只在早晨存活的土菌不会懂得什么是晦朔，寒蝉也不会懂得什么是春秋，这就是短寿的。正如我们不知庄子的境界，如何讲得明白呢？讲了也不会相信的。

楚之南有冥灵者，以五百岁为春，五百岁为秋。楚国的南方有一种叫冥灵的大龟，把五百年当作一个春天，把五百年当作一个秋天。我们人是一年一个春秋，而这个神龟如此长寿。关于冥灵，有说是大龟，有说是大树。前面有讲到北冥和南冥，都讲的大海，大海里面也许用大龟合适一点吧。不过不管怎么解释，不影响全篇的阅读，正所谓读书不求甚解，不要苛求细节了。

上古有大椿者，以八千岁为春，八千岁为秋。上古的时候有一种大椿树，把八千年当作一个春天，把八千年当作一个秋天。

而彭祖乃今以久特闻，众人匹之，不亦悲乎！而仙人彭祖以长寿而闻名于世，可是世人却要和他相比，不觉得可悲吗？怎么能有什么可比性呢？

时间只是相对的，每个宇宙都有自己的时空。一朵花是一个小宇宙，一片叶子也是一个小宇宙。菌有自己的小宇宙，大龟、大椿树、彭祖也有自己的小宇宙。日月轮回使得人们有了时间的概念，实则没有时间这个东西。天上一天，地上一年，如此看来，还真的不是假的哦。相对论中讲了一切都是相对的，时间和空间也是相对的。

6. 小大之辩

【原文】汤之问棘也是已："穷发之北，有冥海者，天池也。有鱼焉，其广数千里，未有知其修者，其名为鲲。有鸟焉，其名为鹏，背若泰山，翼若垂天之云，抟扶摇羊角而上者九万里，绝云气，负青天，然后图南，且适南冥也。斥鴳笑之曰：'彼且奚适也？我腾跃而上，不过数仞而下，翱翔蓬蒿之间，此亦飞之至也，而彼且奚适也？'"此小大之辩也。

【注释】汤之问棘也是已。成汤这样问自己的贤大夫"棘"。

穷发之北，有冥海者，天池也。在草木不生遥远的北方，有无边无际的大海，可以称之为天池。

有鱼焉，其广数千里，未有知其修者，其名为鲲。大海里有一条大鱼，它从头到尾有几千里那么长，没有人具体知道它到底有多大，这条鱼的名字叫作"鲲"。

有鸟焉，其名为鹏。有一种大鸟，名字叫鹏。

背若泰山，翼若垂天之云。这种大鸟的脊背如同泰山那么高大，展开双翅如同天边的云彩那样。

抟扶摇羊角而上者九万里。当大鸟展翅飞翔的时候，扶摇直上九万里。

绝云气，负青天。穿过了云气，而背负着青天，一点都不感觉到重。

然后图南，且适南冥也。然后凭借着风力而飞向南方，打算飞到南方无边无际的大海去。

斥鷃笑之曰：‘彼且奚适也？我腾跃而上，不过数仞而下，翱翔蓬蒿之间，此亦飞之至也，而彼且奚适也？’鷃雀讥笑大鸟说道：“它这是飞去哪里呢？我奋力跳起来往上飞，只不过数仞高就要往下飞了，盘旋在蓬蒿之间，这也就是我飞翔的极限了。而它到底要飞去哪里呢？”

此小大之辩也。这就是关于大和小的明辨。关于小和大，这个是相对的。无小就无大，无大亦无小。小鸟无法理解大鸟，小知无法理解大知，小人无法理解大人。这里说的大人并不是说当官有多大，也不是年龄有多大。有大心的人才可以称之为大人。如果一个小孩，可是有大心，可以称之为大人。如果一个老者，可是有小心，只能称之为小人。小鸟有小鸟飞翔的空间，有小鸟的宇宙；而大鸟有大鸟的宇宙。小鸟看大鸟怎么飞，完全不可思议；大鸟看小鸟怎么飞，也会觉得不可思议。

7. 犹有未树

【原文】故夫知效一官，行比一乡，德合一君，而徵一国者，其自视也，亦若此矣。而宋荣子犹然笑之。且举世而誉之而不加劝，举世而非之而不加沮，定乎内外之分，辩乎荣辱之境，斯已矣。彼其于世，未数数然也。虽然，犹有未树也。

【注释】故夫知效一官，行比一乡，德合一君，而徵一国者，其自视也，亦若此矣。所以说那些才智足以胜任某一个官职，品行足以在一乡被人称道，品德足以合于一个君王，而足以取信于一个邦国的，这样的人自己看自己，就容易自以为是了。他们也许觉得自己就很了不起了，其实也就跟那个小鸟差不多的。也就是如此而已的，根本不知道大鸟是什么样的。按理说这样的人已经是很了不起了，可以说是成功人士了，可是却以小鸟来比方。

而宋荣子犹然笑之。虽然这样的人已经是很不错的了，可是宋国的宋荣子还是觉得可笑的。宋荣子是宋国的思想家，他觉得这样的人如果自以为是那就是很可笑的。

且举世而誉之而不加劝，举世而非之而不加沮，定乎内外之分，辩乎荣辱之境，斯已矣。宋荣子是怎么样的一个人呢？举世的人都赞誉他，他也不会因此而多加一分的努力。举世的人都非议他，他也不会因此而感觉到沮丧。他能够很清楚地划分出内外的界限，不会为外物所动；他能够明辨荣辱的外境，不为所动，能够做到宠辱不惊，只不过这样而已。

彼其于世，未数数然也。宋荣子对于世上的名利，从来不去追求什么。

虽然，犹有未树也。虽然宋荣子能够做到这样，还是有不足的，还不能说他就所有的都很有建树了。前面庄子讲了那么多的东西，都是打比方的，比如土菌、大龟、大椿树，土菌不可能知晓大龟的事情，而大龟又不可能知晓大椿树的事情，因为不在一个维度上，不在一个境界上。人也是如此的，这里也进行了对比。言下之意，宋荣子不可能知晓庄子的境界。

8. 御风而行

【原文】夫列子御风而行，泠然善也，旬有五日而后反。彼于致福者，未数数然也。此虽免乎行，犹有所待者也。

【注释】夫列子御风而行，泠然善也，旬有五日而后反。列子能够乘风而行，可以把风当做座驾来驾风，很轻盈美好的样子，很惬意很拉风的样子，过了五天以后就又返回了。

彼于致福者，未数数然也。列子对于世人所追求的福禄，也没有像世人那样急急忙忙的样子，也不汲汲于名利。

此虽免乎行，犹有所待者也。列子虽然能够做到免于步行，可以驾驭风前行了，可是还是有所依靠的，毕竟还要靠风。列子比宋荣子境界要高好多了，可是还是不足的。

9. 至人无己

【原文】若夫乘天地之正，而御六气之辩，以游无穷者，彼且恶乎待哉！故曰：至人无己，神人无功，圣人无名。

【注释】若夫乘天地之正，而御六气之辩，以游无穷者，彼且恶乎待哉！至于乘天地的正道，而依循天地六气，遨游于无穷无尽的宇宙之中，还有什么需要依赖的呢？圣人已经达到空的境界了，不需要依赖什么，甚至连风都不依赖了。形而上者谓之道，形而下者谓之器。风虽然看不见，可是可以感觉得到，感觉得到的也是形而下的。庄子在这里讲的是形而上的大道。六气分别是阴阳、风雨、晦明。

故曰：至人无己，神人无功，圣人无名。所以说：至人也就是真人是无己无我的；神人无什么功德了，不需要追求什么福禄；圣人无名，不需要追求名垂青史了。这里讲的都是一种人至神至圣的圣人。至人无己而存己，至人不被物欲所伤而能够存己；神人无功而有功，而功在千秋，为子孙万世谋福祉；圣人无名而有名，能够名垂青史的。

10. 尧让天下

【原文】尧让天下于许由，曰："日月出矣，而爝火不息，其于光也，不亦难乎！时雨降矣，而犹浸灌，其于泽也，不亦劳乎！夫子立而天下治，而我犹尸之，吾自视缺然。请致天下。"许由曰："子治天下，天下既已治也，而我犹代子，吾将为名乎？名者，实之宾也，吾将为宾乎？鹪鹩巢于深林，不过一枝；偃鼠饮河，不过满腹。归休乎君，予无所用天下为！庖人虽不治庖，尸祝不越樽俎而代之矣。"

【注释】尧让天下于许由。尧帝打算把天下拱手让给隐士许由。

日月出矣，而爝火不息，其于光也，不亦难乎！尧帝很谦虚地说，日月都已经出来了，小小的火把还不熄灭，它要和日月争光，不是很难的事情吗？尧帝把许由比作日月，而把自己比作火把，真是极其谦虚了。

时雨降矣，而犹浸灌，其于泽也，不亦劳乎！尧帝又说，季雨已经及时降下了，而还要人工去浇灌土地，如此费力地去灌溉对于大地的润泽又有什么作用呢？不是徒劳无功吗？尧帝的比方讲得好生动。

夫子立而天下治，而我犹尸之，吾自视缺然。大德许由你如果能够立于天子之位而天下必然大治了，而我还占据着这个位子，我自己看我本身才德的确是不够了。

请致天下。请先生接受天下吧，接受这个天下共主的位子吧。尧帝是很虔诚而谦让的。

子治天下，天下既已治也，而我犹代子，吾将为名乎？看看许由怎么回答尧帝的。天子您治理天下，天下已经大治了，而我还要去代替你坐这个位子，难道是我为了好名声吗？

名者，实之宾也，吾将为宾乎？好名声，只不过是外在的东西罢了，并不是实在的东西。我难道会放弃主而取宾不成？《道德经》中老子有讲，不敢为主而为客。

鹪鹩巢于深林，不过一枝；偃鼠饮河，不过满腹。鹪鹩在深林中筑巢，虽然森林很大，可是睡觉也只不过占着一根树枝罢了；鼹鼠到河边去饮水，只不过装满自己那个小肚子罢了。

归休乎君，予无所用天下为！你还是打消这个念头回去吧，天下对我来说没有什么用处的。

庖人虽不治庖，尸祝不越樽俎而代之矣。厨师虽然不下厨，祭祀的主持人也不会越俎代庖的。许由这么打比方，以表心意，说自己绝对不会取而代之的。

11. 有神人居

【原文】肩吾问于连叔曰："吾闻言于接舆，大而无当，往而不返。吾惊怖其言犹河汉而无极也，大有径庭，不近人情焉。"连叔曰："其言谓何哉?""曰'藐姑射之山，有神人居焉。肌肤若冰雪，淖约若处子；不食五谷，吸风饮露；乘云气，御飞龙，而游乎四海之外；其神凝，使物不疵疠而年谷熟。'吾以是狂而不信也。"连叔曰："然，瞽者无以与乎文章之观，聋者无以与乎钟鼓之声。岂唯形骸有聋盲哉？夫知亦有之。是其言也，犹时女也。之人也，之德也，将旁礴万物以为一，世蕲乎乱，孰弊弊焉以天下为事！之人也，物莫之伤，大浸稽天而不溺，大旱金石流、土山焦而不热。是其尘垢粃糠，将犹陶铸尧舜者也，孰肯以物为事!"

【注释】肩吾问连叔道："我听闻接舆说话，他老喜欢讲大话，大话连篇的吹牛，没有任何边际的。一吹牛起来，就没完没了。我听了以后觉得很惊讶，觉得不可思议。他讲的话好像是天上的银河那么遥远和广阔，找不着任何边际。他所讲的话大相径庭，和我们日常生活相差太大，似乎又不近人情。"大相径庭这个成语就是从这里来的，就像门前的小路和庭院的差别那么大。

连叔听了就问道："他到底说了什么呢？以至于你这么说他。"

肩吾回答道："他说'在遥远的姑射山上，居住着一位神人。这位神人的皮肤很好，就好像是冰雪那么的润白。体态柔和美好如同处女那样。这位神人平时是不吃东西的，不吃五谷，只是在吸清风饮甘露就可以了。他乘坐云气，驾驭飞龙，而能够遨游于四海之外了。他凝神聚气，神情专注于造福世人，使得万事万物各得其所而不受伤害，也不会互相侵害，使得年年都五谷丰登。'我觉得他说的这个话是狂言的，吹牛吹大发了，我是不会相信的。"前面讲列子可以驭风而行，这里这个仙人更加厉害了。

连叔听了以后说道："是啊，我们无法和盲人一起观看纹饰和色彩，无法和瞎者一起来欣赏钟鼓的乐声。岂止是只有形骸有聋有瞎吗?"连叔是个得道高人啊，也许世人只是由于一叶障目不见泰山而已，如果自己的心被遮蔽了，就很难做到耳聪目明了。

连叔又说道："人的知也会有聋有瞎的。"也就是说人的心也会有的，人本有的良知也会有的。人本有良知，可是如果被物欲所遮蔽，就是聋了瞎了。

连叔又说道："我刚才说的这番话，似乎说的就是你肩吾啊。"肩吾也许会觉得很惊讶的，难道自己真的是聋了瞎了吗？也许是真的哦，所以无法理解接舆所说的话。接舆没有聋，也没有瞎，他看到了，不管怎么说，肩吾还是不能相信的。

连叔又说道："这位神人，他的德行，已经和天地万物融合为一体了。只在于求得天下的大治，避免与战乱，那还会为天下的名利琐事去忙碌呢？"前面讲这位神人能够给百姓五谷丰登的，本事也不小的了。

连叔又说道："这位神人，外物无法伤害到他了；大水滔天也无法淹到他了；天下大旱，使得金石都融化流动了，土山焦裂开了而他还不会感到灼热难受。"这位神人不贪物欲，就不会被物欲所伤。

连叔又说道："这位神人遗留下来的尘垢、瘪谷和米糠这样的无用之物，还能够造就出尧舜这样的圣贤天子出来，他还会肯去忙一些琐碎的事务吗？"庄子用这样的事例比方尧舜，并没有贬低尧舜的意思。

12. 无所用之

【原文】 宋人资章甫而适诸越，越人断发文身，无所用之。

【注释】 北方的宋国有人把礼帽卖到南方的越国去，可是越国的人都不留长头发的，而且都有文身，根本用不着这种礼帽了。礼帽和礼貌谐音，庄子也许还有另外一层意思。礼帽对应于礼义，如果用礼义去束缚自由自在的得道高人，令其失去逍遥自在，是绝对不愿意的。

世人不知大道有大用，而反以为觉得没有用的。下面庄子又要用大葫芦来打比方了。大葫芦看似没有什么用处，用来舀水又觉得太大了。这里也是用帽子来打比方的。

这个故事的另外一层意思是，天下的琐事，未必就能够适用于神人的。即使是把天下让给神人，神人未必就想要的。尧帝让天下给许由，许由也拒绝了，这对于常人来讲很难理解的。神人喜欢逍遥游，不想被天下的名利所羁绊。

13. 丧其天下

【原文】 尧治天下之民，平海内之政。往见四子藐姑射之山，汾水之阳，杳然丧其天下焉。

【注释】尧治天下之民，平海内之政。尧帝治理好天下的百姓，使得百姓都能够安居乐业，安定海内的政事了。

往见四子藐姑射之山，汾水之阳，杳然丧其天下焉。尧帝治理好天下，他就有空前往遥远的姑射山、汾水之北向四个得道的高人求道去了。他在那里求道以后，不禁怅然若失，俨然忘记天下之事了。

14. 大葫芦

【原文】惠子谓庄子曰：“魏王贻我大瓠之种，我树之成而实五石。以盛水浆，其坚不能自举也。剖之以为瓢，则瓠落无所容。非不呺然大也，吾为其无用而掊之。”庄子曰：“夫子固拙于用大矣。宋人有善为不龟手之药者，世世以洴澼絖为事。客闻之，请买其方百金。聚族而谋之曰：‘我世世为洴澼絖，不过数金。今一朝而鬻技百金，请与之。’客得之，以说吴王。越有难，吴王使之将。冬，与越人水战，大败越人，裂地而封之。能不龟手一也，或以封，或不免于洴澼絖，则所用之异也。今子有五石之瓠，何不虑以为大樽而浮乎江湖，而忧其瓠落无所容？则夫子犹有蓬之心也夫！”

【注释】惠子对庄子说：“魏王送给我大葫芦的种子，我就把它们给种起来了，结果长出了很大的葫芦，足足有五石的容积那么大。如果要拿它来装水呢，可是又不够坚固，不能承受水那么大的压力。如果把这个大葫芦剖开来做水瓢用，很大的样子似乎没有什么地方能够放得下。”想放到水缸里，也没有这么大的水缸，想舀水，可是也承受不了水那么大压力。

惠子又说道：“并不是不够大呀，这是大过头了，我觉得他没有什么用处就干脆把它给砸坏了。”这个葫芦庞大而中空，似乎一无用处。庄子用葫芦来比喻大道，大道似乎无用，实则有大用的。

庄子听了就说道：“先生实在是不太擅长于使用大的东西啊。宋国有人善于制作不伤手的中药，世世代代都以在水中漂洗丝絮为业。”

庄子又说道：“有一位客官听说了，就出百金的高价要买这个方子。这个人就召集全家人在一起商量说：‘我世世代代在水中漂洗丝絮，只不过挣得数金。而现在却能够一下子卖得百金这么多，还是把药方卖给他吧’。”

庄子又说道：“这位客官得到这个药方，就去游说吴王。正巧越国对吴国发难，所以吴王就派这个人当了将军。”这个宋国人也太坏了，为了捞战争财，也知道爱国，不伤害宋国，而去搞吴国和越国去了。不过可以看出他很有经济头脑。

庄子又说道：“冬天这个人带领吴军和越军进行水战，大败越国军队，吴王为了奖赏他，就给了他一块封地。”

庄子又说道：“能够不伤手，在寒冷的水中能够保护手不被冻伤，不会开裂，是这个药方的作用。可是，却可以获得封地，也可以用于漂洗丝絮，只是由于使用的差异而已。”

庄子又说道：“现在你有五石那么大的葫芦，为什么不考虑把它做成腰船呢？可以捆绑在腰间的，可以漂浮在江河湖海之上了。为什么还在担忧葫芦太大没有地方能够装得下呢？这还是由于先生的心窍不通吧。”如果世人的心窍通了，就知晓大道必有大用了。

15. 吾有大树

【原文】惠子谓庄子曰：“吾有大树，人谓之樗。其大本臃肿而不中绳墨，其小枝卷曲而不中规矩。立之涂，匠者不顾。今子之言，大而无用，众所同去也。”庄子曰：“子独不见狸狌乎？卑身而伏，以候敖者；东西跳梁，不避高下；中于机辟，死于罔罟。今夫斄牛，其大若垂天之云。此能为大矣，而不能执鼠。今子有大树，患其无用，何不树之于无何有之乡，广莫之野，彷徨乎无为其侧，逍遥乎寝卧其下。不夭斤斧，物无害者，无所可用，安所困苦哉！”

【注释】惠子对庄子说道：“我这里知道有棵大树，人们称之为‘樗’树。这棵树长得很奇怪，树干臃肿，长了许多的疙瘩，不能够符合绳墨要求，不能加工出很好的木材。树枝也一点都不省事，也是很卷曲，不符合规矩。”

惠子又说道：“现在这棵大树就立在路边，可是能工巧匠们却视而不见。按照先生之言，这棵树就是大而无用的了，类似于那个大葫芦一样的，大家都会放弃它，不使用它了。”

庄子回答道：“先生没有见过夜猫和黄鼠狼吗？它们低着身体匍匐在地面上，等待着那些小猎物。它们东跳跳，西跳跳，一会儿高，一会而低。可是稍微一不小心就会死于机关了，或者死于猎网之中。”

庄子又说道：“先生你再看看那个牦牛，相对于夜猫和黄鼠狼来说是很大的了，大得像那天边的云彩一样。牦牛虽然本事很大，可是却不能像夜猫和黄鼠狼一样可以抓老鼠。”虽然牦牛大而无用，可是不至于落入猎人的机关和网中。

庄子又说道：“先生你现在有这么大的一棵树，你还担心它没有什么作用。为何不把这棵大树栽种在什么都没有的地方，在无边无际的旷野之上生长。然后，悠然自得地在树旁，在树下逍遥快活地躺着歇息。”大树看似无用，实则有大用的。用大树来比喻大道，也可以说是比喻得道高人，可以暗指庄子自己的。

庄子又说道："这棵大树不会被刀斧所伤害而夭折，外物也不会伤害它，似乎没有什么用处，这就没有什么困苦了。"那些笔直的树木，都被砍伐了，有些甚至做了烧火的材料了。不如大树、大葫芦、大鹏这么逍遥快活。

第二章　齐物论

1. 天籁之声

【原文】南郭子綦隐机而坐，仰天而嘘，焉似丧其耦。颜成子游立侍乎前，曰：“何居乎？形固可使如槁木，而心固可使如死灰乎？今之隐机者，非昔之隐机者也。”子綦曰：“偃，不亦善乎，而问之也？今者吾丧我，汝知之乎？女闻人籁，而未闻地籁，女闻地籁而未闻天籁夫！”子游曰：“敢问其方。”子綦曰：“夫大块噫气，其名为风，是唯无作，作则万窍怒，而独不闻之乎？山林之畏佳，大木百围之窍穴，似鼻，似口，似耳，似枅，似圈，似臼，似洼者，似污者。激者，謞者，叱者，吸者，叫者，譹者，宎者，咬者，前者唱于而随者唱喁。泠风则小和，飘风则大和，厉风济则众窍为虚。而独不见之调调之刁刁乎？”子游曰：“地籁则众窍是已，人籁则比竹是已，敢问天籁。”子綦曰：“夫吹万不同，而使其自己也，咸其自取，怒者其谁邪？”

【注释】南郭子綦这位高士依靠着案几而坐，仰天而吐气，似乎精神已经脱离了他的躯壳的样子，有点心不在焉的样子。

弟子颜成子游站在前面侍奉自己的师父，这位弟子说道：“这是怎么了？形体固然可以如同枯槁的木头一样，而心难道可以如同死灰一样吗？今天我眼前这个坐着的人和昔日坐着的人似乎很不一样的。”弟子对师父不太理解，不过弟子说话够直接的，不怕得罪师父的。

子綦说道：“颜偃，我这样不是很好吗，为什么有这样的疑问呢？现在我忘却了我自己，你知道吗？”弟子不能够理解他的境界，所以有了误解。这位高人说了，他忘记了自己，把自己给搞丢了，已经做到无我了。他问自己弟子能否知晓这样的境界。

子綦又说道：“你听闻过人籁，而没有听闻过地籁，你听闻过地籁而没有听闻过天籁！”我们说有天籁之音，什么是人籁呢？什么是地籁呢？什么是天籁呢？我们接着来听听这位高人怎么讲。

子游问："弟子我冒昧地请教一下它们的真实内涵。"这位弟子倒是很好学。籁是古代管状乐器，可以说是箫的。人籁是人为发出的乐声。

子綦回答道："大地吐气，这个气就被我们称之为风。不发作则已，一旦发作起来，这个风就吹到了大地上的万种孔窍当中，而你难道没有听闻过这样的声音吗？"

子綦又说道："在崇山峻岭之中，有百围那样的大树，这棵大树上有各种各样的窍穴，有的长得像鼻子，有的长得像嘴巴，有的长得像耳朵，有的长得像圆柱上的方孔，有的长得圆圆的，有的长得像舂米的臼窝，有的长得像洼地，有的长得像浅浅的池塘。"这棵大树的孔窍各种各样的，这位高人这么形容够生动的了。

子綦又说道："大风吹到这些孔窍上面，发出了各种各样的声音。有的像激流的流水声，有的像箭镞飞的声音，有的像大声的呵叱声，有的像细细的呼吸声，有的像叫喊的声音，有的像放声的嚎啕大哭的声音，有的声音很深沉，有的像鸟叫的声音。"

子綦又说道："似乎前面的刚唱罢，而随后又有人随声附和。"苏东坡有一首诗句，讲的是手指和琴。如果说琴上有琴声，为什么放在匣子里又不自鸣呢？如果说手指上有琴声，为什么不在手指上听呢？手指类似于我们的心，而琴类似于外事外物的实相，琴声对应于外事外物的。琴声如梦如幻，外事外物也是如梦如幻的。大树的孔窍类似于万事万物的实相，而大风就类似于我们的心，发出不同的声音就类似于万事万物的。如此说来，心生万物并不虚假。万物虽然有万种不同，而且不断发生变化，可是还是可以齐物的，根本的还是齐心。

子綦又说道："徐徐清风吹来，就会有小的附和的声响；如果是呼呼的大风，就会有大的附和的声响；如果是迅猛的暴风停歇了以后，所有的孔窍都安静了下来。"我们的狂心歇下来了，一切外在都安静了。

子綦又说道："而你难道没有见过大风过处，万物都随风摇摆的样子吗？"禅宗有个风动幡动的公案，不是风动，也不是万物在动，而是仁者心动。

子游又问道："地籁你说的这个我就知道了，只不过是众窍而已，也就是那些大树上的这些孔窍；人籁也知晓了，也就是说比竹，敢问先生什么是天籁呢？"什么是比竹呢？把长短不同的不开孔的竹管排成一排，做成乐器，称为比竹。人为的吹奏比竹乐器，可以称为人籁了。如果把高矮不同的人，音调不同的人放在一起进行，就称之为合唱，那样的更是真正的人籁之音了。一根竹管如果不开孔，可以作为定音器使用，看似只有一个音，可是里面却蕴含着五音，可以称之为胎藏。如果开孔了，就散发出五音了。如果音声和谐就会成为雅正的乐音。大树开万个孔窍，所以就有了万种声音。大树无孔则无声，无声为大音。正所谓大音希声。前面庄子有讲到，大树有的孔窍像耳朵、鼻子、嘴巴，这是隐喻，我们何尝不是类似于大树呢？由于我们的身体开了孔窍了，也就会有许多的音响了。如果不开孔窍，就不会有这么多的音响。

子綦回答道："虽然说风吹响的声音有万种不同，而使得他们各自发出不同的声音，还是由于它们自己的，都是它们自取的，除了它们自己，还会有谁在那里发动和主宰呢？"弟子问天籁而老师这么回答，是不是有点答非所问呢？实则不然的，天籁为上天所主宰的，上天与人相应、与地相应的。大树上的那些孔窍，各有各的根器。对于世人来讲，各人也有各人的根器，修行有无成就还是看自己的。个人的命运，有几分是天注定，而有几分是靠个人努力的。在地籁之中有天籁，在人籁之中有天籁。

2. 大知闲闲

【原文】大知闲闲，小知閒閒；大言炎炎，小言詹詹。其寐也魂交，其觉也形开；与接为搆，日以心斗：缦者，窖者，密者。小恐惴惴，大恐缦缦。其发若机栝，其司是非之谓也；其留如诅盟，其守胜之谓也。其杀若秋冬，以言其日消也；其溺之所为之，不可使复之也；其厌也如缄，以言其老洫也；近死之心，莫使复阳也。喜怒哀乐，虑叹变慹，姚佚启态。乐出虚，蒸成菌。日夜相代乎前，而莫知其所萌。已乎，已乎！旦暮得此，其所由以生乎！

【注释】前面第一段有讲到大树和孔窍，大树可以比喻人，而孔窍实则比喻五官，而万种声音，实则为万事万物的。

大知闲闲，小知閒閒。大智慧似乎很广博，闲闲这个词似乎是很清闲和逍遥，似乎是没有什么事，没有什么束缚；而小聪明似乎明察秋毫，明辨一切是非。大树如果没有孔窍，一切就安静了；人如果没有五官，没有孔窍，一切也就安静了，也就闲下来了。庄子中还有一个寓言的，有一个人没有五官，后来开孔了不久就死去了。

大言炎炎，小言詹詹。大言似乎就如同炎炎烈火那样大放光明一样，这里所说的大言是合于大道之言；大言似乎很难让大家相信的。小言是指拘泥于一些小聪明的言语的，言语比较琐碎，似乎很容易让大家相信。六祖《坛经》中有做了很形象的比方的。讲大道就像下大雨一样，也就是法雨，对于小根器的人来讲，如同小草，接受不了那么多，东倒西歪了；如果听的人有大的根器，就会全部都接受了。下雨如果下在大海里，就不增不减了。

其寐也魂交，其觉也形开。人在睡着的时候，魂魄相交，也就是心肾相交的，如此身体才会健康；觉醒来的时候，形体就舒展开了，心肾就不相交了。

这里讲觉醒了形开了，形象生动，眼睛打开了，五官都打开了。

与接为搆，日以心斗：缦者，窖者，密者。觉醒了以后，五官就与外事外物交接了，眼睛就要去看了。整天都要以心去斗量了，这里并不是说钩心斗角的。以心来斗量外事外物，就会产生了不同的情绪反应了。有时候会觉得很沮丧，有时候会觉得很深沉，有时候会谨小慎微。在夜里，形体没有舒展开的时候，类似于把大树的孔窍都给堵住。白天觉醒了，心就通过五官来感知外在世界了。

小恐惴惴，大恐缦缦。接受了外在的事物，对于不好的事情，就会有惊恐了。小的恐惧有点惴惴不安的样子，大的恐惧就惊恐万分了，有点失魂落魄的样子了。

其发若机栝，其司是非之谓也。为什么会有不同的情绪的，不同的念头呢？似乎内心有个开关按钮一样。我们不知道这个按钮在哪里，内心的念头总会绵绵密密的不断，想停都无法停下来。此心发出来的时候，如同弓弩发射出来一样，就像有一个机关在那里司掌着是非分别。此心未发动之前，是没有是非分别的，发动了就有是非分别了。

其留如诅盟，其守胜之谓也。此心没有发出来的时候，也就是如《中庸》中所说的喜怒哀乐未发之中。如果没有发出来，此心就持守，坚守矢志不渝。这样就是守心，守住静定的心。

其杀若秋冬，以言其日消也。由于这个机关常人不知晓，不能去控制分别是非，所以整日的会有不同的情绪，正如前面所说的小的惊恐，大的惊恐，而恐伤肾，也是中医里面说的。而肾是人的生命之源。正是面对外事外物有这些不安的情绪，使得身心衰落如同秋冬的落叶一样，一天天地不断衰落。

其溺之所为之，不可使复之也。由于我们总要面对外在的事物，而且此心容易沉溺在其中，很难恢复到我们每个人的本心，每个人的本源。我们的人生像是在看电影一样，虽然说是如梦如幻，可是还是很当真的。

其厌也如缄，以言其老洫也。沉溺在物欲之中时间久了，我们的心就闭塞到极点了，被物欲所拥堵了，如同被绳索束缚住一样，一点都不自由了，很难像庄子前面所说的那样逍遥游了。已经衰老，衰败到极点了，这里并不是说人的年龄大，而是心老了。

近死之心，莫使复阳也。此心被拥堵，已经心如死灰一样了，不能恢复一点点阳气，没有一点点生气了。

喜怒哀乐。由于面对外事外物，就有各种各样的形态，各种各样的情绪了。面对外境就有了喜怒哀乐不同的情绪，喜怒哀乐未发就称之为中。前面有讲竹管如果没有开孔，就没有发出很多的乐声，只是作为定音器。如果开孔了，就可以散发出乐声了，如果和谐的话，就是美妙的乐曲。如果不和谐就是噪声了。此心如果未发出来，类似于定音器那样就是中了。如果发出来了就是喜怒哀乐。如果喜怒哀乐比较和谐，适度的话，心情就平和。大树如果没有孔窍，就不会散发出万种声音。

虑叹变慹。又会思虑过多，思虑多了又会感叹，感叹了又会反复举棋不定，反复了又会执着了。自己想定了，就会执着难以改变了。

姚佚启态。又会放开随便了，又会懒惰了，由此就会有各种各样的形态了，变得越来越堕落了。

乐出虚，蒸成菌。乐曲由空虚中来，正是由于大树有空虚，所以有音响；正是由于比竹有空虚，所以才有乐曲；正是由于心有空虚，所以能够产生智慧，如果被物欲填满了，智慧就出不来了。如果不是空虚的，全部都闷在里面，特别是许多物欲，好的坏的都闷在里面，就会蒸出来许多细菌了，也就闷坏了。

日夜相代乎前，而莫知其所萌。日夜循环，日复一日都是如此，而不能知道为什么萌发这些消极的东西。我们的念头日复一日的在那里不停地念叨，在无意识的状态下，绝大多数都是消极的。正是这些消极的念头在无形中消磨着我们的意志的。如果性格比较好，习惯比较好，无意识的这些念头就比较积极，人就会积极向上。如果比较消极，就会影响整个人的生存状态。可是我们又无法停止念头，我们无法阻止这些念头的萌发。庄子是有办法的，我们继续看看吧。

已乎，已乎！旦暮得此，其所由以生乎！算了吧，算了吧，如果找不着日复一日如此的根本缘故，那就算了吧。庄子还是提醒我们要去找到这个根本原因的，也就是找到宇宙和人生的实相。一旦找到了，就知道这一切发生的根本原因了。是不是这个宇宙有个主宰呢？也都会知晓的。

3. 有真君存

【原文】非彼无我，非我无所取。是亦近矣，而不知其所为使。若有真宰，而特不得其眹，可行已信，而不见其形，有情而无形。百骸、九窍、六藏，赅而存焉，吾谁与为亲？汝皆说之乎？其有私焉？如是皆有为臣妾乎？其臣妾不足以相治乎？其递相为君臣乎？其有真君存焉？如求得其情与不得，无益损乎其真。一受其成形，不亡以待尽。与物相刃相靡，其行尽如驰，而莫之能止，不亦悲乎！终身役役而不见其成功，苶然疲役而不知其所归，可不哀邪！人谓之不死，奚益！其形化，其心与之然，可不谓大哀乎？人之生也，固若是芒乎？其我独芒，而人亦有不芒者乎？

【注释】非彼无我，非我无所取。前面庄子点出了要探求这一切发生的根本原因，这里庄子继续指点我们去探求。并非彼万物之中无有我，也并非我完全可以脱离开万物而存在的，实则我和万物为一体的。苏东坡有一首诗讲到，如果说琴上有琴声，为什么把琴放在匣子里却不自鸣呢？如果说手指上有琴声，为什么不在手指上听呢？手指代表我，代表心，而琴代表万物的实相，琴声代表着万物。注意这一点，琴声代表万物，而不是琴代表万物。如果离开了手指，琴也无法有琴声；如果离开了琴的实相，也无法有琴声的。前面讲的大树的例子，并不是风在动，也不是大树的孔窍在动，而是我们的心在动。

是亦近矣，而不知其所为使。如果能够这么理解呢，也几乎近于真理，近于道了。可是我们还是不知道是什么主使，是什么主宰着我们。

若有真宰，而特不得其眹。如果果真有什么外在的主宰，而似乎我们又丝毫看不到其端倪的。百丈禅师曾经说过：如虫御木，偶尔成文。木头里面有蛀虫，我们切开来看看，看到虫子蛀木头留下的痕迹似乎像什么文字一样，似乎虫子会写字一样。我们看到这个宇宙这么精巧，如同鬼斧神工，似乎留下了神斧凿的痕迹。有无什么外在的主宰呢？庄子说似乎又发现不了什么端倪。

可行已信，而不见其形，有情而无形。虽然看不见什么端倪，可是自己却是可以去修行，可以去验证。虽然可以验证，可是还是不能见具体的形象。世人是有情众生，可是大道却是无形无相的。要验证宇宙和人生的实相，这个是可以通过修行自己去验证的，可是这是无形的，即使自己验证了，告诉别人也未必相信，所以庄子要通过许多的寓言故事来告诉我们。

百骸、九窍、六藏，赅而存焉，吾谁与为亲？我们的身体有许多的骨头；有九窍；有五脏六腑，这些都很齐备地存在的，而组成了活生生的人。我跟这些东西谁最亲近呢？什么是我呢？难道说某个部分就是我吗？这些东西不也是物吗？什么是我呢？

汝皆说之乎？其有私焉？如是皆有为臣妾乎？你对身体每一部分都喜悦吗？有无偏私呢？有无特别偏心的呢？喜欢嘴巴多一点还是耳朵多一点呢？我们说要正心，心为君主之官，如果偏心于嘴巴，这个心就跟着嘴巴走了，就是吃货了。如此分析了一遍，找不到这些有形的东西能够作为真的主宰。难道这些东西都作为臣妾吗？都是服从于真心的吗？真心才是真正的君主吗？

其臣妾不足以相治乎？其递相为君臣乎？其有真君存焉？上面虽然没有把真心这个君主给点出，可是为了方便理解，在注解中也提及了。庄子可谓是一片苦心的。难道身体各部分这些臣妾不足以互相制衡吗？到底哪个该听从哪一个呢？难道是轮流来当君臣吗？今天我做主，明天你做主吗？到底有无真正的君主存在呢？这里有点像《楞严经》中的七处征心，到处找心在哪里。

如求得其情与不得，无益损乎其真。如果到处求得其实情，都找不到，到处找都找不到真正的主宰在哪里。这也没有什么关系，至于找得到找不到，都没有什么关系的。找到了不会增加一点，找不到也不会减少一点，可以说不增不减，对于这个真心。

一受其成形，不亡以待尽。我们每个人一受母胎而成形以后，虽然不亡，不失去性命，可是也是在等待失去性命罢了。这是不是很可悲呢？不管是长寿一点，还是短寿一点，总归还是要去该去的地方。佛家有讲："是日已过，命则随减，如少水鱼，斯有何乐。"一日已经过去了，寿命也就随着减少了一日了，就好像是一个水缸里的鱼一样，每天水都在往下漏一点，总会有干涸的一天，这又有什么好乐的呢？

与物相刃相靡，其行尽如驰，而莫之能止，不亦悲乎！我们每个人与外物互相侵害互相消靡，物欲如同刀刃一样伤害自心自性的。前面有讲到等待生命消耗殆尽，可是这个进程行进得非常迅速，如同飞驰的车一样，无论如何都无法让它停止下来，如此看来难道不感到悲伤吗？我们在享受物欲的时候，还感觉到很惬意很快乐的，不知晓在加速消耗我们的生命。难道要等到我们老迈的时候，才能够反省吗？

终身役役而不见其成功，苶然疲役而不知其所归，可不哀邪！我们不知晓自己真的主宰在何方，而终身都在为了这个身体而忙碌，做了这个身体的奴仆了。终身都不见有什么大的功德。即使是显赫一时又有什么用呢？这样又算是大的成功吗？过了五百年后，也许只是在史书上留了一笔的，可是这个名字也只是符号而已。也就是这样子了，终身奔波疲惫到了极点，而还不知道自己的家在哪里，不知道自己的归宿到底在何方。如此看来不是很悲哀吗？

人谓之不死，奚益！世人还想着长寿不死，又有什么益处呢？即使再长寿，一百岁，两百岁，甚至是五百岁又如何呢？也不过是在等待失去性命罢了。当然，庄子这样讲并不是让我们消极对待人生，而是要看到生命的这个实相，让我们更好地过好生活，珍惜生命，珍惜身边的每一个人。

其形化，其心与之然，可不谓大哀乎？日复一日，自受形了以后，形态不断地发生着变化，被物欲所侵害，自己还以为在享受，不断地变衰老。心也在不断地变衰老了，上面落满了灰尘，这难道不是很大的悲哀吗？这是很可悲的。这是由于不知道真心是真正的主宰的，心可以不老的啊。如果不知道这一点，才是真正的悲哀。

人之生也，固若是芒乎？人的生命，难道注定就是这么让人迷茫的吗？

其我独芒，而人亦有不芒者乎？难道只有我自己感到迷茫吗？还是也有人不感到迷茫的呢？庄子是个明白人，可是这么反问来启发我们思考的。

4. 无有为有

【原文】夫随其成心而师之，谁独且无师乎？奚必知代而心自取者有之？愚者与有焉。未成乎心而有是非，是今日适越而昔至也。是以无有为有。无有为有，虽有神禹且不能知，吾独且奈何哉！

【注释】夫随其成心而师之，谁独且无师乎？前面讲到庄子揣着明白装糊涂，说很迷茫。如果迷茫，就需要有老师了，这里就来讲老师。如果仅仅是随着自己充满成见的心而以它为师，那么又有谁没有老师呢？每个人都认为自己是对的，以此为老师那就可能有偏差了。

奚必知代而心自取者有之？愚者与有焉。这里呼应前面的日夜相代。何必要知晓日夜相代，知晓这一切萌发的根本原因的人才有老师呢？不仅仅是这样知天的人，以本心为师的人才有老师。而愚人也有自己的老师，而且很执着，很难去接受明师和善知识。

未成乎心而有是非，是今日适越而昔至也。如果还没有成心就已经有了是非在那里，已经有了成见在那里了，这就好像是今天出发去越地而之前早就已经到了一样，这难道不是很滑稽的事情吗？

是以无有为有。所以说，无有老师就是真正的有老师。所以，说圣人无常师。一个杯子，如果没有清空就无法装进新的东西。

无有为有，虽有神禹且不能知，吾独且奈何哉！无有老师就是真正的老师，虽然有神一般的大禹那样的才德，也许都未必能够知晓，我又有什么办法呢？庄子要我们要去掉心中的成见，恢复我们的本心和初心。

5. 夫言非吹

【原文】夫言非吹也。言者有言，其所言者特未定也。果有言邪？其未尝有言邪？其以为异于鷇音，亦有辩乎？其无辩乎？

【注释】夫言非吹也。前面讲老师，老师给我们一般的是言教，而真正的老师是行不言之教。这里庄子就先破除对语言的执着，也就是离语言文字相。前面有讲大风吹大树，大树有万种孔窍，而生出万种音响。这里庄子把风吹和言语进行类比。我们说话，难道不也是气流吹动在人体的孔窍中发出来的吗？言语能够代表着实相本身吗？庄子在这里讲，言语并不是风吹，这是在启发我们去领悟的。

言者有言，其所言者特未定也。说话写字虽然有言语，可是言语并不一定非得要指向特定的东西。比如对于月亮来说，古印度是一种言语，中文是一种言语，都是指向同一个东西。同一个东西，可以是不同的言语。而同样一个言语，同样的一个声音，也许指向不同的东西。古人有讲，指月之指非明月。言语是指向月亮的手指，我们习惯于把手指当成了月亮本身了。

果有言邪？其未尝有言邪？果真说了什么言语吗？难道真的什么都没有说吗？言语可以说是非有非无的。如果说了什么，这也不对。言语就类似于大树被风吹一样，风一停止，声响也就化为虚空了。为什么佛陀说法四十九年，却又说未曾说一字呢？佛祖所说的都是宇宙和人生的实相，这是超越了语言文字的。如果说言语没有吧，可是也不能这么说。如果没有指向月亮的手指，就很难看到月亮了。

其以为异于鷇音，亦有辩乎？鷇音是刚刚破卵而出的小鸟的叫声。言语跟这个小鸟的叫声又有什么本质的差异呢？可以把小鸟的叫声定为月亮，人模仿小鸟的这种叫声也可以约定为月亮。时间久了以后，人们一听到这种声音，就以为是月亮了，而且会把这种声音等同于月亮本身了。难道可以辨别出小鸟的这个叫声不是言语吗？这也呼应了前面“特未定也”那句话的。某种叫声对应于某种实物，这个并不是一定的。

其无辩乎？虽然前面说了似乎没有什么分别，小鸟的叫声也可以对应着某种实物。可是时间久了还是有所辨别的，大家都约定俗成，某种声音对应着某种实物了。风吹大树，大树有万种孔窍，某个声音还是对应着某个特定形状的孔窍的，这还是可以分辨的。

6. 莫若以明

【原文】道恶乎隐而有真伪？言恶乎隐而有是非？道恶乎往而不存？言恶乎存而不可？道隐于小成，言隐于荣华。故有儒墨之是非，以是其所非而非其所是。欲是其所非而非其所是，则莫若以明。

【注释】道恶乎隐而有真伪？大道怎么会隐藏起来呢？大道本来就是想给世人带来光明的，大道本来至简至明，如同天上的日月一样，再明显不过了。只是世人一叶障目不见泰山而已。正是由于世人一叶障目看不清大道，所以就会有迷有悟，也就有了真伪。世人迷于大道的时候，就以为大道是伪的。世人悟道了，就知晓大道本来是真的。

言恶乎隐而有是非？言语怎么会刻意隐藏起来呢？言语本来就是想让大家明白的。圣人老子留下五千真言，本来也是想给大家讲明白的。庄子写的这些文章也是想让大家看明白的，可是真理很难用语言描述清楚，所以用了许许多多的比方。言语也是载道的，所以也会像前面说的有真伪。世人迷了本心，就会把经典当伪经来看，甚至会诋毁。世人如果悟道了，就对经文深信不疑了。正是由于这个原因，所以就有了是和非。

道恶乎往而不存？大道怎么会走了呢？大道从来都未曾离开我们左右，大道怎么会不存在呢？大道一直都存在的。庄子讲：道在屎尿。甚至日常生活中的一言一行、一事一物都有大道的形迹。

言恶乎存而不可？言语怎么会存在，怎么会是实实在在的呢？言语只不过是类似于大风吹大树孔窍而发出的万种声音罢了。每种声音都对应于一个事物。言语也只不过指向实在事物罢了，类似指月之指的。虽然言语只是指月之指，可是怎么能够不认可言语呢？如果没有言语，如何能够把事情说明白呢？如果没有载道的文字，真言如何流传给子孙后代呢？

道隐于小成，言隐于荣华。大道有成物之功，一事一物可以说是大道的小成就了。一事一物之中都隐含着大道的形迹，可是我们却很难去发现。言语也是小成，而言语也是载道的工具。言语往往浮华而美丽，我们往往只是注意到华丽的辞藻，而忽略了其中隐含着的大道。

故有儒墨之是非，以是其所非而非其所是。物有小成，所以就有了诸子百家的小成，儒家有儒家的一套，墨家有墨家的一套，而各家都各自为师。如此一来，各家都各自以为是，就有了许多的是非了。到底该信哪一家呢？庄子这里说了，世人所认为非的，我这里就认为是。世人所认为是的，我这里认为非。大道隐于其中，世人看不出来。世人把真的当成伪的了，把伪的当成真的了。所以，庄子这里是拨乱反正。难道真的是弄反了吗？张果老倒骑驴就是为了提醒我们的。佛陀常说：颠倒众生，也是提醒我们的。也许庄子所说的还有些道理吧。当然，儒家孔门心法，也是正道的。孔子也是得道的高人。

欲是其所非而非其所是，则莫若以明。如果说想纠正是非，把世人认为非的，纠正为是；把世人认为是的，纠正为非。这样来争执没有任何意义，还不如去发明世人本有的明德。也就是《大学》中讲到的，大学之道，在明明德。

7. 谓之道枢

【原文】物无非彼，物无非是。自彼则不见，自知则知之。故曰：彼出于是，是亦因彼。彼是，方生之说也。虽然，方生方死，方死方生；方可方不可，方不可方可；因是因非，因非因是。是以圣人不由而照之于天，亦因是也。是亦彼也，彼亦是也。彼亦一是非，此亦一是非。果且有彼是乎哉？果且无彼是乎哉？彼是莫得其偶，谓之道枢。枢始得其环中，以应无穷。是亦一无穷，非亦一无穷也。故曰莫若以明。

【注释】这一段文字很优美，可是如果要理解好也不那么容易。

物无非彼，物无非是。如果以我来观物，万物无非是彼。如果以物自观，也就是说假如我们站在物的本身去观，万物无非皆为此。此可以称之为是。一花一世界，一叶一菩提，一物一太极。心和物本来是不分彼此的，正是由于心和物的实相共同发生作用而产生了我们眼中的万物。心类似于风，而万物的实相类似于大树的孔窍；而万物类似于万种音响。如果物我分离，心物分离，就已经把世界割裂成彼此了，就不完整了。

自彼则不见，自知则知之。如果自彼方观察此方，则此方无是处。如果从此方观察此方，则此方都是的。我们东方人有罪业，而念佛求生西方，如果西方人有罪业，而念佛往生东方吗？如果我们能够自净其心，都是做善事，处处都是乐土的。眼睛不了解的是眼睛，自己最不了解的是自己。自知者明，如果能够真正知晓自己的自性本心，就全明白了。所以，前面庄子说莫若以明。

故曰：彼出于是，是亦因彼。所以说：彼也是因此而生，而此也是因彼而生。这里就呼应了《道德经》中的前面两个章节了。无美就无丑，无善就无恶，无大就无小，无爱就无恨。怎么理解这一点呢？我们把药放在舌头上就有苦味，可是放在喉咙就不会有苦味。喉咙尝不到苦味也尝不到甜味。当舌头上放蜂蜜的时候，也只有舌头能够品尝了。

彼是，方生之说也。彼此，这样的说法，这个是方生之说的，这是庄子给这个学说起的名字的，也就是生灭之说。本来是无生无灭的，如果分出彼此，这就有生灭了。月亮本来是无圆无缺的，可是从古至今流下了多少诗句。

虽然，方生方死，方死方生。虽然，有方生方死之说，可是方才生了，就死了；方才死了，就又有生了。生生死死循环不已。我们人也是如此，不断地循环不已，然而，如何跳出这个循环呢？

方可方不可，方不可方可。刚认为这样是可以的，是对的，又马上觉得是不可以的，也是不对的。不可以执着于彼，也不可以执着于此。比如股票投资，执着于长线、短线和中线似乎都不对。倾向于左不对，倾向于右不对，倾向于中总可以对了吧？执着于中也是不对的。所以说，佛家说应无所住而生其心，心如果执着了就不对了。

因是因非，因非因是。是的产生由于非生；非的产生由于是生；是的消失由于非的消失；非的消失由于是的消失。是非是互相依存而存在的。有贵就有贱，如果不贵难得之祸，也就不会有贵贱的概念了。

是以圣人不由而照之于天，亦因是也。所以说圣人不会去取这个方生之说，而只是对着天道而照的。圣人之所以如此，也是由于前面所说的缘故吧。

圣人的心如同明镜，可以照天照地，可以照万物的。镜子照万物，没有美，也没有丑；没有是，也没有非，不做什么评价，只是如是而已。

是亦彼也，彼亦是也。前面有说彼此的分别，彼此是不同的。庄子在这里说，此也是彼，彼也是此。正如佛家所说的，烦恼即菩提。我们的思维很容易陷入非黑即白的陷阱。我们如果有学习素描的经验，就知道黑和白之间有无数个层次。有时白就是黑，有时黑就是白，这个怎么解释呢？我们的眼白是白色的，可是在素描里面也许用的浅黑色来画眼白的。

彼亦一是非，此亦一是非。彼也是一个是非，彼也是一个太极；此也是一个是非，此也是一个太极。彼此互为阴阳，彼中也有阴阳，此中也有阴阳。阴中有阳，阳中有阴。现代科学也验证了庄子的说法了，爱因斯坦的相对论中有许多美妙的东西。一切都是相对的，我们可以把参照系建立在任何一物上，我们可以建立在地球上，太阳上，同样可以建立在月球上。我们就超越了地心说和日心说。从宏观世界观察微观世界，就有了量子理论；从宏观世界观察宇观世界，就有了相对论。两个理论属于不同的视角，并无根本的矛盾。如此就统一物理学了。

果且有彼是乎哉？这里庄子要破除我们的执着。果真有彼此吗？果真有美丑吗？美丑只不过是世人的观念罢了。在公猴的眼里，母猴也许是世界上最美丽的女人。假如西施进化出来，脸上的毛没有褪尽，世上的女人也是如此。可是吴王夫差也许还是觉得她是最美丽的。美丑只不过在人的观念之中罢了。

果且无彼是乎哉？庄子又担心我们执着于无，所以又反问了一句。难道果真就没有彼，也没有此吗？果真没有彼岸和此岸吗？虽然前面说没有美，也没有丑，也不能完全那么说的。这也就呼应了前面说的，方可方不可。

彼是莫得其偶，谓之道枢。彼此如果不成对的出现，不产生生灭，没有分别心，可以称之为大道的枢纽了。如果不执着于善恶，不执着于美丑，如此就可以称之为大道的枢纽了。如此就可以推开大道的天门了。

枢始得其环中，以应无穷。如果掌握了大道的枢要，就好像是天门已经装在了环洞中，可以任意的开阖而应变无穷的变化了。天门的门轴要安装在环洞中，才可以开阖。这也就是类似于《道德经》里面的那个众妙之门。

是亦一无穷，非亦一无穷也。如果能够掌握了大道的枢要，是也可以是一无穷，也是一宇宙；而非也是一无穷，也是一宇宙了。这里也呼应了前面的章节，朝菌不知晦朔，寒蝉不知道有春秋。对于朝菌来讲，它生活在它的宇宙里，有它自己的时空；而寒蝉生活在它的宇宙里，有属于它的时空。

故曰莫若以明。所以说，莫若以明，也就是说，不如发明自己的本心。

8. 天地一指

【原文】以指喻指之非指，不若以非指喻指之非指也；以马喻马之非马，不若以非马喻马之非马也。天地一指也，万物一马也。

【注释】以指喻指之非指，不若以非指喻指之非指也。以手指来比喻手指并非实相，不如以非指来比喻。古人有一句话：指月之指非明月。这里加上一个月亮，也就是非手指来说明，就可以把事情说得很清楚了。手指指向月亮，如果没有手指指向月亮，我们很难看到月亮。可是却很容易把手指当成月亮本身了。

以马喻马之非马，不若以非马喻马之非马也。当时名家公孙龙有关于指非指，白马非马的说法。可是这么说，很容易把人给弄糊涂了，容易误导了别人，所以庄子给出了自己的建议。以马来比喻马并不是马，不如以非马来比喻马不是马。我们看一匹白马，果真是马吗？我们来看一下实相是什么？爱因斯坦就一直思考着这么一个问题："当我不去看月亮的时候，月亮果真是不存在的吗？"也许有人会觉得，这么简单的问题，还用问啊。如果我们不去看这匹马的时候，这匹马并无什么颜色，颜色只是光波反射进入眼中而形成的；马的形状也是在心中的形象而已；连马这个名字也是人给起的。而马到底是什么呢？只能说是一物，所以说马是非马。

天地一指也，万物一马也。如果能够知晓马实际上是非马，指实际上是非指，就得道了。一指之中蕴含着天地的奥秘了，一马之中蕴含着万物的奥秘了。

9. 朝三暮四

【原文】可乎可，不可乎不可。道行之而成，物谓之而然。恶乎然？然于然。恶乎不然？不然于不然。恶乎可？可于可。恶乎不可？不可于不可。物固有所然，物固有所可；无物不然，无物不可。故为是举莛与楹、厉与西施、恢诡憰怪，道通为一。其分也，成也；其成也，毁也。凡物无成与毁，复通为一。唯达者知通为一，为是不用而寓诸庸。庸也者，用也；用也者，通也；通也者，得也；适得而几矣。因是已，已而不知其然，谓之道。劳神明为一而不知其同也，谓之朝三。何谓朝三？狙公赋芧曰："朝三而暮四"。众狙皆怒。曰："然则朝四而暮三"。众狙皆悦。名实未亏而喜怒为用，亦因是也。是以圣人和之以是非而休乎天钧，是之谓两行。

【注释】 可乎可，不可乎不可。前面说指和马，这是要超越名相的。庄子这里接着讲，如果别人谓之为可，我也谓之为可。如果别人谓之为不可，我也谓之为不可。如果别人呼之为马就是马，别人呼之为牛就是牛，这是圣人和光同尘的。比如对于一匹马来说，我们从最初就称之为牛也未尝不可；而牛从最初就称之为马也未尝不可的。名称只是起来给别人叫的罢了，我们却执着地认为名称就等于实在的外物。

道行之而成，物谓之而然。道是人走多了就形成的，本来天下没有路。外物是我们称呼它，才有相应的名字。这个名字只是指月之指罢了。

恶乎然？然于然。为何谓之如此呢？为什么说是这样的呢，本来就是这样的，所以就说是这样的。正如佛家所说的如是，如是而已。语言文字只是指月之指罢了，很难去用言语来说清楚。

恶乎不然？不然于不然。为何谓之不是如此呢？为什么说不是这样的呢？本来就不是这样的。

恶乎可？可于可。为何谓之可以呢？本来就是可以的，所以就是可以的。可和不可说的是是非。

恶乎不可？不可于不可。为何谓之不可以呢？本来就是不可以的，所以就是不可以的。

物固有所然，物固有所可。万物本来都是这样的，万物本来都是可以的。天地万物都是一体的，而每一物都是全息的。一花一世界，一叶一菩提，一物一太极。站在每一物的角度来看，每一物都是可以的，都是对的。站在每个人的角度来看，自己的想法都认为是对的。假如站在自己的角度去看外物，也许就觉得不对的了，要站在外物的本身去看，一切都是对的了。

无物不然，无物不可。天底下没有一物不是这样的，没有一物是不可以的。一物一太极，每一物都承载大道的痕迹。站在每一物的参照系来看，每一物都是可以的，都是对的。在 0.8 倍光速的飞船上来看光速，是不变的；在 0.9 倍光速的飞船上来看光速，也是不变的。

故为是举莛与楹、厉与西施、恢诡憰怪，道通为一。所以说小草的茎干和房屋高大的柱子并无什么区别；丑女和美女西施并无什么区别；万物各种奇奇怪怪的样子，也本来并无什么区别，以道来讲呢，也都是通于一的。这里庄子点题了，讲到齐物于一，都归于一了。这里跟《道德经》中第二章是相通的，万物本来没有高低贵贱之分。前面讲到，风吹大树，大树有万种孔窍，虽然不同的孔窍有不同的形状，而发出来的声音也是千差万别，都是奇奇怪怪的样子，可是都是相通的。

其分也，成也。天地万物本来为一体，分开了，就成一物了。

其成也，毁也。虽然说是成一物了，可是正是由于成一物，所以也就会有毁灭的时候。这里也呼应了前面的方生方死，刚生了就又死去了。本来无生无灭，如果有生就有灭了。

凡物无成与毁，复通为一。如果外物无成也就无毁，也就又恢复为一了。比如一束太阳光，如果没有经过三棱镜，就不会分出七色。如果没有分出来，就又归于一了。

唯达者知通为一，为是不用而寓诸庸。只有上达于道的圣人才知晓万物通于一，也就是知晓齐万物于一的。虽然说能够通于一，可是却不用自己的好恶为好恶，而是以众人的好恶为好恶。这个庸字，为和的意思，中庸之道为中和之道。一即为中；庸即为和。一心如果处于静定，就可以称之为中。喜怒哀乐未发谓之中。如果一心发出来，就有七情六欲了。一心如果分出来，就成一事一物了。如果分出来七情六欲能够和而不同，能够适度的话，心情就愉悦。庸人就是众人的意思，虽然众人有所不同，可却是和而不同的。

庸也者，用也。庸，可以说是用，也就是用众人的好恶为好恶，不用自己的好恶为好恶。也就是站在别人的角度考虑问题，以别人为参照系。如果要考察一物，必须要以一物为参照系。如果要考察原子，考察微观世界，必须要以原子为参照系，缩小到内部去观察。否则就会有许多不可思议的事情发生。一物一是非，一物一太极，一物一宇宙。

用也者，通也。用，也就是用众人的好恶为好恶，也就是和而不同的了。如果能够和而不同，就可以通了。如果能够通，也就是说，虽然不同，可是能够条条大路通罗马了。众人的好恶虽然不同，可是和而不同，也都能够乐于接近道，如此就可以通向道了，也就顺着道走，总有一天可以回家的。

通也者，得也。如果能够都通了，也就是都顺着道走了，总有一天就可以得道了。也就是说众人个个都可以自得，个个都可以得道，个个都可以回家了。

适得而几矣。如果能够个个自得，那也就几乎接近于道了，离道也不远的了。

因是已，已而不知其然，谓之道。如果能了却是非，混而为一，已经能够做到不知其然，不区分善恶、贵贱和美丑等，如此可以称之为道了。上达于道就混而为一，而分开就是成物了。

劳神明为一而不知其同也，谓之朝三。未能上达于大道的人，费尽了精气神，劳其神明而不能通达于一。虽然很尽力了，还是不知道万物本来是齐的，本来是同的，而非得要人力去统一。如此可以称之为朝三。

何谓朝三？什么是朝三呢？

狙公赋芧曰："朝三而暮四"。养猴的人给猴子分发橡子，他说："早晨分三升橡子，而晚上分四升橡子。"

众狙皆怒。众猴子都感觉到很愤怒。

曰："然则朝四而暮三"。当养猴的人说："如此就改为早晨四升橡子而傍晚三升橡子吧。"

众狙皆悦。按照这样的分法，众猴子都感觉到很喜悦。庄子这么讲说明众人容易颠倒。张果老倒骑驴也是提醒众生颠倒的。佛陀说颠倒众生也是这个意思的。命运有时先给我们多一些，有时先给我们少一些，不要过于高兴或悲伤。

名实未亏而喜怒为用，亦因是也。不管是怎么样分配，总的橡子数目都是一定的，都是相同的。虽然名方面有所不同，只是调换了一下顺序，可是实在的是没有损失的，而猴子就产生了喜怒的情绪，也是同样的原因的。未达道的人以为万物有什么不同，所以就会产生了是非，实则是相同的，跟朝三暮四的这个故事是类似的。

是以圣人和之以是非而休乎天钧，是之谓两行。所以圣人以是非来调和，虽然万物不同，可是圣人调和完以后是和而不同的，而不会互相侵害。圣人不仅仅是调和，遵循天道而平息其不同，使得万物归于一。如此可以称之为两行。一行是随顺众生，和光同尘，和而不同；另外，还有一行为止息万物之分，而归于一，此行的功夫，如果能够入于静定，万物不待统一而统一了。两行分上下，上达于道，而下分为器，和而不同。

10. 圣人所图

【原文】古之人，其知有所至矣。恶乎至？有以为未始有物者，至矣，尽矣，不可以加矣。其次以为有物矣，而未始有封也。其次以为有封焉，而未始有是非也。是非之彰也，道之所以亏也。道之所以亏，爱之所以成。果且有成与亏乎哉？果且无成与亏乎哉？有成与亏，故昭氏之鼓琴也。无成与亏，故昭氏之不鼓琴也。昭文之鼓琴也，师旷之枝策也，惠子之据梧也，三子之知几乎！皆其盛者也，故载之末年。唯其好之也，以异于彼；其好之也，欲以明之。彼非所明而明之，故以坚白之昧终。而其子又以文之纶终，终身无成。若是而可谓成乎？虽我亦成也。若是而不可谓成乎？物与我无成也。是故滑疑之耀，圣人之所图也。为是不用而寓诸庸，此之谓以明。

【注释】古之人，其知有所至矣。古时候的真人，其智慧已经到极致了的，已经恢复本心自性了，已经恢复本有明德了，已经成为真人了。

恶乎至？为什么说古人知已经到极致了呢？

有以为未始有物者，至矣，尽矣，不可以加矣。古人已经能够认识到未尝有一物了，心外未尝有一物了。知已经达到极致了，已经尽心了，已经尽性了，不可以再加一丝一毫，也不能再减去一丝一毫了。古人已经能够知晓风吹大树的道理了。大树有万种孔窍，风吹大树，而产生了万种声音。风类似于心；而孔窍类似于万物的实相，而声音类似于万物。声音如梦如幻，虚幻不实，离开了心有独立的一物存在吗？

其次以为有物矣，而未始有封也。其次一等的人呢，以为是有物存在，而没有物我的界限，没有分别心。

其次以为有封焉，而未始有是非也。其次一等的人呢，以为万物有界限，可是还没有是非之心，还没有好恶之心。

是非之彰也，道之所以亏也。再次一等的人就都有了是非之心了，是非就彰显了，如此道就亏了，大道就衰落了。这里也呼应了前面的章节。如果区分了丑女和西施，有了美丑的是非之心，道就亏了。

道之所以亏，爱之所以成。正是由于大道的亏损，而私爱和偏爱就形成了。原本是大爱，分开来就成了私爱，私爱就成为一物了。

果且有成与亏乎哉？果然有成私爱和亏大道两者存在吗？如果这么说也是不对的。本来人人都有大爱之心，每个人的心如同太阳一样，只是暂时被私欲所遮蔽了。太阳并不亏少一丝一毫，只是被掩盖起来罢了。

果且无成与亏乎哉？果真没有成私爱和亏大道吗？如果说没有的话，也是不对的。人人以为自己是独立的个体，人人就有了私爱，爱自己，爱和自己相关的人和物。

有成与亏，故昭氏之鼓琴也。有成和亏之分，就好像是昭氏弹琴一样。不仅仅是庄子在这里说弹琴，苏东坡也有一首诗的。如果琴上有琴声，为什么放在匣子里又不自鸣；如果手指上有琴声，为什么不在手指上听呢？本来手指和琴是一体的，即心和物是一体的。如果手指弹琴，就分开为五音了。一音一响都是一物。如果五音和谐，就成为了雅正的音乐。如此就成一物了。就类似于大道亏损了，分出了外物了。

无成与亏，故昭氏之不鼓琴也。如果昭氏不弹琴，而琴又归于寂静了。无成为一物，而大道就不亏了。大风如果不吹大树，类似于不弹琴的。

昭文之鼓琴也，师旷之枝策也，惠子之据梧也，三子之知几乎！昭文弹琴技艺极其高超；师旷执杖击打乐器；惠子对着梧几而操琴。这三个人弹琴的技艺可以说是绝无仅有的了。三个人可谓是知晓音乐的天机，接近于道的了。

皆其盛者也，故载之末年。正是由于他们在这方面达到了很高的境界，所以一直弹琴到了终年。

唯其好之也，以异于彼。正是由于他们爱好弹琴，正是由于对弹琴有私爱，有偏爱，所以对别的事情就不同了，跟别人也有所不同的。

其好之也，欲以明之。正是由于他们三个人偏爱琴艺，所以就特别想去发明琴道。

彼非所明而明之，故以坚白之昧终。这三个人并不是发明了本心而去发明琴道的，只是落在琴技上了。所以，还是被类似于坚白这样的学说愚昧而度过终生。当时有著名的离坚白的学说，庄子认为此类人还没有能够得道的。前面庄子已经解释了指非指，马非马那样的学说。虽然离坚白并不代表真理，可是还是对我们有些启发的。我们能够测量到光有波动，类似于看到石头是白的；测量到光有粒子性，类似于触摸到石头是坚硬的。我们说光有波粒二象性，同样地，我们也可以说石头有坚白二象性。我们只是讲到二象，也许还会有三象，四象的，这些都是表象而已。

而其子又以文之纶终，终身无成。而昭文其儿子虽然还是以弹琴而终其一生，可是终身都无成的，无法达到他父亲那样的境界的。

若是而可谓成乎？虽我亦成也。庄子对三子进行评价了，虽然说昭文的儿子终身无成，这是显而易见的，那么这三个琴师，算是成了吗？虽然他们还没有能够破除小我，做到无我，虽然还有私爱，而也可以说是成了。庄子首先给他们肯定了。

若是而不可谓成乎？物与我无成也。这三个人难道真的还不能算作成吗？也可以说是终其一生无成的。前面庄子已经讲了，他们还没有能够发明本心，此心暗昧而不明的。由于他们还是看到外物有界限，而且还有是非之心，还有小我、私爱，所以说是无成的。

是故滑疑之耀，圣人之所图也。所以说，看似不明的样子，可是却能够散发出光明，这是圣人所图的，也是圣人所崇尚的。圣人崇尚的是和光同尘，如果太过锋芒毕露就不好了。

为是不用而寓诸庸，此之谓以明。虽然圣人已经很光明了，但是圣人却不用，不会锋芒毕露。而只是通过各种寓言和比方来对众人解说。这样可以说是真正的明的，真正的发明世人本有的明德的。为什么不用呢？六祖讲得很好，如果法雨下得太大了，根器小的就东倒西歪，不能接受得了。根器大的，如同大海，下了也不增不减的。如果所遇非人，讲多了也没有什么益处。

11. 有言于此

【原文】今且有言于此，不知其与是类乎？其与是不类乎？类与不类，相与为类，则与彼无以异矣。虽然，请尝言之。有始也者，有未始有始也者，有未始有夫未始有始也者。有有也者，有无也者，有未始有无也者，有未始有夫未始有无也者。俄而有无矣，而未知有无之果孰有孰无也。今我则已有谓矣，而未知吾所谓之其果有谓乎，其果无谓乎？天下莫大于秋豪之末，而大山为小；莫寿于殇子，而彭祖为夭。天地与我并生，而万物与我为一。既已为一矣，且得有言乎？既已谓之一矣，且得无言乎？一与言为二，二与一为三。自此以往，巧历不能得，而况其凡乎！故自无适有以至于三，而况自有适有乎！无适焉，因是已。

【注释】 今且有言于此，不知其与是类乎？现在我有一些话想说，可是不知道此话当讲不当讲。如果我讲了，不知是否也会沦为指非指、马非马、离坚白那样的学说。庄子想讲一些话，这些话只是指月之指而已。

其与是不类乎？我要讲的东西，难道跟别的那些学说没有什么分别吗？庄子说，他讲了，也许别人也为误解的，把他的学说又当成了一家之言而已。

类与不类，相与为类，则与彼无以异矣。不管属于同类，还是不属于同类；不管相同与不相同，只要是成为了一种学说，只要是说出来了，也就跟别的学说无异了。这只是在世人的眼里的，庄子担心说多了被误解的。

虽然，请尝言之。虽然说了别人会误解，可是还是请尝试着说一下的。我们且看看庄子会跟我们说些什么。

有始也者，有未始有始也者，有未始有夫未始有始也者。这一句话一看就很容易晕了，我们仔细来看看是什么意思呢？天地万物有没有一个开始呢？宇宙有没有一个开始呢？可以说是有开始的，也有开始之前的；也有在开始之前再之前的。古人云：无极生太极，太极生两仪。两仪可以说对应于阴阳和有无，就是有了分，就有了成物之功。有始可以说对应着两仪；未始有始可以说对应着太极；未始未始有始可以说对应着无极。

有有也者，有无也者，有未始有无也者，有未始有夫未始有无也者。这一句是讲有和无，《道德经》中讲：有无相生，难易相成。天底下有有，也有无。也有有无未生之前，也就是有未始有无；也可以再继续往前推进。有和无对应着两仪，有无未有之前对应着太极；再之前就是无极了。

俄而有无矣，而未知有无之果孰有孰无也。突然就有了有和无，而也未知是不是果真有有和无存在。光子的静止质量为零，而运动的质量为（hv/c^2）（h 为普朗克常数，v 为光的频率，c 为光速）。爱因斯坦的质能方程表明，万物都可以转化为能量。万物都和光子有关，而正是由于运动赋予了光子质量，赋予了万物质量。如果万物寂静的时候，质量等于零，可以说是有吗？如果说是无，那也不对，万物都在运动当中，运动赋予了质量，也就是有了。不管说有，还是说无，也都不完全对，可以说是非有非无的。

今我则已有谓矣，而未知吾所谓之其果有谓乎，其果无谓乎？就好比说我现在已经有言说了，而不知道我果真是有说了什么呢？还是果真没有说了什么呢？正如佛陀说法四十九年，未曾说一言。庄子所说的，并不仅仅是言语而已，而是指向大道的。

天下莫大于秋豪之末，而大山为小。芥子纳须弥，秋天鸟兽新生的毫毛的末梢，可以说也是一个小宇宙的，也可以说有一天地的。是有一天地，非也有一天地的。而毫毛的末梢都可以装下天地，装下大山泰山的。可以说宇宙小到无限小，大到无限大。如此这么分下去，这个宇宙果真是实有的吗？分到最后是光子了，光子静止质量为零，可是光子能够静止吗？风动还是幡动，仁者心动；心不动，光子就是静止的了，山河大地都为虚空的。

莫寿于殇子，而彭祖为夭。一切都是相对的，这也是相对论的实质所在。不知天上宫阙，今夕是何年？天上宫阙也是一个独立的小宇宙，有自己的时空。原子也是一个独立的小宇宙，有自己的时空。有的寿命还不如夭折在襁褓之中的小儿那样长；有的寿命远远比彭祖还长，相比之下彭祖算是早夭的了。

天地与我并生，而万物与我为一。天地与我是并生的，如果无我也就无天地；也就是说心物是一元的。天地只是我们眼中的天地，天地的实相是另外一种情形的。也就是说，有我才有我们眼中的天地。万物和我本来是一体的。

既已为一矣，且得有言乎？既然天地万物与我已经为一，那还有言说吗？如果还有言说，就是第二个东西了，并不是一了。

既已谓之一矣，且得无言乎？既然已经称之为一，这一个也是言语来说的，这个一也是言语的，也是文字的，如何能够说是无言呢？

一与言为二，二与一为三。一为一个字，为一物；言也为言语，也为一物；如此加起来就是二了。二又是一物，二加一就是三了。

自此以往，巧历不能得，而况其凡乎！以此类推的话，对于善于计数的人尚且还数不清，而更何况是凡夫俗子呢？

故自无适有以至于三，而况自有适有乎！所以说，可以从无而产生有，以至于产生三，如此生生不息。从无都可以变出来有，可以无中生妙有，这是够神奇的了。更何况是从有而生成有呢？这更加容易了。《道德经》中讲：道生一，一生二，二生三，三生万物。

无适焉，因是已。完全没有必要如此推算下去的，只要顺应大道就可以了。人算不如天算的。

12. 辩者不见

【原文】 夫道未始有封，言未始有常，为是而有畛也。请言其畛：有左有右，有伦有义，有分有辩，有竞有争，此之谓八德。六合之外，圣人存而不论；六合之内，圣人论而不议。春秋经世先王之志，圣人议而不辩。故分也者，有不分也；辩也者，有不辩也。曰：何也？圣人怀之，众人辩之以相示也。故曰辩也者有不见也。

【注释】夫道未始有封，言未始有常，为是而有畛也。大道未尝有什么封界，未尝有有无、是非和善恶之分。言语和文字也未尝有定论，言语只不过是指月的手指罢了。横说竖说都是为了把这个大道给讲清楚罢了。正是由于为是为非而就有界限了，有分别心了。

请言其畛：正是有了一个是，而又产生了一个非，由此就有了界限了，这里要把这个讲清楚。诸子百家各有各的道理，如何分辨呢？

有左有右，有伦有义，有分有辩，有竞有争，此之谓八德。庄子在这里讲八德。有左有右，这个是讲空间，也就是六合的。有伦有义是讲伦理秩序和道义的，这个是讲的人文相关。有了伦义，也会和六合关联的，古人以右为尊。正是由于有了伦义，有了亲疏贵贱之分，也就有了分辨，也就有竞争了。关于这个竞争，世人也许有许多误解了。竞这个字的繁体字是两个人并排走，这并不是非得要对方败了自己才可以胜的，完全可以同步进步的。古人射箭，如果射得不如人，首先是要检查自己的。股票投资并非别人亏的就是自己赚的，自己亏的就是别人赚的，完全都可以共赢的。庄子所讲的这个八德，虽然有所界限，有所分别，可是还是符合天道的。

六合之外，圣人存而不论。六合之外的事情，圣人讲了也怕别人理解不了，增加不必要的误解，所以就存而不论。

六合之内，圣人论而不议。六合之内的事情，圣人就去讲，但是不给予一定的定论。这也呼应了前面讲的言无常言的。不一定是哪样绝对是对的，哪样绝对是错的。

春秋经世先王之志，圣人议而不辩。春秋古史当中，关于先王治世的记载，圣人只是议论其内容，而不会分辨其是非曲直。

故分也者，有不分也。先看看分辨的区别。分是要区分，泾渭分明的。对于善恶，首先是要分开的。辨是要辨别哪个是善的，哪个是恶的。修身为善去恶，如果做不到分辨，就无法去修身的。如果不能分辨，就以恶为善，以善为恶的了。虽然说分，可是也可以说不分的。长江和黄河源头都是一样的，虽然说分开了是两条江河，可是也还是一体的，也是不分的。

辩也者，有不辩也。庄子生活的年代，诸子百家纷纷辩论，而寻求救国救民之道。虽然辩论了，辩论了许多的事理，可是又跟没有辩论一般。真理就在那里，道就在那里。你分辨也不会多一分，不分辨也不会少一分。虽然有辨别，可是也不辨别的。如果执着于辨别的善恶，就有善恶的评判了。对于善的就产生了欢喜，对于恶的就产生了厌恶的。

曰：何也？为什么这么说呢？

圣人怀之，众人辩之以相示也。圣人怀大道宝贝于心而不轻易示于别人。众人辩论辨别，以夸示于人。对于名家而言，对于公孙龙之辈，只是在那里辩论而已，指非指，马非马，这些辩论无益的。

故曰辩也者有不见也。所以说虽然辩论，讲的似乎头头是道，可是并不是真的见了大道的。我们讲头头是道，就是回归初心，回归到了头头就是道了。不要在下游那里分辨来分辨去，在谁的角度来看也许都是对的，争辩不休，只要回归源头就都对了。庄子已经真正的见道了，他也不想辩论什么了。

13. 此谓葆光

【原文】 夫大道不称，大辩不言，大仁不仁，大廉不嗛，大勇不忮。道昭而不道，言辩而不及，仁常而不成，廉清而不信，勇忮而不成。五者圆而几向方矣。故知止其所不知，至矣。孰知不言之辩、不道之道？若有能知，此之谓天府。注焉而不满，酌焉而不竭，而不知其所由来，此之谓葆光。

【注释】 夫大道不称，大辩不言，大仁不仁，大廉不嗛，大勇不忮。这一段怎么看都跟《道德经》很相像。大道很大可是没有称谓，没有一个名字，只是勉强起了个名字称之为大道。前面讲分辨，而真正的大的辩论，真正善于辩论的人，又似乎没有说过什么。正如佛陀说法四十九年，并不说一言。佛陀可以说是辩才无碍了。大仁不仁，真正的大仁，大爱似乎看着又不是仁。我们说仁是爱天地万物，以天地万物为一体的大爱。由于大仁是大爱，没有偏爱哪一个方，所以似乎没有仁爱之心一样。真正大廉洁清廉的人是不会刻意去清廉的，不会刻意地太过于谦让的。真正的清廉是内心清廉，已经致良知了，已经恢复了本心的圣人。如果有心为廉而不是真廉，如果为了清廉的好名声，也是贪名的，虽然不是财物。真正勇敢大勇的人是不会去害别人的。正所谓无欲则刚，如果已经恢复了本心，已经了却了生死，也就是大勇了。如此大勇是以天地万物为一体了，更不会舍得去伤一草一木的，更何况是人。往往大勇的人看着似乎柔弱，霍元甲从小体弱多病，父亲不让习武，可是却能够练就一身好武艺。咏春拳是少林女弟子所创立的，以弱胜强的拳法。

道昭而不道，言辩而不及，仁常而不成，廉清而不信，勇忮而不成。大道如果是昭明的，可以讲的，而就不是真正的大道。类似于道可道，非常道。言论似乎很雄辩，而也有言不及的，也不能及于大道，也就是上达于道。仁者似乎常有爱，如此也许仅仅是为了博得仁爱的美名，而这似乎不是大仁，大仁不会刻意去爱，而是以百姓为刍狗。看似廉清的人，似乎并不是真正的大的清廉的人，对外标榜清廉的美名，可能名不副实，虽然不贪财，可是贪求清廉的美名。自逞勇敢而到处伤害别人，如此也不能够成为大勇，不伤害别人，而能感化别人，不战而胜才能称之为大勇。

五者圆而几向方矣。前面所说的五者，也就是道，辩，仁，廉和勇，大到了极点就接近于道了。接近于道是圆的，圆融通达的，可是世人却走反了，似乎变成方的了。世人把事情搞颠倒了。

故知止其所不知，至矣。所以说，如果真正地知道止于自己所不知之域的，也就达到了知的极致了。苏格拉底曾经说过，他能够知道自己的无知，而世人不知道自己的无知。

孰知不言之辩、不道之道？天底下又有谁能够知晓不言语的雄辩呢？不用称说的大道呢？

若有能知，此之谓天府。如果能够知晓前面这两点，可以称之为天府了。天府里面藏有无尽的智慧和宝藏的，而每个人自性本心中都有。世人也许是骑驴找驴的，自己不知道自己的富有。

注焉而不满，酌焉而不竭，而不知其所由来，此之谓葆光。此道如同大海，有无尽的宝藏。不断地注入而不会盈满；不断地酌取也不会枯竭；而不知道到底是从哪里来的。如此可以称之为葆光，也就是隐匿其光辉，光而不耀，就永远的光明。

14. 十日并出

【原文】故昔者尧问于舜曰：“我欲伐宗、脍、胥敖，南面而不释然，其故何也？”舜曰：“夫三子者，犹存乎蓬艾之间。若不释然，何哉？昔者十日并出，万物皆照，而况德之进乎日者乎！”

【注释】以前尧帝曾经问舜道：“我想出兵去讨伐宗、脍、胥敖这三个边陲小国，可是我南面而坐下来议政的时候，却怎么样也不能释然，总是觉得难过，为什么呢？”这三个小国不听教化，通过修德怀远不行，只好动用武力去征讨了。

舜回答道：“这三个小国，本来都是我们的同胞而流落到蛮夷之地了，散落到了边疆，已经是够可怜的了。他们只是生活在偏小卑微之地，不足以因为他们有芥蒂于胸中。”

舜接着说道：“你不能够释然，不能安心武力征讨，为什么呢？以前天上有十个太阳同时出来，万物都得到照耀。而今圣者仁王您的德行，已经接近于这十个太阳了，甚至比这十个太阳还要光亮了。”舜是劝说尧帝还是以德怀远，继续宽容感化那三个小国家。

15. 正居正色

【原文】啮缺问乎王倪曰："子知物之所同是乎？"曰："吾恶乎知之！""子知子之所不知邪？"曰："吾恶乎知之！""然则物无知邪？"曰："吾恶乎知之！虽然，尝试言之。庸讵知吾所谓知之非不知邪？庸讵知吾所谓不知之非知邪？且吾尝试问乎汝：民湿寝则腰疾偏死，鳅然乎哉？木处则惴栗恂惧，猿猴然乎哉？三者孰知正处？民食刍豢，麋鹿食荐，蝍蛆甘带，鸱鸦耆鼠，四者孰知正味？猿猵狙以为雌，麋与鹿交，鳅与鱼游。毛嫱丽姬，人之所美也；鱼见之深入，鸟见之高飞，麋鹿见之决骤。四者孰知天下之正色哉？自我观之，仁义之端，是非之涂，樊然殽乱，吾恶能知其辩！"

【注释】啮缺和王倪是上古两位隐士。据说许由是尧帝的老师，而啮缺是许由的老师，而王倪是啮缺的老师。

啮缺向王倪问道："你知不知道万物所相同之处呢？"虽然万物千差万别，可是却有相同之处。这里也呼应齐物论的主题了。

王倪回答道："我哪里知道这个事情呢。"

啮缺又问道："那你知道你为什么不知吗？"

王倪回答道："我也不知道的。"

啮缺又问道："那么你对宇宙万物都不知道吗？"

王倪回答道："我也不知道的。"

这个弟子问老师，老师居然回答了三个不知道，可谓是一问三不知了。这是怎么回事呢？且看看这位老师接下来怎么说。

王倪又说道："我虽然是不知道，可是我尝试说给你听听。你怎么能够知道我所说的知道不是不知道呢？你怎么知道我所说的不知道不是知道呢？"老师反问弟子了，虽然老师说不知道，也许是真的知道的。

王倪又说道："我曾经尝试问过你：老百姓睡在潮湿的地方就会患有腰痛的疾病或者半身不遂，可是泥鳅在潮湿的地方也会那样吗？人在树木的高处，就会感觉到惊恐战栗，猿猴在树上也会那样吗？"

王倪又说道："人，泥鳅和猿猴，这三者，哪里是它们的正居呢？"适合它们自己的就是正居，如果调换了就会生病了。一花一世界，一叶一菩提。人是一个小宇宙，泥鳅也是一个小宇宙，猿猴也是一个小宇宙，原子也是一个小宇宙。各个小宇宙都有自己的是非。这也是呼应了前面庄子所讲的，猿猴也有一个是非，也有一个小宇宙，也有自己的时空，也有自己的好恶。

王倪又说道："百姓吃蓄养的家畜，麋鹿吃美味的草，蜈蚣爱吃小蛇的眼睛，猫头鹰嗜好吃老鼠，这四者到底谁真正知道正味呢？"可以说谁都以为自己的是正味，如果将它们的食物给换了一下，就都认为不是正味了。俗话说得好，鞋合不合脚，只有自己知道。诸子百家各有各的道理，哪个才是正道呢？它们所说的东西有无共同之处呢？万物有无共同之处呢？

王倪又说道："雄性的猵狙喜欢以雌性的猿为配偶，猵狙也是猿类的一种，头像狗；麋喜欢和鹿交合；泥鳅喜欢和鱼交合。毛嫱、丽姬都是古代的美女，而人都以他们为美。可是鱼见到了却游向深处；鸟见到了却展翅高飞了；麋鹿见到了却很快地跑掉了。这四者到底哪一个是天下的正色呢？"现代物理学有一个多宇宙和平行宇宙的理论，也是说的这个道理。不过可以用庄子教给我们的东西纠正一下现代物理学。一物一宇宙，一物一太极，一物一是非。

王倪又说道："前面有讲正居、正色和正味三者，可是依我来看，仁义的头绪，是非的形成，纷繁复杂，越讲越乱了，越辩论越乱了，我如何能够知晓，如何能够辨别呢？也不愿意去辨别了。"一家都有一家之言，可是站在每一家的角度来看，似乎都很有道理，就像前面讲的正居、正色和正味一样，如何辨别正道呢？世人也许把邪道当成正道了，无法辨别了。

16. 至人神矣

【原文】啮缺曰：子不知利害，则至人固不知利害乎？王倪曰：至人神矣！大泽焚而不能热，河汉冱而不能寒。疾雷破山飘风振海而不能惊。若然者，乘云气，骑日月，而游乎四海之外。死生无变于己，而况利害之端乎！

【注释】啮缺又问自己的老师道："你不知利害关系，不知是非，可是至人难道不知晓利害吗？"

王倪回答道："至人真是神人啊！"什么是至人呢？也就是真人的，也就是完全恢复了本心的人，也就是大彻大悟的人。至字，甲骨文为箭头掉地上，也就是到家了。至人就是到家了的人。哪里是真正的家呢？就是我们自己的本心。

王倪又说道："即使是江河湖海都焚烧起来了，都烧干了，可是至人还不会觉得热。"

王倪又说道："即使是黄河和汉水这样的大江大河都冻结了，可是至人还是不觉得寒冷。"

王倪又说道："即使是迅雷击打在山上，山崩地裂了；大风吹在海面上，掀起了巨浪，可是至人还是不会觉得有什么惊吓的。"前面人上到树上会觉得惊吓了，猿猴却不会感觉惊吓。至人如此，应该可以被称之为大勇了吧。

王倪又说道："既然至人已经如此了，达到了这样的境界了，就可以乘坐云气，骑着日月而出行了，而可以逍遥遨游于四海之外了。"

王倪又说道："连死生对至人都没有什么影响了，而更何况是利害这样的小事呢?"

17. 孟浪之言

【原文】瞿鹊子问乎长梧子曰：吾闻诸夫子，圣人不从事于务，不就利，不违害，不喜求，不缘道；无谓有谓，有谓无谓，而游乎尘垢之外。夫子以为孟浪之言，而我以为妙道之行也。吾子以为奚若?

【注释】瞿鹊子和长梧子都是隐士高人。瞿鹊子据说是孔子的弟子。瞿鹊子问长梧子道："之前我曾经请教过我的老师孔子。真正的圣人是怎么样的呢？我听别人说真正的圣人应当是这样的：真正修道的圣人是不从事于具体的事务的，不被俗务缠身的；不去追求名利，也不去躲避灾祸；不去有求于世，也不有求于道；虽然是无言可是胜却有言，这是行不言之教；虽然是有言，可是未曾有一言，令世人不可执着于其言语；圣人已经是至人，能够超然遨游于物外，不被世俗所羁绊了。"

瞿鹊子又说道："我的老师孔子批评我说，这些都是无稽之谈，而我却以为这是真正的符合妙道的。你以为如何呢?"

18. 万物尽然

【原文】长梧子曰：是黄帝之所听荧也，而丘也何足以知之！且女亦大早计，见卵而求时夜，见弹而求炙。予尝为女妄言之，女以妄听之。奚旁日月，挟宇宙，为其吻合，置其滑涽，以隶相尊。众人役役，圣人愚芚，参万岁而一成纯。万物尽然，而以是相蕴。

【注释】长梧子听了瞿鹊子所说的话，他就回答道："像你前面跟老师孔子所说的，即使是黄帝那样的至人听到了也会荧惑不解的，而何况孔丘如何能够知晓呢?"孔子也是圣人，但是相比黄帝而言修为的层次又要差一些了。正如孔子曾经向老子求道那样。而黄帝曾经向广成子求道。

长梧子又说道："瞿鹊子你刚听到别人那样说，就以为是符合妙道了，以为是妙道了，也未免太早下结论了吧。这就好像是刚见到鸡蛋，就要急着求到报晓的公鸡一样；刚见到弹丸，就马上想到了美味的鸮鸟肉了。”

长梧子又说道：“我尝试着为你姑且说说，就当作我说的妄言吧，你就随便听听的。”

长梧子又说道：“真正得道的至人，其德光耀近于日月，宇宙在乎手，万化生于心。”

长梧子又说道：“至人与天地万物吻合为一体。至人将心置之于大爱。可是对于天子、诸侯、卿大夫等那些世俗之人，都是地位尊卑来看待事情的，而不能混而为一。这些都是世俗那些滑昏的人所为的。”

长梧子又说道：“世俗的人论争是非，沉迷于劳役之中不知止息，也不能够自觉。”

长梧子又说道：“圣人是至人，无心去有求于世，如同还未开化一样，实则是大智若愚的。圣人的心如同还没有萌芽的嫩草一样。圣人不自伐自性本心，没有固有的知见，逍遥停泊在一切都未萌发之前。”圣人似乎已经没有什么妄念了，在妄念萌发之前的那个状态了。

长梧子又说道：“圣人已经超越了生死，入于不死不生之地。对于圣人来讲一万岁也就类似于一岁；一岁也就类似于一万岁了。”对于圣人来讲，知晓一花一世界，一叶一菩提。天上一天，地上一年。每个小宇宙都有自己的时空。对于小虫子而言，一天也许相当于一万年。

长梧子又说道：“圣人已经超越了时间和空间，而恢复到了最纯净的状态，也就是恢复了每个人本有的本心和良知。已经恢复到了无是非的本心。”

长梧子又说道：“万物本来都是与道通而为一的，本来是无是非的，如同圣人与天地万物混化而为一体。所以说万物都是如此的。”

长梧子又说道：“但是世人只是以一个是字，就有一个非字，如此不断地蕴积而成个人的私爱偏见，所以就有了生死，有了是非。”根本还是是非的分别心在作怪的。

19. 万世之后

【原文】“予恶乎知说生之非惑邪！予恶乎知恶死之非弱丧而不知归者邪！丽之姬，艾封人之子也。晋国之始得之也，涕泣沾襟，及其至于王所，与王同筐床，食刍豢，而后悔其泣也。予恶乎知夫死者不悔其始之蕲生乎！梦饮酒者，旦而哭泣；梦哭泣者，旦而田猎。方其梦也，不知其梦也。梦之中又占其梦焉，觉而后知其梦也。且有大觉而后知此其大梦也，而愚者自以为觉，窃窃然知之。君乎、牧乎，固哉丘也！与女皆梦也；予谓女梦，亦梦也。是其言也，其名为吊诡。万世之后而一遇大圣，知其解者，是旦暮遇之也！

【注释】长梧子又说道："我哪里知道悦生、贪生就不是迷惑呢？"庄子借这个隐士的话来说，生本来没有生可欣喜；而众人都对生感到喜悦，贪生岂不也是一种迷惑吗？

长梧子又说道："我哪里知道厌恶死、怕死是不愿意回家。弱丧说的是从小就丧失家乡，离开家乡的。我们从小离开家乡，都不知道回家。"本来无生无死，死如同落叶归根，如同归家，而众人厌恶死，岂不是类似于游子从小离家，不知道归宿。当然圣人并不是叫大家去死，圣人还是要让大家去珍惜生命，珍惜生活的。只是说，世人总会有生死，能够坦然去面对生死而已。至人已经大彻大悟，知晓宇宙人生的实相了，人是无生无死的，已经解脱了生死。

长梧子又说道："丽姬这个大美人，她原本是掌管艾地这个地方的官员的女儿。晋国君主刚开始迎娶她的时候，涕泪沾巾。她刚在晋国生活的时候经常哭哭啼啼的，对家乡亲人很思念，很不开心。可是等到她到了君王的住所，跟君王一起同吃同住，吃了美味的食物，就以此为乐了。而后她就开始后悔她之前为什么那么不乐意而哭泣。"后来才知其乐，而才后悔之前不知道，以为那是苦的。世人不知道安贫乐道为乐，不知道之乐，而以为是苦，如果得道了，就会知晓了。世人以死为苦，而不知那并不是苦的，而是非苦非乐的，世人迷惑不知罢了。庄子并不是以死为乐的，而是非苦非乐的。

长梧子又说道："如果知道死非苦，我哪里知道会不会后悔当初去祈求生、贪生而怕死的。"庄子也并不是以死为乐的，假如如此岂不是鼓励大家去死的，这就不对的了。还是要珍惜生命的，正是有这个生命，所以给予我们修行的机会。本来无生无死，死就免除了形骸所受的种种苦累。庄子并不是要我们去死，而是要我们去修行此道，超越生死，到达逍遥安乐的境界。

长梧子又说道："夜晚做梦，在梦里饮酒作乐的人，天亮了也许遇见令人哭泣的伤心的事情；梦里梦见令人哭泣的事情，天亮了也许就高兴的打猎去了。"从这里来看呢，人世的确如梦的；由此来观看死生如同白天和黑夜一样。至人看死生如同白昼和黑夜，他就可以逍遥游于世间的。人生如同一场大梦，在没有觉悟的人看来，就会以死生为忧喜；如果能够觉知醒梦一场，就可以看到死生本来没有什么分别的。

长梧子又说道："世人在夜里做梦，而不知其做梦，以为梦里都是真的。"世人在白天醒着的时候，何尝不是在做梦呢？人生如同一场大梦，如同白驹过隙的。世人在迷惑当中，而不知他们自己的迷惑；如同在梦中，而不知正在做梦一样。等到觉悟了，就不迷惑了。

长梧子又说道："世人在梦中，不知道自己在做梦。而在梦中还在占卜其梦，还以为是真的一样。"如此岂不是可笑吗？注意了，我们不要笑别人，庄子所说就是我们自己的。庄子这里是提醒世人，大家在迷惑当中，而且还自以为是，而要去跟别人争辩，谁都不服谁。这样的做法就如同在梦中占卜梦一样，其实是不知晓自己在迷惑当中的，不能觉悟的。

长梧子又说道："必然要等到有大觉大悟的圣人出来，而后才能够知晓这只是大梦一场的。"大觉悟的圣人出世，才可以觉悟世人，才能唤醒众人的。众人才知晓自己所谓的辩论都是在说梦话而已。

长梧子又说道："而世上的愚人自以为自己已经觉悟了，似乎自己对一切都明察秋毫的样子，似乎已经全部都知晓了。"世上的愚人以为自己已经知道了，所以执着于是非的辩论，而全然不知自己在迷惑当中，而自以为已经觉悟了，所以巧舌如簧地故意夸示给别人，不过是争名利而已。这是举世古今昏迷的通病，庄子要开药方治疗了。

长梧子又说道："我们都在一场大梦中，我们能够成为梦的主宰吗？能够成为一身的主宰吗？如果不能成为主宰，是被什么牧使吗？是不是被什么牵着鼻子走都不知道呢？孔丘也太过于固执了，太过于执着了。孔丘和你瞿鹊子也都是在梦中的呀。虽然我这么说你在梦中，我也只在梦中说你做梦罢了。"长梧子倒是一点都不谦虚，当然了孔子也是得道的人。

长梧子又说道："我所说的这些话，也如同梦话一样，可以说在别人看来，也是极其怪诞之说的。"

长梧子又说道："万世之后必当会出来一位大圣人，他能够知晓我所说的话。如同旦暮之间与圣人相遇的。"庄子寓言，万世之后必定会有大圣人出，大觉者出，能够印证他所说的话。庄子早能预知有佛会出世，必定可以印证他。不然要说大觉者，除了佛还会有谁呢？

20. 和以天倪

【原文】"既使我与若辩矣，若胜我，我不若胜，若果是也，我果非也邪？我胜若，若不吾胜，我果是也，而果非也邪？其或是也，其或非也邪？其俱是也，其俱非也邪？我与若不能相知也，则人固受其黮闇，吾谁使正之？使同乎若者正之？既与若同矣，恶能正之！使同乎我者正之？既同乎我矣，恶能正之！使异乎我与若者正之？既异乎我与若矣，恶能正之！使同乎我与若者正之？既同乎我与若矣，恶能正之！然则我与若与人，俱不能相知也，而待彼也邪？化声之相待，若其不相待，和之以天倪，因之以曼衍，所以穷年也。"

【注释】长梧子又说道："假如我和你像这样辩论，假如你胜了我，我不能胜过你。还是你比较雄辩一点，你果真就是对了吗？我果真就是错了吗？"大道可以用语言文字来说明，但是语言文字并不等于大道本身。语言文字只是指向月亮的手指罢了，而月亮就是代表着大道的。悟道是如人饮水冷暖自知的，并不是雄辩了就是对的了。

长梧子又说道：“如果我胜了你，你不能胜过我，我果真是对的，而你果真是错的吗？”每个人都是一个小宇宙，在自己的角度和时空里，也许看到的都是对的。可是从这个小宇宙看另外一个小宇宙，就会觉得对方是错的。这里也呼应了前面的话，人如果在高高的树上就觉得恐惧，而猿猴就喜欢在树上玩耍。都需要站在事物本身去看，就对了。

长梧子又说道：“也许不一定是谁对谁错。或许你我都是对的，或许你我都是错的。”

长梧子又说道：“我和你也许谁都不能辩论赢谁，谁都不信服谁，我和你的心不能相知的。我和你也许都不能知晓真相。人与生俱来就是蒙昧的，又有谁能够使得我们的心归于纯正呢？”人与生俱来就被无明所覆盖。佛家里面讲无明，这个词是很形象的，没有半点光明，就是很黯淡了。实则每个人的心都是光明的，只是被物欲所遮蔽罢了。庄子圣人写这个经典就是在帮我们去除无明的。

长梧子又说道：“到底什么样的人能够纠正我们呢？能够给我们指点迷津呢？假使一个人的思想跟你相同的可以纠正吗？既然和你相同，又怎么能纠正呢？完全不需要纠正了！”庄子所说真是太棒了，我们一般都喜欢得到别人的赞许，喜欢亲近和自己思想接近的人，可是如果思想完全相同的话，如何能够纠正思想之偏呢？庄子所说的都是真理，也许我们会觉得荒诞不可思议，但是不要觉得见怪，还是认真的学习的。

长梧子又说道：“假使一个人思想跟我相同，他能够纠正我们吗？既然和我的思想相同，又怎么能够纠正呢！”

长梧子又说道：“假使一个人的思想跟你和我的都不同的，他能够纠正我们的思想吗？他能否做公证人呢？既然与我和你的思想都不相同，如何能够纠正呢！”我和你都根本接受不了他的说法。我是一个小宇宙，我有我的是非；你是一个小宇宙，你有你的是非；他有他的小宇宙，他也有他的是非。

长梧子又说道：“假使一个人的思想跟我能够达成一致，也能够跟你达成一致，这样的人能否纠正我们呢？能否做公证人呢？既然与我和你的思想都相同了，也不能做公证人了。”

长梧子又说道：“然而我和你，还有别人，都不能够相知，互相都无法达成一致意见。谁都不能知晓真正的道，那么要等待谁呢？到哪里去找真正的道呢？”即使这个人已经知晓了真正的道，他也许完全都和你我不同，我们根本都接受不了他做公证人，如此就错失了求道的机会了。举世皆迷，无论古今都是梦中说梦，必然要等待大觉悟的圣人，方能够纠正的。即使不能等到大觉悟的圣人出现，也只需要自己自救的，只需要各人各自找到自己的真的主宰，找到各自的真心，如此是非就自然分明了，就不会争辩了。如果能够恢复本心，所说都是出于天真了，跟天籁无异了。

长梧子又说道："如此我们都在等待大觉之人来纠正我们，如果暂时无法等待到。可以止息争辩的，谁都无法说服谁，谁都是在梦中说梦，各自都是说自己的梦话，如何能够说得清楚呢？我们的争辩，可以看作化为风吹大树而有的万种声响。不同的辩论生如同万种声响。虽然声音不同，可是存在的就是合理的，双方都要友好相待的。如果说不能相待，非得要分出个是非曲直，那就需要和之以天道了。如果各自能够发明自己本有的良知，也就能够知晓了。正是由于不能够契合于天道，随意越衍变越多，声音越来越多，诸子百家有一百种声音，而每一种又都分了不知多少个门派，各自争辩，即使经过无穷无尽的日子，也无法把真相找出来的。"

21. 振于无竟

【原文】"何谓和之以天倪？曰：是不是，然不然。是若果是也，则是之异乎不是也亦无辩；然若果然也，则然之异乎不然也亦无辩。忘年忘义，振于无竟，故寓诸无竟"。

【注释】长梧子又说道："和之以天倪怎么讲呢？答案是：你认为是的未必就是，你认为对的，未必就是对的。"是非和之以天道。一心分出七情六欲，如果和之以天道，就会心情平和。一束太阳光经过三棱镜可以分出七色，七色如果和之以天道，就会美不胜收。一根竹管如果不开孔，只是作为定音器，虽然是一个音，实则蕴含着五音。开孔之后，就会分出五音，如果和之以天道，就是天籁之音了，就是雅正的音乐，否则就是噪音了。一个大道，一个宇宙和人生的实相，分出来就有了百家之言，如果和之以天道，就会泯灭争辩。你以为是的，未必就是，也许是非；你以为是对的，未必就是对的，也许是不对的。

长梧子又说道："你认为是的假若果真就是是，则是跟不是不同，这就无须去争辩了。"假若认为庄子所说的是，而其他的不是的，就与庄子的不同了。真理只有一个的。

长梧子又说道："你认为对的，假若果真是对的，则对的跟不对的不同，这就无须去争辩了。"

长梧子又说道："如果要找到真正的道，就可以忘掉了时间了，没有时间概念了；已经忘掉各家之言的真义了，不管是哪一门哪一派的学说，也都只是过河的工具罢了，也都是指月的手指。”

长梧子又说道：“振翅高飞、逍遥游于无量无边的境界，所以说用无竟来比方，无法形容这个境界。”

22. 罔两问景

【原文】 罔两问景曰：“曩子行，今子止；曩子坐，今子起。何其无特操与？”景曰：“吾有待而然者邪？吾所待又有待而然者邪？吾待蛇蚹蜩翼邪？恶识所以然？恶识所以不然？

【注释】 罔两是影外之影，也就是影子外面的光圈。景是指影子。曩就是过去的意思。

罔两抱怨影子说道：“刚才你在行走，而现在又停止了；刚才你坐下来了，现在你又起来了。你的行止起坐怎么这么无常啊？怎么跟个猴子似地，搞得我跟着你这么累。”量子理论中有测不准原理，跟这个很相似的。似乎量子的运动毫无规律，是测不准的，哪里知道真正的主宰是哪个呢？量子也许如同心之影子，爱因斯坦抱怨它的同时，它也会抱怨的。我们只有站在量子的角度，以量子为中心来观测，才能知晓一切。

影子听了就回答道：“你哪里知道我的痛苦呢？又由不得我，我需要待形体而变化，形体坐我就坐，形体站，我就站。”

影子又说道：“我所待的形体而又做不了主，它也有人做主的。”形体的主人是什么呢？说白了就是我们的本心，我们的自性。

影子又说道：“我又根本做不了主，就好像是蛇的肚皮和蝉的翅膀的。”蛇的肚皮由不得肚皮本身，而肚皮可以支撑蛇爬行；蝉的翅膀也由不得翅膀。

影子又说道：“我哪里知道为什么这样？我哪里知道怎么才能不这样呢？”影子抱怨自己不是自己的主宰。影子又依赖于人的形体，而形体为假形，如同蛇的肚皮，如同蝉的翅膀。这些都不是真正的主宰。

23. 庄周梦蝶

【原文】 昔者庄周梦为胡蝶，栩栩然胡蝶也。自喻适志与！不知周也。俄然觉，则蘧蘧然周也。不知周之梦为胡蝶与？胡蝶之梦为周与？周与胡蝶则必有分矣。此之谓物化。

【注释】 昔者庄周梦为胡蝶，栩栩然胡蝶也。以前啊，庄子我曾经做了个梦，梦见我变成了蝴蝶，飘飘然的飞。

自喻适志与！不知周也。那个时候，我梦见自己成蝴蝶，真是令我感到很惬意的。我完全都不知道有庄周我存在了。

俄然觉，则蘧蘧然周也。突然醒来的时候，也是悠然自得的样子，原来我就是庄周，原来是做了一场梦的。

不知周之梦为胡蝶与？恍惚之间，我都不知道庄周做梦变成了蝴蝶呢？

胡蝶之梦为周与？还是蝴蝶做梦变成了庄周。我们都在梦中说梦，的确说不清楚了。

周与胡蝶则必有分矣。我到底是庄周，还是蝴蝶，必然可以有定分的，必然有其中的道理的。

此之谓物化。庄子给这个寓言来个总结了，说这是由于物化。庄子也是由于此心所化；蝴蝶也是此心所化；梦也是此心所化。万事万物都在变化当中，心外无物，万法唯心造。心可以化成为物，一事一物都离不开真正的主宰，人心自性。

第三章　养生主

1. 有涯无涯

【原文】吾生也有涯，而知也无涯。以有涯随无涯，殆已！已而为知者，殆而已矣！为善无近名，为恶无近刑，缘督以为经，可以保身，可以全生，可以养亲，可以尽年。

【注释】吾生也有涯，而知也无涯。我的生命是有涯限的，而求知是无涯限的。

以有涯随无涯，殆已！以有涯限的生命去追随无涯限的知识，这就危险了！前面有讲到，各种见解不断的蔓延，知识越来越多的，如何能够学得完呢？所以说，我们要求的是真知，是智慧，是一通百通的道，而不是知识。

已而为知者，殆而已矣！我们拿着已经学会的一点学问知识，以为已经学富五车了，这就很危险了！不知道天外有天，人外有人的。前面逍遥游中，有讲了各种各样的动物，它们都无法想象别人的境界。

为善无近名。为善无须去亲近美名，不必想为了出名去做善事，要养生最重要的就是要积累阴德。

为恶无近刑。为恶，也就是不得已难两全做了一些不好的事情，要注意不接近刑罚，如果触犯了刑罚，就会有危险了，更别提养生了。这里庄子绝对不会教坏我们，并不是鼓励我们去做坏事，去钻刑罚的空子。

缘督以为经。如果要养生，就要去缘督脉，打通督脉，成为气血疏通的总路径。如此就可以长寿了。

可以保身，可以全生。庄子开篇就讲养生的几个要点：第一要求智慧，而不是知识，如果由于做学问成为负担，消耗心力，就不是养生了。求道做学问应该是快乐的事情。第二不可以触犯刑罚，不可以汲汲于名利。第三就是要打通任督二脉等经络。如果能够做到这几点，就可以保身了，就可以长寿，就不会有太多疾病，就不会由于触犯刑罚而失去性命了。人的一生，也就能够有始有终了。

可以养亲，可以尽年。就可以侍奉亲人，孝顺父母了。如果自己不注意养生，就难以尽孝了。可以享受天伦之乐，可以尽天年。

2. 庖丁解牛

【原文】庖丁为文惠君解牛，手之所触，肩之所倚，足之所履，膝之所倚，砉然响然，奏刀騞然，莫不中音，合于桑林之舞，乃中经首之会。

【注释】庖丁解牛这个成语许多人都耳熟能详了。庖丁是文惠君的厨子。庖丁帮他杀牛。

手之所触，肩之所倚，足之所履，膝之所倚。这一段是讲庖丁娴熟的杀牛的动作。为什么庄子要讲杀牛呢？不是不轻易杀生吗？我们先带着疑问往下看吧，会找到答案的。用手触碰牛；肩膀依靠着牛的身体；脚压在牛身上；膝盖顶着牛的身体。用刀来分解牛肉牛骨头。

砉然响然，奏刀騞然。只听到了解牛的响声，只要是刀触碰到的地方，就分解了。

莫不中音，合于桑林之舞。解牛的过程，如同刀尖上的舞蹈，都符合节奏。

乃中经首之会。对于牛身上的经络、筋骨，都很精准到位，牛很快地就分解为骨头、牛筋和牛肉了。

3. 得养生焉

【原文】文惠君曰："嘻，善哉！技盖至此乎？"庖丁释刀对曰："臣之所好者道也，进乎技矣。始臣之解牛之时，所见无非全牛者；三年之后，未尝见全牛也；方今之时，臣以神遇而不以目视，官知止而神欲行。依乎天理，批大郤，导大窾，因其固然。技经肯綮之未尝，而况大軱乎！良庖岁更刀，割也；族庖月更刀，折也；今臣之刀十九年矣，所解数千牛矣，而刀刃若新发于硎。彼节者有间而刀刃者无厚，以无厚入有间，恢恢乎其于游刃必有余地矣。是以十九年而刀刃若新发于硎。虽然，每至于族，吾见其难为，怵然为戒，视为止，行为迟，动刀甚微，謋然已解，如土委地。提刀而立，为之而四顾，为之踌躇满志，善刀而藏之。"文惠君曰："善哉！吾闻庖丁之言，得养生焉。"

【注释】文惠君说道："好啊，真是太厉害了！你的技艺如何能够达到这样的程度呢？"

庖丁听到君主问他，他就把刀放在一边回答道："臣下平素好道，并非一开始就专于技巧，而是先学道，已经领悟到了万物都有自然微妙的天理，所以就以此道进而用于技，就可以有这个水平了。"

庖丁又说道："臣下刚开始解牛的时候，所看到的眼里无非是整个的牛，都是实实在在的。"未入道的时候，看着一物即是一物。所以刚开始解牛的时候，满眼都只见到一只牛。

庖丁又说道："三年以后，眼里就未尝能够见到是一整只牛了。"刚开始还没见天理的时候，浑然只是见到一牛。时间久了以后，仔细的观之，则就看得很清楚了。牛的外面有牛头、牛角和牛蹄等，牛的里面有五脏、百骸和筋骨。一一可以划分，各有各的功用，各有各的不同，各有一理，很自然地组合在一起，而成一只牛。由此看来，却是看不到全牛了。庄子之所以讲庖丁解牛，并不是不避讳杀生，而是要借着机会来讲清楚道。我们人也是如此的，一开始以为有一个我，可是剖析来看，无非是五脏六腑、经络、百骸等，哪个是我呢？哪个才是真正的主宰，哪个才是真正的主人呢？我们说要养生，连养生的主人都找不到，如何去养生呢？牛如何去养生呢？难道是养角吗？养五脏吗？

庖丁又说道："到了现在呢，臣下不需要用眼睛去看了，以神会就可以做到了。"臣下仔细的观牛，一件件进行分析，有一定的天然的腠理，已经能够了然于心。所以在解牛的时候，根本就不用眼睛去看了，只要随手就可以了。

庖丁又说道："五官似乎都停止使用了，只是以神御就可以了。所以随手去做，迎刃而解了。"

庖丁又说道："依循着骨肉之间天人的腠理，在无骨头处就批开分开，遇见骨头的地方因势利导。只是由于有固然一定之理，所以能够在其间游刃有余。"

庖丁又说道："对于肢节、经络、关节等这些小的地方都未尝去碰上什么阻碍，更何况是大的骨头呢？刀锋所指，根本都不会触碰到了。"

庖丁又说道："良好的厨子呢，一年就要换一次刀，只是用刀来切割而已，不会碰到骨头的。"

庖丁又说道："对于一般的厨子而言，每个月都要换刀，这是由于容易有缺口的，由于经常用刀来砍骨头的。"

庖丁又说道："现在臣下用的这把刀已经用了十九年了。这把刀所解的牛足足也有几千头了，而刀刃就像从磨刀石那里刚磨的那样锋利，全然没有一点缺口。"

庖丁又说道："牛的关节之间有空隙，不管多紧密的连接总会有空隙的。而这把刀在我的手里，已经变得很空灵了，没有任何厚度了。这把刀就很潇洒从容了，能够处于游刃有余之地了。"大道无处物在，一物一事都有。不管多紧密的外物，大道都可以浸入。我们有说无间道。正是由于有物欲的遮蔽，物和心之间有了一层物欲的间隔，就称之为有间了。本来自性之刀是无间的。

庖丁又说道："所以说，这把刀用了十九年，还像是刚从磨刀石那里磨过的那样。"

庖丁又说道："虽然如此，可是当每次刀刃到了筋骨盘结之处，看到难以通过了，这时候也要注意顺势而为了。"遇到困难，不可以强为，而是要顺势而为的。我们的心性也是如此，如同一头倔驴的，如果强行压制也不行的，需要顺势而为。

庖丁又说道："我就会警惕而不敢轻举妄动的。凝神聚气，以神观之，也专注于此。行刀的速度也稍微放缓了，动刀很轻微。如此就用力不多，而难解之处也就能够哗然而解了，牛如同泥土一样散落在了地上。"

庖丁又说道："已经突破了难解之处，提刀站着，稍微歇息一下，终于可以歇口气了。还是继续四处看看，看清楚其到底哪里造成难解。感到踌躇满志了，很畅快了，解决难题了。已经完成任务，就把刀擦拭干净而收起来了。"

文惠君听了以后说道："真是太好了！我听了庖丁的话，知道如何去养生了。"我们对这个故事很熟悉，可是未必就能清楚庄子的寓意。这个故事实在是一个大譬喻的。庖丁比喻得道的圣人，而用牛来比喻世间的各种事情。大到天下国家，小到日常的小事，也都是目前的事情。

解牛的技巧，是治理天下国家，用于世上的智术。

刀是用来比喻本性，自心本性为养生真正的主人。前面有讲到影子的故事，真正的主宰也是人的自性本心。本性为养生之主，只需要率性而行，如同以刀来解牛，一切可以迎刃而解的。自性之刀，如同金刚之刀，能够破除世间一切黑暗和烦恼。如果不贪求物欲，自性之刀就不会有缺口。

圣人先是学道，而已经开悟了，明心见性了，推而用在治理天下国家。这就好比庖丁先学道，而后用在于学解牛的技巧。先学大道，大道并不是无用，而是可以通无数的小道，可以通兵法、书法和绘画等。

没有悟道之前，世上的一切似乎都很难。如同庖丁，一开始见到的，满眼都只是见到一只牛。我们没悟道之前，看到的是一整个人，以为实有。到了入道了，自性的光明日益显现了，就可以看破世间的事情了，每一件都有一定的天然之理。

如此就好像是没有一件事情一样，就好像是目前无一全牛。既然已经看破世事了，那么一味依循天理而行，游于天地之间，就不会见到一处难为的事情。

如果能够以天理而行，就不会被物欲所伤身伤性，就不会失去本真。所以说刀刃用了十九年也似乎刚从磨刀石那里磨过一样。我们的心性能否如此呢？如果能够保持初心，就如同保持刀刃锋利一样。

以圣人的上根利器，用来应对事务，所以能够游刃有余。

如果遇见难处的事情，如同遇见筋骨盘结的地方，就要加倍地小心警惕了，慢慢地斟酌处理，也容易解开的，也不见得有多难的。

至人真人如此应对世事，又有什么好疲惫的呢？又有什么可以伤害自性的呢？如此养生就好了。所以结尾讲：听了庖丁的话，就知道如何养生了。

至人率性而依循天理而行，就不会有什么过失，就可以全自性，而形体也不会受到伤害，可以长寿。

如果能够仔细体会其言外之意，就可以知道这个故事的微妙了。如此的比喻，需要仔细去把玩，可以体会庄子的深旨。

4. 天之生是

【原文】公文轩见右师而惊曰："是何人也？恶乎介也？天与？其人与？"曰："天也，非人也。天之生是，使独也。人之貌有与也，以是知其天也，非人也。"

【注释】右师是宋国的官员。由于犯罪而被砍掉了一只脚。宋人公文轩见到右师的时候，感到极其惊讶。

公文轩说道："他是什么人呢？为何只有一只脚呢？是上天赋予的吗？还是人为的呢？"

他又说道："必定是天意如此，并非人力所能为的。"虽然右师天生下来并没有缺失一只脚，可是由于右师不懂得顺天而养生，被天意所惩罚的。

他又说道："天生此人就有许多的贪欲，自己丧失本有的天真，所以犯罪而获刖刑。这是天刑他本人，使得他只有独脚的。"福祸无门，惟人自召。

他又说道："就好像是人的形貌，都是上天赋予的。从这里就知道是上天所为，并非人为的。"

5. 十步一啄

【原文】泽雉十步一啄，百步一饮，不蕲畜乎樊中。神虽王，不善也。

【注释】水泽中的野鸟走十步才低头啄一下食物，走百步才低头饮水一下。看庄子对野鸟的描写很生动吧，我们都能想象出野鸟谨小慎微的样子了。

野鸟不祈求被关在藩篱之中。虽然关在笼子里面，每天都能够不缺吃喝，可是却没有了自由，性命就由不得自己了。前面右师虽然官居高位，但是，却好像是被关在牢笼之中一样，随时都有性命之忧。

心藏神，神虽然居于王位，可是却并不值得羡慕。因为神被困于牢笼之中，也就是被困于我们这个臭皮囊之中，被物欲所束缚。如何能够解脱束缚呢？就需要向庄子学习养生了。

6. 帝之县解

【原文】老聃死，秦失吊之，三号而出。弟子曰："非夫子之友邪？"曰："然。""然则吊焉若此可乎？"曰："然。始也吾以为其人也，而今非也。向吾入而吊焉，有老者哭之，如哭其子；少者哭之，如哭其母。彼其所以会之，必有不蕲言而言，不蕲哭而哭者。是遁天倍情，忘其所受，古者谓之遁天之刑。适来，夫子时也；适去，夫子顺也。安时而处顺，哀乐不能入也，古者谓是帝之县解。"

指穷于为薪，火传也，不知其尽也。

【注释】老子死去了，友人秦失来吊丧。圣人老子不是西出函谷关了吗？庄子这里也许是譬喻罢了。

秦失来吊唁老子，仅仅哭三声就走了，似乎毫无悲伤之情。

老子的弟子看到了，就问他道："你难道不是老子的好友吗？"

秦失回答道："我是他的好友。"

弟子又好奇地问道："然而你来吊唁，如此这样，难道符合礼数吗？"

秦失回答道："是的，我认为是合适的。以前一开始刚和他认识的时候，以为他是个很了不起的得道高人，而现在我不这么认为的。"

秦失又说道："刚才我进去吊唁的时候，有老人在哭泣，就好像是失去了儿子那么悲伤；有年少的人在哭泣，就好像是失去了母亲那么悲伤。"秦失是觉得可能圣人老子没有把自己的这些弟子教好，这些弟子都没有得道，如此过于悲伤。对于得道的人来说，死生如同昼夜轮回。

秦失又说道："众人是会错意了，这些都不是老子所期望的。老子并不期望其这么称赞自己，为自己歌功颂德，也不期望大家这么哭泣。"

秦失又说道："这是失去了天理，违背人的真情了。"对于喜怒哀乐来讲，已经不是真情，已经违背了天理了。真情应当是要回归到喜怒哀乐未发之中。

秦失又说道：“这是由于忘却秉受于自然的本性罢了。在古人来讲，就是失去天理了。”这里所讲跟王阳明先生所讲的心学是相通的。此心原本纯是天理，由于被物欲所遮蔽罢了。

秦失又说道：“老子来到这个世上，是应时而生的；老子离开我们，也只是顺时而去罢了。随时随地的都能够做到心安，能够做到顺其自然，如此哀乐就不会入于心，就会伤害自性了。”这也是呼应养生的主题的，哀伤也要适度的，不能过了。哀伤过了，也就会伤害自性了。子夏由于自己儿子去世，竟然哭瞎了眼睛。孔子的儿子也早早就去世了，可是孔子却能够做到适度，不会过于哀伤。

秦失又说道：“古人讲，死去了，这是上天对于饱受倒悬之苦的人一种解脱。”人生出来就好像是来到这个世上受苦的。古人讲，倒悬之苦。张果老倒骑驴就是为了提醒世人颠倒的。

7. 薪火相传

【原文】指穷于为薪，火传也，不知其尽也。

【注释】有形的身体如同薪，也就是如同木材；无形的自性本心如同火。什么是养生真正的主人呢？是有形的还是无形的呢？

人死如同薪烧完了，虽然薪烧完了，可是火种还在不断地延续下去的。人死了虽然这个有形的皮囊没有了，可是人的自性本心传下去了，这才是真正的主人。这才是我们真正的主人，这才是真正的自己。这可不是在讲迷信的，请仔细思量。

有形的身体去世如同薪烧尽了，虽然薪烧尽了，可是火却传了下去，永远不会有所穷尽。无形的自性本心也会永远传承下去了。前面讲老子去世的故事，这里讲圣人的心法，如同薪火相传一样，永远不会有所穷尽。

第四章　人世间

1. 乱国就之

【原文】 颜回见仲尼，请行。曰：“奚之？”曰：“将之卫。”曰：“奚为焉？”曰：“回闻卫君，其年壮，其行独。轻用其国而不见其过。轻用民死，死者以国量乎泽若蕉，民其无如矣！回尝闻之夫子曰：‘治国去之，乱国就之。医门多疾。’愿以所闻思其则，庶几其国有瘳乎！”

【注释】 颜回去拜见自己的老师孔子，这次颜回不再安居陋巷了，这次是来辞行的。

孔子问道：“你要去哪里呀？”

颜回回答道：“我要去卫国。”

孔子又问道：“去那里做什么呢？”

颜回回答道：“颜回我听闻卫国的国君，正当壮年，血气方刚而独断专行。他以国事如同儿戏，而看不见自己的过失。”

颜回又说道：“卫君不爱惜百姓的性命，草菅人命。在卫国内，死了很多的人，互相枕藉，就好像是草芥堆满了大泽，老百姓无处逃命。”

颜回又说道：“弟子记得老师曾经告诉我：国家已经大治就要离开了；国家乱了就要来挽救。就好像好的医生门庭常有许多病人。”

颜回又说道：“愿意以所听到老师的教诲来思考行为的准则，或许卫国还有挽救的希望，使得百姓免于遭受疾苦。”

2. 先存诸己

【原文】 仲尼曰：“嘻，若殆往而刑耳！夫道不欲杂，杂则多，多则扰，扰则忧，忧而不救。古之至人，先存诸己而后存诸人。所存于己者未定，何暇至于暴人之所行！且若亦知夫德之所荡而知之所为出乎哉？德荡乎名，知出乎争。名也者，相札也；知也者争之器也。二者凶器，非所以尽行也。”

【注释】孔子听了颜回那么说，他就说道：“你恐怕去了卫国就难免会遭受刑罚了！”

孔子又说道：“学道要专心致志的，不要杂乱其心的。”孔子曾经说过，朝闻道夕死可矣。孔子把道看得比自己的性命还要重要。

孔子又说道：“如果心杂乱了就会多为多事，也会多欲。如果多欲了，就会庸人自扰；如果多事自扰，就会有忧患了；如果忧患积累到了一定的程度，积重难返了就会到了不救的危险境地了。”《道德经》中讲：少则得，多则惑。其中道理也是相通的。

孔子又说道：“古代的至人真人，先存道德于己，存够了资粮，把自己的问题解决了，然后才去教化别人的。”如果自己的问题没有解决，泥菩萨过河，自身难保的。孔子这么说，跟修身齐家治国平天下，这个顺序是相通的。如果要治国平天下，首先要做到的就是修身。如果要救人，首先就要能够有能力救己。

孔子又说道：“所存于己的道德，还没有能够做到静定，又哪里有闲暇去纠正暴君的言行呢?”在《大学》中有讲，知止而后有定，定而后能静。首先要知晓止于至善。如果修到了至善，就是至人了，就是真人的。如果知道止于至善，那就有了定力了。如果自己还没有能够有足够的定力，如何去纠正别人的错误呢?

孔子又说道：“况且你也已经知晓道德之所以丧失的原因了，也已经知晓智巧为何而出的了。为了名利而使得道德沦丧，智巧是为了争强好胜的。”

孔子又说道：“为了名利，就会相互倾轧；智巧是相互争斗的利器。”

孔子又说道：“名利和智巧，这两个都是凶器的，是不能作为处世的正道而行于世上的。”

3. 未达人心

【原文】“且德厚信矼，未达人气；名闻不争，未达人心。而强以仁义绳墨之言，術暴人之前者，是以人恶有其美也，命之曰灾人。灾人者，人必反灾之。若殆为人灾夫。”

【注释】孔子又说道：“且道德纯厚而其中有信，纯真而一点都不虚假，可是却未必能通达于人情。”人气是要臭味相投便称知己的。如果孔子跟颜回的确可以心心相印，也会通达于人气。如果人气之中多欲，被欲望所蒙蔽，就很难通达了。此道如果遇见合适的人不传不行，如果遇见不合适的人去传了，反而徒增灾祸了。

孔子又说道："不求名利，对于什么东西都不去争，这并未能通达于人心。"人心和道心相反，然而并非有两个心。心只有一个，只是由于被物欲遮蔽了，利令智昏所以称为人心。如果去跟卫国的国君讲，不要为名利而争，如何能够入得了卫君的人心呢？

孔子又说道："如果勉强用仁义、法度这样的话来劝说暴君，这样说给人一种什么样的感觉呢？就好像是在说别人的恶，而赞美自己的道德一样。别人就会以为你在故意对比炫耀自己的，别人就会说你在害人的。"

孔子又说道："别人会误解你去害人，别人势必反过来会加害于你的。你恐怕就会被人所伤害了。"

4. 以火救火

【原文】"且苟为人悦贤而恶不肖，恶用而求有以异？若唯无诏，王公必将乘人而斗其捷。而目将荧之，而色将平之，口将营之，容将形之，心且成之。是以火救火，以水救水，名之曰益多。顺始无穷，若殆以不信厚言，必死于暴人之前矣！"

【注释】孔子又说道："假如卫君喜悦贤臣而憎恶不肖的人，难道他不会使用卫国本有的贤才吗？难道非得要标新立异地用你颜回吗？"

孔子又说道："假如你毛遂自荐，卫君没有诏见你，而你自己去见他，当朝的王公大臣们就会要各种智巧来与你争斗的。"

孔子又说道："而看到卫君那样的盛气凌人，再加上王公大臣们又在那里争宠，而你的内心就失守了，原本要坚持的东西都容易放弃了，眼目将荧惑不已了。"如果看到卫君对你的劝谏感到震怒，杀气腾腾的样子，还能否坚持初心呢？如果顺着卫君，不更助长卫君的傲气了吗？眼睛所见王公大臣，争相表演，眼睛不迷惑才怪呢？

孔子又说道："如果看到卫君杀气腾腾，龙眼震怒的样子，势必会容色平和而求与卫君和解的。不仅仅是如此，嘴巴还会喋喋不休的展开营救的。也会有屈己之心而成就卫君之错的。"本来想要纠正卫君的言行的，真正去做犯言直谏的忠臣就知道不容易的了。

孔子又说道："本来是要去救火的。如果犯言直谏，反而会被卫君所杀，还会增加卫君乱杀贤臣的罪过。如果委曲求全，反而会助长了卫君的气焰，如此就好像以火救火，火势蔓延；以水救水，这样就会更加泛滥了。这就像是说增益其多的。”

孔子又说道：“一开始如果顺了就能够做到无所不顺了。如果你一开始不信我所说的忠厚之言，必将死于暴君之手的。”

5. 好名者也

【原文】“且昔者桀杀关龙逢，纣杀王子比干，是皆修其身以下伛拊人之民，以下拂其上者也，故其君因其修以挤之。是好名者也。”

【注释】孔子又说道：“以前关龙逢对夏桀犯言直谏，忠臣被斩杀。比干对商纣王犯言直谏，而被剖心。”

孔子又说道：“这两者都有共同的原因的，都是修养自身道德，以臣下的身份去抚爱别人的百姓。”古人讲，率土之滨莫非王臣。所有的老百姓都属于国君的，而不是王公大臣的。施行恩德于臣民，这个本来应该是君主来做的事情，而臣下代替君主去作了。必定得到了民心，如此百姓对其称赞有加，如此是对美名有争的。我们不能说两位贤臣为了美名而去冒死直谏的。我们要去评判一个历史人物，要回到当年去才可以知晓的。

孔子又说道：“他们两位以臣下的身份去拂逆上位的意思，所以他们的君主必定会因为他们如此修为而排挤的。虽然不是有意追求名利，而实则也许是好贤臣的美名的。”

6. 用兵不止

【原文】“昔者尧攻丛枝、胥敖，禹攻有扈。国为虚厉，身为刑戮。其用兵不止，其求实无已，是皆求名实者也，而独不闻之乎？名实者，圣人之所不能胜也，而况若乎！虽然，若必有以也，尝以语我来。”

【注释】孔子又说道：“从前尧帝派兵攻打丛枝、胥敖这两个国家；禹帝也曾经派兵攻打有扈氏。”

孔子又说道：“被攻打的三个邦国变成了废墟，双方许多兵士和百姓都变成了厉鬼，而该国的国君也遭受了刑戮。”

孔子又说道：“尧帝和禹帝虽然都是圣王，但是他们对外用兵不止，这也是在求实利不知道停止的，也都是为了求名利而已的，而颜回你难道没有听说过这些吗？”

孔子又说道：“对于名利这些东西，就算是尧帝和禹帝这样的圣人都不能够克服而保全自己，而何况是你颜回呢？”

孔子又说道："虽然我这么劝说你，但是你必定有说服卫君的办法的，那请先说服我，让我来听一听吧。"

7. 日渐之德

【原文】颜回曰："端而虚，勉而一，则可乎？"曰："恶！恶可！夫以阳为充孔扬，采色不定，常人之所不违，因案人之所感，以求容与其心，名之曰日渐之德不成，而况大德乎！将执而不化，外合而内不訾（zi），其庸讵可乎！"

【注释】颜回听老师这么说，他就说道："我的态度会端正而谦虚，勤勉而心志专一，这样的态度总可以了吧？"

孔子回答道："哎，怎么可以呀，这样子是不行的。"

孔子又说道："卫君气血方刚，刚猛之性充斥于内，而对外张扬跋扈。他喜怒无常，而世人大多都不敢拂逆他的意愿，都得顺着他来。"

孔子又说道："卫君经常按住别人的劝谏，压抑住别人的意见，以求得自己心情的舒畅。"

孔子又说道："可以说每天用小德循序渐进的感化他，他还不能接受，更何况一下给他讲大德呢？"

孔子又说道："卫君势必会固执而冥顽不化，虽然是外貌看似已经合了，可是貌合神离的。只是表面附和你，可是内心是拒不纳谏的。你以这样的态度去劝谏如何能够行得通呢？"

8. 犹师心者

【原文】"然则我内直而外曲，成而上比。内直者，与天为徒。与天为徒者，知天子之与己，皆天之所子，而独以己言蕲乎而人善之，蕲乎而人不善之邪？若然者，人谓之童子，是之谓与天为徒。外曲者，与人之为徒也。擎跽曲拳，人臣之礼也。人皆为之，吾敢不为邪？为人之所为者，人亦无疵焉，是之谓与人为徒。成而上比者，与古为徒。其言虽教，谪之实也，古之有也，非吾有也。若然者，虽直而不病，是之谓与古为徒。若是则可乎？"仲尼曰："恶！恶可！大多政法而不谍。虽固，亦无罪。虽然，止是耳矣，夫胡可以及化！犹师心者也。"

【注释】颜回听了自己老师一番话，那就换一个做法总该可以了吧。颜回这里说三术：内直、外曲和上比古人，用这个来对付卫君。

颜回先解释第一术内直，他说道："人天生下来心性就是直的，此性本来是天成的，并非人为。不仅仅是卫君和我，每个人的天性都是相通的。既然卫君也是人，也同此性，如果我能够讲得符合他的本性，难道他这么铁石心肠，无动于衷吗？"古人讲直心是道场，如果能够做到直心就内合于道了。

颜回又说道："既然卫君和我本性都是相同的，那么，卫君和我都是上天之子了。我只是以直性而劝说他，也不求他以我的言为善还是不善。我只是想尽我这颗真纯无伪的心，如此他能够感受到我这颗赤子之心的，这么做又有何祸患呢？"颜回讲，就像孩子一样说真话，苦口婆心地说，都是为他好的，总不会有什么祸患吧。

颜回又说他的第二术，外曲之术："我能做到外曲，总可以尽人情世故了吧。之前您说我不懂这些。该鞠躬的鞠躬，该下跪的下跪，这些人臣之礼我都可以做到的。人人都有的这些礼仪，我难道敢不去做吗？"

颜回又说道："我也跟着大家做该做的事情，不失去礼仪，总不会有什么瑕疵了吧。对天子有人臣之礼，对王公大臣和同僚也不失礼仪，不说和他们有什么好的交情，总该不会有什么祸患吧？"

颜回又说第三术，上比古人，他说道："我劝谏都是引用固有的成言，都是上比于古人的真言的。以古圣先贤为师，上达于道的。这样的劝谏虽然直了点，但是的确是指谪是非。这只是就事论事的，并无故意贬低卫君的。这些话从古已有了，并不是我说的。"

颜回又说道："如果这样来劝谏，虽然直了点，但是应该不至于有什么问题吧。可以称之为以古为训的。如果我能够做到这三样，总该可以了吧？"看看孔子听了怎么说。

孔子回答道："哎！还是不可以的！上述的法则也是太多的有为，是刻意为之的，这也不太妥当的。"

孔子又说道："虽然可以保全自己，也没有什么祸害了。虽然如此，可是仅仅如此而已，你不是白跑了一趟了吗？又有什么作用呢？你如此又如何能够感化得了他呢？"

孔子又说道："为什么这么说呢？三术都是出于有心而为的，未能做到忘我，无我。况且自己未能够成就自己，未能够先成为真人，焉能教化他呢？"孔子对颜回寄希望很高，颜回已经是得道的高人了。孔子也许认为他应该要快马加鞭的去成为真正的真人，而不是现在去冒险从政的。

这里颜回讲三术，实则是从孔子君子有三畏中变化出来的。颜回真是个好学生，记得这么清楚。与天为徒，这个是说畏天；与人为徒，这个是说畏大人，这个大人是德高望重的王公大臣；与古为徒，这是说畏圣人。说这三样东西，也只是世俗的事情而已，并非到了圣人那种大化的境界的。颜回和孔子这么说了，心法不可言传，只能意会了，这就好像老师嘱咐心法，传心印一样了。

9. 非心斋也

【原文】颜回曰："吾无以进矣，敢问其方。"仲尼曰："斋，吾将语若。有心而为之，其易邪？易之者，皞天不宜"颜回曰："回之家贫，唯不饮酒不茹荤者数月矣。如此则可以为斋乎？"曰："是祭祀之斋，非心斋也。"

【注释】颜回又说道："颜回我的学问也就止步于此了，自己就很难进一步了，请老师教我的。"颜回把三术都讲完了，孔子跟他说还是不行。孔子要传给他真正的心法了。

孔子说道："你必须要先斋心，再来听我的教法。"

孔子又说道："你有心而去做的事，自己还没有能够进入化境，便想去教化别人，岂有那么容易的事情呢？"

孔子又说道："如果以有心而为之，这是刻意去做的。本来至简至易的事情，多为了就不适合了。有心了，其心就不是真心了，不是本心了，所以上天所不适宜的，不符合天道的。"

颜回又说道："弟子颜回我家里贫穷，已经有好几个月没有饮酒，也没有吃荤菜了。像这样可以称之为斋了吗？"这是由于颜回不知道心斋的含义，所以这样问的。颜回真是不容易，能够如此安贫乐道的。

孔子听了就说道："这是祭祀的斋戒的，并非心斋。"什么是心斋呢？

10. 听之以心

【原文】回曰："敢问心斋。"仲尼曰："若一志，无听之以耳而听之以心；无听之以心而听之以气。听止于耳，心止于符。气也者，虚而待物者也。唯道集虚。虚者，心斋也"

【注释】颜回听了就问道："请问老师什么是心斋呢？"

孔子回答道："要使得你的心志专一，专心地去听。不要用耳朵来听，而要用心来听；不要单单以心来听，而要以气来听。"前面那个用心来听，这个并不是本心自性来听的。如果要听得真切，就要把心安定下来。如果连呼吸这么细微的声音都听得到，就可以说是以气来听了。

孔子又说道："心止于阴符，暗符于道，心冥冥之中符于天理。"

孔子又说道："什么是听于气呢？心虚到了一定的极点的。能够以虚来应物的。"此心如同明镜，物来则应，物去不留的。

孔子又说道："如果心虚到了一定的极致，就符合于道了。虚无是道的本体的。"要想找到道这个东西，也不容易。但是对于得道了的人，可以在万事万物，在日用之间，都看到道的形迹的。

孔子又说道："虚心，可以说是心斋的。"孔子把心法传给颜回了。这个虚心可以说含有儒门的心法的。颜回说了好几次，也都没有能够离有心有为，所以孔子教他心斋，关键要以虚为极点，要做到虚其心的。如果能够做到虚其心，就能够物我两忘了。如果能够做到已化，做到无我了，万物自化了。

11. 无翼飞者

【原文】颜回曰："回之未始得使，实自回也；得使之也，未始有回也，可谓虚乎？"夫子曰："尽矣！吾语若：若能入游其樊而无感其名，入则鸣，不入则止。无门无毒，一宅而寓于不得已则几矣。绝迹易，无行地难。为人使易以伪，为天使难以伪。闻以有翼飞者矣，未闻以无翼飞者也；闻以有知知者矣，未闻以无知知者也。瞻彼阕者，虚室生白，吉祥止止。夫且不止，是之谓坐驰。夫徇耳目内通而外于心知，鬼神将来舍，而况人乎！是万物之化也，禹、舜之所纽也，伏戏、几蘧之所行终，而况散焉者乎！"

【注释】颜回听了老师传给他的心法，他就实际地去做功夫去了。他要做功夫去用心听，用气来听。

颜回又说道："颜回我还没有受先生之教的时候，以为自己就是个实实在在的颜回。"前面孔子教颜回，不要用耳朵去听，而是要用心听。可是未听闻孔子教化的时候，颜回是不能使唤心的。此心想叫它去听也听不了，想让它安静也安静不下来。

颜回又说道："一听到先生心斋的教法，实际去做功夫，突然地忘记了自己了。这种忘掉自己的功夫，可以说是虚了吧？"颜回可真是上根利器的，听孔子这么一说，就顿悟到了此程度。

孔子听了回答道："心斋的道理，已经尽在于此了。你的心地能够受教，能够接受得了，我还要再给你讲讲。"老师看到这个学生真的很高兴的，能够这么勤勉而又有悟性。所以想把更高层的心法传给他。

孔子又说道："你能够入世，游于世网藩篱之中，而不被外在的名相所干扰，这样才叫真正的功夫的。"如果仅仅是无事在僻静的角落那里静心，这样还不算是功夫的。真正的功夫就是王阳明先生所说的，在事上磨炼的功夫。如果无事静心这个许多人都可以做到，但是遇见事情了，就乱了方寸了。

孔子又说道："入尘世面对外境，心就鸣叫不能静止，如果不入尘世就能够静止，这样还是不行的。"关键还是要做到即使入于尘世，也是心如止水的，这样才是真功夫了。

孔子又说道："此心斋法门，并无确定之门。并无出入尘世的门，本来就没有出世入世这样一说，都是一样的。入世即出世，出世即入世的。"入世也可以做到心如止水了。

孔子又说道："并无确定的药。"毒药是要辩证而投的，如果病已经好了，对药执着也是一种病的。如果已经过了河了，还背着船做什么呢？

孔子又说道："一可以说是心宅的，不可以执着于心斋的，这个心斋也要忘掉的。一这个安心之宅，这个只是不得已而拿来比方的。如果能够连这个一宅也忘却了，就差不多了。"对于修行人而言，如果念佛，把心安住在一句佛号上面，这个可以说是一宅。念佛要念到连这一句佛号都忘却了就可以了。孔子教我们要安心于一，了无二念。

孔子又说道："如果说逃离尘世，绝迹于江湖，这样是相对来说要容易得多的。入世而无心，无有为之心，不着形迹这就难了。"这也就是老子所说的，善行无辙迹。

孔子又说道："此心如果为人欲所使唤，就容易有虚伪了；此心如果为天所使唤，符合于天道的话，就不会有什么虚伪了。"圣人都是以真心而应对世事，就没有什么虚伪的了。圣人的真心如同明镜，物来则应，物去不留的。

孔子又说道："我只听说过有用羽翼来飞翔的，而未曾听说过无羽翼也能够飞的。"这个是对有心和无心的比方的。

孔子又说道："我只听说过有以知见而知的，还没有听说过无知之知的。"《道德经》里面有专门讲知和无知。苏格拉底有著名的无知之知。这些也都是相通的。世人都是以有知而知，而圣人以无知而知。圣人的无知之知，是已经忘掉这个形骸了，忘掉这个我了，做到无我了。以无心来应对外物了。这也是很难的，未曾听说过的。在古代，知一州，可以委托一州；知一府，可以委托一府；知一县，可以委托一县。

孔子又说道："此心如果能够做到虚空了，似乎有所空缺。在空缺处，此心光明必然照亮，而虚室之中即可以生白了。"千年暗宅之中，如果能够做到虚心，心灯就会发亮了的，暗宅就亮了。

孔子又说道："如果能够做到前面所说的这样，就是吉祥所止之处了。"我们每个人要知晓止步于至善。侍奉父母，止于孝敬。如果有心而动，则福祸就随之而来了。所谓吉凶、福祸，这些都是由于心动而起的。如果能够做到心虚无物，一念不生，心灯自然就照亮了心宅。

孔子又说道：“此心如果不安心止步于此，不止于虚明，则私欲萌发，一发不可收拾了。虽然身坐在这里，可是却心猿意马，心飞驰于彼处了，这样就称之为坐驰。”

孔子又说道：“要舍弃耳目的见闻，而是用心来听，用心来看。如此就可以通达于内，而也可以通达于外了。虽然说是用心，但是还不能有心的，而是要虚心的，而是要把心的智巧给放空。如此虚明寂照，鬼神都会合其德了，鬼神都会来这个身宅了。更何况是人呢，也会被感化的。”这个是无羽翼而飞的，这是孔子教颜回心法的极致之处了。

孔子又说道：“如此万物都会尽化于道了，不仅仅是人的。”如果能够不被耳目所束缚，形就可以忘却了，就可以做到无我了；如果能够做到不被心智所束缚，把从外而来的心智、知见都挡在外面，做到无智无识，就可以使得智巧泯灭了。如此可以做到物我两忘了。做到无我了，找不到我了，我也化为物了，与万物为一体了。如此万物就可以尽化为道了。道可以化万物，这个并不是虚假的，现代物理学也逼近了终极的实相了。万物都是由光子所构成，光子运动而产生了质量。如果静止了，光子质量为零，也就是说宇宙质量为零，也是为虚空的。这一点科学家在量子理论中已经触碰到了，可是不敢承认，如同叶公好龙那样的。并不是光子在动，而是仁者心动的。不是风动，不是幡动，是仁者心动的。这也呼应了前面孔子所说的，心动而有吉凶、祸福。运动赋予了光子质量，运动赋予了万物质量。然而不是万物运动，而是仁者心动。如果心静止了，山河粉碎，万物化为虚空了。

孔子又说道：“万物尽化于道，这个大道是关键的，这就是尧舜禹三代圣王所传的心法和关键枢纽所在的。”儒门传承了三代圣王的心法。

孔子又说道：“伏羲、几蘧这两位圣王所行的也都是依据此道的。”圣王伏羲如果不是得道高人，也画不出八卦来的。儒门不仅仅传承于三代圣王，还传承了伏羲等古代的圣王的心法。儒门还能抱有门户宗派之见吗？

孔子又说道：“古代的圣王都不敢违背此道，一言一行都符合于道，而更何况我们这些散民呢？”我们要做的也是要归于大道的本源。如果颜回能够以此来御世，又怎么会去强行游说卫君呢？

这里是讲辅君之难，正所谓伴君如伴虎。如果不能做到物我两忘，决不能使得君王感化而远离祸患。如果固执己见，持必然可行之志而犯言直谏，恐怕会引来杀身之祸。这也就是为什么龙逄、比干为什么会遭遇不测了。如此犯言直谏，于事无补，还让君主落下杀忠臣的千古恶名。

12. 若成若不成

【原文】叶公子高将使于齐，问于仲尼曰："王使诸梁也甚重。齐之待使者，盖将甚敬而不急。匹夫犹未可动也，而况诸侯乎！吾甚栗之。子常语诸梁也曰：'凡事若小若大，寡不道以欢成。事若不成，则必有人道之患；事若成，则必有阴阳之患。若成若不成而后无患者，唯有德者能之。'吾食也执粗而不臧，爨无欲清之人。今吾朝受命而夕饮冰，我其内热与！吾未至乎事之情而既有阴阳之患矣！事若不成，必有人道之患，是两也。为人臣者不足以任之，子其有以语我来！"

【注释】叶公子高为楚庄王的玄孙，名字叫诸梁，字子高，他是楚国的大夫。楚王委托给他重任，让他去出使齐国。

他在出发之前就去拜见孔子，他说道："楚王委托给我极其重要的使命，让我出使齐国。以我对齐王的了解，我估计齐王待使者，大概会表面极其恭敬而内心不那么着急，内心会有慢心的，对楚王着急的事情一点都不着急，不放在心上的。"

子高又说道："齐王估计不会答应楚王委托的急事。"

子高又说道："我料想齐王会如此待我。楚国的事这么着急，而齐王会如此慢待，而我又不敢随便去催促齐王。况且匹夫都不能轻易催促而办成，更何况是诸侯呢？"子高觉得怎么催促也没有用，如何能够说服齐王答应楚王的事情呢？

子高又说道："我恐怕耽误国事而获罪，所以感到很恐惧的。"

子高又说道："孔子老师您曾经跟我说过：凡是大事小事，很少能够尽善尽美的，很少能够高兴圆满的。"

子高又说道："事情如果没有办成，难道能够不得罪于楚王吗？必然就有了人道的祸患。"

子高又说道："事情如果办成了，建立了大的功劳，会遭到王公大臣的多方嫉妒，会担心功高盖主而引来阴阳之惑。"

子高又说道："不管办成还是办不成，而后都无什么祸患的，也许只有全德的圣人才可以做到的。"张良事情办成了，功成身退，这是圣人所为。

子高又说道："我平时生活都是很简单的人，不追求名，也不追求利，为人也低调。我不追求甘美的厚味。我的饮食清淡，也没有请烹庖的厨师，没有那么多服侍我的人。对于执爨的人，没有怕热而去求清凉的。"子高说他自己亲自烧火做饭，也不会觉得怕热而求清凉。

子高又说道："我在早朝上受命去出使齐国。本来我平素饮食清淡，没有内热之症，可是如今火症内发。这是由于忧愁、焦虑而动了肝火了。到了傍晚就想求清凉了。"之前说烧火做饭都不怕热，可是现在却怕热了。可以看出子高心急如焚了。

子高又说道："我还没有开始去出使，去处理具体的事情呢，就已经有了阴阳之患了，有了内热之病了。"

子高又说道："事情如果办不成，国君难道不会问罪于我吗？这就是人道之患，在所难免的。这就是进退两难了。"

子高又说道："我身为人臣，接受了这个重任，感觉自己不足以胜任。在这进退两难之际，真的感觉身不由己的，但愿老师能给予赐教的。"

13. 天下大戒

【原文】仲尼曰："天下有大戒二：其一命也，其一义也。子之爱亲，命也，不可解于心；臣之事君，义也，无适而非君也，无所逃于天地之间。是之谓大戒。是以夫事其亲者，不择地而安之，孝之至也；夫事其君者，不择事而安之，忠之盛也；自事其心者，哀乐不易施乎前，知其不可奈何而安之若命，德之至也。为人臣子者，固有所不得已。行事之情而忘其身，何暇至于悦生而恶死！夫子其行可矣！

【注释】孔子听了以后说道："天下有两条大戒律，两条大经、大法，这是无法去改变的。第一条是命，第二条是义。"

孔子又说道："孩子爱自己的父母，这个是命的，不可以用心去解释的，不需要任何理由的。"子如果不孝敬父母，不可能是什么忠臣良将。

孔子又说道："臣下侍奉君主，这是义。"这个君主只是国家的代表的，不是效忠于这君主本人，而是效忠于生长在这片土地上的父老乡亲的。君主理应符合于天命，符合于道。任何一个地方都是我的国家所在，任何一个臣民都是我的父老乡亲。

孔子又说道："你无所逃避，这个天地之间不管你去到哪里，也改变不了你是楚国人。这是大戒，也是世上的大经、大法的。"

孔子又说道："子女侍奉自己的双亲，是不需要条件的，不需要选择地方来安置的。孝顺不能等，现在住草屋，就带着父母住草屋；以后住豪华的住处，也带着去住豪华的地方。孝敬父母不受时间、空间、地点和环境的限制的。只要用心安置到最好就可以了，这可以说是孝敬之至了。"

孔子又说道："对于侍奉君主而言，不挑肥拣瘦的，不选择具体的事情来侍奉君主的。对于君主，要惟命是从，不能受到难易的影响而有二心的。这是忠诚之至的。”当然如果君主吩咐的事情是大恶的事情，也不能够去做的。君主首先是要顺承天命的，违背了天命，也不是固执地去服从的。

孔子又说道：“心为一身的主宰，身为君主的。我们侍奉这个心君要如何呢？不管是哀乐都不改其志的。侍奉此心，关键是哀乐不入于心，处于喜怒哀乐未发之中的。”孝敬父母，忠诚君主，做到问心无愧就可以了。

孔子又说道：“作为人臣的本分，虽然知道是进退两难，无可奈何的事情，也安心把它当成自己的命的。这就是德之至的。”

孔子又说道：“作为人臣，固然有所不得已之事，还是要忘却自身的安危而服从国家的安排，去完成自己固有的使命。何暇去顾及那么多个人的利益得失，贪生而厌恶死亡呢？臣子要尽心尽命的，岂敢由于生死而选择去留，有所退缩呢？”

孔子又说道：“只要如此而行就可以了。”孔子教叶公如何去做的。综观庄子全书，都是说不要为了名誉而丧失了本真的，唯独人间世这一篇，则都是讲忠孝的。谁说庄子不谙世事，不达于世故呢？谁说只是一味逃避呢？

对于为学修道而言，分为方内、方外这样的区别吧。在方外，用种种生动的譬喻，语不惊人死不休的方式来讲，都是引世人归于大道的。对于方内，就有了君臣、父子之本分，以世上的大经、大法为本，不可以逾越。

14. 无传溢言

【原文】丘请复以所闻：凡交近则必相靡以信，远则必忠之以言。言必或传之。夫传两喜两怒之言，天下之难者也。夫两喜必多溢美之言，两怒必多溢恶之言。凡溢之类妄，妄则其信之也莫，莫则传言者殃。故法言曰：‘传其常情，无传其溢言，则几乎全。’

【注释】孔子又说道：“孔丘我前面已经讲了君臣、父子之义，接下来我还要告诉你我所听到的话。”

孔子又说道：“凡是于邻国来往，必然相顺，友好交往，而且要讲究信用，说了就要做到。”由于离得近，不是单单看辞令说得有多好听，时常还可以诸侯间会面一下的。所以，关键是要看说的和做的是否能够应验，这样两国才能交好。

孔子又说道：“凡是与远方的邦国来往，必然要忠于辞令，这样才能让两国交好。”由于离得远，只能靠使者来传话，所以这个辞令相当重要的。

孔子又说道：“国君的话，或许必然要使者去传达的。”这个或许还是值得斟酌的，优秀的使者要出色地完成使命，并不是很死板的。如果国君正在气头上，让传话把愤怒时候说的话也带过去了，等于火上浇油了。

孔子又说道："对于传达两国国君喜怒的言语，这个是天底下最难的事情了。"因为言语所传的，关系到了邦国的安危，关系到了使者个人的安危，而祸福也就随之而来了。心为一身的主宰，心为君，而五官为臣下。在两人之间传达传话就好像是在两国之间当使者一样，传话者夹在中间是极其重要的。特别是夹在婆媳之间的那个角色是很难当的。

孔子又说道："传达两国国君的喜悦的事情，必然多加溢美的言辞；而传达两国国君愤怒的事情，必然多加溢恶的言辞。"根本的问题在于溢了，也就是夸大了。

孔子又说道："凡是溢美、溢恶，这一类的言辞，都是由于过多的使用智巧了，所以已经失去本真了，称之为妄，也就是妄言了。"

孔子又说道："如果说了妄言，而听的人也就会莫然不信，也就是说疑惑不信的样子。"使者传话说了妄言，不能做到说话至诚，听的人必然觉得荒诞不可信。

孔子又说道："既然不相信那就会被问罪了，传话的使者就会遭殃了。"

孔子又说道："所以说上古的文化格言中讲：'要传真实无妄的言辞，不要传溢美、溢恶夸大的言辞，这样就几乎可以免除灾祸了。'"

这里讲使命的艰难，两国的利害关系，都在于一己担当。如果溢而过实，则听的人会生疑不信；如果完完本本地说，很机械地说，有时也是不行的。总之夸大的言辞这是生祸的根本，而传话的使者必然会遭殃的。所以贵在真实无妄，几乎就可以保全了。但是不是绝对的，要拿捏好分寸。

15. 莫若致命

【原文】且以巧斗力者，始乎阳，常卒乎阴，泰至则多奇巧；以礼饮酒者，始乎治，常卒乎乱，泰至则多奇乐。凡事亦然，始乎谅，常卒乎鄙；其作始也简，其将毕也必巨。言者，风波也；行者，实丧也。夫风波易以动，实丧易以危。故忿设无由，巧言偏辞。兽死不择音，气息茀然于是并生心厉。剋核太至，则必有不肖之心应之而不知其然也。苟为不知其然也，孰知其所终！故法言曰：'无迁令，无劝成。过度益也。'迁令劝成殆事。美成在久，恶成不及改，可不慎与！且夫乘物以游心，托不得已以养中，至矣。何作为报也！莫若为致命，此其难者？"

【注释】孔子又说道："比如以力相斗的人，一开始都是直来直去的，都在明处，而常常最后都是用阴谋诡计去伤人了。如果耍得太过了，就太多的奇巧的东西了。”用兵尤其如此。所以孙武说，兵者，诡道也。用兵往往要出奇制胜。宋襄公等对方军队过完河列队整齐了再开打，成为千古的笑柄。这一段孔子教子高慎始慎终之道。

孔子又说道：“就拿饮酒这个事情来讲吧。一开始宾主都井然有序，大家都彬彬有礼的样子。等到酒喝多了，可能会在酒桌上取乐，反而祸乱有可能就来了。不仅仅是饮酒如此，凡事都是如此的。”一开始以为是开玩笑的，慢慢地大家都认真起来了，就有矛盾了。

孔子又说道：“比如拿人的交情来讲，一开始不管对方如何都必然相信，刚开始肝胆相照，必信不疑的样子。相处久了，矛盾日生，慢慢就有了鄙诈之心。”历史上秦末汉初的时候，张耳和陈余为刎颈之交，一开始是出生入死的朋友，后来却反目为仇，成为非要置对方于死地的死敌。

孔子又说道：“不仅仅是人情，即使是具体去做事，一开始必然都以简单为主，而后来逐步发展下去，大有不可收拾之势了。”

孔子又说道：“言语可以说是风波的，一言可以兴邦，一言也可以丧邦。”

孔子又说道：“对于传话的行者使者而言，传话就很容易有失实的地方。”

孔子又说道：“风波则容易产生是非，失实就容易产生祸患了。”

孔子又说道：“所以说凡是人愤怒，好些情况并不是无缘无故的愤怒，而是巧言、偏颇失实的言语激发出来的。”

孔子又说道：“如果我们把野兽逼入于死地，它们就会勃然大怒，发出怪叫的声音，而同时又产生伤生的恶念了。”不仅仅野兽如此，对于人也是如此。如果把别人逼入死地，别人也会勃然大怒，不管什么难听的话都会说出来的，正如野兽不管多么难听的声音都会发出来的。而听到的人，也以为是真的那样，信以为真。听到的人也会心生恶念的，双方都不可救药了。

孔子又说道：“做什么事，说什么话，如果对别人太多于苛刻的话，必然会激起别人以不肖的心来应对的。而我们还不知道是怎么一回事呢。”把野兽逼入死地，这是不让它活，必然会疯狂反扑的；对于人、对于他国也是如此。

孔子又说道：“如果是知道过激的言辞导致的，尚可以去化解。如果连是什么原因造成的都不知道，则两家的祸患，就不知道如何了结了。”

孔子又说道：“所以古人的格言有讲：不要随便迁改传达的指令，也不要勉强地去一定要把事情办成。如果有所增益，用溢美溢恶的言辞，就过度了。”

孔子又说道：“如果能够达成双方的美事，就能够长久交好；如果是以交恶来办成的，要去改正都来不及了，不可以不慎重的。”大国与小国交往，如果以恶相交，大国对小国很苛刻，虽然表面上附和答应了，但是必然会产生恶念的。比如齐国欺负燕国，而燕国令乐毅率五国联军几乎把齐国给灭掉了。

孔子又说道："只有至人能够做到物我两忘，只是顺其自然而已，不可强行而为。至人之心如同明镜，物来则应，物去不留。不会增加一分，不会减少一分。事情来了，是不得已而应对；并不会有心去强求。如此就可以符合中正之道了。如此来应对世事，就可以说已经做到极致了。"

孔子又说道："何必要为了报答君王或者追求功劳而刻意造作呢？不如尽人事听天命好了，这是很难的一件事情的。"事情的成败，自然有一定的天命。既然现在已经奉命出使，又有了君命。要知道天命是不可违的，应当安命，顺其自然，不可用心去刻意地溢美溢恶，以求侥幸的成功。既然知晓君命不可违背，则就不可以随便地迁改传达的指令，不要为了勉强的办成事情而这样去做，以免日后生祸患。不过这样的事，还是很难的，必然要至人才能够做到的，寻常人要做到实属不易的。

16. 形就心和

【原文】颜阖将傅卫灵公大子，而问于蘧伯玉曰；"有人于此，其德天杀。与之为无方则危吾国，与之为有方则危吾身。其知适足以知人之过，而不知其所以过。若然者，吾奈之何？"蘧伯玉曰："善哉问乎！戒之，慎之，正女身哉！形莫若就，心莫若和。虽然，之二者有患。就不欲入，和不欲出。形就而入，且为颠为灭，为崩为蹶；心和而出，且为声为名，为妖为孽。彼且为婴儿，亦与之为婴儿；彼且为无町畦，亦与之为无町畦；彼且为无崖，亦与之为无崖；达之，入于无疵。

【注释】颜阖为鲁国的贤人，他将要去当卫灵公太子的太子傅。这个太子名字叫蒯聩，品行不怎么样，是个很暴虐的太子。

颜阖在去履职之前向蘧伯玉请教。这个蘧伯玉是卫国的贤人，也是孔子的好友。卫灵公比较昏庸，幸亏有这样的贤臣辅佐的。

颜阖说道："蒯聩这个人呢，其天性就比较刻薄，天生品德低下。我要是教他无方，不以法度来规范约束他，就会危及国家。"天性比较刻薄，只能是循序渐进地用小德感化他了，更多地需要用法度来强行约束他的。

颜阖又说道："假如我教他有方，用法度来约束他，像绳墨那样给他立下规矩，逆耳之言来劝谏他，则想必他不会相信也不会听从，甚至会怀恨在心，如此就会危及我的性命了。"

颜阖又说道："他这个人呢，还算聪明，但是总是很容易看到别人的过失，而全然看不到自己的过失。像这么样的一个人，我怎么去教他呢？"

蘧伯玉回答道：“你问得太好了！你这个任务太重要了，要随时警戒自己，随时谨慎说话，谨慎行事。”这个太子还是不可轻易去冒犯的。

蘧伯玉又说道：“首先是要正自己，正自己的心，而后方可以教他。”

蘧伯玉又说道：“太子为人狠戾，不可以一开始上来就违逆他的意愿，形体表面上都顺着他，而后慢慢地纠正他的恶习。”

蘧伯玉又说道：“在心里面呢，是外圆内方的，心里有自己的法度，平和委婉地去引导他。”

蘧伯玉又说道：“虽然如此，这两种做法也未免有祸患的。表面上附和顺从；而内心调和慢慢引导他。如此也是有点纵容他了，也不敢规谏他，所以也难免有祸患的。”

蘧伯玉又说道：“表面上顺着他，将就他，但是不敢苟同；内心调和但是不敢显示自己的长处，对比出他的拙劣。”和光同尘，要掩盖自己的光芒，不可轻易露出来的。

蘧伯玉又说道：“如果表面将就，放身去阿谀奉承，任由他去作恶，则就反而助他去作恶了，将取颠覆、灭绝、崩坏和蹶败的祸患了。”

蘧伯玉又说道：“如果内心调和而锋芒毕露，显示自己有本事有学问，有名声有地位，必然会显现出他的恶劣之处。他就会心怀嫉妒，而把你看成妖孽，看成外道，如此就危险了。”

蘧伯玉又说道：“他如果像婴儿那样，你也要当婴儿。”只是要比他稍微醒事一点的婴儿罢了，这样才能和他有共同语言，以他能够听懂的语言去引导他。

蘧伯玉又说道：“广阔的农田，中间是没有墙壁和沟堑来强制的分隔和约束的，是没有什么固定的方向和约束的。如果他喜欢这种全无检束的感觉，你也好像是全无检束那样。但是外圆内方的，你还是要引导他的。”

蘧伯玉又说道：“如果他放荡不羁，没有崖岸，那你也要跟他一样，无拘无束。”

蘧伯玉又说道：“先在一切举动当中，不可有一丝一毫的违逆他的意思。等到彼此相处久了，建立起信任以后，不再有什么怀疑了，再渐渐在具体的事情上去引导他。首先要达他心地，然后引导他慢慢地入于无瑕疵，无过之地。”

17. 螳臂挡车

【原文】汝不知夫螳螂乎？怒其臂以当车辙，不知其不胜任也，是其才之美者也。戒之，慎之，积伐而美者以犯之，几矣！

【注释】蘧伯玉又说道："你不知晓不晓得螳螂？两只肩膀张开来，要去挡住车子，这是他不自量力的。"螳臂挡车这个词就是从这里来的。

蘧伯玉又说道："螳螂自恃其才美，但是自不量力。就好像虽然才德虽美，而如果不自量力去违逆暴君，恐怕未免会遭受祸害的。"

蘧伯玉又说道："所以啊，你要时时警戒自己，时时提醒自己要谨慎从事。如果自伐也就是经常自大自夸自己，显示自己的美德和才能，如此就会对比出他的短处了，就会冒犯暴君了。这就好比是螳臂挡车那样，能够避免性命危险的就少之又少了。"

18. 知晓虎性

【原文】汝不知夫养虎者乎？不敢以生物与之，为其杀之之怒也；不敢以全物与之，为其决之之怒也。时其饥饱，达其怒心。虎之与人异类，而媚养己者，顺也；故其杀者，逆也。

【注释】蘧伯玉又说道："你有没有见过养老虎的人呢？他们都不敢用生的东西来喂它，尽量都是煮熟了来喂，以免助长老虎的杀生的心。"

蘧伯玉又说道："不敢用整只活的动物来喂养它，让老虎去撕裂动物，如此就会助长它的怒气。如果老虎发怒发威了，就会很勇猛而不可制服了。"

蘧伯玉又说道："养老虎的人要时时知晓老虎的饥饿还是吃饱了，顺势引导它，卸其怒气。"伴君如伴虎，如果要侍奉君主要了解君主的性情；如果要侍奉老虎，要了解虎性。

蘧伯玉又说道："老虎和人是属于异类，然而，虎性和人性也有些类似的。养虎要顺着虎性来养，如果违逆其虎性，被老虎伤害是迟早的事情了。"

19. 爱马失马

【原文】夫爱马者，以筐盛矢，以蜃盛溺。适有蚊虻仆缘，而拊之不时，则缺衔毁首碎胸。意有所至而爱有所亡。可不慎邪？"

【注释】蘧伯玉又说道："你看那些爱马的人，看到马快拉大便了，就用箩筐来接住大便；马要拉尿的时候，用很大的贝壳来装马尿。"真是太爱这个马，但是爱马也要懂得马性才行。

蘧伯玉又说道："看到马被蚊虻趴在马身上叮咬，真是那个心疼啊，时不时地用东西来拍打，由于不懂马性，结果触怒了马。马可不管那么多，搞碎了胸部、头部的络辔。”爱马的人在身边，搞不好，马还会突然地踢一脚，正中要害可就麻烦了。

蘧伯玉又说道：“本意是爱马，反而失去其爱，恰得其反了，不可以不慎重啊。”这里用螳螂、老虎、马三个比喻来打比方，告诫他侍奉暴君需要注意的事情。

20. 不材之木

【原文】匠石之齐，至于曲辕，见栎社树。其大蔽牛，絜之百围，其高临山十仞而后有枝，其可以舟者旁十数。观者如市，匠伯不顾，遂行不辍。弟子厌观之，走及匠石，曰：“自吾执斧斤以随夫子，未尝见材如此其美也。先生不肯视，行不辍，何邪？”曰：“已矣，勿言之矣！散木也。以为舟则沉，以为棺椁则速腐，以为器则速毁，以为门户则液樠，以为柱则蠹，是不材之木也。无所可用，故能若是之寿。”

【注释】古代有个姓石的工匠到齐地去挑选好的木材，走到了曲辕这个地方，看到了一棵大树，名字叫栎社树。这棵大树很大，夏天可以遮蔽水牛。这个形容还不足以形容它大。接下来还会有其他的描述。

用两只手去合抱，这要一百个人才能抱得住整个树干。

这棵树很高，几乎跟高山那么高。这棵树的树干到了十仞以后才出现分叉。古时候，一仞等于七尺。除了树干之外，树枝也很大很多，旁枝可以做一条小船的，有十多条树枝。

由于这棵树又大又美，所以来观看的人很多。

这个工匠呢，看都不看一眼，还是继续赶路。

弟子们就驻足观看了好久，他们看完了就拼命赶路，等赶上了师父，就问道：“自从我拿着斧头跟随着师父学艺到现在，未尝见过这么好的木材。先生为什么看都不愿意多看一眼呢？总是在不停地赶路，为什么呢？”

工匠回答道：“算了吧，不要再说了。只是木质松散的无用之木罢了。”

工匠又说道：“如果用来做船，很容易就沉下去了；如果用来做棺椁，很快就腐烂了；如果用来做家具，很快就毁坏了；如果用来做门窗，这个木头很容易吸水，很容易渗透得到处都是湿漉漉的；如果用来做柱子，则很容易被虫蛀掉了。”

工匠又说道：“正是由于它是不能做器具的木材，没有什么用处，所以才能够如此长寿。”工匠说得蛮有道理的，如果是很好的木材，早就被人砍掉了。

21. 栎社见梦

【原文】 匠石归，栎社见梦曰："女将恶乎比予哉？若将比予于文木邪？夫楂梨橘柚果蓏之属，实熟则剥，剥则辱。大枝折，小枝泄。此以其能苦其生者也。故不终其天年而中道夭，自掊击于世俗者也。物莫不若是。且予求无所可用久矣！几死，乃今得之，为予大用。使予也而有用，且得有此大也邪？且也若与予也皆物也，奈何哉其相物也？而几死之散人，又恶知散木！"匠石觉而诊其梦。弟子曰："趣取无用，则为社何邪？"曰："密！若无言！彼亦直寄焉！以为不知己者诟厉也。不为社者，且几有翦乎！且也彼其所保与众异，而以义喻之，不亦远乎！"

【注释】 工匠夜里做了个梦，梦见栎社树，也许是树神托梦吧，这棵树跟他说道："你将用什么来和我比呢？难道是用木纹细密的有用之木来和我比吗？"

这棵树又说道："你是要用那些果树来跟我比吗？是不是要拿山楂树、梨树、橘子树、柚子树这些瓜果的树来跟我比吗？果实熟了以后，就被人摘下来了，不仅仅如此，还会扭折枝叶。"人们种植果树，往往怕它长得太高，稍微高一点就会进行修剪。

这棵树又说道："大的枝干容易被折断了，小的枝叶会被泄气而枯萎了。"

这棵树又说道："正是由于它们能够开花结果，才苦了一生的。"

这棵树又说道："所以许多果树都不能终其天年而中道夭折了，正是被世俗的人所伤害了。不仅仅是果树，万物莫不如此的。"木秀于林，风必然会摧毁的。

这棵树又说道："我已经修炼了好多年了，才修到了无用的这个结果。中间有好多次，都差一点被砍掉了。寻常人不知道我是无用的木材，好多次都差点被砍掉了，现在很幸运地能够保全下来了。正是由于不材所以有大用，无用的大用。"

这棵树又说道："假如我也有用，能够做器具，难道还能长到这么大吗？"

这棵树又说道："你和我，本来同为天地间的一物，奈何你却想要有用，而我却追求的是无用呢？"

这棵树又说道："而你是几乎要死去的散人，也就是无用之人，而自己却不自知，你还在鄙视我为散木！"人生如同少水鱼，过一天就少一天，又有何乐呢？人生百年，如同白驹过隙，到底该是大树笑工匠，还是工匠笑大树呢？

工匠醒来以后，跟弟子说这个梦。

弟子问道："你说树神想要的是无用，可是它为什么还要跑到庙子后面来接受别人拜呢？这不是有用吗？"

工匠回答道："闭上嘴！不要乱说了。"再这么说，树神都会听到了。

工匠又说道："这个树神只是特意寄身于庙里而已，以致招惹来了不了解的人的诟病和伤害。"

工匠又说道："假如不乖乖呆在庙里，好多次几乎都会被人砍掉了。"不可以执着于无用啊，如果完全是无用的话，也是很危险的。既然是无用，留着占地方干什么呢？这个庙堂就类似于朝堂啊，如果什么都不干，什么都无用就好了吗？

工匠又说道："这棵树能够保全天年，以不材而全生，这是跟别人有很大的不同的。而世人以常理来称赞它，这就相差甚远了。"

这棵树以无用而全生，在这里庄子劝诫世人，要韬光养晦，如此才能够长久。对于辅佐君王的人，太过有用了，功高盖主就危险了，韩信就是如此的；太过无用了，不能起到该起的作用，也危险了。

22. 以此不材

【原文】南伯子綦游乎商之丘，见大木焉，有异：结驷千乘，隐，将芘其所藾。子綦曰："此何木也哉！此必有异材夫！"仰而视其细枝，则拳曲而不可以为栋梁；俯而视其大根，则轴解而不可以为棺椁；舐其叶，则口烂而为伤；嗅之，则使人狂酲三日而不已。子綦曰："此果不材之木也，以至于此其大也。嗟乎，酲三日而不已。"子綦曰："此果不之木也，以至于此其大也。嗟乎，神人以此不材。"

【注释】南伯子綦到商丘这个地方去游玩，商丘是宋国的都城。他看到一棵大树，和别的树有很大的不同：即使是一千辆的马车，每辆马车由四匹马来拉，在这棵树下都可以同时遮蔽住。可想而知，这棵树的枝叶覆盖范围有多大。

子綦就感叹道："这到底是什么样的木柴呀！这必然是与众不同之材。"

他仰起头来看这棵树的树枝，这些树枝都是卷曲的，不可以作为栋梁之材。

俯首来看根部和树干，虽然很大，但是文理不密，木质属于比较松散的，不可以做棺椁。棺椁需要一大块一大块的木头，而这个木头不行，也容易腐烂。

如果用嘴巴去舔一下叶子，嘴巴都会烂掉，都会受伤的。

如果用鼻子去嗅叶子，这个叶子恶气熏人，就会令人发狂好像醉酒了，昏昏沉沉那样三天都不止。

子綦说道："此树果然是不能做什么的木材，无用之木，所以才能够成就了它，长得这么大。我终于知晓了，神人之所以以不材、无用而入于圣人之域。"

23. 不材大祥

【原文】宋有荆氏者，宜楸柏桑。其拱把而上者，求狙猴之杙斩之；三围四围，求高名之丽者斩之；七围八围，贵人富商之家求禅傍者斩之。故未终其天年而中道之夭于斧斤，此材之患也。故解之以牛之白颡者，与豚之亢鼻者，与人有痔病者，不可以适河。此皆巫祝以知之矣，所以为不祥也。此乃神人之所以为大祥也。

【注释】宋国有荆氏这么一个地方，适宜种楸、柏、桑三种树木。树木长到了拱把以上那么粗的时候，就会被寻求系猴子的木桩的人砍掉了。两手合握称之为拱；一手所握称之为把。

等到树木长到三围四围那么粗的时候，那些盖房子的人就会来砍掉了。

等到树木长到七围八围那么粗的时候，那些贵人富商之家来求棺材木的就会砍掉它了。

所以说树木没有能够尽其天年，中道遭受斧头砍伐而夭折，这是由于有材之用的危害所致的。

所以说如果一只牛，身上全黑的，可是头上有一点白的，颜色不纯的就不能用来祭祀。

如果一只猪，鼻子往上翘的，形体不美观，这样的也不能用来祭祀。

如果一个人身上有痔疮，这是不能用来祭拜河神的。古人有祭祀河神的传统，为河伯娶媳妇，选好看的童男童女，投入河中。这种事情自古就有了。

这三种情况，巫祝都知道，如果用来祭祀，这是不详的。正是由于此三者为不材之材，所以可以全生。

虽然似乎是不用之材，巫祝以为是不祥之兆，但神人却以它们为大祥。

24. 支离其德

【原文】支离疏者，颐隐于齐，肩高于顶，会撮指天，五管在上，两髀为胁。挫针治繲，足以糊口；鼓荚播精，足以食十人。上征武士，则支离攘臂于其间；上有大役，则支离以有常疾不受功；上与病者粟，则受三锺与十束薪。夫支离者其形者，犹足以养其身，终其天年，又况支离其德者乎！

【注释】古时候有个人，名字叫支离疏。

他的相貌长得很奇怪，两腮靠近于肚脐那里，弯腰驼背，肩膀高过于头顶。

由于弯腰驼背的，所以老仰着头，发髻朝天。

由于弯腰驼背，背部朝上，所以五脏的腧穴朝上。学中医的就知道，五脏在背部有相应的穴位。

形体弯曲得很难看，两条大腿和两胁并在了一起。

他很勤劳能干，替人缝补、浣洗衣服，足以养家糊口。

他替人扬去粗糠而得精米，做这个事情足以养活十个人了。由于形体弯曲，特别擅长这个事情。

上面来征收武士，征兵要打仗的，支离大大方方地撩起袖子，伸长手臂，根本不用担心被选上。

上面有大的徭役，支离由于有伤残疾病所以就免除了。

上面要分发东西给伤病穷苦的人，他还能够得到三种粮食和十捆柴火。古代，一锺为六斛四斗。

对于使得形体似乎支离破碎，那么丑陋，不符合常理，就足以养其天年，不受到伤害。

更何况支离其德呢，也就是不尽于常理的德行，也就是说不去按照大家都认为的那样去追求功名利禄。如此就可以免于祸害了。

看来庄子给这个人起这个名字是有寓意的了。

25. 孔子适楚

【原文】孔子适楚，楚狂接舆游其门曰："凤兮凤兮，何如德之衰也。来世不可待，往世不可追也。天下有道，圣人成焉；天下无道，圣人生焉。方今之时，仅免刑焉！福轻乎羽，莫之知载；祸重乎地，莫之知避。已乎，已乎！临人以德。殆乎，殆乎！画地而趋。迷阳迷阳，无伤吾行。吾行郤曲，无伤吾足。"

【注释】孔子到了楚国，楚国的狂人接舆听说孔子来了，就去孔子馆舍看看他。这个人是贤人，只是不被普通人所理解，所以称之为狂人的。

来到了门口，也不进去，这个人说道："凤啊凤啊，为什么在道德衰败的时候来到这个世界上呢?”这个狂人讥笑提醒孔子，把孔子比喻成凤。在道德衰败的时候来到这个世界上，生不逢时；而且还来到礼崩乐坏的楚国。

接舆又说道：“来世不可待，往世不可追。”来世的太平盛世看来是等不及了，要等好久了。明代刘伯温在归隐青田老家，留下了《郁离子》，以待王者之兴。往世想追回去也不可能了，时光不能倒流，只能像孔子那样梦见周公了。

接舆又说道：“天下有道的时候，就可以成就圣人的事业。”

接舆又说道：“天下无道的时候，圣人只要能够全生就可以了。”

接舆又说道：“现在这个时候，不可以强为，如果能够免于刑罚就已经该知足了，还想着要什么功德干啥呢?”

接舆又说道：“福轻如羽毛，自己去抓住是很容易的事情，却不肯去接受。”

接舆又说道：“祸比这个大地还要厚重，但是却不知道去避开。”世人被名利所迷惑了，冒死去求名利的。

接舆又说道：“算了吧，算了吧，你不该来我们楚国啊!”惟楚有才，并不是楚国没有像孔子这样的人才。

接舆又说道：“不要到处去教别人仁义道德的。如果处处显示自己的德行，而彰显别人的丑陋，如此就会很危险了。危险啊，危险啊!”

接舆又说道：“不要只顾低头按照地上画好的东西去走路的，即使是火坑都去跳，这是很危险的事情。”

接舆又说道：“现在的人啊，是愚昧到极点了，不知道路怎么走了，路上的荆棘也比较多，我小心的走不要妨碍我走路的。”

接舆又说道：“我慢慢地走，小心地走。世道难行啊，不要伤到了我的脚了。”

26. 山木自寇

【原文】山木，自寇也；膏火，自煎也。桂可食，故伐之；漆可用，故割之。人皆知有用之用，而莫知无用之用也。

【注释】山上长的树木，就是由于自己长得太好了，是有用之材，所以不管是多么遥远的山里面，都不免于被人砍伐。实际是自己招来的祸害。

那些能够燃烧的油脂，在古代称之为膏。正是由于这些油脂能够燃烧，所以被人给烧光了。要是油脂不能燃烧，还没有那么快烧没，而烧光不是别人的缘故哦，是自己惹来的哦。动物正是有了这些油脂，有人想用来点灯，所以就遭殃了。动物华丽的毛发，也会引来杀身之祸。

桂树可以做调味品用，所以经常被人早早就砍伐了。

漆树有用，流出来的汁液可以用来油东西，所以经常被人割。

所以说人都知道有用的用处，而不知道无用的用处。

前面举了许多这样的例子，包括大葫芦虽然看似无用，实则有大用。

第五章　德充符

1. 兀者王骀

【原文】鲁有兀者王骀，从之游者与仲尼相若。常季问于仲尼曰："王骀，兀者也，从之游者与夫子中分鲁。立不教，坐不议。虚而往，实而归。固有不言之教，无形而心成者邪？是何人也？"仲尼曰："夫子，圣人也，丘也直后而未往耳！丘将以为师，而况不若丘者乎！奚假鲁国，丘将引天下而与从之。"

【注释】鲁国有个受了刖足刑罚的人，名字叫王骀。兀者是因受刑罚而被砍去一只脚的人。前一章末尾提到支离其德，这一章就专门来讲这个了。

向王骀学习的人很多，人数规模大概和孔子相当。

常季很好奇，就问孔子道："王骀，他是兀者，失去一条腿了，形体都是支离的、不完整的。为什么还有那么多人跟着他学习呢？这样的一个人，凭什么在鲁国跟您分庭抗衡呢？"

常季又说道："这个人很特别，跟弟子站着也不教什么，与弟子坐下来也不谈论什么。弟子们脑袋空空地去他那里，似乎能够满载而归。难道他教人都是不用什么言辞的吗？仅仅是靠以心印心来相传的吗？老师您怎么看这个人呢？"

孔子听了以后，不但不生气，毫无妒忌之心，他说道："王骀是位圣人，孔丘我只是还没有来得及去拜会的。"

孔子又说道："孔丘我还要拜他为师的，何况是不如我孔丘的那些晚生呢，更要去跟他学习的。岂止是鲁国，孔丘我将要率天下的读书人都要追随他学习的。"

2. 守其宗

【原文】常季曰："彼兀者也，而王先生，其与庸亦远矣。若然者，其用心也独，若之何？"仲尼曰："死生亦大矣，而不得与之变；虽天地覆坠，亦将不与之遗；审乎无假而不与物迁，命物之化而守其宗也。"

【注释】常季又说道："这样一个一条腿的人居然能够得到老师如此的器重，甚至比先生还要厉害，必然不是平庸等闲之辈。"

常季又说道："果然如先生所说的这么厉害，其所传的心法也必定是与众不同的了，到底是怎么样的呢？"

孔子回答道："生死事大，然而这位圣人已经了却生死了。他已经跳出生死的轮回了，不再跟着生死而迁变了。"

孔子又说道："不仅仅是如此，即使是天崩地裂，天塌下来，地沉裂开来，也不会伤害到他了。"

孔子又说道："明悉万物的主宰为此心此道，已经超然出于万物的表象，不需要假借形骸，不被物转。"

孔子又说道："这位圣人已经超然于物外了，不会心随境转了。任万物自化，花开花落，而他只是守中，以至道为宗。"

3. 丧足遗土

【原文】常季曰："何谓也？"仲尼曰："自其异者视之，肝胆楚越也；自其同者视之，万物皆一也。夫若然者，且不知耳目之所宜，而游心乎德之和。物视其所一而不见其所丧，视丧其足犹遗土也。"

【注释】常季听了以后，更加糊涂了，他就问道："这到底是什么意思呢？能否再讲详细点呢？"

孔子回答道："如果站在小我的视角来看，万物被切分的支离破碎，肝胆就好像楚越两地那么遥远。"肝胆都在一身之中，互为表里，本来为一体的，也很近的。只是此心被物欲所间隔，被分割得支离破碎了。此道不离我们左右，仅在咫尺之间。如果明心见性了，当下即是。如果未见性，如楚越两地那么遥远。

孔子又说道："从大我的角度来看，万物和我都是一体的。"

孔子又说道："果然如此，则不知道耳目还有什么用处了。"形骸都忘却了，做到了无我，以心去听，以心去看，六根就无有什么用处了。耳目所听所见也都未必就是真实的。虽然眼睛看到是失去了一条腿，实际上只是我们的错觉罢了。

孔子又说道："如此就可以超越形骸之外了，而逍遥游心于道德之乡，中和之境。"他已经不会被耳目所蒙蔽了，已经可以达到中和，不会为失去一条腿而伤悲了。

孔子又说道："在他的眼里，把万物都看做是相同的，天地万物都是一体的。如此就不觉得丧失了什么。"

孔子又说道："在他看来，失去了一条腿，就好像是失去一堆土一样。"天地万物既然为一体，人和万物为一体。人的腿只是从这里转移到那里，又化归于尘土罢了，并未尝失去什么。

4. 鉴于止水

【原文】常季曰："彼为己，以其知得其心，以其心得其常心。物何为最之哉？"仲尼曰："人莫鉴于流水而鉴于止水。唯止能止众止。受命于地，唯松柏独也正，在冬夏青青；受命于天，唯尧、舜独也正，在万物之正。幸能正生，以正众生。夫保始之征，不惧之实，勇士一人，雄入于九军。将求名而能自要者而犹若是，而况官天地、府万物、直寓六骸、象耳目、一知之所知，而心未尝死者乎！彼且择日而登假，人则从是也。彼且何肯以物为事乎！"

【注释】常季听了孔子这番话，幡然醒悟了，他说道："他已经认识了自己，已经能够以智慧得到自己的心罢了。他所得到的本心，寻常人也有的。既然他所得的心，人人都本有，那又有何超越别人的呢？"

孔子回答道："人不能把流动的水当作镜子照，而只能把静止的水当作镜子。唯有达到止境的圣人能够停止一切妄动。"人人虽然都有此心，但是众人的心都妄动如流水，而圣人的心至静如止水。所以众人的心是动而不止的，只有圣人能使自己的心静止而万物皆止。树欲静而风不止，不是万物在动，而是仁者心动的。圣人能够做到心止，万物皆止。

孔子又说道："花草树木受命于地，从大地生长开来，然而，唯独松柏能够冬夏常青。"一身受命于地，虽然有五脏六腑，经络百骸，但是唯独我们的本心自性如松柏那样冬夏常青。

孔子又说道："君王受命于天，成为天子，然而，唯独尧舜这样的圣人传承了天的正气，幸而能够正自己，如此才得以正天下众生。"

孔子又说道："如何去像松柏那样保持常青，如何像尧舜那样保持自己的本心呢？保自己的初始的本心就像出征打仗一样，不惧怕就好像是出征打仗一样。”

孔子又说道：“如同一名大勇士一样，视死如归，勇敢冲入九军之中。”以勇士的不恐惧，来比喻有道者不恐惧。有道者无欲则刚。

孔子又说道：“将士为了求取功名而自求上进，置之死地而后生，而尚能够如此不顾生死。更何况是要去求道呢？”求道这个东西是比性命还要重要的。孔子曾经说过，朝闻道夕死可矣。

孔子又说道：“而何况是要去求道，像圣人那样成为天地的主宰，宇宙只在手掌之中；俯瞰万物而将万物归于一体；只是直接把这个身体当做暂时寄寓的地方罢了；只是把耳目所听所看当成幻象罢了，以心来听，以心来看了。”

孔子又说道：“知自心自性就可以一通百通了，可以知天下事了；而未尝丧失自己的本心的得道的人就是如此的。”如果要想成为这样的人，那就要更加勇猛了。

孔子又说道：“王骀将要择日而登遐，远升仙界，而超出凡尘了。人们都乐意去追随他。他怎么还会在乎多一些弟子、少一些弟子呢？怎么会在乎名利的东西呢？”

5. 尘垢不止

【原文】申徒嘉，兀者也，而与郑子产同师于伯昏无人。子产谓申徒嘉曰：“我先出则子止，子先出则我止。”其明日，又与合堂同席而坐。子产谓申徒嘉曰：“我先出则子止，子先出则我止。今我将出，子可以止乎？其未邪？且子见执政而不违，子齐执政乎？”申徒嘉曰：“先生之门固有执政焉如此哉？子而说子之执政而后人者也。闻之曰：‘鉴明则尘垢不止，止则不明也。久与贤人处则无过。’今子之所取大者，先生也，而犹出言若是，不亦过乎！”

【注释】申徒嘉这个人，也是个兀者，跟上面那个圣人一样，也是只有一条腿的。他跟郑国的子产一同拜伯昏无人为师。郑国的子产曾经担任过相国。伯昏无人这个人的名字很特别。老子中讲？众人昭昭、我独若昏，大概以昏作为圣人的名字吧。在古代，大概圣人不被称为昏就是狂人了。

子产作为相国，跟这么个身体残疾的人成为同门，觉得很丢脸，他就对申徒嘉说道：“以后每次去老师那里求学，如果我先出来，你就止步，不要跟着我并排走出来；如果你先出，我也一样的。”

可是到了第二天，这个申徒嘉跟没事人似的，还是和子产在一个学堂同席而坐。申徒嘉根本都忘记了自己是一介草民而且身有残疾，也似乎忘记了子产比较厌烦自己。

子产对申徒嘉说道："我之前已经跟你说过了，我先出去你就不要一起出去，你先出去，我就不要一起跟出去。现在放学了，我要出去了，你能不能先不要出去？还是不愿意留下来吗？"子产还算是客气了，可是这位同学似乎一点都没听见似的，子产这就紧张了，就直接挑明了。

子产又说道："你看到执政的人都不懂得回避，难道你跟执政的相国都是平起平坐的吗？"

申徒嘉说道："老师的门下，竟然有如此的同门执政者吗？你是不是觉得你当了相国，就可以看不起别人了吗？"

申徒嘉又说道："据我所闻：如果一面镜子比较光亮，有一点尘垢就会看得出来，尘垢就呆不住了，很容易就被人擦掉了；如果镜子不明亮，尘垢堆满了也发现不了。一个人要经常和贤人相处，贤人就如同镜子一样照出你的尘垢，就没有什么过失了。"

申徒嘉又说道："而今你来向先生求道，尊圣人的门面，以先生为大，而居然说出这样的话来，足见没有什么真学问的。"

6. 形骸之内

【原文】子产曰："子既若是矣，犹与尧争善。计子之德，不足以自反邪？"申徒嘉曰："自状其过以不当亡者众；不状其过以不当存者寡。知不可奈何而安之若命，唯有德者能之。游于羿之彀中。中央者，中地也；然而不中者，命也。人以其全足笑吾不全足者众矣，我怫然而怒，而适先生之所，则废然而反。不知先生之洗我以善邪？吾与夫子游十九年，而未尝知吾兀者也。今子与我游于形骸之内，而子索我于形骸之外，不亦过乎！"子产蹴然改容更貌曰："子无乃称！"

【注释】子产说道："你已经是这样子了，已经成为废人了，但是还不知道反求诸己，而且还要以圣人自居，还要与尧争善不成？连我这个宰相都看不上一眼，即使是尧在你面前估计也不值一提吧？我在想，是不是你积累的德，还不足以让你有这种反思自己的能力吧？"

申徒嘉听了说道："自己掩饰自己的罪过，而认为自己不当该死的人很多；自己不掩饰自己的罪过，而认为自己就不该存活的人极少。"

申徒嘉又说道："明知无可奈何，可是还是能够安然接受命运，只有有至德的人能够做到。"孔子明知在当时战乱的年代，凭一己之力很难改变，但是还是明知不可为而为之。

申徒嘉又说道："世人在世俗功利当中，犹如游走在后羿的箭靶中心，这是很危险的事情，应该战战兢兢如履薄冰。箭靶的中央，这个是必中之地的，犹如世人必然会遭受祸害的。然而暂时还没有命中，这个是幸免而已，只是时候未到罢了。而我不幸而不能免，这个也是命运安排了。"

申徒嘉又说道："人大多都会笑我只有一只腿，而我见到别人笑我，我也会怫然大怒。等到我来到先生的学堂，听闻了大道之后，就人我两忘了，根本都不会在乎别人说什么了。"

申徒嘉又说道："我也不知道先生教了我些什么，也许只是先生给我洗心吧，甚至都忘记自己只有一条腿了，没有任何的烦恼了。我和先生学习足足有十九年了，而未尝听先生说我是一条腿的人。"先生已经是得道高人了，已经无有分别心了，对于一条腿的人和正常人都一视同仁了；对于贵为相国的子产，对于贫贱的申徒嘉，也都是一视同仁了。

申徒嘉又说道："现在你和我属于同门，都是拜先生为师，已经能够相知以心了，都是关注于形骸之内的人，不应当以形骸外貌来看一个人。现在你却以形骸外貌来评判我，这不是很过分的事情吗？"

子产听了这番话之后，真是惭愧得无地自容了。子产为郑国有名的贤德之人，贵为相国。他皤然醒悟了，马上变了态度，很恭敬诚恳地说："我已经知道了，心中有愧了，你不用再继续多说了。"

这里申徒嘉讲了形骸在外，关键是要关注德行的，至德充于内，这里也呼应了本篇的题目。

7. 叔山无趾

【原文】鲁有兀者叔山无趾，踵见仲尼。仲尼曰："子不谨，前既犯患若是矣。虽今来，何及矣！"无趾曰："吾唯不知务而轻用吾身，吾是以亡足。今吾来也，犹有尊足者存，吾是以务全之也。夫天无不覆，地无不载，吾以夫子为天地，安知夫子之犹若是也！"孔子曰："丘则陋矣！夫子胡不入乎？请讲以所闻。"无趾出。孔子曰："弟子勉之！夫无趾，兀者也，犹务学以复补前行之恶，而况全德之人乎！"

【注释】鲁国有一个残废的人，名字叫叔山无趾，这个人两条腿都没有了。他有一天去见孔子。

孔子说道："你怎么这么不小心谨慎啊，以前有两条腿好好的，现在自己惹祸了，两条腿都没有了，真是可怜。虽然你今天来找我，又有什么用呢？已经来不及了。”如果是早一点来，听孔子老师的教诲，可能就能够避免灾祸了。

叔山无趾听了说道：“之前我很后悔不懂得去务于道学，而不重视身体，才招致了灾祸，失去了双脚。”

叔山无趾又说道：“今天我来这里，我虽然失去了有形的双脚，可是两足尊尚存，也就是我的自性尚存，我来这里就是为了务求保全它的。”他来孔子这里，为道而来。

叔山无趾又说道：“上天无不覆盖，恩泽万物；大地无不承载，不管是干净的，污秽的，都一样的承载。我把你当做天地那样，怎么也没有想到你不过如此的，还以形骸来取人，以貌来取人。”

孔子听了说道：“孔丘我真是浅陋啊！先生您为什么不进来详谈呢？愿听先生指教。”孔子听了他所说的话，已经知道他是有道的人了，所以更加恭敬地请进来。由此可见孔子真是谦虚的，不愧为一代宗师的。

无趾跟孔子聊完了以后，就出去了。真是对他们的谈话感兴趣，可是不知道谈了些什么。

孔子又说道：“弟子们要共勉呀！叔山无趾虽然是残废的人，他还这么努力的务于道学，以此来弥补之前所犯的恶事，更何况我们这些不残废的人啊！”叔山无趾虽然身残，可是自性本心未尝残缺的。而正常人虽然身体完整，可是自性本心却被物欲所遮蔽。

8. 解其桎梏

【原文】无趾语老聃曰：“孔丘之于至人，其未邪？彼何宾宾以学子为？彼且以蕲以諔诡幻怪之名闻，不知至人之以是为己桎梏邪？”老聃曰：“胡不直使彼以死生为一条，以可不可为一贯者，解其桎梏，其可乎？”无趾曰：“天刑之，安可解！”

【注释】无趾又跑去见老子。老子是孔子的老师。

叔山无趾说道：“人人都说孔丘为至人，为得道的人，我想还未必吧？可是为何他没有得道，却彬彬有礼的样子，还要跟你学，好像已经得了道了，为什么呢？”

叔山无趾又说道：“孔子好像以多闻为荣，讲话也是一套一套的，有许多巧妙的修辞，知识似乎也很渊博，静说一些稀里古怪的东西；可是孔子却不知道至德的人，反而以多见多闻为桎梏，知识和知见本身就是束缚的。”

老子听了说道：“为何不以本来无生无死，生死一如；以无善无恶，无是无非，以一贯通的教法指点他呢？如此就可以解脱其桎梏了吧？”老子一说话，的确与众不同了。

叔山无趾又说道：“上天让他受苦，受苦的期限还没有到的，我怎么能够帮他解脱呢？”许多人都是在逆境中才觉悟而得道的。孔子现在所受的苦，也是为了日后能够觉悟的。

孔子到五十岁左右的时候，读《易经》韦编三绝，这个时候他应该是得道了。年轻的时候，叔山无趾去见的时候估计真是没有能够得道的。王阳明先生三十六岁的时候，在贵州龙场那个地方得道，相隔千年一下子继承了孔子的心法。

9. 哀骀它

【原文】鲁哀公问于仲尼曰：“卫有恶人焉，曰哀骀它。丈夫与之处者，思而不能去也；妇人见之，请于父母曰：‘与为人妻，宁为夫子妾’者，数十而未止也。未尝有闻其唱者也，常和人而已矣。无君人之位以济乎人之死，无聚禄以望人之腹，又以恶骇天下，和而不唱，知不出乎四域，且而雌雄合乎前，是必有异乎人者也。寡人召而观之，果以恶骇天下。与寡人处，不至以月数，而寡人有意乎其为人也；不至乎期年，而寡人信之。国无宰，而寡人传国焉。闷然而后应，氾而若辞。寡人丑乎，卒授之国。无几何也，去寡人而行。寡人恤焉若有亡也，若无与乐是国也。是何人者也！”

【注释】鲁哀公问孔子道：“卫国有个相貌丑陋的人，名字叫哀骀它。男人见到他，就喜欢呆在一起，不舍得离开；女人见到他，更是不得了，就回去跟父母说：如果把我嫁人当正妻，我宁可去当他的妾。不止几十个这样的女人都这样想的。”

鲁哀公又说道：“这个人未尝宣传自己的，也没有见到有什么特长，只是随缘的待大家而已。”

鲁哀公又说道：“他又没有很高的权位能够免除人的死罪，帮人们免除灾祸；他又没有很高的俸禄去周济别人，使得别人免于挨饿。”

鲁哀公又说道：“他没有什么好周济别人不说，又长得相貌极丑，使得天下人都惊骇的丑。一向都只是随着别人，并不会去唱主角，自己也没有什么专长。”

鲁哀公又说道：“他并没有超乎世间的见识，然而不管是男是女都喜欢跟随在他的前后，我想他必然会有什么异于常人的地方。”鲁哀公不知道是什么原因，就在这里问孔子了。

鲁哀公又说道："寡人把他传召来观察了一下，果然是天下最丑的人了，而且没有见到什么特别的。"

鲁哀公又说道："在王宫里和寡人相处了不到一个月，寡人居然也看到他可爱之处了，但是还不能全部都知晓。"

鲁哀公又说道："住了不到一年，寡人就深信他了。"

鲁哀公又说道："假如国内无宰相，寡人都愿意将国事授予他来处理了。"

鲁哀公又说道："虽然我跟他说了要授予国事，但是他听了似乎对权势一点都不动心，什么都不在意的样子，只是随便地应了一下，漫不经心地推辞了一番。"

鲁哀公又说道："寡人看他这个态度，感觉到很没面子，不过还是以国事授予他。"正所谓君无戏言，说出去了就去做了。

鲁哀公又说道："没过几天，他就偷偷地离开寡人了。"

鲁哀公又说道："寡人居然为他的离去而感到忧虑，好像失去了什么重要的东西一样。好像在偌大的鲁国再也找不到人带给我快乐那样。"

鲁哀公又说道："这个人到底是何许人呢？让我有如此这般的感受呢?"

10. 全德之人

【原文】仲尼曰："丘也尝使于楚矣，适见豚子食于其死母者。少焉眴若，皆弃之而走。不见己焉尔，不得其类焉尔。所爱其母者，非爱其形也，爱使其形者也。战而死者，其人之葬也不以翣资；刖者之屦，无为爱之。皆无其本矣。为天子之诸御：不爪翦，不穿耳；取妻者止于外，不得复使。形全犹足以为尔，而况全德之人乎！今哀骀它未言而信，无功而亲，使人授己国，唯恐其不受也，是必才全而德不形者也。"

【注释】孔子说道："孔丘我曾经到过楚国，刚好看到有一群小猪在吃母猪的奶，可是这头母猪已经死去了。可是一开始这些小猪并没有察觉有什么异样的，还是照样吃奶的。"

孔子又说道："过了一会，它们看到死母猪的眼睛不会一眨一眨的了，不会动了，就都惊慌地逃离了。"

孔子又说道："小猪看到死去的母猪的眼睛看不见自己了，已经跟活着的母猪很不相同了。"

孔子又说道："由此可见小猪所爱的母亲，并非爱母亲的形体，而是爱形体的真正主宰。"形体只是外在的虚幻之物而已，而自性本心才是形体真正的主宰的。母猪和小猪，这个是天性的母子之爱的。小猪看到母猪目光不会闪烁了，知晓精神不在了，所以就逃离了。小猪所爱的母猪，并非外在的形骸，真正爱的是形骸的主宰的。小猪很愚笨，尚且爱本来的天真，更何况是人呢？

孔子又说道："战死沙场的人，尸骨都没有棺材安葬，如何还奢望有棺材的饰品呢？"能够收得全尸就已经是不错了，棺材是本而棺材饰品为末。

孔子又说道："已经受了刖刑，失去了腿残废的人，鞋子对他来说，就没有多大用处了。他是不会再爱穿鞋子了。"保全双腿为本，而鞋子为末。

孔子又说道："棺材饰品、无腿残废人的鞋子，这些都失去了根本了，也就没有什么用处了。"孔子举这两个例子来打比方的，让世人知晓什么是本。我们每个人的本并不是这个形骸，而是自性本心。

孔子又说道："进宫侍奉天子的宫女，不修剪指甲，不穿耳洞。尽量地保全天真全体。"

孔子又说道："新婚的新娘，就暂时不在外面做家务了，恐怕弄伤了手脚，不能保全全体。"

孔子又说道："不仅仅要保持外在形体的完整，更重要的是要保持内在盛德圆满。"如果仅仅是外在形体圆满，德行不行，这个也是欠缺的；即使是外在形体有所欠缺，像哀骀它那样丑陋，但是只要能够全德，做到盛德充满于内，这样更加重要。全德为本，而形体为末。

孔子又说道："现在哀骀它没有讲话而能够得到国君信任，没有任何功劳别人都喜欢亲附，使得国君甚至都愿意把国事托付于他，还唯恐他不肯接受。这样的人必定是天性全然未坏，而内在富有盛德而不炫耀于外的人。"

11. 何谓才全

【原文】哀公曰："何谓才全？"仲尼曰："死生、存亡、穷达、贫富、贤与不肖、毁誉、饥渴、寒暑，是事之变、命之行也。日夜相代乎前，而知不能规乎其始者也。故不足以滑和，不可入于灵府。使之和豫，通而不失于兑。使日夜无隙，而与物为春，是接而生时于心者也。是之谓才全。"

【注释】鲁哀公听孔子前面说才全，就问道："什么是才全呢？"这里的才是指天赋的良能的，也就是所谓的天真自性的。也就是庄子所说的人身真正的主宰的。不被外在的物欲所伤，而能够保全天然本性，如此可以称之为才全。

孔子回答道："生死、存亡、穷困和通达、贫贱和富有、贤德和不肖、诋毁和荣誉、饥渴、寒暑，这些都是事物的变化，命的运行的。"孔子在解释才全之前，先说了十六个事情。这十六个事情用八个阴阳相对的词来讲。这些事情都是伤害天然自性的，世人多少无不被伤害到，能够保全的人都极其稀有。

所以，孔子在这里先讲这个。

孔子又说道："这十六件事情，日夜循环发生在世人身上，出现在世人眼前，未免伤害世人的本性，而世人不能知晓这些都是从哪里来的。"如果能够找到无始以来的初心，通达于自性本心，就知晓本来就没有变化的。

孔子又说道："正是由于看不到变化中的不变，无常中的常，所以不能进入一种滑和，也可以说是中和的状态；不可以进入灵府，也就是灵动之府，也就是心灵如如不动的境界。"由于我们没有慧眼，就会看到有生死等变化。什么是中和呢？心发出就有了七情六欲，如果发出来能够和，心情就愉悦，否则就烦躁。此心未发出来之前就是中。灵府这个灵动之府，并非不动，而是灵动。这个已经是进入本心了，此心包罗万象了，具足一切。

孔子又说道："使得处于中和、安乐、通达的状态；而不失去造化之门。"如果失去造化之门，不能把住物欲的关口，就会污染本心了，就会伤害自性了，就不能才全了。《道德经》中讲，闭其兑，塞其门就是这个道理。我们讲六根清净，就是要把住这些城门，不能让负能量进来。如果漏进来物欲的东西，污染的东西，这就是有漏了，否则就说无漏。佛法讲这些东西还是很形象的。前面讲通达还是讲心，心通达而不粘滞于物欲。应无所住而生其心，这句话也是讲的这个，如果心粘滞在一处，就心随物转了。

孔子又说道："真人已经恢复了天真自性，绵绵密密，昼夜无有间隙，已经功夫成片了，没有丝毫杂念和烦恼了。此心如同明镜一般，物来则应，物去不留了。心动而与物相接，如同春天一样，生发万物。这是由于心与物相接时而生于心，也就是说万物生于心，宇宙在于手。"佛法讲万法唯心造，这个也是真理的。人如果不去观测光，光是无光子存在的。现在所发现的基本粒子都是由光子构成的，也就是说万物都是由光子构成。光子静止质量为零，运动赋予了光子质量。也就是说，运动赋予了万物质量。不是风动、不是幡动，也不是光子动，而是仁者心动。心动赋予了万物质量，心不动而万物都归于孤寂，宇宙质量为零。这个真相是令科学家感到震惊的，可是庄子已经知晓了。

孔子又说道："如果能够做到这样，就可以称之为才全了。"

12. 何谓德不形

【原文】"何谓德不形？"曰："平者，水停之盛也。其可以为法也，内保之而外不荡也。德者，成和之修也。德不形者，物不能离也。"

【注释】鲁哀公又问道："什么是德不形呢？"

孔子回答道："君子富有盛德如同汩汩的清水一样清澈。水停留在那里非常的平静，平静到了极致。这个可以取法来比方盛德的。内心平和而不炫耀于外，就好像是保持水的平静而不涤荡于外一样。”君子虽然富有盛德，可是能够做到和光同尘，不炫耀于外。如果太过于表现在外，就会引来灾祸了。

孔子回答道：“要修成盛德，就要做中和的功夫，这是要修行而得的，并不是随便得来的。”

孔子又说道：“德不形，是说不管万物如何纷纷扰扰，也不能使得你离开中和的境界的。心不会随物转。内在的盛德不会轻易展露于外的，也就是跟着外物走的。”孔子对鲁哀公所说的话，已经发明中庸之道了，讲得极其正大精确了。

13. 德友而已

【原文】哀公异日以告闵子曰：“始也吾以南面而君天下，执民之纪而忧其死，吾自以为至通矣。今吾闻至人之言，恐吾无其实，轻用吾身而亡吾国。吾与孔丘非君臣也，德友而已矣！”

【注释】他日，鲁哀公遇见孔子的弟子闵子骞，鲁哀公说道：“以前我南面而君临天下的时候，执掌治国治民的纲纪，而担忧百姓的生死，担忧百姓的疾苦，我自以为已经是通达于道了。”

鲁哀公又说道：“现在我听闻了至德的人，也就是你的老师孔子的话，我幡然醒悟，虽然有忧国忧民的心思，恐怕这是言过其实了，并没有能够抓住根本。”

鲁哀公又说道：“我舍本逐末，而不重视自己的身体，不重视身体真正的主宰，而使得自性受到伤害。一身如同一国，自性伤害，一身就受到了伤害的。不知道保全百姓的本性，不知道恢复百姓的自性本心，就有亡国的危险了。”也许鲁哀公没有这么高的悟性吧。

鲁哀公又说道：“我和孔丘并非君臣的关系的，是以道德相交的朋友。”庄子这里记录了孔子的言行，无法考证其真假，但可以作为了解孔子的重要参考的。庄子并非都是损孔子，这里把孔子讲得很厉害的。

14. 忘其所忘

【原文】闉跂支离无脤说卫灵公，灵公说之；而视全人，其脰肩肩。瓮盎大瘿说齐桓公，桓公说之，而视全人，其脰肩肩。故德有所长而形有所忘。人不忘其所忘而忘其所不忘，此谓诚忘。

【注释】一个残废、伛背、缺嘴的人游说卫灵公，卫灵公十分喜欢他。看着他都习惯了，看正常人觉得不习惯了。看着正常人，觉得这个脖子细细长长的样子，很是不好看。

一个脖子上长了一个瘤子的人游说齐桓公，这个人脖子上的瘤子长得可真是够大的，像一个瓮那么大。齐桓公很喜欢他，看正常人反而不习惯了，觉得正常人的脖子细细长长的，太难看了。

所以说，如果富有盛德，有这方面的长处的话，形体丑陋一些都会忘却的。

世人不把自己该忘记的忘记掉，而是把不该忘记的忘记掉了，这真是大糊涂呀。这个忘字，上面为亡，下面为心。大糊涂就是亡失了本心，也就失去了一身真正的主宰，也就是失去君主之位了。

15. 受食于天

【原文】故圣人有所游，而知为孽，约为胶，德为接，工为商。圣人不谋，恶用知？不斵，恶用胶？无丧，恶用德？不货，恶用商？四者，天鬻也。天鬻者，天食也。既受食于天，又恶用人！

【注释】所以圣人逍遥游于大道之乡，游于灵动之府，而忘却了物欲，忘却了外形。

而知为孽。圣人把智巧、揣摩人心当成妖孽，这是小聪明而不是大智慧。多见多闻多知，这些只是增加束缚而已。阿难是佛陀的堂弟，一向以多闻著称，但是多闻不如向内去多下功夫的。

约为胶。如果仅仅是用仁义来约束人心，用刑罚、戒律、规范来约束的话，这就会增加人心的束缚，胶粘而不能解脱。万物没有无限制的自由。河流如果没有河堤就无法存在了；地球如果没有太阳的约束就飞向漆黑的太空了；风筝如果没有丝线牵引就无法在天空飞了。约束和自由互为阴阳。如果自律到达了顶点，也就是像孔子那样，从心所欲而不逾矩了，如此就对应于乾卦。如果他律到达了极点，也就是乱世用重典，这就对应于坤卦。德治和法治互为阴阳，如果德治到一定的程度，法制可以减少许多的，正如刘邦入关中，与民约法三章，废除了许多秦朝的法令。

德为接。道德本来是好事的，可是没有得道装作得道，没有道德装作有道德。反而道德成为待人接物被利用的工具了。以小恩小惠来收买人心了。

工为商。以机关、技巧来谋取别人的利益。大道巧夺天工，而不会贵难得之货。即使是玉石，也不会觉得贵；即使是普通石头，也不会觉得卑贱。可是世人仗着手巧，以为可以巧夺天工而牟取暴利。人类胆子越来越大了，甚至通过科学技术人工造肉来上架销售，这个是逆天的行为的，会遭受惩罚的。

圣人不谋，恶用智？前面讲世人的四种做法，这里讲圣人刚好反过来的。圣人不会去用智巧谋划，不喜欢用小聪明。人算不如天算，秦国虽然用尽了计谋去谋取天下，可没过多久就给刘邦做了嫁衣。

不斫，恶用胶？圣人不刻意去雕琢，不刻意用规矩、刀斧去规范。不会用这些东西胶粘本心，增加不必要的束缚。

无丧，恶用德？圣人从来都未曾丧失一丝一毫的盛德，不用刻意去标榜自己的道德，以小恩小惠去收买人心，得到大家的肯定。

不货，恶用商。圣人不贵难得之货，知晓自身已经得到了无价的珍宝，不用向外求了，也不用去兜售。圣人只将道传于有缘人，如果不得其人是不可以传的。黄石公把《素书》传给张良，也是经历了诸多考察的。张良找不到合适的人传，就将书带进坟墓了。圣人把道看得比世间最贵重的东西还要贵重。

四者，天鬻也。这四者中天德，是上天养育的。

天鬻也者，天食也。天鬻也就是上天以大道滋养于圣人的，喂食于圣人。

既受食于天，又乌用人。既然是乞食于上天，又怎么需要有求于人呢？不需要去刻意增加人为的知见，不需要收买人心，不需要求人购买，不需要人为的约束。

16. 无人之情

【原文】有人之形，无人之情。有人之形，故群于人；无人之情，故是非不 得于身。眇乎小哉，所以属于人也；謷乎大哉，独成其天。

【注释】有人之形，无人之情。圣人虽然居住于人世，有人的形骸，但是绝无人的私情。圣人无情，并非没有大爱。圣人无私情，正是有大慈大悲的大爱。圣人已经去除了七情六欲，回归到七情六欲未发出时的中了。

有人之形，故群于人。圣人有人的形骸，所以能够群居于众人之中。如此可以接近众人，可以接引和教化众人。

无人之情，故是非不得于身。正是由于圣人已经绝了人的私情，虽然有个人的形骸，可是心已经超越于物外了，不被外物所束缚了，所以没有人世的是非之心了。没有什么情绪邪念，是非也不会影响到此身了。

眇乎小哉，所以属于人也。人可真是太渺小了，在太虚之中如同恒河沙中的一粒而已。在庄子眼里，人是太渺小了。寿命又极其短暂，如同白驹过隙，又有什么好去贪恋的呢？

謷乎大哉，独成其天。虽然人的形骸很小，但是此心无比广大，无所不包，超然于物外。如果能够保全此天德，就可以由人而入于天了，可以由凡入于圣了。

17. 以坚白鸣

【原文】 惠子谓庄子曰："人故无情乎？"庄子曰："然。"惠子曰："人而无情，何以谓之人？"庄子曰："道与之貌，天与之形，恶得不谓之人？"惠子曰："既谓之人，恶得无情？"庄子曰："是非吾所谓情也。吾所谓无情者，言人之不以好恶内伤其身，常因自然而不益生也。"惠子曰："不益生，何以有其身？"庄子曰："道与之貌，天与之形，无以好恶内伤其身。今子外乎子之神，劳乎子之精，倚树而吟，据槁梧而瞑。天选子之形，子以坚白鸣。"

【注释】 惠子跟庄子是至交好友。

惠子有一天对庄子说："人本来就是无情的吗？"

庄子回答道："是的。"我们听了庄子这么说就会很纳闷了。惠子也同样的纳闷，放心了，他会帮我们问的。

惠子又问道："人假如都无情感，还能被称之为人吗？"

庄子回答道："大道赋予人相貌，而上天赋予人形骸，怎么能说不是人呢？"大道赋予每个人自性本心，自性为人人所本有，怎么不能称之为人呢？自性本心为本，而人的私情为末。惠子听了还是不太明白，继续问。

惠子又问道："既然称之为人，为什么无情呢？"

庄子回答道："我所说的无情是指是非好恶的私情的，并非人伦之情的。"庄子并非要绝君臣、父子和夫妇之情，这是人伦之情，这是很美好的。

庄子又说道："我所说的无情，说的是人往往为了贪欲，而产生了是非好恶的私情，就会伤害自性本心，给自己身体带来灾祸。反而因为私情而伤害了自己，所以就要绝私情的。"

惠子又问道："如果根本不去养活自己，满足自己的温饱问题，如何能够保全这个身体呢？"庄子说不是绝人伦之情，惠子听了就又举吃喝拉撒等这些私欲，这些是不是也是私情呢？如果没有这些私情，如何能够养活这个身体呢？

庄子回答道："大道赋予人相貌，上天赋予人形骸，只要不用是非好恶来伤害身体就可以了。自然能够保全自己的身体了。"吃喝拉撒这些事情是天然之情，并非什么私情，只要不把是非好恶横加在上面就不会伤害自身了。

庄子又说道："你现在神不能内守，而是飞驰于外；你的精力为世事而疲困；依靠着大树在那里高歌；背靠着大树在那里弹琴，眼睛似睡非睡的样子。”庄子说惠子不能以天德为乐，使得精神外泄。

庄子又说道：“上天赋予万物形体，包括人、石头的形体等，而你却以离坚白来辩论不休，真是不应该啊。”

惠子和公孙龙都是名家的代表人物，有著名的离坚白的言论。关于离坚白，在公孙龙子中有详细的探讨。一个石头的实相是如何的呢？眼睛去看石头的一瞬间，白色一下子就鲜明起来了。眼睛去看王阳明山中之花的一瞬间，花的颜色一下子就鲜明起来了。手去摸石头的一瞬间，就会感觉到石头的坚。假如有两个人，一个人仅能看，一个人仅能摸。看到石头的白的那个人，无论怎么样也无法向另外一个人形容石头的白是怎么样的白。摸到石头的那个人，无论如何也无法向另外一个人形容石头什么是坚。离坚白可以破解现代物理学的难题。玻尔有著名的互补原理与此相通。

公孙龙是孔子的弟子，深得孔子心法，虽然庄子这里有所批判，但是庄子并不是说他们的学问不行，而是没有必要如此，让世人误解为诡辩，还不如逍遥游于大道之乡。

为什么庄子说大道赋予人相貌，而上天赋予人形体呢？外离相即禅。如果能够于相貌而离相貌，就是得道了。眼睛去看一个人的时候，相貌一下子显现出来。即使是西施那样的美女也是如此，我们不去看西施的时候，西施是没有任何肤色的，也没有任何形状，只有人去看的时候才显现出来。这个美女西施的形象，只是存在于我们大脑之中，可以说是幻象罢了。所以，庄子说大道赋予人相貌。虽然说看了才有相貌，不看也有一物存在。上天赋予人形体，这个形体是无有颜色、大小的，是人的实相。

第六章　大宗师

1. 真人真知

【原文】知天之所为，知人之所为者，至矣！知天之所为者，天而生也；知人之所为者，以其知之所知以养其知之所不知，终其天年而不中道夭者，是知之盛也。虽然有患，夫知有所待而后当，其所待者特未定也。庸讵知吾所谓天之非人乎？所谓人之非天乎？且有真人而后有真知。

【注释】知天之所为，知人之所为者，至矣。大宗师开篇讲知天知人，这是真知的。什么是天呢？天就是天然的大道，大道为万物的宗旨，可以以大道为师。天之所为是什么呢？天有什么秘密呢？天地万物，无非是大道的变现。大道赋予人自性本心，自性之中包含万有。本心自性为人的真正主宰，为一身的君主。人为一个小宇宙，如果能够知人，知人的自性本心，就能够知天了。天人本来是合一的，如果能够知人就能够知天，如果知天就能够知人。这样就是知到了极点的。

知天之所为者，天而生也。前面也讲了，知天的所为，变现了天地万物，赋予人自性本心。人为万物之灵，主要靠自性本心之灵。知晓大道在人身上，在于自性本心，秉承天性而有生，伤害自性而死。

知人之所为者，以其知之所知，以养其知之所不知。真人已经知天，就可以知人的日常所思所想了。真人知世人所知晓的东西，无非是见闻觉知，无非是名利。世人所不知的是自性本心，是由于迷惑而不知。世人正是由于不知自性本心，不知真正的主宰，所以就以自己所知的来养身。世人眼里只有物欲，追求物欲来养这个形骸，而不知去养真正的主人。

终其天年而不中道夭者，是知之盛也。举世都昏迷于物欲之中而不自知，自性本心被伤害，不能保全天性终其天年。如果能够侥幸不中道夭折已经算不错了，更别提保全自性了。人一辈子下来，所知所闻不可以说不盛的，可是却缺乏真知的。

虽然有患。虽然可以以所知来养所不知，但是还是有忧患的。因为如果不知道侍奉的君主是哪个，不知道养生真正的主人，也许就会养错了，也许会认贼作父了。

夫知有所待而后当。如果待到有真知了才能够恰当，可是怎么知道那个就是真知呢？世人向来有妄念妄知，自以为已经知晓，不知而以为知。不悟以为悟，这样反而会伤害自性了。

其所待者特未定也。所等待的真知也未必可定的，放在面前都很难知晓真假的。阳明先生在贵州龙场悟道之后，就在四书五经中找印证，都得到了圆满的解释，这个真知就是定了。假如自认为得道了，可是看到古代的经典，这里也觉得不通，那里也觉得怀疑，甚至觉得这些经典都是假的，这不一定是真知了。

庸讵知吾所谓天之非人乎？你怎么知道我说的天一定要离开人呢？妙道存在于人的日用之间，只是世人识得罢了。禅宗有讲，佛法在世间，不离世间觉。知一心可以知万心，知一世可以知万世。

所谓人之非天乎？怎么知道我所说的人一定是离开天的呢？也可以说人即是天，天即是人。宇宙是全息的，知人就可以知宇宙了。心即是道，道即是心。

且有真人而后有真知。有了真人而后才能有真知。这里说真人，难道未得道的人是假人不成？我们讲天真无邪。我们的天性本心本来都是真的，而不是妄的。只是真心被物欲所遮蔽，就不是真人了。真人能够知晓天人本来一体，天人本来合一。

这一小节是全篇立言的宗旨，关键就是一个知。

古人有讲知这个字，为众妙之门；知这个字，也是众祸之门。只有证悟了，明心见性了以后，才能有真知。当然明心见性也仅仅是见到大道的方向，见性起修罢了。但是，明心见性也是了不起的，能够有真知，能够融会贯通经典了，能够做到一经通所有经通了。

有真知的人，才可以称之为真人，可以以之为宗师了。然而末法时期，邪师横行，如何找到真正的宗师呢？这是很不容易的事情。

如果不知而强装以为知，反而会伤害自性，伤害别人的慧命了。这就是众祸之门了。这也是举世自以为聪明的通病了。

2. 登遐于道

【原文】 何谓真人？古之真人，不逆寡，不雄成，不谟士。若然者，过而弗悔，当而不自得也。若然者，登高不栗，入水不濡，入火不热，是知之能登假于道者也若此。

【注释】什么是真人呢？如果不是古圣先贤说起，可能万世不知有真人，万世不知有真心了。

古之真人，不逆寡。上古的真人是怎么样的呢？下面形容真人，让世人知晓真正的大宗师。上古真人不会去逆天做任何事情，而世人却是颠倒众生，也就是逆过来了。

不雄成。上古真人不会自恃过高。虽然自己已经是全德的高人，但是不会自恃己功。

不謩士。上古真人无心于名利，无心于世事，不会像谋士一样去谋划。

若然者，过而弗悔，当而不自得也。上古的真人如此处世，逍遥游于大道之乡。无心于世事，如果不小心偶然而犯错，也不会放在心上，是无心而为之罢了。如果错过了名利，也不会后悔了。如果没有错过，自己无心而做了恰当的事情，有了功劳而不会据为己有。

若然者，登高不栗，入水不濡，入火不热，是知能登假于道也。真人如此处世，无欲则刚。登上高处而不会战栗，不会害怕，即使被众人推往高处也无恐惧。因为真人分毫无索取于百姓，所以无忧。入水火都不会受到伤害，这个只是形容的。名利如同水火，真人远离物欲，所以不被水火所伤。真人能够忘世若此，所以能够登遐于道。

3. 其天机浅

【原文】古之真人，其寝不梦，其觉无忧，其食不甘，其息深深。真人之息以踵，众人之息以喉。屈服者，其嗌言若哇。其耆欲深者，其天机浅。

【注释】古之真人，其寝不梦。上古真人是怎么样的呢？睡觉是不会做梦的。财色名食睡是人的五欲，睡眠也是人的欲望的。对于高僧来说，打坐入定就可以了，不需要睡觉了。入定是最好的休息，真人是无梦的。有梦是睡眠很浅。梦由于妄想而生，真人不为外物而生私情，所以就不会有妄想，睡觉就没有梦了。

其觉无忧。真人睡着的时候无梦。觉醒了以后也没有什么好忧虑的。我们在日常生活中何尝不在大梦中呢？佛家有梦中说梦的典故。

其食不甘。真人以道自娱自乐了，能够安贫乐道了，不会追求口腹之欲，不追求食物的甘美。

其息深深。一呼一吸之间称之为息，对于常人来讲，心浮气躁，是很浅很短促的。而对于真人来讲，绵绵不绝，其息深长。

真人之息以踵。真人的息似乎每次都能够到达脚底心，形容其息之深。

众人之息以喉。众人的息只是到了喉咙那里，心浮气躁是很粗浅的。对于擅长歌唱的人，需要用丹田之气来发声，才可以发出美妙的声音。而常人的声音只是在喉咙，在嗓子那里。世界著名的男高音歌唱家帕瓦罗蒂向婴儿学习歌唱，学习用丹田之气发声。远古时期，我们的人类先祖在打猎的时候，互相在呼喊的时候，都是用的丹田之气。随着语言的诞生，发音比较复杂，就停留在嗓子那里了。

屈服者，其嗌言若哇。众人心浮气躁，说话也是躁动不安，容易觉得委屈，不服气。说话好像都不过脑子那样的，直接从喉咙那里就吐出来了，这是无根的言语。嗌为咽喉；哇为吐。

其耆欲深者，其天机浅。世人像这样粗浅，这都是由于物欲太过于深了，不能知晓天机的。由于物欲遮蔽了自性，全然不知有天然的自性的。世人都堕入了妄知，很难有真知，而不能成为真人。

4. 忘而复之

【原文】古之真人，不知说生，不知恶死。其出不欣，其入不距。翛然而往，翛然而来而已矣。不忘其所始，不求其所终。受而喜之，忘而复之。是之谓不以心捐道，不以人助天，是之谓真人。

【注释】古之真人，不知悦生，不知恶死。上古的真人，已经与大道冥而为一。证悟了生本不生，所以生也不会有喜悦；证悟了死本来并无死，所以就无厌恶死去了。生死本来是一不是二，正如月亮无圆无缺。

其出不欣，其入不距。出入其实是生死两个字。老子有讲出生入死。出生而不会感到欣喜，也不会贪生；入死就死也不会抗拒，不会厌恶。距，这个词很形象，就是用爪抓住不肯入。

翛然而往，翛然而来而已矣。翛然，这个是仙鹤起飞，拍打羽毛而产生的声音。真人如同仙鹤一样，出世入世已经来去自由了，在生死之中也是来去自由了。自由地来，而自由地去，如同仙鹤那样自由自在，如此而已。

不忘其所始，不求其所终。前面出对应于生，也对应开始，真人已经证悟生本来不生，不忘记初心，也就是每个人本有的本心；也不追求有个什么终究的结果，只要回归本然就可以了。追求成佛作祖的结果，这也是一种欲望的，也要去掉的。

受而喜之，忘而复之。真人受形而得到人身而喜悦。佛法有讲：人身难得，如同盲龟浮木。这个人身能够得到，真是极其稀有的。佛经里面打了个比方，茫茫无边的大海上有个木头，中间有个孔。有个海龟，一百年才浮起来一次，这个乌龟刚好钻到这个孔里，这样的机会是极其渺茫的。我们受形有这个身体就是如此的幸运。所以我们要珍惜这个身体，珍惜这个生命。这个身体也是我们修行解脱的基础的。虽然身处于世上，可是忘却了世间的烦恼，念念恢复本心。

是之谓不以心捐道，不以人助天，是之谓真人。不有心刻意去求道，如果有心求道求也求不来，就是捐弃道了。不人为刻意去造作修为，所以说不以人助天，这样就可以称之为真人了。

5. 心志于道

【原文】若然者，其心志，其容寂，其颡頯。凄然似秋，暖然似春，喜怒通四时，与物有宜而莫知其极。故圣人之用兵也，亡国而不失人心。利泽施乎万世，不为爱人。

【注释】若然者，其心志，其容寂，其颡頯。真人如此逍遥游于世间，入世出世很自在，容貌自然与众不同。虽然圣人能够做到和光同尘，但是掩饰不了内心的光芒。真人有志于道，是极其坚定的，外在的物欲无法动摇的。真人的容貌寂然，内在心如止水，湛蓝而外表看起来很清静。真人很朴素的样子，但是看起来又很广大宽容，丝毫没有一丝拘束的感觉。庄子这里教我们怎么认大宗师，怎么认识真正的真人。老子的《道德经》中也教我们怎么认得道的人，如同冬天过冰冻的河面，如履薄冰；如同到别人家去做客一样，似乎很谨小慎微的样子。

凄然似秋。真人的面容似乎冰冷，没有一丝人的私情，如同秋天那样肃杀。真人以百姓为刍狗，把天地万物看成一体了。世人都与真人如同手足一般。真人并非无情，而是无私情，有的是慈悲的大爱。

暖然似春。远远看去似乎冰冷的样子，可是很容易去亲近，似乎如沐春风一样，很温暖，令人觉得可亲可爱。

喜怒通乎四时。真人已经回归到了喜怒哀乐未发之前的中。在日用之间也可以发出来，但是发出来必定是中和的、适度的。喜怒如同春夏秋冬四时一样，并不是喜怒无常的。该喜则喜，该怒则怒，但是不会添加一丝的好恶。孔子的儿子去世的时候，他也有哀伤，但是哀伤是有度的。子夏的儿子去世的时候，眼睛都哭瞎了，孔子就说不应该如此。这是喜怒不能合乎四时了。

与物有宜而莫知其极。真人待人接物，喜怒之情很适宜，而世人不知道真人无喜无怒，不能知晓真人那个未发之中的状态。

故圣人之用兵也，亡国而不失人心。所以说圣人虽然对别国去用兵，把别人的国家给灭亡了，可是并不会失去民心。圣人本来无心去征服他国，只是不得已而为之罢了。周文王在世的时候被商纣王囚禁，自己的儿子也被杀害了。但是他未曾发兵灭掉商纣王。周武王继位以后，在孟津观兵，虽然当时有八百诸侯响应，但是还是退兵了。虽然武王灭掉了商朝，但是却不失去民心。

利泽施乎万世，不为爱人。圣人虽然恩泽万世，可是却无意刻意去爱人。《道德经》中说，天道无亲常与善人。真人给予世人的是大爱，不会刻意的偏爱。

6. 利害不通

【原文】故乐通物，非圣人也；有亲，非仁也；天时，非贤也；利害不通，非君子也；行名失己，非士也；亡身不真，非役人也。若狐不偕、务光、伯夷、叔齐、箕子、胥余、纪他、申徒狄，是役人之役，适人之适，而不自适其适者也。

【注释】故乐通物，非圣人也。所以说，如果只是通达于人情物理，这样还不是圣人，圣人还要有更高的境界。

有亲，非仁也。如果有心私爱，这样并非仁爱的。大仁是不仁的，是不刻意为仁的。贼莫大于有心去做一些善事，去修道德笼络人心的。

天时，非贤也。不管是不是天时，都要为世人做点事情。如果只是由于时势比较乱，而不为世人做些事情，这个并非真正的贤德的人。看来庄子并非完全地避世的。

利害不通，非君子也。庄子前面说不管是不是天时都要出来为百姓做事。但是并不是鼓励不通利害关系，率性的去乱作为。如果意气用事，不能明哲保身，这并非君子所为。

行名失己，非士也。如果只是虚伪地去行事，为了虚名而忘掉了自己，把自己性命置之度外，这样并非真正的贤士。为了虚名而不能通晓利害关系。

亡身不真，非役人也。如果为了虚名而失去自己的性命，如此就不是知真了，并非有真知了。不知道哪个是实，哪个是名，这个是舍本逐末的。这个是见役于物，而并非是役人的。也就是说人被物所奴役，而不是人去驾驭物的。

若狐不偕、务光、伯夷、叔齐、箕子、胥馀、纪他、申徒狄。庄子所列举这些贤德的人，都不能有真知，都并非真人的。狐不偕为尧帝时候的隐士，尧要让位给他，他不肯接受，投河而死；伯夷、叔齐这两位比较有名了，很有志气，不吃周朝的粮食，饿死在首阳山上；箕子的名字就叫胥馀，是商纣王的叔父，被分封去治理古朝鲜；伊尹辅佐商汤灭了夏桀，要把位置让给务光这位隐士，他就投水自尽了；纪他恐怕也要让位给他，结果也投河自尽了；申徒狄也是隐士，也投河自尽了。这些人为了美名而不珍惜性命，跳河的跳河，饿死的饿死，难怪庄子会骂他们了。

是役人之役，适人之适，而不自适其适者也。这些人都是被虚名所奴役，去做了不该做的事情，为虚名而殉难了，这个跟真正的圣人相差甚远了。这些人不去做自己该做的事情，去该去的地方，该做的事情就是去修道而进入逍遥之乡。

7. 以德为循

【原文】古之真人，其状义而不朋，若不足而不承；与乎其觚而不坚也，张乎其虚而不华也；邴邴乎其似喜也，崔崔乎其不得已也，滀乎进我色也，与乎止我德也，厉乎其似世也，謷乎其未可制也，连乎其似好闭也，悗乎忘其言也。以刑为体，以礼为翼，以知为时，以德为循。以刑为体者，绰乎其杀也；以礼为翼者，所以行于世也；以知为时者，不得已于事也；以德为循者，言其与有足者至于丘也，而人真以为勤行者也。

【注释】古之真人，其状义而不朋，若不足而不承。前面庄子又点出了伯夷叔齐等的不足，这里讲真正的真人是怎么样的，这是真正的大宗师，有个对比就很清楚了。上古的真人，是很讲仁义的，而又不会结成朋党。前面伯夷叔齐讲仁义而失去性命，这是过了。既然是真人，已经得道出世了，但是，可以以出世的心情做入世的事情。讲仁义，有爱天地万物的心。上古的真人永远都不会自满，正是由于心虚到了极点。真正要做到虚心可不简单的，只有心空下来才能装新的东西。正是由于虚心，似乎不承受一丝一毫物欲，更别提说结党营私了。

与乎其觚而不坚也，张乎其虚而不华也。虽然不随便跟别人成群结队的，似乎很孤傲，外表看起来似乎方而有棱角，但是内方外圆的。这些棱角并非坚执不化的，可以随缘去教化世人的。虽然其心虚空，但是还是如同莲花开放那样，是盛开的，并不是完全出世的，还是有所为的；虽然有所为，但是并不以华美为尚。

邴邴乎其似喜乎。真人和颜悦色，似乎有喜事，但是并没有真正的喜怒。真人只是随喜世人罢了，看到世人能够安居乐业，能够在道业有所进步就会随喜的。真人所处是喜怒哀乐未发之中。要说真人的喜事，是充满法喜的。

崔乎其不得已乎。真人并不是前面所说的，那么有棱角不可以接近的。真人谦下待人接物，其实是不得不去爱世人罢了。真人把百姓看成刍狗，以天地万物为一体，不得不去爱罢了。

滀乎进我色也。真人在心中积德，如同积水成渊。内心有盛德，自然就会逐渐在颜面上见到。正所谓相由心生。

与乎止我德也。世人和真人相处，久久都不舍得离去。前面庄子讲有好些身体残疾而相貌丑陋的贤德的人，世人都很愿意接近。《大学》中讲止于至善。百姓止于圣王居住的都城，围绕在周围。小黄鸟止步于小山丘，难道人还不如小鸟吗？

厉乎其似世乎。真人的颜面虽然可以看到盛德，富有慈爱，但是却很有威严。严整而不可侵犯，似乎世人所说的庄重。

謷乎其未可制也。真人虽然很有威严，但是并不是完全刻板那样的，并不是被礼法强制约束的。似乎心逍遥游于礼法指外了，似乎不可以用礼法去拘束他了。孔子到了七十岁，就可以做到随心所欲而不逾矩。

连乎其似好闭也。真人很庄重，也很注重收摄捡束，注重约束自己，做到慎独。似乎很好封闭自己似的，其实没有什么好闭藏的。盛德随时施于世人的。

悗乎忘其言也。真人对人谦下，能够俯下身段对待世人，以身去教化天下而似乎忘记了用言语去教化。月亮何时有谁用言语去叫它怎么做呢？在不停地环绕地球运转，不停地照耀着地球。

以刑为体。刑为不留私心将私心铲除干净。真人不留一丝私心于自心。以此真心为体。

以礼为翼。真人虽然忘却礼法，不受礼法拘束，但是并不是不遵循礼法的，以礼法为辅翼，行于世间。

以知为时。真人能够知道天时到了没有，以此为依据来行止。刘伯温在元朝不得其时，归养青田老家，著《郁离子》流传后世。

以德为循。以道德为依循来待人接物。道德为自律，礼法为他律。对于治国而言，要依循德治，也要以礼法为辅翼。德治和法治互为阴阳。

以刑为体者，绰乎其杀也。为什么说以刑为体呢？绰为有余的意思。也就是说杀尽所有的私欲，一丝私欲都不留。

以礼为翼者，所以行世也。为什么说以礼为翼呢？真人逍遥游于世，但是不可以出离礼法之外。

以知为时者，不得已于事也。为什么说以知为时呢？真人待时而动，不得已而应物罢了。物来则应，物去不留。

以德为循者，言其与有足者至于丘也。为什么说以德为循呢？还是要以德来接引世人，引导有缘世人上进于道。这里打个比方，就好像是有脚的人，也就是有识之士，引导到山丘的高处。道在上，而器世界在下。庄子自始至终都在引导我们的，我们要珍惜这个机缘。

而人真以为勤行者也。而世人以为真人是真正的勤于修行的人。不仅仅是自己上进于道，爬到山丘的高处，还要引导有识之士行至高处。这个是真正的勤行者。

这一节形容真人虚心而逍遥游于世间的样子。虽说是超然于世外，以出世的真心入世，但是未尝任意逾越世间的礼法。

8. 一和不一

【原文】故其好之也一，其弗好之也一。其一也一，其不一也一。其一与天为徒，其不一与人为徒，天与人不相胜也，是之谓真人。

【注释】故其好之也一，其弗好之也一。不管是好之还是不恶之，也都是归于一的。前面讲真人有这么多的外在表现，好像是很复杂，可是都是归于一的，都是归于一个真心罢了。好恶、善恶互为阴阳，可是本来都是归于一的。喜怒互为阴阳，本来都是归于一，归于中的。

其一也一，其不一也一。庄子怕说不清楚这个一的事情，特地再讲一也是一，不一也是一。一和不一互为阴阳。《道德经》中第二章就开始讲有无、高下了，这是相通的。

其一与天为徒。如果能够归于一，归于道，也就与上天合德了。佛家有一个一指禅，其中也是把这个一的秘密给讲清楚。净土宗一心念佛，通过一个佛号，进入静定，就可以做到天人合一。

其不一与人为徒。有了分别心，这个就是不一了，不一就是凡人了，不二就是圣人了。大家知道亚当和夏娃吃的禁果的果树名字叫什么呢？是知善恶树。正是由于吃了禁果，就有了善恶的分别心，没有吃之前是没有的，是善恶不分为一的。吃了就是不一了，被逐出伊甸园与人为伍了。

天与人不相胜也，此之谓真人。如果是超然绝俗，单纯去求静而不入世，就说是以天胜人。如此单纯求静枯坐，这个也是没有意义的。如果是终日追求名利，单纯去入世，就是以人胜天，也就是以人欲胜天德。如果能够天人合一，融为一体，就互不相胜了，如此才能称之为真人。

9. 死生命也

【原文】死生，命也；其有夜旦之常，天也。人之有所不得与，皆物之情也。彼特以天为父，而身犹爱之，而况其卓乎！人特以有君为愈乎己，而身犹死之，而况其真乎！

【注释】死生，命也。前面讲到一和不一都是归于一的，这里庄子直接指出来，把生死问题给说清楚。生死问题是古往今来第一大问题，这也是最苦的事情，如果能够解脱了，也就能够逍遥游了。我们平时讲生死由命，就是说生死是由生命本源所表现出来的两面罢了。光的实相表现出了波动性和粒子性的两面，生命的实相表现出了生和死的两面。可是光的实相是什么呢？并非只有这两种相的。

其有夜旦之常，天也。人有死生，如同时间有夜晚和白天。本来没有夜晚和白天，只是由于日月轮回，我们的眼睛接收到光波或者不接收到才有的。时间也是不存在的，只是人类认知的错觉罢了。

人之有所不得与，皆物之情也。对于人形的这个生死，人是有所不能控制的，这也都是由于物所决定的。可是真性是无生无死的，这个就不是物所能主宰的了。真性是人人都有的，这是所谓真宰、天君。这是需要修道而后才能知的。

彼特以天为父。人人都是受上天赋予的真性而有这个形体，有这个臭皮囊。天性赋予人自性，自性当中具备一切，所以说以天为父。

而身犹爱之，而况其卓乎。而此有血有肉的假身，有赖于上天之父。我们尚且知道去爱惜这个臭皮囊，还不知道去爱上天吗？子必定要孝顺而尊父。更何况天君赋予人自性，自性卓然而不属于形骸，哪有不去保养的呢？

人特以有君为愈乎己。这句和前句对称，句子很美。世人知邦国有君主，知道君主必定是超乎自己的，自己必定要去侍奉尽忠的。

而身犹死之，而况其真乎。对于君主世人都愿意以死去尽忠，更何况我们身体这个主宰呢，这个天君呢？世人不知自身真正的主宰，而忘却了去侍奉它、为它尽忠，这可以说是不明智到了极点的。庄子说这句话的时候，恳切之情溢于言表，我们读到这里还不能有所感悟，不能修行进道真的不能称为丈夫了。

真性在我，而不会被生死所牵引，这个是真常之性。可是世人执迷不悟，追求物欲而伤了自性，这是愚昧到极点了。

10. 相忘江湖

【原文】泉涸，鱼相与处于陆，相呴以湿，相濡以沫，不如相忘于江湖。与其誉尧而非桀也，不如两忘而化其道。

【注释】 泉水干涸了，许多鱼都一起处在干涸的陆地上了，只好用湿气来互相湿润身体，只好吐出泡沫来濡润互相的身体。可是鱼儿这样，还不如把江湖给忘掉，完全适应陆地生活的。庄子这句话写得好美。

《道德经》中有讲：失道而后德，失德而后仁，失仁而后义。道德和仁义也是归于一的。道德就好像是江河湖海；而仁义就好像是湿沫。鱼儿失去水，就如同人失去道德。与其崇尚仁义，就好像是相濡以沫，还不如相忘于江湖。忘却了仁义，可以逍遥游于大道之乡。

与其誉尧而非桀也，不若两忘而化其道。与其去赞誉尧帝的贤德，而去非议批判夏桀的暴政，还不如把赞誉和非议都忘却，使得无誉无非。这里是呼应前面的，也就是把一和不一都归于一，善恶都两忘，而与大道合一，这才能称之为真知的。如此才是真人，如此才是大宗师。突破量子理论，需要忘却波动性，也要忘却粒子性，实相无波无粒。

11. 藏舟于壑

【原文】 夫大块载我以形，劳我以生，佚我以老，息我以死。故善吾生者，乃所以善吾死也。夫藏舟于壑，藏山于泽，谓之固矣！然而夜半有力者负之而走，昧者不知也。藏小大有宜，犹有所遁。若夫藏天下于天下而不得所遁，是恒物之大情也。特犯人之形而犹喜之。若人之形者，万化而未始有极也，其为乐可胜计邪？故圣人将游于物之所不得遁而皆存。善妖善老，善始善终，人犹效之，而况万物之所系而一化之所待乎！

【注释】 夫大块载我以形，劳我以生，佚我以老，息我以死。前面讲生死问题，这里还继续讲。大块是指天地。天地赋予我形体，劳碌一辈子都是为了生计，要到老了才能够得到清闲，以死来让劳碌了一辈子的人得到安息。实际上并无生死这回事，生死都是归于一的。

故善吾生者，乃所以善吾死也。所以说如果知晓生老死，知晓生死本来是归于一的，那么就能够善于对待生，也能够安然对待死。这可以说是到了知的极致了。

夫藏舟于壑，藏山于泽，谓之固矣！把船藏到沟壑里面，把山藏在河泽之中，这样就牢固了吧，这样就放心了吧。船不会被大风吹翻了，把山放在河泽之中就不会担心被愚公这样的人给搬走了。把天真自性藏于有形的身体，如同藏船在沟壑；把有形的身体藏于天地之间，如同藏山于河泽。这样够牢固了吗？

然而夜半有力者，负之而走，昧者不知也。然而造化是无常的，即使把船放在沟壑之中，把山放在河泽之中，山崩地裂的时候也是不牢固的。造化在秘密移动的时候，而常人不能发觉，如同夜半有力的人，背着走动，而不知天机的愚昧的人是不能知晓的。自性会不会受影响呢？其实这个有力者并非一下子有个蛮力，而是绵绵密密的持续去用力的，使得我们都没有能够察觉的。我们笑话蚕作茧自缚，不断地吐丝把自己束缚住了。我们人何尝不是呢？我们所说，所做，所想，都是在吐出绵绵密密的业丝把自己束缚住了。这个大力就是业力，并非其他。勿以善小而不为，勿以恶小而为之。使得世人在生死轮回之中承受痛苦而不自知。

藏小大有宜，犹有所遁。把小的东西藏在大的东西里面，这个是很合适的，可是还不免逃遁掉，也就是不免于有变化。刻意去藏去抓都抓不住，刻意去藏住自己的性命，还是不免有生死。

若夫藏天下于天下，而不得所遁，是恒物之大情也。此身看似有生死，可是与天地万物都是归于一的，归于大道的。把此身藏于大道，回归于大道，就不会有所遁失了。所以说藏天下于天下，就不会有所遁失了，这是天地万物普遍的至理的。只有藏有形于形而上，如此才可以长久。

特犯人之形而犹喜之。造化生成万事万物，千变万化，而人只是万物之一罢了。而人得到人身的形体之后，人不知大道，就很欣喜。

若人之形者，万化而未始有极也，其为乐可胜计耶。像人的形体形成那样，造化无有穷尽，不仅仅造出了人，还有天地万物。像人有形体就高兴，万物每一个有形体就高兴。猪得到身体就高兴，没高兴多久就被人吃了。人得到身体就高兴，可是有无尽的痛苦和烦恼。如果这样都是乐事，那乐事岂不是不可胜计了吗？

故圣人将游于物之所不得遁而皆存。所以说圣人超然生死，万物之中都存有大道的行迹，万物都无所遁失。正所谓一花一世界，一叶一菩提，每一件事物之中都有大道，又有什么好遗失的呢？

善夭善老，善始善终，人犹效之。真人不管是寿是夭，不管是短命还是长寿都是安然接受的；能够超越生死，善始善终。世人应当效法真人去对待生死的。

又况万物之所系，而一化之所待乎。大道为万物的根宗，所以说万物所系为大道。万化归于一化。大道为天地万物的大宗师，圣人把大道宗而为师。

12. 可传不可受

【原文】夫道有情有信，无为无形；可传而不可受，可得而不可见；自本自根，未有天地，自古以固存；神鬼神帝，生天生地；在太极之先而不为高，在六极之下而不为深，先天地生而不为久，长于上古而不为老。

【注释】夫道，有情有信。庄子在这里传道了，要把道给讲清楚。大道并非完全无情，没有的是私情，有的是大情，有的是大爱。大道有信，可以进行验证的，并不是不可信的。

无为无形。大道是无为的。佛说颠倒众生。一切似乎都是从镜子中看事物，都是反着的。大道无为是最大的有为。形而上者谓之道，大道是无形的，超乎名相的。

可传而不可受。庄子把道给讲得很明白了。大道是可以传的，可以以心印心的。心心相印这个词也是从佛教里面来的。当然，庄子生活的年代还没有遇见佛经，能够悟道至此，真是了不起。大道不可以像有形的事物那样去接受，只能传佛心印。有些寺庙里面写“传佛心印”就是这个道理。

可得而不可见。我们可以说得道，但是不可以看见有形的大道。由于大道是无形的。我们当然也可以说见道，并不是真的可以看见，而是明心见性，看见心中的亮光了。如果能够见道，就可以知晓万物之中都有大道的行迹了，都可以感受得到，但是并不能实实在在看见一个叫大道的东西。

自本自根，未有天地，自古以固存。这个大道，自己本来就有的，自己本来也有这个慧根的。并不是老师可以给你什么，只是教给你修行的方式罢了，还是得自己去修行的。大道赋予每个人本心自性。宇宙是全息的，所以在每个人的本心自性当中都具足一切。在没有天地之前，这个大道已经有了。自古以来都是存在的。也许我们会有个疑问了，没有人类之前存在大道吗？答案是也是存在的。只是没有人类，我们就无法观察大道罢了。

神鬼神帝，生天生地。这个道如同鬼神一样变化莫测，可以生天生地，可以生万物。现在科学研究越来越接近实相了。

在太极之先而不为高。太极生两仪。在太极之前还有个大道。大道并不是绝对的无，也不是绝对的有。虽然说形而上是道，但是并不会高高在上，不接地气的。大道在万物之中都有行迹的。

在六极之下而不为深。六极为六合，也就是东南西北上下。六极这是讲有形的器世界。形而上和形而下二者可以归于一。虽然往下到器世界，但是并不会深不见底，而在万物之中都可以看见大道的行迹。

先天地生而不为久。大道先天地而生，可是会称之为久。佛经当中经常说一时。时间只是人类认知的一种错觉罢了。当下即是永恒。《金刚经》中讲，过去心不可得，未来心不可得，现在心不可得。当下一刻，稍纵即逝，抓也抓不住。

长于上古而不为老。此道在上古之前已经有了，虽然久远，可是却丝毫不老。天道赋予人自性本心，在自性本心中就可以见道。人有形的形体会衰老，可是本心自性是不老的。

13. 黄帝得之

【原文】豨韦氏得之，以挈天地；伏戏氏得之，以袭气母；维斗得之，终古不忒；日月得之，终古不息；勘坏得之，以袭昆仑；冯夷得之，以游大川；肩吾得之，以处大山；黄帝得之，以登云天。

【注释】豨韦氏得之，以挈天地。豨韦氏是远古的帝王名字，他得道了以后，依天地之道治理百姓。

伏羲氏得之，以袭气母。伏羲氏出来的时候，他也得道了，那个时候还没有文字，就画了八卦。八卦是宇宙的模型的。气母是生万物之本。袭气母，类似于老子求食于母。天地有节气，天地也有气数。邦国也有气数。人身也有气数。人靠一口气而生，所以伏羲氏向天地取气。

维斗得之，终古不忒。北斗星为天的枢机，其中有一颗星名字为天枢，古人起的名字都有很深的含义。北斗契合于道，终古都是那样组成一个斗形。七星不用刻意去命令，就会自然的运行在一起。

日月得之，终古不息。日月契合于道，终古运行不已，运行不怠。万物都没有无限制的自由。日月地球也都是有限制的，只是无为无形的限制。科学家称有万有引力吸引。限制和自由互为阴阳。如果没有限制就没有自由。没有自由就没有限制。

堪坏得之，以袭昆仑。堪坏传说是昆仑山之神，人面兽形。由于得道了，而可以承袭昆仑山。

冯夷得之，以游大川。冯夷传说为黄河之神，为河伯，他得道了，可以神游黄河。

肩吾得之，以处太山。肩吾传说为泰山之神，他得道了，可以掌管泰山。

黄帝得之，以游云天。轩辕黄帝得道了，可以飞天为仙。黄帝曾经向广成子求道。黄帝留下有《黄帝内经》，这部医书可以说是人类医学最高经典，不管是中医还是西医都应当以之为宗旨。

14. 王母娘娘

【原文】颛顼得之，以处玄宫；禺强得之，立乎北极；西王母得之，坐乎少广，莫知其始，莫知其终；彭祖得之，上及有虞，下及及五伯；傅说得之，以相武丁，奄有天下，乘东维、骑箕尾而比于列星。

【注释】颛顼得之，以处玄宫。颛顼为黄帝的孙子，为五帝之一。颛顼得道了，被人称为北帝，在佛山有专门供奉北帝的祖庙。颛顼掌管北方之地，北方之色为玄，在五行中属水。玄色就是黑色，颛顼以水德为帝。颛顼居住在北海之内的玄宫，此山为黑水发源之地。

禺强得之，立乎北极。禺强为北海之神，他是得道高人。在《山海经》中有讲，他是人面鸟形的。

西王母得之，坐乎少广。西王母，也就是王母娘娘。据说黄帝当年大战蚩尤的时候，王母娘娘令九天玄女传兵法给黄帝而获胜。王母娘娘据说生活在昆仑河源头的黑海附近，这个黑海被称之为瑶池。王母娘娘的宫殿在少广山中。

莫知其始，莫知其终。大道无始无终，所以说不知其开始，不知其终点。由于日月轮回而有了白昼黑夜，时间实际上也是虚妄的，不存在的。这两句是总结上面的文章的，列位神人和圣人主持天地日月星辰，主持山川河流，也都是秉持于大道，莫知其始终。

彭祖得之，上及有虞，下及五伯。彭祖是古代很著名的长寿的神仙。彭祖是颛顼的孙子，也是黄帝的后裔。彭祖的寿命很长，据说有八百岁，生活的年代上至虞舜，下及春秋五霸。

傅说得之，以相武丁，奄有天下，乘东维、骑箕尾而比于列星。傅说为商代有名的贤相，辅佐殷高宗武丁。傅说原本是个囚犯。殷高宗做梦梦到圣人，就把头像画下来，到处寻访，就找到了傅说。高宗拜他为相国，如此就天下大治。傅说得道了，才可以做得这么好。据说傅说死后，成为傅说一星。这个星统御东维、箕、尾几星，列于星辰之间。

这里所说的似乎都是神话故事，可是正信的人要注意了，也都是真有其人，这些人都是大宗师的。而且这些人都是由凡而入圣的，由于得道了而位列仙班的。

15. 不将不迎

【原文】南伯子葵问乎女偊曰："子之年长矣，而色若孺子，何也？"曰："吾闻道矣。"南伯子葵曰："道可得学邪？"曰："恶！恶可！子非其人也。夫卜梁倚有圣人之才而无圣人之道，我有圣人之道而无圣人之才。吾欲以教之，庶几其果为圣人乎？不然，以圣人之道告圣人之才，亦易矣。吾犹守而告之，参日而后能外天下；已外天下矣，吾又守之，七日而后能外物；已外物矣，吾又守之，九日而后能外生；已外生矣，而后能朝彻；朝彻而后能见独；见独而后能无古今；无古今而后能入于不死不生。杀生者不死，生生者不生。其为物无不将也，无不迎也，无不毁也，无不成也。其名为撄宁。撄宁也者，撄而后成者也。”

【注释】南伯子葵问女偊道：“你岁数已经很大了，可是看起来却如同婴儿那样气色很好，这是为什么呢？”南伯子葵和女偊都是虚构出来的人物，设一问一答，托庄子想说的事情。《道德经》中也说，专气致柔，能否如同婴儿呢？

女偊回答道：“我已经得道了。”庄子这是在引人去学道。做什么事情要有好处才能吸引世人。学道有这么大的好处，当然会吸引人了。

南伯子葵又问道：“道难道可以学的吗？”他听说女偊说的是闻道。她是闻道而得道的吧。孔子说：朝闻道，夕死可矣。这里的闻道应该也是由于听高人讲道而得道吧，不仅仅是听别人传道。

女偊回答道：“不！”女偊听这么一问，感叹道难用语言去说明。也难怪佛祖在菩提树下大彻大悟之后，感叹我法妙难思。

女偊又说道：“不可以！”对于传道的人来说很难用言语去说明白，并不是说传道的人不够水平，而是世人无法理解的。这里感叹道并不是那么容易学的，适合的人才可以学的。黄石公把《素书》传给了张良，也是反复试探才传的。张良没有遇见合适的人，就带进了坟墓。

女偊又说道：“你不是适合学道的人。”南伯子葵听了是否会很难过呢？女偊这么说是有道理的。如果根器不适合，不适合跟他讲道，还容易被误解。当然并不是否认他不能够去学道，只要虔诚的去去恶从善，就是为学道打好了基础。机缘一到，还是可以学道的。

女偊又说道：“你知道的，那个卜梁倚虽然有圣人之才，有很好的根器，可是却无圣人之道，无圣人传道给他也是徒劳的。”并不是根器好就可以的，还需要遇见圣人传道给他的。当然也许会有人根器相当可以，遇见合适的机缘而自己觉悟的。这也是相当难的。

女偊又说道：“我虽然有圣人之道，已经得道了，可是很难遇见圣人之才，没有遇见合适的人，我也无法传给他的。”

女偊又说道：“我想要传道给他，难道用不了多少工夫就可以变为圣人了吗？”修道可是没有那么容易的，非得下一番苦功夫不可的。当然，修道是件快乐的事，但是，非得要去做功夫不可的。阳明先生根器非常了得，被贬到了贵州龙场那个地方，呆了三年时间，在三十六岁那一年才得道的。如此看来，还是不容易的。

女偊又说道：“并不是那么容易学到的，当然以圣人之道去传给具备圣人根器的人，相对来说要容易得多。”根器和悟性是相当重要的，而学道的人也要有志向去求道。

女偶又说道：“我并不是和盘托出，而是有保留地告诉他，根据他当前的接受告诉他。他做了三天的功夫之后，就有出离心了，已经想远离天下的是非了。”

女偶又说道：“他已经忘掉天下是非以后，我又有所保留，针对性地告诉他，他做了七天的功夫之后，就能够把身边的人事忘却了。”由易到难次第做功夫，天下是非离自己远些，毕竟那些事情都是别人的事，相对来说容易忘却；身边人事萦绕自身左右，相对来说难一些。

女偶又说道：“已经忘掉身边的人事之后，我又有所保留地教他，做了九天的功夫之后，就忘掉自身了。”

女偶又说道：“已经忘掉自身了之后，忽然顿悟了，如同梦醒了一样，所以说内心明彻了。”

女偶又说道：“内心明彻之后，就能够见到真性了，这个孤独的自性不属于形骸，所以称之为独。”

女偶又说道：“如果能够见到真如自性，就无古今了，当下一刻即是永恒了。”古今是时间，时间本来是虚妄，只是人类认知的错觉罢了。

女偶又说道：“如果能够超越古今，就可以入于不生不死之地了。”如此就可以超越生死了。本来无生无死，生死只是人类认知的错觉罢了。月亮本来无盈无缺，盈缺只是认知的错觉罢了。

女偶又说道：“即使说杀生了，虽然形骸消亡了，可是真如自性独存的。”这个生身，臭皮囊，是有形的一个负累的。正是有形体，所以有烦恼。自性本真，超越于形骸之外。外物的拖累也就全部消去了。所以说，生身虽被岁月所杀，可是自性独存，所以说不死。

女偶又说道：“前面讲杀生，这里讲生生。虽然这个生身被岁月所杀，可是真如自性不死。滋养的这个生身，本来是不生的，如此就不会有死了。月亮本来就无缺的，也就无盈。”这个生身只是因缘聚合在一起的罢了，哪里是自己呢？无非是各种物质组成，各种分子原子构成的罢了。

女偶又说道：“真如自性不再被物所转，而是可以转物了。真如自性是不将不迎的。自性本心如同明镜一样，物来则应，物去不留的。”物来也不高兴，物去也不悲伤。我们打坐修行入定也是如此，不将不迎，念头来了也不刻意压制，念头去了我们也不欢喜。任由花开花落云卷云舒。

女偶又说道：“此真如自性是无毁无成的，无死无生的。”我们看到这个肉身毁了就伤心难过，看到成了人身就欢喜，其实真如自性是无毁无成的。

女偶又说道：“如果能够彻悟了无毁无成、不将不迎、无生无死，就能够把一和不一都归于一了。如此尘劳纷乱，可是真如自性，本心却可以归于宁静。学道的人，都是从逆境中学到的，修学到了一切境界不动其心，宁定湛然，如此就可以称之为撄宁。”

女偊又说道：“撄宁，是要从刻苦的境界中做出来的，所以说要先撄而后成就的。”反观古往今来许多得道的高人，无不经历一番痛苦而觉醒。清代乾隆御医黄元御，由于被庸医所耽误，差点双目失明，只留下了一只眼睛。从此他发奋研读各种《伤寒论》注解，一天夜里突然顿悟而通中医。庄子已经是得道高人了，也是经历一番刻苦功夫而得来的。

16. 闻道源头

【原文】南伯子葵曰：“子独恶乎闻之？”曰：“闻诸副墨之子，副墨之子闻诸洛诵之孙，洛诵之孙闻之瞻明，瞻明闻之聂许，聂许闻之需役，需役闻之于讴，于讴闻之玄冥，玄冥闻之参寥，参寥闻之疑始。”

【注释】南伯子葵听了以后，就问道：“你讲的这个道是从哪里来的呢？是从哪里听来的呢？”这里是问闻道的源头。

女偊回答道：“我一开始是从副墨之子那里听闻来的。”副墨指的是文字，也就是说从文字中得来。文以载道，但是文字并不能等于道，文字只能说是指月的手指罢了。庄子似乎讲的都是从得道高人那里一代代地得来，但是名字之中有寓意的。

女偊又说道：“副墨之子又从洛诵之孙那里得来。”洛诵也就是诵习。也就是说，通过长久诵习文字，慢慢地时间久了，就得道了。苏秦当年头悬梁锥刺股，诵习的就是载道的经典《阴符经》，从而有所悟。当然不敢说他已经得道了，但是起码领悟了一些里面的精髓。

女偊又说道：“洛诵之孙又从瞻明那里闻道。”瞻明，这是见解洞彻了，已经明了。这是因为文字而有顿悟，而又超越了文字。

女偊又说道：“瞻明又从聂许那里闻道。”聂许，这个名字的寓意是从耳朵闻，由声音入于心，而与心相通，而心自然与之相应，默许了。这也是一个很好的修行法门，把经典诵读出来，有声音返回去，与心相应。

女偊又说道：“聂许又从需役那里闻道。”需就是等待；役是役使。也就是说，心虽然有所领悟，必然需要在行事之间，役使外物去验证的，需要在经典之中去印证，能够做到圆融通达才是真正得道的。

女偊又说道：“需役又从于讴那里闻道。”于讴，涵泳吟咏的意思。有所感悟了以后，在内心时时吟咏，在事事物物之中都可以逐渐地做到圆融通达了。有时针对某一事物，就会有所顿悟了。

女偊又说道："于讴又从玄冥那里闻道。"从吟咏而又冥会于心，玄之又玄，将阴阳归于一了。玄在古代是讲做绳子。把两根丝线不断地缠绕在一起就会成为绳子了。这个缠绕的过程如同阴阳互相缠绕一样，阴阳缠绕就被称之为玄。两根丝线互为阴阳，缠绕而归一，类似于归于一根绳子。

女偊又说道："玄冥又从参寥那里闻道。"参寥，是指空廓广大、虚无的境界。大道虽然虚空，但是并不是绝对的无，不能执着于无和空。

女偊又说道："参寥又从疑始那里闻道。"本来要找道的源头，找来找去发现，大道本无源头，无始无终的。如果勉强说源头，就是我们的自性本心。大疑有大悟，小疑有小悟。

此节寻求大道的源头。必然需要深造实证而后才可以称之为得道。往往需要已经得道的人来印证。即使没有得道的人给自己印证，也可以在经典之中去印证的。王阳明先生得道之后，他在四书五经之中找到了印证，可以圆融地解释四书五经。此道并非口耳相传就可以得到，必须要印证，如此才可以称之为大宗师。世人会怀疑是否真的有这样的大宗师呢？唯恐世人不信，以为这只是虚谈而已，所以下面就要让真正得道的人粉墨登场，作为证据了。

17. 莫逆之交

【原文】子祀、子舆、子犁、子来四人相与语曰："孰能以无为首，以生为脊，以死为尻；孰知死生存亡之一体者，吾与之友矣！"四人相视而笑，莫逆于心，遂相与为友。

【注释】子祀、子舆、子犁、子来这四个人都是得道的人，他们四个人在一起坐而论道。他们谈论的事情应该是很玄妙的吧，我们来看看他们都说了些什么。

他们都说："有谁能够把无当成头，把生当成脊背，把死当成屁股，都当成是一体的；有谁能够知晓生死存亡本来都是一体的，都是一回事，我们就和他交朋友。"

四个人都互相对视了一下，会心而笑了。他们都心意相通，无所违背，所以就相互成为道友了。

18. 鉴于井水

【原文】俄而子舆有病，子祀往问之。曰："伟哉，夫造物者将以予为此拘拘也。”曲偻发背，上有五管，颐隐于齐，肩高于顶，句赘指天，阴阳之气有沴，其心闲而无事，胼跣而鉴于井，曰：“嗟乎！夫造物者又将以予为此拘拘也。”

【注释】过没多久子舆就生病了，子祀前去探望。

子舆自己在那里感叹道：“造化真是伟大啊，真是壮观啊！造物者造出了这个有形的生身，把我拘束在这里。”言下之意他并不为自己重病感到哀伤，感觉自己马上可以解脱出这个生身了。服刑受苦快满了。

子舆生的病很重，形体已经佝偻，弯腰驼背了，而且背上还长了痈疮。

子舆形体佝偻，弯腰驼背，背部有五脏的腧穴，所以说五脏之管都向上了。

颐隐于齐。两颐是两边的面颊。由于形体弯曲，弯曲到极点了，两边的面颊隐藏在肚脐下了。

肩高于顶。由于形体弯曲，两边肩膀甚至都高过了头顶。

句赘指天。句赘，发髻。两个面颊都隐藏起来了，脖子必定也是缩起来，所以发髻指向天了。

阴阳之气有沴。沴是凌乱的意思，也就是阴阳之气不和。虽然形体由造化而形成，但是，由于阴阳之气凌乱不和所以造成了生下来形体就是如此，形骸如此残废不堪。

其心闲而无事。虽然说生下来残废不堪，可是后天修道而使得心中闲暇，无有俗事缠身。心已经把物转了，不为形体所累了。

跰跣而鉴于井。唯恐自己未能有自知之明，又拖拽着身体，步履维艰地走到了水井边，对着井水照下自己。在找印证的，得道了虽然冷暖自知，但是也可以印证的。

曰：嗟乎！夫造物者又将以予为此拘拘也。因为对着井水照了自己，就可以看到自己的形体了。他感叹道：造物者不但把我拘束在这样一个形体之内，而且还使得这个形体如此残废不堪。

19. 古之悬解

【原文】子祀曰：“女恶之乎？”曰：“亡，予何恶！浸假而化予之左臂以为鸡，予因以求时夜；浸假而化予之右臂以为弹，予因以求鸮炙；浸假而化予之尻以为轮，以神为马，予因以乘之，岂更驾哉！且夫得者，时也；失者，顺也。安时而处顺，哀乐不能入也，此古之所谓县解也，而不能自解者，物有结之。且夫物不胜天久矣，吾又何恶焉！”

【注释】子祀看到子舆如此感叹，就问道："你有没有厌恶这个形体呢？"

子舆听了回答道："我绝无半点厌恶之心，已经是无喜好无厌恶，形神具化了。"

造化将我的左臂化为雄鸡，我就会用它来报晓。

造化将我的右臂化为弹丸，我就用它来打下鸮鸟来烤肉吃。既然左臂、右臂可以转化为雄鸡、弹丸。相反的万物也可以化为人身。这也是庄子的言外之意。

造化把我的屁股转化为轮，以我的神明为马，我就会乘坐这个马车神游，难道还需要更换座驾吗？有道的真人，把此身当成臭皮囊，又有什么可特别迷恋的呢？此身如同影像，不可以执着。虽然不用如此，但是此身还是很重要的，还是要珍惜的，可以借假修真，求得真道，求得解脱。真人乘神马而逍遥游于世间，不必要更换座驾了。

对于真人而言，得失不能影响到心。得到的时候，这是天时而已；失去了，只是顺其天意而已。得到人身，也就是得到生命的时候，是得到天时了；失去人身，也是顺应天命罢了。

真人安于天时，顺于天命，哀乐都不能够入于心，不能伤害真人。这就是古人所讲的悬解了。古人讲，人生如同倒悬之苦，好像是用绳子倒着吊起来，这是很苦的。如果能够安于天时，顺于天命，就已经无倒悬之苦了，如此就是解脱了。

而不能自解者，物有以结之。人人本来都可以做到如此无累的，可以超脱倒悬之苦的，可是绝大多数人不能自己悬解，这是由于自我打结罢了，也就是作茧自缚的。我们往往笑蚕作茧自缚，可是我们未尝不是如此。我们所吐出的丝线是无形的，更难以解脱。这些丝线就是我们嘴巴所说，心里所想，行为所做，这些业丝绵绵密密地把我们给倒悬起来。

且夫物不胜天久矣，吾又何恶焉。人都是由于造化而变迁，所以说人不能胜天。既然不能胜天，就要安于天时，顺于天命，又有什么好厌恶的呢？子舆说一点都不会厌恶自己这个形体，已经超然于物外了。

这里讲物不胜天，人不胜于天。可是古人也有讲人定胜天，如何解释呢？上天为形而上的造化，造化生成天地万物，生成人身，所以说人不能胜于天。人必须要安于天时，顺于天命。但是并不是说人就可以完全不作为。三分天注定，七分靠打拼。我们也许都读过《了凡四训》，人可以通过做善事，通过努力而改变命运。就像打麻将，三分是运气，七分还是靠技术的。

人定胜天，是说人心安定就可以胜天。对于一国而言，如果能够安定人心，就可以胜天了。对于一人而言，心为君主，五官对应百官，如果心能够安定，也可以胜天。

20. 天地大炉

【原文】俄而子来有病，喘喘然将死。其妻子环而泣之。子犁往问之，曰："叱！避！无怛化！"倚其户与之语曰："伟哉造化！又将奚以汝为？将奚以汝适？以汝为鼠肝乎？以汝为虫臂乎？"子来曰："父母于子，东西南北，唯命之从。阴阳于人，不翅于父母。彼近吾死而我不听，我则悍矣，彼何罪焉？夫大块以载我以形，劳我以生，佚我以老，息我以死。故善吾生者，乃所以善吾死也。今大冶铸金，金踊跃曰：'我且必为镆铘！'大冶必以为不祥之金。今一犯人之形而曰：'人耳！人耳！'夫造化者必以为不祥之人。今一以天地为大炉，以造化为大冶，恶乎往而不可哉！"成然寐，蘧然觉。

【注释】俄而子来有疾，喘喘焉将死。过了一段时间，子来生病了，气喘得很急，似乎快要死去了。前面讲四个得道高人，讲了一个，这里接着来讲第二个如何对待生死。

其妻子环而泣之。子来快要死去了，他的妻子和孩子围绕在他的周围，不断地哭泣，很伤心。

犁往而问之曰：叱！避！无怛化。得道好友子犁来探望子来，看到这种情况，就呵斥子来的老婆孩子，让她们回避一下。不必要感到哀伤和恐慌。真人与造化同游，并不是妇人和小孩子可以知晓的，所以呵斥她们。

倚其户与之语曰：伟哉造化！又将奚以汝为？将奚以汝适。子犁倚靠着窗户对子来说道："好伟大的造化啊！又要将你变化成什么样子呢？又将要把你送到什么地方去呢？"

以汝为鼠肝乎？子犁又问道："难道会把你变成老鼠肝吗？"

以汝为虫臂乎？子犁又问道："难道会把你变成虫子的臂膀吗？"

子来曰：父母于子，东西南北，唯命之从。子来听了就说道："父母对于子女来讲，不管是东西南北，只要父母命，就要顺从。"子女对待父母要孝顺，这里虽然说顺从，但是也不是绝对的服从。如果父母命是错的，也不一定要全部都服从的。

阴阳于人，不翅于父母。子来又说道："阴阳对于人来说，不止是父母的。"阴阳即是大道，阴阳造化出人，所以说阴阳为人的大父母。但是阴阳不止是父母而已。阴阳为无形的父母，而父母为有形的阴阳。

彼近吾死而我不听，我则悍矣，彼何罪焉？子来又说道："造化认为我要死去了，如果我不听从，我这是在反抗，违背阴阳造化了。然而造化并不是有心要我死，造化又有什么罪过呢？"造化生我并不是刻意地恩赐；造化让我死去，也并非刻意为难我，这只是顺其自然而已。

夫大块载我以形，劳我以生，佚我以老，息我以死。子来又说道："天地以有形的身体来承载我；活着就要为了这个身体劳碌；老了就能够安逸一点；死了就能够得到永久的休息。"子来这里讲生老病死，这些都是苦的。当然要特别注意一点，真修道者是珍惜生命的。

故善吾生者，乃所以善吾死也。子来又说道："能够善生，才能够善死。"什么是善生呢？无形的阴阳为大父母，生化成人身，不刻意生。如此可以说是善生。对于人而言，不贪生，不为物欲而生，如此可以称之为善生。如果能够做到善生，就可以做到善死了。本来无生无死，如同月亮本来是无盈无缺的，只是人类认知的错觉罢了。

今大冶铸金，金踊跃曰：'我且必为镆琊！'子来又说道："现在假如有冶金大师铸造金属器物，金属刚被投入熔炉里面去，它就开始踊跃的跳跃起来说道：'我必定可以铸造成镆铘那样的宝剑！'。"

大冶必以为不祥之金。子来又说道："冶金大师必定以为这个是不祥的金属，不会让它长久的，要搞掉它的。"庄子这里的比方很生动的，阴阳造化如同冶金大师。

今一犯人之形，而曰：'人耳人耳！'子来又说道："天地是一个大熔炉，阴阳造化如同冶金大师，偶尔幸运触犯而造出了人形，而人就在那里欢喜万分的说：'人呀，人呀。'"

夫造物者必以为不祥之人。子来又说道："造物者必定以为这个是不详之人。"天地这个大熔炉，不知道所造的东西有多少，万物是不可以胜数的，而人老是在那里惊呼人呀，人呀。人只是把自己看作是万物之灵，执着于这个人身，就会给人带来不祥之兆。如果能够打破对我的观念的执着，就能够得到祥瑞之兆了。

今一以天地为大炉，以造化为大冶，恶乎往而不可哉。子来又说道："现在一旦把天地当成大熔炉，把造化当成冶金大师，又有何物不是载道而成形的呢？何往不是道的所在呢？万事万物都存在有大道的行迹。"来也可以，往也可以。万事万物来来往往，生生死死，死死生生，也没有什么不可以。

成然寐，蘧然觉。子来又说道："天地这个大熔炉，造化成就了人身，而人就如同睡着做梦一样。人生如同一场大梦。忽然有缘觉悟了，这就醒了，这就变成真人了。"生死如同白天和黑夜而已，死去如同是睡着了，活着如同是醒来，生又有什么迷恋，死去又有什么好哀伤呢？

21. 莫逆之交

【原文】子桑户、孟子反、子琴张三人相与友，曰：“孰能相与于无相与，相为于无相为；孰能登天游雾，挠挑无极，相忘以生，无所穷终！”三人相视而笑，莫逆于心，遂相与友。

【注释】子桑户、孟子反和子琴张三个人同为好友。

曰：孰能相与于无相与。他们三个人说道：“谁能一同在无相中呢？”大道无形无相，这里他们问，有谁能够一起同游于无形的大道之乡呢？三人能够在无相中相交，以神相交。

相为无相为。他们又说道：“有谁能够所作所为而不着相呢？有谁能够无为而为呢？”君子之交淡如水，朋友之间以无相互相滋养，使道业进步，这是最大的相助。道友，这个是最难得的挚友。

孰能登天游雾，挠挑无极。他们又说道：“有谁能够登上九天，在云雾之中游来游去。这个是有形的云雾，还不算什么。还可以逍遥游于无极。”

相忘以生。他们又说道：“有谁能够做到虽然生而忘记生，虽然生有这个人身，而不执着于这个人身。”如此可以称之为善生。

无所终穷。他们又说道：“心游于大道之乡，无始无终，无生无死。”

三人相视而笑，莫逆于心。三个人互相对视而笑，可以说是心心相印了，丝毫不会违逆于心。每个人的心都与道合一，不会违逆于道了。

遂相与友。真人可以真正地知真人，所以三个人互相成为了挚友。

22. 世俗之礼

【原文】莫然有间，而子桑户死，未葬。孔子闻之，使子贡往侍事焉。或编曲，或鼓琴，相和而歌，曰：“嗟来桑户乎！嗟来桑户乎！而已反其真，而我犹为人猗！”子贡趋而进曰：“敢问临尸而歌，礼乎？”二人相视而笑曰：“是恶知礼意！”子贡反，以告孔子曰：“彼何人者邪？修行无有而外其形骸，临尸而歌，颜色不变，无以命之。彼何人者邪？”孔子曰：“彼游方之外者也，而丘游方之内者也。外内不相及，而丘使女往吊之，丘则陋矣！彼方且与造物者为人，而游乎天地之一气。彼以生为彼以生为附赘悬疣，以死为决疣溃痈。夫若然者，又恶知死生先后之所在！假于异物，托于同体；忘其肝胆，遗其耳目；反复终始，不知端倪；芒然彷徨乎尘垢之外，逍遥乎无为之业。彼又恶能愦愦然为世俗之礼，以观众人之耳目哉！”

【注释】莫然有间，而子桑户死，未葬。可是过了一段时间，子桑户死去了，还没有埋葬。

孔子闻之，使子贡往待事焉。孔子也够热心肠的，他听说了这个消息，就派自己的得意弟子子贡去吊丧，看看有什么需要帮忙的。

或编曲，或鼓琴，相和而歌。孟子反和子琴张这两位道友一个负责作词作曲，一个负责弹琴，互相应和而歌唱。他们怎么没有哀伤呢？还在那里歌唱。

曰：嗟来桑户乎！嗟来桑户乎！这两个人不仅仅歌唱，还在那里招魂："嗟呼，桑户！嗟呼，桑户！"

而已反其真，而我犹为人猗。这两个人说道："你已经很庆幸地返真了，而我尚且还是这个人身，真是可叹啊！"人身只不过是天地这个大熔炉暂时的产物罢了。猗，是叹辞。

子贡趋而进曰：敢问临尸而歌，礼乎。子贡看了以后，觉得很费解，就上前去问道："在尸体旁边歌唱，这难道是符合礼的做法吗？"子贡认为按照礼法，在尸体旁边不应该歌唱，应该哀伤哭泣。这是子贡执着于礼法了。

二人相视而笑曰：是恶知礼意。两人看到子贡这么说，对视而笑着说道："子贡不知礼的本意啊。"王阳明先生曾经讲过礼即是理。礼即是对万事万物的限制、秩序。世界上没有无限制的自由。限制和自由互为阴阳。礼法和道德互为阴阳。正常来说，两者有一定的比例关系。对于大同世界，天下大治，道德为主，礼法俭约，对应于乾卦；而乱世用重典，对应于坤卦。

子贡反，以告孔子曰：彼何人者耶？修行无有。子贡被别人这么一说，他回来以后，将情况告诉孔子，他说道："他们两个人到底是何等人物呢？是不是真的修行很有水平呢？似乎他们都没有什么修行似的，全然都不拘泥于礼法，不按照礼法去行事。"

而外其形骸。子贡又说道："他们似乎全然不把死生当一回事。"

临尸而歌，颜色不变，无以命之。彼何人者耶。子贡又说道："他们两个人对着尸体歌唱，全然没有看到半点哀伤之情，我真不知该称他们为何等人物了？"

孔子曰：彼游方之外者也，而丘，游方之内者也。孔子回答道："他们都是方外之士的，超脱了世俗之情，逍遥游于世外的得道高人；而孔丘我，只是方内之士，还没有出世。"

外内不相及，而丘使女往吊之，丘则陋矣！孔子又说道："方外的人，如果以世俗的礼义去加在他们头上，这并不太适宜的。而孔丘我却安排你去吊唁，这是孔丘我的鄙陋之见啊！"

彼方且与造物者为人，而游乎天地之一气。孔子又说道："他们为得道高人，与造物者为友。而阴阳大道一气生天地，他们逍遥游于大道之乡。"

彼以生为附赘悬疣，以死为决疣溃痈。赘疣是长在人脖子上的瘿瘤，长大了如同悬挂在脖子上一般。对于人体来说，这是多余无用的东西，必定想着除之而后快。孔子用来比喻人的这个臭皮囊对于大道来说只是多余的东西。当然了，佛法在世间，不离世间觉，修行离不开这个身体。孔子又说道："他们把生当作附着在人体上多余的瘿瘤罢了，正是由于有生，就有大祸患，而把死看成是瘿瘤破溃，浓全部都流出来那样痛快。如此是大快人心的啊，又怎么会把死当成是哀伤的呢？"《道德经》中有讲，贵大患若身。荣华富贵隐含着大祸患，如同人有这个身体一样。人有这个身体，就贪求物欲，就有了祸患了。

夫若然者，又恶知死生先后之所在！孔子又说道："他们如此看待生死，把有这个身当成大祸患，而死去是返回不生不死之乡，又把生死、先后混而为一了。"生死如同月亮的圆缺。月亮本来无圆无缺，人本来无生无死。

假于异物，托于同体。孔子又说道："他们的真心本性假托于此身，此身由于有四大而成人形，可以说是异物而已。本来并非自己所有，只是借假修真罢了。真心本性与大道本来同为一体，所以心与大道同游，所以说托于同体。"

忘其肝胆，遗其耳目。孔子又说道："他们只是借假修真罢了，只是把真心自性暂时寄托于此身罢了，忘记了肝胆，似乎完全不见外在的形骸。虽然游于世上，可是如同没有什么见闻，似乎遗失了自己的耳目一样。"

返复终始，不知端倪。孔子又说道："他们是真人，游于大道之乡，从生到死，从死到生，循环往复，把生死看成一如的了。已经不把生当成开始，也不把死当成终点了，循环往复，找不着头绪，已经是无始无终的了。"既然无始无终，无生无死，真人就不会把死看成是哀伤的事情。

芒然彷徨乎尘垢之外，逍遥乎无为之业。孔子又说道："他们茫然逍遥于尘世之外，心中毫无系累；逍遥游于清净无为之乡。"

又乌能愦愦然为世俗之礼，以观众人之耳目哉！孔子又说道："他们既然已经到了如此的境界，又怎么会执着于烦乱的世俗之礼呢？他们已经跳出三界外了，不拘泥于世俗的礼法了，已经不按照世俗的角度来看待他们道友的仙逝了。他们不会刻意地做给世人看的。"这里借助孔子的话来说明，虽然是方内之人，可是未尝不知晓方外之学的。没有吃过猪肉，那还没见过猪跑吗？

23. 天之小人

【原文】子贡曰："然则夫子何方之依？"孔子曰："丘，天之戮民也。虽然，吾与汝共之。"子贡曰："敢问其方？"孔子曰："鱼相造乎水，人相造乎道。相造乎水者，穿池而养给；相造乎道者，无事而生定。故曰：鱼相忘乎江湖，人相忘乎道术。”子贡曰：“敢问畸人？”曰：“畸人者，畸于人而侔于天。故曰：天之小人，人之君子；人之君子，天之小人也。”

【注释】子贡曰：“然则夫子何方之依？”子贡听了孔子所说的话，谈论方内之士，方外之士，把别人说得神乎其神。子贡拜孔子为老师，他也想了解老师对自己的评价。子贡问道：“既然这么说，那先生您算是什么样的人呢？”

孔子曰：“丘，天之戮民也。虽然，吾与汝共之。”孔子自谦地回答道：“孔丘我啊，是上天让我来受罪的。生逢当今乱世，为了救苦救难，必定是会遭受常人难以忍受的磨难的。自己未免还为了世俗所累，倒悬之苦还没有解脱，未能摆脱桎梏。虽然如此，我可不是一个人来承担的，你是我的学生，我们一起来承担此重任的。”

子贡曰：“敢问其方？”子贡又问道：“老师您还是直接给我讲一个修道的方向吧？如何去超脱尘世呢？”子贡不知道怎么找到入道的抓手。看看孔子怎么开示。

孔子曰：鱼相造乎水，人相造乎道。孔子回答道：“人以道为命，就好像是鱼以水为命。”也难怪孔子会说，朝闻道，夕死可矣。

相造乎水者，穿池而养给。孔子又说道：“鱼要想得到水，还是要辛苦一番，挖个池塘，里面灌满水就可以供鱼游了。”

相造乎道者，无事而生定。孔子又说道：“可是人要得到道就很容易了，还不用去辛苦挖池塘，只要放下就是了。世上本无事，庸人自扰之罢了。只要心头无事，就可以生定了。”虽然说得容易，往往得道的人如同白昼的星星那样稀少。这是由于世人难以放下物欲罢了。

故曰：鱼相忘乎江湖，人相忘乎道术。孔子又说道：“所以说，鱼在江湖之中反而忘却了水，如同人在于大道之中反而忘却了道。”不识庐山真面目，只缘身在此山中。知人者智，自知者明。

子贡曰：“敢问畸人？”子贡问孔子是怎么样的，这里子贡又问道：“敢问得道的奇人是怎么样的呢？”

曰：“畸人者，畸于人而侔于天。故曰：天之小人，人之君子；人之君子，天之小人也。”孔子回答道：“所谓的奇人，是得道的人，对于世俗的人来说，是奇人，似乎与众不同；可是却合于天道。所以说：对于不符合天道的小人，世人却把他们当成君子看待；对于世人眼中的君子，而却是不合天道的小人。”符合天道的君子，往往容易被世人所误解和排挤。王阳明先生刚开始弘扬心学的时候，受到许多非议。

24. 献笑不及

【原文】颜回问仲尼曰："孟孙才，其母死，哭泣无涕，中心不戚，居丧不哀。无是三者，以善处丧盖鲁国，固有无其实而得其名者乎？回壹怪之。"仲尼曰："夫孟孙氏尽之矣，进于知矣，唯简之而不得，夫已有所简矣。孟孙氏不知所以生，不知所以死。不知就先，不知就后。若化为物，以待其所不知之化已乎。且方将化，恶知不化哉？方将不化，恶知已化哉？吾特与汝，其梦未始觉者邪！且彼有骇形而无损心，有旦宅而无情死。孟孙氏特觉，人哭亦哭，是自其所以乃。且也相与'吾之'耳矣，庸讵知吾所谓'吾之'乎？且汝梦为鸟而厉乎天，梦为鱼而没于渊。不识今之言者，其觉者乎？其梦者乎？造适不及笑，献笑不及排，安排而去化，乃入于寥天一。"

【注释】颜回问孔子道："鲁国有个名字叫孟孙才的人，他母亲去世了，可是哭泣起来却没有流眼泪，没有流鼻涕，似乎不是真心在哭；心中似乎完全看不到有一丝悲伤；服丧期间，似乎一点都不哀伤。"

颜回又说道："从这三点来看，似乎一点都不善于办理丧事。可是他却成为了鲁国最孝顺母亲的人，把母亲丧事办理得最好的人。我看是不是有点名不副实呢？颜回我一直都觉得很奇怪。"

孔子回答道："颜回啊，你不要误会了。孟孙才已经把丧礼做到极致了，已经做得很好了。世人只是知晓世俗之礼，而不能够知天道。而孟孙才已经知晓天道了，所以能够返璞归真，归于本心，如此就知礼之实是什么了，也能够做到了。"

孔子又说道："依照世人的常理，必定要哀才能够符合礼。虽然有许多人是真心哀伤，但是有一些人却只是为了符合礼法，想简化可是却不能简化，看到人家哭自己也跟着哭。只是不得已而服从风俗罢了。可是孟孙才却不同，他已经得道了，已经知晓不生不死的奥秘了，他虽然简化了，可是却是最符合礼法的。"

孔子又说道："孟孙才已经把生和死混而为一了，已经了悟不生不死之道了。"

孔子又说道："正是由于知晓不生不死的奥秘了，所以虽然生了，如同没有生，也知晓生之前是怎么样的；虽然死了，如同没有死，也知晓死之后是怎么样的。"

孔子又说道："孟孙才看待自己的形骸，知晓一切都在大化之中，似乎忽然可以变化成为一物。他只是在等待大化而已，服从造化的安排罢了，听之尽之罢了。”前面有讲到，手臂如果变成一只雄鸡，就用来报晓。一切都在造化的变化当中，生死本来是一如的。天地如同一个大熔炉，可以变成宝剑，可以变成公鸡，可以变成人身。然而如果碰巧运气好，变成了人身，也不用有了生而欣喜，惊叫人啊，人啊。如果气数已尽，失去了人身，也不用特别的哀伤。

孔子又说道：“况且正要变化的时候，能否知道不变化的呢？”虽然外形会变化，会衰老，可是自性本心不会变化，大道不会变化。

孔子又说道：“正执着于没有什么变化，能否知晓一切都在潜移默化当中呢？”世人固执的以为自己的形体一直都是不变化的，可是每时每刻都在变化当中，我们吸收进去一些物质，而又排出去一些物质，不断地变化当中。造化已经在潜移默化地变化了，我们没有能够觉察罢了。勿以善小而不为，勿以恶小而为之，一切都在变化当中。不可小看一个小小的念头，念头绵绵密密，福祸往往在于一念的变化之间。

孔子又说道：“颜回呀，我跟你一直都在人生的大梦当中，还没有觉悟呀！”本来非生非死，非化非不化，生死一如，只有大觉悟了方才能够知晓。

孔子又说道：“孟孙才的母亲虽然死去了，但只是形体死去罢了，但是其母亲天真的自性，湛然不会迁改，可以说死而不亡的，所以说不损本心。生就好像是早晨，而有了形体这个臭皮囊，这个火宅。虽然这个假的形体已经化了，可是此身真正的主宰永远长存的。实际并无真正死去的。”颜回是看错了孟孙才了。

孔子又说道：“孟孙才只是独自觉醒了，已经了悟死而不死之理，已知其母死而不死。得道的人，不会过于悲伤，也不会过于欢乐。只是世情如此，不得不哭，所以听不到有多哀切的。”

孔子又说道：“既然已经知晓死而不死，已经死去了的孟母，即没有死去的孟孙才。为什么这么说呢？天地万物为一体，正如孟孙的耳朵也是和天地万物为一体的。”孟孙的耳朵可以变成老鼠的肝，也可以变成雄鸡的嘴巴。

孔子又说道：“你哪里知晓我之所以为我的缘故呢？可是孟孙才已经了悟无我的境界了。”世人都以为有个我，对我的概念很执着，称之为我执。布鲁诺为捍卫哥白尼的日心说，被活活烧死在罗马广场上。地心说如此固执，很难去改变，然而以自我为中心的我执，更加难以去改变。如果能够破除我执，就可以知晓无生无死的真谛了。

孔子又说道：“如果你做梦变成了飞鸟，就会飞于天空；如果做梦变成了鱼，就会沉入于深渊之中。”颜回做梦可以变成飞鸟，鱼儿，然而造化也是如此的。天地万物本来为一体，天地为一个大熔炉。天地万物都在生生死死，不断地迁流往复当中。

孔子又说道：“不知道现在说话的我们，到底是觉醒了呢？还是在梦中呢?”正在对孔子说话的，不知是不在梦中的颜回，还是梦中的鱼鸟了。我们试着想想看，死生本来是一个事情，这句话是比较难参透的吧。

孔子又说道：“人如意到了极点，到极乐了，无法用笑来表达了。笑都无法表达内心的感受了。”极乐是非笑非不笑的，对于可以笑出来的，那还不是极乐。

孔子又说道：“如果遇见极其诙谐的笑话，到了极其发笑之处，你想不笑都不行，一直连着笑都来不及了。”至于为什么笑到了极致，无法用言语来形容的。如果用言语来形容，就没有那么可笑了。对于西方人的笑话，也许到了东方就成了冷笑话了。生死一如这样的至理，必须要证悟而得的。如人饮水冷暖自知，并非言语所能及的。

孔子又说道：“前面讲事先安排笑都无法能够安排得过来，人为去刻意安排造化也是安排不过来的，只要安于天命就可以了，自然而然的该化就化。正如自然而然该笑就笑，不笑就不笑。一念生不得不生，一念死不得不死，然而本来是生死一如的。只要回归初心，回归本心自性就可以了，如此就是入道的功夫了。大道本来寂寥无有形迹，只是合于天道罢了。只要功夫纯一，到了大化的境界，自然顿悟了，不需要刻意去做，就可以证入大道，证悟无生无死的真谛了。”

25. 仁义是非

【原文】意而子见许由，许由曰：“尧何以资汝?”意而子曰：“尧谓我：汝必躬服仁义而明言是非。”许由曰：“而奚来为轵？夫尧既已黥汝以仁义，而劓汝以是非矣。汝将何以游夫遥荡恣睢转徙之涂乎?”

【注释】意而子和许由都是上古时期的隐士，得道高人。尧帝曾经想把帝位让给许由，许由不愿意接受。

意而子见到许由，许由就问他道：“尧帝是怎么教诲你的呢?”

意而子回答道：“尧帝曾经对我说：你务必要身体力行地去实行仁义，要明辨是非善恶。”

许由听了就说道：“哎呀，糟糕了，你恐怕已经被尧帝给教坏了。”为什么许由这么说呢？我们接着往下看看。

许由又说道：“尧帝居然用仁义来毁你的本来面目了，就好像是受了黥刑一样，在脸上刺字了。”每个人的本来面目就如同婴孩一样纯真，教以仁义就好像是污染了本真一样。《道德经》中讲：大道废，有仁义。

许由又说道：“不仅仅如此啊，还用明辨是非来污染你的本然，就好像是施行了劓刑一样，割掉了鼻子。”为什么明辨是非如同受刑一样呢？禁果是知善恶树上的果实，吃了就会有原罪。知善恶，明是非，这是一个事情的。有了分别心，这是人类痛苦的根源所在。在大道之乡，善恶一如，是非一如，生死一如，就没有什么痛苦的了。

许由又说道：“你已经被尧帝以仁义是非毁坏了你的本来面目了，而被仁义是非给拘束住了，又怎么能够无拘无束地游于逍遥大道之乡呢？”遥荡是逍遥之境；恣睢是放纵不拘；转徙是变化莫测。

26. 言其大略

【原文】意而子曰：“虽然，吾愿游于其藩。”许由曰：“不然。夫盲者无以与乎眉目颜色之好，瞽者无以与乎青黄黼黻之观。”意而子曰：“夫无庄之失其美，据梁之失其力，黄帝之亡其知，皆在炉捶之间耳。庸讵知夫造物者之不息我黥而补我劓，使我乘成以随先生邪？”许由曰：“噫！未可知也。我为汝言其大略：吾师乎！吾师乎！齑万物而不为义，泽及万世而不为仁，长于上古而不为老，覆载天地、刻雕众形而不为巧。此所游已！”

【注释】意而子听了许由这么说，他就说道：“虽然我不能入大道之奥，我听了你这么一讲，也知道大道是很好的东西了。我也愿意去大道边上，到大道的门口去瞧瞧。”

许由又说道：“不是这样子的，如果你不进入大道你是看不到什么的。”正所谓外行看热闹，内行看门道。

许由又说道：“眼睛瞎了的人是无法看到别人眉目容貌长得好不好，耳朵聋了的人是无法欣赏礼服上青黄色的华丽花纹的。”眼睛瞎了，耳朵聋了，还不是真正的闭塞。真正闭塞是自己的心被物欲遮蔽了，就难以见道，难以入于大道之乡了。黼黻是古代礼服上所绣的花纹。

意而子听了就说道：“古代有个极其美貌的女子名叫无庄，随着岁月的流逝，失去了昔日的美丽了；古代有个极其有力的勇士名叫据梁，年老体衰，也失去了力量了；古代大家都知道黄帝是极其有智慧的，年纪大了，老了，老态龙钟了，也失去了智慧了。天地就是一个大熔炉，不管是美貌、大力还是智慧，在炉子里锻炼，再用铁锤来捶打，都会失去其本来面目了。”

意而子又说道：“你哪里知道造物者不会弥补我被黥掉的皮肉，弥补我被割掉的鼻子呢？我所受的刑罚，承受的痛苦，正是造物者成全了我，给我学道的机会，让我庆幸地遇见了先生您，可以随着您去学道的。”

许由说道：“你虽然有志于大道，但是还不知道怎么样呢？不知道你有没有这个根器和机缘能够入道的。我现在就给你讲此道的大略是怎么样的，不敢太过于全部讲完底蕴。”天机不可泄露，也不知意而子的资质能否接受得了。讲大道如同降下法雨。小花小草经受不了，反而会东倒西歪的。

许由又说道：“我的老师是大宗师，这个大宗师就是大道。”许由上法于天道，以天道为师。

许由又说道：“大宗师可以调和万物，而不会觉得是了不起的义，不以调和万物为功劳。”齑是调和的意思。把万事万物生出来，而万事万物之间会相生相克，和谐共生。大宗师以天地为大熔炉，万物都可以粉碎了，又调和了变成各种各样的东西，如此循环往复。

许由又说道：“大宗师恩泽及万世而不以为仁。”正所谓大仁不仁，大义不义，大音希声，大美无言。《道德经》中讲：生而不有、为而不恃和长而不宰。大道生育万物而不据为己有，有恩泽而不自恃其功，滋养万物而不会去主宰万物。

许由又说道：“大宗师虽然比上古还要久远，在开天辟地之前就存在了，也不会觉得老了。”此道先天地生，比天地还长久。

许由又说道：“大宗师虽然覆天载地，天地都是它生的，化育万物如同鬼斧神工一般，雕刻万物的形体，但是却不觉得自己了不起，不觉得自己精巧。”

许由又说道：“这些只不过是大宗师逍遥游，如此而已。”这里讲大宗师逍遥的境界。

27. 回坐忘矣

【原文】颜回曰：“回益矣。”仲尼曰：“何谓也？”曰：“回忘仁义矣。”曰：“可矣，犹未也。”他日复见，曰：“回益矣。”曰：“何谓也？”曰：“回忘礼乐矣！”曰：“可矣，犹未也。”他日复见，曰：“回益矣！”曰：“何谓也？”曰：“回坐忘矣。”仲尼蹴然曰：“何谓坐忘？”颜回曰：“堕肢体，黜聪明，离形去知，同于大通，此谓坐忘。”仲尼曰：“同则无好也，化则无常也。而果其贤乎！丘也请从而后也。”

【注释】颜回听到这里，就对自己的老师孔子讲道：“颜回我这次真是受益匪浅，我懂了。”颜回相当了得，很有悟性。

孔子听了以后就问道：“你懂什么了呢？说来听听。”孔子要给弟子印证的。得道是心心相印的，如人饮水冷暖自知。

颜回回答道：“颜回我听了以后，忘却了仁义了。”

孔子说道："你忘却了仁义，这样还是可以的，还只是刚刚入门的，但是还没有究竟的。"颜回真是个用功的弟子，听了老师这么一说，就乖乖回去用功去了。

过了一段时间，他又见到孔子。颜回对自己老师说道："我又有进步了。"

孔子又问道："到了什么程度呢？可以跟我讲讲的。"

颜回回答道："颜回我已经忘却礼乐了。"颜回已经不拘泥于世俗之礼了。

孔子说道："如此也可以了，还是有进步了，但是只是忘掉人而已，可是还不能忘掉自己。"最难破的是我执。

又过了一段时间，颜回见到孔子，他又说道："颜回我又有进步了。"

孔子又问道："又到了什么程度了呢？可以给我讲讲。"

颜回回答道："颜回我坐忘了。"什么是坐忘呢？坐忘就是说，静坐而忘记一切了，进入静定了，忘记了你我的分别了，进入了天地万物一体的境界了。

孔子听了以后觉得很惊讶，他问道："什么是坐忘呢？"颜回这次看来是青出于蓝而胜于蓝了，让孔子都感觉到惊讶了。

颜回回答道："忘记了这个臭皮囊，忘记了这个形体了；罢黜小聪明，去除固有的知见；形神俱忘，物我两忘了，内外一如，通于天道了。如此可以称之为坐忘。"

孔子听了又说道："同于大道就没有好恶之心。"同于大道，物我都忘却了，没有取舍之情了，没有分别好恶之心了。

孔子又说道："物我两忘，形神俱化。既然已经趋于大化，就已经是化己了，已经是无我了，破除了我执了。天地万物无不是自己了。自己也是天地万物的一部分。如此就不会经常地执着，以我为我，没有常我了。"

孔子又说道："而颜回你功夫到此，实在是超过我太多了，太贤德了。孔丘我，自叹不如啊！将来我只能跟在你的后面了，真心实意如此的。"孔子这么说，不是谦虚的，是真的如此想的。颜回很年轻时候就能够跟孔子谈论《易经》，而孔子到了五十岁才如此如醉地研究。

28. 至此命也

【原文】子舆与子桑友。而霖雨十日，子舆曰："子桑殆病矣！"裹饭而往食之。至子桑之门，则若歌若哭，鼓琴曰："父邪！母邪！天乎！人乎！"有不任其声而趋举其诗焉。子舆入，曰："子之歌诗，何故若是？"曰："吾思夫使我至此极者而弗得也。父母岂欲吾贫哉？天无私覆，地无私载，天地岂私贫我哉？求其为之者而不得也！然而至此极者，命也夫！"

【注释】子舆和子桑是好朋友。连绵不断的雨下了足足十天了，子桑被大水给困住了。子舆自己琢磨，自言自语地说道："不好，子桑肯定要饿坏了！"他就赶紧打包了饭菜，带过去给子桑吃。子舆这个人还是很够朋友的。

子舆刚刚赶到子桑的家门口，就听到子桑的声音。这个声音听着好像是在唱歌，又好像是在哭泣。

子桑边鼓琴，他唱道："父亲呀！母亲呀！天呀！人呀！"这是他唱歌的歌词，歌词很简短，一下子还看不出他想表达的意思，继续往下看看就清楚了。他是一个得道高人。天地为无形的父母，父母为有形的天地。上天赋予人自性，而人的自性本心具足一切。

子桑好像已经快饿坏了，一点气力都没有了，所以唱歌好像不胜其声了，已经上气不接下气了。断断续续地，短促地念着诗文。饿到这种程度，看样子真的是饿坏了。

子舆赶紧走进去，他问道："你的这个歌词，为什么听着没有什么音韵呢？"歌词就是诗句。

子桑回答道："我在心里想，到底是谁让贫困到了如此的极点，可是想来想去都想不出来。"看来子桑是真的穷困到了极点了，又遭遇如此的大雨，更是雪上加霜。

子桑又说道："父母难道想我贫困吗？"天底下可以说最爱自己的是父母了，他们怎么会想自己儿女贫困呢？

子桑又说道："上天覆盖万物，不会因为爱一物，就会多覆盖一寸，不会因为恨一物，就会少覆盖一寸的。天地都是无私的，天覆地载。大地也是如此。天地难道想我贫困不成？"《道德经》中讲：天地不仁以万物为刍狗。

子桑又说道："我思前想后，求之而不可得。然而，使得我穷困到了极点的，也只能怪命不好了！"子桑前面的歌词里面还有讲到人，他估计也琢磨过了，难道是别人想他贫困吗？想来想去，也找不到哪个人使得他贫困。

这一小节对大宗师全篇进行总结。然而此篇所论说的，是讲大宗师，也就是上法于大道，以大道为宗师。正所谓圣人无常师，以大道为师。最后归结于天命，这是为什么呢？这是庄子在以故事来托平生之志，比较难以用言语来形容，只好通过譬喻来明志。庄子为得道的高人，可以为万世师表，可以为万世的大宗师。然而庄子生逢乱世，不被世人所知，不被世人所了解，贫困到了极点，难道是天意使庄子如此吗？然而不被世人所理解，不被世人所重视，这也许是命吧。然而，此道是大宗师。庄子逍遥游于大道之乡，可以称之为至人、神人或者圣人。以不知为真知，以不神为至神。只有真知才能够真正齐物。此道为真正主宰，为养生真正的主人。大宗师可以说总结了前面几篇文章的意思了，讲的内圣之学。下面转向应帝王篇，讲的外王之学。合起来为内圣外王之学。

第七章　应帝王

1. 真人真知

【原文】啮缺问于王倪，四问而四不知。啮缺因跃而大喜，行以告蒲衣子。蒲衣子曰：“而乃今知之乎？有虞氏不及泰氏。有虞氏其犹藏仁以要人，亦得人矣，而未始出于非人。泰氏其卧徐徐，其觉于于。一以己为马，一以己为牛。其知情信，其德甚真，而未始入于非人。”

【注释】啮缺问自己的老师王倪，可是四问而四不知。无知，并不是真的无知，这是没有小聪明，而有大智慧。王倪是得道高人，他的无知，是无心于世俗之事。苏格拉底有无知之知，这就是大智慧。苏格拉底发现雅典城中所谓的聪明人，却不知道自己的无知之处，只有他自己知道自己的无知之处。为什么不是三问三不知呢？问题都是分两面的，是成对出现的，善恶、对错和好恶。从四个角度问了，老师都没有回答。

啮缺看到自己居然可以难倒老师，因此欢欣雀跃了，就跑去告诉另外一位得道高人蒲衣子。

蒲衣子说道：“你现在才知道无知之妙处吗？”

蒲衣子又说道：“向来世人只是知道有虞氏，也就是帝舜，知道他是圣人，却不知道帝舜不及上古帝王泰氏。”蒲衣子为什么这么说呢？世人以为时代越往前发展，生产力越进步，就超越了前人。可是刚好相反，道德是逐渐地衰落的。物欲越多，就越遮蔽了世人的本心，就越没有智慧了。

蒲衣子又说道：“有虞氏怀有仁爱之心以笼络人心，也能够得到世人的拥护。但是还是不能忘却功名，这只是世俗之行罢了。还不能超出人世，了悟真人的奥妙，不能入于非人之境，不能入于大道之乡。”

蒲衣子又说道：“上古的泰氏，为得道的高人，睡觉的时候，悠闲自得的样子，醒来的时候也是自得的样子，懒洋洋的。”对于得道的人来讲，是醒睡一如的。醒和睡互为阴阳，醒睡一如；生和死互为阴阳，生死一如。

蒲衣子又说道："如果人呼自己为马，则以马应之；如果人呼自己为牛，则以牛应之。"《道德经》中有讲：呼我以牛，以牛应之；呼我以马，以马应之。泰氏已到无我的境界了，以天地万物为一体了。看来庄子是得到老子真传了。泰氏超越了有虞氏，无事于心，物我两忘。但是不可小看舜帝的，舜帝也是得道高人，只是修行的境界不及泰氏而已。

蒲衣子又说道："泰氏的知是真知，并非是妄知。不是妄知，所以是有情有信的。"什么是性情呢？湛若水有一个心性图说，就是直指人心的。孔子也有关于性命之学的论述。心性即是道，道即是心性的。性可以说是喜怒哀乐未发之中，为心之体。已发出来就是七情了，如果能够有真知，虽然发出来七情，但是也是保持本真的，也是和谐的。保持本真，真实不虚就是有信。所以这里说有情有信。

蒲衣子又说道："泰氏的德用很真，安于大道之乡，未曾入于非人之境。"什么是德呢？道是万物共有之太极，而德为一物自有之太极。具体到人的身上，就是一人身上的太极。一人身上的太极就是人的自性本心。天性赋予人自性，自性发出来就是心，心无所不包。心和物是一元的，心外无物，心外无理。什么是非人呢？非人不是真人。我们经常说得道的真人，丘处机真人等。对于被物欲污染的人难道是假人不成？恢复了自性本心的人才能称之为真人，有大心的人才能称之为真人，否则就是非人。

2. 正而后行

【原文】肩吾见狂接舆。狂接舆曰："日中始何以语女？"肩吾曰："告我：君人者以己出经式义度，人孰敢不听而化诸！"狂接舆曰："是欺德也。其于治天下也，犹涉海凿河而使蚊负山也。夫圣人之治也，治外夫？正而后行，确乎能其事者而已矣。且鸟高飞以避矰弋之害，鼷鼠深穴乎神丘之下以避熏凿之患，而曾二虫之无知？"

【注释】楚国有个狂人，称之为接舆。他是得道高人，只是别人很难理解罢了。王阳明先生这样的圣贤，在一开始出来讲学的时候，被别人排挤，甚至说他是疯子。这个人曾经迎着孔子的车，用歌声劝诫其归隐。所以用这个名字来称呼他。

狂人接舆问道："日中始这个人，他都用什么来教诲你呢？"日中始是人名。

肩吾回答道："日中始告诉我：作为国君只要立规矩、定法度，要求世人去做到。谁又敢不听从呢？谁又不被教化呢？"

接舆说道："如果按照日中始这么说，这只是欺德，并非真实之德。作为国君只是在自恃其权力之高而欺人而已，人们不敢不听从。这样治理天下就好像是在海里挖凿河道，用蚊子来背着大山走。这是根本做不到的事情，这也是舍近求远的做法。"大海本来就有无穷的水了，看不到大海的大，还要去挖凿河道，这是一叶障目不见泰山。大道在世人面前，世人视而不见，还要去另外找个什么东西来治理，这不是很可笑吗？

接舆说道："圣人治理天下，难道仅仅是治理外在的吗？"圣人治理天下，莫向外求。首先是发明自己本有的明德，再去发明百姓的明德，就可以明明德于天下了。如果仅仅是从外在立法度要求世人遵守，如此并不是圣人之治的根本。圣人之治，外在和内在并重，德治和法治并重，不可偏废。

接舆说道："圣人治理天下，不仅仅是治外，而是首先要自正，而后正众生。先自身自心正，而后施行于百姓，使得各自正之。"不仅仅是正自己的身，自己的言行，还要正心。相对于正心就是偏心了。什么是偏心呢？心应该是要居于君主之位，是九五之尊，不能偏心。心跟着五官走，被五官诱惑，执着于物欲，就是偏心了。君主下圣旨就好了，不必亲力亲为，下个命令还要跑到百官那里去，什么都要御驾亲征，如此劳心劳力就不好了。心为一身的君主，而君主为一国的君主。这个道理是相通的，君主也不能偏心，不能偏信。老子讲：清净为天下正。对于一身而言，如果能够做到清净，心就处于正位了。对于一国而言，如果不过多扰民，君主寡欲处于正位，天下就太平了。

接舆说道："如果真切地做到正身正心，就可以有良知良能了。所谓能其事，别无他事，也就是致良知这个事，也就是明明德这个事。天底下的百姓本来人人本有明德，发明其本有明德天下就大治了。天底下百姓本来人人本有良知良能，只要致良知就好了。"

接舆说道："小鸟必然想着高飞，如此可以躲避捕鸟的网和利箭。小老鼠必然会跑去社坛那里挖洞，这样世人有所避讳就不会乱挖，也不会用烟来熏它们。百姓的天性就如同这些生灵的天性那样，如同鸟鼠的天性，都是趋利避害的。对于鸟鼠两种小动物而言，它们并不是无知，是很有灵性的，人心用机械想抓住它们，它们只有高飞和深藏来躲避了。作为君主，不能清心寡欲，以多欲的心想去治理他们，他们怎么会不感到惊吓而避而远之呢？"

本章讲应帝王，如何当好帝王，当好国君，如何治理天下。前面这两个小节，都是讲治理天下不可以有心，不可以刻意为之。如果能够做到无为而治，而百姓自化。老子曾经说过："我无为而民自化"、"清净为天下正。"如果想方设法要制服百姓，不但不能制服，不能使得百姓顺从暴法，反而如小动物那样受了惊吓而避而远之。

3. 游心于淡

【原文】天根游于殷阳，至蓼水之上，适遭无名人而问焉，曰：“请问为天下。”无名人曰：“去！汝鄙人也，何问之不豫也！予方将与造物者为人，厌则又乘夫莽眇之鸟，以出六极之外，而游无何有之乡，以处圹埌之野。汝又何帛以治天下感予之心为？”又复问，无名人曰：“汝游心于淡，合气于漠，顺物自然而无容私焉，而天下治矣。”

【注释】天根有一天来到殷阳这个地方，到了蓼水的河岸边。刚好遇见了一个无名人。无名人为得道高人。大道无名，连这个人也是无名的。

天根就问他：“请问如何治理天下呢？”

无名人回答道：“去，走开！你真是鄙陋无知的人，怎么会仓促无礼地问这样一个令人烦的问题。”无名人无心于世，如何会有心于天下呢？

无名人又说道：“我只是任由造化赋予我人身罢了，并不是有心入于世上。如果要出世也可以，如同乘坐大鸟，飞出六极之外，而逍遥游于无所有的大道之乡，逍遥游于无边无垠的大道之乡。”大道渺渺茫茫，无形无相。大鸟这里也是比喻大道。六极为六合。无名人可以跳出时空之外了。时间只是世间万物变化，有个先后顺序，所以造成了世人认知的错觉罢了。

天根一听，这个无名人必然是世外高人，所以又追着问，一定要讨个究竟。无名人看天根求教心切，所以正言相告，无名人说道：“你只要游于恬淡寂寞的境界，而不是游于物欲；只要冲虚无为，以气合于虚；只要能够顺着事物的本性而不人为掺杂私欲，如此天下就可以大治了。”

这一节直接讲无为而化，无为而治理天下的妙处。庄子在这里借无名人之口劝诫君主取法于上古，返回上古无为之化。

4. 问道老子

【原文】阳子居见老聃，曰：“有人于此，向疾强梁，物彻疏明，学道不倦，如是者，可比明王乎?”老聃曰：“是于圣人也，胥易技系，劳形怵心者也。且也虎豹之文来田，猨狙之便执斄之狗来藉。如是者，可比明王乎?”阳子居蹴然曰：“敢问明王之治。”老聃曰：“明王之治：功盖天下而似不自己，化贷万物而民弗恃。有莫举名，使物自喜。立乎不测，而游于无有者也。”

【注释】阳子居有一天去见老子，向老子求道。

他问老子道："假如有一个人，他做什么事情特别敏捷，反应很快；很强悍果敢，不是犹犹豫豫的；对事物看得也很透彻，疏通明达；不仅仅如此还勤奋地学道，不知疲倦。像这样的一个人，可以与明王相比吗？是否可以担负起治理天下的重任呢？"

老子回答道："如此的人，怎么能够跟圣人相比呢？这样的人就如同频繁地更换职事的百工一样，只会被具体的事物所系缚。繁杂事物不仅仅劳累其形体，还束缚着内心，不得解脱，经常担惊害怕。这样的人自己忧愁苦闷还无法解决，怎么能够去治理百姓呢？"

老子又说道："再进一步来讲，老虎和豹子身上漂亮的花纹，正是这一身漂亮的毛皮招来了田猎之灾。"老子说，刚才这种人看似很能干，很有才能，但是这也是招致杀身之祸的缘故。韩信看起来很能干吧，被吕后所杀。在冰天雪地的长安，韩信家族的几千口人被斩杀。老子所说，都是古人血的教训。

老子又说道："猨狙是猴子的一种，它们反应可真是够敏捷的。但是，正是由于这种敏捷，在树上跳来跳去的，所以就被人抓来放在笼子里，或者用绳子拴住了。猴子还被人教着穿衣服，进行各种表演。"前面那种人反应也很敏捷，就会被人拴住了，想逃离也不是那么容易的事。假如被君主看中的人，宠辱若惊，伴君如伴虎。

老子又说道："狗由于能够抓到狐狸，能够帮助人捕捉猎物，所以才被人用绳子拴起来。"不仅仅是帮助捕捉猎物，狡兔死，走狗烹。狗也离不开它的宿命。范蠡和文种曾经辅佐越王勾践。范蠡看清了这一点，劝文种跟自己一样功成身退。可是文种执意不肯，后来果然被勾践所杀。

老子又说道："之前你不是说，处事敏捷果敢的人可以与明王对比，那么猴子、狗如何能够和明王对比呢？"

阳子居听到老子之言以后，脸色都有点改变了。他再次问老子道："既然刚才我所说的这样的人无法和明王对比，敢问什么样的人才是明王，如何才是明王之治呢？"

老子回答道："明王是这样治理天下的。纵然功盖天下，但是不会自居其功。"尧帝为一代明王。有一次他在田间地头听到一个老头唱歌，这位老头唱道，帝力于我何加焉。这个老头自给自足，似乎自己种地养活自己，并没有感觉到帝王怎么恩泽自己。

老子又说道："明王盛德，化育万物，恩泽百姓，而百姓又不会有什么害怕的。"小鸟飞得高高的，害怕猎人；小老鼠专门在神社所在地方挖洞，这样世人有所忌讳就不会乱挖，也不会用烟火来熏它们。明王有盛德，百姓就会来归附，不会像小动物一样，躲得远远的。

老子又说道："真正的明王不会专门标榜自己，不会浪得虚名。只是随喜万物，随喜百姓罢了。使得天下每一物、每一人、每一家都自喜罢了。”

老子又说道：“真正的明王究竟如何，是深不可测的，而心道遥游于无所有之乡，也就是大道之乡。”《道德经》中教世人怎么识别得道的人。

5. 列子心醉

【原文】郑有神巫曰季咸，知人之死生、存亡、祸福、寿夭，期以岁月旬日若神。郑人见之，皆弃而走。列子见之而心醉，归，以告壶子，曰：“始吾以夫子之道为至矣，则又有至焉者矣。”壶子曰：“吾与汝既其文，未既其实。而固得道与？众雌而无雄，而又奚卵焉！而以道与世亢，必信，夫故使人得而相汝。尝试与来，以予示之。”

【注释】郑国有个神巫，名字叫季咸。所谓神巫，是善于占卜的人。我们知道《易经》是古圣先贤留下来的传家宝。

神巫能知人的死生、存亡；能预知人的祸福、寿夭，能够准确地预言某年、某月、某日发生的吉凶之事，料事如神。果真能如此吗？在《传习录》中记载，弟子问王阳明先生能否预知，王阳明先生说，这本是本心的良知良能罢了。从古往今来的记载当中，我们有理由相信，用《易经》八卦可以预知，而且这是我们每个人本心都有的能力，只要恢复本心的良知良能就可以办到了。自古以来，都不缺乏料事如神的圣人。比如诸葛亮、邵康节和李淳风等。

郑国的人见到他，都会避而远之。由于这个人讲的事太灵验了，恐怕见到了，他会说出不好的事，所以都不敢靠近。

列子见到了他，以为是神算，所以心里醉服。列子回来告诉自己的老师壶子。列子说道：“一开始我还以为老师您已经修道到极致了，可是那个神巫超过您好远的。”

壶子说道：“我之前所教你的，还只是外面的皮毛罢了，并没有将道的真实处教给你的。你难道认为自己已经得道了吗？”

壶子又说道：“万物有雌雄，所以才可以生卵。如果有很多都是雌的，而没有雄的，就无法生卵了。如果有心去对待，也就有了善恶分别，巫神就可以见祸福了。如果无心去对待，使心归于寂静，巫神又如何能够相得准呢？就如同单有雌的，而没有雄的，如何能够生卵呢？”如果处于喜怒哀乐之未发之中，又如何能见祸福呢？用王阳明先生的话来说，意在于祸福，祸福就是一物而已。

壶子又说道：“你以道术来想和世人比高下，想区分哪个道术更高一些，哪个更厉害一些。以此来显示自己的长处，想着别人信服自己的道术。如此就会给人机会相你了。这都是由于你还不能做到忘己，要世人知道你得道了，所以更高水平的人就可以从这里相你了。”

壶子又说道：“这样吧，你如果不信我的说法，你可以尝试邀请他过来我这里，让他来测测我如何。”

6. 示以地文

【原文】明日，列子与之见壶子。出而谓列子曰：“嘻！子之先生死矣！弗活矣！不以旬数矣！吾见怪焉，见湿灰焉。”列子入，泣涕沾襟以告壶子。壶子曰：“乡吾示之以地文，萌乎不震不正，是殆见吾杜德机也。尝又与来。”

【注释】第二天，列子带着神巫来见自己老师壶子。

神巫见了以后，出来对列子说道：“哎呀！你的先生似乎死期将至了！活不长了！不出十天就要死了！”

神巫又说道：“我见到了怪异的病状，面如面如湿灰，一点生机都没有了。”

列子听了以后，非常的伤心，一把鼻涕一把泪，进来把神巫所说的话告诉了壶子。

壶子说道：“刚才我向他展示了安心于至静之地的情况。”地文为安心于至静，至善之地。神巫无法测知此地。这就如同佛门的止观，这是安心之法。

壶子又说道：“刚才我安心于至静至善之地，一念不生不动之地。在念头还没有萌芽，还没有萌动之地。正是由于我心念都泯绝了，念头都泯灭了，所以看起来面如湿灰，毫无一丝生机。刚才他看到我止绝生机，所以说我必死无疑了。”

壶子又说道：“你明天再带他来看看我，看他有什么反应。”

7. 示以天壤

【原文】明日，又与之见壶子。出而谓列子曰：“幸矣！子之先生遇我也，有瘳矣！全然有生矣！吾见其杜权矣！”列子入，以告壶子。壶子曰：“乡吾示之以天壤，名实不入，而机发于踵。是殆见吾善者机也。尝又与来。”

【注释】第二天，列子又带着神巫来见老师壶子。这是第二次见面。

神巫出来了以后，他对列子说道：“你的先生真是太幸运了！他遇见了我，可以不死了，他的病可以痊愈了！全然恢复了生机了！我见他死而复活了，有生机了!”

列子听了以后，走进来告诉壶子。壶子听了说道：“我刚才给他展示的是天壤，之前给他展示的是地文。所谓天壤是自性发起照用了，如同太阳高悬，高明而昭昭。自性光明，名利都不入于心。自性照用，如同明镜，物来则应，物去不留。生机从最深处发育，如同从虚古之中生化，从未发之中生化。”天壤对应于观，而地文对应于止，这也是佛家止观的功夫。

壶子又说道：“他见到我好了，并不会死，这是由于我显示给他天机而已。明天你再让他来看一次，看他有什么反应。”

8. 渊有九名

【原文】明日，又与之见壶子。出而谓列子曰：“子之先生不齐，吾无得而相焉。试齐，且复相之。”列子入，以告壶子。壶子曰：“吾乡示之以以太冲莫胜，是殆见吾衡气机也。鲵桓之审为渊，止水之审为渊，流水之审为渊。渊有九名，此处三焉。尝又与来。”

【注释】第二天，列子又带着神巫来见壶子。这是第三次见面了。

神巫见了以后，出来对列子说道：“你的先生今天精神有点恍惚，不太齐一，我根本无法相准。需要等待他的精神一定了，不太恍惚了，我再给他相。”喜怒哀乐之未发谓之中。如果已经发出来，能够和谐为一，就不会恍惚。

列子听了，就进去告诉壶子。

壶子听了就说道：“刚才我显示给他看的是太冲至虚之地。地文偏于静，天壤偏于动。现在处于动静不二，安心于极虚之地。”这个功夫类似于止观双运，处于不二之境了。

壶子又说道：“我平等持心，不偏于静，也不偏于动，动静不二，所以气机也和融而不可测。”下面壶子又讲明前面所显示的，为三种不同的观法，所以似乎鬼神莫测的。神巫根本无法测得准。

壶子又说道：“大鲵盘于深泥之中，如如不动。”这是讲地文，用深渊比喻至静至善，也就是止观的止。

壶子又说道：“止水慢慢澄清，如同明镜一样，可以照万事万物。”这是讲天壤，也就是讲动。此心如同明镜，物来则应，物去不留。

壶子又说道：“流水虽然动，实则湛然不动，如同深渊一般。流水虽然动，可是流水的水性是不动的。动即是静，静即是动。动中有静，静中有动。”这是讲止观不二，也就是太冲莫胜，静不胜于动，动不胜于静。禅宗有讲：外离相即禅，内不乱即定。只要能够做到内不乱，处于静定即是真定。行住坐卧都在定中，这是真定，并不是打坐才是定。如果人在打坐，而妄想纷飞，如此不能称之为定。太极拳为动中禅，虽然动，但是心如如不动。如同行云流水一般，应无所住而生其心。

壶子又说道："定有九种，这里显示了三种，为三种定的方法。明天你再带他过来看看。"

9. 纷而封哉

【原文】明日，又与之见壶子。立未定，自失而走。壶子曰："追之！"列子追之不及。反，以报壶子曰："已灭矣，已失矣，吾弗及已。"壶子曰："乡吾示之以未始出吾宗。吾与之虚而委蛇，不知其谁何，因以为弟靡，因以为波流，故逃也。"然后列子自以为未始学而归。三年不出，为其妻爨，食豕如食人，于事无与亲。雕琢复朴，块然独以其形立。纷而封哉，一以是终。

【注释】第二天，列子又带着神巫来见壶子。这是第四次见面了。

可是这个神巫还没有站稳，就惊慌失措地逃跑了。壶子说道："快点去追！"可是列子追不上他了。

于是列子返回来回复自己的老师说道："我出去追他的时候，已经看不见踪影了，到处寻找都看不见他，我追他已经追不上了。"

壶子说道："前面我所显示的三种定法，都出自于虚无大道的根宗，是示之以天地万物未始的形而上的大道。"

壶子又说道："我安心于至虚之地，但以有形的身体显示状貌给他看，所看到的只是我的影子罢了，如梦如幻，只是随物顺化而已。"虚而委蛇这个成语就是出自这里。成语的意思是说，虚情假意，敷衍应对。壶子只是随顺展示而已。

壶子又说道："我只是随顺地显示给他看罢了，他当然测不准了，当然参不透我了。"

壶子又说道："我只是柔顺而随波逐流罢了，呼之以马，以马应之，呼之以牛，以牛应之。他以道术来相我，有心来对待我，可是我似乎变化莫测，他感觉到恐惧，就逃走了。"

列子这才知道自己并未学到真本事，知道自己的老师壶子之道深不可测，方才知道自己似乎从来没有真正学习过一样。一开始没有见到老师有什么本事，以为神巫已经达到更高的境界，现在才知道自己还没有能够窥得老师一点端倪。

列子辞别自己的老师壶子回家，立志修行大道。专一做功夫，闭关三年，都不出家门。苏秦是鬼谷子的学生，一开始出去周游列国，一无所获。后来苏秦回到家里，闭门学习《阴符经》。头悬梁锥刺股，历时一年方有所得，然后才出来。

列子一开始自恃自己有道，在自己妻子面前比较骄傲，不会帮着妻子做饭的。此次回来以后，放下身段了，乖乖帮老婆做饭。说明列子进步很大，放下了骄傲这一毒。

列子不仅仅是帮老婆做饭，还乖乖喂猪，并不觉得丢人。他已经把喂猪当成请人吃饭了。刚开始还没有入道的时候，有人和物分别之心，如今已经物我俱忘了。

列子不会像以前那样到处去看有没有高人了，似乎无心于世事了。

列子一开始被世事所雕琢，失去了原本朴素的自性本心，现在是返璞归真了。似乎恢复回去一整块的天然朴素的材料了，连原来大自然用鬼斧神工所雕刻的七窍都没有了，都形成了一整块的形体。正是由于有七窍，所以被物欲所牵引。嘴巴贪吃美味，所以被美食所牵引。现在列子统统都把这些窍门给管住了。

列子把纷纷扰扰的外界给封在外面了，封闭了自己的五官。如此就不会被物欲所牵引了。《道德经》中讲：闭其兑，塞其门。列子以一贯之，此生都做这个功夫。

10. 用心若镜

【原文】 无为名尸，无为谋府，无为事任，无为知主。体尽无穷，而游无朕。尽其所受乎天而无见得，亦虚而已！至人之用心若镜，不将不逆，应而不藏，故能胜物而不伤。

【注释】 无为名尸。真人先要忘名。列子前面这么表现，已经忘名。《道德经》中讲：有名，万物之母。名在广义来讲是名相。真人忘记名相，看破所有的名相都是虚妄。狭义的名是名声，声誉。真人也要忘记名利。孔子教弟子要有志于道，要修君子儒，而不是小人儒。小人儒是有志于名利。尸，主。真人不成为名利之主，不为名利之所归。

无为谋府。智谋所集聚，称之为谋府。无心于智谋，不可以智谋为事。智谋说实在是小聪明，并非大智慧。

无为事任。不可以强行去承担事务，所谓的担当。如此为事所累，有事而有忧患。只是无为而为事罢了。此心如同明镜，物来则应，物去不留。只是顺事而应罢了。

无为知主。知主，以智巧为主。老子教导我们，知者不博，博者不知。真正的知是无知之知。无知并不是真的无知，而是不是小聪明，而是恢复了本有的良知。

体尽无穷。已经尽心，本心之体尽露无疑，已经恢复了本有的良知良能。本心如同生锈的铜镜，被物欲的锈迹所层层遮蔽。如果铜镜之体能够尽显，就可以照天照地，就可以应物变化无穷了。

而游无朕。真人恢复了初心，就可以逍遥游于无物之初。真人可以安心于一念不生之地。朕，兆。一念没有萌芽，还没有事物的兆头，称之为朕。

尽其所受乎天，而无见得，亦虚而已！自性本心上受之于天，真人只是自己尽心罢了。所谓尽心是使得本心全体恢复，使得全体不失去一分，不被物欲遮蔽一丝一毫。虽然尽心可是无有一物可得，心不在外，心不在内，也不在中间。如此也只是归于虚空罢了，然而并不是绝对的虚空，虚空中也有妙有。执着于空不对，执着于有也是不对的。自性本心无有一丝物欲夹杂其间，如果夹杂了，就不是无间道了。

至人之用心若镜。至人为真人，也就是能够止于至善之人。什么是真人呢？难道有假人不成？我们经常说天真无邪。只要我们恢复了本心，就可以归于天真了，就成为真人了。得道的高人，可以称之为真人。佛家经常用明镜来比喻本心，庄子这里也是如此。此心如同生锈的铜镜一般，只是由于物欲的遮蔽罢了。只要不断地做致良知的功夫，不断地去修行做善事，锈迹就会一点点褪去，直至完全露出全体。如此一丝一毫皆可尽览无余，如此可以称之为尽心。

不将不迎，应而不藏，故能胜物而不伤。至人面对外事外物，如同明镜照物一样，只是物来则应，物去不留罢了。至人应物不送不迎。将就是送的意思。对于过去的事物，不粘滞在心上，对于还没有来的事物，不会提前去浮想联翩，似乎去迎接。如此虚心应世，就可以能够胜物了。虽然说是胜物，其实是胜己，战胜了自己内心的物欲罢了。如此就不会被物欲所伤了。

不要小看这一小段，庄子的学问功夫，尽在此处而已。对于后世学人，修学庄子者，只要真实体悟，一生就可以受用不尽。这就是所谓的逍遥游了。

11. 浑沌之地

【原文】南海之帝为儵，北海之帝为忽，中央之帝为浑沌。儵与忽时相与遇于浑沌之地，浑沌待之甚善。儵与忽谋报浑沌之德，曰：“人皆有七窍以视听食息此独无有，尝试凿之。”日凿一窍，七日而浑沌死。

【注释】南海之帝为儵，北海之帝为忽。南海有帝王称之为儵；北海有帝王称之为忽。儵忽，讲的都是无而忽然生妙有。庄子起的名字很有深意。中间南北不分、善恶不分的状态称之为浑沌。如果分善恶了，此心就不能如明镜那般待物了。对于喜欢的，舍不得离去，就必然会去送；还没有来到，就会去迎了，不择手段想得到。对于不喜欢的就完全相反了。

中央之帝为浑沌。中央的帝王为浑沌。未发之中也可以称之为浑沌。《中庸》中讲，喜怒哀乐未发谓之中。一缕太阳光，经过三棱镜就可以分出七色。如果未经过三棱镜，可以称之为浑沌。

儵与忽时相与遇于浑沌之地，浑沌待之甚善。儵与忽时常相遇在浑沌所管辖的地界，浑沌待它们很好。如果善恶回归于浑沌，当然是好事了。

儵与忽谋报浑沌之德。儵与忽这两个帝王商量如何去报答浑沌的恩德。

曰：人皆有七窍以视听食息，此独无有，尝试凿之。它们商量道"世人都有七窍可以看见东西，可以听见声音，可以吃到美味，可以呼吸空气。可是浑沌帝王却没有这些，真是有点可怜，我们还是尝试帮它凿开七窍吧。"

日凿一窍，七日而浑沌死。于是它们就帮浑沌凿开七窍，一天凿开一个孔窍。到了第七天，全部凿开了七窍，而此时浑沌就死去了。浑沌就这样被忽悠死了。浑沌本来天真无邪，可是情窦日凿，知识一开，则天真尽丧。本心被外来的物欲所污染致死了。

前面讲至人如同明镜一样对待外事外物，如何能够做到呢？这一小节庄子教我们真实的功夫。只要管住自己的七窍就可以了，如果管不住就危险了。

庄子素解外篇

第一章　骈　　拇

1. 仁义之行

【原文】骈拇枝指出乎性哉，而侈于德。附赘县疣出乎形哉，而侈于性；多方乎仁义而用之者，列于五藏哉，而非道德之正也。是故骈于足者，连无用之肉也；枝于手者，树无用之指也；多方骈枝于五藏之情者，淫僻于仁义之行，而多方于聪明之用也。

【注释】骈拇枝指出乎性哉，而侈于德。拇是足大指，而骈是连合起来。骈拇是足大指和第二指长在了一起。枝指是手大拇指旁边分支长出了多余的小指头。连起来的脚大拇指，多长出来的手小指头，都不是手脚的本性。手脚都分出五指；华山分出五峰；五指山分出五峰；一根竹管分出五音，这些都对应于五行。庄子用此来比喻，物欲对于自性本心、明德而言是多余的东西。《大学》中讲不仅仅要发明自己本有的明德，还要去亲民，还要去发明老百姓的明德，使得明明德于天下。

附赘县疣出乎形哉，而侈于性。附生在人身上的肉瘤，并不是人形体的本然。庄子用此来比喻，物欲对于自性本心是多余的东西。不要小看庄子所说的自性本心，这是三教所讨论的核心。理学名家湛若水有心性图说。孔子最紧要的学问就是性命之学。禅宗所提的明心见性，所讲的开悟，就是体悟自性。王阳明先生贵州龙场悟道，也是实证自性，看到自性本心本有的光芒。王阳明先生致良知的功夫，无非是把自性本心多余的这些肉瘤，多余的物欲给去除。

多方乎仁义而用之者，列于五藏哉，而非道德之正也。对于仁义之用，也是多余的罢了。《道德经》中讲，道德衰，有仁义。仁义相对于道，相对于明德而言，只是如同多余的手指头，多余的肉瘤罢了。神藏于五藏，肝肺藏魂魄，五藏和合而生出神灵。对于七情六欲而言，这些都是多余的东西。只有恢复到喜怒哀乐未发之中，这才不是多余的。世人多病，大多为这些情志所伤，积劳成疾。由此可见仁义实在并不是道德之正。庄子在前面用了几个比方，是为了铺垫说明仁义对于道德而言是多余的。

是故骈于足者，连无用之肉也。所以说，脚趾连在一起的，这是有多余的无用之肉相连罢了。

枝于手者，树无用之指也。小手指从大拇指分支长出来，也是长出无用的小手指罢了。

多方骈枝于五藏之情者，淫僻于仁义之行，而多方于聪明之用也。脚趾连合起来，小手指分支出来，这都是多余的。情志出于五藏，然而，七情六欲这些也只是多余的罢了。真正的五藏本性应该是未发之中，发出来就有了喜怒哀乐。如果情志比较和谐，人就愉悦，否则就会伤五藏而折寿了。淫这里并不是淫荡，在这里是多余的意思。比如淫雨霏霏，并不是说小雨有什么淫荡，而是多余的雨。仁义并不是真正的正道，并非道德之正，而是多余的偏僻小道罢了。仁义只不过是小聪明用得太多罢了，而不是真正的大智慧。

2. 天下至正

【原文】是故骈于明者，乱五色，淫文章，青黄黼黻之煌煌非乎？而离朱是已。多于聪者，乱五声，淫六律，金石丝竹黄钟大吕之声非乎？而师旷是已。枝于仁者，擢德塞性以收名声，使天下簧鼓以奉不及之法非乎？而曾史是已。骈于辩者，累瓦结绳窜句，游心于坚白同异之间，而敝跬誉无用之言非乎？而杨墨是已。故此皆多骈旁枝之道，非天下之至正也。

【注释】是故骈于明者，乱五色，淫文章，青黄黼黻之煌煌非乎？所以说过于聪明的人，就会扰乱五色，不仅仅是迷乱了世人的眼睛，也使得自己迷乱了；文章本来是素的，本来是无有太多色彩的，本来是载道的，就会淫滥了，就会有太多的浮华。太过于华丽的辞藻并非是好事。这也是为什么孔子会删订经典的缘故，仅留下载道的文字。黑白相间的花纹称之为黼；青黑相间的花纹称之为黻。黼黻是绣在礼服上的花纹。青黄相间的花纹不是很绚烂夺目吗？衣服本来是保暖用的，加入太多花纹逐步就扰乱人心了。世人慢慢忘记初心了。远古的人们用兽皮避寒，多么梦想有一块布；有了一块布以后，又梦想着有美丽的花纹；有了美丽的花纹，当今的人们又希望是名牌。如此使得世人慢慢地多欲了，而物欲就是自性本心多余的东西。

而离朱是已。离朱是黄帝时候的人，据说他能够百步之外明察秋毫。离朱就是这样的过于耳聪目明的人。古人讲，水至清则无鱼。真正的目明是见到自性，而非明察秋毫。

多于聪者，乱五声，淫六律，金石丝竹黄钟大吕之声非乎？前面是讲过于目明的人，这里是讲过于耳聪的人。这样的人就会乱了五音，淫乱了音律。金石丝竹是四种制作乐器的材料，这里代指乐器。黄钟、大吕是古代乐器的音调。名目繁多的乐器，不同的音调，难道是雅正的乐音吗？雅正的音乐使得人心归于纯朴，而卫国和郑国的音乐是靡靡之音，扰乱世人的心，是亡国之音。当今的许多音乐，充满着浮躁，并非雅正的音乐。如此看来音乐作品也需要供给侧改革，并不是创作出大量的靡靡之音，满足世人浮躁的心灵需求。

而师旷是已。师旷是晋平公的乐师，擅长音律。师旷就是这样的耳聪的人。真正耳聪的人是听闻自己心声的人。

枝于仁者，擢德塞性以收名声，使天下簧鼓以奉不及之法非乎？仁义并非道德之正，也是多余出来的东西，如同道德上长出来多余的小指头。标榜伪德，把伪德刻意拔得很高；堵塞真如本性，以此来沽名钓誉，获得好的名声，世上大有人在。这难道不是鼓噪着让天下的人都去效法，争着去做不可企及的事情吗?《道德经》中讲，不尚贤，使民不争。把榜样标榜得很高，老百姓再怎么努力都无法去做到。追求虚名，这也是一种欲望，这也是多余的东西。这也是扰乱民心的一种做法。

而曾史是已。曾是指曾参，也就是曾子。曾子写了《大学》传承孔门心法。史是史鳅，卫灵公的大臣。这两位都以仁孝著称。曾子和史鳅就是这样的人了。虽然庄子这样说，但是曾子也是得道的人，传承了孔门心法的人。

骈于辩者，累瓦结绳窜句，游心于坚白同异之间，而敝跬誉无用之言非乎？过于善辩的人，只是在玩弄辞藻罢了。只是在堆砌辞藻，如同累叠瓦片，追求华美罢了。玩弄文章，一气呵成，如同结绳，把不相关的东西串联起来罢了。穿凿字句，为了求巧罢了。只是把心思花在坚白论这些奇谈怪论上罢了。名家公孙龙有白马非马、离坚白的论说。公孙龙留下了六篇文章，从他的论述中可以知晓，他是得道的人，传承了孔门心法。公孙龙曾经是孔子的弟子。只是公孙龙语不惊人死不休，抛出这样的言论，有点扰乱世人耳目罢了。这难道不只是在为了虚无的名誉而疲于奔命，刻意造了这些夸大的言论罢了吗?

而杨墨是已。而杨朱和墨子就是这样的人。杨朱哭歧路，墨子悲染丝。杨朱有一次外出，在一个四通八达的路口，一时间不知道往哪里走，就忍不住地哭了起来。人生的迷途太多了，要归于正道，大道太不容易了。仁义也只是偏僻的小道而已，也只是一条歧路而已。墨子看到丝线放在染缸里就变了颜色，感觉到很感伤。每个人的自性本心何尝不是如此，本心本来无有任何污染，可是被尘垢污染了。

故此皆多骈旁枝之道，非天下之至正也。所以说，这些都是由于多余的旁门左道罢了，并非天下至正至大之道。大道是很容易见很容易行的，只是世人被物欲遮蔽了，一叶障目不见泰山罢了。

3. 仁人多忧

【原文】彼正正者，不失其性命之情。故合者不为骈，而枝者不为跂；长者不为有余，短者不为不足。是故凫胫虽短，续之则忧；鹤胫虽长，断之则悲。故性长非所断，性短非所续，无所去忧也。意仁义其非人情乎，彼仁人何其多忧也？

【注释】彼正正者，不失其性命之情。前面讲了天下至正之道。这里紧接着讲真正的正道，是不会失去本性的。孔子最紧要的学问就是关于性命之学。世人迷失了自性，不能明心见性，所以对大道视而不见。

故合者不为骈，而枝者不为跂。如果不失去本性，虽然连合起来也不能称之为骈，也不是多余的。虽然分支长出来，也不能称之为跂。这一切都是很自然的，合乎大道的。幼苗自然分出枝叶，这不能称之为跂。手指自然分出五个，这也是自然的。男女和合而成婚，这也是自然的。

长者不为有余，短者不为不足。本性是长的，虽然长了一点，并不是多余的。本性是短的，虽然短了一点，并不是不足。

是故凫胫虽短，续之则忧。所以说，野鸭的脖子虽然很短，但是假如接续长了，可就不是野鸭了，这就麻烦了。禾苗有禾苗的成长规律，如果揠苗助长就麻烦了。

鹤胫虽长，断之则悲。仙鹤的脖子虽然很长，但是如果要切断搞短了，这就可悲了。每个人都有自己的天分和特长，需要安放在合适自己的位置上，并不是越高就越好的。

故性长非所断，性短非所续，无所去忧也。所以说本性是长的，也不要忧虑其长，不要想方设法去切断搞短；本性是短的，也不要忧虑其短，不要去接续搞长。根本不存在着长短的忧虑可去，这只是杞人忧天罢了。再说了，世间本来无长就无短。虽然说尺长，可是积累寸可以超越尺。长度只是停留在现象层面罢了，所以爱因斯坦相对论有尺缩效应。长短只是相对而言的。

意仁义其非人情乎，彼仁人何其多忧也？前面比喻铺垫那么多，是为了说明仁义并非人情。道德并非太短了，这是人性的本然，不需要去额外地接续什么。道德并非太简单了，简单中有复杂。自性并非太简单了，自性之中有一切智慧。我猜想仁义并非出自人的自性真情吧，要不为什么所谓的仁人有那么多忧虑呢？不能做到逍遥游呢？

4. 天下嚣嚣

【原文】且夫骈于拇者，决之则泣；枝于手者，龁之则啼。二者，或有余于数，或不足于数，其于忧一也。今世之仁人，蒿目而忧世之患；不仁之人，决性命之情而饕贵富。故意仁义其非人情乎？自三代以下者，天下何其嚣嚣也？

【注释】且夫骈于拇者，决之则泣。脚大拇趾和二趾相连的人，假如决裂开来，他会感觉到很痛苦而哭泣。

枝于手者，龁之则啼。手大拇指分支长出来小指头的，如果咬断了，他也会痛苦啼哭的。

二者，或有余于数，或不足于数，其于忧一也。对于这两者来讲，如果多于本性的数五，或者少于本性的数五，也都是忧虑的。不管是多出手指，还是脚趾连起来，都是失去本性。

今世之仁人，蒿目而忧世之患。当今世上的仁人，忧劳而伤神，伤神而目不明。仁人忧虑世上仁义不行，有了许多的祸患。庄子生活于乱世，当时许多仁人志士很忧虑。诸侯国之间战事不断，荼毒生灵。

不仁之人，决性命之情而饕贵富。仁义虽然本来是多余的，但是毕竟还是好的。脚趾连在一起，手指分支多长小指头，这虽然是多余的，可是还不会令人哭泣。虽然如此，也相安无事，正常的生活是没有问题的。可是对于那些不仁义的人，连仁义都不顾，把本性良知完全决裂抛弃了，不择手段地去追求富贵，如此更是令人痛心的。由此可见，庄子并非完全否认仁义的。

故意仁义其非人情乎？所以，我猜想仁义并非人的本性真情吧？

自三代以下者，天下何其嚣嚣也？自从夏商周三代以下，天下为何如此喧嚣不得安宁呢？春秋五霸虽然提倡仁义，为周朝主持公道，只不过是假借仁义的外衣，携天子而令诸侯，谋求自己的霸业罢了。

5. 道德之间

【原文】且夫待钩绳规矩而正者，是削其性者也，待绳约胶漆而固者，是侵其德者也；屈折礼乐，呴俞仁义，以慰天下之心者，此失其常然也，天下有常然。常然者，曲者不以钩，直者不以绳，圆者不以规，方者不以矩，附离不以胶漆，约束不以索。故天下诱然皆生而不知其所以生，同焉皆得而不知其所以得。故古今不二，不可亏也，则仁义又奚连连如胶漆纆索而游乎道德之间为哉？使天下惑也！

【注释】 且夫待鉤绳规矩而正者，是削其性者也。“鉤”为钩字的古字体，为木工画线用的曲尺。如果依靠钩、墨绳、规矩来矫正，这是削掉木头的本性了。如果强制制定一套仁义的规矩来约束世人，这也是削掉世人的本性了。当然，庄子并非完全否定规矩的作用，而是要阐发真正的大道。

待绳约胶漆而固者，是侵其德者也。如果靠绳子来捆绑或者用胶水和油漆来使得牢固，这是侵害木头本来的德性了。

屈折礼乐，呴俞仁义，以慰天下之心者，此失其常然也。曲折躯体违心去行礼乐，假仁假义地去施行仁义，如此只是在抚慰世人的心罢了。这已经失去世道人心的本然了。

天下有常然。天下有符合大道的本然存在，什么是天下的本然呢？野鸭脖子的本然是短的，仙鹤的脖子本然是长的，那么天下本然是什么样的呢？庄子将要讲出天下大治的根本了。庄子这么讲并非空中楼阁，汉初文景之治推行黄老之治，给百姓休养生息的机会了。

常然者，曲者不以鉤，直者不以绳，圆者不以规，方者不以矩，附离不以胶漆，约束不以索。真正的本然，弯曲不需要钩，直不需要墨绳，圆不需要圆规，方不需要规矩，附依不需要胶和漆，约束不需要用绳索。地球围绕着太阳转动，看不见任何有形的绳索约束。孔子到了七十岁，随心所欲而不逾矩，这是很高的境界了。虽然有规矩存在，但是根本不会感觉到规矩的束缚感。不约束而约束，这是最好的约束。不管的管，这是最好的管。

故天下诱然皆生而不知其所以生，同焉皆得而不知其所以得。所以说，天下万物油然而生，可是不知为什么会生；同样的道理，天下万物都得到了恩泽，可是不知为什么得到了。社会治理也是如此，天底下的百姓，虽然自得其乐，安居乐业，可是感觉不到君主过多的扰民。尧帝时候，有位农夫唱道：帝力于我何加焉？他觉得尧帝并没有给他带来什么。他的幸福生活都是日出而作，日落而息，自己辛勤劳作的结果。

故古今不二，不可亏也。所以说，这个本然自性，古今都是不二的，都是没有变化的。大道如果偏废了，才会有仁义。大道被削、被侵，就会逐渐失去本然了，就会亏了。因为宇宙是全息的，每个人自性本心之中含有大道全体。世人自性本心，被物欲所侵蚀，所遮蔽，就使得良心亏欠了。所以，王阳明先生才会教我们去做致良知的功夫，恢复本有的良知良能。王阳明先生写《大学问》，阐发孔门心法，不仅仅是要发明自己本有的明德，还要去亲民，去发明百姓的明德，使得明明德于天下。这才是真正的大学，这才是真正的大学问。

则仁义又奚连连如胶漆纆索而游乎道德之间为哉？那么，仁义为何要像胶水、油漆、绳索那样硬要挤进道德之间呢？太多的杂物、物欲间隔其间，就不是无间道，而是有间道了。良心和万物之间间隔了许多东西，良心就无法具有良知良能了，被遮蔽住了。前面庄子有讲，至人真人本心如明镜。明镜上堆砌了许多尘垢和杂物，如何能够照得清楚呢？

使天下惑也！所以说，推行仁义会使得天下人心大惑！《道德经》中讲，不尚贤，使民不争。特别是许多人会利用仁义来获得名利，是假仁假义，危害更大。

6. 大惑易性

【原文】夫小惑易方，大惑易性。何以知其然邪？自虞氏招仁义以挠天下也，天下莫不奔命于仁义，是非以仁义易其性与？

【注释】夫小惑易方，大惑易性。庄子文章写得很连贯，上面刚讲完仁义使得天下人迷惑。这里就开始讲惑了。如果小小的迷惑，只是使得失去方向了。大的迷惑就足以改变自性了。前面有讲到多方，这里也讲到方向了。本来只有一条笔直的康庄大道，世人只要沿着这条路走，迟早都会到家的。可是却有了仁义这样的偏僻小道，迷惑世人了。也难怪杨朱哭歧路了，太多的偏僻小道，就连贤人都容易迷路了。前面讲了长和短，这里讲小和大。无小就无大，大小是相对的。积累小就会变成大。世人本有的良心，被不断地侵蚀，就会由小的迷惑变成大的迷惑了。不仅仅对大道不认识，还会攻击诋毁大道。难怪王阳明先生会感觉到痛心疾首。阳明先生一开始出来弘扬孔门心法的时候，遭到了许多的排挤。当今中国出现了复兴传统文化很好的势头，需要给正道正法，真正的儒门心法开路。葫芦兄弟有个紫葫芦，法力最强大，可是被妖精拿过去熏蒸了，就遮蔽本性了，就认贼作父了。我们何尝不是如此呢？

何以知其然邪？凭什么能够知道是如此的呢？庄子一语点醒梦中人，要在小的迷惑的时候及时矫正，否则大的迷惑很难改变了。杨朱的弟弟有次出门穿着白衣服出去，可是下雨了，脱掉白衣服，仅穿着里面的黑衣服回家。结果家里的狗都不认识他了，追着猛咬。杨朱的弟弟非常生气。可是杨朱劝他说，假如这个狗出去的时候是白色的，回来变成了黑狗，你会有什么感想。所以，我们需要谨慎保持自己的自性本心，恢复本有的良知良能。否则不知不觉改变了，连自己都不知道回家的路了。

自虞氏招仁义以挠天下也，天下莫不奔命于仁义，是非以仁义易其性与？自从虞舜以仁义扰乱天下人的心开始，天下人莫不为了仁义而疲于奔命。如果尚贤，尚仁义，世人就会争仁义这个美名，这就使得欲望增加了。这难道不是以仁义来改变自性本心的做法吗？

7. 以身为殉

【原文】故尝试论之，自三代以下者，天下莫不以物易其性矣。小人则以身殉利，士则以身殉名，大夫则以身殉家，圣人则以身殉天下。故此数子者，事业不同，名声异号，其于伤性以身为殉，一也。

【注释】故尝试论之，自三代以下者，天下莫不以物易其性矣。所以，尝试在这论述清楚，从夏商周三代以来，天下莫不是以物欲改变世人本性。鸡的爪子有四个，这是鸡爪的本性，如果增加了一个变成了五个，就不是本性了。天下的人本有的良心被名利所改变，就有了小的迷惑，而后，甚至有大的迷惑了。

小人则以身殉利，士则以身殉名，大夫则以身殉家，圣人则以身殉天下。小人为了利而杀身，为了贪求权利而铤而走险。士人为了仁义美名而遭受杀身之祸，杀身而成仁。大夫为了家族利益而不惜牺牲性命。比如鲁国的季氏家族，为了维护家族利益，而不顾鲁国的利益，铤而走险。圣人则是为了天下而不惜牺牲自己，比如伯夷叔齐这样的圣人，下面马上会讲到。

故此数子者，事业不同，名声异号，其于伤性以身为殉，一也。所以说小人、士人、大夫和圣人，虽然所做的事不同，立场也不同，名声也不同。可是他们都是在伤害自性罢了，这并没有太多根本的分别的。

8. 俱亡其羊

【原文】臧与谷，二人相与牧羊而俱亡其羊。问臧奚事，则挟？读书；问谷奚事，则博塞以游。二人者，事业不同，其于亡羊均也。

【注释】臧与谷，二人相与牧羊而俱亡其羊。臧是奴仆。公孙龙有关于臧三耳和鸡三足的辩论。也就是关于奴仆有三只耳朵，鸡有三只腿的辩论。居然还让公孙龙给辩论赢了。谷是童仆。奴仆和童仆两个人一起去放羊，可是羊却给弄丢了。

问臧奚事，则挟？读书。问奴仆在做什么，为什么会把羊给弄丢了，奴仆回答说是夹着羊鞭在读书。

问谷奚事，则博塞以游。问童仆在做什么，为什么会把羊弄丢了，童仆回答说是在玩下棋的游戏。

二人者，事业不同，其于亡羊均也。两个人，虽然所做的事情不同，可是丢失了羊，这也都是相同的。看似读书高尚一点，玩耍低级一点，可是丢失羊都是共同的了。即使是学富五车的大学者，把自性本心搞丢了，自家的羊没看好，这也是很可悲的。庄子用这个来比喻，前面那几类人，不管是做什么事业，可是丢失了自性本心这只羊，这是相同的。西方哲学中有关于牧羊人的论述，得道的人如同牧羊人，如此才能不失去羊，不会走错路。

9. 伤性均也

【原文】伯夷死名于首阳之下，盗跖死利于东陵之上。二人者，所死不同，其于残生伤性均也，奚必伯夷之是而盗跖之非乎？

【注释】伯夷死名于首阳之下。伯夷为了仁义之名而饿死于首阳山下。伯夷为殷商孤竹君的儿子。孤竹君死后，伯夷和他的弟弟叔齐互相让对方，不肯承袭王位。周武王伐商纣王的时候，伯夷叔齐曾经劝谏，两人后来逃入了首阳山。为了名节不愿意吃周朝的粮食，饿死在了首阳山上。

盗跖死利于东陵之上。盗跖为了利而死于东陵之上。古时候有个起义军领袖叫跖，被污蔑为大盗。我们还会在《盗跖》章节讨论他，这里就不再详细说了。

二人者，所死不同，其于残生伤性均也，奚必伯夷之是而盗跖之非乎？这两个人，一个是为名节，一个是为利，都是伤害本性罢了，这是相同的。何必要肯定伯夷，而要说盗跖的不是呢？

10. 天下尽殉

【原文】天下尽殉也：彼其所殉仁义也，则俗谓之君子；其所殉货财也，则俗谓之小人。其殉一也，则有君子焉，有小人焉；若其残生损性，则盗跖亦伯夷已，又恶取君子小人于其间哉？

【注释】天下尽殉也。天下人熙熙攘攘，都在争相为了名利而牺牲性命，都在伤害自性。

彼其所殉仁义也，则俗谓之君子。如果是为了仁义的美名而殉难，失去本性，世俗就会称之为君子。

其所殉货财也，则俗谓之小人。如果为了财利而殉难，失去本性，世俗则称之为小人。其实君子和小人并不以此为划分的，君子有大心，无有物欲间隔其间，所以有大爱之心，为得道之人。小人之心被物欲层层间隔，所以有小心。

其殉一也，则有君子焉，有小人焉。虽然世俗这样来划分君子和小人，可是从伤害自性的角度来讲，都是一样的。如此世俗就有了君子和小人的分别。

若其残生损性，则盗跖亦伯夷已，又恶取君子小人于其间哉？如果从残害生命和损伤自性的角度来讲，盗跖也可以说和伯夷并无区别。又何必在他们中间区分小人和君子呢？不管是读书多还是玩耍，都是把自性的羊给弄丢了。

11. 自性所属

【原文】且夫属其性乎仁义者，虽通如曾史，非吾所谓臧也；属其性于五味，虽通如俞儿，非吾所谓臧也；属其性乎五声，虽通如师旷，非吾所谓聪也；属其性乎五色，虽通如离朱，非吾所谓明也。

【注释】且夫属其性乎仁义者，虽通如曾史，非吾所谓臧也。如果把仁义当成自性所属的东西，虽然做学问如同曾参和史鳅那样通达，并非我所说的善。平时说善哉善哉，就是最好的了。几千年来，世人为了性本善和性本恶而争辩不休，并非圣人没有讲清楚，而是世人迷惑罢了。恶并非自性之中所属的东西。刻意的善，刻意的仁义也并非自性中的东西。仁义如同小手指，那只不过是自性多余的东西。

属其性于五味，虽通如俞儿，非吾所谓臧也。如果把五味当成自性所属，虽然通达如同俞儿，并非我所说的善。俞儿据说是古代善于识别五味的人。辣椒放在舌头，可以感觉到辣味。可是放在喉咙就感觉不到辣味了。舌头感觉到辣的同时，也会感觉到苦和甜。无苦就无甜，有苦才有甜。本性是无味的，可以分出五味，然而五味并非一开始就存在于本性当中。

属其性乎五声，虽通如师旷，非吾所谓聪也。如果把五声当成自性所属的东西，虽然通达如师旷，可是并非我所说的耳聪。真正的耳聪是能够听闻自己的心声。本性清静，可以分出五音，然而五音并非一开始就存在于本性当中。大道无声，大音希声。《道德经》中讲，大音希声。

属其性乎五色，虽通如离朱，非吾所谓明也。如果把五色当成自性所属的东西，虽然通达如离朱，可是并非我所说的目明。真正的目明是看见自己的自性本心。大道无色，本性五色，可以分出五色，然而五色并非一开始就存在于本性当中。

12. 自见而已

【原文】 吾所谓臧者，非仁义之谓也，臧于其德而已矣；吾所谓臧者，非所谓仁义之谓也，任其性命之情而已矣；吾所谓聪者，非谓其闻彼也，自闻而已矣；吾所谓明者，非谓其见彼也，自见而已矣。

【注释】 吾所谓臧者，非仁义之谓也，臧于其德而已矣。我所谓的善，并非称仁义为至善，善就善在德而已。《大学》中曾参所说的明德。每个人都本有明德，不仅仅要发明自己本有的光明德性，还要亲民，去发明世人的明德。

吾所谓臧者，非所谓仁义之谓也，任其性命之情而已矣。我所谓的善，绝非所谓的仁义，而是性命之情而已。三教圣人都从此出，说来说去无非说的是性命之学。禅宗不立文字，直指人心。岭南理学陈白沙讲的儒宗理学，传承孔门心法，也是讲的这个心学，性命之学。与王阳明先生齐名的湛若水，核心的学说就是心性图说。如果明心见性了，实证了心性，可以称之为得道。《清静经》中讲，虽然称之为得道，实则无一物可得。

吾所谓聪者，非谓其闻彼也，自闻而已矣。我所说的耳聪，并非能够听到外在的声响，而是能够闻到自身的心声而已，听到自性的呼唤而已，听到大道母亲的呼唤而已。佛陀的堂弟阿难，多闻第一，并非多闻多识，而是听到自性的呼唤罢了。虽然说是呼唤，并非真有人呼唤，只是比喻罢了。《金刚经》中讲，在静定中如果听到音声，如果跟着音声走，这是人行邪道的。真正的修炼者是要无相念佛的。见相非相，即见如来。

吾所谓明者，非谓其见彼也，自见而已矣。我所说的目明，并非见到外在的东西，而是能够自己见到自己自性罢了。《道德经》中讲，知人者智，自知者明。

13. 愧乎道德

【原文】 夫不自见而见彼，不自得而得彼者，是得人之得而不自得其得者也，适人之适而不自适其适者也。夫适人之适而不自适其适，虽盗跖与伯夷，是同为淫僻也。余愧乎道德，是以上不敢为仁义之操，而下不敢为淫僻之行也。

【注释】 夫不自见而见彼，不自得而得彼者。前面讲自见，庄子接着来讲不自见，不自得。如果不能自见自性，而只是见到外在的东西，只是见物不见心，这不能称之为真见。见道才能称之为真见。如果不能自己得到自性本心，不能称之为得。如果只是得到外在财物，不能称之为得。得道也实无一物可得，只是见性而已。见性并不是说知识上理解，而需要内心的实证。

是得人之得而不自得其得者也。如果不自见其自性，不自得其自性真宝，而只是得到人人所想得到的物欲，不能称之为真正的得。只有自得自性，如此才可以称之为真正的得。自见也可以说是自性的显现，本心的显现。如果自性本心全体显现出来，尽数显露无遗，如此可以称之为尽心。

适人之适而不自适其适者也。只是跟着别人去追求物欲，随波逐流，向外去驰求名利，而不懂得自己去该去的地方，回归自性家园。格物并非要一物一物地去格，根本的是要格心，恢复本心的良知良能。有人说格物就像是爬格子，把外在的事物分成一个个小格子，一件件去研究清楚，就能够穷尽天下之理了。这是朱熹对于格物的理解，也是西方科学的研究思路。然而，科学越分越细，如今遇见不可克服的瓶颈了。然而，格物的本意并非如此的。所谓格，方方正正，就是要正心。所谓格物就是要正心，面对物欲的诱惑，还是要保持正心。所谓正心就是保持心在该呆的地方，不要跟着外物跑。如果心跟着物跑，就是偏心，不是正心了。君主只要下圣旨就行了，不需要下个命令还要亲自跑去官员那里。君主呆在君位而不失君位，心也要呆在该呆的地方。

夫适人之适而不自适其适，虽盗跖与伯夷，是同为淫僻也。只是从众跟着熙熙攘攘的世人去追求名利，而不是反求诸己，回归自性本心的家园。虽然盗跖和伯夷有很大的不同，可是也都是走了多余的偏僻小道。

余愧乎道德，是以上不敢为仁义之操，而下不敢为淫僻之行也。庄子我只愿意留在道德之乡，留在自性本心的家园。庄子我不愿意往上拔高自己而去刻意地施行仁义，更不耻贬低自己去走多余的偏僻小道，不愿意为了名利去做任何恶事。

第二章　马　　蹄

1. 马之真性

【原文】马，蹄可以践霜雪，毛可以御风寒。龁草饮水，翘足而陆，此马之真性也。虽有义台路寝，无所用之。

【注释】马，蹄可以践霜雪，毛可以御风寒。这里讲马，可以说是格马致知。公孙龙讲石头、讲白马非马都可以讲出个道道来，这里看看庄子怎么讲马。马蹄可以践踏霜雪，不畏严寒；毛发可以抵御风寒。

龁草饮水，翘足而陆，此马之真性也。马，吃草饮水，举足跳跃，这是马的自然真性。庄子通过讲马性，从而来讲人性，讲清楚自性本心。今年是鸡年，也可以讲清楚鸡性而把道给讲清楚。六祖讲，自性具足一切智慧。人人都有佛性，不分肤色，不分南北。讲本心和自性就是讲道。

虽有义台、路寝，无所用之。义台即礼仪之台，等待出行的地方。路寝，是出行路上暂时歇息的寝室。古代天子有六寝，路寝是指大室，其余还有五个小寝室。礼仪之台、路寝这些东西，对于马来说是没有用的，因为马性不需要这些东西。同样地，给鱼准备陆地上的寝室也是没有用的。

2. 伯乐治马

【原文】及至伯乐，曰："我善治马。"烧之，剔之，刻之，雒之，连之以羁馽，编之以皁栈，马之死者十二三矣！饥之，渴之，驰之，骤之，整之，齐之，前有橛饰之患，而后有鞭筴之威，而马之死者已过半矣！

【注释】及至伯乐，曰："我善治马。"等到伯乐的时候，他说："我善于治马。"秦穆公时候，有个善于治马的人，名字叫伯乐。我们来看伯乐如何调治和训练马。

烧之，剔之，刻之，雒之。用烧红的铁块来烧印马的皮毛；剪剔马身上的长毛；用刀来雕刻削凿马蹄甲；羁络马头，给马戴上笼头。

连之以羁䩻，编之以皁栈，马之死者十二三矣！羁，羁络马头；䩻，绊，马的足绊，绊马前足。由于戴上了笼头，有了足绊，就可以把多匹马连合在一起，排成行列了。皁，马槽；栈，马床。用绳索编排，给马匹分派不同的马槽和马床。如此这般折腾，马匹十个里面有二三个已经死去了。

饥之，渴之，驰之，骤之，整之，齐之。不仅仅是前面那么折腾，接下来还会对马进行训练，因为作为战马需要经历严酷的战场，所以要进行一系列的训练。训练马匹耐饥饿，耐渴。训练马匹飞驰快速跑，训练马匹快马加鞭骤然加速。训练马匹动作整齐划一。

前有橛饰之患，而后有鞭筴之威，而马之死者已过半矣！橛，马嚼子，马口中所含的横木。骑马的人一拉缰绳，马嚼子就会拉进马的嘴巴里，如此就可以控制马匹的行进或者停止。饰，也就是马缨，马颈上的带饰。鞭筴都是打马的工具。马鞭用皮制成所以称之为鞭；马筴用竹制成，称之为筴。筴也通策字。所以我们平时所鞭策自己，也是从这里来的。对于马来说，受许多的约束和折磨，前面嘴巴里含个马嚼子，马的颈上带有马缨花，前面有忧患；屁股后面还会担心被鞭子和马筴的抽打，也有威迫。这么折腾，马匹十个里面已经有一半死去了。如果君主多欲而治理百姓，百姓十个也有一半死去了。国以民为本，如果失去了根本，国就危险了。仁义对于自性而言是多余的东西，伯乐治马这些东西对于马性而言也是多余的。

3. 陶工木匠

【原文】陶者曰："我善治埴，圆者中规，方者中矩。"匠人曰："我善治木，曲者中鉤，直者应绳。"夫埴木之性，岂欲中规矩鉤绳哉！然且世世称之曰："伯乐善治马，而陶匠善治埴木。"此亦治天下者之过也。

【注释】陶者曰："我善治埴，圆者中规，方者中矩。"前面讲善于治马的人。一物必有一理。前面格马，这里格陶器。善于制作陶器的人说道："我善于烧制陶器，如果要做成圆形的陶器，就要用规，如果要做成方形的陶器，就要用矩。"不以规矩，不成方圆。然而这是从外强制性做成方圆，远远不如孔子所说的，从心所欲而不逾矩。上善若水，水到方的容器就是方的，到圆的容器就是圆的。

匠人曰："我善治木，曲者中鉤，直者应绳。"善于制作木器的工匠说道："我善于治木，如果要画曲线，就要用钩；如果要画直线，就要用墨绳。"

夫埴木之性，岂欲中规矩鉤绳哉！埴是制作陶器所用的黏土。黏土和木头有各自的本性，岂能心甘情愿受规矩和钩绳的约束呢！

然且世世称之曰：“伯乐善治马，而陶匠善治埴木。”此亦治天下者之过也。然而世世代代都如此称颂道：“伯乐善于治马，而陶工善于治黏土，木匠善于治木。”这里用伯乐治马，陶工治黏土，木匠治木来比喻，君主治理百姓如果改变人的本性，这是很大的罪过。世世代代的人都在称颂仁义之君善于治理百姓，如同伯乐治马罢了。

4. 民有常性

【原文】吾意善治天下者不然。彼民有常性，织而衣，耕而食，是谓同德。一而不党，命曰天放。故至德之世，其行填填，其视颠颠。

【注释】吾意善治天下者不然。我以为善于治理天下的人不会这样做。善于治理天下的人不会刻意去改变马的天性，不会改变黏土和木头的天性。善于治木的人，要因材施教，随顺木头固有的纹理。并不是强硬的以曲直切割木头。不够坚固的木头可以做筷子，足够坚固挺直的可以做栋梁，奇形怪状的木头刻意雕刻成艺术品。

彼民有常性，织而衣，耕而食，是谓同德。百姓有真常本性，他们自然就会劳作，日出而作，日落而息，根本不需要上面有什么命令。他们自然就会织布做衣服，耕种获得粮食。姑娘不需要先教会带孩子才出嫁，而是孩子出生了自然就会母性大发，自然就会带孩子了。百姓的本性是同受于天。上天赋予百姓光明的德性，所以称之为同德。本来人人的德性都是光明的，只是由于被物欲遮蔽了，有些人遮蔽深一些，有些人遮蔽浅一些罢了。所以圣人不仅要发明自己光明的德性，还要去亲民，去发明百姓固有的明德，使得明明德于天下。

一而不党，命曰天放。百姓保持真常本性，纯一而不偏倚，可以称之为天放。真常本性是人人的家园，只是世人不识罢了。如果能够识得自性，就是明心见性，就是得道了。不光是从道理，从知识上明白，而且还要实证。六祖讲，不识自性，学法无益。禅宗也是讲的这个自性，也讲明心见性。党是偏倚，有所偏私了。结党营私，就是有所偏私了。心念纯一，不偏不倚，不随着外物走。此心不将不迎，外物走了不去送，外物要来的时候，不事先浮想联翩，去迎接。喜怒哀乐未发之中，可以称之为纯一。命曰，类似于名之，可以说是称之。什么是天放呢？我们平时说放牛放羊，这是人放，不是天放。放牛也是要随顺牛的天性，把它放到水草丰美的地方。然而，放牛还要在牛的鼻子上拴个绳子。天放就不是如此的，完全随顺百姓的天性，不会在老百姓鼻子上拴个绳子。

故至德之世，其行填填，其视颠颠。所以说至德的上古时期，百姓极其纯朴的时候，老百姓行路的时候，步履缓慢迟重的样子，似乎没有什么特别着急的事情；眼睛也不会斜视的，似乎无心的样子。我们知道，心眼多的人，眼睛贼溜贼溜的，停不下来，不敢直视对方。

5. 万物群生

【原文】当是时也，山无蹊隧，泽无舟梁；万物群生，连属其乡，禽兽成群，草木遂长。是故禽兽可系羁而游，乌鹊之巢可攀援而闚。

【注释】当是时也，山无蹊隧，泽无舟梁。在上古的时候，山里没有小径，也没有隧道。河泽里没有小船，也没有桥梁。世上本来没有路，只是人走多了，而有了路。山也保持山性，河泽也保持河泽固有本性，没有太多人为的东西。

万物群生，连属其乡。万物丛生，百姓的居所连在一起。远古时候，百姓的住所连在一起，大家有群居的习惯。这样更加安全，更有利于一起耕作围猎。这种积习一直带到现在，大家都有从众心理。

禽兽成群，草木遂长。飞禽走兽成群，草木自然成长。当雾霾笼罩着天空，我们能够想象远古时期，地球是多么的美好。人类贪婪地挖掘地底下的煤、石油和天然气。这些能源都属于火，属于真火，需要埋藏于地下的。学习中医的人都知道，肾属水，而水中有真火，阴中有真阳。如果过多的挖掘肾中真火，使得常常欲火焚身，如此就危险了。能源过度挖掘而使得地球虚火浮越，有了厄尔尼诺现象，而人身上如果虚火浮越也会麻烦了。

是故禽兽可系羁而游，乌鹊之巢可攀援而闚。人和自然融为一体，因此飞禽走兽都可以在一起遨游，乌鹊的巢穴都可以攀援窥望一下。闚字通窥字。

6. 民性得矣

【原文】夫至德之世，同与禽兽居，族与万物并，恶乎知君子小人哉？同乎无知，其德不离；同乎无欲，是谓素朴。素朴而民性得矣。

【注释】夫至德之世，同与禽兽居，族与万物并。在至德的上古时期，百姓和飞禽走兽同居，也不会被鸟兽所伤害，百姓和万物聚集在一起。圣人有仁爱天地万物之心，只是不得不爱罢了。天地万物为一体。人、禽兽、花草和瓦石等本来都是一体的。只是由于人的大心被物欲所间隔，就变成小心了，就和天地万物切分开来了。《道德经》中讲，陆行不遇兕虎，入军不被甲兵。王阳明先生讲，出去街上走，看到满街都是圣人。本来人人都有佛性，人人的本性都是光明的，人人都可以成佛道。什么是至德呢？至德就是至善的德性。《大学》中讲，止于至善，也可以说止于至德。

恶乎知君子小人哉？哪里需要用仁义的标准来区分所谓的君子和小人呢？有大心的就是大人，就是君子；有小心的就是小人。然而人人本来都有大心，只是因为良心被物欲所遮蔽罢了。

同乎无知，其德不离。同字通侗，无知的样子。百姓似乎都是无知无识的样子，眼睛都是直视的，不会贼溜溜的，上天赋予的德性没有丧失。

同乎无欲，是谓素朴。无知无欲的样子，称之为纯朴。黄石公传给张良一本《素书》，张良凭着这部天书帮刘邦平定天下。所谓的大素不素，大象无形，大音希声。

素朴而民性得矣。如果能够时常保持百姓的纯朴，就逐渐能够恢复本性，就可以恢复百姓本有的德性，就能够明明德于天下了。百姓各自找到自性本心，然而并无一物可得。

7. 天下始疑

【原文】及至圣人，蹩躠为仁，踶跂为义，而天下始疑矣。澶漫为乐，摘僻为礼，而天下始分矣。

【注释】及至圣人，蹩躠为仁，踶跂为义，而天下始疑矣。蹩躠，跛脚勉强地艰难走路的样子。踶跂，刻意踮起脚跟，刻意大跨步用力走的样子。远古时期的百姓，处于纯净朴素的状态。待到有圣人出来，开始刻意地跛脚艰难施行仁，而刻意踮起脚跟用力去施行义，而如此就扰乱世人的心了，百姓就开始有疑惑了。百姓不知本性是善的，不知只要返璞归真就行了，就开始感到疑惑了。由于仁义拔高了许多，世人为了得到仁义的美名，又增加了一个欲望，如此天下的人就更加迷惑了。

澶漫为乐，摘僻为礼，而天下始分矣。澶漫是放逸无度。摘僻是繁琐拘束。君主用礼乐来规范世人的行为。世人却不喜欢雅正的音乐，以享受放纵无度的靡靡之音为乐。世人不喜欢真正的周礼，而是喜欢摘取一些对自己有利的礼仪和规矩为礼。作为诸侯，也想享受天子的礼。作为大夫，也想享受诸侯的礼。如此君非君，臣非臣，天下就分裂了。如果世人能够遵守周礼就好了，也就不会有乱了。礼乐加重了世人的分别心，都想享受更高的礼遇。

8. 白玉不毁

【原文】故纯朴不残，孰为牺尊？白玉不毁，孰为珪璋？

【注释】所以说没有经过雕刻的原木，怎么能作为酒樽呢？在古代经常刻画牲牛等形状的酒樽。没有经过雕琢的原玉，怎么能够成为玉器呢？珪是上面为尖，下面为方的玉器；璋的形状类似半个珪，将珪沿着纵向的中间线切分。

道德类似于原木，原玉，增加了过多人为的东西，就有了仁义和礼乐。仁义、礼乐如同多余出来的小手指。

9. 道德不废

【原文】道德不废，安取仁义？性情不离，安用礼乐？

【注释】庄子的文章很连贯，前面讲完对原木、原玉的毁坏，才有了酒樽和玉器。这只是比喻而已，为了说明对大道的毁坏，而后有仁义。鸡蛋孵出小鸡，鸡蛋毁坏了，而有了小鸡。

道德不废，安取仁义？道德如果不荒废，怎么能够有仁义呢？正是由于讲大道别人已经不信了，不但不信还会诋毁。所以需要讲仁义，如此世人更容易接受一点。大道是中华文明的法宝，是该让它发出光明的时候了。

性情不离，安用礼乐？如果不失去本来的性情，怎么能够有礼乐呢？正是由于迷失了自性，所以需要礼乐。

《道德经》中讲，大道废有仁义；慧智出有大伪；六亲不和有孝慈；国家昏乱有忠臣。

10. 五色五声

【原文】五色不乱，孰为文采？五声不乱，孰应六律？

【注释】五色不乱，孰为文采？《道德经》中讲，大象无形，大音希声。大象无色无形，大道没有什么颜色。无色分出五色，五色如果不纷乱，如何能够有绚丽错杂的色彩呢？一缕太阳光，如果不经过三棱镜分散开来，就是无色的，就没有五色。五色蕴藏在太阳光中。分散凌乱了，而有了美丽的文采，美丽的彩虹。前面也讲礼服有了许多文采，使得世人多欲了。

五声不乱，孰应六律？大的声音，似乎没有什么声音。宇宙背景的律动，似乎没有任何声音。宇宙背景的律动和人脑进入禅定是同频共振的，是天人合一的。一根竹管如果不开孔，就不分出五音。但是竹管内部蕴含着五音，称之为音藏。不分出五声，就不会有韵律。未发之中，如果不分出七情，就没有喜怒哀乐。

11. 圣人之过

【原文】夫残朴以为器，工匠之罪也；毁道德以为仁义，圣人之过也。

【注释】夫残朴以为器，工匠之罪也。如此看来，使得原木残缺不全，雕刻而为器物，这是工匠的罪过。形而上者谓之道，形而下者谓之器。形而上就是无形无象的，称之为道。形而下就是有形有象的，称之为器。形而上学是西方古典哲学的明珠，世人对形而上学误解了。现在正在为形而上学正名。

毁道德以为仁义，圣人之过也。使得道德毁坏，而有了仁义，这是圣人的罪过。对于前面所说的东西容易理解，对于仁义的危害，带有更深的隐蔽性。庄子在这里发明出来了，实在难得。仁义对于道德而言，如同多余的小手指而已。

12. 马知已此

【原文】夫马，陆居则食草饮水，喜则交颈相靡，怒则分背相踶。马知已此矣。

【注释】夫马，陆居则食草饮水。马的性情，在陆地上居住，不像鱼是生活在水里。马爱吃草，饮食清水。一花一世界，一叶一菩提。一马一世界，马的世界生活在陆地。一鱼一世界，鱼的世界生活在水里。

喜则交颈相靡。不仅仅人有喜怒哀乐，马也有。马喜的时候，脖颈相交而摩擦。人喜的时候是否也有呢？靡，通摩字，亲顺。中医说，喜伤心，怒伤肝。如果要身心保持健康，还是要常处于喜怒哀乐未发之中。

怒则分背相踶。马怒的时候，转身以背相向，用后脚互相踢打对方。踶通踢字。怒字上面是奴，下面是心。怒是奴役自己的心，所以还是不要轻易动怒。

马知已此矣。马性如此而已，渴了就饮水，饿了就吃草，喜了就脖颈相交，怒了互相踢两脚。马所知是有限度的，然而伯乐用各种方法治马，反而增加了马的机心。百姓也如此，本来没有那么多想法，所知也有限。仁义和礼乐治理百姓，反而增加百姓的心机，扰乱了民心。

13. 伯乐之罪

【原文】夫加之以衡扼，齐之以月题，而马知介倪、闉扼、鸷曼、诡衔、窃辔。故马之知而态至盗者，伯乐之罪也。

【注释】夫加之以衡扼。衡，马车辕前的横木。扼，通枙字，是叉住马脖子的木头。衡枙木头要配合起来使用，就可以驾马车了。

齐之以月题。月题是月牙形的金属装饰物。月题也就是现在马的遮眼，为了防止马匹看到东西受惊而设置的。

而马知介倪、闉扼、鸷曼、诡衔、窃辔。而马被这么一折腾，就有了许多的新知了。之前马性那么纯朴。介倪是愤怒而斜视。闉扼是弯曲颈部抵抗想摆脱横枙。鸷曼是凶悍而暴躁的样子。诡衔是诡诈地吐出口衔，也就是马嚼子。因为骑马的人经常会拉紧缰绳，从而把马嚼子勒进嘴巴里，通过这样操作而控制马匹奔跑或者停止。这个马嚼子经常放在嘴巴里，马肯定很讨厌这个东西了。牛鼻子上的那个绳子，牛肯定是很讨厌的，只是没有办法罢了。辔是马络头。窃辔，马会偷偷地啃咬马络头，想偷偷地挣脱而逃跑。原本马的本性是很淳朴的，渴了就饮水，饿了就吃草，而现在却被迫以各种方式反抗。君主治理百姓，在上面的多欲而扰民，百姓就会以各种方式来抗争。

故马之知而态至盗者，伯乐之罪也。所以马的知所表现出来的各种抗争方式，已经像盗贼一样了，极其诡诈而凶悍，这都是伯乐治马的罪过。崇尚仁义，百姓就会想得仁义的名利，就会想方设法做一些欺世盗名的行径。这是圣人之过。

14. 不知所为

【原文】夫赫胥氏之时，民居不知所为，行不知所之，含哺而熙，鼓腹而游，民能以此矣。

【注释】夫赫胥氏之时。赫胥氏是远古帝王。在赫胥氏的远古时代。平时我们说中华五千年文明，实则远远不止。中华文明的道统传承，从来就没有间断过。孔子曾经说过，朝闻道夕死可矣。早晨闻道了，晚上死去都值得了。孔子把道看得比性命还要重要。中土的道统往往隔几百年会出来大人物。明代理学盛极一时，距离王阳明、湛若水生活的年代差不多五百年了，五百年后有后来人。

民居不知所为，行不知所之。百姓很淳朴，保持真常本性。百姓住在家里也不会想着什么慎独，不会背着别人做坏事。百姓回归自性本心，居家只是安贫乐道罢了。现在百姓住在家里就多想了，在对比居住条件，在想着贷款，在想着房价的升降。百姓外出行走，竟然不知道要去什么地方。不像现在的人们有太多地方好去，太多交通工具选择了。百姓不知道要去什么地方，百姓本身就已经回归自性家园了，可以安贫乐道了，还有什么地方好去的呢？不会羡慕外面喧嚣的地方了。《道德经》中讲，邻国相望，鸡犬之声相闻，民至老死不相往来。

含哺而熙，鼓腹而游，民能以此矣。嘴巴含着食物而嬉戏，鼓着吃饱的肚子而游玩，百姓仅仅如此而已。百姓的本性如同马的本性那么天然而简单。百姓已经恢复本性，已经得道了，甚至都不曾知道有道这个字。追求得道也是一种欲望的。《道德经》中讲，虚其心，实其腹，弱其志，强其骨，恒使民无知、无欲也。

15. 不可止也

【原文】及至圣人，屈折礼乐以匡天下之形，县跂仁义以慰天下之心，而民乃始踶跂好知，争归于利，不可止也。此亦圣人之过也。

【注释】及至圣人，屈折礼乐以匡天下之形。等到圣人出来了，圣人用仁义礼乐来治理百姓。这就好比是伯乐出来了，用各种方法来治马。屈折是矫揉造作，曲意逢迎。等到圣人出来了，用矫揉造作的礼乐来匡正天下人的形象。用仁义和礼乐的标准来匡正，什么是君子，什么小人。

县跂仁义以慰天下之心。县通悬字，把物高高悬挂起来，让人踮起脚来还是够不着。跂是踮起脚。故意把仁义拔得高高的，使得世人无法企及，可是如此可以宽慰天下人的心。《道德经》中讲，跂者不立，跨者不行。

而民乃始踶跂好知，争归于利，不可止也。而百姓从此才开始踮起脚跟，努力去追求名利。百姓就想着如何做到多智多识。百姓就会争先恐后地去追求名利，怎么样都无法阻止住了。要让百姓止于至善，有所依归。小黄鸟尚且知道止于山丘，人难道还不如小鸟吗？

此亦圣人之过也。这也是圣人的过错呀。

第三章　胠　　箧

1. 为大盗守

【原文】将为胠箧、探囊、发匮之盗而为守备，则必摄缄縢、固扃鐍；此世俗之所谓知也。然而巨盗至，则负匮、揭箧、担囊而趋；唯恐缄縢、扃鐍之不固也。然则乡之所谓知者，不乃为大盗积者也？故尝试论之，世俗之所谓知者，有不为大盗积者乎？所谓圣者，有不为大盗守者乎？

【注释】将为胠箧、探囊、发匮之盗而为守备，则必摄缄縢、固扃鐍；此世俗之所谓知也。胠箧是从旁边打开箱子，也就是撬开箱子。探囊是伸手进去掏摸口袋。发匮是打开柜子。缄和縢都是绳子。扃鐍是门闩和锁钮。按照世俗常识所知，为了防备财货被偷，防备小偷撬开箱子、伸手进口袋掏摸、偷偷打开柜子，必须要用绳子扎紧、加固门闩和锁钮。

然而巨盗至，则负匮、揭箧、担囊而趋；唯恐缄縢、扃鐍之不固也。然而对付小偷还可以，但是遇见大盗贼，就会背着柜子、扛着箱子、挑着口袋走。大盗唯恐绳子绑得不够紧、门闩和锁钮不够牢固呢？可不是嘛，如果不够牢固，大摇大摆带着走不太方便。

然则乡之所谓知者，不乃为大盗积者也？乡通向字，前面的意思。然而前面世俗所谓的智者，难道不正是专门为大盗储备着的吗？小心地存着财货，等着大盗一起来带走呢。

故尝试论之，世俗之所谓知者，有不为大盗积者乎？所以这里尝试论述，世俗所谓的智者，难道不正是为大盗储备财货并协助看守财货的人吗？

所谓圣者，有不为大盗守者乎？所谓的圣人，有不替大盗守财物的吗？为什么庄子这么说呢？我们接下来看看庄子怎么解释。

2. 大盗窃国

【原文】何以知其然邪？昔者齐国，邻邑相望，鸡狗之音相闻，罔罟之所布，耒耨之所刺，方二千余里。阖四竟之内，所以立宗庙社稷，治邑屋州闾乡曲者，曷尝不法圣人哉？然而，田成子一旦杀齐君而盗其国，所盗者岂独其国邪？并与其圣知之法而盗之。故田成子有乎盗贼之名，而身处尧舜之安，小国不敢非，大国不敢诛，十二世有齐国。则是不乃窃齐国并与其圣知之法，以守其盗贼之身乎？尝试论之，世俗之所谓至知者，有不为大盗积者乎？

【注释】何以知其然邪？昔者齐国，邻邑相望，鸡狗之音相闻。如何知道是这样的呢？前面庄子说不仅仅是世俗的人，连所谓的圣人也都在帮大盗守财物。想想看昔日的齐国，相邻的村庄相望，鸡狗的叫声相互之间都能听得见。齐国的开国国君为姜太公，由此可见昔日齐国的治理是什么样的景象。

罔罟之所布，耒耨之所刺，方二千余里。罔罟是渔网。耒是犁；耨是古代锄草工具。渔网所撒的江河湖泊，犁锄所耕作的土地，方圆有两千多里。由此可见齐国沃野千里。

阖四竟之内，所以立宗庙社稷，治邑屋州闾乡曲者，曷尝不法圣人哉？在全国范围之内，所以设立宗庙和社稷的地方，建置邑、屋、州、闾、乡、曲等每一个地方，何尝不效法于圣人呢？齐国一开始立国的时候，效法圣人，遵循周礼。阖字是全的意思。我们经常用祝福语阖家欢乐。竟，通境字。邑、屋：在古代六尺步行；百步为亩；百亩为夫人；三夫为屋；三屋为井；四井为邑。二十五家是一闾；两千五百家为一州；一万两千五百家为一乡；而乡间一隅称之为曲。

然而，田成子一旦杀齐君而盗其国，所盗者岂独其国邪？田成子也就是田常。齐国历史上有田氏代齐的故事。鲁哀公十四年的时候，田常杀了齐简公，割据了一大片地区作为自己的采邑。然而，田常盗的岂止是齐简公的国家呢？

并与其圣知之法而盗之。连同圣人的法度也一起盗取了，破坏了圣人制定的法度。田常带是带不走的，只是以下犯上，严重破坏了纲常。

故田成子有乎盗贼之名，而身处尧舜之安，小国不敢非，大国不敢诛，十二世有齐国。所以说田常实际上有盗贼之名，这就是所谓的大盗了，整个齐国都给盗取了。齐简公家里那些箱子和柜子，加上门闩和锁钮又有什么用呢？虽然田常做了这种大逆不道的事情，可是却如同尧舜一样有心安理得，没有得到任何惩罚。小的国家不敢有什么非议，大的国家也不敢出兵讨伐诛杀。田家世世代代占据了齐国。田氏本来是陈国人，从陈完投奔齐国到田常杀君夺国，总共有七代。而从田常到齐宣王时期，又经历了六代。庄子和齐宣王生活在同一年代。如果除掉了齐宣王这一代，刚好就有十二代了。

则是不乃窃齐国并与其圣知之法，以守其盗贼之身乎？则如此看来，难道不是盗窃了齐国，并败坏了圣人的法度吗？从而用这些圣人的法度来守卫他的盗贼之身吗？田氏还用圣人制定的仁义礼乐的法度来守卫自己盗取的果实。仁义和礼乐不就成了大盗所利用的工具吗？仁义和礼乐如同门闩和锁钮一样，不断地加固大盗所守卫的宝库。大盗唯恐没有仁义和礼乐，正是有这些东西，才能巩固自己的统治。

尝试论之，世俗之所谓至知者，有不为大盗积者乎？尝试论述清楚，世俗所谓的明白人，难道有不为大盗储备和守卫财物的吗？最大的财物就是整个齐国了。所谓的圣人宣扬仁义，也是在帮田氏宣扬罢了。田氏实在是窃国大盗，仁义实在是田氏所利用的工具罢了，相当于大盗所用的门闩和锁钮，还生怕不够坚固。

3. 四子之贤

【原文】何以知其然邪？昔者龙逢斩，比干剖，苌弘胣，子胥靡。故四子之贤而身不免乎戮。

【注释】何以知其然邪？何以知道是这样的呢？前面说所谓的至知的人，并非真正的知，而是被仁义所迷惑了。只有知自性，见自性，才能称之为知。只有知道，才能称之为至知。只有自知的人才是真正的明白人。什么是自知呢？自知就是看见自己自性的人，明心见性的人，就是得道的人。

昔者龙逢斩，比干剖，苌弘胣，子胥靡。龙逢是夏桀的贤臣，因为冒死直谏被斩杀。比干是商纣王的贤臣，因为冒死直谏被挖心。苌弘是周灵王的贤臣，曾经是孔子的老师。孔子曾向苌弘请教乐。苌弘为了维护周王室，帮助周王室削弱晋国，在约九十岁高龄的时候被剖腹挖肠而死去。百姓有感于苌弘为国殉难的惨烈，将苌弘的血放在匣子里珍藏，三年以后变成了青绿色的美玉。碧血丹心这个成语就是说苌弘。伍子胥为吴王夫差的贤臣，因为力谏灭越，吴王夫差不从，还赐宝剑令其自刎。伍子胥的尸体被沉江中，以致身体糜烂。

故四子之贤而身不免乎戮。所以说，这四个人已经足够贤德了，可是还是不免于遭受杀戮。这四个贤德的人，都不是协助盗贼窃国的贤人。

4. 盗亦有道

【原文】故跖之徒问于跖曰："盗亦有道乎?"跖曰："何适而无有道邪?夫妄意室中之藏，圣也；入先，勇也；出后，义也；知可否，知也；分均，仁也。五者不备而能成大盗者，天下未之有也。"

【注释】故跖之徒问于跖曰："盗亦有道乎?"所以盗跖的徒弟向盗跖问道："做盗贼也有盗贼的道吗?"猫有猫道，鼠有鼠道，难道盗贼也有属于盗贼的道吗?

跖曰："何适而无有道邪?"盗跖回答道："何处没有道呢?"道无处不在。看来这个大盗还真非等闲之辈。

盗跖又说道："如果光是妄想着偷盗室内的宝藏，而不付诸行动，这属于盗贼里面的圣人了。"如果光妄想着盗取齐国，可是并没有付诸行动，这属于盗国贼里的圣人了。也许有许多人有非分之想，但是并没有付诸行动。庄子前面讲，不将不迎，如果有想法，实在不是圣人了。

盗跖又说道："先破门而入的盗贼，可以说是勇；最后从室内跑出来的，可以说是义气，让别人先跑；事先知晓能不能偷盗成功，这可以说是知了；偷盗成功以后能否分得均匀，论功行赏，这是仁了。"田常作为窃国大盗，不仅仅是他一个人完成这个事情，还有许多为虎作伥的盗贼。先动手去拥护田常的，被田常冠以勇的美名；最后替田常打掩护的，被冠以义的美名。事先预谋已久，事先预判能否成功窃国，这可以说是知。窃国成功以后，论功行赏，一群窃国盗贼还称颂田常仁。

盗跖又说道："如果这五样美德不具备，却能够成为大盗的，天下没有这样的事情。"所以说真正的窃国大盗，都是披着仁义的美名来行盗贼之实的。这种大盗更加地隐蔽和可恶。如此可见，仁义的危害有多大了。

5. 掊击圣人

【原文】由是观之，善人不得圣人之道不立，跖不得圣人之道不行；天下之善不少，而不善人多，则圣人之利天下也少，而害天下也多。故曰：唇竭而齿寒，鲁酒薄而邯郸围，圣人生而大盗起。掊击圣人，纵舍盗贼，而天下始治矣。

【注释】由是观之，善人不得圣人之道不立，跖不得圣人之道不行。由此看来，善人如果不能知晓并遵行圣人之道不能立业，盗跖如果不能通晓圣人之道就不能很好地行窃。田常是通晓圣人之道的窃国大盗。

天下之善不少，而不善人多，则圣人之利天下也少，而害天下也多。天下的善本身是不少，无处不是善道，而物欲遮蔽了善人的自性本心，所以不善人就很多了。正是由于人心不古，所以圣人弘扬仁义，就会被歪曲利用，对天下有利就少了，而仁义危害天下就多了。刀剑本身并无危害，如果被坏人掌握了，就会危害天下了。仁义也是如此。

故曰：唇竭而齿寒，鲁酒薄而邯郸围，圣人生而大盗起。竭，通揭字。所以说，嘴唇翻过来，露出牙齿，牙齿就觉得很寒冷了。嘴唇的本性不是反过来的，如果违反了本性，就会有一定的因果了。这也是唇亡齿寒成语的出处。正所谓有因必有果。由于鲁国进献给楚国的酒淡薄一点而导致邯郸被围困，这就好比是圣人出来弘扬仁义而造成大盗兴起。当今有个蝴蝶效应，看似无厘头的事情，可是却导致了一些事情的发生。庄子说归咎于圣人这似乎有点躺着中枪的感觉，可是的确如此。鲁国进献美酒给楚国，可是楚国的国君嫌弃酒淡薄了，就发兵攻打鲁国。梁国一直想攻打赵国，可是一直担心楚国发兵救援，由于看到有机可乘，就发兵围困邯郸。

掊击圣人，纵舍盗贼，而天下始治矣。所以说，要抨击所谓的圣人，让世人清楚仁义的危害，赶走盗贼，而天下就开始归于大治了。这里不要误解庄子的本意，并非抨击孔子这样的圣人。圣人弘扬仁义并非有错，仁义并非有错，而是被盗贼所利用了。庄子翻来覆去说的，就是要世人回归真如自性。如果人人回归自性本心，天下则大治。

6. 偷窃仁义

【原文】夫川竭而谷虚，丘夷而渊实。圣人已死，则大盗不起，天下平而无故矣。圣人不死，大盗不止。虽重圣人而治天下，则是重利盗跖也。为之斗斛以量之，则并与斗斛而窃之；为之权衡以称之，则并与权衡而窃之；为之符玺以信之，则并与符玺而窃之；为之仁义以矫之，则并与仁义而窃之。

【注释】夫川竭而谷虚，丘夷而渊实。山川中的流水枯竭了，山谷就空虚了。把大山夷为平地，填入山谷，山谷就不会空虚了。丘陵被夷为平地了，深渊就会被填实了。仁义被世人拔得如同大山一样高，圣人被托起如同山峰一样高，世人都在仰望。这里是把仁义夷为平地。

圣人已死，则大盗不起，天下平而无故矣。圣人死了，大盗就不再兴起，天下就太平无事了。无故就是无事。庄子的文章很有意思，前面先用个比方，后面再把想说的话说出来，感觉很让人受启发。要把天下的土地搞太平了，先要使得流水枯竭，然后再把高的地方夷为平地，填满山谷深渊，如此就可以太平无事了。用土地的平类比天下太平。上善若水，圣人若流水。虽然流水跟平地似乎没有什么关系，流水和圣人都是躺着中枪的，但实际上仁义被大盗所利用了。

圣人不死，大盗不止。圣人不死，大盗就不会止息，就会不断兴起。庄子并非在诅咒圣人的，只是想把道理讲明白。

虽重圣人而治天下，则是重利盗跖也。虽然重用圣人而治理天下，把提倡仁义的圣人推举到很高的高度，但是，这只不过是更加有利于盗跖这样的大盗罢了。盗跖还不算是大盗，真正的大盗是窃国大盗。

为之斗斛以量之，则并与斗斛而窃之。天下人发明斗斛是用来计量谷物的，可是盗贼却连斗斛一起偷窃了。斗斛类似于仁义，圣人发明了仁义。

为之权衡以称之，则并与权衡而窃之。天下人发明秤锤、秤杆来计量物品的轻重，但是盗贼却连这些也一起偷窃了。前面讲世人用绳子来扎口袋，用锁钮来锁箱子和柜子，可是大盗连这些一起偷走了。

为之符玺以信之，则并与符玺而窃之。符是用金属、竹子或者木头等制作，双方各持一半，合上可以验明真伪。比如调兵用的虎符。玺是用玉做的印。天下人发明符玺，本来是要用来印证真伪的，用来取信于人的，可是盗贼却连这些一起偷窃了。符玺类似于仁义。大盗用谎言来验证谎言，世人就很难分辨是非了。

为之仁义以矫之，则并与仁义而窃之。圣人发明仁义，本来是为了矫正世人的心的，然而，盗贼却连仁义一起偷窃了。前面写了那么多排比句，都是为了最后讲仁义。《道德经》中讲，为学日益，为道日损。把符玺、权衡、仁义等都损掉了，就接近于道了。

7. 窃钩者诛

【原文】何以知其然邪？彼窃鉤者诛，窃国者为诸侯，诸侯之门而仁义存焉。则是非窃仁义圣知邪？故逐于大盗，揭诸侯，窃仁义并斗斛权衡符玺之利者，虽有轩冕之赏弗能劝，斧钺之威弗能禁。此重利盗跖而使不可禁者，是乃圣人之过也。故曰：鱼不可脱于渊，国之利器不可以示人。彼圣人者，天下之利器也，非所以明天下也。

【注释】何以知其然邪？为何知道是这样的呢？

彼窃鉤者诛，窃国者为诸侯，诸侯之门而仁义存焉。那些偷窃腰带钩那样细小东西的人却被诛杀，可是窃国大盗却能堂而皇之地当诸侯王。窃国之后，诸侯国连仁义一起偷窃过来了。所以诸侯之门有仁义，以仁义来笼络同犯者，迷惑百姓。

则是非窃仁义圣知邪？这不是窃国，顺便把仁义和圣人之智也偷窃去了吗？

故逐于大盗，揭诸侯，窃仁义并斗斛权衡符玺之利者，虽有轩冕之赏弗能劝，斧钺之威弗能禁。所以那些追随大盗，与大盗同流合污；夺取诸侯王位；偷窃仁义就好像是连带斗斛、权衡和符玺一起偷窃的人，虽然有高官厚禄也无法劝勉，有严刑峻法也无法禁止。因为如田常那样披着仁义的外衣窃国，还可以安安稳稳地享受诸侯王的待遇，如此大的诱惑实在足以令人铤而走险。轩，大夫以上官员所乘坐的马车。冕，大夫以上官员所戴的礼貌。斧钺，古代杀人的两种刑具，小的称为斧头，大的称为钺。

此重利盗跖而使不可禁者，是乃圣人之过也。这就对盗跖特别有利，仁义对于窃国大盗而言是重大利好和工具。这实在是所谓的圣人的过失啊。

故曰：鱼不可脱于渊，国之利器不可以示人。所以说：鱼是不可以随便离开深渊的，离开了就容易被人捕捉了；仁义是治国的利器，不可以轻易示人，如果给窃国大盗看见了，反而会连利器一起偷窃走了。

彼圣人者，天下之利器也，非所以明天下也。圣人治国所用的仁义，这是天下的利器，是不可以明示于天下的。治国的利器并非航母和核潜艇，而是几千年以来传承的道统。《道德经》中讲：鱼不可脱于渊，国之利器不可以示人。

8. 绝圣弃知

【原文】故绝圣弃知，大盗乃止；擿玉毁珠，小盗不起；焚符破玺，而民朴鄙；掊斗折衡，而民不争；殚残天下之圣法，而民始可与论议。

【注释】故绝圣弃知，大盗乃止。所以说不要推崇所谓的圣人，不要把仁义拔到很高的地步，放弃那些小聪明小阴谋，如此大盗就止息了，不会兴起了。《道德经》中讲：绝圣弃智，民利百倍；绝仁弃义，民复孝慈；绝巧弃利，盗贼无有。田常披着仁义外衣窃国成功，传了好多代，这就带了一个很坏的头，天下人纷纷效法。

擿玉毁珠，小盗不起。擿通掷字。投掷玉器，毁坏明珠，如此小的盗贼就不会兴起了。正是由于有美丽的玉器，珍贵的明珠，天下人都知道这些东西珍贵，都想方设法得到，所以才会有偷窃的事情发生。《道德经》中讲，不贵难得之货，使民不为盗；不见可欲，使民心不乱。正是由于使得百姓知晓那些东西珍贵，就有了盗贼，就扰乱了民心。

焚符破玺，而民朴鄙。把所谓的信物符焚烧掉，把印玺给砸碎，如此百姓就可以回归到纯朴而粗鄙的本性了。有形的信物容易被人背弃，大道有信，为无形的阴符。黄帝慈悲后世子孙，留下了《黄帝阴符经》。神和人的约定记录在《新约》和《旧约》当中。世人只知神之所以为神，而不知不神之至神。

掊斗折衡，而民不争。打碎计量用的斗，折断称重量的秤，如此百姓就不会争斗了。官员欺压百姓，往往用小斗卖给百姓粮食，而用大斗来收购粮食。百姓敢怒不敢言，这些计量工具反而成为欺诈百姓的工具了。仁义反而成为奸诈小人欺诈百姓的工具。

殚残天下之圣法，而民始可与论议。完全毁坏掉天下圣人所设立的治国之法，所拔高推崇的仁义，而百姓就可以参与讨论是非曲直了。否则，圣人所制定的法度高高在上，百姓丝毫不敢违背，也丝毫不敢怀疑。庄子并非要推导周朝所设立的周礼，并非要推导孔圣人推崇的仁义的，而是要破除重重迷雾，让世人看清自性本心的。只要恢复百姓本有的良知就可以了，不要过多地去扰民。

9. 音律文采

【原文】擢乱六律，铄绝竽瑟，塞瞽旷之耳，而天下始人含其聪矣；灭文章，散五采，胶离朱之目，而天下始人含其明矣。

【注释】擢乱六律，铄绝竽瑟。搅乱六律，焚绝竽瑟这些乐器。乐律有十二，各有六个，阳称之为律，阴称之为吕。这里虽然说是搅乱，实则不是的，实则是要把音律回归为一。一根竹管不开孔的时候，虽然似乎只是一个音，可是里面蕴含着五音。打开孔以后，就分出音律了。音律如果和谐，就是雅正的乐曲，例如韶乐。孔子向苌弘问乐的时候，苌弘曾经给孔子推荐过韶乐。孔子在齐国第一次听到韶乐，如痴如醉，三月不知肉味。前面庄子讲到忽悠的时候，忽悠帮混沌打开了七窍孔穴，就分出七情六欲了。

塞瞽旷之耳，而天下始人含其聪矣。瞽旷，指晋国的乐师师旷。由于他目盲，所以称之为瞽旷。堵塞像师旷这样善于音律的乐师的耳朵，而天底下的人才开始耳聪了。音律本来是混沌的，乐师把音律给分为十二律了；乐师把编排出美妙的乐曲。乐曲如同仁义一样，天底下不善的人很多，所以就利用乐曲。郑国和卫国的靡靡之音，这是亡国之音。因为人心浮躁，喜欢听靡靡之音。乐师投其所好，创作出了大量不好的音乐。难怪王阳明先生感叹古乐不作已经很久了。传说酒的始祖仪狄酿制出酒的时候，就曾经说过，必有后世的君主因为酒而亡国。仁义和乐曲也是如此。圣人发明出仁义而被窃国大盗所利用。

灭文章，散五采。毁灭纹饰，散掉五彩。前面庄子曾经讲过，礼服上有各色的纹饰。这些纹饰扰乱百姓的心。《道德经》中讲，天下皆知美之为美，斯不善已。天底下的人有了美丑的心，就会去追求美的而摒弃丑的。散掉五彩是将五彩回归为一，类似于将喜怒哀乐回归于中。

胶离朱之目，而天下始人含其明矣。离朱传说是古代视力极其好的人，百步之外秋毫那么细小的东西都能够分辨。这里庄子更狠，说用胶水把离朱的眼睛给粘住。当然也未必就是直接粘住，有点残忍，而是用东西来垫住。天底下的人才开始目明。

10. 德始玄同

【原文】毁绝鉤绳而弃规矩，攦工倕之指，而天下始人有其巧矣。故曰：大巧若拙。削曾史之行，钳杨墨之口，攘弃仁义，而天下之德始玄同矣。

【注释】毁绝鉤绳而弃规矩。“鉤”通钩字，木匠用来画曲线的工具。毁掉钩和墨绳，抛弃规和矩这些木匠用的工具。

攦工倕之指，而天下始人有其巧矣。攦是折断。工倕传说是尧帝时期的巧匠。把工倕这样的巧匠的手指给折断，天底下的人开始有巧了。如此看来，庄子前面说用胶水来粘住离朱的眼睛还不算狠的，当然庄子只是打个比方啦。

故曰：大巧若拙。所以说，真正的大巧看起来似乎很笨拙的样子。《道德经》中讲：大直若屈；大巧若拙；大辩若讷。西方科学家创立了量子理论，认为量子是测不准的，这只是歪曲真相罢了。电子围绕原子核很直白地做椭圆运动，可是西方科学家算来算去认为电子是测不准的，是自己歪曲真理罢了。用复杂的数学工具，捕风捉影似地变化到了频域空间，自己把自己给搞糊涂了。实际上频域空间跟时域空间是等价的，但是，西方科学家把两个时空给搞混淆了，才造成了科学发展的困难。这赋予了东方科学家千载难逢的机会。

削曾史之行，钳杨墨之口。削除曾参和史鳅这些所谓的仁义圣人的高尚品行，封闭杨朱和墨子这些人的嘴巴。《道德经》中讲，不尚贤，使民不争。如果推崇仁义美德，百姓就去争这些美名了。虽然春秋战国时期百家争鸣，可是扰乱民心，天下人无所适从。这也是孔子为何要删减经典的根本原因。而注解者还在这里画蛇添足，写到这里不由得汗颜了。康有为老师朱九江是一代大儒，临终前把衣不解带所撰写的书稿焚烧殆尽，如此就可以理解朱九江先生的一片苦心了。

攘弃仁义，而天下之德始玄同矣。摒弃仁义，天下人的德性开始归于玄同了。《道德经》中讲：塞其兑，闭其门，挫其锐，解其纷，和其光，同其尘，是谓玄同。玄同是将天下的人混而为一，回归于相同的德性。本来人人都有佛性，都有相同的德性，只需要回归自性本心罢了。一缕太阳光经过三棱镜可以分出七色。将七色混而为一，就是玄同。将喜怒哀乐混而为一，回归于中，就是玄同。庄子真是让人着急，说了半天，原来他还是三句不离本行，劝诫世人摒弃仁义罢了，仁义如同多余的小手指头。

11. 人含其明

【原文】彼人含其明，则天下不铄矣；人含其聪，则天下不累矣；人含其知，则天下不惑矣；人含其德，则天下不僻矣。

【注释】彼人含其明，则天下不铄矣。如果天下的人都能够内含本性的光明，发明本有光明的德性，点亮自己的心灯，天下就不会毁坏了。圣人虽然已经发明内在光明，然而不会太过于炫耀夺目，而是含光内敛。打个比方，夜晚大家开车都开着灯，如果开远光灯，就会炫耀别人，误导别人偏于大道了。开车也是要寒光内敛的。自性光明并非目明。什么是目明呢？并不是离朱那样百步之外分清秋毫，而是能够自己见到自性，如此才能称之为真正的目明。

人含其聪，则天下不累矣。如果天下的人都能够耳聪，则天下就不会有忧患了。真正的耳聪并不是那些擅长音律的乐师，而是能够自闻心声的人，听到自己良心呼唤的人。

人含其知，则天下不惑矣。如果天下的人能够含有真正的智慧，天下就不会惑乱了。天下的人有良知，见到了自性，恢复了本心，就不会为了一点名利而争斗了。如果人人都如此，人人都是圣贤，天下大同也就不远了。难怪王阳明先生说，满街都是圣人。满街本来是圣人，只是需要恢复本有的光明德性罢了。

人含其德，则天下不僻矣。如果天下的人都能够恢复本有的德性，则天下就不会出现邪恶的事情了，天下的人就不会走偏僻小道了。光明大道本来就在眼前，只是由于世人被物欲所遮蔽，一叶障目不见泰山罢了。

12. 爚乱天下

【原文】彼曾、史、杨、墨、师旷、工倕、离朱、皆外立其德，而以爚乱天下者也，法之所无用也。

【注释】像曾参（孔子的弟子，著有《大学》）、史鳅（卫国的贤臣，以仁德著称）、杨朱、墨子、师旷（晋国的乐师）、工倕（尧帝时巧匠）、离朱（黄帝时视力极好的人）这些人，都争相炫其德性于外。

如同火花乱飞一样，绚烂夺目，扰乱天下的人心。对于治理天下实在是无用的啊，不能取法。爚，火花乱飞的样子。

13. 结绳用之

【原文】子独不知至德之世乎？昔者容成氏、大庭氏、伯皇氏、中央氏、栗陆氏、骊畜氏、轩辕氏、赫胥氏、尊卢氏、祝融氏、伏牺氏、神农氏，当是时也，民结绳而用之。

【注释】子独不知至德之世乎？你唯独不知至德的世代吗？庄子说，我所说的事情并不是子虚乌有的，远古时期曾经出现过我所说的这种玄同的世代。至德是德性恢复到了极致，也就是恢复本心了。至德的世代，就是明明德于天下的世代。人人发明了自己的德性，星星之火可以燎原。当今是人类意识集体扬升的时代，也是明明德于天下的时代。

想想远古时期，有容成氏、大庭氏、伯皇氏、中央氏、栗陆氏、骊畜氏、轩辕氏、赫胥氏、尊卢氏、祝融氏、伏牺氏和神农氏等十二位贤德的部落首领或者帝王。轩辕氏是轩辕黄帝，在陕西还有黄帝陵。黄帝是中华文明的始祖。黄帝留下了《黄帝内经》，这是中医的最高典籍。不仅仅是中医，也可以说是世界医学的最高典籍。黄帝还留下了《黄帝阴符经》。虽然只有三百个字，但是治国、用兵无所不包，是一部无字天书。神农氏曾经尝百草，留下了《神农本草经》。伏牺，也就是伏羲氏。伏羲画八卦，可以说是《易经》的创始人。我们的老祖宗对子孙不薄，留下了这么多无上的珍宝，这也是文化自信的深层底气。

当是时也，民结绳而用之。在那个时候，老百姓用绳子打结的办法来记事。讲到绳子，我们尝试格一下绳子的理。一堆绳子散乱放在一起，如果找到绳子的头头，只要提起来就可以顺了。我们平时说心乱如麻，心里如同一堆散乱的麻线。一堆散乱的杂念，如果提起了念头，把头头提起来，就会进入静定了。什么是提念头呢？佛家有教念佛法门，念一句佛号，这句佛号就是念头。当今中国传承传统文化。什么是传统呢？统字左边是丝线，也就是说要像提丝线头头一样。初心就是传统文化的头头，正道正统道统就是头头。

14. 则至治已

【原文】 甘其食，美其服，乐其俗，安其居，邻国相望，鸡狗之音相闻，民至老死而不相往来。若此之时，则至治已。

【注释】 甘其食，美其服，乐其俗，安其居。那个时候老百姓吃饭吃得很香甜，穿衣服很和美，生活习俗其乐融融，居住的房子很安乐。当然，衣服和美并不是一定要有很多的纹饰，而是那种简单的大美。我们说老庄，不愧是一家的。庄子在这里直接把老子的原文给放上来了。

邻国相望，鸡狗之音相闻，民至老死而不相往来。两个相邻国家很近，可以相望到对方。邻村的鸡狗的叫声互相都可以听到。老百姓从出生到老死都可以不相往来。这并不是说老百姓之间缺乏交流，而是老百姓安贫乐道，不羡慕外面的世界，自给自足这是真正的满足。六祖大师讲：自性具足一切智慧。

若此之时，则至治已。在这个时候，已经是天下大治的美好时代了。当今世界，科技高度发展，武器也越来越先进。如果各国都收缴销毁所有武器，把研究武器的资源用在解决全球底层老百姓的生活上，这是多么美好的事情。如同古代那样刀枪入库，马放南山。庄子所说是大智慧，并非愚民政策。那是一个人人回归自性的世代，可是，百姓却不知道自己是得道了。

15. 好知之过

【原文】 今遂至使民延颈举踵，曰："某所有贤者"，赢粮而趣之，则内弃其亲而外弃其主之事，足迹接乎诸侯之境，车轨结乎千里之外。则是上好知之过也。

【注释】 今遂至使民延颈举踵。当今竟然要使得老百姓伸长脖子，抬起脚跟，眼巴巴地盼望。

曰："某所有贤者"，赢粮而趣之。老百姓说道："某个地方有贤者出现了。"于是，就包裹着粮食不远万里投奔过去了。

则内弃其亲而外弃其主之事。如此这般，对内抛下了至亲骨肉，不能孝顺双亲；对外背弃了君主。如此使得百姓做不忠不孝之事了。

足迹接乎诸侯之境，车轨结乎千里之外。老百姓的足迹交接于各国诸侯的国境，他们驾着马车往来交错于千里之外的地方。老百姓为了寻访贤者，真是煞费苦心。本来之前大治的状态，老百姓在家里，都不知道要做什么，出门都没有什么地方想去。

则是上好知之过也。这都是由于在上位的人喜好搬弄智巧的过错。

16. 俗惑于辩

【原文】 上诚好知而无道，则天下大乱矣！何以知其然邪？夫弓、弩、毕、弋、机变之知多，则鸟乱于上矣；鉤饵、罔罟、罾笱之知多，则鱼乱于水矣；削格、罗落、罝罘之知多，则兽乱于泽矣；知诈渐毒、颉滑坚白、解垢同异之变多，则俗惑于辩矣。

【注释】 上诚好知而无道，则天下大乱矣！身居上位的人好玩弄智巧权谋，而且多欲无道，则天下就大乱了。

何以知其然邪？为何知道是这样子的呢？

夫弓、弩、毕、弋、机变之知多，则鸟乱于上矣。弩虽然填装时间比弓要长一些，但是射程更远，可以同时发射多支箭。毕是带柄的小网。弋是带有绳子的箭，射出去可以回收。机是捕捉鸟兽的机关。由于人的智巧多了，有了弓、弩、毕、弋和机关等各式各样的工具，所以飞鸟就在天上乱飞了。百姓如同惊弓之鸟，得想着各种办法生存下去。

鉤饵、罔罟、罾笱之知多，则鱼乱于水矣。鉤是鱼钩；饵是钓饵。罔罟，是渔网。罾是古代一种用木棍或竹竿做支架的方形渔网，可以在中间投入鱼饵，鱼虾就会跑进来，提起来就可以了。笱是用来捕鱼虾的竹笼。正是由于人的智巧太多了，发明了钓钩钓饵、渔网和渔笼等各种各样的捕鱼工具，则鱼儿就会在水下乱游乱撞了。

削格、罗落、罝罘之知多，则兽乱于泽矣。削格是竹子或者木棍制成的栅栏。罗落是用网或者绳子捕捉野兽。天罗地网，这里也讲了罗。罝罘原本是捕捉兔子的网，这里引申为捕兽用的网。正是由于人的智巧太多了，发明了栅栏、各式各样的捕兽网工具，则野兽在山泽之间就惊恐乱撞了。

知诈渐毒、颉滑坚白、解垢同异之变多，则俗惑于辩矣。知诈，太多智巧，太多狡诈的事情。渐毒，侵害。颉滑是奸黠狡猾。坚白是名家公孙龙关于离坚白的学说。解垢，言词诡曲。同异是名家惠施关于合同异的学说。由于百姓受太多智巧，太多狡诈的事情的侵害。例如，奸黠狡猾的坚白论、言词诡曲的同异论等这些权变的言论多了，则世俗的人就会被这些诡辩所迷惑了，不知什么是正道了。

当然，庄子并非不知道公孙龙和惠施为得道高人，他们也是同一时代的人。庄子和惠施是至交好友。庄子和公孙龙还有个“鸡三足”的公案，也就是鸡有三个鸡腿的辩论。虽然公孙龙和惠施提出这些学说的初衷是好的，可是容易被世人所误解，扰乱世人的心。为了更好地理解庄子学问，我们简要把坚白论和同异论解释一下。

关于坚白论。如果一个人只有手，而一个人只有眼睛，不同时存在一个人的身上。一个人用手去摸石头，能感觉到石头的坚，不能看到石头的白；另一个人用眼睛去看石头，能够看到石头的白，可是感觉不到石头的坚。一个人讲什么样的白，什么样的黑，另外一个人是无法理解的。一个人讲什么样的坚，另外一个人也是无法理解的。如同鸡对鸭讲，对牛弹琴。公孙龙其实通过离坚白这个近乎诡辩的言论，都是在想讲明道，在讲明于相而离相这个事情。外离相即禅，内不乱即定，合起来就是禅定。离相即是无上甚深禅，离坚和白的相即是离坚白，即是禅，也难怪这么难理解了。

惠施有著名的历物十事。作为研究万物之理的物理学，不可不将其作为重要参考。我们挑主要的来讲讲。

（1）同异论。其中一事这样讲："大同而与小同异，此之谓小同异；万物毕同毕异，此之谓大同异。"这也是大同小异这个成语的出处。

什么是大同？天地万物本来同为一体，这是大同。天下同为一家，不分肤色种族，这是大同。只是由于物欲遮蔽良心，间隔其间，就把大心切分成小心了。天地万物就各自分为一物了。

什么是小同呢？看似相同的两个事物，其实并不完全相同的。一花一世界，一叶一菩提，没有完全相同的两片叶子。所以看似小同，可是小同中有异。阳明先生格竹子病倒了，可是后来的确有收获的，也讲了一些关于竹子的道理。竹子虽然每一节看似相同，但是没有一节是完全相同的。每一片竹叶看似相同，但是都是不同的。

所以惠施说：大同而与小同异，此之谓小同异。天下万物同为一体，这是大同。虽然万物有些看似相同，可是没有完全相同的两个物体。如此就说是小同异。

万物毕同毕异，此之谓大同异。万物形态各异，毕竟相同，都同为一体；毕竟相异，本来没有两个物体完全相同。这样可以称之为大同异。大同中有异处。

（2）我知天下之中央，燕之北，越之南也。为什么惠施能知天下的中央呢？其实并不奇怪，任何一物都可以是一个小宇宙，任何一点都可以作为宇宙的中心，作为参照系。以地球为天下中心是对的；以太阳为天下中心也是对的；以月球为天下中心也是对的。

17. 求所已知

【原文】 故天下每每大乱，罪在于好知。故天下皆知求其所不知，而莫知求其所已知者；皆知非其所不善，而莫知非其所已善者，是以大乱。

【注释】 故天下每每大乱，罪在于好知。所以说，天下之所以昏昧大乱，罪就是在于太过于喜欢玩弄智巧和权谋了。每每，昧昧，昏昧不明。一个人的心之所以昏暗不明，也是由于太多的物欲，太多的妄想，如同浮云遮蔽太阳罢了。心如同光明的太阳，所以尼采曾经说他是太阳。

故天下皆知求其所不知，而莫知求其所已知者。所以说天下人都想要追求他们所不知道的知识，而却不知道去追求他们已经知道的。其实每个人已经知道的东西很多了，在自性本性之中都有。如果打开自性本心的大门，学问就会如同汩汩的泉水，源源不断地涌出来了。

皆知非其所不善，而莫知非其所已善者，是以大乱。正是由于天下人都知道非议其所认为不善的东西，跟自己意见相左的东西，而不知道反省探讨自己认为善的东西，跟自己意见一致的东西。如此就天下大乱了。张果老倒骑驴，就是为了提醒世人的颠倒。庄子这里讲出这种颠倒了。不笑不足以为道。世人对大道感到迷惑，所以对其进行非议。可是对于一些臭味相投的小道，却赞赏有加。如此完全颠倒了，世界不乱才怪呢。

18. 啍啍乱天下

【原文】 故上悖日月之明，下烁山川之精，中堕四时之施，惴耎之虫，肖翘之物，莫不失其性。甚矣，夫好知之乱天下也！自三代以下者是已，舍夫种种之民，而悦夫役役之佞，释夫恬淡无为，而悦夫啍啍之意，啍啍已乱天下矣！

【注释】 故上悖日月之明。所以说世人爱好搬弄智巧，追求名利。正所谓利令智昏，此心本来光明如日月，被物欲所遮蔽了。万法唯心造，此心被妄想所遮蔽，日月无光。所以说在上遮蔽了日月的光辉。而今的雾霾污染，遮蔽了日月光辉。日月光辉无法顺利到达人体，人就会生病了。悖是遮蔽。

下烁山川之精。在下销毁了山川的精气灵性。山川包括了山和江河湖泊。大禹治水，堵不如疏，也是顺着水性在治水。如果不顾子孙后代排放污染物，就会破坏江河湖泊的自性了。无法孕育出鱼虾了。山上需要有林木，如果过度地砍伐，就会使得山体滑坡，失去灵性了。无法孕育出鸟兽了。烁是销毁。

中堕四时之施。在中毁坏了四时，也就是春夏秋冬的这种天时的恩泽。大自然本来春生，夏长，秋收，冬藏。可是这个给扰乱了。当今的世人更加炫耀自己的多智，能够在冬天生产出夏天的蔬菜水果，可以生产出转基因的食物。夏天躲在空调房里，出门开车也是空调，办公室也是空调。如此就四时不分了。许多候鸟群体，冬天冷了又飞到暖的地方，就没有经历自然的冬天。正是违背了四时规律，所以人体这个小宇宙就会经常生病了。

惴耎之虫。惴耎是虫子蠕动的样子。无足的虫子蠕动，本来的自性也被破坏了。正是由于好智逞强，用了大量的抗生素，各种病菌不断地违背自然规律而进化。正所谓魔高一尺道高一丈，新的病菌和新的治疗手段都不断地增长。

肖翘之物。如果太过于好智巧，也会破坏飞翔的小虫的本性了。由于世人好智巧，在水里游的就不是鱼了，而是核潜艇和各种船舶。在天空飞翔的不是小虫和小鸟，而是飞机、导弹和卫星等。这些东西本来发明的初衷是好的，如同仁义一样，容易被坏人所利用了。这些东西如同悬挂在人类头顶的一把利剑，随时都有可能造成危险。肖是小。翘是飞翔。

莫不失其性。如此天地万物无不失去其本性。不光是人迷失本性。

甚矣，夫好知之乱天下也！太严重了，这些都是由于太过于好智巧而扰乱天下呀！

自三代以下者是已。自从夏商周三代以下，都是这个样子了。贤德君主成汤和贤德大臣伊尹创立了商朝。周朝更是由周文王、姜太公等贤德的高人所创立。

舍夫种种之民。舍弃纯朴之性的百姓。种种是纯朴。

而悦夫役役之佞。而喜欢狡黠，巧言谄媚的人。役役是狡黠。

释夫恬淡无为。抛弃了恬淡无为。

而悦夫啍啍之意。而对于繁琐的说教很喜悦。啍啍是繁琐。

啍啍已乱天下矣！正是由于繁琐的说教而扰乱了天下呀！现在世人并不是获得说教的机会少了，而是太多太多了。手机、电视和网络，无处不在，无不在通过七窍而污染人性。难怪浑沌被忽悠凿开七窍就死去了。

第四章　在　　宥

1. 不闻治天下

【原文】闻在宥天下，不闻治天下也。在之也者，恐天下之淫其性也；宥之也者，恐天下之迁其德也。天下不淫其性，不迁其德，有治天下者哉？昔尧之治天下也，使天下欣欣焉人乐其性，是不恬也；桀之治天下也，使天下瘁瘁焉人苦其性，是不愉也。夫不恬不愉，非德也。非德也而可长久者，天下无之。

【注释】闻在宥天下，不闻治天下也。在是存，也就是听任其自存自性而不乱，在其本性而不会有多余的东西，不会有多余的小手指。宥是宽，在宽宏正道，不会迁改其本有明德，而进入小道。大道是康庄大道，只是世人一叶障目不见泰山罢了，纷纷绕行小道。只有听说使得天下人都在宽宏大道，都停留在自性家园，都存其自性本心，没有听说要治理天下的。天下人如同被天放的羊，所谓天放，任由羊的自性，任由百姓的自性，不会像放牛一样，在牛的鼻子那里拴一根绳子。只要羊在宽广大道上，不断地走，总是可以回家的。

在之也者，恐天下之淫其性也。为什么要安住在自性呢？这是由于唯恐天下人的自性中有多余的东西。淫并非淫荡，而是多余。淫雨霏霏，就是多余的小雨下个不停。

宥之也者，恐天下之迁其德也。为什么要宥呢？唯恐天下的人不知自性，不知大道，而迁改了本有的德性，误入歧途进入小道。

天下不淫其性，不迁其德，有治天下者哉？如果天下人的自性不有多余的东西，不会像多余的小指头那样；不迁改本有的德性，又有什么必要需要治理天下的人呢？

昔尧之治天下也，使天下欣欣焉人乐其性，是不恬也。昔日尧帝治理天下的时候，使得天下的人欣喜而随顺本性而有快乐，这已经是不够恬淡，不够宁静了。为什么庄子这么说呢？喜怒哀乐未发谓之中。如果产生了喜乐，情绪已经发出来了，并不是在中了。

桀之治天下也，使天下瘁瘁焉人苦其性，是不愉也。夏桀治理天下的时候，使得天下人忧虑疲劳的样子，而使得天下人从本性散发出苦来，这是不愉悦了，这是痛苦了。瘁瘁是忧虑疲劳的样子。

夫不恬不愉，非德也。如此不恬淡宁静，不愉悦，这都并非本来的德性。回归未发之中，如此是本来德性。太阳光经过三棱镜会散发出七色。如果要回归阳光的本性，就要回归到本源。

非德也而可长久者，天下无之。如果不是使得天下人都回归本来德性，不发明本有明德，却期望得到长久的大治，天下没有这样的事情。

2. 赏罚为事

【原文】人大喜邪，毗于阳；大怒邪，毗于阴。阴阳并毗，四时不至，寒暑之和不成，其反伤人之形乎！使人喜怒失位，居处无常，思虑不自得，中道不成章，于是乎天下始乔诘卓鸷，而后有盗跖、曾史之行。故举天下以赏其善者不足，举天下以罚其恶者不给，故天下之大不足以赏罚。自三代以下者，匈匈焉终以赏罚为事，彼何暇安其性命之情哉！

【注释】人大喜邪，毗于阳。大怒邪，毗于阴。邪，是耶，语气助词。毗是伤。人如果大喜就会伤于阳，所谓喜伤心；如果大怒就会伤于阴，所谓怒伤肝。阴阳如果伤了，阴阳也就偏了，不平衡了。

阴阳并毗，四时不至，寒暑之和不成，其反伤人之形乎！如果在内阴阳并伤，而在外四时不能顺应而至，寒暑失调，该冷的不冷，该热的不热，就会伤人的形体了！其中在内的情志所伤，这个是起决定性因素的。这一段怎么那么像《黄帝内经》中的内容，想必庄子也读过了。

使人喜怒失位，居处无常，思虑不自得，中道不成章。如果人的喜怒情志失调；起居没有规律，白天夜晚颠倒；思虑过度而不能自得其本性之乐；貌似中道而不成章法。如果不能得中道之法，而误以为什么事都是折中处理，明哲保身而已，这就不对了。什么是中道呢？中道就是要回归喜怒哀乐之中的中道。如果已发出来就是和，合起来可以称之为中和。

于是乎天下始乔诘卓鸷，而后有盗跖、曾史之行。乔是自高；诘是苛责；卓是卓尔不群，傲慢异常；鸷是凶悍异常。乔诘卓鸷讲的种种不和。于是天下的人就开始出现种种不和的情况，而后就有了盗跖、曾参和史鳅这样不同的言行。

故举天下以赏其善者不足，举天下以罚其恶者不给，故天下之大不足以赏罚。所以说举天下之力来奖赏善还是不足够，别人还是不愿意从善；惩罚恶还是不足，还是无法禁止恶行，所以天下这么大，也不足以用来明赏罚。

自三代以下者，匈匈焉终以赏罚为事，彼何暇安其性命之情哉！自从夏商周三代以来，治天下者气势汹汹地终日以赏罚来治理天下，如此扰乱百姓，百姓哪里还有什么闲暇去安守本有的性命之情呢！赏罚只是用强制的命令去管百姓的外在而已，并扰乱内在的本性。如同伯乐治马，用烙铁来烙印；用刀来削马蹄。对人而言，严刑峻法更加厉害。反思一下我们的治理方式如何呢？匈匈，通汹汹。

3. 安其性命

【原文】而且说明邪，是淫于色也；说聪邪，是淫于声也；说仁邪，是乱于德也；说义邪，是悖于理也；说礼邪，是相于技也；说乐邪，是相于淫也；说圣邪，是相与艺也；说知邪，是相于疵也。天下将安其性命之情，之八者，存可也，亡可也；天下将不安其性命之情，之八者，乃始脔卷伧囊而乱天下也。而天下乃始尊之惜之，甚矣，天下之惑也！岂直过也而去之邪，乃齐戒以言之，跪坐以进之，鼓歌以儛之，吾若是何哉！故君子不得已而临莅天下，莫若无为。无为也而后安其性命之情。故贵以身于为天下，则可以托天下；爱以身于为天下，则可以寄天下。故君子苟能无解其五藏，无擢其聪明；尸居而龙见，渊默而雷声，神动而天随，从容无为而万物炊累焉。吾又何暇治天下哉！

【注释】而且说明邪，是淫于色也。说，通悦字，喜爱。如果不安于自性，不在宽广的大道上，就会如何呢？首先是眼睛流连于美色。接下来还会讲其他七种情况。喜爱目明，只是沉溺于美色罢了。这里所说的淫于色，并非单单指好色，而是沉溺于外在的美丽的东西。比如华丽的礼服，艳美的女人。

说聪邪，是淫于声也。喜爱耳聪，沉溺于声罢了。

说仁邪，是乱于德也。喜爱仁，扰乱世人本有的德性罢了。

说义邪，是悖于理也。喜爱义，有悖于天理罢了。自性具足天理。

说礼邪，是相于技也。喜爱礼，助长繁琐的伎俩罢了。

说乐邪，是相于淫也。喜爱乐，助长淫乱罢了。

说圣邪，是相与艺也。爱学习圣人，放下忠孝不顾，不远千里去投奔圣贤。助长多能，学习君子六艺。学习圣人，想当圣贤也是一种欲望，也需要放下。

说知邪，是相于疵也。喜爱智巧，助长多智的疵病罢了。

天下将安其性命之情，之八者，存可也，亡可也。假如天下人都安于本有的性命之情，也就是回归了初心，回归了本心，前面所说的这八样，存在也可以，不存在也没有什么关系了。这八样东西如同多余出来的小手指罢了。

天下将不安其性命之情，之八者，乃始脔卷伧囊而乱天下也。如果天下人不能安于本来的性命之情，即使有这八样东西，这会使得天下人被暴法刑罚压制得拘束不伸，而会横暴竞起，铤而走险地扰乱天下了。脔卷，拘束不伸的样子。伧囊，横暴竞起，铤而走险。

而天下乃始尊之惜之，甚矣，天下之惑也！而天下的人竟然如此尊奉它们，珍惜它们。天下的人竟然迷惑到如此的地步了！

岂直过也而去之邪，乃齐戒以言之，跪坐以进之，鼓歌以儛之，吾若是何哉！岂止是尊奉、珍惜一时，只是权且用它们罢了，而后要去除它们。而是极其虔诚地斋戒沐浴再谈论它们，恭敬地跪拜接受它们，欢歌鼓舞供奉它们。天下的人痴迷如此，不能觉悟，我又有什么办法呢？齐戒，是斋戒。跪坐，是跪拜。儛通舞字。

故君子不得已而临莅天下，莫若无为。所以君子不得已而位居天子之位，君临天下的时候，莫不如无为而使得天下归于大治。无为而不会扰乱百姓的本性，安于本来的性命之情。临莅，到。我们经常说莅临指导，到这里来指导的意思。

无为也而后安其性命之情。正是由于无为，不会扰乱百姓的心，而后可以使得百姓安于其本有的性命之情。

故贵以身于为天下，则可以托天下；爱以身于为天下，则可以寄天下。这句话为《道德经》中的原文，可是河上公注解的版本原文，刚好顺序相反，参见下文。

故贵以身为天下者，则可寄天下。所以君主以自己的身为贵，而轻贱别人，如果为天下的共主，则可以暂时寄立，但是不可以长久。

爱以身为天下，若可托天下。君主爱其身，并非为了自己，而是为万民的父母。圣者仁君爱其身，更爱其本心自性。如果为天下的共主，则可以托其身于万民之上，可以长久没有过失了。由于仁君少欲无为，所以虽然托于天下，可是万民不觉得重了。百姓如水，仁君少欲望，百姓不觉得重，如同水托起一样。

故君子苟能无解其五藏。故君子假如能够做到不敞开五藏的灵气，也就是说处于喜怒哀乐未发之中。如果散发出来，就不是中了。五藏当中藏有精气神，比如肝肺藏有魂魄。如果解开了，就是发出来了。

无擢其聪明。不显耀自己的聪明，而是归于纯朴。自性发出智巧，而智巧只是多余的，只是扰乱自性的东西。

尸居而龙见。安居自性，心如如不动，如同死尸一样不动，而真龙自然显现。中华民族是龙的传人，什么是龙呢？自性本心是真龙，自性如同神龙变化莫测。智慧可以从自性中出。

渊默而雷声。虽然渊深静默，可是动起来如同雷霆万钧。《道德经》中讲，夫物芸芸，各归其根。根本在于静定的自性本心。动归于静，然而，静极而动。动极而静，如果运动速度达到了光速，就不能再往上了。

神动而天随。道家讲精气神。神灵从自性中出。神动而天理相随，心所欲而天理随之。我们用阳明心学，可以这么表达，意在于侍奉双亲，而孝顺就成为一物。意在于电子，而电子成为一物。一物必有一理，成了一物而一理必然相随。万事万物当中必存在着天理。

从容无为而万物炊累焉。圣人只要从容无为，而万物自然生成，自然消失。万物生灭顺其自然本性罢了。我们看珊瑚虫的生灭就好理解了，一层一层地生灭，不断地累积。炊，通吹，是动。

吾又何暇治天下哉！万物都是同样的一个天机而已，万法唯心造。心动而万物动。我又何暇去有为治理天下呢！

4. 问道老聃

【原文】 崔瞿问于老聃曰："不治天下，安藏人心？"老聃曰："女慎无撄人心。人心排下而进上，上下囚杀，淖约柔乎刚彊。廉刿雕琢，其热焦火，其寒凝冰。其疾俛仰之间而再抚四海之外，其居也渊而静，其动也县而天。偾骄而不可系者，其唯人心乎！

【注释】 崔瞿向老子问道："如果不治天下，安能使得人心向善呢？"藏是善。前面庄子讲不需要治天下，只需要使得世人安于自性罢了。

老子回答道："你要审慎无为，不要扰动人心。"女是汝，是你。撄，扰动。人心如同浑浊的水，如果扰动了，就会浑浊。如果任其自性，就会慢慢澄清了。有一次，佛陀带领僧团经过一条河流，大象群刚刚经过。弟子阿难帮佛陀打了一碗水，可是却比较浑浊。阿难马上要倒掉重新打，佛陀这时趁机说法。佛陀说，不要倒掉，只要放一阵就可以了，我们的心也是如此。

人心排下而进上，上下囚杀。老子又说道："人心上下无常。如果被人所排斥，就会失志而下；如果得志，就会希望甚高而上。人心上下无常，妄想起伏不定。或系缚如同囚徒，或激烈搏斗如杀。"人心被扰动以后，就会上下乱窜了。人心被扰动以后，有点七上八下，小鹿乱撞的感觉。

淖约柔乎刚彊。老子又说道："人的妄心上下乱窜，人心难安，只有柔弱能够胜刚强。"淖约柔弱的样子。刚彊，刚强。人心如同一匹烈马，上蹿下跳，无法安心。只有随顺心性才可以安心。用石头压着小草，小草总会想办法冒出来。要试图压着牛低头喝水，这是极难做到的事情，需要顺着牛性，它渴了自然就会喝水了。心性类似于驴性，驴脾气也是如此，要么怎么称之为倔驴，越抽打它就越多不动。葫芦漂浮在水面，把这头压下去，那头又会冒出来。《道德经》中讲，弱胜强，柔胜刚。

廉刿雕琢，其热焦火，其寒凝冰。老子又说道："有时心如刀绞，有时焦急如火焚烧，有时冷若冰霜。"

其疾俛仰之间而再抚四海之外。老子又说道："人心瞬息万变，在俯仰之间就会发生很大的变化。心念攀援范围极广，转瞬之间可以到四海之外了。"心猿意马，神游四海之外。

其居也渊而静，其动也县而天。老子又说道："人心安居可以渊深寂静，可以如如不动；人心妄动起来，可以悬系于天际。"

偾骄而不可系者，其唯人心乎！老子又说道："人心奋起而骄傲，不可系缚。人心如同脱缰的野马一般，如同漂浮的浮萍。这就是人心啊，不可以随便扰动。"偾骄，奋起而骄傲。

5. 绝圣弃知

【原文】"昔者黄帝始以仁义撄人之心，尧舜于是乎股无胈，胫无毛，以养天下之形，愁其五藏以为仁义，矜其血气以规法度。然犹有不胜也，尧于是放兜于崇山，投三苗于三峗，流共工于幽都，此不胜天下也。夫施及三王而天下大骇矣，下有桀跖，上有曾史，而儒墨毕起。于是乎喜怒相疑，愚知相欺，善否相非，诞信相讥，而天下衰矣。大德不同，而性命烂漫矣；天下好知，而百姓求竭矣。于是乎釿锯制焉，绳墨杀焉，椎凿决焉。天下脊脊大乱，罪在撄人心。故贤者伏处大山嵁岩之下，而万乘之君忧慄乎庙堂之上。今世殊死者相枕也，桁杨者相推也，刑戮者相望也，而儒墨乃始离跂攘臂乎桎梏之间。意，甚矣哉！其无愧而不知耻也甚矣！吾未知圣知之不为桁杨椄槢也，仁义之不为桎梏凿枘也，焉知曾史之不为桀跖嚆矢也！故曰'绝圣弃知而天下大治'。"

【注释】这一段承接上文，也是老子所说。

昔者黄帝始以仁义撄人之心。昔日黄帝作为人文始祖，以仁义扰乱人心，这是扰乱人心的开始。当然了，黄帝曾斋戒沐浴向广成子求道而得道。

尧舜于是乎股无胈，胫无毛，以养天下之形。尧舜效法黄帝，一心为天下百姓操劳。消瘦得连大腿接近臀部的地方都没有肉了，小腿都没有什么毛了。尧舜一心为民，养育天下百姓。股是大腿；胈是大腿接近臀部的肉；胫是小腿。

愁其五藏以为仁义，矜其血气以规法度。上面是讲尧舜外形的劳苦，这里讲劳苦其心。五藏忧愁，为百姓操心，以为这是仁义；劳苦消耗其气血，以建立法规法度，治理百姓。

然犹有不胜也。然而还是不能胜服天下，使民归于善。

尧于是放讙兜于崇山。尧于是放逐讙兜于崇山。崇山是山的名字，现在湖南省境内。讙兜是佞臣。

投三苗于三峗。尧把三苗流放到三峗这个地方。三峗也是山名，在现在的甘肃天水一带。三苗之地也是现在湖南省境内。

流共工于幽都。尧流放共工到幽州这个地方。幽都在现在北京市密云县境内。

此不胜天下也。这也是由于不能胜服天下，只好采取强制手段了。仁义不能胜服天下，则只好绳之以法令。由此可见，扰乱人心的程度到很严重的地步了。

夫施及三王而天下大骇矣，下有桀跖，上有曾史，而儒墨毕起。延续到了夏商周三代，而天下感到更加惊恐不安。下有小人之行的夏桀、盗跖；上有君子之行的曾参和史鳅。儒墨等百家纷纷兴起，谋求救国救民之道。

于是乎喜怒相疑，愚知相欺，善否相非，诞信相讥，而天下衰矣。于是或喜或怒，互相猜疑；或愚或智，互相欺诈；或善或恶，互相非议；或荒诞或信实，互相讥笑，而天下人的本性更加衰微了。对于每个人本有的光明德性都迷失了。这时再跟世人讲大道，很难相信了。

大德不同，而性命烂漫矣。大德不能玄同，而每个人本有的性命散乱了。每个人的德性本来都是相同的。分化出来的人性回归于本来德性，称之为玄同。一缕太阳光经过三棱镜，可以分散出七色。相反的过程，就是将七色回归于太阳光，回归于同一，称之为玄同。性命之学是三教的核心。性指向自性本心；命指向外在形体。烂漫是世人的身心都被扰乱了，身体也生病了，心也病了。

天下好知，而百姓求竭矣。天下人好智巧成风，百姓殚精竭虑，应接不暇了。

于是乎釿锯制焉，绳墨杀焉，椎凿决焉。于是木匠用绳墨来治木，定曲直，而人君用礼法来约束矫正百姓。工匠用斧头、锯子、锥子和凿子来残害木头，而人君用刑罚来残害百姓。釿，是斧头。

天下脊脊大乱，罪在撄人心。天下人相互践踏，天下大乱，罪就在于扰动了人心。脊脊，互相践踏。

故贤者伏处大山嵁岩之下，而万乘之君忧慄乎庙堂之上。所以贤者隐居在高山的深岩之下，而治理天下的君主在朝堂之上忧虑惊恐万分，这都是天下大乱的缘故，都是扰动人心罪过呀。相传陈传老祖藏于华山。

今世殊死者相枕也，桁杨者相推也，刑戮者相望也。当今之世，身首异处的死者，尸体相互枕着，形容死人之多。脖子上和脚上带着刑具的囚犯，互相推推嚷嚷，连成一串一串。遭受刑罚和杀戮的人们，举目就能相望，同病相怜。

而儒墨乃始离跂攘臂乎桎梏之间。儒墨之徒抱着所谓的仁义，抬起脚跟，伸长双臂，谈论于桎梏之间。他们思考怎么样挽百姓的性命，思考怎么样救国救民。孰不知这是由于仁义太过所致，这岂不是太可笑了吗？殊死，身首异处，不是寿终正寝。桁杨，加在囚犯脖子上或者脚上的刑具。离跂是踮起脚跟。

意，甚矣哉！噫，真是太过于荒唐了！

其无愧而不知耻也甚矣！他们不知道感到羞愧，不知耻可谓到极点了！

吾未知圣知之不为桁杨椄槢也，仁义之不为桎梏凿枘也，焉知曾史之不为桀跖嚆矢也！我不知所谓的圣人智巧是不是接合枷锁左右两边的梁木。桁杨是枷锁，是戴在脖子上和脚上的刑具。椄槢是接合枷锁左右两边的梁木。也不知仁义是不是桎梏的榫眼和榫头。也不知曾参和史鳅是不是夏桀和盗跖的响箭头。智巧、仁义和圣人都成为残害百姓的帮凶了，虽然是无意的，也是躺着中枪的。

故曰，绝圣弃知而天下大治。所以说，仁义的圣人绝迹，抛弃所谓的智巧，不扰动人心，天下就可以归于大治了。

6. 黄帝求道

【原文】黄帝立为天子十九年，令行天下，闻广成子在于空同之山，故往见之。曰：“我闻吾子达于至道，敢问至道之精。吾欲取天地之精，以佐五谷，以养民人。吾又欲官阴阳，以遂群生，为之奈何？”广成子曰：“而所欲问者，物之质也；而所欲官者，物之残也。自而治天下，云气不待族而雨，草木不待黄而落，日月之光益以荒矣。而佞人之心翦翦者，又奚足以语至道！”黄帝退，捐天下，筑特室，席白茅，间居三月，复往邀之。

【注释】黄帝立为天子十九年以来，诏令通行于天下。他听说得道高人广成子隐居于崆峒山中，所以前去拜见求道。什么是天子呢？秉承天命，顺承天道，使得百姓安于本性，如此才能称之为天子。所谓天子为上天之子，治天下而非治天下，无为而大治。

黄帝问道："我听说您已经上达于至道，已经是得道的高人了，敢问至道的精华是什么呢？我想采取天地的精华，再佐以五谷粮食，以这些来养育我天下子民。我又想掌握阴阳之道，以顺应万物的生长，我该如何去做呢？"

广成子回答道："你所要问的是至道的精华；你所想要掌管的阴阳，只是至道精华的残余罢了。至道不分阴阳，不分善恶，不分高下，而归于一，归于中。自从你开始治理天下以来，云气都没有等待聚集一起就下雨，草木都不枯黄就落下了，日月的光辉也益加暗淡。像你这样谄媚善辩的人，心地浅陋狭小，又怎么足以跟你说至道的道理呢？"翦翦，浅陋狭小。广成子并非刻意贬低黄帝，而是说明听闻大道所需要具备的条件。六祖用法雨来比喻佛法，如果小根器的人，心地狭小浅陋的人，不能容纳法雨的。如同小花小草，大雨下来，就会东倒西歪了。

黄帝听了广成子这么说，很虔诚地退下了，捐弃天下不去治理了。在僻静的地方修筑居室，地上铺垫白茅席地而坐。这样闭门思过了三个月，再次虔诚地向广成子求教。

7. 广成子传道

【原文】广成子南首而卧，黄帝顺下风，膝行而进，再拜稽首而问曰："闻吾子达于至道，敢问，治身奈何而可以长久？"广成子蹶然而起，曰："善哉问乎！来，吾语女至道。至道之精，窈窈冥冥；至道之极，昏昏默默。无视无听，抱神以静，行将至正。必静必清，无劳女形，无摇女精，乃可以长生。目无所见，耳无所闻，心无所知，女神将守形，形乃长生。慎女内，闭女外，多知为败。我为女遂于大明之上矣，至彼至阳之原也。为女入于窈冥之门矣，至彼至阴之原也。天地有官，阴阳有藏；慎守女身，物将自壮。我守其一以处其和，故我修身千二百岁矣，吾形未常衰。"黄帝再拜稽首，曰："广成子之谓天矣！"

【注释】广成子头向南方而卧，黄帝处于风向之下（以此来表示恭敬），用膝盖跪地行走，再次叩首而后问道："听说您已经上达于至道，敢问，治身如何能够长久呢？如何修身养性呢？"黄帝前后问的问题有所变化了，看来三个月当中黄帝有所进步了。之前问的问题比较大，向外求，这次是反求诸己了。

广成子听了就突然站起来，回答道："善哉，你问这个问题太好了！来，我跟你说说至道。"广成子看到他态度极其虔诚，而且所问的问题回归一身了。一身不修，何以治理天下呢？

广成子又说道："至道极其精微，可以说是至精微的；幽深玄冥，可以说是静默深远的。至道似乎无有极点，终极的源头昏默寂静。"《道德经》中讲，窈兮冥兮，其中有精。至道精微无所不至，原子这么小，其中也载道。一物必有一理，原子也有理。氢原子如同太阳系一样，也是可以测得准的，并不是测不准的。上帝不会投掷骰子。电子绕原子核运动，正如地球绕太阳运动。

广成子又说道："不去看不去听，精神守一，而进入静定，如此心自然归于正。"注意了，广成子这里教黄帝真实的修行功夫了，我们可以学几招了。自性本心是形体真正的主人，如果神不被扰动，形体可以自正。

广成子又说道："内心务必要保持静定，务必要保持清静，不要为了名利而劳累形体，不要太过于多欲而摇动你的精气，如此就可以长生了。"

广成子又说道："目不多见，耳不多闻，如此闭目塞听，心无有多余的智巧，无思无虑。你的精神就会内守，不会心猿意马，精神和形体合，如此形体才能长生。"

广成子又说道："谨慎护持内在心念，也就是说善护念，使得内心归于静定；闭塞外来的物欲，不去多看，不去多听。如果多听多看，多智巧，就会败坏修道了。"

广成子又说道："我教你如何上到大明之上，如何到达你内在的至阳的源头。"什么是大明呢？之所以说大，是说大心。只有恢复了本心，恢复了大心，才有大明。本心光明，所以称之为大明。本心如同日月，有大光明。大明之上，就是恢复了本心。王阳明先生的临终遗言：此心光明，亦复何言。佛家讲无明，就是由于物欲遮蔽自性本心，如同乌云遮蔽太阳，并非自性本心无大光明，也不是太阳没有大光明。大道分阴阳，如果回归于阴阳未分的源头，这就是大道的源头了。黄河长江互为阴阳，回归了源头，就回归为一了。善恶互为阴阳，回归了源头，就无善无恶了。

广成子又说道："我教你怎么进入众妙之门，进入幽远玄冥的大道之门；如何到达至阴的源头。"众妙之门为大道之门，需要做到知行合一。如果仅仅是知，停留在字面层面，还不能称之为知。只有通过修炼，打通了玄关了，在行方面，才能进入大道之门。只有通过真修实证，明心见性了，在知的方面，才能进入大道之门。只有两者都做到了，做到了知行合一，才是真正进入大道之门。

广成子又说道："天地各有司官，各有各的主宰；阴阳各有各的归藏，各自归藏。"这里呼应前面黄帝所问的问题，如何去掌管阴阳。

广成子又说道："你不需要管太多天地、阴阳的事情，不要太多人为的干涉。你只是需要谨慎地守着你的身心，安于静定，天地万物自然就会茁壮成长了。"

广成子又说道：“我抱一守中，处于一心不乱的静定。如果喜怒哀乐已发，情绪也能够适度平和。所以如此修身已经有一千二百岁了，可是我的形体还没有衰败。”

黄帝再次虔诚拜谢广成子，说道：“广成子你真可谓是与天齐寿，与天同德。”

8. 得吾道者

【原文】广成子曰：“来，余语女。彼其物无穷，而人皆以为有终；彼其物无测，而人皆以为有极。得吾道者，上为皇而下为王；失吾道者，上见光而下为土。今夫百昌皆生于土而反于土，故余将去女，入无穷之门，以游无极之野。吾与日月参光，吾与天地为常。当我缗乎！远我昏乎！人其尽死，而我独存乎！”

【注释】广成子又说道：“来，我告诉你。”广成子看黄帝很虔诚，求道至诚，所以将道传于他，造福子孙后世。

广成子又说道：“我所说这个物，也就是道，是无有穷尽的，而世人皆以为是有始有终的。”惠施讲，宇宙是至大无外，谓之大一；至小无内，谓之小一。

广成子又说道：“我所说的这个至道，变化莫测，而世人皆以为是有极限的。”

广成子又说道：“得我的道的人，上可以为皇帝，而下可以为王侯。”虽然广成子说是他的道，但是实际并不属于任何人所专属，道无所不在。

广成子又说道：“失去我的道的人，在上只能见日月之光，而在下只能化为腐土了。”如果不失去道，就可以保持长久了，前面看到广成子已经有一千二百岁了。

广成子又说道：“而今百物昌盛，皆生于土而又返回于土。所以我将要离开你，入于无穷之门，可以逍遥游于无极的大道之乡。”惠施讲，太阳方才正中，没过多久就日薄西山了；万物方才诞生，又要逝去了。庄子前面也讲过，天地如同一个大熔炉。万物生于土而有返回土。

广成子又说道：“我与日月同光，我与天地永存。”虽然广成子说我，实则并不是傲慢，不单单指他自己，而是说每个人的自性本心。《阴符经》中讲，宇宙在乎手，万化生乎心。天地人为三才，人与日月同光。天人合一，人内有五藏，天有五星。

广成子又说道：“向着我走来的时候，不知其来；远离我去的时候，不知其去。”什么是如来呢？无去无来，称之为如来。广成子已经进入了不生不死，无生无灭的大道之乡。缗，昏暗。

广成子又说道：“人皆死去了，而我还独存，可以长久了。”所以说没有能够舍弃治身而能够治理好天下的。如果要治理天下，就先要治身。广成子并非执着于他这个一己之身的长久。如果仅仅如此，并不能破除我执。学道者，需要透过他的载道文字，参透背后的真谛。

9. 云将问道

【原文】云将东游，过扶摇之枝而适遭鸿蒙。鸿蒙方将拊脾雀跃而游。云将见之，倘然止，贽然立，曰：“叟何人邪？叟何为此？”鸿蒙拊脾雀跃不辍，对云将曰：“游！”云将曰：“朕愿有问也。”鸿蒙仰而视云将曰：“吁！”云将曰：“天气不和，地气郁结，六气不调，四时不节。今我愿合六气之精以育群生，为之奈何？”鸿蒙拊脾掉头曰：“吾弗知！吾弗知！”云将不得问。

【注释】云将去往东方遨游的时候，经过东方的神木扶摇旁边，恰好遇见了鸿蒙。

鸿蒙正高兴地拍打大腿，雀跃地要准备出去遨游。拊脾，拍打大腿。

云将见到他，感到茫然若失的样子，突然停止了脚步，恭敬地拱立不动站在那里。倘然，茫然若失的样子。贽然，拱立不动，恭敬的样子。

云将问道：“老人家何许人也？老人家为何这么高兴呢？”

鸿蒙拍打大腿，高兴雀跃没有停止，他对云将说道：“无须多问为什么，只需要乘自然造化而遨游就好了。”

云将还是坚持要问，说道：“我还是要问一下，我很好奇。”朕，在远古时期，不管贵贱都可以自我这么称呼，而后来成为帝王的专属称呼了。

鸿蒙抬起头，他看一眼云将，他说道：“吁！”似乎很不以为然的样子，怎么这个云将这么执着呢。

云将问道：“天气不调和，地气郁结不顺。”天地有气，天地的气为风，而血为水；而人也有气血。人如果肝气郁结，就会生病了。地气如果郁结，也不会滋养万物了。如果地气郁结，就会发生干旱了。

云将又问道：“六气不调和，四时不节。现在我愿意调和六气的精华，以便能够化育万种生灵，我该如何去做呢？”六气是阴阳、风雨、明晦。四时是春夏秋冬。本来春生、夏长、秋收和冬藏，可是却没有按照这个规律来，冬天该冷的不冷，这就麻烦了。百年之前，刚刚经历过暖冬的广东，曾经发生过严重的鼠疫。

鸿蒙听了这个问题以后，拍打着大腿，掉头就走："我不知道！我真不知道！"前面云将所问的问题，很像黄帝一开始所问广成子的问题。天地各有所司，何愁人为干预呢?

云将没有能够问到答案。虽然没有问到答案，可是答案已经自在其中了。其中奥妙，自行领会。

10. 再见鸿蒙

【原文】又三年，东游，过有宋之野而适遭鸿蒙。云将大喜，行趋而进曰："天忘朕邪？天忘朕邪?"再拜稽首，愿闻于鸿蒙。鸿蒙曰："浮游，不知所求；猖狂，不知所往。游者鞅掌，以观无妄。朕又何知！"云将曰："朕也自以为猖狂，而民随予所往；朕也不得已于民，今则民之放也！愿闻一言。"

【注释】又过了三年，云将再次去东方遨游，经过宋国的郊野，恰好遇见了鸿蒙。

云将大喜过望，快步地走向前去说道："天人你没有忘记我吧？天人你没有忘记我吧?"云将对其惊为天人。

云将再次叩首拜见他，向鸿蒙求道。

鸿蒙回答道："我只是浮游于世，不知道想求些什么；我只是无拘无束地遨游，并不想着要去什么地方。"浮游，任随本心浮游于世而已。真人少欲而轻，可以称之为浮游。多欲浑浊而重，就不是浮游了。真人已经得道，安贫乐道，连道都不求了。而云将还在到处去求道，可是他不知道，道即是自己的自性本心罢了。云将在骑驴找驴呢！猖狂，无拘无束的样子。庄子前面有讲，世人不远千里去寻求贤人。

鸿蒙又说道："而游乐的人应接不暇，如同进入了大观园一样，什么都想追求，什么地方都想去。似乎所见所闻的东西都是真实无妄的。可是我却和这些游乐人不同，这些只不过是梦游人罢了，人生只是一场大梦而已。除此之外，我又能多知道些什么呢！"鞅掌，事务繁忙，应接不暇的样子。云将以为他能够多知道一些东西，老来向他求道。

云将听了就说道："我也自以为已经够无拘无束了，而百姓自然就追随我，我去哪里就跟着去哪里；我也是不得已面对百姓罢了，可是百姓会仿效我。我希望能够聆听您的教诲。"

11. 乱天之经

【原文】鸿蒙曰："乱天之经，逆物之情，玄天弗成；解兽之群，而鸟皆夜鸣；灾及草木，祸及止虫，意，治人之过也！"云将曰："然则吾奈何？"鸿蒙曰："意，毒哉！僊僊乎归矣。"云将曰："吾遇天难，愿闻一言。"

【注释】前面云将再次请教，鸿蒙讲道："扰乱了上天的正理，也就是不能扰乱天理，否则天理难容，悖逆了万物本来的性情，苍天都不会帮助你的，不会成功的。"天经地义成语的来历，也能说明什么是天经。郑国大夫子产是个贤德的人，他曾经说过"夫礼，天之经也，地之义也，民之行也"。天经地义是指天地间经久不变的正理，正道。

鸿蒙又说道："解散群居的野兽，而飞鸟在夜里都会不安地鸣叫；也会殃及草木，祸及昆虫。噫，这都是有为治理人的过失啊！"如果去捕猎野兽，使得群居的野兽迫不得已被解散了，死的死，伤的伤。如此破坏了大自然的平衡，会造成飞鸟、花草和昆虫的不良影响了。大自然有自己本有的生态链条。如果解散了百姓，伤害了他们，也会波及很广的。

云将听了又问道："照你所说，我该怎么办好呢？"

鸿蒙回答道："噫，你中毒太深了！已经跟你讲得够明白了，你还要问！我要仙游归去了。"僊僊，仙游自由自在的样子。

云将又说道："我遇见天人你一次很难，还是恳求您再给我多一些教诲吧。"

12. 知之离之

【原文】鸿蒙曰："意，心养。汝徒处无为，而物自化。堕尔形体，吐尔聪明，伦与物忘，大同乎涬溟。解心释神，莫然无魂。万物云云，各复其根，各复其根而不知；浑浑沌沌，终身不离；若彼知之，乃是离之。无问其名，无闚其情，物固自生。"云将曰："天降朕以德，示朕以默；躬身求之，乃今也得。"再拜稽首，起辞而行。

【注释】鸿蒙又讲道："正是由于心用太多了，就会伤到心，伤到自性了，所以需要养心。"前面批评云将中毒太深了，实际上是心中毒太深，所以需要养心。所谓的毒，也类似于佛家所讲的五毒。

鸿蒙又讲道："你只需要无为，而万物自然就会感化了。"

鸿蒙又讲道："废弃你的形体，形体只不过是一个臭皮囊罢了，不要一天围绕着这个皮囊在转；把你所谓的小聪明全部都吐出来，也就是消除所知障碍；理和物都两忘，也就是说身心都两忘；身心回归于大同，回归于自然之气。"堕，废弃。所谓废弃形体，并非伤害这个身体，而是不为这个身体所束缚。伦是理。心中存有天理，身即是物。物和理两忘，身和心两忘。

鸿蒙又讲道："解除心的系缚，如同解倒悬之苦。神无物欲所累，如释重负。无知无识得样子，似乎无有魂灵。"

鸿蒙又讲道："万物众多纷纭，不断地生灭，如同放电影一样，可是各自回归各自之太极，回归各自的根本。一花一世界，一叶一菩提。每一物都是一个小宇宙。全然在不知不觉中自化，各物有各自的天理。"云云，通芸芸。我们说芸芸众生，也是这个芸芸。《道德经》中讲，夫物芸芸，各归其根。

鸿蒙又讲道："虽然大道，似乎混沌未开的样子，善恶未分，明暗未分，可是大道终身不离左右，在每一物中都存在大道的形迹，在每一物中都体现了天理。"浑浑沌沌，混沌未开化的样子。为什么说明暗未分呢？所谓的明，是由于眼睛接收到了光波；所谓的暗，是由于眼睛未能接收到光波。时间只是由于日月轮回造成的错觉罢了。

鸿蒙又讲道："如果你知至道了，当下即离幻了。一切有为法，如梦如幻。当下即离相了，当下即离开身心的束缚了。"对于道是知行合一的，如果不能离开束缚，就不是真正的知。外离相即禅，内不乱即定。什么是离相呢？离相就是摆脱外在的相的束缚。比如公孙龙提出的离坚白，实际反反复复就是想引导世人离坚和白的外相。虽然跟绕口令似的，却是公孙龙劝世的一片苦心，可惜埋没了两千多年。我们讲知至道，并不是在道理上的知，而是内在印证。内在的印证，如人饮水冷暖自知，这对应于行。

鸿蒙又讲道："你不要问大道这个东西叫什么名字。道也只是勉强临时起的名字罢了。不要试图窥探大道的实情，这是无法去窥探到的。比如要想试图去知晓石头的实相，这也是不太可能的。手只能感觉到石头的坚，眼睛只能看到石头的白。然而坚和白并不是本来存在的东西。而是人去摸的同时创造了石头的坚；人去看石头的实相的时候，人的眼睛和石头的实相共同创造了石头的白。万物都是按照上天赋予的天理在自生自化的。"闚通窥字。为了把道理给讲明白，方便起见，就直接把话外一些东西写在引文里面了，并没有直译。《道德经》中讲，名可名，非常名。这里的名即是相，包括声、色等一些可以感知的外相。

云将听了说道："天人你降恩，恩赐我，帮我找到了本有的德性；给我开示了静默的法门，也就是要保持清净心，处于静定；由于我一直以来躬身而求道，至诚感召天人，让我遇见你，而今现在终于得道了。"云将当下顿悟了。

云将再次叩首谢恩，起身辞别而行。

13. 喜同恶异

【原文】世俗之人，皆喜人之同乎己而恶人之异于己也。同于己而欲之，异于己而不欲者，以出乎众为心也。夫以出乎众为心者，曷常出乎众哉？因众以宁，所闻不如众技众矣。而欲为人之国者，此揽乎三王之利而不见其患者也。此以人之国侥倖也，几何侥倖而不丧人之国乎？其存人之国也，无万分之一；而丧人之国也，一不成而万有余丧矣！悲夫，有土者之不知也。

【注释】世俗之人，皆喜人之同乎己而恶人之异于己也。世俗的人，都喜欢别人跟自己相同，比如意见相同等，但是绝对不喜欢别人撞衫。而厌恶和自己相异，比如意见相异等。所以在朝堂之上往往会排除异己。

同于己而欲之，异于己而不欲者，以出乎众为心也。之所以跟自己相同就喜爱，跟自己不相同就厌恶，这是由于每个人都有心超乎众人，都想有鹤立鸡群的感觉。根本原因是由于名利欲望，还有中了傲慢的毒的缘故。

夫以出乎众为心者，曷常出乎众哉？虽然每个人都有心超出众人，可是何尝又能超出众人呢？人人都能成就佛道，人人皆可为尧舜，人人皆可为股神。曷常，何尝。

因众以宁，所闻不如众技众矣。一人所见闻必定不如众人的见闻多，不如众人的技能广。正所谓三个臭皮匠能够顶个诸葛亮。所以，从众就能够得到安宁了。从众就有一种安全感。如果不从众，众人很多，有千万之众，都会成为我的敌人了。如果不从众，都会成为被排除的异己。可是真理往往掌握在一个人手里。庄子有一种天下皆醉，而我独醒的感觉。鲸鱼也有一种从众习惯，如果领航鲸出现了问题，整个鲸鱼群都会出现危险，可能集体搁浅。所以从众并非完全安全。

而欲为人之国者，此揽乎三王之利而不见其患者也。而想要治理好国家的人，只是看到夏商周三代君王以仁义治国之利，以法度、赏罚治国的好处，可是却看不到其存在的忧患之处。这也是一种从众的行为。揽，通览字。天下的治国者，只是从众而已。

此以人之国侥倖也，几何侥倖而不丧人之国乎？效法先王以仁义治国，这只是存在侥幸心理罢了，何时侥幸地看到，能够得到国家的长治久安，不至于亡国呢？

其存人之国也，无万分之一。效法先王以仁义治国，能够侥幸存在的，连万分之一都没有。

而丧人之国也，一不成而万有余丧矣！效法先王以仁义治国，一旦不能成功而遭受失败，就会有更多的损失！燕国效法尧舜禅让王位，而导致燕国大乱。

悲夫，有土者之不知也。真是可悲啊，这是有土者（有土则有国，有国则有民，也就是说侯王）所不知道的。

14. 独有之人

【原文】夫有土者，有大物也。有大物者，不可以物；物而不物，故能物物。明乎物物者之非物也，岂独治天下百姓而已哉！出入六合，游乎九州，独往独来，是谓独有。独有之人，是谓至贵。

【注释】夫有土者，有大物也。有土者，必然有大物，所谓的大物，以国为大。一国之力，有取之不尽之物。世人都以国为大物，殊不知比国还大的是道。有道才有国，失道而失国。

有大物者，不可以物。拥有大物者，也就是拥有一国者，不可以为物欲所束缚。

物而不物，故能物物。拥有取之不尽用之不竭的一国之物，而不贪图物欲的君主，如此才能够主宰天下万物。

明乎物物者之非物也，岂独治天下百姓而已哉！明白驾驭外物而不贪求物欲的君主，岂止是仅仅能够治理天下百姓而已呢！这样的君主已经是圣人了，能够逍遥游于大道之乡了。这样的圣人只要安居天子之位，无为而天下大治，百姓如同众星拱月一样自然围绕在他的周围。隐居的贤者会纷纷出来相助。对于得道的贤者，处于暗处，从明处寻访不好寻访。假如能够出现千年一遇的圣者仁君，隐居的贤德人才都会出来相助。

出入六合，游乎九州，独往独来，是谓独有。什么才能称之为独有呢？这样得道的真人，能够自由出入上下六合，可以跳出三界之外了。可以逍遥遨游于九州，独自无拘无束地来，自由自在地去，正所谓无来无去，如同如来。如此可以称之为独有。所谓独有，是独有妙道。然而妙道是人人所独有，如此说来也是人人所共有。最私有的反而是最共有的，最共有的反而是最私有的。大私则公，大公则私。庄子在此已经把独有秘法都讲清楚了，只是我们还不能完全把握罢了。

独有之人，是谓至贵。独有至道的人，可以说是至尊贵的。为什么说独有，只是由于如人饮水冷暖自知罢了。此道并非一人之道，并非一人所独有，而是人人可以独有。庄子已经得道了，只能是自己独自喝闷酒，想跟世人讲清楚不容易。天下皆醉，只有庄子独醒的感觉。至道是天底下最珍贵的东西，比一国的财货还要珍贵许多倍。

15. 大人之教

【原文】大人之教，若形之于影，声之于响。有问而应之，尽其所怀，为天下配。处乎无响，行乎无方。挈汝适复之挠挠，以游无端，出入无旁，与日无始。颂论形躯，合乎大同，大同而无己。无己，恶乎得有有。睹有者，昔之君子；睹无者，天地之友。

【注释】大人之教，若形之于影，声之于响。至尊贵的人对天下人的教化，如同形对应于影，如同声对应于响。至尊贵的人是大人。然而，什么是大人呢？大人并非官位有多高，而是有大心的真人。什么是大心呢？这是相对于小心而言的，前面广成子一开始批评黄帝心地狭小，如此就是小心。人人本来都有大心，都有良知良能，只是被物欲所遮蔽所间隔切分，所以变小了。什么是真人？难道还有假人不成。真人就是恢复了真心，如婴儿般天真无邪的人，恢复本有良心的人。然而婴儿并非真正的天真，婴儿遗传了祖宗所造的业，还并不能真正恢复天真。

有问而应之，尽其所怀，为天下配。得至道的人，虚怀应对外物。如同明镜一般，物来则应物去不留，如同形影、声响，有问必会回应。真人怀至道，这是天下的至宝。真人并不会私藏此宝，而是尽其所能，因材施教，倾囊相授。真人无为，不敢为主而为客。只是如形影声响一样匹配天下人罢了。呼之以马以马应之，呼之以牛以牛应之。古人讲，只闻来学，不闻往教。只听说过来求道的，没有说得道的人亲自上门去教的。

处乎无响，行乎无方。处于无响的寂静之地，心如同明镜，如同止水。以不变应万变，并无特定的一物和方向。意在于花而花是一物，意在于电子而电子是一物。

挈汝适复之挠挠，以游无端。大人提携你自动恢复到你该去的地方，也就会回到大道之乡，恢复本有的自性本心，恢复本有的良心良知。为什么说自动呢？只需要保持静定，保持清净心，就可以自动恢复了，一天天智慧自动增长了。自性本心是每个人的故乡，不需要刻意去驱逐，只要提携引导，指明方向，世人自己就会自动回去了。虽然说是有个大道之乡，可是似乎浑然无有行迹，不知道如何去下手。世人去找禅，找大道，如同猎人找挂角羚羊一样。猎人在地上找，结果羚羊把角挂在树枝上，吊起来了，根本看不到。大人的引导，就可以与其逍遥游于无行迹的大道之乡。挈，提携，引导。挠挠，自动。

出入无旁，与日无始。大人已经跳出了三界外，出入自由，无所依傍了。大人与日月同辉，寿与天齐，已经进入无生无死、无始无终之地了。

颂论形躯，合乎大同，大同而无己。若论说大人的形体，与天地万物为同为一体，正是由于如此，所以就无小我了，已经打破我执。什么是大同呢？天地万物同为一体，称之为大同。大人的身体和你我的身体，也是同为一体的。不仅仅如此，大人的身体，花草树木，鸟兽鱼虫和瓦石，无不是同为一体的。所以世人看到月亮残缺会伤感，看到花落下来，也会感伤。

无己，恶乎得有有。大人已经破除了我执，已经实证无我了。破除我执，这也是佛家所讲，人性当中最顽固的一个执着。正是有我执，所以才会为了满足一己私欲去贪。如果破除我执，相当于连根拔去了。既然连我的概念都没有，哪还会有所谓的芸芸众生呢？哪还会有形态各异的万物呢？天地万物为一体，这些只不过是一种幻象罢了。

睹有者，昔之君子。如果目睹万物，以为万物实有，这是昔日的君子。正如《金刚经》中所说，有了众生相，有了寿者相。见到此身实有，万物实有的人，这是昔日的君子。以提倡仁义之治的三王为友。

睹无者，天地之友。如果目睹万物，看破万物实有的幻象，看到无一物可得。如此就可以成为天地之友了。昔日的君子可以修行而得道，成为独有至道的人。得道的人，目睹万物而不被万物所束缚，已经见相而离相了。前面黄帝曾向广成子求道而得道，昔日为君子，而后为天地之友。

16. 不可不为

【原文】贱而不可不任者，物也；卑而不可不因者，民也；匿而不可不为者，事也；粗而不可不陈者，法也；远而不可不居者，义也；亲而不可不广者，仁也；节而不可不积者，礼也；中而不可不高者，德也；一而不可不易者，道也；神而不可不为者，天也。

【注释】贱而不可不任者，物也。物虽然轻贱，然而不可以不用。一物必有一用，一物必有一理，一物降一物。很大的葫芦看似无用，然而可能有大用。庄子建议可以逍遥游于江河湖海。任，是用。

卑而不可不因者，民也。民虽然地位卑微，然而不可以不依靠。正所谓民贵君轻，民可载舟，亦可覆舟。

匿而不可不为者，事也。事情虽然隐匿而变化莫测，然而不可以不去有为，不去做。正所谓事在人为。《了凡四训》中记载，袁了凡年轻的时候，听了算命先生的话，说他命中无子，五十三岁寿终正寝。一开始一系列的预测都特别的准，所以他干脆就什么都不做了，反正是命中注定的。后来遇见一个禅师，教他改变自己的命运。他做了许多的善事，命运发生了很大的改变。所以说命运，三分靠命，七分靠运。命是与生俱来的，然而运是靠外缘、靠主观努力的，靠积德行善修行，就可以转运，从而改变宿命。打麻将一部分靠运气，一部分靠技术。所以说，事情不可以不去做。

粗而不可不陈者，法也。法虽然粗略简约，但是不可以不施行。刘邦入主关中，废除了暴秦的许多法令，与民约法三章。虽然三章足够粗略简约了，但是不可以不施行，否则就乱套了。德治和法治并重，它们之间互为阴阳，阴阳所占的比例多少，这是根据当时的情况来定的。正所谓乱世用重典。

远而不可不居者，义也。义虽然已经离大道很远了。大道衰落，才有了仁义。虽然义是如此，但是不可以不遵守。由此可见庄子并非一味说仁义的不是，并非完全否定仁义的意义的。如果失去了道德，起码有个仁义也是好的。仁义就好像是多余的小手指，虽然多余，却无病无痛，也并无大碍。

亲而不可不广者，仁也。虽然有所亲疏，有所偏爱了，但是这种偏爱不可以不推而广之。正所谓老吾老以及人之老，幼吾幼以及人之幼。推广到了天地万物，花鸟鱼虫，如此就是大仁了。

节而不可不积者，礼也。礼贵在尚往来，礼为薄，道为厚。虽然去行礼，可是不可以不守着厚重的道。如此称之为礼。如果没有道为根基，所谓的礼是虚情假意罢了。侍奉父母的礼，如果不是发自内心主动的，不是发自真心的，不能称之为孝顺。

中而不可不高者，德也。处事符合中庸之道，然而志向不可以不高远，如此可以称之为有德。君子有志于道，这是君子儒。小人有志于功名，这是小人儒。孔子要求自己的弟子修君子儒。

一而不可不易者，道也。专一但是不可以在该变的时候不变的，如此才能符合于道。比如炒股，假如说专一，说长线持有，就死脑筋那样持有。假如选择的是垃圾股，也许就会血本无归了。正所谓，应无所住而生其心。不应执着于短线，也不可以执着于中线，也不可以执着于长线。对于朝堂之争，站在左边不对，站在右边也不对，难道站在中间就对了吗？只需要培养天地浩然正气，符合于道即可。

神而不可不为者，天也。如果要守住心神，不可以不去有所为，这可以称之为天机。庄子担心世人误解了无为，所以在这里澄清不可不为。为和无为互为阴阳，不可偏废。头脑中妄念很多，如果完全不管，任由思绪乱飞，这样就烦恼越来越多了。然而假如有为，做提念头的功夫。所谓的念头是一句佛号，持续不断地念一句佛号。慢慢地心便安静了下来。庄子所传授这个方法是天机，可是世人却不愿意投入哪怕一点点。

17. 不明于道

【原文】故圣人观于天而不助，成于德而不累，出于道而不谋，会于仁而不恃，薄于义而不积，应于礼而不讳，接于事而不辞，齐于法而不乱，恃于民而不轻，因于物而不去。物者莫足为也，而不可不为。不明于天者，不纯于德；不通于道者，无自而可。不明于道者，悲夫！

【注释】故圣人观于天而不助，成于德而不累。所以说圣人观于天道而不会刻意妄为，只是任由万物各安其本性罢了。成就自己的德性，恢复自己的德性，而不会被外物所负累。

出于道而不谋。圣人出入于正道，然而并非刻意去谋合于大道。圣人只是顺其自然罢了。虽然出入于大道，有无穷的智谋，然而有谋略而不用，只是静心守中。

会于仁而不恃。圣人虽然施行仁德，然而不会自恃其功，而会忘却所做的仁德之事。

薄于义而不积。有个成语是义薄云天。虽然义是属于薄，而道德属于厚重。虽然不会刻意去非议义，但是也不会停留在义这么薄的层面，还是归于道德。

应于礼而不讳。圣人入世，也是入乡随俗的。如果世人待之以礼，圣人不以礼相待，也不太好。所以圣人也会以礼呼应，而不会觉得避讳，不会太过瞧不起薄的礼，而只是看重厚的道。

接于事而不辞。对于应该做的事就去做，而不会去辞让。阳明先生教弟子在事上锻炼自己的心性。

齐于法而不乱。不会摒弃法的作用，德治和法治并用，如此就不会乱了。国有国法，家有家规。不仅治国需要法，齐家也需要法。

恃于民而不轻。虽然衣食依靠老百姓，但是不会轻用民力。在上位的人，不可以多欲。《道德经》中讲，民之饥，以其上食税之多，是以饥。

因于物而不去。因势利导，因为物的本性而用它，但是不会追逐物而去。

物者莫足为也，而不可不为。如果追逐外物就会丧失天真了，遮蔽本有的光明德性了，所以不足以妄为。然而面对外物，也不可不为。真人的心如明镜，物来则应，物去不留，不可以不响应。

不明于天者，不纯于德。如果不明于天机，不明于天道，德性就已经被物欲所遮蔽了，已经不纯了。德性已经夹杂外物了。德性不纯如何能够明呢？只有纯了，不夹杂物欲，才能恢复本有的明德。

不通于道者，无自而可。如果不能通于大道，什么事情都难以办成。此大道上可以治国安邦，中可以悬壶济世，下可以修身养性。

不明于道者，悲夫！所以说，不明达于大道的人，确实是极其悲哀的啊！难怪孔子会发出如此的感慨：朝闻道，夕死可矣。如果大道不明于天下，天下大乱，生灵涂炭，岂不可悲。

18. 天道人道

【原文】何谓道？有天道，有人道。无为而尊者，天道也；有为而累者，人道也。主者，天道也；臣者，人道也。天道之与人道也，相去远矣，不可不察也。

【注释】何谓道？本篇结尾庄子来个总结，还是直奔主题，讲道。庄子全书，无非讲道。韩愈讲，师者，传道授业解惑也。在古代能配得上老师这个称呼，并不是传授知识和技能，首要的是要传道。要把这个道统传承好，把道传给自己的弟子。因为如果不明于道，什么事情都难以办成。

有天道，有人道。此篇文章，从无为讲到有为，又从有为回归于无为。为什么这么讲呢？因为有天道，也有人道，不可以不看到这种区别。后世注解庄子的人到了这里，怀疑这一小段是多余的，属于画蛇添足了。但是对于古代典籍千万要注意，如果还解不通的时候，不可以擅自删除。比如朱熹注解《大学》的时候，擅自修改了些文字。对于真正得道的王阳明先生而言，他坚持古本大学。

无为而尊者，天道也。有为和无为互为阴阳，不可偏废。天道和人道互为阴阳。然而阴中有阳，阳中有阴。人道中有天道，人的自性当中具有天性，自性具足一切。天道当中具有人道，万法唯心造。天地万物离不开人的观测，心物一元。意在于电子的实相，电子实相和心共同作用，产生了电子一物。天道以无为为尊。上天不会刻意干预万物的生长，而是同等地恩泽。

有为而累者，人道也。人道有为就比较劳累了。打麻将的运气属于天道，然而打牌属于人道。所以打牌还是比较累的，需要动脑子，赢了会高兴，输了会发脾气，真是累。

主者，天道也；臣者，人道也。君主为天道，而臣下为人道。君臣互为阴阳。君主既然为天道，尚无为，属于尊贵的；臣下既然为人道，尚有为，要兢兢业业去为民做事，属于劳心劳力的。

天道之与人道也，相去远矣，不可不察也。天道和人道相差比较远，一个天上，一个地下，不可不明察。

第五章　天　　地

1. 天地虽大

【原文】天地虽大，其化均也；万物虽多，其治一也；人卒虽众，其主君也。君原于德而成于天，故曰，玄古之君天下，无为也，天德而已矣。

【注释】天地虽大，其化均也。前面一章末尾讲到天道和人道，紧接着下来的三章就讲天地、天道和天运，环环相扣。庄子的文章浑如天成。天地虽然广大，然而其化育万物的恩德是均等的，不会刻意偏爱某一物，也不会刻意厌恶某一物。《道德经》中讲，天地不仁以万物为刍狗。

万物虽多，其治一也。万物虽然众多，似乎很烦乱，可是不要担心如何治理，都可以归于一道。天地不会据为已有，而是各得其所，自得其治。万物的根本主人是天道，然而天道并不有为地治理万物。

人卒虽众，其主君也。百姓虽然众多，然而其主人是君主。君主必须要具有天德，方能成为天之子。天子只是无为而治理天下，使得百姓各得其所，安居其本来的德性，不要使得德性迁移。

君原于德而成于天。君主之所以成为君主，根本的原因在于恢复了本有的德性，发明了本有的明德，如此才能称之为天子。而君主的德性是由上天赋予的。

故曰，玄古之君天下，无为也，天德而已矣。所以说，远古的君主治理天下，只是无为而治罢了，自已恢复自已本有的天德，发明自已本有的明德罢了。无为无欲，百姓乐于亲近归附，如同众星捧月一样，自然围绕在周围。

2. 以道观言

【原文】以道观言而天下之君正，以道观分而君臣之义明，以道观能而天下之官治，以道泛观而万物之应备。故通于天下者，德也；行于万物者，道也；上治人者，事也；能有所艺者，技也。技兼于事，事兼于义，义兼于德，德兼于道，道兼于天。故曰，古之畜天下者，无欲而天下足，无为而万物化，渊静而百姓定。《记》曰："通于一而万事毕，无心得而鬼神服。"

【注释】以道观言而天下之君正。前面讲如果没有得道，办理许多事情很难成功。反过来讲，如果得道了，许多事情就很容易办了。孙武得道，所以无往而不胜，著有《孙子兵法》十三篇。如果以道来观君主名分，名正而言顺，君主归于正位。君主之位的传承，"传嫡不传庶，传长不传贤"。这是西周以来关于继承制度的规定。这是天经地义的，如果不这样做，名不正言不顺，就会出现动乱了。

以道观分而君臣之义明。以道来观君臣的职分，就可以明了。君臣互为阴阳。君尚无为，而臣尚有为，不可以推辞，不可以不作为。君有君道，臣有臣道，如果互相阻碍就不行了。君主如果连臣下的工作都去做了，就无法关注更重要的事情了。治身如同治国，心如同君主，而五官如同臣下。五官的欲望如果遮蔽心了，就无法有良知了。所以阳明先生教我们致良知的功夫。

以道观能而天下之官治。以道观官吏的才能，而天下的官吏就能够各司其职。天下万物都有其本性，有些会偏于热，有些会偏于寒。比如附子生长在极寒之地，所以大热而且有毒。可以用为中药材，驱寒效果很好，但是千万要会用才可以。万物这些偏的性能，可以辅佐人体之偏。官吏如同药材，如果其才能胜任一个县，就任用其管理一个县，称之为知县。古代的官名起得特别好，如果不能知自己，如何能够知一个县，如果不能知一个县，如何能够治理得好呢？如果一个人能够知晓自己，那就是知己，也许遇见一个人，比你自己还要清楚你自己。

以道泛观而万物之应备。以道来观万物，万物无不齐备。一花一世界，一叶一菩提。一物必有一理。一个原子也是一个小宇宙，有自己的时空参照系。以地球为参照系也可以，以太阳为参照系也可以。如此看来，地心说没有错，日心说也没有错。当然，如果固执地认为地球就是宇宙的中心，这就不对了。我们可以选择任意一物为参照系的中心。霍金最近也发表了类似的观点。

故通于天下者，德也。所以贯通天地人的是天德。道为万物共通之太极，而德为万物各自之太极。在人有德性，在地有厚德，在天有天德。什么是道呢？道字里面是一个首，下面是走，也就是走到路起始的地方，也就是心路起始的地方，也就是不忘初心。万事万物起始的地方，称之为道，这是万事万物所共通的。而德是从每一个具体事物的角度去看，从每个人的角度去看的。每个人原本都有光明的德性，只是被物欲所遮蔽罢了。

行于万物者，道也。行迹存在于天下万物之中的是道。庄子甚至说，道在屎尿。阳明先生格竹子，竹子有竹子的天理。公孙龙讲白马非马，讲离坚白，这是讲石头和马的天理。文以载道，甚至文字中也有道的行迹，而庄子这部经典字字珠玑，都是载道的文字。

上治人者，事也。在上位的人治理百姓，凭借的是礼乐和刑罚诸事。前一章节，庄子从无为讲到有为，纠正了无为之偏。春秋战国乱世，即使庄子大声疾呼，也如同闹市中人语，飞瀑下鱼鸣，哪有多少人能够听得进去呢？

能有所艺者，技也。能够有所擅长的，是技巧。古代老师传道授业解惑。授业就是传授技艺，谋生的技巧。君子有六艺，然而如果不能上达于道，六艺也无法做到极其精湛。某方面技艺如果能够到达炉火纯青的地步，往往这个人已经得道了。比如清代乾隆御医黄元御，因为注伤寒论而得道。

技兼于事。技巧必须兼于一事，如果离开事务来谈技巧，皮之不存毛将焉附。比如木工的技巧，离开治木这事来谈，这是没有任何意义的。

事兼于义。前面讲上位治理百姓，用礼乐和刑罚诸事。还讲了君臣之义。礼乐和刑罚诸事，不可以不兼考虑君臣之义。天子犯法，与庶民同罪。如此执行礼法，天下才能够信服。

义兼于德。讲君臣之义，不可以不兼考虑君臣之德。君尚无为，而臣尚有为。作为君主，需要恢复本有光明的明德。君主需要有宽宏大度，礼贤下士之德。臣下需要有忠君爱国之德。如此均有君道，臣有臣道，君臣之义才可以明。

德兼于道。讲万物各自的德性，不可以不兼考虑道。道为万物共通的东西，而德为万物各自的东西。道和德前面已经讲了很多了，这里就不再讲了。

道兼于天。讲万物共通的道，不能不讲天。所以此篇文章的名字称之为天地。前面有讲天道和人道。天道无为，而人道有为。天道和人道还是有所不同的。所以讲道，不可以不考虑天。

故曰，古之畜天下者，无欲而天下足，无为而万物化，渊静而百姓定。所以说，古代畜养天下的人，称之为天子。无欲而天下自足，君主如果多欲，就会扰乱天下人心了。无为而万物自化。天子处于渊深静定当中，富有盛德，而百姓自然安定。大道对于天下的人，如同天放，不会像放牛一样，还要鼻子上拴绳子。

《记》曰："通于一而万事毕，无心得而鬼神服。"《记》是书名，为老子所作。看来庄子以老子为师。如果能够通于一，万事都已经完成了，也没有什么可说的了。孔子也讲一以贯之。汉字特别神奇，是全息的，一个字可以载道，一句话也可以载道。如果能够把一给讲清楚，也就能够把道给讲清楚了。一心可以分出七情六欲。喜怒哀乐未发，可以称之为中，可以称之为一。如果一心念佛号，也可以归于静定，回归于未发之中。如果能够做到无心，鬼神都可以宾服了。所谓无心是指无有妄心妄念。如果能够做到归于静定，就不会心猿意马了。所谓的鬼是心鬼，如果贪图财富，贪就是一鬼；如果嫉妒别人，嗔恨就是一鬼。凝神可以聚气，聚气可以归于精。所以说，老子所说，并非虚言。

3. 万物一府

【原文】 夫子曰："夫道，覆载万物者也，洋洋乎大哉！君子不可以不刳心焉。无为为之之谓天，无为言之之谓德，爱人利物之谓仁，不同同之之谓大，行不崖异之谓宽，有万不同之谓富。故执德之谓纪，德成之谓立，循于道之谓备，不以物挫志之谓完。君子明于此十者，则韬乎其事心之大也，沛乎其为万物逝也。若然者，藏金于山，藏珠于渊，不利货财，不近贵富；不乐寿，不哀夭；不荣通，不丑穷；不拘一世之利以为己私分，不以王天下为己处显。显则明，万物一府，死生同状。"

【注释】 夫子曰。夫子是指老子。为什么这么说呢，因为前面引用了老子的《记》。接下来很连贯地引用了老子所说的话。

夫道，覆载万物者也，洋洋乎大哉！道生天地，天覆地载万物，可以说道比天地还要大，洋洋洒洒不知道有多大！大道如同宽阔的大马路，是特别容易见，特别容易行的，只是世人一叶障目不见泰山罢了。《道德经》中讲，吾言甚易知，甚易行；天下莫能知，莫能行。

君子不可以不刳心焉。君子不可以不摒弃杂念，摒弃妄心，归于真心。只有如此，才可以得道，才能称之为君子。刳心，是剖开心，挖开心。这里并不是说真的要挖心，而是说要把妄念给清除干净。

无为为之之谓天。君子无为而为之，可以称之为顺天而为，如此君子顺应天道而无为。君子如果刻意有为，就会扰乱百姓的心。

无为言之之谓德。君子富有盛德，行不言之教，所以无为无言而能感化百姓，称之为德。

爱人利物之谓仁。君子爱人如己，利养万物，而不会过度地取之于民，与民争利。如此可以称之为仁。不会过度地捕捉野兽，前面讲到如果使得野兽离散，就会影响到花鸟了。网开一面这个成语是讲关于商代得道天子成汤的故事。商汤散步时，看到一个人在野外四面张网捕鸟，还祈祷说："无论从哪里来的鸟都能进入我的网。"商汤对捕鸟人说："哎呀，太残忍了，鸟儿恐怕被你捕光了。"说罢，便拆掉三面的网。并小声祷告："鸟儿啊，你们愿左飞就往左飞，愿右飞就往右飞，实在不想活了，就进入网里来吧！"

不同同之之谓大。君子能够使得不同的万物归于同，可以称之为大。天地万物本来就是同为一体，称之为大同。并非万物不同，而是人无大心。如果人有大心，万物就归于一体了。一物必有一理，天底下没有完全相同的两物。所以一物必定异于一物，虽然看似相同，实则不同。不同肤色不同民族如果能够归于大同，和谐相处，亲如一家，如此可以称之为大。

行不崖异之谓宽。君子之行不会特立独行，不会特别突出而与众不同，称之为宽。君子能够宽以待人。心宽行才可以宽。心地狭小就不能称之为宽。《道德经》中讲，和其光，同其尘。崖异，突出而不同。

有万不同之谓富。君子能够包容不同的万物，包容不同的人，称之为富有。

故执德之谓纪。所以说，如果能够执持天德，可以为天地万物的纲纪。《中庸》中讲，率性之谓道。以德性为天地万物，为百姓的统率，为天地万物的纲纪，如此可以称之为道。当然这个德性是万物各自的德性，百姓各自本有的德性。让百姓安于本有德性，勿使得迁移，这就是纲纪了。

德成之谓立。功德有成，可以称之为立。古人讲，立功立德立言，这里是讲立德。阳明先生可谓是古今以来这三者做得最好的人了。德立而根本就正了。立定就不会容易迁移改变了。

循于道之谓备。如果能够顺应大道，就能够做到完备了。自性本心即是道，自性具足一切，可以说是圆融通达的，是很完备的。如果得道了，就自给自足了，就能够安贫乐道，不向外求什么了。数学里有一个哥德尔不完备定理，数学也只是一种形式系统罢了，只是载道的工具罢了。数学的形式系统有自己的时空，也是一个小宇宙。科学家总是从这个命题，不断地进行逻辑推演另外一个命题。如同用谎言来验证谎言。撒了一个谎，就要用一百个谎言来圆。可是总有些命题，无法证明真，也无法证明伪。正如人生如一场大梦，我们在梦中说梦，如何能够证明我们是在大梦中呢？这是无法证明真，也无法证明伪的，只有亲自印证了，才可以的。即使亲自印证了，跟别人说，别人也不信的。

不以物挫志之谓完。不以物欲挫伤志向，伤害德性，如此可以称之为完全了。前面讲备，这里讲完，合称完备。

君子明于此十者，则韬乎其事心之大也，沛乎其为万物逝也。君子明白了这十个道理，如德、宽和富等，就能够包容万事，如此心就大了。什么是大心呢？相对小心而言，相对心地狭小而言。大心是天地万物同为一体的心。德性就很充沛了，万物就归之，百姓也归之了。韬，是包藏，包容；沛是充沛的样子。

若然者，藏金于山。如果能够如此，就可以藏金回归于山了。世人千方百计在山里去淘金，而圣人是相反的，不贵难得之货。金子的本性本来就是该藏于山的，只是由于世人贪婪挖掘出来，就破坏环境了。世人不知真金就在自己本性当中。世人贪婪地挖掘地球，不光是把金挖掘出来，而是把火也挖掘出来，搞得金木水火土失调了，本来五行是和谐的，如此就乱了。比如煤、石油和天然气，属于真火，藏在地底下。可是世人却挖掘出来，使得地球虚火浮越，有了厄尔尼诺现象。人的肾中藏有真火，如果太过纵欲，就会虚火浮越，人就会折寿了。

藏珠于渊，不利货财，不近贵富。圣人把珠宝归藏于深渊之中。世人总是到大海，深渊中去挖掘珠宝，这些东西本来就该呆在深渊之中。如果出现在世上，世人贪爱，就会不择手段去谋求。圣人不以货财为利，不接近富贵。《道德经》中讲，金玉满堂，莫之能守；富贵而骄，自遗其咎。功成身退，天之道也。

不乐寿，不哀夭。圣人不以长寿而乐，不以夭折而哀伤。圣人已经摆脱生死的束缚了，进入不生不死的大道之乡了。

不荣通，不丑穷。不以通达为荣，不以穷困为丑。圣人已经得道了，能够安贫乐道，知晓什么是最重要的事。有位得道高人曾经说过：世人是最弱智的，其实有一种办法能够使得世人很少生病，能够长寿，能够保持年轻，可是世人却不懂得去追求。

不拘一世之利以为己私分，不以王天下为己处显。圣人不会获取整个世上的利益为自己所私有；也不会以当侯王统治天下为显贵，不想炫耀自己的功德。

显则明，万物一府，死生同状。地位如同侯王那样显赫就会彰明，然而又有什么用呢？天地万物本来都同为一体，都会回归于一。本来并无生无死，生死都没有什么分别。贵贱存乎位，并不是侯王有多珍贵，而是所在的位子的高贵。上至侯王，下至黎民，每个人本来德性都是相同的。

4. 不考不鸣

【原文】夫子曰：“夫道，渊乎其居也，漻乎其清也。金石不得，无以鸣。故金石有声，不考不鸣。万物孰能定之！夫王德之人，素逝而耻通于事，立之本原而知通于神。故其德广，其心之出，有物采之。故形非道不生，生非德不明。存形穷生，立德明道，非王德者邪！荡荡乎！忽然出，勃然动，而万物从之乎！此谓王德之人。视乎冥冥，听乎无声。冥冥之中，独见晓焉；无声之中，独闻和焉。故深之又深而能物焉，神之又神而能精焉。故其与万物接也，至无而供其求，时骋而要其宿，大小、长短、修远。”

【注释】夫子指的是老子，老子接着跟我们讲道。下面所讲的内容都是圣人老子所讲。

夫道，渊乎其居也，漻乎其清也。大道安定，像渊深的潭水；大道无形，清澈得像潺潺的流水。大道无形无相，渊深寂寞。漻，清澈的样子。

金石不得，无以鸣。前面讲道，马上讲金石。如果金石不得道，就不能鸣响了。古人使用金石来制作乐器。一物必有一理，金石也必有天理。大道的行迹存在于万事万物。不仅仅是金石有道，月亮、石头、白马和花朵等无不有道。公孙龙谈白马非马，无非向世人开示大道之妙；谈鸡有三条腿，无非也是说道；谈石头的白和坚，无非是讲道。

故金石有声，不考不鸣。所以说，金石本来有声，可是如果不敲打也是不会鸣响的。苏东坡有一首琴诗：如果琴上有琴声，为何放在匣子里又不会自己鸣；如果手指上有琴声，为什么不在手指上听呢？手指对应于心，而琴对应于万物实相。只有心和万物的实相触碰在一起，才会产生万事万物。只有手指触碰琴弦的一瞬间，才能创造出美丽的琴声。琴声如梦如幻，对应着万事万物。爱因斯坦思考月亮的道理思考了几十年，如果去看月亮的一瞬间，心和月亮实相共同作用而创造了月亮这个现象实体。庄子前面讲过风出大树的公案。风对应于心；大树的万种孔窍对应于实相；万种声响对应于万事万物。只有风吹大树的时候才能发出万种声响，树欲静而风不止，是心动而不是大树动。

万物孰能定之！如果不是大道能定万物之理，又有谁能够定呢！道生万物，道生一，一生二，二生三，三生万物。

夫王德之人，素逝而耻通于事，立之本原而知通于神。具有王德的人，真正的天子，只是怀素而行，以通晓世事为耻辱。黄石公传《素书》于张良，张良凭着这部书辅佐刘邦平定天下。由于大素不素，所以本书定名为《庄子素解》，以此明志。具备天子之德的人，立足于本原。什么是本原呢？所谓本原就是本心自性。本心即是道，自性即是道。如果能够立足于道，足不出户而能知天下事。并不是走得越远，看见越多，知道就越广。《道德经》中讲：不出户，知天下；不窥牖，见天道。其出弥远，其知弥少。王阳明先生在贵州龙场顿悟而得道，并在四书五经中找到印证了。对于得道的人，恢复本有良知良能，似乎料事如神，只不过是人人都具有的能力罢了。

故其德广，其心之出，有物采之。所以说天子的德性广大，无所不包。其心志的显露，是由于外物的感应所引起。前面有讲金石如果不敲打，也不会发出声音。意上面是音，下面是心，为心之响。心不被外物所采，也不会有感应。眼睛去看石头的实相，一瞬间就创造了石头的白。眼睛去摸石头的实相，一瞬间就创造了石头的坚。圣人的心如同明镜，物来则应，物去不留，不将不迎。

故形非道不生。所以说万事万物的形体，如果不是道，是无以生的。如果明道了，才明白万事万物如何生。现代科学发现了许多的基本粒子，例如中微子、电子等。然而，这些粒子只不过是观测的一瞬间所创造出来的现象罢了。测量中微子的实相的时候，一瞬间创造出了中微子这个现象实体。当今世界已经发现了中微子有三种震荡方式，这是为什么呢？这是由于每次观测的时候，观测者和外在观测条件不同，所以就创造出了三种震荡方式。也许以后还会发现有其他的震荡方式。然而中微子的实相只有一个。这就很好地解释了中微子震荡之谜。例如电子的实相只有一个，观测的同时创造了左旋和右旋两种状态。

生非德不明。道生万物，而如果无德性就不行了，就不能够显明。每个人都有本有的光明德性，如果不恢复这个，德性是不会发出光明的。

存形穷生，立德明道，非王德者邪！所以说寡欲守中，保存形体而穷尽天年；恢复树立自己本有的明德，还要帮助百姓去发明自己本有的明德，如此明明德于天下，大道就发明了；这难道不是具备王德的人所做的事情吗！

荡荡乎！忽然出，勃然动，而万物从之乎！天子的德性何其宽广！忽然出于心，只是无心应物罢了；勃然而动，并非有为而动心，而是应物而动罢了。如同明镜一样，明镜之光忽然出，只是由于为了应外物；明镜并非刻意动，其实放在那里一动不动，只是影子在动罢了。万物随之而出入，随之而动罢了！

此谓王德之人。如果能够如此，可以称之为具备王德的人。具备王德的人恢复了本有的光明德性，仁爱天地万物，仁爱百姓。

视乎冥冥，听乎无声。大道无形，看它的时候，似乎昏暗不明的样子，很难见道。古人特别尊师重道。明代岭南理学大师陈白沙得道后，在广东江门筑钓鱼台而传道。弟子湛若水为了表达拜师求道的决心，决意不去参加科举考试。如果能够有得道的善知识指引，更容易见道，当然也要看自己的根器如何。大道无声，听大道可是似乎也听不见。正所谓大象无形，大音希声。

冥冥之中，独见晓焉。虽然昏暗不明，但是冥冥之中，却唯独能够看到一丝亮光。每个人的本心如同生锈的铜镜。有些地方遮蔽得不太厚，如果沿着这个地方专一精深地打磨，做致良知的功夫，就可能看到一丝亮光。哪怕一丝亮光，这也可以给修道的人无比的信心。因为见到了心性的光芒，称之为明心见性，也可以说是得道了。

无声之中，独闻和焉。虽然大道无声，但是一片寂静中，似乎能够听到有应和声。这个声音并非是我在的声音，而是能够听到自身的心声。

故深之又深而能物焉。所以说，大道隐藏得很深邃，不容易得道。可是如果能够得道，就能够主宰万物了。实际上并非主宰万物，而是主宰自己的心，万法唯心造。深之又深的功夫，讲得很形象。阳明先生致良知的功夫，也是要专一而精深。如果不能专一，也就无法做到精深。在这个地方打磨一阵，换一个地方又试一下，如此无法精深。如果不能精深，就不能打通锈迹。

神之又神而能精焉。如果能够凝神就能够聚气，聚气就能够生精。如果能够使得神定了，不心猿意马，如此就能够进入精深的状态了。在佛山仁寿寺里写着这样一句禅语：念一声阿弥陀佛，即是无上甚深禅。

故其与万物接也，至无而供其求，时骋而要其宿。道即是心。所以本心与万物对接，虽然虚心应物，然而虚而不虚，能够供应万物求取。物来则应，物去不留。西施照了，就是西施的影像；东施照了，就是东施的影像。不会评价美丑。有时驰骋不停，心猿意马；有时又能够聚集归于虚无的归宿，归于寂静的大道之乡。

大小、长短、修远。不管万物是大小、长短还是深远，都能够归于一，归于寂静虚无。正所谓万法唯心造。万事万物都离不开心的叩响，如同金石一般，需要敲击才能发出鸣响。李连杰主演的《太极张三丰》的片头歌曲唱道："不慢也不快，没有胜又何来败；没有动，哪有静。"没有大，哪有小；没有长，哪有短；没有近，哪有远。《道德经》中讲，高下相顷，难易相成。大小只是现象实体罢了，实相是无大无小的；长短和远近都是现象实体。相对论中，物体长度会随着运动速度发生变化。质量也会随着物体运动速度发生变化，如此看来质量也和观测者有关，与心有关。

5. 寻找玄珠

【原文】黄帝游乎赤水之北，登乎昆仑之丘而南望，还归，遗其玄珠。使知索之而不得，使离朱索之而不得，使吃诟索之而不得也，乃使象罔，象罔得之。黄帝曰："异哉！象罔乃可以得之乎？"

【注释】黄帝到赤水的北岸游览，登上昆仑山向南方眺望，回来的时候，把玄珠遗失了。玄珠用来比喻妙道。正如佛经用摩尼宝珠比喻无上道。

使知索之而不得。黄帝派知这个人去寻找玄珠，可是找不到。知代表着智巧。即使学富五车，未必能够得道。王阳明有一次会见了许多博学的长者，聊完以后大发感慨。《道德经》中讲，博者不知，知者不博。博闻多识未必就得道了。阿难以博闻强记而著称，可是他却差点因为没有能够得道，不能加入佛经集结的僧团，后来精进而得道才有机会加入了。

使离朱索之而不得。黄帝派视力很好的离朱去找，可是还是找不到。真正的明，并不是目明，而是能够见到自性。离朱据说百步之外，秋毫之末这么细小的东西都能看得分明。可是一叶障目不见泰山，在他眼前放一片叶子就看不到泰山了。

使吃诟索之而不得也。黄帝又派能言善辩的吃诟去找，还是无法找到。《道德经》中讲，善者不辩，辩者不善。大道离语言文字相，指月之指非明月。语言文字只是指向月亮的手指罢了。语言文字可以载道。

乃使象罔，象罔得之。黄帝最后派象罔去找，结果找到了。象罔，取之有象，可是实则无形无相，比喻无心。大道至简，可是人心险曲，就无法找到，即使看到都看不出来。正所谓正法眼藏，骑驴找驴。

黄帝知道了，就感到很惊讶，他说道："真是太奇怪了！居然象罔能够找到玄珠？"求道并非需要太多智巧，太多智巧就会有所知障。

6. 治乱之率

【原文】尧之师曰许由，许由之师曰齧缺，齧缺之师曰王倪，王倪之师曰被衣。尧问于许由曰："齧缺可以配天乎？吾藉王倪以要之"。许由曰："殆哉圾乎天下！齧缺之为人也，聪明叡知，给数以敏，其性过人，而又乃以人受天。彼审乎禁过，而不知过之所由生。与之配天乎？彼且乘人而无天。方且本身而异形，方且尊知而火驰，方且为绪使，方且为物絯，方且四顾而物应，方且应众宜，方且与物化而未始有恒。夫何足以配天乎？虽然，有族，有祖，可以为众父，而不可以为众父父。治，乱之率也，北面之祸也，南面之贼也。"

【注释】尧的老师是许由，许由的老师是齧缺，齧缺的老师是王倪，王倪的老师是被衣。古代的老师都以传道为第一要务，这些人都是得道的人。

尧帝向自己的老师许由请教，问道："齧缺可以配天子之位吗？我凭借王倪总可以邀请他吧。"尧帝想着凭借老师的力量，总该可以邀请到他了吧。

许由回答道："天下近乎岌岌可危了！"殆，近。圾，岌岌可危。

许由又说道："齧缺的为人，虽然足够聪明睿智，办事快速敏捷，才性过人，而竟然用人的智巧改变从天承受而来的秉性。"叡知，睿智；数，急。从天而受的秉性即是德性，为了办成事而可以迁改德性，不拘一格。许由如此评判自己的老师，正所谓青出于蓝而胜于蓝。

许由又说道："他很擅长如何去禁止别人犯过错，而却不知道如何使得过失不要产生，从源头上禁止。"正是由于德性迁移了，所以就有过失了。

许由又说道："他这样难道能够与天德相配吗？难道能够配天子之位吗？他只知道乘人道而无天道了。"

许由又说道："他方将以己身为本，而改变万物的行迹，不是使得万物各自安于自己的本性，不是使得百姓各自安于自己本有的德性。"

许由又说道："他很崇尚智巧，为了快捷办成事情而不择手段。"前面讲了他办事高效快捷的个性。

许由又说道："他会被绪余细小的事情所驭使。"天子尚无为，而臣下尚有为。如果被细小的事情所束缚，就无法做到无为而治了。

许由又说道："他会被外物所拘束，被物欲所牵引。他心向外驰求，四顾四方，忙于应接外物。"絯，拘束。

许由又说道："他做事求完美，期望事事都做得适宜，期望得到众人的认可。"

许由又说道："他被物所化，而不能保持恒久的本性。"他从上天继承的德性发生迁移了。

许由又说道："我讲了这么多，你看看他如何能够与天相配呢？如何能够担当天子之位呢？"

许由又说道："虽然他不能做天子，他的德性足以成为族人的首领，可以成为一方的尊长。族人不断地聚集，族人也需要有人带领，族人有共同的祖先。虽然可以作为族人首领，但是不可以成为尊长的尊长，也就是不能成为天子。"

许由又说道："刻意有为地治理天下，这是导致乱产生的根源。应当无为而治理天下。"《中庸》中讲率性之谓道。德性为根本，自性本心为道。

许由又说道："多欲有为治理天下，这是臣子和百姓的祸害。如果多欲有为，就会扰乱天下人的心。"北面，指面朝北。在古代，天子面南而坐，百姓和臣下觐见天子面朝北面。这里用北面代指臣下和百姓。

许由又说道："如此多欲治理天下，就会产生面南而坐的盗贼了。"南面是天子和诸侯王之位。前面讲田常为大盗，盗窃了齐国，连仁义也一起偷了。田常虽然南面而坐，成为诸侯王，然而却是窃国盗贼。

7. 非所养德

【原文】尧观乎华。华封人曰："嘻，圣人！请祝圣人。""使圣人寿。"尧曰："辞。""使圣人富。"尧曰："辞。""使圣人多男子。"尧曰："辞。"封人曰："寿、富、多男子，人之所欲也。女独不欲，何邪？"尧曰："多男子则多惧，富则多事，寿则多辱。是三者，非所以养德也，故辞。"

【注释】尧帝在华地巡游。华为地名。

华地看守疆界的人看到帝君，就说道："啊，圣人啊！请让我为圣人祝福吧。""祝愿圣人万寿无疆。"

尧帝听了以后，婉言谢绝，他说道："还是别了，谢谢你。"辞，是婉言谢绝。

这个人还是依旧很热情地祝福道："祝愿圣人永远富足。"

尧帝听了以后，还是婉言谢绝，他说道："还是别了，谢谢你。"

这个人还是不识趣，还是不依不饶地祝福道："祝愿圣人多子多福。"

尧帝听了以后，还是婉言拒绝了，他说道："还是别了，谢谢你。"这是世人常有的美好愿望，希望能够长寿、富贵和人丁兴旺，在春联里经常都会写"财丁兴旺"。怎么尧帝对这些都不动心呢？

这个人听了尧帝连连推辞，就觉得很纳闷了，他问道："长寿、富足和多子，这些是人人都想得到的。为何唯独你就不想呢？"

尧帝回答道："如果有很多的儿子，就会多了一层忧虑和恐惧；如果太过于富足，就会有太多的麻烦了；如果太过于长寿，就会受到困辱了。这三者，并不是滋养德性所需要的，所以我就推辞了。"其中滋味，只有细心品味才知晓尧帝的一片苦心。

8. 修德就闲

【原文】封人曰："始也我以女为圣人邪，今然君子也。天生万民，必授之职。多男子而授之职，则何惧之有！富而使人分之，则何事之有！夫圣人，鹑居而鷇食，鸟行而无彰；天下有道，则与物皆昌；天下无道，则修德就闲；千岁厌世，去而上仙；乘彼白云，至于帝乡；三患莫至，身常无殃；则何辱之有！"封人去之。尧随之，曰："请问。"封人曰："退已！"

【注释】封疆的人说道："一开始我以为你是得道的圣人，现在看来只不过是仁义的君子罢了。"

封疆的人又说道："上天生育万民，必然会授之以一定的职分和差使。每个人都是带着使命来的。虽然你多儿子，可是如果能够授之以恰当的职分，又有什么可忧惧的呢！"虽然有多个儿子，但是不废长立幼，不废嫡立庶，就不会有什么好担忧的。正所谓外举不避仇，内举不避亲。

封疆的人又说道："你虽然富有四海，然而能够让人人分享，得到安定的生活，又会有什么麻烦事呢！"范蠡为儒商鼻祖，曾三次富甲一方，又三次散尽家财。范蠡又有多少麻烦事呢？

封疆的人又说道："对于得道的圣人而言，如同鹌鹑那样随遇而安，居无常所；如同等待喂食的小鸟；如同飞鸟一样，不留踪迹。"鷇食，等待母喂食的小鸟。指大道之母，圣人以大道为母。圣人随遇而安，安贫乐道。

封疆的人又说道："天下有道的时候，则与万物一起昌盛；天下无道的时候，则修养自己的德性罢了，就闲居隐居起来，退藏起来。"

封疆的人又说道："如果长寿千岁，在世上呆够了，就出世去做神仙去了。"

封疆的人又说道："乘坐白云，以白云为马，回归于天帝之乡。"天帝之乡，也就是大道之乡。大道并不遥远，在于每个人的自性本心。

封疆的人又说道："前面所说的三种忧患，多忧惧、多麻烦事和多困辱，都不会降临在圣人身上，身体也不会遭殃，身心康泰。这样又有什么好觉得屈辱的呢！"他跟尧帝说完这番话，就扬长而去了。

尧帝跟随着他，因为这个人出言不凡，不简单，估计是隐居的得道高人，就说道："请先生多加赐教。"

封疆的人又说道："你还是请回去吧！"

9. 后世之乱

【原文】尧治天下，伯成子高立为诸侯。尧授舜，舜授禹，伯成子高辞为诸侯而耕。禹往见之，则耕在野。禹趋就下风，立而问焉，曰："昔尧治天下，吾子立为诸侯。尧授舜，舜授予，而吾子辞为诸侯而耕。敢问，其故何也?"子高曰："昔尧治天下，不赏而民劝，不罚而民畏。今子赏罚而民且不仁，德自此衰，刑自此立，后世之乱自此始矣。夫子阖行邪？无落吾事！"俋俋乎耕而不顾。

【注释】尧帝治理天下，而伯成子高这个人被立为诸侯。前面庄子讲，都是治理天下惹的祸，天子尚无为，而不是有为治理天下。

尧帝把帝位禅让给了舜，舜帝又把帝位禅让给了禹。伯成子高就辞职，不当诸侯了，归隐田园耕田种地去了。

禹帝去拜见他的时候，他正在田野耕作。

禹帝快步地走到下风向。古人特别注重礼，看禹帝特别的谦卑虔诚，愿意谦下地向他请教。下风向的位置为卑位，以示恭敬谦卑。禹帝立定之后就问道："昔日尧帝治理天下的时候，你被立为诸侯。尧帝禅让帝位给了舜帝，舜帝禅让帝位给了我。可是你却辞官归隐，辞掉了诸侯的职位，在此耕地。请问，你这是为什么呢?"禹帝并无怪罪之意，而是谦卑地反省自己，是不是自己的德性不足以留下这样贤德的人才。

子高听了就回答道："昔日尧帝治理天下的时候，不需要赏赐而百姓就能够得到劝勉，不需要刑罚而百姓就会敬畏。"

子高又说道：“作为当今天子的你，虽然有赏罚，可是百姓还是不能归于仁。百姓的德性从此就衰落了，社稷的道德从此也衰败了，刑罚从此开始设立，而且名目逐渐繁多。后世的乱从此开始了。”

子高又说道：“先生你为何不走开呢？不要在这里影响我做农活了！”阖，何不。也许不能完全归罪于禹帝吧，人心不古啊。

子高说完，就低头卖力地耕作，头也不抬一下。子高对于用赏罚治理天下，扰乱人心的做法感到不满。他这是劝诫禹帝，让他反思。俋俋，低头用力耕作的样子。

10. 同于太初

【原文】泰初有无，无有无名；一之所起，有一而未形。物得以生，谓之德；未形者有分，且然无间，谓之命；留动而生物，物成生理，谓之形；形体保神，各有仪则，谓之性。性修反德，德至同于初。同乃虚，虚乃大。合喙鸣；喙鸣合，与天地为合。其合缗缗，若愚若昏，是谓玄德，同乎大顺。

【注释】泰初有无，无有无名。泰初，即是太初，宇宙未形成之初。太初的时候，只有一个无，虽然称之为无，可是无并没有一个名称，而是勉强称之为无。这个无也可以称之为道。道，也只是勉强起了个名字罢了。然而，道可以分出有无，善恶，大小。这里的有无相对的有无，跟太初的无是有根本不同的。太初的无等同于道。

一之所起，有一而未形。道生一，一生二，二生三，三生万物。大道生一，然而虽然有一，但是万物还没有外形。一缕太阳光经过三棱镜，就可以分出七色。这七彩斑斓的颜色对应于万物的外形。如果七色回归于一，就无色了。

物得以生，谓之德。万物得道而生，万物各自的太极，可以称之为德。大道赋予万物各自的德性，赋予百姓各自本有的光明德性。《道德经》中讲，万物得一以生。

未形者有分，且然无间，谓之命。未有形体之前，已经有了阴阳之气的分别。然而，却是无有间隔的，没有分开独立的形体，还是浑然一体的。阴阳不分，阴中有阳，阳中有阴。如此称之为命。

留动而生物，物成生理，谓之形。大道流动而生万物，万物成了而随之同时生出理，称之为形体。留动，流动。万法唯心造，并非物动，而是心动生出万物。一物必有一理。理依存于物，皮之不存毛将焉附。物和理是同时产生的，并非先产生了物，而后生出物的理。如同莲花开放一样，是花果同时的。

形体保神，各有仪则，谓之性。形体保有至神。五脏六腑藏有至神，肝藏魂，肺藏魄。五脏六腑和合而生神灵。每一个众生都有各自的礼仪和法则，每一个众生都有上天赋予的德，称之为性，或者称之为德性。自性之中具有一切法。

性修反德，德至同于初。如果能够修身养性，就会回归于本有的德性，回归于本有的光明德性，进而明明德于天下。禅宗有《传灯录》，所谓传灯就是传的心灯。禅宗大师弘扬禅宗妙法，点亮世人心里的心灯，发明世人本有的明德。如果上天赋予的德性回归了，就恢复了初心，就回归了太初，就归于道了。

同乃虚，虚乃大。如果回归了本有的德性，回归了至德，就处于虚无寂静的大道之乡了。平常我们说同心同德。人人都本同有此心，本来是心心相印的。人人本来的德性都是相同的，只是由于物欲遮蔽，所以德性有所迁改罢了。如果能够回归虚无寂静之所，就有大心了。如此就能够归于大同了，归于天地万物同为一体。如此可以称之为大。

合喙鸣；喙鸣合，与天地为合。喙，鸟嘴。合上鸟嘴巴，无声地鸣叫，如此就可以暗合于道了。天地大美而无言，沉默是金。圣人行不言之教。大象无形，大音希声。或者也可以如此理解，鸟的鸣叫声音和鸟嘴吧一致，也就是心口一致，就可以合于道了。佛家有念佛法门，心口一致地念佛号，就可以进入静定了。如果能够合于道，就可以与天地合了。

其合缗缗，若愚若昏，是谓玄德，同乎大顺。如果将鸟的嘴巴融合，虽然不会发出鸣叫声，声音不分明。与大道浑而为一，似乎冥合没有形迹。没有区分善恶、长短和明暗，回归于一。似乎是愚昧，似乎是昏暗不明。如此可以称之为玄德。玄德是深奥玄妙的天德，也是每个人身上本有的德性。如此就同归于大顺。顺应而回归于大道，可以称之为大顺。《道德经》中讲，生而不有，为而不恃，长而不宰，是谓不宰，是谓玄德。

11. 忘己之人

【原文】夫子问于老聃曰："有人治道若相放，可不可，然不然。辩者有言曰：'离坚白，若县宇'。若是则可谓圣人乎？"老聃曰："是胥易技系、劳形怵心者也。执留之狗成思，猿狙之便自山林来。丘，予告若，而所不能闻与而所不能言。凡有首有趾无心无耳者众，有形者与无形无状而皆存者尽无。其动、止也，其死、生也，其废、起也，此又非其所以也。有治在人，忘乎物，忘乎天，其名为忘己。忘己之人，是之谓入于天。"

【注释】孔子向老子请教，他问道："有人修道似乎跟大道完全背道而驰一样。常人认为是可以的，自己却认为是不可以的；常人认为是正确的，自己却认为是不正确的。"相放，相悖逆。佛陀讲，颠倒众生也是这个道理。由于人心险曲，所以看到真正的道，就颠倒了。正道会被看为是歪道，歪道被看为是正道。张果老倒骑驴，也是为了提醒世人。《道德经》中讲，不笑不足以为道。

孔子又问道："善于辩论的人，他们说：'像离坚白这样的公案，就好像是悬挂天宇那样显而易见'。像这样的人，可以称之为圣人吗?"县，悬挂；宇，天宇。离坚白是名家公孙龙的言论。前面有探讨过离坚白，这里就不详细论述了。离坚白实则是反复指明离坚白相。外离相即禅，也就是说，公孙龙反复向世人指明大道罢了。如果去仔细研究公孙龙的六个章节的书，就可以明白公孙龙的一片苦心了。可以说，公孙龙也是得道的圣人，只是抛出这样的言论，容易误导世人罢了。接下来看老子怎么评价。

老子回答道："这只是小官吏经常地更换职事，被技艺所系累罢了。因为更换了职事，就要去学另外的一门技艺。如此就会使得形体劳累，也会使得内心惊怵。"胥，小官吏。老子所说，公孙龙只不过换汤不换药罢了，都是要讲明大道，何必还要语不惊人死不休呢？换来换去地讲，使得百姓为这么多的名目所累。

老子又说道："善于捕捉狐狸（或竹鼠）的狗，经常被人用来打猎；身手敏捷的猕猴，经常被人从山林中抓出来。"执留，亦作"执狸"。留，也有解释为竹鼠的。猿狙，猕猴。老子虽然没有直接讲公孙龙，可是，这一句已经讲完了。公孙龙属于能言善辩的，就像是猕猴一样，也许总有一天会为此惹祸的。

老子又说道："孔丘，我只是想告诉你，你所不应该去听闻的东西，和你所不能随便说的东西。"老子苦口婆心告诫孔子。不要去被这些言论所左右，还是安心于道，处于喜怒哀乐未发之中就可以了。不要过多地说一些奇谈怪论，扰乱天下人心。虽然说百家争鸣，可是如此更加扰乱天下人心了。公孙龙曾经是孔子的弟子，传承了孔门的心法。

老子又说道："天底下有头有脚的人，心不明，耳不聪者众多。"无心，心不明，可以称之为无心。无心是失去了本心。无耳，耳不聪，可以称之为无耳。如果像师旷那样善于音律，并不能称之为耳聪，不能称之为有耳。如果能够听闻到自己的心声，如此才能称之为耳聪。天底下这么多迷惑的人，公孙龙如此高调展示自己，会引来灾祸的。

老子又说道："天底下有完整形体，而又能够与无形无状的大道合而为一的几乎就没有了。"普天之下，学道的人多，而得道的人如同白昼的星星一样稀少。

老子又说道："人的行动或者静止；死亡或者生存；废黜或者兴起，这些都不是由人单单能够左右得了。"人的命运兴衰，有自己主观努力的分成，也有运气的成分。老子劝诫孔子，不要为了名利而去有为多说。

老子又说道："倘若果真存在着什么需要治理的话，那就是在于安守自己的本来德性。忘掉外物，不被外物所束缚。忘掉上天所谓注定的归宿，还是要顺其天性而有为。不要什么都不做，该做还是要做的。如果一切都归咎于天，这是不对的。如此称之为忘已。"

老子又说道："能够做到忘已的人，就已经入于天道了。"如果能够做到忘已，能够做到无我。已经是恢复大心了，有了大我，打破小我了。

12. 自为危处

【原文】将闾葂见季彻曰："鲁君谓葂也曰：'请受教。'辞不获命，既已告矣，未知中否，请尝荐之。吾谓鲁君曰：'必服恭俭，拔出公忠之属而无阿私，民孰敢不辑！'"季彻局局然笑曰："若夫子之言，于帝王之德，犹螳蜋之怒臂以当车轶，则必不胜任矣。且若是，则其自为处危，其观台，多物将往，投迹者众。"

【注释】将闾葂见了季彻，说道："鲁国国君对我说：'请先生赐教。'我虽然一再推辞，可是盛情难却。我已经告诉他治国之道了，不知道说得对不对。请让我试着说给你听听。"

他接着说道："我对鲁君是这样说的：'务必要躬身施行恭敬和节俭，选拔出公正、忠心、没有私心的贤臣，并加以任用，如此百姓哪里敢不心服口服呢！'"辑，顺和。如此也是有为治理天下的。

季彻听了，俯身而笑道："按照先生所言，对于帝王的德业，犹如螳螂愤怒地张开双臂，想要阻挡车轮一样，必然是不可以胜任的。"局局，俯身而笑的样子。将闾葂讲得似乎很有道理，可是，为什么说不能成功呢？庄子前面已经讲了，不要有为治理天下。

季彻又说道："假如是这样的话，则是把自己处于危险的境地，不仅仅是君主危险，而且贤臣也是危险的。这样的人如同处于明处的高台之上，是人人向往的瞩目位置，也是人人所投足的地方，如此就危险了。"苌弘为了帮助周王室削弱晋国的势力，反而遭受杀戮。汉代晁错力主削弱藩王势力，发生了七王之乱，汉景帝迫于压力，腰斩了他。

13. 性之自为

【原文】将闾葂覤覤然惊曰："葂也汒若于夫子之所言矣。虽然，愿先生之言其风也。"季彻曰："大圣之治天下也，摇荡民心，使之成教易俗，举灭其贼心而皆进其独志，若性之自为，而民不知其所由然。若然者，岂兄尧、舜之教民，溟涬然弟之哉？欲同乎德而心居矣。"

【注释】将闾葂听了以后，觉得很惊讶，就说道："我听了先生所言，感到茫然不知所解。虽然如此，但愿听闻先生所讲的治国之道。"覤覤，惊讶的样子。汒，茫然不解的样子。风，方，治国之术，治国之道。

季彻听了，说道："大圣人治理天下，鼓舞民心，使得回归各自本有的德性。教化百姓移风易俗，灭除其害人之心，归于正心。使得百姓都有志于恢复本有的德性，有志于求道。百姓只是安守其本性而已，完全不知自己为什么这么做。"摇荡，鼓舞。前面庄子有讲，远古时期，社稷大治，古人在家都不知道该忙些什么，出门都没有什么地方是想去的。而后来却为了追求贤德的人，不远万里必定驱车前往。

季彻又说道："我虽然这么说，可是你要知道先后顺序，哪个是兄，哪个是弟。岂能把尧舜教百姓移风易俗当成是兄，当成是先的；而把冥冥混沌、无知无欲当成是弟，当成是后的。"《大学》讲，知所先后，近乎道已。百姓原本的德性就是无知无欲的，只是由于失去德性了，失去道了，所以才需要尧舜的教化。然而尧舜的教化，也是有为的治理，这也并非最高明的方式。溟涬，冥冥混沌，无知无欲的样子。

季彻又说道："想要恢复于本同的德性，可是却居心教化，有为而治，这是不对的。"每个人的心如同生锈的铜镜。铜镜原先本来都是光亮的，只是后来被锈迹遮蔽了。我们所要做的事情，就是把锈迹去掉就可以了。

14. 机事机心

【原文】子贡南游于楚，反于晋，过汉阴，见一丈人方将为圃畦，凿隧而入井，抱瓮而出灌，搰搰然用力甚多而见功寡。子贡曰：有械于此，一日浸百畦，用力甚寡而见功多，夫子不欲乎?"为圃者卬而视之曰："奈何?"曰："凿木为机，后重前轻，挈水若抽。数如泆汤，其名为槔。"为圃者忿然作色，而笑曰："吾闻之吾师，有机械者必有机事，有机事者必有机心。机心存于胸中，则纯白不备；纯白不备，则神生不定；神生不定者，道之所不载也。吾非不知，羞而不为也。”子贡瞒然惭，俯而不对。

【注释】孔子的弟子子贡到南方的楚国游历，返回到了晋国，在经过汉水南岸的时候。他看到一个老人在修整菜畦。老人家挖了一条隧道，通入井里。抱着瓮打水，然后再拿出来灌溉菜园子。估计是打出水来，直接顺着隧道灌溉菜园子，节约了一些灌溉的气力。似乎非常地卖力，可是却收效甚微。圃畦，菜畦。搰搰，用力的样子。

子贡看到了，就问老人家道：“假如有一种很厉害的机械在此，一天可以浇灌上百个菜畦，用力很小而收效非常显著，你愿不愿意使用呢?”

修整菜园子的老者仰起头，看着子贡说道：“怎么做呢?”印，通仰。

子贡听了，似乎很得意地说道：“凿木头做成一种机械，后面重而前面轻。用它来提水就好像是抽水一样方便。快得就好像是溢出来的沸汤一样。这个机械的名字为桔槔，也就是吊杆。”挈水，提水。数，快速。槔，桔槔，古代提水的一种机械。只要学过简单的物理学就知道，这是利用了杠杆原理。

那个老者听了以后，生气地改变了脸色，而后又转而为笑道：“我曾经听我的老师跟我说过，凡是机械，都必然有机巧之类的事，会设计得很巧妙。凡是有机巧的事，必定存在着机心。”

老者又说道：“机心如果存在于胸中，则纯净朴素的自性本心就不完备了。”当今科技不可谓不发达，电脑、手机、飞机、导弹和航母等各种机械设备被人类发明出来。然而有这些设备，必然会有机事，有机事必然有机心。古代只是一个打水的简单机械，尚且如此，由此可见当代人的机心之多。

老者又说道：“如果朴素的自性本心不完备了，则神灵就不能保持静定了。”我们知道，别有用心的人，心神不定，眼睛是贼溜的，不敢直视别人眼睛。

老者又说道：“如果神灵不能定，不能凝神而聚气，就不能聚气而生精。如此就不能载道了，不能符合于天道了。”

老者又说道：“我并非不知道你所说的这些，只是我觉得羞愧而不愿意去做这些事情。”

子贡听了就羞愧难当，低头无言以对了。当今西方自以为科学昌明，岂不是应当感到羞愧呢！

15. 何暇治天下

【原文】有间，为圃者曰：“子奚为者邪?”曰：“孔丘之徒也。”为圃者曰：“子非夫博学以拟圣，於于以盖众，独弦哀歌以卖名声于天下者乎？汝方将忘汝神气，堕汝形骸，而庶几乎！而身之不能治，而何暇治天下乎！子往矣，无乏吾事！”

【注释】隔了一会，种菜的老人问道：“你是做什么的呢？”

子贡回答道：“我是孔丘的徒弟。”

老人说道：“你不也是跟你的老师孔丘一样嘛！无非是显示自己的博学多闻，还要处处效法圣人去挽救天下。”

老人又说道：“夸诞一些，说一些惊世骇俗的仁义的话，想盖过众人罢了。”於，夸诞。

老人又说道：“似乎只有自己能懂，独知抚弄着琴弦，吟诵着悲叹世事之歌，以此来博取美名于天下的吗？”

老人又说道：“其实你完全可以不像你的老师那样。你只需要忘却你的神气，不要心猿意马，神气向外求。忘却你的形骸，破除你的形骸的束缚，而就差不多近于道了！”不向外求，而是反求诸己。

老人又说道：“你如果自身都无法治理好，又有何暇去治理天下呢！你赶紧赶路吧，走开吧，不要再来妨碍我做事了！”一屋不扫，何以扫天下。古人讲，修身齐家治国平天下，如果不能修身，如何能够治理天下呢。

16. 风波之民

【原文】子贡卑陬失色，顼顼然不自得，行三十里而后愈。其弟子曰：“向之人何为者邪？夫子何故见之变容失色，终日不自反邪？”曰：“始吾以为天下一人耳，不知复有夫人也。吾闻之夫子，事求可，功求成。用力少，见功多者，圣人之道。今徒不然。执道者德全，德全者形全，形全者神全。神全者，圣人之道也。托生与民并行而不知其所之，汒乎淳备哉！功利机巧必忘夫人之心。若夫人者，非其志不之，非其心不为。虽以天下誉之，得其所谓，謷然不顾；以天下非之，失其所谓，傥然不受。天下之非誉，无益损焉，是谓全德之人哉！我之谓风波之民。”

【注释】子贡感到很卑微惭愧，神色都不太对劲了。怅然若失的感觉，似乎心无所归依。因为之前一直都觉得自己的老师孔子最了不起了。如今被这位老者一说，无言以对。正所谓天外有天，人外有人呀！并不是孔子不够贤德。卑陬，卑微惭愧的样子。顼顼，怅然若失的样子。

子贡一直走了三十里地，这才慢慢缓过神来。

子贡的弟子看到了，就问道：“刚才那个是什么人呢？你为何见了他，就神色不对，一整天了还不会够缓过神来呢？还不能恢复往日神态呢?”子贡也带徒弟了，出息了。

子贡回答道：“以前我一直以为天底下只有我们的先生孔子能够得上称之为圣人，可是不知在这样的乡野之地还有如此的高人。”

子贡又说道：“我以前听先生孔子说过，事情要求办得合适，功业要尽量去办成。用力越少越好，见功效越多越好，这是圣人之道。”

子贡又说道：“今天我听了老者的话，才知道并非如此的。如果能够执持于道，不失去道，就能够使得德性保全，不被迁改。如果能够保全德性，保存本有的明德，就能够保存自己的形体。正所谓仁者寿。如果能够保存自己的形体，五脏六腑，十二经络等不受伤害，神灵就能够得到保全。相反地，如果能够凝神聚气，就能够保全自己的形体。如果能够保全自己的神灵，这才是真正的圣人之道。”子贡有此感悟，实属不易。如果能够保存德性，久而久之，就能打通任督二脉，打通玄关。如此就可以贼天地之气，如此才能称之为真正的大盗，不盗而盗。窃国大盗不能被称之为大盗。

子贡又说道：“真正的圣人只是寄生人世，和百姓并存罢了，也不知要去什么地方。其实圣人已经处于大道之乡了，无处不是道，无处不是故乡。所以就不知去什么地方了，没有向外求的心了。圣人有大智慧，可是看起来似乎茫然无知的样子，本有的光明德性淳朴而无亏。”每个人的本心如同明镜，如果被物欲遮蔽一部分了，如此就有亏了，就不能称之为尽心了。所谓尽心就是要使得心的本体展露无遗。汒，茫然无知的样子。淳备，淳朴而完备无亏。

子贡又说道：“功利机巧这些东西必然会使得世人忘却本心。”阳明先生苦心劝勉世人，教世人致良知的功夫，就是要恢复本心。

子贡又说道：“对于刚才所说的那种真正的圣人，如果不能合于心志的事情，他是不会去做的。他的志向是上达于道。所做的事必然是符合于道的。如果不是符合于他的本心的事，是不会去做的。”请注意，这个本心是关键之处，本心不是机心，机心是妄心，是机巧之心。当然心只有一个，只是被物欲遮蔽，就有了种种不同心的名称罢了。并非另外有一个心称之为机心。

子贡又说道：“虽然天底下的人都赞誉他，与他的思想相一致，他还是傲然不顾；虽然天底下的人都诋毁他，与他的思想完全不同，他也不会动心，也不会理睬的。”謷，通傲。傲然不顾，这是一种难得的真正的士大夫贵族精神。傥然，无心不理睬的样子。阳明先生一开始讲心学的时候，遭受许多的非议和排挤，他还是一如既往地弘扬正统儒学。

子贡又说道：“天下的诋毁或者赞誉，对圣人的德性并无增益，也无亏损。如此才可以称之为全德的人呀!”

子贡又说道：“相比之下，我自惭形愧呀，我只能被称之为容易为是非所动的人。”风波，比喻容易被是非所动。是非、诋毁、赞誉一来，本心就被大风所动，起波浪了。

17. 以告孔子

【原文】反于鲁，以告孔子。孔子曰：“彼假修浑沌氏之术者也；识其一，不知其二；治其内，而不治其外。夫明白入素，无为复朴，体性抱神，以游世俗之间者，汝将固惊邪？且浑沌氏之术，予与汝何足以识之哉！”

【注释】子贡回到了鲁国，把情况跟孔子一五一十都说了。

孔子说道：“你所说的那个种菜的老者是一位修浑沌道术的世外高人。”浑沌氏，这是虚构的人名，代指得道高人。

孔子说道：“那位老者只知一守一，只是归于一，不知其二。”不知其二，就是抱一守中了。老者处于未发之中，还没有分出阴阳，没有分别心。老者所修的浑沌之术，也是不二法门。

孔子又说道：“那位老者只是治理内心，而不治理外在，只是返璞归真了，不向外求。”孔子也是得道高人，起码是明心见性了。孔子明知其不可为而为之，也可以逍遥了事，不问世事。但是儒家历来推崇担当，在具体的事上去磨砺自己的心性。

孔子又说道：“德性光明而洁白，如同白色的生绢。只是无为而治，恢复本来的朴素罢了，恢复本有的自性本心罢了。体悟自性，抱神守一。老者只是逍遥游于世俗之间罢了，你又有什么好觉得惊讶的呢？”禅宗有著名的“麻三斤”公案。加工麻，需要浸泡和打磨，去除杂质，才能够得到需要的麻。去除杂质类似于去除物欲。

孔子又说道：“况且浑沌的道术，你和我的水平都不足以去识别它！”孔子此话也许有几层含义，第一是称赞子贡所遇见的是世外高人；第二是虽然也识得此道，但是不可以置百姓于度外，只顾着自己逍遥快活，明知不可为而为之罢了。

18. 东之大壑

【原文】谆芒将东之大壑，适遇苑风于东海之滨。苑风曰：“子将奚之？”曰：“将之大壑。”曰：“奚为焉？”曰：“夫大壑之为物也，注焉而不满，酌焉而不竭，吾将游焉。”

【注释】有一天，谆芒打算去东方的东海。谆芒是虚构的人名。大壑是大海。刚好在东海的海边遇见苑风。苑风是虚构的人名。

苑风问道："你要去哪里呢?"

谆芒回答道："我要去东海。"

苑风问道："你去那里做什么呢?"

谆芒回答道："所谓的大的沟壑，也就是大海，它作为物有这样的德性：任由江河怎么注入，永远都不会满；任由怎么样取水，也不会枯竭。我将要到大海去游玩。"海纳百川，有容乃大。庄子以大海来比喻大道。大道虚无，可以包容天地万物；大道可以生育天地万物，永远都不会枯竭。

19. 愿闻神人

【原文】苑风曰："夫子无意于横目之民乎？愿闻圣治。"谆芒曰："圣治乎？官施而不失其宜，拔举而不失其能，毕见其情事而行其所为，行言自为而天下化，手挠顾指，四方之民莫不俱至，此之谓圣治。""愿闻德人。"曰："德人者，居无思，行无虑，不藏是非美恶。四海之内共利之之谓悦，共给之之谓安；怊乎若婴儿之失其母也，傥乎若行而失其道也。财用有余而不知其所自来，饮食取足而不知其所从，此谓德人之容。""愿闻神人。"曰："上神乘光，与形灭亡，此谓照旷。致命尽情，天地乐而万事销亡，万物复情，此之谓混冥"。

【注释】苑风问道："先生您不想去帮助和治理百姓吗？但愿能够听听您讲讲圣人治理天下的道理。"横目之民，指百姓。之所以说横目，是由于百姓横目四顾张望，期盼着能够有圣明的君主无为治理天下，贤德的大臣辅佐君主。

谆芒回答道："你要问圣人之治吗？设立官职，施行政令要不失其宜，要恰当符合于道。"人的一身之中，五官对应于百官。如果五官之间的信息不畅通，哪里经络不通了，这就麻烦了。

谆芒又说道："提拔和任用人才，是针对其某方面的能力来用他们，并非要求是全才的。"万物之性有所偏倚，所以用物可以纠正人身体之偏。比如用热的药材来纠正人体的寒，比如吴茱萸；用燥的药材来纠正人体的湿，比如茯苓。具有某方面偏才的人，就要用来纠正国家之偏。

谆芒又说道："洞察事情的真实情况，不被假象所蒙蔽，才去做该做的事。"毕见，尽见，全部见到真实情况。

谆芒又说道："所言所行，只是修身自为而已，并非有为去扰乱民心。如此天下就可以自化了。如同慈母一般，用手去招呼百姓，顾盼四望，四方的百姓无不纷纷来投奔。如此可以称之为圣人之治了。”手挠，用手去招呼百姓。顾指，顾盼张望。

苑风问道：“但愿先生能给我讲讲大德之人。”

谆芒又说道：“所谓的大德之人，安居无思，没有妄想，处于静定；行动的时候不谋虑，不使用智巧；心中藏有是非、善恶，没有分别心。”没有是非、善恶这一点是极其不容易的，如此就是所谓的浑沌功夫了，这就是喜怒哀乐未发之中了。

谆芒又说道：“四海之内人人都能够蒙受福利，他就感到喜悦；人人都能够得到给养，百姓就能够安定，他就感到心安。”

谆芒又说道：“如果不能做到人人得安乐，大德之人就会感到惆怅，如同婴儿失去了母亲；若有所失的样子，如同失去道了。”怊乎，惆怅的样子。傥乎，若有所失的样子。大道如同母亲，如果天下人人得道，就是找到了母亲。大德之人忧虑大道不行，忧虑天底下的人不能找到大道的母亲。《道德经》中讲，天下有始，以为天下母。既得其母，以知其子，既知其子，复守其母，没身不殆。

谆芒又说道：“大德之人的财用有余，可是不知从哪里来；饮食取用充足，可是不知从哪里出。如此可以称之为大德之人的仪容。”大德之人并不是说衣来伸手饭来张口，而是富有盛德自然就会富足。世人只是担忧自己不够财用是否富足，不会担忧德性是否富足。大德之人刚好相反，务于本，而不会务于末。大德必有大位，德要配位。大德之人少私寡欲，所需极少就可以富足。如果欲望很多，再多的财用和饮食也无法满足。

苑风问道：“请先生讲讲什么是神人。”世人只知神人，而不知不神之至神。前面讲大德之人，这里讲修道层次更高的神人了。

谆芒又说道：“至高无上的神人乘坐日月之光遨游，形神俱泯灭。万法唯心造，如果能够入于静定，进入无上正等正觉，山河大地粉碎。觉后空空无大千世界，觉心朗照，如同日月，称之为照彻空旷，虚无广大。”《金刚经》中讲，一切有为法，如梦幻泡影，如露亦如电，应作如是观。现代科学对于宇宙的研究已经逼近了实相，可是却遇见了不可克服的瓶颈。阳明先生有个山中之花的公案。人去看那朵花的时候，花一瞬间显现出来。人如果不去看那朵花，花和心都归于寂静。如果心归于静定，天地万物都归于寂静。如此天地万物就销亡了，山河大地就粉碎了。只有真正去实证印证，才可以知晓如此境界。

谆芒又说道：“通达于天命，进入无生无死之地。尽七情六欲而归于玄同，归于未发之中。如同将七色归于玄同，回归于一缕无色无味的太阳光。与天地同乐，而万事万物随之销亡。万法唯心造。意在于一物实相，心与实相相互作用而创造出一物。如果此心如如不动，万事万物都销亡了。万物复原回归于本来的性情。如此可以称之为混沌未开，与道冥合为一。”

20. 乱而后治

【原文】门无鬼与赤张满稽观于武王之师。赤张满稽曰：“不及有虞氏乎！故离此患也。”门无鬼曰：“天下均治而有虞氏治之邪？其乱而后治之与？”

【注释】门无鬼、赤张满稽两个人一起观看武王伐纣的军队。门无鬼、赤张满稽是虚构的人物名字。历史上有个著名的孟津观兵的故事。周武王发兵到了孟津这个地方，当时天下八百诸侯云起响应，可是姜太公认为时机尚未成熟，就班师回朝了。

看这两个人在观兵的时候谈论什么。

赤张满稽说道：“周武王之德还不如有虞氏呢，也就是如不舜帝。所以才会遭受此祸患。”尧帝禅让帝位给舜帝，而舜帝禅让帝位给禹帝。周武王却用武力去讨伐商纣王，所以说不如。使得百姓遭受刀兵之祸。

门无鬼听了，就说道：“天下太平的时候，有虞氏才去治理天下呢？还是天下乱了而后才去治理呢？”

21. 行而无迹

【原文】赤张满稽曰：“天下均治之为愿，而何计以有虞氏为！有虞氏之药疡也，秃而施髢，病而求医。孝子操药以修慈父，其色燋然，圣人羞之。至德之世，不尚贤，不使能；上如标枝，民如野鹿；端正而不知以为义，相爱而不知以为仁，实而不知以为忠，当而不知以为信，蠢动而相使，不以为赐。是故行而无迹，事而无传。”

【注释】赤张满稽说道：“天下太平这是人人本有的心愿，而为何要多一个有虞氏来治理呢!”人人恢复本有的德性，天下就太平了，无须有为治理。

赤张满稽又说道：“有虞氏治理天下的方式，就好像是给人治理头疮一样。非得要等人秃顶了才装假发。非得要等到发病了，才去医治。”疡，头疮。髢，假发。上医治未病，而下医治已病。

赤张满稽又说道：“孝子手里拿着药，给慈父治病。脸色看起来很憔悴的样子，圣人以此为羞愧。”燋然，憔悴的样子。圣人想着使得慈父不生病，而不是生病了才去治疗。

赤张满稽又说道："至德大治之世，不崇尚贤德，不使用能人。"《道德经》中讲，不尚贤，使民不争。如果推崇曾参、史鳅这样的仁德的人，人人就会不择手段去谋取仁德美名。使用能人，太多机心，太多智巧，就越能扰乱民心。

赤张满稽又说道："在上位的天子如同高树上的枝条，只需要顺承天命，上达于天道，富有光明的德性。百姓就如同野鹿一样自由自在地自得其乐。"高树的枝条也不做什么。正所谓，天子尚无为。标枝，高树的枝条。

赤张满稽又说道："人人都身心端正，而不知有义。心安居于未发之中，如此就是中宫。心不会跑偏了，不会偏心。如果是吃货，心跟着舌头跑，如此就是偏心了，不是正心了。"如果能够身心端正，如何需要义呢？

赤张满稽又说道："百姓本来都有大心，都有大爱之心。人人都相亲相爱，天下如同一家人。如此不知有仁，可是胜却仁。"以天地万物同为一体，不得不去爱万物，如此可以称之为仁。

赤张满稽又说道："百姓都能够诚实，内心都处于至诚，都能够做到诚意，可是却不知忠厚为何物。"正是由于有了奸诈，所以就有忠厚。《道德经》中讲，国家昏乱，有忠臣。

赤张满稽又说道："百姓办事妥当而不知有信誉这一回事。"说了就能够做到，不会增加一分，也不会减少一分。大道和世人不需要有约定，而大道真实不虚。

赤张满稽又说道："百姓如同虫子蠢动一样，相濡以沫，互相滋养，而不知道已经帮助了对方，并不以此为莫大的恩赐。"互相帮助对方，而不会记心上。

赤张满稽又说道："所以远古大治的时代，虽然有善行，可是却没有任何行迹；虽然有善事，可是却没有记录和传颂。"《道德经》中讲，善行无辙迹…善闭无关楗而不可开，善结无绳约而不可解。如果提倡仁义，崇尚贤德，百姓就有了争取美名的欲望，就扰乱人心了。

22. 知其惑者

【原文】孝子不谀其亲，忠臣不谄其君，臣子之盛也。亲之所言而然，所行而善，则世俗谓之不肖子；君之所言而然，所行而善，则世俗谓之不肖臣。而未知此其必然邪？世俗之所谓然而然之，所谓善而善之，则不谓道谀之人也。然则俗故严于亲而尊于君邪？谓己道人，则勃然作色；谓己谀人，则怫然作色。而终身道人也，终身谀人也，合譬饰辞聚众也，是终始本末不相坐。垂衣裳，设采色，动容貌，以媚一世，而不自谓道谀；与夫人之为徒，通是非，而不自谓众人，愚之至也！知其愚者，非大愚也；知其惑者，非大惑也。大惑者，终身不解；大愚者，终身不灵。三人行而一人惑，所适者犹可致也，惑者少也；二人惑则劳而不至，惑者胜也。而今也以天下惑，予虽有祈向，不可得也。不亦悲乎！

【注释】孝子不谀其亲，忠臣不谄其君，臣子之盛也。在至德大治的年代，孝子不会阿谀奉承他们的双亲，不会为了双亲高兴就这么做。忠臣不会谄媚他们的君主。可是忠臣和孝子尽忠尽孝好到了极点。易牙为谄媚齐桓公，居然将自己亲生儿子给烹煮了。想象一下，一个连自己儿子都不慈爱的人，如何能够尽忠尽孝呢？

亲之所言而然，所行而善，则世俗谓之不肖子。凡是父母所说的话就加以肯定，父母所做的事都是认为是正确的，世俗的人就称之为不肖之子。在那个至德的年代，阿谀奉承没有什么市场。

君之所言而然，所行而善，则世俗谓之不肖臣。君主所说的不管对错都应承下来，所做的事情不管对错都加以赞赏，则世俗的人就称之为不肖之臣。

而未知此其必然邪？然而可是人们却不了解，世俗的看法未必一定就是正确的。

世俗之所谓然而然之，所谓善而善之，则不谓道谀之人也。世俗的人认为正确的就以为是正确的，认为是好的就以为是好的，则难道不能称之为阿谀奉承之人吗？如此可见，从众也是谄媚的表现。

然则俗故严于亲而尊于君邪？然而如此看来，难道世俗的看法，难道比父母双亲还要值得敬重，比君主还要尊崇吗？这样就太过于荒谬了。

谓己道人，则勃然作色；谓己谀人，则怫然作色。如果说自己是谄媚的人，则勃然大怒而变色；如果说自己是阿谀奉承的人，则会愤恨而变色。怫然，愤恨生气的样子。

而终身道人也，终身谀人也，合譬饰辞聚众也，是终始本末不相坐。而终身都谄媚的人，终生都阿谀奉承的人，只不过是多方采用巧妙的譬喻、虚伪的粉饰和华丽的辞藻来博取众人的欢心罢了。请注意庄子这里讲从众心理。世俗如果像至德时代那样，就不会出现什么问题。那时符合于道，公众心理都是如此。可是世风日下，当大多数的人都失去本有德性，都失去道的时候，就很危险了。如果还一味地媚俗，一味地为世俗唱赞歌，就是谄媚的人了。难怪庄子会发出，天下皆醉我独醒的感慨了。如果不能说真话，就不能明白终始，不明白本末。如此本末倒置了，不能坐在该坐的位置了。

垂衣裳，设采色，动容貌，以媚一世，而不自谓道谀。君主要符合于道，不能媚俗。可是君主垂衣并不拱手，不是无为而治，而是穿上华美的衣裳；衣裳上设计许多美丽的颜色；伪装仁慈的容貌；以谄媚于世人。可是如此又不自知，不能称之为阿谀奉承之道。

与夫人之为徒，通是非，而不自谓众人，愚之至也！君主与世俗阿谀奉承之徒为伍，与他们的是非相通。世俗的人认为是是，就是是；认为是非，就是非。却不觉得自己是平庸的人，真是愚蠢到了极点！

知其愚者，非大愚也；知其惑者，非大惑也。如果能够知道自己愚笨之处，并非大愚。如果能够知道自己迷惑之处，并非大的迷惑。这有点类似于苏格拉底的无知之知。苏格拉底觉得很纳闷，雅典城里所谓的聪明人都不知道自己的无知。他觉得他自己知道自己的无知。

大惑者，终身不解；大愚者，终身不灵。如果是大的迷惑，终身无法去解脱了；如果是大的愚笨，终生无法明白了。人生如同一场大梦，这是大的迷惑，这是大的愚痴。只有不断地修行，不断地做致良知的功夫，方能解脱。

三人行而一人惑，所适者犹可致也，惑者少也。如果三个人一起赶路，其中有一个人迷惑了。要去的地方尚且还可以去到，这是由于迷惑的少，不是大的迷惑。迷惑的人也是少数。

二人惑则劳而不至，惑者胜也。如果两个人迷惑，而且是大的迷惑，如此虽然很劳苦可是就去不到了。这是由于迷惑的人占多数，少数服从多数，迷惑的人就胜利了。请注意，庄子的一片苦心在此体现无疑。阳明先生一开始弘扬心学，被人排挤诋毁。正是迷惑的人占绝大多数了。阳明先生如此好的根器，直至三十六岁在贵州龙场那个地方顿悟而得道。也是在那个时候，他才不迷惑了。由此可见，整个世上迷惑的人何其多，不迷惑的人何其少。真是可悲啊！

而今也以天下惑，予虽有祈向，不可得也。而当今天下，全天下的人都是迷惑的，不是少数的几个人迷惑。庄子我虽然有祈求和方向，可是如何能够实现得了呢？如何能够让天下的人不迷惑呢？整部书洋洋洒洒，无非是想唤醒世人罢了，然而世人只是注意到了此书的文采，如此就辜负了庄子的一片苦心。

不亦悲乎！庄子呼唤世人从大梦中醒来，不要迷惑，不要迷失本来的光明德性。然而如同闹市中人语，飞瀑下鱼鸣。

23. 至言不出

【原文】大声不入于里耳，《折杨》、《皇荂》，则嗑然而笑。是故高言不止于众人之心，至言不出，俗言胜也。以二缶钟惑，而所适不得矣。而今也以天下惑，予虽有祈向，其庸可得邪！知其不可得也而强之，又一惑也，故莫若释之而不推。不推，谁其比忧！厉之人，夜半生其子，遽取火而视之，汲汲然唯恐其似己也。

【注释】大声不入于里耳，《折杨》《皇荂》，则嗑然而笑。大声，雅正的乐曲，比喻大道。《折杨》和《皇荂》，古代民俗小曲。里，是下里陋巷，用来比喻世俗的人。雅正的乐曲入不了世俗人的耳朵，像《折杨》和《皇荂》这样的民俗小曲子，世俗的人听了就乐得笑起来了。庄子所讲，是属于雅正的乐曲，属于大声。然而大音希声，大象无形，又有多少人能够听得懂庄子的妙音呢？

是故高言不止于众人之心，至言不出，俗言胜也。所以说，高雅的载道言论不会止步于世俗人的心中，不会留在人们心里。至言，也就是真言不出来，不能传承于世上，世俗的言论就胜利了，占了上风。所以庄子大声疾呼，把真言唱出来，让春秋战国乱世的人们能够听到。此绝唱几千年后，仍然动人。倚天一出，谁与争锋呢？

以二缶钟惑，而所适不得矣。缶，是土缶，俗音。钟，是正音。如果用两个缶，就会祸乱一个钟的正音了。所以就不知道去哪里好了。这里呼应了前面的话。如果两个人迷惑，一个人清醒，就去不到目的地了。所谓的目的地，就是大道之乡，就是每个人本有的德性，本有的自性本心。俗音多了，就会乱了正音了。当时百家争鸣，白马非马，离坚白，合同异，这些都是杂音而已。虽然这些言论也是载道的文字，但是实在是扰乱民心罢了。

而今也以天下惑，予虽有祈向，其庸可得邪！而当今天下，所有的人都是迷惑的，我虽然有所祈求，祈求天下人都觉醒，都归于正道。虽然已经指明了回家的方向，大道的方向，可是世俗的庸人们如何能够得到呢！

知其不可得也而强之，又一惑也，故莫若释之而不推。如果明知道世俗的人不会那么容易得道，可是还是勉为其难地去做，又增加了一层迷惑罢了。佛法本来是医治人心的药，如果执着于佛法，反而又增加了一层迷惑了。如果执着于药，又是一种病了。六祖讲，法尚应舍，何况非法。如果过了河了，还背着船走干什么呢？如果已经得道了，就不用再执着于法了。世间太多的杂音，勉为其难地去讲道，讲白马非马，讲合同异，就又增加了世人一层迷惑罢了。所以说，还不如不要管了，不要硬推给他们了。

不推，谁其比忧！庄子我知晓不硬推给世人的道理，可是又有谁能跟我的忧心相比呢！孔子这些圣人可以去把道推给世人，把仁义推给世人，可是庄子不去这么做。庄子难受，但是又不能去做什么，又是天下少有的明白人，如何不为生灵担忧呢！当今世上，科技高速发展，各种高精尖的武器越来越多。只是由于世人迷惑，不知人人本来同为一体罢了，还在那里争斗。对于明白人，如何能不忧虑呢！

厉之人，夜半生其子，遽取火而视之，汲汲然唯恐其似己也。丑陋的人，在半夜生了孩子，急忙取火来借着火光看孩子。急迫地要看到孩子的样子，唯恐长得像自己。厉，丑陋的人。遽，急忙。汲汲然，急迫的样子。虽然子不嫌母丑，然而慈母爱子的一片苦心，在这里写得很生动了。庄子用这个比喻特别生动。庄子也许是说，我虽然这么讲别人，搞那么多不同的言论，扰乱世人的心。可是这里也洋洋洒洒写了不少，这些载道的文字如同是我的孩子。庄子担心这部书也扰乱世人的心了。也许在两千多年前的某个夜晚，庄子在竹简上写到这里，马上拿着竹简来瞧瞧，如同看自己的孩子一般。前面已经讲了，需要让至言传承于世，如此正音就多一些，世人就不会迷惑。由此可见，古人立言的慎重，实属不易的。

24. 失性一也

【原文】百年之木，破为牺尊，青黄而文之，其断在沟中。比牺尊于沟中之断，则美恶有间矣，其于失性一也。跖与曾史，行义有间矣，然其失性均也。且夫失性有五：一曰五色乱目，使目不明；二曰五声乱耳，使耳不聪；三曰五臭薰鼻，困惾中颡；四曰五味浊口，使口厉爽；五曰趣舍滑心，使性飞扬。此五者，皆生之害也。

【注释】百年之木，破为牺尊，青黄而文之，其断在沟中。生长百年的大树，破开做成祭祀用的牛形酒樽，再用青色和黄色绘制美丽的花纹。可是锯断的那些木头和碎末，就随意抛弃在沟里了。

比牺尊于沟中之断，则美恶有间矣，其于失性一也。相比酒樽和水沟里的那些碎末，则美恶就有分别了，但是它们在失去树木本性方面是相同的。仁义出来了，不仁义如碎末被抛弃在沟里，被世人所唾弃，然而仁义和不仁义在失去本有德性方面是相同的。

跖与曾史，行义有间矣，然其失性均也。前面刚写完仁义那句话，接下来一看，庄子马上就转到仁义上面来了，有点惊喜，与庄子有点默契了。盗跖和曾参、史鳅，虽然在行仁义方面有不同，一个是大盗，另外两个是有名的仁义之士，然而再失去本性方面是均等的。

且夫失性有五：一曰五色乱目，使目不明。也许有人会产生疑问，讲大盗失去本性还情有可原，讲曾参、史鳅失去本性，还得讲更清楚一点。之所以讲失去本性，有五个方面：第一，被五色扰乱眼睛，使得眼睛不明。反观见自性，也就是明心见性，如此才能称之为目明。神射手不能称之为目明，只有射中自己的自性，才能称之为目明。

二曰五声乱耳，使耳不聪。第二，被五声扰乱耳朵，使得耳不聪。仁义之士大声听不入耳，所谓大声即是大道。大音希声，听不见大道的声音，耳就不聪。返闻自我心声，如此称之为耳聪。

三曰五臭熏鼻，困惾中颡；第三，五种气味熏蒸到鼻子里，气味冲逆而上，会伤害脑门。困惾，冲逆。中颡，伤害脑门。大道无臭无味，对人自性无伤。

四曰五味浊口，使口厉爽。第四，五种味道污浊口舌，使得口舌受到伤害。口舌吃了太多的美味，追求物欲，如此心就乱了。

五曰趣舍滑心，使性飞扬。第五，追求心性爽滑，比如去驰骋田猎，令心发狂，使得心性飞扬。趣舍，追求。

此五者，皆生之害也。如此这五者，都是伤害自性的，也不利于修身养性。《道德经》中讲，五色令人目盲；五音令人耳聋；五味令人口爽；驰骋畋猎，令人心发狂。

25. 自以为得

【原文】而杨墨乃始离跂自以为得，非吾所谓得也。夫得者困，可以为得乎？则鸠鸮之在于笼也，亦可以为得矣。且夫趣舍声色，以柴其内；皮弁、鹬冠、搢笏、绅修、以约其外。内支盈于柴栅，外重纆缴，睆睆然在纆缴之中而自以为得，则是罪人交臂历指，而虎豹在于囊槛，亦可以为得矣！

【注释】而杨墨乃始离跂自以为得，非吾所谓得也。而杨朱、墨子用力去追求，自以为有所得，然而这并非我所谓的得。离跂，踮起脚跟，用力的样子。墨子提倡兼爱非攻，用机心去设计了各种各样的防守和攻城的机械，用力去阻止诸侯国之间的战争。如此一来被人学到了，用于攻城。

夫得者困，可以为得乎？对于所谓有所得的人，却被困在里面了，难道可以称之为得吗？所谓有所得，是得道，是恢复本有的德性，可以逍遥自在，不被束缚。

则鸠鸮之在于笼也，亦可以为得矣。则如此说来，斑鸠、鸺鹠被关在笼子里，也可以称之为得了。庄子的比喻好生动，杨朱、墨子之徒，自性还被关在笼子里，如何能够称之为得呢？当今之世，许多人动不动地宣称自己开悟了，得道了。如果不能摆脱这个臭皮囊的束缚，还被困在这个笼子里，如何能够称之为得道呢？如果不能打通任督二脉，不能打破玄关，盗取天地之气，滋养身心，如何能够称之为得呢？盗取天地之气，不盗而盗，如此才能称之为大盗。窃国大盗只能称之为小盗了。

且夫趣舍声色，以柴其内。追求声色犬马，就好像是将许多木柴都搬进心房里来堆放。不断地添加柴火，欲火就会越烧越旺了。

皮弁、鹬冠、搢笏、绅修、以约其外。皮弁，是皮帽。鹬冠，用鹬鸟羽毛做成的帽子。搢笏，朝笏，古代臣子朝见天子手里所带的狭长的手板，所用材料一般由竹子、玉石或者象牙制成。绅修，腰带。用皮帽、帽子、朝笏、腰带等这些东西约束身体。

内支盈于柴栅，外重纆缴。内在像用木柴安好了栅栏，装得满满的，仁义礼法所设立的栅栏，唯恐心会发生了错误。在外就用绳索、丝线来约束捆绑身体。外在穿得那么多，很规范正式，都不好意思去干坏事了。也许我们身上挂个什么牌子，就会自觉检点约束自己的行为了。纆，绳索；缴，丝线。然而前面我们探讨过心的本性，如同倔驴，越抽打它越不动弹。如同牛的脾气，要按住牛喝水，比登天还难，需要顺着它，口渴了自然会喝。

睆睆然在纆缴之中而自以为得。这样的所谓的自以为有所得的人，眼睛直瞪瞪地看着笼子外面，可是却不知道自己被困在笼子里面，还以为自己已经得道了，如此是不是十分悲哀呢！睆睆然，目视不动的样子。

则是罪人交臂历指，而虎豹在于囊槛，亦可以为得矣！交臂，犯人被反绑住手。历指，犯人被竹板夹住手指。囊槛，木笼，关野兽的笼子。则如同犯人被反绑住手，被木板夹住手指，又如同虎豹被关在木笼里，还怡然自得，眼睛直瞪瞪地，没想着东张西望，想办法打开笼子。如此还以为是自由的，等到被宰杀的时候，悔之晚矣！

第六章　天　道

1. 万物之本

【原文】天道运而无所积，故万物成；帝道运而无所积，故天下归；圣道运而无所积，故海内服。明于天，通于圣，六通四辟于帝王之德者，其自为也，昧然无不静者矣。圣人之静也，非曰静也善，故静也；万物无足以铙心者，故静也。水静则明烛须眉，平中准，大匠取法焉。水静犹明，而况精神！圣人之心静乎！天地之鉴也；万物之镜也。夫虚静、恬淡、寂漠、无为者，天地之平而道德之至，故帝王圣人休焉。休则虚，虚则实，实者伦矣。虚则静，静则动，动则得矣。静则无为，无为也，则任事者责矣。无为则俞俞，俞俞者，忧患不能处，年寿长矣。夫虚静、恬淡、寂漠、无为者，万物之本也。

【注释】天道运而无所积，故万物成。天道运行而无所停滞，无所堆积，所以万物生成。应无所住而生其心。心要念兹在兹，心念如同行云流水。虽然在流动，然而每一刻都在定中。心如果停留在物欲上，就会有烦恼了。天道运行也是如此，春生、夏长、秋收和冬藏，生化万物。

帝道运而无所积，故天下归。天有天道，君有君道，臣有臣道。所谓的君道就是帝道。为帝之道，作为天子之道是如何的呢？帝道效法天道，运行而不停滞，不堆积。不堆积财富，不堆积民怨，堆积的是阴德，别人看不见的善。如此就会天下归心。

圣道运而无所积，故海内服。圣人有圣人之道。圣人之道运行，没有停滞，没有堆积，而海内顺服，称之为大顺。虽然分为三道，然而天人合一，这些都集中于至德的天子。天子为圣人，为帝，顺承天命。

明于天，通于圣，六通四辟于帝王之德者，其自为也，昧然无不静者矣。真正的天子，明达于天道，已经发明了上天赋予的光明德性；通达于圣人之道，行不言之教；六合四方都已经通达，无有障碍，通达于帝王之德。天子垂衣拱手，只是自己修身养性，使得富有盛德，无为而天下大治。不知不觉地使得自己归于静定，也使得天下百姓都归于静定，归于本有的光明的德性。圣人治理天下，如同将浑浊的水放置，无为而治，静之徐清。六通四辟，通达于东西南北上下六合和四方，没有任何障碍了。昧，暗淡，不知不觉。

圣人之静也，非曰静也善，故静也。万物无足以铙心者，故静也。圣人的静，并非单纯地安静，一味求静，而是外界的事物无法干扰其心，这才是真正的静。正如陶渊明所说：结庐在人境，而无车马喧。问君何能尔？心远地自偏。如果能够在闹市之中能够保持静定，才能称之为真正的静定。铙，扰乱。

水静则明烛须眉，平中准，大匠取法焉。水面如果宁静，就可以照见胡须和眉毛，就可以作为最平的一种标准，高明的工匠都以它为准绳。心如果宁静了，就可以照天照地了。

水静犹明，而况精神！水宁静尚且明亮，而更何况是人的精神呢！庄子反反复复比喻，无不指向归处。

圣人之心静乎！圣人的心真是静到了极点！三教圣人，无不从此出。

天地之鉴也；万物之镜也。圣人的心静如止水，可以为天地之镜，照天照地；可以为万物之明镜，照彻万物。

夫虚静、恬淡、寂漠、无为者，天地之平而道德之至，故帝王圣人休焉。圣人的心虚静、恬淡、寂寞和无为，如同天地最平之处，这是道德的极点。所以帝王圣人熄灭妄心而休虑。前面讲水面宁静可以作为工匠校准的准绳，圣人之心的平静可以作为天地平静的准绳。天地有时弯曲凹凸不平，而圣人的心是准绳。爱因斯坦的广义相对论中讲，空间会弯曲。这也是由于世人心不平，所以观测是弯曲的。空间弯曲只是现象实体，电子也是现象实体，只有心如圣人之静，一切归于寂静，现象回归于本体。

休则虚，虚则实，实者伦矣。世人心猿意马，妄动不休。如果能够休息，就能够虚心。所谓虚心是虚空，不会如前面说的不断把柴火加进来，欲火越烧越旺。如果能够做到虚心，就能够明白实相，如果明白实相就能够明白伦理，天理了。

虚则静，静则动，动则得矣。如果能够虚心，就能够静定。如果能够静定，静极生动，动极生静。念一声阿弥陀佛，即是无上甚深禅。如果处于静定时间久了，心污垢就会土崩瓦解，这就是动了。坐看云起处，云散之时，即是无上道。如果处于静定，凝神聚气，神静定而能生气，气动而冲破经络穴位，而打通大小周天，打通玄关。动则得道了，这是要内在实证的。前面章节讨论有些人动不动就称已经上有所得了，可是不知如同在囚笼一般。

静则无为，无为也，则任事者责矣。如果能够处于静定，就能无为而治。安居不知做什么，出门不知要去哪里，已经能够安贫乐道了，比较宅得住，不向外求了。自性本心是真正的宅，而不是我们这个臭皮囊，只是火宅罢了。怒火中烧，会烧掉功德林。

无为则俞俞，俞俞者，忧患不能处，年寿长矣。如果能够无为，就可以无不为，就能够身心愉悦。身心愉悦，平和快乐的人，忧患就不会藏于心中，寿命就会长了。俞俞，愉悦的样子。

夫虚静、恬淡、寂漠、无为者，万物之本也。虚静、恬淡、寂寞、无为，这是讲大道，这是万物的根本。庄子前面有讲大风吹动大树的公案。大风如同心，而大树万种孔窍如同万物实相。大风吹万种孔窍，而生出万种声响，这万种声响对应于万物。树欲静而风不止，只是由于心动而已。如果心如圣人之静，就可以归于虚静、恬淡、寂漠、无为，万籁寂静，万物销亡。所以说，这是万物的根本。

2. 人乐天乐

【原文】明此以南乡，尧之为君也；明此以北面，舜之为臣也。以此处上，帝王天子之德也；以此处下，玄圣素王之道也。以此退居而闲游，江海、山林之士服；以此进为而抚世，则功大名显而天下一也。静而圣，动而王，无为也而尊，朴素而天下莫能与之争美。夫明白于天地之德者，此之谓大本大宗，与天和者也；所以均调天下，与人和者也。与人和者，谓之人乐；与天和者，谓之天乐。

【注释】明此以南乡，尧之为君也。如果能够明此道，可以面南背北而为天子，尧帝为君主就是这样的。

明此以北面，舜之为臣也。如果能够明此道，就能北面而为贤臣，舜就是这样为臣的。如此君臣之道就明了。舜对于尧而言，如同姜太公对于周文王。

以此处上，帝王天子之德也。以此道处众人之上，这是帝王天子的盛德。

以此处下，玄圣素王之道也。以此道处于下位，也就是为臣子，这是圣人素王之道，也就是贤德臣子之道。所谓的素王，就是很素的，富有天子之德，却没有天子之实权的，也就是得道的臣子。

以此退居而闲游，江海、山林之士服。以此道退居，悠闲自得游玩于山野，江海、山林之中的隐士无不信服。隐居山野，如果不是得道高人，就会被隐士所耻笑了。鬼谷子在鬼谷，怀道而天下信服。

以此进为而抚世，则功大名显而天下一也。此道可进可退，进可以建立功名。以此道进而有为，可以安抚百姓，治国安邦，则可以大的功业，声名显赫，而可以天下归一。刘伯温以此道进而辅佐朱元璋，使得天下归一。张良以此道进而辅佐刘邦，平定乱世。如此看来，庄子不仅仅只会躲在野外玩泥巴，他也可以建立功业。

静而圣，动而王，无为也而尊，朴素而天下莫能与之争美。如果能明此道，可以内圣外王。内静而为圣人，外动而可以为王侯。虽然无为而能受到世人的尊崇。虽然朴素无华，然而是天下没有能够和其比美的。天地大美而无言，大道虽然朴素，然而实属大美。

夫明白于天地之德者，此之谓大本大宗，与天和者也。如果能明白天地之德，就能明白自己本有的德性，如此就得道了。可以说这是天下大本，而不会追逐于名利之末。这是天下之宗，不管是合同异还是离坚白，不管是杨朱还是墨子，都归于它。如果能明此道，就可以与天为徒，乐天知命。

所以均调天下，与人和者也。如果能够明此道，就可以使得天下太平，和而不同，就可以与人为徒。

与人和者，谓之人乐。如果能够与天下人为徒，使得天下人和乐，这是人乐。

与天和者，谓之天乐。如果能够与天为徒，能够乐天知命，这是天乐。这也许就是所谓的西方极乐世界。天乐是无穷的。否则，为何颜回能安贫乐道呢？六祖在《坛经》中讲，东方人往生西方，可是西方人往生哪里呢？难道西方人往生东方吗？

3. 何为天乐

【原文】庄子曰："吾师乎！吾师乎！齑万物而不为戾，泽及万世而不为仁，长于上古而不为寿，覆载天地、刻雕众形而不为巧，此之谓天乐。故曰：'知天乐者，其生也天行，其死也物化。静而与阴同德，动而与阳同波。'故知天乐者，无天怨，无人非，无物累，无鬼责。故曰：'其动也天，其静也地，一心定而王天下；其鬼不祟，其魂不疲，一心定而万物服。'言以虚静，推于天地，通于万物，此之谓天乐。天乐者，圣人之心，以畜天下也。"

【注释】庄子说道："这是我的老师啊！这是我的老师啊！虽然粉碎万物，使得万物销亡，可是并不显得暴戾。"齑，粉碎。庄子的老师是大宗师，大宗师是此道。如果入于甚深禅定，山河粉碎，万物销亡。天地万物都归于寂静，心归于寂静。

庄子又说道："虽然恩泽万世而不称之为仁。"《道德经》中讲，天地不仁以万物为刍狗。

庄子又说道："虽然长久过于上古，而不称之为寿。"大道比天地还要长久，可是世人并不觉得它是长寿的。《金刚经》中讲，无众生相，无寿者相。

连长寿的概念都没有。

庄子又说道：“大道虽然使得天覆地载，虽然雕刻万物众生的形体，如鬼斧神工一般，然而不能称之为巧。”人体如同一个小宇宙，太巧妙了，其实并不是刻意有为去雕刻的。即使再厉害的能工巧匠，都无法造人。虽然人工智能创造出越来越先进的机器人，然而永远都无法创造出上天赋予的德性。

庄子又说道：“如此可以称之为天乐。”前面刚讲完人乐和天乐，这里就接着解释天乐。

庄子又说道：“所以说：‘知天乐的圣人，生在天地间，与天地同行；死去了，也随物而化，与万物归于一。如果处于静定，就能够归于阴。动静互为阴阳，静为阴，而动为阳。如果处于动，就能够处于阳。’”为什么动是同波呢？此心如同湖水，处于静定的时候，波澜不惊。处于动的时候，波涛汹涌，所以说动是同波。我们平时说积累阴德，就是在人不知道的时候做好事，不是为了功名，如此积累的资粮会更好。

庄子又说道：“所以说知天乐的人，不会怨天，上天也不会怨恨。”古人讲究天人合一，每个朝代都有每个朝代的气数，每个人都有气血。如果社稷的气数已尽，非人力所能挽救，如明代崇祯皇帝虽然兢兢业业，可是却挽救不了大明王朝。当然如果气数只是衰弱，还没有病入膏肓，能够出现中兴之主，就可以力挽狂澜。或者人的气血衰弱到了极点，人也就危险了。

庄子又说道：“知天乐的人，不会被人所怨恨，没有太多的是非。不会被鬼神所责怪。”成汤为一代明君，他在位期间，天下大旱，他在一堆柴火上向上天祈祷求雨。他祈祷说，假如上天要降罪，都由他一人承担。成汤属于知天乐的圣人，如此虽然遇见天灾，都可以逢凶化吉。

庄子又说道：“所以说：‘动对应于天，属于阳，清轻在上；静对应于地，属于阴，重浊在下。如果能够一心静定，就可以为天下王。如果能够知乐天，就不会有鬼祟，就不会有灾祸；灵魂就不会疲惫。肝藏魂，肺藏魄。五脏六腑藏魂魄神灵。如果能够归于静定，魂魄安居，不会如孤魂野鬼一般。如果能够一心静定，万物就宾服了。’”

庄子又说道：“心的虚空和静谧推广至天地，通达于万物，以天地万物同为一体，这样可以称之为天乐。”庄子所说，只有亲自去实证才能体会。哈佛大学有个心理学博士，由于左脑中风，右脑进入静定，亲自印证了天地万物同为一体的感觉，可以近乎天乐。

庄子又说道：“所谓天乐，这是圣人的心，以此心畜养天下。”圣人处于天乐，无为而治，百姓自化。

4. 帝王之德

【原文】夫帝王之德，以天地为宗，以道德为主，以无为为常。无为也，则用天下而有余；有为也，则为天下用而不足。故古之人贵夫无为也。上无为也，下亦无为也，是下与上同德，下与上同德则不臣；下有为也，上亦有为也，是上与下同道，上与下同道则不主。上必无为而用天下，下必有为为天下用，此不易之道也。故古之王天下者，知虽落天地，不自虑也；辩虽雕万物，不自说也；能虽穷海内，不自为也。天不产而万物化，地不长而万物育，帝王无为而天下功。故曰莫神于天，莫富于地，莫大于帝王。故曰帝王之德配天地。此乘天地，驰万物，而用人群之道也。

【注释】夫帝王之德，以天地为宗，以道德为主，以无为为常。帝王之德，应当效法天地，以天地为宗。天地有什么德性呢？天覆地载，上天遮蔽万物，不会有所遗漏，不会选择美的而淘汰丑的。大地承载万物，厚德载物，不管脏的，干净的都同样接受。帝王之德，以道德为主。以道为主，不失去道。前面讲了，如果明此道，就可以内圣外王。帝王之德，以德为主，德为本来的德性。帝王须发明自己本有明德，而后明明德于天下。帝王之德，以无为为常。帝王之德，尚无为；贤臣之德，尚有为而积极做事。

无为也，则用天下而有余。天子无为而治理天下，不会扰乱天下人心，由于无为少欲，则取之于天下就少，天下财货就有余。

有为也，则为天下用而不足。如果有为而治理天下，动用民力太多，则取用天下太过，而财货不足。

故古之人贵夫无为也。所以古人治国，贵在于无为。古人治身，也贵在于无为。

上无为也，下亦无为也，是下与上同德，下与上同德则不臣。前面庄子讲过，君有君道，臣有臣道。君道尚无为，臣道尚有为。无为和有为互为阴阳。君道和臣道互为阴阳，如同太阳和地球。以太阳为参照系，太阳无为而不动，而地球有为而转动。如果太阳和地球都无为不动，如何能生化万物呢？如果上下都是无为，臣子也是无为，上下属于同德，可是上下同德，臣子就有了不臣之心了。臣子是尚有为的，要安心去做事的，而不是安于中宫的。

下有为也，上亦有为也，是上与下同道，上与下同道则不主。同样的道理，下位有为，而上位也是有为，如此上下就同道了。如此完全相同，上下同道，臣子阻挡了君道，君主就不是真正的主人了。在上的应当无为，不要管太细，代替了臣子的功劳。

上必无为而用天下，下必有为为天下用，此不易之道也。在上位的必定要无为而使用天下，协调天下万民，使得各归其所。下位的臣子必定要有为，而被天下所用。虽然说无为，并非完全不管，而是安排百官各司其职，选贤任能。管为有为，不管为无为。计划为有为，而市场为无为。管和不管有一定的比例关系，如同八卦一样，互为阴阳。如果百姓人人都回归了本性，可以不管，各自自觉，如此可以完全无为而治。如果人人都没有回归于本性，如此还是需要德治和法治并重，无为和有为并重。

故古之王天下者，知虽落天地，不自虑也。所以，古的天子治理天下，虽然有大智慧，能够包罗天地万物，而不会自己思虑过多，而是无为而治。落，包罗。

辩虽雕万物，不自说也。古代天子通达于道，能够辩才无碍，虽然能够巧妙地雕琢万物，粉饰说辞，然而不会自己去多言。正所谓大智若愚，大辩若讷。

能虽穷海内，不自为也。古代天子虽然才能穷竭海内，无所不能，但是不会自己去有为。秦武王力大无穷，然而亲自有为，举重鼎而被压死。如此就失去了君道。

天不产而万物化，地不长而万物育，帝王无为而天下功。上天并不会自己生产，只是恩泽雨露，而万物自然生化。大地虽然并不有意生育万物，而万物自然生育，牛吃草而生育小牛。帝王无为而不会刻意治理天下，而天下归于大治，而不会居功自傲。

故曰莫神于天，莫富于地，莫大于帝王。所以说，没有比上天更为神灵的，更令人敬畏的；没有富过于地的，大地富有万物众生，然而不据为己有；天底下没有权力大过帝王的，但是帝王无为而治，似乎并无半点功劳。尧帝时，有位老农唱道，帝力于我何加焉。老农只是日出而作，日落而息，并无感觉到帝王的功劳。帝王不自大，故而能成其大。

故曰帝王之德配天地。所以说，帝王之德，配于天地。这是真正的上天之子。

此乘天地，驰万物，而用人群之道也。天子已经得道，以天地万物为一体。修道虽然富有神通，然而不能显示神通。圣人乘天地而神游，无为而引导驱驰万物，无为而役使人群。天子如同牧羊人，羊群无知无虑，只要被牧羊人所引导就自然生长。

5. 本在于上

【原文】本在于上，末在于下；要在于主，详在于臣。三军五兵之运，德之末也；赏罚利害，五刑之辟，教之末也；礼法度数，形名比详，治之末也；钟鼓之音，羽旄之容，乐之末也；哭泣衰绖，隆杀之服，哀之末也。此五末者，须精神之运，心术之动，然后从之者也。

【注释】 本在于上，末在于下。君道为本，尚无为，在于上，上达于道；臣道为末，尚有为，在于下，下通于器。形而上者谓之道，形而下者谓之器。

要在于主，详在于臣。其关键枢要在于主，在于君主；有为之法，详细莫过于臣下。

三军五兵之运，德之末也。三军指军队。五兵为五种兵器，弓、戈等。调动军队，运用兵器去作战，去讨伐叛乱，如此是德的末节了。用兵是最后一步了，这是消耗民力，有为而治了。用药如用兵，治身不能等到生病了才用药，而是要治未病。

赏罚利害，五刑之辟，教之末也。用赏罚治理天下，赏为利，而罚为害；动用刑罚和礼法治理天下，这是教化的末节了。如果不教而诛杀，这是教化的衰落的。

礼法度数，形名比详，治之末也。礼，礼仪；法，法令；度，计量的标准；数，计算的术数。礼法这些事情，形名繁多，比周详细，这是治理的末节。《道德经》中讲，法令滋彰，盗贼多有。

钟鼓之音，羽旄之容，乐之末也。羽旄，泛指舞蹈之容，俯仰进退之容。钟鼓的乐音，舞蹈之容，这是乐的末节。乐之本为大声，为雅正的音乐。

哭泣衰绖，隆杀之服，哀之末也。衰，通缞，丧服，用粗麻布做成。绖，麻布做的丧带。隆杀之服，古代丧服，按照与死者的亲疏关系分为不同差别。在治丧方面，哀伤而哭泣，穿着麻布做的丧服，系着丧带；按照亲疏不同，丧服有所差别，如此治丧，这是哀伤之末。制定这么多规矩，哀伤并非发自内心，这是哀悼的末节了。子夏的儿子死去了，子夏因此哭瞎了眼睛。孔子批评子夏，哀伤要有度。孔子参加完丧礼，当天是不会歌唱了。孔子的儿子死去的时候，孔子哀伤也是适度的。

此五末者，须精神之运，心术之动，然后从之者也。为什么说这些是末呢？这是需要发自内心，发自精神。需要心术动，而德、教、治、乐和哀随之就可以了。如果哀不发自内心，而是纯是按照礼法，并非真哀。

6. 大道之序

【原文】 末学者，古人有之，而非所以先也。君先而臣从，父先而子从，兄先而弟从，长先而少从，男先而女从，夫先而妇从。夫尊卑先后，天地之行也，故圣人取象焉。天尊地卑，神明之位也；春夏先，秋冬后，四时之序也。万物化作，萌区有状，盛衰之杀，变化之流也。夫天地至神，而有尊卑先后之序，而况人道乎！宗庙尚亲，朝廷尚尊，乡党尚齿，行事尚贤，大道之序也。语道而非其序者，非其道也；语道而非其道者，安取道！

【注释】末学者，古人有之，而非所以先也。所谓末学，前面所说的五者，古人也曾经有过，而不能以之为先。

君先而臣从，父先而子从，兄先而弟从，长先而少从，男先而女从，夫先而妇从。应当以什么为先呢？以本为先，末随而从之。君主为先，而臣下从之。如果君主崇尚末学，而臣下从之，天下就乱了。正所谓上梁不正，下梁歪。以父为先，而子从之。以兄为先，而弟从之。以长辈为先，而年少的从之。以男为先，而女从之。以丈夫为先，而妻子从之。也许有人会跳出来说，这是封建残余了，特别是女性。然而君有君道，臣有臣道；夫有夫道，妻有妻道。夫为阳，有为而动主外；妻为阴，无为处静而主内。如果反过来，先后本末颠倒了，家庭幸福的根基就动摇了。

夫尊卑先后，天地之行也，故圣人取象焉。天尊为先，地卑微后，这是天地运行的自然之理，所以圣人效法于此。本来并无尊卑，只是分工不同罢了。

天尊地卑，神明之位也。天尊地卑，各有各的位，如果尊卑颠倒，就会乱了。这是符合于自然的定位。

春夏先，秋冬后，四时之序也。春夏为先，而秋冬为后，这是一年四时的顺序。先后不可颠倒。春生、夏长、秋收和冬藏。如果春天不生，夏天不长，夏天该热不热，冬天该冷不冷，如此四时顺序就乱了，万物就会紊乱了，人就会生病了。

万物化作，萌区有状，盛衰之杀，变化之流也。万物发育生长，萌芽而有所区分，形状各异。手掌长出五指，五指形态长短各异；华山分为五峰，高矮形态各有不同。顺四时而有盛衰，春夏生长，而秋冬杀藏。这是天地之气自然流动的结果。社稷有一定的气数，有一定的盛衰的顺序。身体也有一定的气数，有盛衰的顺序。

夫天地至神，而有尊卑先后之序，而况人道乎！天地这样的至神，都有尊卑先后的顺序，更何况在于人道呢！如果不区分尊卑先后，天下就乱了。田常窃国而为君，天下人心浮动，个个都想当天子，如此天下大乱。庄子这里也讲儒家的尊卑次序，所以并非完全反对儒家的。庄子前面为了使得世人明心见性，不得已而非议仁义。

宗庙尚亲，朝廷尚尊，乡党尚齿，行事尚贤，大道之序也。在宗庙里崇尚亲近的人，在朝廷崇尚最贵的爵位，乡里尊重年龄大的人，为人做事崇尚贤德的人，这是符合大道的顺序。人道也该效法天地。

语道而非其序者，非其道也。如果谈论大道，不效法天地，不尊天地，不尊贤德的人，并非符合于语道。论道以正音为先，而以杂音为后。如果先后乱了，以杨朱、墨子之徒为先，如此天下就乱了。

语道而非其道者，安取道！如果谈论大道，本身都不符合于道，如何能够得到道呢！文以载道，如果文以浮华为主，而不是指明大道，如何能够指引世人得道呢！

7. 明大道者

【原文】是故古之明大道者，先明天而道德次之，道德已明而仁义次之，仁义已明而分守次之，分守已明而形名次之，形名已明而因任次之，因任已明而原省次之，原省已明而是非次之，是非已明而赏罚次之，赏罚已明而愚知处宜，贵贱履位，仁贤不肖袭情。必分其能，必由其名。以此事上，以此畜下，以此治物，以此修身，知谋不用，必归其天。此之谓太平，治之至也。

【注释】是故古之明大道者，先明天而道德次之。所以，古代明道的人，先要明于天道而道德次之。道的大源头是天。如果不能明天，不能知天，就不能明道德。

道德已明而仁义次之，仁义已明而分守次之。如果已明道德，而仁义就次之。仁义只不过是道德的绪余而已。大道衰，有仁义。如果仁义已经明达了，而职守次之。只有安排好职守，也就是要确定好岗位，需要哪些职务和官员才能更好地施行仁义。

分守已明而形名次之，形名已明而因任次之。职守已经分明了，也就是岗位已经明确了，其次就到事物的形体和名称了，把要管理得事物装进岗位。岗位对应于管理的事物。具体岗位要管理的事物确定以后，就要因材任用了。现代企业管理有个理念，也是相通的：因事定岗，因岗定人。形体和名称对应于事物；职分和官守，也就是职守对应于岗位；接下来因材任用对应于定人，也就是人岗匹配。所谓的形体和名称，比如对人的管理，每个人都有不同的形体，长相；并有不同的名称。名称和形体必须要对应上，否则就乱了。由于我们习惯了，就会直接把名称等同于具体的形体本身了。其实形体是形体，名称是名称。形体和名称是一国具体要管理的事物。因为要管理这些事物，所以要设置岗位，也就是职守。

因任已明而原省次之，原省已明而是非次之。有特定才德的人安放在适合的职守上，已经明确了，还需要省察功过。省察功过已经分明了，其次就是是非了。有功则是，有过则非。省察功过首要的是自省，明辨是非。省察功过只是结果而已，不能完全以结果导向。如果已经尽力，并不是贪赃枉法等刻意人为所致，就要从轻发落。所以还要明辨是非，不要冤枉好的臣子。让臣子放心大胆，撸起袖子加油干。

是非已明而赏罚次之，赏罚已明而愚知处宜。如果能够是非分明，不被欺瞒，而用赏罚。是则赏赐，非则惩罚。赏罚分明了，愚痴和聪明的人都处于适宜的位子了。

贵贱履位，仁贤不肖袭情。贵贱存乎位，所谓的贵贱只是在于位子，并不是人有贵贱之分。人人的德性本来都是平等的，每个人都有光明的德性。明道的人处于贵位，不明道的人处于卑位。仁贤和不肖的人，因其实情不同而各自任用。

必分其能，必由其名。必然要区分不同人的才德和能力。必然要使得名副其实。

以此事上，以此畜下，以此治物，以此修身。以这样的准则来侍奉君主，以此来治国安民，以此来治理世间万物，以此来修身。前面讲的是如何治国，而也可以用在修身。修身首先要明道德，而其次是仁义。修身也需要明是非，如果错了就改，对了就肯定。

知谋不用，必归其天。智谋和思虑不费心使用了，只是归于天道自然罢了。

此之谓太平，治之至也。如果能够如此，就能够天下太平了，这是天下大治到了极点了。庄子讲古代明大道者如何治理天下。庄子并非完全否定儒家的学说的。

8. 有形有名

【原文】故书曰："有形有名。"形名者，古人有之，而非所以先也。古之语大道者，五变而形名可举，九变而赏罚可言也。骤而语形名，不知其本也；骤而语赏罚，不知其始也。倒道而言，迕道而说者，人之所治也，安能治人！骤而语形名赏罚，此有知治之具，非知治之道；可用于天下，不足以用天下。此之谓辩士，一曲之人也。礼法数度，形名比详，古人有之。此下之所以事上，非上之所以畜下也。

【注释】故书曰："有形有名。"万物都有形体和名称，名称要对应于形体。

形名者，古人有之，而非所以先也。所谓的形体和名称，自古就有了，而并非一开始就以形体和名称为先的。以道德为先。如果现在一开始就提形体和名称，世人就会以为这个就是万物的本源了。

古之语大道者，五变而形名可举，九变而赏罚可言也。古代谈论大道的人，要五次变化而才能列举到形体和名称，要九次变化而才能谈到赏罚。我们可以仔细看前面的顺序，可以知道刚好是这么多次的变化。道德衰微，世风日下，逐步的向下流才有了形名和赏罚。

骤而语形名，不知其本也。如果突然地说形体和名称，就不知根本是什么了。我们仔细想想，现在突然地提语言文字，而完全不知道大道为什么，根本未什么了。语言文字也属于形体和名称之类。我们已经习惯于把语言文字等同于万物的实相本身了。所以需要打破形体和名称这个相，离这个相。外离相即禅，内不乱即定。如果能够打破形体和名称的束缚，就知道根本了，就明道了。这实属不易啊！

骤而语赏罚，不知其始也。如果突然说赏罚，就不知道开始是什么，不知道大道的纲纪是什么了。

倒道而言，迕道而说者，人之所治也，安能治人！颠倒先后顺序而言说大道，忤逆大道而论说的人，应该要让明道的人去治理他们，如何能够治理世人呢！如果用这样的人来治理天下，就会扰乱世人的心了。

骤而语形名赏罚，此有知治之具，非知治之道。明道的人治理天下，有个本末的次序，而不会突然提到形体、名称和赏罚。如果突然提到这些，这只是知道治理天下详细的细节和办法，然而并非明白治国之道。

可用于天下，不足以用天下。这样的人只能被天下所用，而不足以用天下。只有明道的人才能用天下。

此之谓辩士，一曲之人也。这样的人只能称之为善辩的人，只是有所偏曲的人。正所谓直心是道场，如果内心险曲，如何能够明道呢？

礼法数度，形名比详，古人有之。礼仪、法令、术数和计量，形体合名称这些东西比周详细，古人本来也有这些东西。然而虽然用这些东西，但是还是明道，不会被这些细节所束缚，不会折本而逐末。

此下之所以事上，非上之所以畜下也。这就是为什么说，居于下位的是要侍奉上位的。上位为道德，而形体、名称和赏罚，这些都是出于下位的。下位应当为上位所用。并非上位畜养下位，下位只是多余的小指头罢了。明道的人可以用赏罚，但是不拘泥于赏罚。

9. 天地而已

【原文】昔者舜问于尧曰："天王之用心何如？"尧曰："吾不敖无告，不废穷民，苦死者，嘉孺子而哀妇人，此吾所以用心已。”舜曰：“美则美矣，而未大也。”尧曰：“然则何如？”舜曰：“天德而出宁，日月照而四时行，若昼夜之有经，云行而雨施矣。”尧曰：“胶胶扰扰乎！子，天之合也；我，人之合也。”夫天地者，古之所大也，而黄帝尧舜之所共美也。故古之王天下者，奚为哉？天地而已矣。

【注释】昔日舜问尧帝道：“圣明的天子，你治理天下用心是怎么样的呢？”

尧帝说道：“我不会傲慢地对待有苦而无处述说的人，我会关心鳏寡孤独的人；不会抛弃穷苦的黎民百姓；哀怜不幸的死者；喜爱小孩而怜悯妇女。这就是我的用心。”

舜听了就说道：“这样做几乎是尽善尽美了，然而似乎还没有到极点，未能称之为大。”

尧帝听了就问道：“你所说的大是什么呢？该怎么做呢？”

舜回答道：“天子之德顺承上天之德，出心用于治理天下的时候，内心保持宁静无为。就像日月照耀，四时运行那样有秩序；如同昼夜更替那样有规律；如同云行而雨施那样自然。”

尧帝听了就说道：“我可真是有为扰乱多事啊！你是上合于天德的；而我，只是合于人道罢了。”胶胶扰扰，扰乱的样子。尧帝如此自谦，实属难得。

自古以来，都以天地为大，而黄帝、尧舜都以天地之德为尽善尽美。天覆地载，大地厚德载物，天子应当效法天地，无为而治理天下。

所以说，古代的天子，不会有为治理天下，有什么刻意的作为呢？

只是效法天地而已。

10. 孔子藏书

【原文】孔子西藏书于周室。子路谋曰：“由闻周之征藏史有老聃者，免而归居，夫子欲藏书，则试往因焉。”孔子曰：“善。”往见老聃，而老聃不许，于是繙十二经以说。老聃中其说，曰：“大谩，愿闻其要。”孔子曰：“要在仁义。”老聃曰：“请问，仁义，人之性邪？”孔子曰：“然。君子不仁则不成，不义则不生。仁义，真人之性也，又将奚为矣？”老聃曰：“请问，何谓仁义？”孔子曰：“中心物恺，兼爱无私，此仁义之情也。”老聃曰：“意，几乎后言！夫兼爱，不亦迂乎！无私焉，乃私也。夫子若欲使天下无失其牧乎？则天地固有常矣，日月固有明矣，星辰固有列矣，禽兽固有群矣，树木固有立矣。夫子亦放德而行，循道而趋，已至矣；又何偈偈乎揭仁义，若击鼓而求亡子焉？意，夫子乱人之性也！”

【注释】孔子西行要去把自己所修的书藏于周王室的书库。由于孔子看到周朝衰微，所以想把自己的书贡献出去，期望明君用它来治理天下。

孔子的弟子子路谋议道：“仲由我听闻周王室有个专门掌管府藏古籍的官员，名字叫老聃，也就是老子。他辞掉了官职而归隐闲居了，先生你想要藏书，何不试着去找找他呢。”孔子听了回答道：“这个建议很好。”我们看看两位不世出的高人如何论道的。

孔子就去拜见老子，而老子不同意放进藏书库。于是孔子就反复以十二经的重要性来申述，试图说服老子。繙，反复申述。

老子还没有听他完全说完，说了一半就打断孔子了。老子说道：“你讲得太繁冗了，我想听其关键要点。”高手过招，看老子如何教导孔子的。

孔子听了就说道：“要点在于仁义。”庄子在前面已经说了，仁义只是多余的小手指。庄子发明老子的学说，看老子如何说的。

老子听了反问道：“请问你，仁义，这是人的本性吗？”老子所问直指人心，见性成道。

孔子回答道：“是的。君子如果不仁，就不能成全其天性。如果不义，就不能发扬其生气。仁义，这是真人的本性。除了仁义，还有什么是人的本性呢？”按照对话看来，孔子此时还未明心见性，也就是还未得道。孔子到了五十，痴迷于《易经》，有了韦编三绝的故事。那时，孔子已经得道了。

老子听了就再问道：“请问，什么是仁义呢？”

孔子回答道：“心中与万物和乐，兼爱天地万物，所有的百姓，如此无私，这是仁义之情。”中心，心中。物恺，与万物和乐。

老子听了说道：“噫，几乎近于落后之言，讲得太过于浅薄了！你所讲的有意的兼爱，不显得过于迂腐吗！你所讲的无私，实际上是有私心的。”虽然讲兼爱于人，只是想别人也如此爱自己，这是很自私的，哪有什么公心可言呢？孔子听了估计眼睛会瞪得圆圆的了，跟自己所想的完全不同。且听听老子如何教导的，如此难得的机会。

老子又说道：“先生你不是想使得天下都不失去其养吗？”牧，养。幼有所养，老有所依。百姓能够有所依归，不会受战争动乱，颠沛流离之苦。老子也知晓孔子是发了大心的。

老子又说道：“天地本来就有运行有常，日月轮回分毫不差。日月本来就有明，只是被乌云遮蔽了而已，就有明暗，本来是无明暗的。心如日月，只是被物欲的乌云遮蔽罢了。星辰本来就有固定的排列，如北斗七星。禽兽本来就成群结队，如狼群。树木本来就立于天地之间。”为了能够阐明言外之意，也把一些理解放在引号里面了。

老子又说道：“先生你也可以仿效天地之德而行，循着大道而走就可以了，也就可以到达自性家园了。”放，仿效。前面讲天地之德，只要效法天地就可以了。

老子又说道：“你又何必费心劳力地去高举仁义的旗帜，如同敲锣打鼓寻求逃亡的人呢?”如此找人如何能够找得到呢？如此寻找大道之乡如何能找得到呢？

老子又说道：“噫，先生你只是在扰乱世人的本性罢了！”

11. 漠然不应

【原文】士成绮见老子而问曰：“吾闻夫子圣人也，吾固不辞远道而来愿见，百舍重趼而不敢息。今吾观子，非圣人也。鼠壤而余蔬，而弃妹之者，不仁也！生熟不尽于前，而积敛无崖。”老子漠然不应。

【注释】士成绮去拜见老子，他说道：“听闻先生你是圣人，所以我不辞辛劳，远道而来但愿求见你一面。我赶了上百日的路，日夜兼程地走，脚底板都起老茧了，也不敢休息片刻。”百舍，形容路途遥远，赶了上百日的路。重趼，很厚的脚茧。

他又说道：“可是现在我看你呀，并非圣人。”圣人看似凡人，所以有此感觉。老子在《道德经》中描述了古代善为道的人是如何的。和光同尘，呼之以牛以牛应之，呼之以马以马应之。

他又说道：“老鼠打洞挖出来的土壤，里面可能会有少许的剩余粮食，都不会轻易丢弃；而你却不懂得爱惜财物，节俭一些，抛弃到了暗昧之处，这是不仁！如同把上好的木头雕刻出酒樽，而碎末随便就丢到了暗昧的水沟里。”

他又说道：“不管是生的还是熟的食物，财货你都取之不尽了，而还在积累收敛财物，贪得无厌。”老子听了，态度淡漠，没有什么反应。

12. 吾服恒服

【原文】士成绮明日复见，曰：“昔者吾有刺于子，今吾心正卻矣，何故也?”老子曰：“夫巧知神圣之人，吾自以为脱焉。昔者子呼我牛也而谓之牛，呼我马也而谓之马。苟有其实，人与之名而弗受，再受其殃。吾服也恒服，吾非以服有服。”士成绮雁行避影，履行遂进而问，“修身若何?”老子曰：“而容崖然，而目冲然，而颡頯然，而口阚然，而状义然，似系马而止也。动而持，发也机，察而审，知巧而睹于泰，凡以为不信。边竟有人焉，其名为窃。”

【注释】士成绮第二天又去见老子。这次看他能说些什么呢，他说道：“之前我讥刺于你，今天我觉得心里很不舒服，我不知道这是怎么了?”

老子回答道：“对于那些玩弄智巧的所谓神圣的人，我自认为不及的。”脱是不及。老子不屑于玩弄智巧。

老子又说道：“之前你呼我以牛，我就应之以牛；呼我以马，我就应之以马。”这里又跟老子圣人默契了一把，前面刚写完那一句，这里庄子就写出来了。

老子又说道：“假如我真的有牛之实，马之实，如果世人强加个名称给我，可是我如果不去接受的话，就还会受到伤害，还会遭殃的。”如果世人说我的是非，如果我还不接受的话，还会遭殃的。正所谓，打我的左脸，如果不承受，别人还会打我的右脸，干脆把右脸也转过去让别人打了。其实，并非消极态度，而是讲大道之理。为什么呢?要伤害修道的人，也很容易，只需要激怒对方，就可以了。大火烧坏功德林了。一怒就会扰乱本来宁静的心了。

老子又说道：“我已经无为而恢复了自性本心，如此可以称之为恒服。恒服，同于恒复，可以说已经恢复了真常本性了。已经恢复本性就不会受外事外物的影响了。我并非驯服心性而使得心性顺服，而是恢复了本来德性而已。”心性如同牛性一样，硬压着喝水是不会顺服的，只有口渴了才会喝水。心性不会像马性，马是火烈的性子，拍打它会奔跑到死，不会停息。心性如同驴脾气，越抽打它，它就越不动，不会驯服。如何降服其心呢?无为而安心。提念头而安心。如果能够恢复本性，外事外物再难污染本心了，不再有嗔恨心了。《道德经》中讲，治人事天，莫若啬。夫唯啬，是谓早服；早服谓之重积德。如果能够重积德，就能够早日恢复本来德性。

士成绮听了以后，感觉到极其惭愧。侧着身体，斜着行走，避开老子的足迹。他对老子恭敬万分了。来不及脱掉足履，就走上席子去，再问道：“如何修身呢?”

老子回答道：“你的容貌傲岸，很傲慢的样子；你的眼睛突出，恨不得看得清楚的样子；你的头和前额看似很孤傲；嘴巴虚张着，似乎很着急要说什么；形体长得很高大；似乎把马给系住了，虽然你的身体在这里，可是你的心却不能止息，心猿意马的样子。”阚然，嘴巴虚张的样子，似乎着急，想说话。这个人的相貌长得似乎有点着急了。

老子又说道：“动而有点矜持；喜怒哀乐已发，就想命中目标，目的性特别强，机心特别强；很注意观察周围，而且很详审；自恃有智巧而骄傲的样子。”

老子又说道：“我列举了凡此种种，可以看出你这个人不太信实。在边境上有一些窥视情报的人，称之为窃贼。你就像是这样的人。”老子观人，入木三分。曾国藩有部看面相的书《冰鉴》。老子说了这些，如果此人能够改掉这些毛病，就是修身了。

13. 于大无终

【原文】夫子曰：“夫道，于大不终，于小不遗，故万物备。广广乎其无不容也，渊乎其不可测也。形德仁义，神之末也，非至人孰能定之！夫至人有世，不亦大乎，而不足以为之累；天下奋棅而不与之偕；审乎无假而不与利迁；极物之真，能守其本。故外天地，遗万物，而神未尝有所困也。通乎道，合乎德，退仁义，宾礼乐，至人之心有所定矣！”

【注释】老子说道：“大道，对于大，没有终点，至大无外；对于小，不会有所遗漏，至小无内。所以说，万物都是完备的，都有大道的形迹。”

老子又说道：“大道广大无边，无所不包容；大道渊深寂静，不可测度。”广广，广大的样子。

老子又说道：“刑罚、赏赐和仁义，这些只不过是精神的细枝末节罢了，如果不是至德的圣人，又有谁能够认定为末事呢！”形德，形为刑罚，德这里指赏赐。前面孔子认为仁义为人的本性，而不是末节。孔子这样的圣人还如此，更何况是普通人呢。

老子又说道：“所以说至德的人有天下，不是称之为大吗！道大，王也大。至德的圣人不以有天下而觉得是负累，而是无为而天下大治罢了。”

老子又说道：“天下的人都奋起为了争夺权柄，而至德的人不屑于与他们为伍。”棅，通柄，权柄。

老子又说道：“至德的人能够认清真假，认清是妄是真，不会随着名利的东西迁改本来的德性。”

老子又说道：“至德的人能够穷极万物的本真，而又能够守住大道这个根本。”如何能穷天地万物之理呢？古人教我们格物致知。然而格物并非一物一物去格，而是反求诸己，格心就可以穷尽万物之理了，就会穷极万物的本真了。至德的人在格物的时候，不会失去大道这个根本。

老子又说道：“所以能够跳出天地之外，跳出三界之外，遗忘万物，而精神未尝被什么困住。”有形的束缚最容易解，无形的束缚最难解脱。世人被无形的业障所束缚，所困住，而完全不知道，不能觉悟，真实可悲啊！

老子又说道："如果能够上通达于天道，中合于至德，排除仁义，摒弃礼乐，如此至德的人心就安定了，就不会担心扰乱世人的心了！"

14. 知者不言

【原文】世之所贵道者，书也。书不过语，语有贵也。语之所贵者意也，意有所随。意之所随者，不可言传也，而世因贵言传书。世虽贵之，我犹不足贵也，为其贵非其贵也。故视而可见者，形与色也；听而可闻者，名与声也。悲夫，世人以形色名声为足以得彼之情！夫形色名声，果不足以得彼之情，则知者不言，言者不知，而世岂识之哉？

【注释】世之所贵道者，书也。世上所认为最珍贵的莫过于道了，而道却是写在书本里的。正所谓文以载道。古人尊师重道。孔子曾经说过，朝闻道夕死可矣。孔子把道看得比性命还要重要。书中自有颜如玉，书中自有黄金屋。如此看来一点都不为过。孙武得道，而作《孙子兵法》十三篇，天下的人都想得到。

书不过语，语有贵也。书本珍贵，但是只不过是记录了语言罢了。所以，语言也是珍贵的。

语之所贵者意也，意有所随。语言并不等同于实相本身。语言也只是载道的工具罢了。对于道，只能意会，不可言传。不光是道理上明白，还要亲自去印证。王阳明在贵州龙场顿悟而得道，清代黄元御注解《伤寒论》而得道。语言所珍贵之处在于语言对应的意，而意是有所依托的。意在于电子，电子实相和心相互作用，在一瞬间创造了电子一物。意是随物转的，意可以生物。

意之所随者，不可言传也，而世因贵言传书。意所依托的实相，这是不可言传的，需要内在实证的。意为心的影响，为心的声音。佛陀说，我法妙难思。不但难思虑，也不可言传。禅宗是不立文字，教外别传的。

世虽贵之，我犹不足贵也，为其贵非其贵也。世人虽然把书本、载道的语言文字看得很珍贵，然而我却不以它们为贵。我认为他们觉得珍贵的并不是真正值得珍贵的东西。

故视而可见者，形与色也。所以，如果能够看得见的，是形体和色彩。

听而可闻者，名与声也。如果能够听得见的，是名称和声音。书有形体和色彩。语言中有对应于万事万物的名称，有对应的声音。然而这些都只是指月之指罢了，只是指向珍贵的大道的手指罢了，并不是珍贵的东西本身。

悲夫，世人以形色名声为足以得彼之情！真是可悲啊，世人以为从形体、色彩、名称和声音这些东西里面，足以得到大道的真实情况！

夫形色名声，果不足以得彼之情，则知者不言，言者不知，而世岂识之哉？如果说形体、色彩、名称和声音，果真不足以得到大道的真实情况，那么我们说有真正智慧的人是不轻易说话的，因为一说话就失去了本真，失去了大道。而经常言说，善于辩论，夸夸其谈的人，未必就有真正的智慧。而世人岂能识别呢？岂能区分得了呢？世人假如看到某个大师说得唾沫横飞，也许就觉得很厉害了。反而低调，不轻易说话的人，也许正是得道者。《道德经》中讲，知者不言，言者不知。

15. 桓公读书

【原文】桓公读书于堂上。轮扁斫轮于堂下，释椎凿而上，问桓公曰："敢问，公之所读者何言邪？"公曰："圣人之言也。"曰："圣人在乎？"公曰："已死矣。"曰："然则君之所读者，古人之糟魄已夫！"桓公曰："寡人读书，轮人安得议乎！有说则可，无说则死。"轮扁曰："臣也以臣之事观之。斫轮，徐则甘而不固，疾则苦而不入。不徐不疾，得之于手而应于心，口不能言，有数存焉于其间。臣不能以喻臣之子，臣之子亦不能受之于臣，是以行年七十而老斫轮。古之人与其不可传也死矣，然则君之所读者，古人之糟魄已夫！"

【注释】齐桓公在堂上读书。制作车轮的人，名字为扁。他在堂下砍削木头制作车轮。斫，砍削。

他正在忙活，也许听到齐桓公读书的声音，若有所悟吧。突然放下锥子和铁凿，走上堂去。他问齐桓公道："敢问主公，您所读的是什么书呢？"

齐桓公回答道："我读的是圣人之言。"

他又问道："圣人还在世上吗？"

齐桓公回答道："已经死去了。"

他又说道："然而主公你所读的，是古人的糟粕罢了！"看来这个人要么就是找死，要么就是艺高人胆大了。

齐桓公听了就说道："寡人在这里读书，你一个制作车轮的人，安能在这里随便议论圣人之言！你如果能够说出个道道来则可，如若不然，就必须得死了。"

他听了就说道："臣下不敢，臣下只是以臣下所做的事情来观察。我制作车轮这个事，如果我砍削得很慢，则用功很细腻，就甘滑。安装起来，就不牢固，容易脱出来。如果砍削得很快，就会苦涩，太过于粗糙了，安装都安装不进去。”

他又说道：“如果不快不慢，如此就能够得心应手。手里能够做到不快不慢，心里也随之而相应。虽然嘴巴不能说出来这种感觉，可是心里有数。”得心应手这个成语就是从这里来的。

他又说道：“臣下不能把这个感觉比喻，给自己的儿子讲清楚。把这个技艺传授给儿子。臣的儿子也不能完全接受臣的技艺。所以现在臣下已经快七十岁了，还得辛苦去制作车轮。”

他又说道：“古人在世的时候，尚且不可言传，不能够传清楚，更何况现在已经死去了呢。这就是我为什么这么说，你所读的书，是古人的糟粕而已！”孟子讲，尽信书不如无书。文以载道，书也只不过是载道的工具罢了。这个故事其实跟上面一小节是连贯的。虽然文以载道，但是文并不等于道。如果要修道，功夫在书外。

第七章　天　　运

1. 顺之则治

【原文】"天其运乎？地其处乎？日月其争于所乎？孰主张是？孰维纲是？孰居无事推而行是？意者其有机缄而不得已邪？意者其运转而不能自止邪？云者为雨乎？雨者为云乎？孰隆施是？孰居无事淫乐而劝是？风起北方，一西一东，有上彷徨，孰嘘吸是？孰居无事而披拂是？敢问何故？"巫咸祒曰："来！吾语女。天有六极五常，帝王顺之则治，逆之则凶。九洛之事，治成德备，监照下土，天下戴之，此谓上皇。"

【注释】天其运乎？地其处乎？日月其争于所乎？庄子在一开头就反问了一连串的问题，如同天问，向天发问。上天在自然运行不止息，不需要任何人指挥吗？大地处于宁静之所吗？是不运行的吗？日月是不是在争夺居所呢？太阳出来了，月亮就下去，这是在相互争地盘吗？

孰主张是？孰维纲是？是谁主宰日月星辰的运行呢？是谁维持天地日月的运行呢？宇宙有无一个主宰呢？

孰居无事推而行是？是谁闲居无事而推动天地日月的运行如是呢？

意者其有机缄而不得已邪？抑或有个机关设定了，不得已而运行不休呢？

意者其运转而不能自止邪？抑或它们运转起来了，就不能自己停息了？难道是有人推动了，就不停地运行吗？

云者为雨乎？雨者为云乎？天上的云是雨吗？雨是不是天上的云呢？这个问题我们可以回答了。

孰隆施是？是谁兴起云而施雨呢？难道有个龙王不成。这个问题我们也可以回答了。

孰居无事淫乐而劝是？是谁闲居无事而追求快乐，这才翻云覆雨吗？

风起北方，一西一东，有上彷徨，孰嘘吸是？风从北方吹来，一下吹向西边，一下吹向东边，风向飘忽不定。忽然又回转往上，是谁在吸气呼气造成这样的风吗?

孰居无事而披拂是?是谁闲居无事而煽动起这么大的风呢?

敢问何故?这里对前面所提出的所有问题再来个总结提问,这是为什么呢?

殷中宗的神巫,名字为咸,他招手呼叫说道:“来!我告诉你。”祒,招手。

他又说道:“上天有六极,也就是东西南北上下六合。天也有五常,也就是无行,金木水火土。帝王如果能够顺之就可以大治,如果逆之则凶多吉少了。”

他又说道:“天下九州治理之事,能够成功归于大治,这是由于天子富有盛德。天子光辉的德性能够照耀万民,天底下的人都共同爱戴他,这样的天子方才称得上是上天之德的天子。称之为上皇。”并不是随便一个人就可以称之为皇上的,不是他手中的权力,而是他的德性。

2. 问仁庄子

【原文】 商太宰荡问仁于庄子。庄子曰:“虎狼,仁也。”曰:“何谓也?”庄子曰:“父子相亲,何为不仁?”曰:“请问至仁。”庄子曰:“至仁无亲。”太宰曰:“荡闻之,无亲则不爱,不爱则不孝。谓至仁不孝,可乎?”

【注释】 宋国的太宰,名字为荡,他向庄子问仁。宋国为殷商的后裔,所以称之为商。

庄子说道:“虎狼也有仁。”

他听了很惊讶,就问道:“为什么这么说呢?”

庄子回答道:“父子相互亲爱,为何不能称之为仁呢?老虎、狼的父亲会亲爱自己的孩子。”

他又问道:“请问什么是至仁呢?”以天地万物同为一体,这是至仁。不仅仅是能够父子相爱,还能推而广之。老吾老以及人之老,幼吾幼以及人之幼。

庄子回答道:“至仁无有偏爱。”至仁不会偏爱亲人,而是有大爱。爱花鸟鱼虫,爱飞禽走兽。《道德经》中讲,天道无亲常与善人。

太宰说道:“荡我听了以后,有点不太明白。你说无亲是不是不爱,如果不爱就会不孝顺。这么说至仁就是不孝顺了,难道可以这么说吗?”太宰没有能够领悟庄子的意思。

3. 以道不渝

【原文】 庄子曰："不然。夫至仁尚矣，孝固不足以言之。此非过孝之言也，不及孝之言也。夫南行者至于郢，北面而不见冥山，是何也？则去之远也。故曰："以敬孝易，以爱孝难；以爱孝易，以忘亲难；忘亲易，使亲忘我难；使亲忘我易，兼忘天下难；兼忘天下易，使天下兼忘我难。夫德遗尧舜而不为也，利泽施于万世，天下莫知也，岂直太息而言仁孝乎哉？夫孝悌仁义，忠信贞廉，此皆自勉以役其德者也，不足多也。故曰，至贵，国爵并焉；至富，国财并焉；至愿，名誉并焉。是以道不渝。"

【注释】 庄子听了太宰的话，回答道："不是的。至仁是至上的境界，用孝来说明至仁，是不足以说明问题的。至仁并不是说过于孝顺了，也不是说孝顺不足。"

庄子又说道："向南走的人，走到了楚国的首都郢都的时候，向北看是看不见冥山的，这是为什么呢？这是由于走得太远了，距离那座山太遥远了，就看不清了。"庄子用这个来比喻至仁。孝离至仁太遥远了，从孝来看至仁，这是看不清，也讲不明的。

庄子又说道："所以说，以外在的敬爱来表达孝，相对来说就容易得多；如果要以爱发自内心来表达孝，这就难多了。"听庄子讲的同时，我们反省自己是否足够做到孝顺了。

庄子又说道："以发自内心的爱来行孝容易，如果能够虚怀而忘双亲行孝，如此就更难了。"子夏的儿子死了，哭瞎了双眼。同样的道理，假如双亲去世，会极度悲伤。如此发自内心的确可以说是孝，但是如何能够做到哀伤适度，为了父母保重身体，如此就不容易了。

庄子又说道："虚怀忘双亲而行孝这个相对来说容易，可是要使得双亲忘掉我就难了。"六祖大师安顿老母，北上湖北黄梅求法。老母深明大义，亲人能够知道大师这么做也是十分孝顺的。如此是实属不易的。

庄子又说道："使得双亲忘掉我是容易的事，可是要忘却天下人，这就难了。"

庄子又说道："做到忘却天下的人容易，而使得天下人都忘记我，这就更难了。"

庄子又说道："像尧舜那样施行仁德，而要有所遗留，让世人记得尧舜的仁德，这样的事情我是不会去做的。"天下人还不能忘记尧舜的仁德，这是相对来说容易的事。

庄子又说道："以利益恩泽施行于万世，而天下却不知道。难道还要用赞叹的口气来谈论仁孝吗?"仁孝还不足以是至仁。

庄子又说道："孝、悌、仁、义、忠、信、贞和廉，这些都是自勉罢了，只是奴役其本来德性的东西罢了，不足以赞美的。"这些都是自性当中多余出来的东西。当然并不是要反对这些东西。如果不能做到孝顺，如何能够做到至仁呢？功夫要一步一步地做的。

庄子又说道："所以说，至仁是至贵的东西，连一国的爵位都可以摒弃了。至仁是至富的东西，连一国的财富都可以摒弃了。至仁是最大的愿望，也就是发大菩提心，连一切名誉都可以摒弃掉了。"

庄子又说道："所以说，对于道至死不渝。"道是比爵位、财富和一切美好的愿望都要重要的东西，这是至死不渝，不会改变的东西。

4. 夫至乐者

【原文】北门成问于黄帝曰："帝张咸池之乐于洞庭之野，吾始闻之惧，复闻之怠，卒闻之而惑；荡荡默默，乃不自得。"

帝曰："汝殆其然哉！吾奏之以人，征之以天，行之以礼义，建之以太清。夫至乐者，先应之以人事，顺之以天理，行之以五德，应之以自然，然后调理四时，太和万物。四时迭起，万物循生；一盛一衰，文武伦经；一清一浊，阴阳调和，流光其声；蛰虫始作，吾惊之以雷霆。其卒无尾，其始无首；一死一生，一偾一起；所常无穷，而一不可待。汝故惧也。

【注释】北门成，是虚构人物。北门成这个人向黄帝问道："天子您在洞庭之野演奏咸池这首乐曲，我一开始听闻了以后，感觉到有点惊骇。再听到它的时候，感觉到很松懈，很放松的感觉。后来再听到它的时候，感觉有点迷惑了。浑沌不定，口不能言，只可意会不可言传，连自己都忘记了。"张，演奏。咸池，雅正的乐曲，据说是黄帝所作。荡荡，浑沌不定，有点处于未发之中的感觉。雅正的乐曲属于大声，最大的声莫过于大道了。世人耳不聪，听不见大道的声音，正是由于两耳塞豆，不闻雷声罢了。耳朵最灵敏的莫过于能够听见自己的心声了。

黄帝听了就说道："恐怕你听了真的会有那样的感觉吧！我因循人情进行弹奏，并不会不接地气，还是能够贴近于人的性情，如此才能接引世人归于雅正。"

黄帝又说道："此曲只应天上有，这首曲子是雅正的大音，正所谓大音希声。曲子也是天人合一的，取法于自然规律，并非矫揉造作之曲，并非靡靡之音，是超凡脱俗的。”

黄帝又说道：“演奏又受礼义所节制，不是不符合礼义的，不是毫无章法可言的。然而建立大声，大乐不会离根本，以天道为本。”天道可以演变出变化莫测的乐曲。

黄帝又说道：“什么是至乐呢？所谓的至乐是以至善、明德、天道为根本的。与人事相应，如果不能与人的性情相呼应，就不能唤起沉睡的本性。与天理相顺，天理在于自性当中。以五德（仁、义、礼、乐、忠）为节制，不会没有章法。与自然相应，正所谓道法自然，至乐也是法于自然。”在古代音乐可以治病，五音可以分别入五脏。

黄帝又说道：“至乐能入于自性，能荡涤心镜上的灰尘。由于万法唯心造，至乐可以调心，调心也就可以调和万物。而时间本来是世人认知的一种错觉，调心就可以调和四时。”

黄帝又说道：“乐声如同四时更迭一样，春生而春气盎然、夏长而烈日炎炎、秋收而硕果累累和冬藏而大雪纷飞。乐声之中如同万物在循道而生。一生二，二生三，三生万物。如同大风吹大树，而生出万种声音，而万种声音如同万物一般。”

黄帝又说道：“乐声当中可以听出社稷一盛一衰，一兴一亡，一文一武，一经一伦。”正所谓一花一世界，一叶一菩提。一首乐曲也是一个世界，道尽人间沧桑。一根竹管如果没有开孔，似乎只有一个音，但是里面蕴含着五音。称之为音藏。如果打开孔，就可以分出五音。如果五音和谐，就会是美妙的乐曲。如果不和谐，就是混乱的噪音。如果五音回归于一，回归于未发之中，即归于天道。如果又分出来，就是五德、仁义等。如果社稷中各阶层发出的音是和谐的，就是太平盛世的大乐。如果是不和谐的，就是混乱的噪音。

黄帝又说道：“乐曲有时清脆，有时重浊。一清一浊，一静一动，静之徐清，而动之即浊。君主无为而治，不扰乱民心，民心为清。如果有为，扰乱民心，民心为浊。上天为清，大地为浊，一清一浊互为阴阳，阴阳调和。一清一浊也对应于天子的心。天子富有盛德，心如止水一般清澈，可以照天照地，为一面明镜。为造化大匠的基准。天子暴虐，多欲多为，自己的心是浑浊的，天下也是浑浊的。乐曲如同止水，就可以有光影，照亮天地，否则光影如流水一般摇摆，可以说是流光其声。”

黄帝又说道：“乐曲中，经过冬眠的小虫刚刚蠢蠢欲动，我又奏起雷霆般的乐曲，把它们惊醒。至乐效法于天道，又效法于自然。”

黄帝又说道：“乐曲演奏结束的时候，似乎让人感觉不到是结尾；开始演奏的时候，似乎让人感觉不到是开始。”宇宙无始无终，至乐也是如此，浑然一体。

黄帝又说道："乐曲忽而停，忽而起，如同生死，实则无始无终，无生无死。乐曲忽而高昂，忽而低沉，实则无高无低。"偾，高昂。

黄帝又说道："乐曲变化无穷，如行云流水，不会住于一处，而又处处住于一处。类似于应无所住而生其心。心不会住于一处，然而处处都在定中。心如乐曲，如果心有粘滞而乐曲也有粘滞。心无为，而乐曲也无为，任其自然而已。正是由于如此，你会感到惊惧了。不笑不足以为道。"法音对应于小的根器会感到惊惧，法雨对应于小的根器，就会东倒西歪，不能接受。《金刚经》中讲，如果听闻此经，不惊不怖者，甚为稀有，也是类似的道理。

5. 不及已夫

【原文】"吾又奏之以阴阳之和，烛之以日月之明。其声能短能长，能柔能刚；变化齐一，不主故常；在谷满谷，在阬满阬；涂郤守神，以物为量。其声挥绰，其名高明。是故鬼神守其幽，日月星辰行其纪。吾止之于有穷，流之于无止。予欲虑之而不能知也，望之而不能见也，逐之而不能及也；傥然立于四虚之道，倚于槁梧而吟。目知穷乎所欲见，力屈乎所欲逐，吾既不及已夫！形充空虚，乃至委蛇。汝委蛇，故怠。"

【注释】吾又奏之以阴阳之和，烛之以日月之明。虽然黄帝在讲的至乐，实则宇宙人生这一大乐章。我又奏起阴阳和谐的曲调，好像日月普照大地那样明朗。音藏为未发之中，可以分出阴阳，而阴阳和谐。

其声能短能长，能柔能刚。其声音能短能长，能柔能刚。长短互为阴阳，柔刚互为阴阳，而能互相调和。《道德经》中讲，高下相顷，难易相成。

变化齐一，不主故常。虽然变化万分，但是分中有合，合中有分。一可以分出万种变化，而万种变化又归于一。如同八卦中循环往复，变化无穷。似乎没有什么主宰，所以称之为常。作为演奏者，如同造化之主。此等乐曲尚且有个演奏者，大自然的造化乐章，社稷兴衰的乐章，并无真正的主宰。如果说主宰，就是天道。

在谷满谷，在阬满阬。乐曲充满天地，如同大道充塞天地。在万事万物中存在大道的形迹。乐曲在山谷就充满山谷，在巨坑即填满巨坑。阬，坑。

涂郤守神，以物为量。涂，填塞。郤，孔隙。乐曲填塞孔隙，实则恢复本心。本心原来是大心，是大爱的心，是大我。本心有物欲的间隔，所以变成小心了。所以有"无间道"的说法，如果符合于道，就不会有物欲的间隔。填满了物欲的空隙，就不会有间隔了。音符有长有短，如同万物的长短。长颈鹿脖子长不算长，如果改短了就不符合于道了。丹顶鹤的腿不算长，如果改短了也不成。所以万物都是各有一天理，以各自为量。

其声挥绰，其名高明。乐曲演奏的时候，悠扬高扬，音域宽广。可以称之为高明。悠扬如同天籁之音，音域宽广如同大道宽广。此心本来光明，至乐只是和本心相应罢了，如同心之影响。

是故鬼神守其幽，日月星辰行其纪。所以说，乐曲实则是大音希声。如同大道至简。此曲很是容易，很是明白。正是由于人心险曲，所以听了如同鬼神一般神秘清幽。如同鬼神一样神秘莫测。然而对于得道者，听一声就能入于自性本心。乐曲五音对应于五行，五行对应于金木水火土，与日月星辰相应。

吾止之于有穷，流之于无止。乐曲似乎能够在变化中止步于有穷，正如此心虽然念念相续，迁移不断，可是却可以止步于静定当中，止步于未发之中。乐曲又似乎可以流动无有止息。正如此心，应无所住而生其心，念念无有粘滞。

予欲虑之而不能知也，望之而不能见也，逐之而不能及也。乐曲给我的感觉很奇妙，似乎思虑它而不能知，似乎望它而不能见，追逐而不能赶得及。虽然是讲乐曲，其中含有妙道的形迹。《道德经》中讲，视而不见，名曰夷；听之不闻，名曰希；搏之不得，名曰微。

傥然立于四虚之道，倚于槁梧而吟。由于不能知，不能见，不能及，似乎在四面空虚的大道上，茫然若失。没有什么方向，没有什么目的。如同安居在家里，而不知道做些什么。出门去又没有什么要去的地方。乐曲把人的性情带入了空灵的境界。此心已经无有杂念妄想了。此心归于孤寂状态，如同独自一人依靠着枯槁的梧桐树而吟唱。天下皆醉唯我独醒的感觉。傥然，茫然若失的样子。槁梧，枯槁的梧桐树。

目知穷乎所欲见，力屈乎所欲逐，吾既不及已夫！眼睛知晓要穷尽自己所要看见的，力量曲张要追逐上自己所追逐的，然而我却不管怎么样努力还是追不及自己！眼睛能够见自性，如此可以说是目明；力量能够把自己提起来，如此可以说是大力，如果能够把自身的业力拔除干净，如果把本心的灰尘清扫干净，如此方才是大力士，大勇士。自己要追得上自己，方才是跑得快，夸父追日而不知此心如同太阳。不如尼采说，我是太阳，实则此心是太阳。古希腊的神庙上写着一句话："认识你自己。"如果能够认识自己，认识了自性本心，就是见道。

形充空虚，乃至委蛇。汝委蛇，故怠。北门成你的形体如同放空了一样，心灵也放空了。婉转徘徊于乐曲之中。你还流连于乐曲，因此就会完全松懈下来了。委蛇，婉转徘徊于乐曲。

6. 天机不张

【原文】“吾又奏之以无怠之声，调之以自然之命。故若混逐丛生，林乐而无形；布挥而不曳，幽昏而无声。动于无方，居于窈冥；或谓之死，或谓之生，或谓之实，或谓之荣；行流散徙，不主常声。世疑之，稽于圣人。圣也者，达于情而遂于命也。天机不张而五官皆备。此之谓天乐，无言而心说。故有焱氏为之颂曰：‘听之不闻其声，视之不见其形，充满天地，苞裹六极’。汝欲听之而无接焉，而故惑也。乐也者，始于惧，惧故祟；吾又次之以怠，怠故遁；卒之于惑，惑故愚；愚故道，道可载而与之俱也。”

【注释】吾又奏之以无怠之声，调之以自然之命。北门成听得有点松懈了，黄帝又转了乐曲。奏响了不令人懈怠的乐曲，调和以自然。至乐法于道，法于自然。

故若混逐丛生，林乐而无形。所以，如同鸟兽混同而相互追逐，如同花草树木混同而丛生。乐声林林总总，五音繁杂会集，稍纵即逝，无有形迹。五音对应于五行，从未发之中发出。如同大风吹大树，大树有万种孔窍，变化出万种声音。而万种声音也如梦如幻，无有形迹，稍纵即逝。树欲静而风不止，并非乐音在动，而是心动。并非乐音在动，而是造化弄人，黄帝在演奏大自然美妙的乐章。宇宙有无一个这样的主宰，有无演奏者呢?

布挥而不曳，幽昏而无声。乐曲布散挥洒纯属自然，而无半点人为引拽的痕迹，感觉不到有人在弹奏。似有似无，幽深昏暗而似乎没有什么声音，正所谓大音希声。

动于无方，居于窈冥。乐曲动起来似乎无有方向，布散四方。静起来似乎安居于幽深静谧之所，似乎也找不到一个固定的居所，这个居所是大道之乡。

或谓之死，或谓之生，或谓之实，或谓之荣。乐曲或停或止，或虚或实。

行流散徙，不主常声。乐曲如同行云流水一般，不会粘滞。没有固定的音调和乐律。心无所住而生心，乐曲无所住其固定的常声。

世疑之，稽于圣人。世人听了就产生怀疑，稽考于圣人，也就是求问于圣人。听到雅正的音乐，听到大因，就有疑问了。《道德经》中讲，上士闻道，躬而行之；中士闻道，若存若亡；下士闻道，大笑之。不笑不足以为道。

圣也者，达于情而遂于命也。所谓的圣人，通达于万物本有的性情，而能够顺承天命。

天机不张而五官皆备。此之谓天乐，无言而心说。前面庄子有讲到机械、机心。如果人有为而为，就有了机械，而并非真正的天机。人的自性本心，实则暗含天机。此天机虽然不张，自性本心处于未发之中。统摄六根，管住了五官，然而五官皆备。不听而能听，不言而能言。大道虽然无声，大音希声，然而却是为天乐。这是无声之大声。虽然大道无言，而此大乐乃符合上天之乐，虽然无言而心自怡悦。

故有焱氏为之颂曰："听之不闻其声，视之不见其形，充满天地，苞裹六极。"有焱氏是虚构人物。所以有焱氏颂扬道："虽然听了，可是却不能听见声音；虽然看了，可是却不能看见其形状。充满天地，无处不在；包含六合，无所不包。"苞裹，包含。这句话可以说大乐，也可以说是形容大道。

汝欲听之而无接焉，而故惑也。你虽然想用耳朵去听，可是却不能用耳朵来承接声音，因为似乎都没有具体的声音存在，所以你就会感到迷惑了。大道也是如此，你睁开眼睛寻寻觅觅，却找不到，所以就会迷惑了，就会怀疑了。

乐也者，始于惧，惧故祟。这首乐曲，一开始听到会感到惊惧，正是由于惧怕，所以此曲有惊天地泣鬼神之妙。不是由于此乐曲有什么鬼怪，而是人心险曲，所以听了这样雅正的音乐，一下感到害怕。实际上这个大乐是带每个人回家的，回归大道之乡的。《金刚经》中讲，如果有人能够听到此经，不惊不怖，则是极其稀有的。

吾又次之以怠，怠故遁。接下来我又令其懈怠，正是由于懈怠，所以有了遁世的想法了。

卒之于惑，惑故愚。最后弹奏的时候，令其感到迷惑，正是由于迷惑，所以近于无知无识，称之为愚。似乎什么都不想了，没有是非，处于浑沌状态了。

愚故道，道可载而与之俱也。正是由于处于大智若愚的状态，所以接近于道了。此天乐可以承载大道于其上了，已经暗合于大道了。我们说文以载道，大道可以承载在文章上，文章中也有大道的形迹。

7. 刍狗未陈

【原文】孔子西游于卫。颜渊问师金曰："以夫子之行为奚如？"师金曰："惜乎，而夫子其穷哉！"颜渊曰："何也？"

师金曰："夫刍狗之未陈也，盛以箧衍，巾以文绣，尸祝齐戒以将之。及其已陈也，行者践其首脊，苏者取而爨之而已；将复取而盛以箧衍，巾以文绣，游居寝卧其下，彼不得梦，必且数眯焉。今而夫子，亦取先王已陈刍狗，聚弟子游居寝卧其下。故伐树于宋，削迹于卫，穷于商周，是非其梦邪？围于陈蔡之间，七日不火食，死生相与邻，是非其眯邪？

【注释】孔子向西游说于卫国，推行其治国主张。我们知道孔子曾经在卫国，遇见过当时著名的美女南子。

颜渊问鲁国太师，这个太师名字为金。问道："孔子此次去游说卫国将会如何呢？"颜渊是孔子的得意弟子，也就是颜回。

师金说道："真是太可惜了，你的先生要遭受困境了！"

颜渊又问道："为什么呢？"

师金回答道："刍狗还没有陈列出来祭祀的时候，用箱子装起来，上面披着刺有美丽花纹的巾帛，主持祭祀的巫师还要专门进行斋戒才能用它来祭祀。"刍狗，用草扎成的狗。《道德经》中讲，天地不仁以万物为刍狗。箧衍，用竹子做的箱子或者笼子。尸祝，主持祭祀的巫师。齐戒，斋戒。

师金又说道："等到它已经陈列出来，已经用于祭祀了。行路的人就会一点都不怜惜地践踏它的头颅和脊背。拾柴火的人会把它捡回去烧火做饭罢了。"爨，烧火做饭。苏者，拾柴火的人。

师金又说道："想要再次被取来放在箱子里，用刺有美丽花纹的巾帛披着，伴随着主人游乐居处于寝室，这只不过是做梦罢了。即使暂时留在身边，也会一次次地被梦魇给吓醒的。"

师金又说道："现在你的先生孔子，也只不过是取法先王已经陈列过的刍狗（尧舜禹、文王武王等帝王所推行的治国方法）。这些刍狗已经被祭祀过了，已经被使用过了，而今现在没有什么价值了，被别人随意践踏了。而你的先生孔子不仅用它，而且还要聚集众多弟子游乐居处于它的身边。"

师金又说道："所以说，你的先生在宋国的大树下讲习礼法，而大树跟着遭殃了，被砍伐掉了。"

师金又说道："你的先生曾经游说于卫国，在匡地被人围困，后来就绝迹于卫国了，不再去卫国了。"由于鲁国的一个无赖经常欺负匡地百姓，而孔子长得像他，所以被匡地人围困。

师金又说道："在宋国（商地）和卫国（周地）遭遇困厄，难道这不是如同刍狗一样做噩梦吗？"宋国为殷商后裔所建立，所以称之为商。卫国的创立者为康叔，他是周武王同母的弟弟，所以称之为周。

师金又说道："孔子及其弟子游历到了陈国和蔡国之间的时候，楚昭王派使者请孔子到楚国为官。陈国和蔡国担心孔子为楚国效力，对自己不利，所以将孔子及其弟子围困起来，绝粮七日，不能生火做饭了。处于生死之地，这难道不是如同刍狗一样，处于恐怖的梦魇当中吗？"

8. 无方之传

【原文】“夫水行莫如用舟，而陆行莫如用车。以舟之可行于水也而求推之于陆，则没世不行寻常。古今非水陆与？周鲁非舟车与？今蕲行周于鲁，是犹推舟于陆也！劳而无功，身必有殃。彼未知夫无方之传，应物而不穷者也。”

【注释】师金又说道：“在水里划行没有必船更便捷的，而在陆地行走没有比用车更方便的。”当然，当今的高铁也是属于车，庄子所说也不过时。

师金又说道：“船只能在水里行走，如果将船推到陆地上，那么终生都走不了多远了。”寻常为古代的长度单位。八尺为一寻。二寻为一常。

师金又说道：“古今的不同不就像是水上和陆上的不同吗？周朝和现在鲁国的不同，不就像是船和车的不同吗？”

师金又说道：“现在硬是把周的典章制度搬到鲁国来施行，这不就像是把船推到陆地上嘛！”蕲，期求。

师金又说道：“这样必然是徒劳而无功的，自身也难免跟着遭殃了。”

师金又说道：“这是由于孔子未能知晓无有方向、无常的变化罢了。如同天运一般，变化无常。虽然变化无常，然而心如明镜，应接外物而变化无穷。”刻舟求剑、张冠李戴的故事也是类似的道理。由于外在的典章制度是根据当时的实际情况制定的，而实相是伴随着时间推移而改变的，所以经常都需要改革。

9. 不得罪人

【原文】“且子独不见夫桔槔者乎？引之则俯，舍之则仰。彼，人之所引，非引人也，故俯仰而不得罪于人。故夫三皇五帝之礼义法度，不矜于同而矜于治。故譬三皇五帝之礼义法度，其犹柤梨橘柚邪！其味相反而皆可于口。”

【注释】师金又说道：“你难道没有见过打水用的吊杆吗？”桔槔，古代原始的打水机械，利用简单杠杆原理工作。

师金又说道：“人去牵引绳子的时候，将水桶放下去，则吊杆就会俯下去；人一松开绳子，吊杆就被另一端的重物一压，自然就仰起来了，水就打上来了。”

师金又说道：“吊杆，是人去引它，而不是它来引人。所以俯仰之间，不管如何变化而不会得罪于人。”只是人去利用它打水而已，不会消耗人的体力。

师金又说道：“所以说三皇五帝的礼义法度，并不尚于完全相同，完全照搬，而是尚于使得社稷归于大治。”矜，尚。

师金又说道：“所以说，拿三皇五帝的礼义法度来打个比方，虽然都有所不同，但是却能够使得天下大治。就好像是山楂、雪梨、橘子和柚子虽然味道刚好相反，非常的不同，但是却都是美味可口的水果！”柤，山楂。

10. 东施效颦

【原文】“故礼义法度者，应时而变者也。今取猿狙而衣以周公之服，彼必龁啮挽裂，尽去而后慊。观古今之异，犹猿狙之异乎周公也。故西施病心而矉其里，其里之丑人见之而美之，归亦捧心而矉其里。其里之富人见之，坚闭门而不出；贫人见之，挈妻子而去之走。彼知矉美而不知矉之所以美。惜乎，而夫子其穷哉！”

【注释】师金又说道：“所以说礼义法度，需要随着时间的推移而有所变化的。”礼仪法度类似于一顶帽子，随着时间变化的实际情况类似于人。人改变了，帽子也要跟着改变，不能张冠李戴。

师金又说道：“现在抓住猿猴，让它穿上周公的礼服，它必然会又啃又咬，甚至还会撕裂礼服的。剥光衣服而后快。”龁啮，啃咬。慊，满足。

师金又说道：“反观古今的差异，犹如猿猴和周公的不同。”世人如果能够穿上周公那样的礼服，是很满足的。而猿猴却不是这样，非得要剥光而后快。

师金又说道：“所以西施有心口疼痛的病而皱起眉头，让邻里的丑女人看到了。她觉得西施这样很美，所以她回来以后也捧着心窝，皱起眉头。”矉，通颦字。

师金又说道：“邻里富人见到丑女，就闭门不出，都不想见到她；穷人见到她，就赶紧带着妻儿子女远远地跑开了。”

师金又说道：“那个丑女只是知道皱着眉头美，而不知道为什么皱眉头会美。可惜啊，你的先生孔子想必会遭受困厄的！”

11. 孔子问道

【原文】孔子行年五十有一而不闻道，乃南之沛见老聃。老聃曰：“子来乎？吾闻子，北方之贤者也！子亦得道乎？”孔子曰：“未得也。”老子曰：“子恶乎求之哉？”曰：“吾求之于度数，五年而未得也。”老子曰：“子又恶乎求之哉？”曰：“吾求之于阴阳，十有二年而未得。”

【注释】孔子活了五十一岁了，可是还没有能够得道，所以他就从鲁国往南方的沛地（楚国的沛地，现在江苏省沛县）去拜见老子。孔子曾经说过，朝闻道夕死可矣。韦编三绝的故事是发生在孔子五十岁以后了。

老子问道：“你来啦？我听说你是北方有名的贤者！你也已经得道了吗？”我们看看两位圣人的对话，这是伟大的时刻，命运安排两位东方的圣人相遇了。

孔子回答道：“惭愧呀，我还没有得道的。”孔子非常的谦逊，不会不懂装懂。是否得道，如人饮水冷暖自知。

老子又问道：“你是如何寻求大道的呢？”

孔子回答道：“我在礼仪法度之中去寻求大道，可是我足足找了五年，还是没有能够找到。”孔子在礼法中寻求大道的形迹。然而并非礼法中不存在大道形迹，而是一叶障目不见泰山罢了。

老子又问道：“你在礼法中找不到，那你又如何去寻找呢？”

孔子回答道：“我又在阴阳中寻找大道，找了足足十二年，还是没有看到大道的影子。”

12. 名公器也

【原文】老子曰：“然。使道而可献，则人莫不献之于其君；使道而可进，则人莫不进之于其亲；使道而可以告人，则人莫不告其兄弟；使道而可以与人，则人莫不与其子孙。然而不可者，无佗也，中无主而不止，外无正而不行。由中出者，不受于外，圣人不出；由外入者，无主于中，圣人不隐。名，公器也，不可多取。仁义，先王之蘧庐也，止可以一宿而不可久处。觏而多责。”

【注释】老子说道：“会是这样的。”大道就是如此的，看也看不见，听也听不到，抓也抓不住。

老子又说道：“假使道是可以献给别人的，那么，世人无不将此道送给君主了。”如果君主得道，则天下大治了。

老子又说道：“假使道是可以进献给别人的，那么，世人无不将此道进献给自己的双亲。”如果父母得道，长寿且有智慧了。

老子又说道："假使道是可以告诉别人的，那么，世人无不将此道告诉给自己的兄弟。"

老子又说道："假如道是可以留给人的，那么，世人无不会将此道留给自己的子孙后代。"实际上古圣先贤慈悲后世子孙，的确将此道写成文字留下来了。《黄帝内经》《道德经》《庄子》等无不是这样的载道经典。

老子又说道："然而为什么不能献给君主、进献父母、告诉兄弟、留给子孙呢？别无其他的原因。"佗，它。

老子又说道："如果心中没有主宰，就无法领悟大道。只是由于在心中无有主人。主人已经不居于正位了，已经跑掉了，也就是说已经偏心了，不能做到正心了。什么是主人呢？自性本心是真正的主人。心为君主之官。如果主人被物欲遮蔽了，或者跟着五官的贪欲跑了，就无有主人了。如果没有主人，大道就无法依止于心中。"正如《大学》中所说的，无法做到止于至善了。

老子又说道："如果外德不正，不能合于大道，则不能将此道传授于他。"每个人的根器是不同的，接受能力也是不同的。

老子又说道："正是由于此道是从心中悟出，自性具足一切。此道不假外求，并不是向外求来的。所以圣人无法将此道拿出来示人。"许多寺庙都有几个大字：莫向外求。

老子又说道："如果从外入于内，从外去传授讲道，可是内心并无主宰，并不能明心见性，并不能见到自己的自性真心，如此也无法接受。圣人并非刻意不传授，并非隐瞒了什么秘密。"圣人已经明明白白告诉世人了，并无什么秘密，只是世人无法领悟罢了。

老子又说道："名声，这是属于天下人公有的器物罢了，不可以多取。"如果多取必然会遭殃。形而上者谓之道，形而下者谓之器。名声也属于形而下的，所以说是器物。圣人不可为了名声而传道，否则容易被误解，反而遭殃了。老子劝诫孔子不要为了名声。

老子又说道："仁义，是先王留下来的传舍（供行人休息住宿的场所），只可以住一宿，不可以久住。如果经常使用仁义，必然会遭受责难。"蘧庐，传舍。觏，常常见面。

13. 假道于仁

【原文】"古之至人，假道于仁，托宿于义，以游逍遥之虚，食于苟简之田，立于不贷之圃。逍遥，无为也；苟简，易养也；不贷，无出也。古者谓是采真之游。"

【注释】老子又说道："远古的至人，也就是止于至善的真人，已经得道的圣人。只是借道于仁，寄宿于义罢了。"仁义是不得已而用之。由此可见，并不是完全否定了孔子的仁义。

老子又说道："圣人逍遥游于虚无的大道之乡；自己耕种的田地，只是苟且简单地吃这点粮食，这块天地实则是心地；立足于无漏无出的园圃，这个园圃实则是臭皮囊，精气神不能泄露，不能受外在物欲所污染。"自己耕种心地这块福田，自己知足罢了。园圃对应于义；田地对应于仁。

老子又说道："所谓的逍遥，这是无为而治罢了。"

老子又说道："所谓的苟简，这是苟且简单，很容易养活，不需要多少粮食。自性自足一切，不需要外在多少东西。"大道至简，为学日益，为道日损，越简单越好。

老子又说道："所谓的不贷，是无漏无出，精气神不向外泄露。不能受外在物欲的污染。"六根如同城门，如果漏了，就会有物欲污染本心了。

老子又说道："在古代称之为保持真如本性的遨游。"

14. 天门弗开

【原文】"以富为是者，不能让禄；以显为是者，不能让名；亲权者，不能与人柄。操之则慄，舍之则悲，而一无所鉴，以窥其所不休者，是天之戮民也。怨、恩、取、与、谏、教、生、杀，八者，正之器也，唯循大变无所湮者为能用之。故曰：正者，正也。其心以为不然者，天门弗开矣。"

【注释】老子又说道："以富贵而是的人，遇见禄位不能谦让。以显赫为是的人，遇见名声不能谦让；以权柄为亲的人，不能轻易让权柄给别人。"

老子又说道："当操持富贵、显赫、权柄的时候，战战兢兢如履薄冰，唯恐失去，所以战栗。当失去的时候，就未免感到悲伤了。一点都不知道以自性本心为明镜，看清楚自己，而是一心窥见所要追求的东西，盯得紧紧的，无有休止。所以这是注定要受上天所刑戮的罪人了。"

老子又说道："化解恩怨（有时给予恩德，如此可以感化教化人；有时怨他，使得他诚惶诚恐，自我反省而改正）；取之与之（有时给予他禄位，给予权柄，有时取回来，有时晋升，有时降级，如此恩威并施，赏罚分明）；劝谏和教化；生杀予夺（掌握生杀大权，然而不轻用，只是天生天杀罢了），这八者，是正人的利器。只有因循大道，符合于大道的人才能够善用。"《道德经》中讲，如果代大匠去砍伐，岂能不伤手呢？

老子又说道："所以说，所谓正人者，首先要正自己。如果要正自己，首先要正心。”前面说只有符合于大道的人，才能够使用这八种利器。《大学》中讲，不仅仅要发明自己本有的明德，还要去亲民，去发明百姓的明德，使明明德于天下。

老子又说道：“如果心如是如此认为的，天门并非对其打开。”请注意了，老子传道于孔子了。这里老子直指天门。正所谓，玄之又玄，众妙之门。宋代邵康节曾经说过：荡荡天门万古开，几人归去几人来。

15. 不日浴而白

【原文】孔子见老聃而语仁义。老聃曰：“夫播穅眯目则天地四方易位矣；蚊虻噆肤，则通昔不寐矣。夫仁义憯然乃愦吾心，乱莫大焉。吾子使天下无失其朴，吾子亦放风而动，总德而立矣！又奚杰杰然，若负建鼓，而求亡子者邪！夫鹄不日浴而白，乌不日黔而黑。黑白之朴，不足以为辩；名誉之观，不足以为广。泉涸，鱼相与处于陆，相呴以湿，相濡以沫，不若相忘于江湖。”

【注释】孔子见到老子，跟老子谈论仁义。

老子说道：“播扬谷糠的时候，把眼睛眯起来，怕谷糠掉到眼睛里，可是眼睛眯起来，天地四方都易位了，方位都错乱了。”穅，谷糠。

老子说道：“蚊虻叮咬肌肤的时候，通宵都难以入寐。”噆，叮咬。

老子说道：“仁义比蚊虻还要毒，比谷糠还要厉害，扰乱我的心，扰乱自性本心是很大的。”愦，扰乱。

老子说道：“您只需要使得天下不失去本然的朴素，这就可以了。您只需要顺风而动就可以了，物来则应，物去不留。只需要秉持着本有的德性，就可以立足于天下了！”仁义只是多余的小手指罢了。

老子说道：“又何须卖力的样子，大力地击打着大鼓，而求逃走的孩子呢！”杰杰然，卖力的样子。负，击打。建鼓，大鼓。明明是要找逃跑的孩子，如果大声敲鼓，一听到鼓声孩子只会越跑越远了。大声敲鼓，提倡仁义，道德就会日远了。

老子说道：“天鹅并不是每天都洗澡，而它总是洁白的；乌鸦并不是每天都被浸染，而它总是乌黑的。”鹄，天鹅。自性本心并不是每天都清洗，可是它本来就是洁白无瑕的。

老子说道：“天鹅的白色和乌鸦的黑色都出于本然的朴素之色，用不着去辩说。”天鹅的白色如同道德，而乌鸦的黑色如同仁义，根本都不需要去争辩高下，自然明了。

老子说道：“名声和荣誉为身外之物，不足以去播扬和扩大。”不需要为了名声而去到处播扬仁义。前面老子已经告诫过孔子，名声为天下的公器，不可多得。如果多得，就会引来灾祸。

老子说道："泉水干涸，鱼儿只要相处于陆地上，大口出气让对方可以获得一点湿气，吐出唾沫来湿润对方的身体。倘若如此，不如将过去在江河湖海的生活忘却。"仁义类似于这些唾沫和湿气，如果依赖于这些反而带来祸害。

16. 老子犹龙

【原文】孔子见老聃归，三日不谈。弟子问曰："夫子见老聃，亦将何规哉？"孔子曰："吾乃今于是乎见龙。龙，合而成体，散而成章，乘云气而养乎阴阳。予口张而不能嗋，予又何规老聃哉？"子贡曰："然则人固有尸居而龙见，雷声而渊默，发动如天地者乎？赐亦可得而观乎？"遂以孔子声见老聃。

【注释】孔子见老聃归，三日不谈。孔子去拜见老子，回来以后，三天闭口不谈见面的事。

弟子忍不住就问道："先生您去拜见老子，您对老子有何规劝呢？"本来孔子要去劝谏老子的，回来一声不吭了，看孔子有何感受。

孔子回答道："直到如今，我在老子那里才见到了真正的龙！"中华民族是龙的传人，正道、正统、道统是中华民族传承的真正点滴血脉。王阳明先生曾经说过，此道是古圣先贤传承的点滴血脉。

孔子又说道："所谓的龙，变化莫测，合拢起来就成为一体，分散开来就变成美丽的花纹，乘驾云气而被天地阴阳之气所养。"一缕太阳光经过三棱镜，可以分散成七色。七色如果合拢归一，就是一缕太阳光。一心分散，可以有喜怒哀乐；如果归于一，又可以处于未发之中。大道如果分散开来，就有了绚丽多彩的万物。如果归于一，又可以归于纯朴了。真龙实则讲道！

孔子又说道："我见到了老子，如同见真龙了，已经震惊得张开嘴巴合不拢嘴了，如同见到天人了，又有什么东西能去规劝老子的呢！"嗋，合拢。

子贡听自己老师如此评价老子，问道："人难道真的能够像龙那样千变万化吗？难道真有人像龙那样安稳地躺着一动不动，然而真龙现身不成？腾云驾雾，呼风唤雨如雷声那样惊天动地，而潜入深渊又能够悄无声息，没有踪迹吗？难道能够发动起来如同天地响雷一般吗？端木赐我能够去见见呢？"

子贡就以孔子的弟子名义去见老子。

17. 子贡问道

【原文】老聃方将倨堂而应微曰："予年运而往矣，子将何以戒我乎？"子贡曰："夫三王五帝之治天下不同，其系声名一也。而先生独以为非圣人，如何哉？"老聃曰："小子少进！子何以谓不同？"对曰："尧授舜，舜授禹。禹用力而汤用兵，文王顺纣而不敢逆，武王逆纣而不肯顺，故曰不同。"

【注释】老子正伸腿而坐在堂上，小声地回应道："我已经年岁老迈了。你有什么要劝诫老朽的吗？"倨，踞。

子贡回答道："三王五帝治理天下虽然方式有所不同，然而，都使得天下大治，而留下美名。而唯独先生并不把他们当成圣人，这是为什呢？"

老子又问道："小子你稍微往前靠近一点！你为什么说他们不同呢？"小子是长辈对晚辈的称呼。

子贡回答道："尧禅让帝位给舜，舜又禅让帝位给禹。大禹不是无为而治，而是举倾国之力治水；成汤不是用力治水，而是用兵推翻了夏桀。周文王顺从纣王而不敢谋逆，周武王用武力推翻了纣王而不肯顺从，所以说他们是不同的。"

18. 三皇五帝

【原文】老聃曰："小子少进！余语汝三皇五帝之治天下。黄帝之治天下，使民心一，民有其亲死不哭而民不非也。尧之治天下，使民心亲，民有为其亲杀其杀而民不非也。舜之治天，使民心竞，民孕妇十月生子，子生五月而能言，不至乎孩而始谁，则人始有夭矣。禹之治天下，使民心变，人有心而兵有顺，杀盗非杀，人自为种而天下耳，是以天下大骇，儒墨皆起。其作始有伦，而今乎妇女，何言哉！余语汝，三皇五帝之治天下，名曰治之，而乱莫甚焉。三皇之知，上悖日月之明，下睽山川之精，中堕四时之施。其知憯于蛎虿之尾，鲜规之兽，莫得安其性命之情者，而犹自以为圣人，不可耻乎，其无耻也？"子贡蹴蹴然立不安。

【注释】老子又说道："小子你再稍微靠近一点！我告诉你三皇五帝是如何治理天下的。"

老子又说道："黄帝治理天下的时候，使得百姓的心归于一，归于喜怒哀乐未发之中。即使有人双亲去死而不哭，则别人都不会有什么非议。"心归于一，也就是《中庸》中所讲的喜怒哀乐未发之中。百姓知晓不哭并不代表着不孝顺双亲。

老子又说道："尧帝治理天下的时候，使得民心有亲疏的分别了。民心有偏爱，而有疏远，百姓不会有什么非议了。"

老子又说道："舜帝治理天下的时候，使得民心竞逐。孕妇怀胎十月而生子，孩子生下来五个月就会说话了。小孩还没有到会笑的时候，就已经能够认识谁是谁了，则儿童的元气漏泄太早，人就会很早夭折了，而不能做到长寿。"反观现在的婴幼儿教育，生怕输在起跑线上，连胎教都忙活上了。

老子又说道："禹帝治理天下的时候，使得民心大变。人有了心机而以为杀伐是顺天应人的事。杀死盗贼而不认为那是杀人之罪，而认为是应该杀死的。天下人各自为政而谋天下，所以天下大骇，儒家墨家等百家都纷纷兴起了。"

老子又说道："而儒家墨家等百家刚开始兴起的时候，还讲究基本的伦理，而今却以女为妇，这基本的东西都搞乱了，还有什么好说的呢！"

老子又说道："我告诉你子贡，三皇五帝治理天下，虽然名义上说是治理，而实际上扰乱民心是极其严重的了。没有什么比这更厉害的了。"庄子前面已经讲过，有为治理天下的危害，会扰乱民心。

老子又说道："三皇的智巧，在上遮蔽了日月的光辉，在下损害了山川本有的精气，在中毁坏了四时的运行。"悖，遮蔽。睽，损害。堕，毁坏。老子此处只是说有为治理天下的危害，但是并非完全否定他们的功绩的。黄帝求道于广成子，留下了《黄帝内经》《黄帝阴符经》。这些都是载道的文字，一点都不亚于《道德经》《庄子》。

老子又说道："他们的智巧比蝎子尾巴还要毒，比吃人的猛兽还要厉害。自己不能安于自性本然，而同时扰乱百姓的自性。如此这般，还要以为是圣人，难道不觉得可耻吗？难道一点羞耻心都没有了吗？"憯，惨。蛎，长尾的称之为蛎，尾巴有剧毒。虿，短尾巴的称之为虿，也就是蝎子。鲜规，猛兽名字，吃人的野兽。

子贡听完以后，感觉到心神不安的样子。三皇五帝所施行的仁义如同蛇蝎一样伤害百姓的本性。

19. 道之难明

【原文】孔子谓老聃曰："丘治《诗》《书》《礼》《乐》《易》《春秋》六经，自以为久矣，孰知其故矣，以奸者七十二君，论先王之道而明周、召之迹，一君无所钩用。甚矣！夫人之难说也？道之难明邪？"

【注释】孔子对老子说道："孔丘我精研了《诗》《书》《礼》《乐》《易》《春秋》六经，自以为已经很久了。可以做到熟悉旧时的各种典章制度了。"孰，通熟。

孔子又说道："我以这些去游说七十二诸侯国的君主，谈论先王之道，讲明周公和召公的功绩，可是却没有一位君主愿意采用我的主张。"奸，通干字，游说的意思。七十二君，孔子周游列国，游说了七十二诸侯国君主。

孔子又说道："太难了！这是由于游说别人太难呢？还是大道本身就太难明白呢？"

20. 性不可易

【原文】老子曰："幸矣，子之不遇治世之君也！夫六经，先王之陈迹也，岂其所以迹哉！今子之所言，犹迹也。夫迹，履之所出，而迹岂履哉？夫白鶂之相视，眸子不运而风化；虫，雄鸣于上风，雌应于下风而风化。类自为雌雄，故风化。性不可易，命不可变，时不可止，道不可壅。苟得于道，无自而不可；失焉者，无自而可。"

【注释】老子听了孔子的话，他说道："真是太幸运了，幸亏你没有遇见善于治理天下的明君！"言外之意是说，假如遇见了，就会被人笑话的。

老子又说道："你所说的六经，只不过是先王留下来的陈年旧迹罢了！现在你所说言论，也犹如是旧迹的。"言论只是指向大道的手指罢了，并非大道本身。六经只是指向先王治理天下的实相罢了，并非代表着真实情况。

老子又说道："既然说是足迹，只是鞋子踩在地上印出来的罢了，足迹难道等同于鞋子吗？"外在万事万物都是大道的形迹罢了，并不等同于大道本身。形迹属于名相，名相并不等同于实相本身。《道德经》中开篇讲，道可道，非常道，名可名，非常名。千万不要小看这一点，凡圣只在咫尺之间。外离相即禅，内不乱即定。这可是无上甚深微妙禅！百千万劫以来，我们的心被欺骗了，不能看到实相！电子、中微子也是形迹罢了，并非实相本身。

老子又说道："白鸫这种水鸟特别神奇，雌雄相对而视，眸子都不转动一下，可以相诱而受孕。"看一眼就能怀上，真是神奇了。

老子又说道："有一种虫子，雄虫在上风鸣叫，雌虫在下风呼应，可以感化而受孕。"

老子又说道："有一种野兽名字叫类，雌雄同体，可以自我感化而受孕。"人的一身难道不是阴阳同体的吗？阴中有阳，阳中有阴。自性具足一切，不待外求。

老子又说道："本性不可变易，每个人都有上天赋予的自性，不会随着物欲所迁移改变，只是会被遮蔽罢了。每个人宿命是不可变的，但是运是可以变的。如果能够积德行善，运是可以改变的，从而改变了命运。时间是不可以止息的，如同潺潺流水。然而时间只是虚妄罢了，并不真实存在时间这一样东西，也是形迹罢了。日月轮回令世人有了时间的概念罢了。大道不会壅塞，本来都是流布于天下，存在于天地万物之中。只是由于物欲堵塞人心，所以壅塞了，并非大道本身壅塞。大道亘古不变，都是康庄大道，是畅通无阻的。"由于物欲壅塞人的六根，所以失去良知了。

老子又说道："如果能够符合于大道，任何事情都是行得通的；如果失去了大道，任何事情都是行不通的。"如果失去了大道，六根壅塞，失去本有的良知良能，万事都很难行得通了。

21. 孔子得道

【原文】 孔子不出，三月，复见，曰："丘得之矣。乌鹊孺，鱼傅沫，细要者化。有弟而兄啼。久矣，夫丘不与化为人！不与化为人，安能化人。"老子曰："可，丘得之矣！"

【注释】 孔子自知自己还没有得道，回家以后闭门三月不出。岭南理学大师陈白沙曾经去至江西拜师吴与弼，但是觉得所学并非究竟，返回江门白沙村，闭关读书十年而悟道。弟子湛若水继承了陈白沙的衣钵。

三个月之后，孔子再次虔诚地去拜见老子，说道："孔丘我已经得道了。"有没有得道，如人饮水冷暖自知。

孔子又说道："乌鸦和喜鹊是孵化而生；鱼儿是以口沫相濡而受孕；细腰这种蜂，不交不生产，直接拿桑虫的幼虫，当作自己的孩子；有了弟弟，作为哥哥的就担心失去宠爱而啼哭。这些都是自然之理。"

孔子又说道："已经太久了！孔丘我不能与造化者为友已经太久了！如果不能与造化者为友，不能与大道为友，连自己都无法教化，如何能够教化别人呢！"

老子听了以后，说道："可以了。孔丘你已经得道了！"庄子所记载不可将其作为传说看待，也许孔子真的是五十一岁以后方才悟道的。由此可见，老子已经给孔子印证了，孔子也得道了，明心见性了。

第八章　刻　　意

1. 刻意尚行

【原文】 刻意尚行，离世异俗，高论怨诽，为亢而已矣；此山谷之士，非世之人，枯槁赴渊者之所好也。语仁义忠信，恭俭推让，为修而已矣；此平世之士，教诲之人，游居学者之所好也。语大功，立大名，礼君臣，正上下，为治而已矣；此朝廷之士，尊主强国之人，致功并兼者之所好也。就薮泽，处闲旷，钓鱼闲处，无为而已矣；此江湖之士，避世之人，闲暇者之所好也。吹呴呼吸，吐故纳新，熊经鸟申，为寿而已矣；此道引之士，养形之人，彭祖寿考者之所好也。

【注释】（1）山谷之士

刻意尚行，离世异俗，高论怨诽，为亢而已矣。削减和压制自己的欲望，磨砺自己的心志，而使得行为高尚；超凡脱俗，不与世俗同流合污；高谈阔论，怨恨自己怀才不遇，讥笑世间无道；这只是为了表示自己的清高罢了。

此山谷之士，非世之人，枯槁赴渊者之所好也。上面所讲的这种人属于在山谷的隐士，属于厌恶世事的人。只是形容枯槁，自甘沉寂的人所爱好的。

（2）平世之士

语仁义忠信，恭俭推让，为修而已矣。谈论仁义忠信，恭敬俭朴礼让的人，只是为了修身罢了。

此平世之士，教诲之人，游居学者之所好也。上面所谈论的属于以平治天下为己任的人，以教诲天下人为己任的人。所谓平天下，并非扫平天下，而是使得天下归于太平。这些人属于出游讲学的人，或者在家著述的人。

（3）朝廷之士

语大功，立大名，礼君臣，正上下，为治而已矣。谈论建立不世功业，树立大名，制定君臣礼仪，确定上下尊卑地位名分，这只是为了治理天下而已。

此朝廷之士，尊主强国之人，致功并兼者之所好也。上述的这种人属于朝廷中做官的人。尊崇君主，富国强兵的人。致力于建立功业，兼并邻国，开疆扩土罢了。

（4）江湖之士

就薮泽，处闲旷，钓鱼闲处，无为而已矣。栖息在草野湖泽，居身于无边无际的旷野，悠闲地垂钓，这只是无为而已，追求闲散自由自在罢了。薮泽，草野湖泽。

此江湖之士，避世之人，闲暇者之所好也。上述的这种人属于江湖之士，避开尘世的纷扰的人。爱好闲暇，喜欢逍遥自在的人会这么做。

（5）道引之士

吹呴呼吸，吐故纳新，熊经鸟申，为寿而已矣。嘴巴合拢用力吹气称之为吹。嘴巴张开慢慢出气称之为呴。鼻子呼气称之为呼。鼻子吸气称之为吸。吐出肺里的旧气，吸收进来新鲜空气。像熊一样举目引气，以强身健体；像鸟儿伸脖子舒展双翅那样，使得气血流畅。这样做只是为了长寿而已。

此道引之士，养形之人，彭祖寿考者之所好也。上述的这种人属于修炼道家导引术的人，属于修身养性的人，像彭祖那样爱好追求长寿罢了。

前面所谈论的这五种人，都有所偏好，并不能做到物我两忘。

2. 不刻意而高

【原文】若夫不刻意而高，无仁义而修，无功名而治，无江海而闲，不道引而寿，无不忘也，无不有也。澹然无极而众美从之。此天地之道，圣人之德也。

【注释】若夫不刻意而高。什么是刻意呢？所谓的刻意是有为地去磨砺自己的心志，削减和压制自己的欲望。正如所谓的去人欲，存天理。心性不能有丝毫刻意，心性如同牛脾气，不能硬压着牛喝水，牛口渴自然会低头喝水。心性如同葫芦，这头压住，另一头就会翘起来。心性如同驴脾气，越抽打越不动，只能顺着毛来撸。心性如同野草，石头不能压制，野草总会从另外一个地方冒出来。念头不能压制，总会冒出来。只有不去刻意了，随意了，顺着心性就好了。把念头提起来，制心一处，无事不办。这里承接前面那五种人，假如不刻意去做而行为高尚。

无仁义而修，无功名而治，无江海而闲，不道引而寿，无不忘也，无不有也。假如能够不讲仁义而能够修身；不讲建立功名而能够治理天下；不处于江海之间而能悠闲自得（结庐在人境，而无车马喧。问君何能尔？心远地自偏）；不修习道家导引术而能够长寿。真人如此，对世事无不忘怀，不会有这五种偏见。虽然看似忘却所有，可是却无比富有，自性具足一切。

澹然无极，而众美从之。只要能做到澹然寂静，就能归于无极，入于大道之乡，而一切美好也就随之而来了。

此天地之道，圣人之德也。这是符合于天地之道的，这是圣人的盛德。

3. 不为福先

【原文】故曰：夫恬惔寂漠，虚无无为，此天地之平而道德之质也。故曰：圣人休休焉则平易矣，平易则恬惔矣。平易恬惔，则忧患不能入，邪气不能袭，故其德全而神不亏。故曰：圣人之生也天行，其死也物化；静而与阴同德，动而与阳同波。不为福先，不为祸始，感而后应，迫而后动，不得已而后起。去知与故，循天之理。故无天灾，无物累，无人非，无鬼责。其生若浮，其死若休。不思虑，不豫谋。光矣而不耀，信矣而不期。其寝不梦，其觉无忧，其神纯粹，其魂不罢。虚无恬淡，乃合天德。

【注释】故曰：夫恬惔寂漠，虚无无为，此天地之平而道德之质也。所以说，恬淡无为，归于寂寞，虚无无为的大道之乡，这是天地的准则和道德的根本。

故曰：圣人休休焉则平易矣，平易则恬惔矣。所以说，圣人的妄心休止了，所以能够如此平易。如果能够做到平易，就可以恬淡无为了。圣人不讲求仁义，不追求功名，不追求长寿，不追求平天下，不会有所偏颇，所以妄心休止了。妄心如同奔跑的野马，终于歇息了。平常心是道，如果心归于平静，也就近于道了。此道最简单最易行，世人却难知难行，只是由于本有的良心被物欲所遮蔽罢了。

平易恬惔，则忧患不能入，邪气不能袭，故其德全而神不亏。如果能够做到平易，恬淡无为，则忧患不能入于本心，不能污染本有的良知。外来的邪气不能袭击人体了，所以德性得以保全而精神不至于亏损。

故曰：圣人之生也天行，其死也物化。所以说，圣人生在世间而随着天意而行，顺着自然而变化；死去也随着万物变化而变化。前面庄子有讲过，天地如同一个大熔炉，有时左手可以变成一只雄鸡而报晓。有时偶尔得到人形而惊喜赞叹，不可高兴过早的，也不要因为失去人形而悲伤。

静而与阴同德，动而与阳同波。圣人处于静定的时候，就跟阴气一样宁静；动起来，就跟阳气一样波动流行。

不为福先，不为祸始。圣人不会刻意去行善，因为行善是得福报的先兆；圣人也不会刻意去造恶，因为行恶是得祸的开始。六祖大师圆寂前留下一首偈颂，兀兀不修善，腾腾不造恶；寂寂断见闻，荡荡心无着。

感而后应，迫而后动，不得已而后起。圣人的心如同明镜一般，有感而后相应，受到压力而后动，外事万物来了，方才动起来。这是不得已而后发起而已。

去知与故，循天之理。圣人去除智巧和旧的东西，只是因循天理罢了。心如生锈的铜镜，要把过去的旧的东西都去除，也就是把锈迹清除干净。如果能够清除干净，就可以恢复自性本心了，就能够恢复天理了。

故无天灾，无物累，无人非，无鬼责。所以不会遭遇天灾，其实天灾都是人祸罢了。成汤刚开始登基，连续发生了七年大旱。他亲自坐在柴火堆上，向苍天乞讨，如果有罪于苍天，一切罪责他一个人承担。也许诚意感动了上苍，降下了甘霖。没有外事外物的牵累，不会遭受世人的非议，不会遭受鬼神的谴责。

其生若浮，其死苦休。圣人生死都看透了，生就好像暂时在水面浮动罢了，随遇而安；死去就好像是疲劳困苦终于得到休息罢了。

不思虑，不豫谋。圣人不去过多地思虑，也不会过多地去预先谋划什么。

光矣而不燿，信矣而不期。圣人光耀天下而不会刻意去炫耀，极其有信义而不期许。虽然不期许，但是百姓却能够信任他。一般建立信任需要先有期许，然后多次应验了，才养成了信用。圣人不需要这样也能够建立信任。

其寝不梦，其觉无忧，其神纯粹，其魂不罢。圣人入侵睡着的时候不会做梦；醒了也没有什么忧虑；精神极其纯粹而专一，归于未发之中，归于静定；魂魄不会感到疲劳，不会散乱。

虚无恬淡，乃合天德。圣人虚无恬淡的样子，这是符合于上天的德性。

4. 一而不变

【原文】故曰：悲乐者，德之邪也；喜怒者，道之过也；好恶者，德之失也。故心不忧乐，德之至也；一而不变，静之至也；无所于忤，虚之至也；不与物交，惔之至也；无所于逆，粹之至也。

【注释】故曰：悲乐者，德之邪也。所以说，悲哀和快乐都是违背于本有光明德性的邪气罢了。

喜怒者，道之过也。喜和怒，都是失去大道的过错罢了。中医讲，喜伤心，怒伤肝。

好恶者，德之失也。有喜好和厌恶，这是失去本有的德性了。如果喜好仁义、长寿等，这也是失去本有的德性了。

故心不忧乐，德之至也。所以说心没有忧愁，也没有欢乐，不忧不乐，这是德性光明到极点了。

一而不变，静之至也。心归于一，归于喜怒哀乐未发之中，这是静定到极点了。

无所于忤，虚之至也。无所违背于本心自性，不逆着来，都是顺着心性和大道，就能够归于虚无的极点了。

不与物交，惔之至也。不与物相交，不被物欲所束缚，就能够做到恬淡无为到极点了。

无所于逆，粹之至也。无所逆于本心自性，就不会夹杂什么物欲，本心就纯粹了。

5. 不杂则清

【原文】故曰：形劳而不休则弊，精用而不已则劳，劳则竭。水之性，不杂则清，莫动则平；郁闭而不流，亦不能清，天德之象也。

【注释】故曰：形劳而不休则弊，精用而不已则劳，劳则竭。所以说，如果形体劳累而不及时休息，就会疲惫；如果精力消耗太多，而无有止息，就会劳累了，过于劳累了，就会枯竭了。

水之性，不杂则清，莫动则平。水的本性，如果不夹杂污渍就会清澈，如果不妄动就会平静。心的本性也是如此，如果不夹杂物欲就会清澈，如果不妄动就会宁静。

郁闭而不流，亦不能清，天德之象也。如果水郁结闭塞而不能流动，也是不可能清澈的。心如果不能流动，也不可能清澈。《金刚经》中讲，无所住而生其心。心没有粘滞，在一事物，就专注于一事物，活在当下。水如果流动，就能够保持清澈，这是上天赋予水的本有德性。

6. 纯粹不杂

【原文】故曰：纯粹而不杂，静一而不变，惔而无为，动而以天行，此养神之道也。

【注释】故曰：纯粹而不杂。所以说，要做到纯粹而不夹杂。金子当中往往夹杂着一些杂质，需要把这些夹杂的东西去掉。真金类似于我们的自性真心。真心如果不纯粹，就会夹杂着许多的物欲。

静一而不变。静定而专一，精深持一守中而不变。如果不能专一，也不可能做到精深。这里打一个坑，那里打一个坑，永远都只能浅尝辄止。

恢而无为，动而以天行，此养神之道也。如果能够做到恬淡而无为，不追求重口味，不追求名利物欲；只是应天而动，符合于天道，这就是养神之道了。如此可以凝神聚气，聚气而生精了。

7. 谓之真人

【原文】夫有干越之剑者，柙而藏之，不敢用也，宝之至也。精神四达并流，无所不极，上际于天，下蟠于地，化育万物，不可为象，其名为同帝。纯素之道，惟神是守；守而勿失，与神为一；一之精通，合于天伦。野语有之曰："众人重利，廉士重名，贤人尚志，圣人贵精。"故素也者，谓其无所与杂也；纯也者，谓其不亏其神也。能体纯素，谓之真人。

【注释】夫有干越之剑者，柙而藏之，不敢用也，宝之至也。吴国有个叫干溪的地方，越国有个越山，这两个地方都生产名剑。干越两地的名剑，都收入匣子里收藏，不舍得轻易使用，这都是天下的至宝。用宝剑来比喻人的精气神，不能轻易使用，太过于使用不利于养生。

精神四达并流，无所不极，上际于天，下蟠于地，化育万物，不可为象，其名为同帝。人的精神，也就是这个本心，能通达于四方，并流没有停滞，无所不到。能够上接近于天际，下遍及环绕于大地，化育万物而没有任何形迹。其名可以等同于天帝了。

纯素之道，惟神是守。此道纯粹而朴素，唯有守神方能符合于大道。不可以心猿意马，跟随着物欲漂流。

守而勿失，与神为一。只有持一守中，方能不失去精气神，方能做到无漏。所谓的无漏，是很形象的。六根如同城门一般，如果不把持好城门，那些恶的东西就漏进来了，污染君主了。君主也就是我们的心，安居于宫中。所以一定要守住城门，不要失去城门的管理权。如果能够守中，就能够使得形体与精神合一了。

一之精通，合于天伦。形体和精神合一，精神就能够畅通无阻了，就能够合于天理了，符合于大道了。

野语有之曰："众人重利，廉士重名，贤人尚志，圣人贵精。"有句俗话这么讲：世俗的人重利益，廉洁的人重名节，贤德的人看重高尚的志向，圣人以保全精神为贵。

故素也者，谓其无所与杂也。所以说，这里所说的素，是说没有什么夹杂在其中罢了。真心如果有物欲夹杂就不能称之为真心。道如果有物欲夹杂就不能称之为无间道。真金如果有杂质夹杂就不能称之为真金。

纯也者，谓其不亏其神也。所说的纯，是说不使得精神亏损。如果精神亏损了，就不能纯是天理了。

能体纯素，谓之真人。如果能够做到纯粹和朴素，可以称之为真人了。真人如同宝剑，为纯而朴素的天地之气锻造而成。天地大熔炉锻造真人，而熔炉锻造宝剑。

第九章　缮　　性

1. 求复其初

【原文】缮性于俗学，以求复其初；滑欲于俗思，以求致其明；谓之蔽蒙之民。

【注释】缮性于俗学，以求复其初。所谓缮性就是修缮每个人的本性，使得发明本有的光明德性。缮，修缮，修理。用世俗的学问试图要修缮本有的光明德性，以求恢复每个人的初心。由于受物欲的污染，本有的德性已经被遮蔽了。

滑欲于俗思，以求致其明。以世俗的思想来扰乱每个人的欲望，以求能够发明每个人的本心，发明每个人本有的光明德性。

谓之蔽蒙之民。这就是所谓的光明被遮蔽，智慧被蒙蔽的人了。

2. 必失其性

【原文】古之治道者，以恬养知；知生而无以知为也，谓之以知养恬。知与恬交相养，而和理出其性。夫德，和也；道，理也。德无不容，仁也；道无不理，义也；义明而物亲，忠也；中纯实而反乎情，乐也；信行容体而顺乎文，礼也。礼乐遍行，则天下乱矣。彼正而蒙己德，德则不冒，冒则物必失其性也。

【注释】古之治道者，以恬养知。古代那些修道的人，那些修缮自己本性的人，都是以恬淡无为来养自己的智慧。由于恬淡寡欲，所以心常处于宁静。心常清静，智慧就显现了。

知生而无以知为也，谓之以知养恬。虽然有心智产生而却不以心智妄为，这是以心智来反哺于恬淡。虽然有智巧而不随便用，处于恬淡无为。

知与恬交相养，而和理出其性。如此心智和恬淡互相交养；恬淡为行，促进心智；心智为知，不扰乱恬淡，而和顺的天理就从自性中自然流露出来了。

夫德，和也。所谓的德，也就是和。喜怒哀乐未发之中，富有盛德，这是和气之至；喜怒哀乐发而适度，和而不同，也富有盛德。

道，理也。所谓得道，也就是天理。天理即是道，道即是天理。道理本来就是一个东西。

德无不容，仁也。德和而不同，无所不包无所不容，能够大爱天地万物，如此称之为仁。

道无不理，义也。道无处不在，无处不是天理，无处不顺天理，如此称之为义。

义明而物亲，忠也。义理明了，万物就亲附于天理，不会违背于理，如此称之为忠。一物必有一理，必忠于一理。竹子有竹子的理，中微子有中微子的理。

中纯实而反乎情，乐也。如果能够处于喜怒哀乐未发之中，此心就能够纯朴诚实，与发出来的七情六欲刚好相反，也就是回归于未发之中，如此称之为乐。

信行容体而顺乎文，礼也。如果能够做到诚实守信，不管是仪容仪表还是举手投足，都能够顺应于天理，如此就称之为礼。顺应天理，对于父母就要恭敬孝顺，这就是对待父母之礼。

礼乐遍行，则天下乱矣。如果礼乐偏于一边了，不是顺于天理，则天下就乱了。遍，通偏字。天子制定乐，本来是雅正的音乐，而世人偏于靡靡之音，天下就乱了。天子制定礼，本来是周礼那样的，而世人往往只是流于表面。对于父母的丧事，只是按照礼要求来做，全无哀痛之心，如此人心就乱了。大夫都想着享受诸侯王的礼遇，诸侯王都想着享用天子的礼遇，如此就乱了。

彼正而蒙己德，德则不冒，冒则物必失其性也。如果礼乐不偏于一边，而是归于雅正的礼乐，如此就会启蒙自己本有的明德。如此德性就不会被扰乱了。如果德性被扰乱了，世人就会失去其本性了，万物也失去本性了。

3. 阴阳和静

【原文】古之人，在混芒之中，与一世而得澹漠焉。当是时也，阴阳和静，鬼神不扰，四时得节，万物不伤，群生不夭，人虽有知，无所用之，此之谓至一。当是时也，莫之为而常自然。

【注释】古之人，在混芒之中，与一世而得澹漠焉。远古的人，生活在混混芒芒之中，善恶未分之时，还处于初心。与世无争的样子，似乎对什么都淡漠。

当是时也，阴阳和静，鬼神不扰。在那个时候，天地阴阳和顺，人和万物都归于宁静，鬼神不会扰乱人心。庄子不相信鬼神，所谓的鬼只是心鬼，所谓的神只是心神罢了。不会有太多的物欲扰乱百姓的心。

四时得节，万物不伤，群生不夭。春夏秋冬四季按照天道运行，合乎节气，该冷就冷，该热就热，这是讲究信义的。万物不会被伤害，动植物都能够正常生长而不会夭折。反观当今世界，该冷的不冷，该热不热，生病的人也多起来，禽流感也开始流行了。

人虽有知，无所用之，此之谓至一。人虽然有心智，可是没有用的地方，这可以称之为止于至善了，归于一了，归于未发之中了，归于道了。

当是时也，莫之为而常自然。在那个时候，什么都不用刻意去做，不用刻意去修缮每个人的本性，而只是顺其自然罢了。

4. 博学溺心

【原文】逮德下衰，及燧人、伏羲始为天下，是故顺而不一。德又下衰，及神农、黄帝始为天下，是故安而不顺。德又下衰，及唐、虞始为天下，兴治化之流，淳散朴，离道以善险德以行，然后去性而从于心。心与心识，知而不足以定天下，然后附之以文，益之以博。文灭质，博溺心，然后民始惑乱，无以反其性情而复其初。

【注释】逮德下衰，及燧人、伏羲始为天下，是故顺而不一。及至道德往下衰落，到燧人氏、伏羲氏治理天下的时候，只能是顺从民心而不能保持本有德性的纯一了。远古时候，百姓的本性还能够归于一，到这时就不行了。燧人氏是远古部落首领，教百姓钻木取火，教人熟食。伏羲氏是远古部落首领，发明八卦，教百姓渔牧。逮，及至。

德又下衰，及神农、黄帝始为天下，是故安而不顺。道德又继续往下衰落，到神农氏、黄帝治理天下的时候，只能是维持安定而不能顺服民心了。神农氏尝百草而留下了《神农本草经》。

德又下衰，及唐、虞始为天下，兴治化之流，枭淳散朴，离道以善，险德以行，然后去性而从于心。道德又继续衰落，到唐尧、虞舜治理天下的时候，教化开始兴起了。枭散百姓本有的淳朴本性，使得百姓远离大道而劝诫百姓从善。这只是刻意地去从善罢了，而不是顺应本有良知自然而然地去做。危害德性而去行事，如此只是背离纯一本性而从于妄心罢了。

心与心识，知而不足以定天下，然后附之以文，益之以博。人与人之间只是以妄心窥视对方罢了，在上位的有机心，在下位的也有机心。妄心的知并非真知，不足以安定天下。不仅仅如此，还要以世俗的礼文和博学来作为治理天下的辅助。并不是按照当时的实际情况来治理。如果顺应自性本心则不同，良知只是物来则应，物去不留。只要抱着对百姓好，对国家好的良心应机而动就可以了。

文灭质，博溺心，然后民始惑乱，无以反其性情而复其初。文采辞章兴起，就淹没本质了；博学如同知识的海洋，把心给溺死了。当今知识爆炸的年代更是如此，这个溺字用得太好了。我们的自性本心已经被淹没在汪洋大海之中了，你说可怜不可怜。然后百姓开始困惑而混乱了。百姓的心已经被扰乱了，就难以治理了。百姓就找不到归路了，不知如何返回本有的性情了，不知如何恢复初心了。文采和博学伤害本性，无法返回初心，还要以世俗的学问刻意去修缮本性，岂不是愚昧到极点了吗?

5. 隐不自隐

【原文】 由是观之，世丧道矣，道丧世矣，世与道交相丧也。道之人何由兴乎世，世亦何由兴乎道哉！道无以兴乎世，世无以兴乎道，虽圣人不在山林之中，其德隐矣。隐，故不自隐。

【注释】 由是观之，世丧道矣，道丧世矣，世与道交相丧也。由此看来，道德衰落，世俗的学问兴起。世俗的东西使得大道沦丧，也就是文采和博学的危害了。大道沦丧了，世俗的东西就更加兴起了，礼乐更加走偏了。两者交互影响，大道就更加衰落，世俗的学问就更加鱼龙混杂了。

道之人何由兴乎世，世亦何由兴乎道哉！大道衰落，怀道的人如何能够得到重用呢？如何能够在世间兴起呢？往往怀道的人属于少数，少数如何能够赢得了多数呢？往往是被排挤的对象了。世俗的人、世俗的学问本来就不是载道的学问，如何能够使得大道兴起呢！

道无以兴乎世，世无以兴乎道，虽圣人不在山林之中，其德隐矣。大道不能在世间兴起，世间也不会主动去兴起大道。虽然圣人并没有躲到山林之中，也许就在对面，也不能被人所识得，不会被人所重视。圣人的德性并不是不光明，而也只能是隐藏起来了。不是圣人刻意去隐藏，而是世人目不明，看不见罢了。

隐，故不自隐。之所以说是隐藏，并不是圣人自己刻意隐藏起来的。所谓正法眼藏，只是一叶障目不见泰山罢了。

6. 所谓隐士

【原文】古之所谓隐士者，非伏其身而弗见也，非闭其言而不出也，非藏其知而不发也，时命大谬也。当时命而大行乎天下，则反一无迹；不当时命而大穷乎天下，则深根宁极而待；此存身之道也。

【注释】古之所谓隐士者，非伏其身而弗见也，非闭其言而不出也，非藏其知而不发也，时命大谬也。古代所谓的隐士，并非伏匿其身而刻意让人看不见的，并非闭口不言而不吐出大道实相，并非藏匿其智慧而不发出来，只是由于时势不对，命运不济而造成的大谬罢了。世人不能识别真正怀道的人，虽然不是在山林当中，处于对面也都不能认识。

当时命而大行乎天下，则反一无迹。如果当时逢见有道之世，就弘扬大道，大行于天下，则返回于一，归于未发之中，无有有为的形迹。此时是飞龙在天。

不当时命而大穷乎天下，则深根宁极而待。如果不能逢见有道之世，穷困于天下，则把道根扎得很深，宁静到极点，而等待时势的变化。此时是潜龙勿用。

此存身之道也。这就是存身之道，保存本有德性不受伤害。如果不识时务，就会遭遇危险而无济于事。

7. 正己而已

【原文】古之存身者，不以辩饰知，不以知穷天下，不以知穷德，危然处其所而反其性已，又何为哉！道固不小行，德固不小识。小识伤德，小行伤道。故曰：正己而已矣。

【注释】古之存身者，不以辩饰知，不以知穷天下，不以知穷德。前面刚讲完存身之道，这里就接着讲存身。古代善于存身的人，不以善辩来伪饰自己的智慧，以为自己多智；不以智巧穷尽天下之理，而是反求诸己；不以智巧穷尽德性，那样是伤害本有德性罢了，根本不能修缮本有德性。

危然处其所而反其性已，又何为哉！只是独自安处于自己的居所，安贫乐道，以求返回其纯真的本性罢了。又有什么需要刻意去做的呢？又有什么需要刻意去修缮的呢？

道固不小行，德固不小识。道固然属于平坦大道，怀道的人不会行于小道；德固然不属于小智小识，发明了光明德性，就有大智慧了。

小识伤德，小行伤道。小识小智会伤害本有的光明德性，博学会使得德性沉溺于汪洋大海之中；行于小道会伤害于大道，偏离于大道。

故曰：正己而已矣。所以说，只是正己而已，并不在于向外求索。而正己关键在于正心罢了。修缮本性关键是在于正己而已。

8. 倒置之民

【原文】乐全之谓得志。古之所谓得志者，非轩冕之谓也，谓其无以益其乐而已矣。今之所谓得志者，轩冕之谓也。轩冕在身，非性命也，物之傥来，寄者也。寄之，其来不可圉，其去不可止。故不为轩冕肆志，不为穷约趋俗，其乐彼与此同，故无忧而已矣！今寄去则不乐。由是观之，虽乐，未尝不荒也。故曰：丧己于物，失性于俗者，谓之倒置之民。

【注释】乐全之谓得志。如果能够达到至乐，就能够保全自性，如此称之为得志于道。

古之所谓得志者，非轩冕之谓也，谓其无以益其乐而已矣。古人所说的得志，并非指的高官厚禄，指的是不能再增加其乐了，已经到乐的极点了。什么最乐呢？上达于道，这是最乐的事。古人安贫乐道，乐的就是至善。反观当今我们讲一个人得志，指的却是功名了，这是倒退了。轩冕，指高官厚禄。

今之所谓得志者，轩冕之谓也。当今所谓的得志，指的是高官厚禄而言。

轩冕在身，非性命也，物之傥来，寄者也。高官厚禄对于一身而言，并非如同人的性命一样，与生俱来的，而是外物偶然而来的，只是暂时寄存在人这里而已。傥，偶然。

寄之，其来不可圉，其去不可止。既然说是暂时寄存于人，来的时候不可阻挡，去的时候也不可以阻止。圉，通御，阻挡。

故不为轩冕肆志，不为穷约趋俗，其乐彼与此同，故无忧而已矣！所以说，得道的人不会因为高官厚禄而放纵自己的志向，扰乱自己的德性；不会因为穷困潦倒就去做趋炎附势的事情。得道的人有和没有高官厚禄都是一样的，不会因为得到而高兴，也不会因为失去而悲伤，所以就没有什么好忧虑的了！

今寄去则不乐。当今的世人，如果失去了暂时寄存的高官厚禄，就会感到很不快乐。

由是观之，虽乐，未尝不荒也。由此看来，虽然在享受着高官厚禄带来的快乐，但是未尝不为害怕失去而感到恐慌的。由于享受物质带来的快乐，心田就荒芜了，杂草丛生了。

故曰：丧己于物，失性于俗者，谓之倒置之民。所以说，因为物欲而丧失了自己，不能正己了。因为世俗而失去本性。如此真可谓是颠倒之人了。

第十章　秋　　水

1. 大方之家

【原文】秋水时至，百川灌河；泾流之大，两涘渚崖之间不辩牛马。于是焉河伯欣然自喜，以天下之美为尽在己。顺流而东行，至于北海，东面而视，不见水端。于是焉河伯始旋其面目，望洋向若而叹曰："野语有之曰，'闻道百，以为莫己若'者，我之谓也。且夫我尝闻少仲尼之闻而轻伯夷之义者，始吾弗信。今我睹子之难穷也，吾非至于子之门则殆矣，吾长见笑于大方之家。"

【注释】秋雨按时降下了，许多河流都流入黄河。

河面非常的广大，两岸和河流当中的小洲之间，距离很遥远，根本辨别不清是牛还是马。泾流，涌流的河道。两涘，两岸。渚，河流中的小洲。

于是，黄河之神河伯欣然自喜，认为天下最美好的景色尽在自己面前了。

黄河顺流而下，往东流去，到达了北海。往东方望过去，一望无际，看不到北海的边际。

于是河伯方才一改之前洋洋自得的样子，仰望着海神，望洋兴叹道："有一句俗话这样说：'听闻了一百条道理，就以为天底下没有人比得上自己了。'这句话说得就是像我这样的人啊!"博学并不等于得道，听见一百条道理并不算多。前面讲博学会溺死在汪洋大海之中。

河伯又说道："以前我曾经听说过孔子知道得太少，轻视伯夷的义气的说法，根本不会相信。"前面我们知道孔子五十一岁以后得道，已经被老子印证了。

河伯又说道："现在我在这里看到你无边无际，没有穷尽。如果今天不是我亲自来到你的门前，我这辈子就算完了。我将永远被得道的人所嘲笑了。"

2. 自多于水

【原文】北海若曰："井鼃不可以语于海者，拘于虚也；夏虫不可以语于冰者，笃于时也；曲士不可以语于道者，束于教也。今尔出于崖涘，观于大海，乃知尔丑，尔将可与语大理矣。天下之水，莫大于海，万川归之，不知何时止而不盈；尾闾泄之，不知何时已而不虚；春秋不变，水旱不知。此其过江河之流，不可为量数。而吾未尝以此自多者，自以比形于天地而受气于阴阳，吾在于天地之间，犹小石小木之在大山也。方存乎见少，又奚以自多！计四海之在天地之间也，不似礨空之在大泽乎？计中国之在海内，不似稊米之在大仓乎？号物之数谓之万，人处一焉；人卒九州，谷食之所生，舟车之所通，人处一焉；此其比万物也，不似豪末之在于马体乎？五帝之所连，三王之所争，仁人之所忧，任士之所劳，尽此矣！伯夷辞之以为名，仲尼语之以为博，此其自多也，不似尔向之自多于水乎？"

【注释】北海之神说道："井里的青蛙不可以跟它谈论大海，因为它只是被拘束在井里很小的地方。"鼃，通蛙。虚，通墟，很小的地方。手可以摸到石头的坚，但是摸不到石头的白；眼睛可以看到石头的白，看不到石头的坚。手和眼睛之间对话，谈论各自的白和坚，如同对牛弹琴，无法理解。正如量子理论和相对论之间无法统一，只有在更高层面才可以统一。

北海之神又说道："生活在夏天的虫子，不可以跟它谈论冬天结冰的事，这是由于受到时间的限制。"笃，固守。西方物理学家停留在现象时空、频域空间进行计算，走得太快了，把灵魂落在后面了，所以无法跟他们谈论量子理论的本质。即使跟他们讲也是白讲，也是无法理解的。爱因斯坦曾经说过，上帝不会投掷骰子，这一点看来是没有错的。新的科学革命不久将诞生在东方。

北海之神又说道："内心险曲的人是不可以跟他讲道的，这是由于受了世俗之学的束缚。"讲道要看对方的机缘，如果不能讲，反而恰得其反。

北海之神又说道："现在你从黄河岸边一路走过来，已经观看到大海了，这才知道自己卑陋无知。现在的你，是可以谈论大道理了。"崖涘，黄河岸边。

北海之神又说道："天下的水，没有比大海更大的了。万条河流都归于它，河流不知道什么时候停止，一直这么流向大海。可是大海却总是不会盈满。"

北海之神又说道："从大海的出口处泄掉海水，可是不知何时能够把海水排光。"尾闾，大海的出口处。

北海之神又说道：“不管是春天还是秋天，海面似乎都没有什么变化。洪涝和旱灾也不知有何变化。”大海如同人的自性本心，不管春夏秋冬，不管婴儿还是老人，都没有什么变化。

北海之神又说道：“这是由于大海积蓄的海水实在是太多了，比江河的水量超过太多了，完全无法去计量。”

北海之神又说道：“而我未尝会因此而自满，只不过寄托形体于天地之间，承受阴阳二气而生罢了。我生存于天地之间，犹如小石头、小木头存在于大山之中一样。”

北海之神又说道：“我正觉得自己很渺小呢，又怎么会自以为是呢？又怎么会自满呢！”

北海之神又说道：“想想看，四海存在于天地之间，不就好像是蚁穴存在于大泽之中吗？”礨空，蚁穴。

北海之神又说道：“想想看，中原大地存在于四海之内，不就好像是米粒存在于很大的谷仓之中吗？”

北海之神又说道：“物种足足有上万种那么多，人只是其中一种罢了。”

北海之神又说道：“人们聚集在九州生活，有谷物生长的地方很多，车船交通能够到达的地方很多，一个人只能生活在一个很小的地方罢了。一个人与万物相比，不就好像是毫毛之末在马身上那么吗？”

北海之神又说道：“五帝接连禅让天下，夏商周三王争相发兵争夺天下，仁人志士忧虑天下的安危，任职的官员为国事百姓操劳，跟天地万物之大相比，也只不过是沧海一粟，也只不过是白驹过隙罢了。”

北海之神又说道：“伯夷辞让君主之位博得美名；仲尼大谈仁义，天下大事，自以为博学，这都是自满罢了。难道不像你之前自以为自己的水多一样吗？”

3. 观于远近

【原文】河伯曰：“然则吾大天地而小豪末，可乎？”

北海若曰：“否。夫物量无穷，时无止，分无常，终始无故。是故大知观于远近，故小而不寡，大而不多，知量无穷。证曏今故，故遥而不闷，掇而不跂，知时无止。察乎盈虚，故得而不喜，失而不忧，知分之无常也。明乎坦涂，故生而不说，死而不祸，知终始之不可故也。计人之所知，不若其所不知；其生之时，不若未生之时；以其至小，求穷其至大之域，是故迷乱而不能自得也。由此观之，又何以知豪末之足以定至细之倪，又何以知天地之足以穷至大之域？”

【注释】河伯又问道："然而我以天地为大，而以毫末为小，这样可以吗?"

北海之神回答道："不可以这么认为的。对万事万物所知是很难有穷尽的。大海有波浪，波浪有浪花，浪花有水珠，水珠有雾气，雾气中有水分子，水分子有原子，原子再分下去无有穷尽。时间的流逝也无有止境，时间也是不存在的，只是万物变化而有了时间的概念罢了。万事万物的分分合合也是无常的，合久必分，分久必合。无始无终，变化日新。"北海之神讲得很有条理，先讲一个总的，下面分开来解释。

（1）对万事万物所知很难有穷尽

北海之神又说道："所以说，大智慧的人不会笼统地说一个东西大，一个东西小，而是要看远近而定。"王阳明先生曾经写了一首诗：山近月远觉月小，便道此山大于月。若人有眼大如天，当见山高月更阔。

北海之神回答道："所以说虽然看似小，但是不能说少；虽然看似大，但是不能说多。对万事万物所知是很难穷尽的。"星星看似很小，房子看似很大，但是不能说星星少。

（2）时间流逝无有止息

北海之神又说道："验证和察明古今，所以对于逝去的遥远过去不会烦闷，对于俯首可以拾得的未来不会太多企望。如此就知时间无有止息，实则当下一刻即是永恒。"曏，察明。实际并无时间这个东西，只是人们认知的错觉罢了。过去的已经过去，未来的还没有到来，当下一刻稍纵即逝。《金刚经》中讲，过去心不可得，现在心不可得，未来心不可得。

（3）万事万物分分合合

北海之神又说道："明察天道有盈有虚，如同月亮有圆有缺，所以得到了不会过喜，失去了不会过于担忧，如此就知分分合合是无常的。"伏羲八卦是宇宙运行模型，里面有阴阳周期变化，有万事万物的分分合合。

（4）知无始无终，变化日新

北海之神又说道："明白生死本来并无区别，都是在于平坦的康庄大道。所以说，生而不会感觉欣悦，失去也不会感觉到大祸临头，知晓无生无死，无始无终的真谛。一切都在变化日新当中，不可守旧。"月亮看似有盈有缺，实相并不是这样的。

北海之神又说道："计算人所知道的道理，不如不知道的道理多，要穷天下万事万物之理谈何容易。计算人生存的时间，如同白驹过隙，远远不如没有生存的时间长。以如此有限的生命和能力去穷尽天下所有的道理，知晓广袤宇宙的道理，所以就会感觉到迷乱，不知道如何是好，如此也不能得道。"朱熹教人格物致知，一物一物去格，如何能够格得清楚呢？只有反求诸己，莫向外求，求之于心就可以了。如果能够致良知，就能够明白天下所有的道理了。

北海之神又说道："由此看来，又如何知晓毫末就可以定为最小的东西呢？又如何知晓天地就可以定为最大的东西呢？"战国名家惠施曾经讲过，至小无内，至大无外。

4. 大人无己

【原文】河伯曰："世之议者皆曰：'至精无形，至大不可围。'是信情乎？"

北海若曰："夫自细视大者不尽，自大视细者不明。夫精，小之微也；垺，大之殷也。故异便，此势之有也。夫精粗者，期于有形者也；无形者，数之所不能分也；不可围者，数之所不能穷也。可以言论者，物之粗也；可以致意者，物之精也。言之所不能论，意之所不能察致者，不期精粗焉。是故大人之行，不出乎害人，不多仁恩；动不为利，不贱门隶；货财弗争，不多辞让；事焉不借人，不多食乎力，不贱贪污；行殊乎俗，不多辟异；为在从众，不贱佞谄；世之爵禄不足以为劝，戮耻不足以为辱；知是非之不可为分，细大之不可为倪。闻曰：'道人不闻，至德不得，大人无己。'约分之至也。"

【注释】河伯又问道："世俗的人如此谈论：'最精细最小的东西没有形体可寻，最大的东西没有什么界限和范围'，这么讲是否真实可信呢？"原子绝大多数的质量集中于原子核，而原子内部极其空旷。质量居然可以转化成能量，继续分下去有什么实实在在的实体存在吗？

北海之神回答道："从细小看广大容易看不到尽头，从广大看细小容易看不太明白。"看针眼都容易眼花，不用说观看原子了。由于原子太过于细小了，所以看不明白。实则电子围绕原子核有条不紊地运动。电子并非是测不准的。

北海之神又说道："精细可以说是小中之小；宏大可以说是大中之大。"垺，宏大。物体不断地切分，西方科学家以为上帝粒子（希格斯粒子）是最小的粒子，实则不然，可以说光子是最小的粒子。然而，光子是由心和光的实相作用的一瞬间所创造的，并不是一直都存在的。

北海之神又说道："所以说，事物有大有小，有所不同。但是小有小的适宜，大有大的好处。比如小的葫芦可以装酒，大的葫芦可以放在江河湖海当船。万事万物大小变化，都是自然生长变化的一种势。道生一，一生二，二生三，三生万物。"

北海之神又说道："所谓精细粗大之物，都是受限于有形，还是属于形而下的器物。”不管是如何精细，如中微子、夸克、光子等，也还是受限于有形。这些东西还只是停留在现象界罢了。庄子前面讲过一个风吹大树的公案。大树有万种孔窍，大风吹大树有万种声音。大风对应于心，大树孔窍对应于万物实相。心和万物实相作用一瞬间创造了万事万物。风和大树作用的一瞬间，创造了万种声音。万种声音对应于万事万物，如梦如幻。树欲静而风不止，不是风动，不是树动，而是仁者心动罢了。

北海之神又说道：“对于无形的东西，数是无法去描述划分清楚的。”数依存于万事万物，如果无万事万物，数是没有意义的。正所谓皮之不存毛将焉附。

北海之神又说道：“对于无法有个范围的东西，用数是无法穷尽的，无法描述的。”量子理论是从宏观世界观测微观世界的产物，适用于这个范围和视角。眼睛可以看到石头的白，不能看到石头的坚，因为超越范围了。手可以摸到石头的坚，不能摸到石头的白，因为超越范围了。

北海之神又说道：“事物的粗大，这是可以谈论的；事物的精细，只能是意会了。”精细和粗大的事物都属于形而下的层面，属于有形的。对于原子这么精细的物体，无法去观测了。虽然用工具可以观测，但是毕竟跟宏观事物不同，而且容易造成许多的误解。量子理论中有测不准原理，只是由于误会造成的。爱因斯坦说得没有错，上帝不会投掷骰子。

北海之神又说道：“至于言论都不能谈，也无法意会的，就不会受限于精细和粗大了。”形而上者谓之道。大道无形无相，不会受限于精细还是粗大。

北海之神又说道：“所以说大人的言行，不会刻意去害人，也不会刻意地去恩惠别人。”什么是大人呢？所谓的大人，是有大心的人，有大爱之心的人。并非官位有多高，年龄有多大，才能称之为大人。即使地位卑微，年龄很小，但是有大心，就可以称之为大人。大人的心无形无相，不去计较精细和粗大，不去计较害人和恩惠。

北海之神又说道：“大人做事，不会为了一己私利，也不会卑贱家奴。”大人没有高低贵贱的分别心，不会看不起卑贱的人。

北海之神又说道：“大人对于财货，不会刻意去争，也不会太多刻意地辞让。”范蠡是儒商的鼻祖，通过自己的智慧经商成为巨富，不必刻意地辞让。

北海之神又说道：“大人做事不会刻意去凭借他人之力；不会刻意地赞许自食其力的人；也不会卑贱贪图财货和借助他人之力的人。”大人已经没有刻意的怨恨和喜爱的心了。

北海之神又说道：“大人富有盛德，言行虽然特殊而超凡脱俗，但是并不会太过于奇异和怪僻。”

北海之神又说道：“大人无为而治，但凡有为之事，也能够随顺世人，因材施教，但是不会卑贱谄媚别人。”

北海之神又说道：“高官厚禄不足以劝勉大人，刑戮和罢官之耻不足以为辱。”大人对于功名利禄已经能做到坦然对待了。

北海之神又说道：“由此可知，是非的界限很难去划分和界定；细小和粗大的标准也无法判定。”如果有是非之心，就有分别心了。《道德经》中讲，难易相成，高下相顷。无小亦无小，无是亦无非，无难亦无易。

北海之神又说道：“听人说过这样一句话：‘怀道的人不求闻达于世；至德的人不刻意去追求仁德；大人无我无己，已经与天地万物为一体’。”

北海之神又说道：“怀道的人只是做自己分内之事罢了，就可以达到至德了。”分内之事就是好好种好自己的心田，专心致志作致良知的功夫。

5. 小大之家

【原文】河伯曰：“若物之外，若物之内，恶至而倪贵贱？恶至而倪大小？”

北海若曰：“以道观之，物无贵贱。以物观之，自贵而相贱。以俗观之，贵贱不在己。以差观之，因其所大而大之，则万物莫不大；因其所小而小之，则万物莫不小；知天地之为稊米也，知豪末之为丘山也，则差数睹矣。以功观之，因其所有而有之，则万物莫不有；因其所无而无之，则万物莫不无；知东西之相反而不可以相无，则功分定矣。以趣观之，因其所然而然之，则万物莫不然；因其所非而非之，则万物莫不非；知尧、桀之自然而相非，则趣操睹矣。昔者尧、舜让而帝，之、哙让而绝，汤、武争而王，白公争而灭。由此观之，争让之礼，尧、桀之行，贵贱有时，未可以为常也。梁丽可以冲城，而不可以窒穴，言殊器也。骐骥、骅骝一日而驰千里，捕鼠不如狸狌，言殊技也。鸱鸺夜撮蚤，察豪末，昼出瞋目而不见丘山，言殊性也。故曰，盖师是而无非、师治而无乱乎？是未明天地之理、万物之情者也。是犹师天而无地，师阴而无阳，其不可行明矣。然且语而不舍，非愚则诬也！帝王殊禅，三代殊继。差其时逆其俗者，谓之篡夫；当其时顺其俗者，谓之义之徒。默默乎河伯！女恶知贵贱之门、小大之家！”

【注释】河伯又问道：“假若在物体的外面，假若在物体的内部，如何去区分万物的贵贱？如何去区分万物的大小呢？”原子系统如同太阳系系统，电子对应于行星，而原子核对应于太阳。

（1）以道观之

北海之神回答道：“如果以形而上的道来观万物，万物实在无贵贱之分。”天地万物都是同为一体的，此为大同，所以无贵贱之分。

（2）以物观之

北海之神又说道：“如果以万物各自来观，往往都是自以为贵而贱低其他的东西。”以一己观别人，自以为高贵而看轻别人。这是由于每个人都有我执。《道德经》中讲，不敢为主而为客。

（3）以俗观之

北海之神又说道：“如果以世俗的观点来看，贵贱并不完全操纵在自己手中。有人生来就是王侯将相，有人生来就是平民百姓。”

（4）以差观之

北海之神又说道：“以万物的相对差别来看，以观察的角度不同来看，大小只是相对的大小，没有绝对的大，也没有绝对的小。泰山虽然大，但是一片叶子遮住眼睛就看不见了。雷声虽然大，但是两颗豆子塞住耳朵，就听不见了。只是站在小的位观察，所以大称之为大，所以说万物莫不是大的。虽然原子小，但是站在小的原子核上观察，原子如同太阳系那般大。站在大的位观察，所以小称之为小，所以万物莫不是小的。从宏观世界观察原子，原子就极其微小，甚至是测不准的。由此看来，天地可以说犹如米粒那么小，毫发之末也可以如同山丘那么大，只是所处的位置差别不同罢了，只是观察的角度不同罢了。”

（4）以功观之

北海之神又说道：“以功用来观万物，一物必有一理，一物降一物。一物必然有一用，则万物莫不有用。大有大用，小有小用，并无大小之分。笔直大树有栋梁之用，小的树木有筷子之用。如果说无用，实则万物如梦如幻，实则也没有什么用，万物莫不是无用的。知晓万物有其方位，东西只能是相反而相互依存的，无东亦无西，则万物的功用和定位已经定了。”人的功用有大有小，大的可为栋梁之才，小的可以有雕虫小技。

（5）以趣观之

北海之神又说道：“如果以万物各自的趣向观看，以各自的角度来看。如果一物认为是对的，就按照它的意思肯定它，如此万物莫不是对的。如果一物认为是不对的，就按照它的意思去非议它，则万物莫不是不对的。尧帝认为自己是对的，夏桀也认为自己是对的，然而，明眼人一看两者是有天然之别的，有东西相反的差距。可是夏桀也许觉得尧帝不对呢！由此可见，站的角度不同，趣向不同，就有完全不同的是非结果。”站在夏桀的趣向来看，他好不容易当上天子，天下所有东西都是他的，他认为他该享受，他认为自己是对的，也无可厚非。舜的父亲老是觉得儿子不够孝顺，站在他的角度来看，自己一把屎、一把尿把儿子养大，儿子就该事事都要服从自己的。

（6）以时观之

北海之神又说道：“昔日尧舜禅让，而顺利完成帝位交接。可是燕王哙效法禅让给大臣子之，国人不满，齐王兴师讨伐燕国，将他们都杀死了，燕国几乎亡国了。商汤起兵讨伐夏桀，武王起兵讨伐商纣王，而商汤和周武王都顺利称王了。可是白公（楚平王之孙）起兵反楚，却被楚王派兵镇压并杀死了。由此看来，争斗和礼让，并无一定之礼。有时争斗是对的，当仁不让是对的，比如武王伐纣；有时礼让是不对的，比如燕王的禅让。当争则争，当让则让，并无绝对的对错。尧帝禅让帝位以后，从天子之位下来了，从贵变成贱了。夏桀被商汤推翻之后，从贵变成贱了。当然，禅让和被推翻的结果完全不同。贵贱是因时而变化的，并不是一成不变的。由此看来，贵贱也是相对的。”郑国人杀死白公的父亲，白公请兵报仇没有得到允许，所以起兵反楚。

（7）功用、技能和物性不同

北海之神又说道：“梁栋之大可以用来冲击敌人城门，可是却不可以用来堵住蚁穴，所以说万物的功用是不同的，大有大用，小有小用。”前面有讲万物功用。

北海之神又说道：“骐骥、骅骝（都是古代宝马良驹）一日可以驰骋千里，然而捕鼠不如狸（夜猫）和狌（黄鼠狼）。这是讲万物都有不同的技能。”

北海之神又说道：“鸱鸺（猫头鹰）夜间都能够抓到跳蚤这样小的东西，能够明察秋毫之末。可是白天睁大眼睛却看不见山丘。这是讲万物本性有所不同。”

北海之神又说道：“所以说，难道不管三七二十一，一律地去师从昔日是的，就没有非了吗？师从昔日大治的，就没有乱了吗？这是由于没有能够明达天地之理，万物之情罢了。”

北海之神又说道：“这就好像是师从于天，就跟着天跑了，就没有地了。师从于阴就跟着阴跑了，偏于阴了，就无阳了，如此是不可行的，已经非常明了。”师从于左，就没有右了。师从于市场，就没有计划，没有统筹了。师从于计划，就没有市场了。如此是显然行不通的。

北海之神又说道：“世俗的人还在不停地到处游说，不肯舍弃，如果不是愚昧无知，就是故意地为了名利而欺骗人！”

北海之神又说道：“古代禅让的情形各有不同，当时的条件也各有不同；夏商周三代君主的继承情形也各有不同。如果不合时宜，违逆大众的意愿，如此就是篡位豪夺了。如果能够合于时宜，顺应民心，就属于高义之士了。”

北海之神又说道：“静默无言吧！黄河之神，你哪里知道贵贱和大小的道理呢！”

6. 大义之方

【原文】河伯曰:“然则我何为乎?何不为乎?吾辞受趣舍,吾终奈何?”

北海若曰:“以道观之,何贵何贱,是谓反衍;无拘而志,与道大蹇。何少何多,是谓谢施;无一而行,与道参差。严乎若国之有君,其无私德;繇繇乎若祭之有社,其无私福;泛泛乎其若四方之无穷,其无所畛域。兼怀万物,其孰承翼?是谓无方。万物一齐,孰短孰长?道无终始,物有死生,不恃其成。一虚一满,不位乎其形。年不可举,时不可止。消息盈虚,终则有始。是所以语大义之方,论万物之理也。物之生也,若骤若驰。无动而不变,无时而不移。何为乎?何不为乎?夫固将自化”。

【注释】河伯又问道:“然而我如何知晓何时当为?何时不当为?我如何知晓何时当辞让、接受、取舍呢?我该如何办呢?”

北海之神回答道:“以道的观点来看,何时贵,何时贱,这是会发生转化的,甚至会往完全相反方向转化。”积善之家必有余庆,积恶之家必有余殃。贵贱的转化,如同八卦循环变化。做一件善事,往富贵方向前进一步;做一件恶事,往卑贱方向前进一步。

北海之神又说道:“不要拘束自己的心志,与大道相互背离。”大蹇,大大地背离,甚至背道而驰。如果刻意地去追求富贵,就是与大道背离了。

北海之神又说道:“何时少点,何时多点,这是没有绝对的,也是互相转化的。百万算多,但是相对于千万就算少。不要偏执于一己之私而与大道不合。”谢,代谢。谢施,转化。《道德经》中讲,图难于其易;为大于其细。天下难事,必作于易;天下大事,必作于细。积累涓涓细流的财富,就可以从穷人变为富人。如果不注意节俭,富人可以变为穷人。

北海之神又说道:“怀道的人,庄严肃穆,似乎一国之君,富有四海,没有半点私爱之心。”一身如同一国,心为君主,五官为百官。一国的明君对百姓都要同等地对待,不会有亲疏贵贱之分。一国的明君不会为了一己私欲,不顾百姓死活,否则富贵就会转化成卑贱。水可载舟亦可覆舟。

北海之神又说道:“怀道的人悠然自得,如同祭祀的社神一样,对所有祈福的人都同等恩赐,不会偏爱于某个人。自己也不会有半点私心。”繇繇,悠然自得的样子。《道德经》中讲,天道无亲常与善人。如果对世人有所偏爱,那也是由于世人自己所作所为合于大道。

北海之神又说道:“怀道的人有大爱之心,以天地万物为一体,能够包容四方。心无比广泛,延伸至四方,无有穷尽,无所不包。似乎没有任何界限。”畛域，界限。

北海之神又说道：“天地兼藏万物，天覆地载，没有遗漏某一物。天地会庇护万物。所以说无有偏私。圣人也是如此，不会无有任何偏私，仁爱每一个百姓。”承翼，庇护。

北海之神又说道：“万物都是等同的，哪有长短之分呢?”前面庄子专门写了《齐物论》。万物没有贵贱、大小和长短的区分。天地万物同为一体，此为大同。

北海之神又说道：“大道无始无终，万物有死有生，实则万物也是无死无生的。世人看着月亮有盈有缺而喜悦或伤感，实则月亮并无圆缺。即使万物一时有生，也不足以自恃为依靠。即使一时为贵，也不足以自恃为依靠。贫富贵贱都在转化当中。”当贫贱的时候，不要去感到失望和悲伤；当富贵的时候，不要去骄傲和放纵。

北海之神又说道：“大道一虚一满，一盈一虚，逐渐地变化，不拘泥于固定的形体和位置。”盈也不是一下子就盈满，虚也不是一下子就空虚，有个逐渐变化的过程。贫贱不是一下子就贫贱，富贵也不是一下子就富贵。看似一下子变化，那是量变到质变的过程，在八卦中都有清晰的描述。

北海之神又说道：“逝去的年月不可回流，流逝的时光不可以停止。天地万物的消亡、生息、充盈和亏虚，都在终而复始地变化当中。”正是由于天地万物周而复始的变化，所以就有了时间的错觉。本来并无时间这个东西。

北海之神又说道：“如果能够明白以上的道理，才可以跟你谈论大道的深奥义理，谈论万物之理。”讲道是要看机缘的。

北海之神又说道：“万物的生长，如同骏马急骤奔跑，如同马车飞驰。春生夏长秋收冬藏。万物都在随时随地变化着。”古人教格物致知，并非一物一物地去格，而是反求诸己罢了。

北海之神又说道：“难道需要有为吗？需要无为吗？万物本来就在自我化育当中。”万物不需要有为而治，百姓也不需要有为而治。

7. 反要语极

【原文】河伯曰：“然则何贵于道邪?”

北海若曰：“知道者必达于理，达于理者必明于权，明于权者不以物害己。至德者，火弗能热，水弗能溺，寒暑弗能害，禽兽弗能贼。非谓其薄之也，言察乎安危，宁于祸福，谨于去就，莫之能害也。故曰：‘天在内，人在外，德在乎天’。知天人之行，本乎天，位乎得；蹢躅而屈伸，反要而语极。”

【注释】河伯又问道："然而既然你说万物都在自我化育，道又有什么好尊贵的呢？"

北海之神回答道："知晓大道的人必定通达于理。如果已经得到了，明心见性了，就通达于天理了。通达于天理的人必定明白权变应对的道理，面对消亡、生息、盈满和亏虚的变化，面对贵贱、大小的变化，坦然应对。如果能够明白权变应对的道理，就不会被外物所害。"何时当为，何时不当为，怀道的人深刻知晓。范蠡辅佐越王勾践，灭掉吴国之后，知晓权变应对，隐退江湖。文种不懂权变，不懂狡兔死走狗烹的道理。《道德经》中讲，功成身退，天之道。

北海之神又说道："至德的人，烈火不能烧伤，大水不能淹溺，寒冷酷暑不能侵袭，禽兽不能伤害。"怒气如同烈火，大火烧坏功德林。至德的人不会被怒火所伤。《大学》中讲，大学之道，在明明德，在亲民，在止于至善。至德的人是已经发明本有明德的人，是得道的人，是止于至善的人。《道德经》中讲，含德之厚，比于赤子。蜂虿虺蛇不螫，猛兽不据，攫鸟不搏。

北海之神又说道："并不是说至德的人迫近水火、寒暑、禽兽而不被伤害，而是说能够明察安危，在危险到来之前已经退避了；对于福祸都能够安然对待；能够谨慎地对待进退，有为还是无为，所以不受伤害。"

北海之神又说道："所以说：上天赋予每个人的德性在内，每个人都本有光明的德性，都有良知良能。所有的人事显露在外。每个人的光明德性还是来源于天道。"

北海之神又说道："如此就知晓天人本来合一，天道运行，人事兴衰，归根结底在于天。人的德性源于上天。所以要处于光明德性，处于至德的境界。"

北海之神又说道："看似进退不定的样子，实则已经处于大道之乡，可以进退屈伸自如了。至德的人能够返回大道的枢要，反求诸己了，如此就可以跟他谈极理了，也就是关于大道的道理。"蹢躅，踟蹰，进退不定的样子。《道德经》中教世人如何识别怀道的人。如同冬天谨慎越过冰冻的河面，如同谨慎地在别人家作客的样子，如同畏惧四邻会说自己有什么不好，不敢做什么坏事。

8. 返璞归真

【原文】曰："何谓天？何谓人？"

北海若曰："牛马四足，是谓天；落马首，穿牛鼻，是谓人。故曰：'无以人灭天，无以故灭命，无以得殉名。谨守而勿失，是谓反其真。'"

【注释】河伯又问道："什么是天？什么是人呢？"因为前面北海之神讲天人，河伯不明白，因此发问。

北海之神回答道："牛和马有四条腿，这是符合于天道的，称之为天道。把马头给羁络起来，用绳子穿牛鼻子，这是不合于天道的，称之为人为。"

北海之神又说道："所以说，不要以人欲灭每个人本有的天性，本有的德性，不要以人欲灭天理。不要以过去的束缚灭天命。古人讲要修命和修性，也就是性命双修。修性就是要修德性，修心性，要明心见性。修命就是要打通经络，打通任督二脉，打通玄关。如此就可以称之为性命双修。如果过去的言行堵塞智慧、过去吃进去的东西堵塞经络，如此修命就很难通达了。不要为了名声而牺牲自己的性命。如果能够谨慎的持守这三句话，不要丧失本性，做到极致了，可以称之为返璞归真了。"如果能够性命双修，返回本真，就可以称之为真人了。

9. 为大胜者

【原文】夔怜蚿，蚿怜蛇，蛇怜风，风怜目，目怜心。

夔谓蚿曰："吾以一足跉踔而行，予无如矣！今子之使万足，独奈何？"蚿曰："不然。予不见乎唾者乎？喷则大者如珠，小者如雾，杂而下者不可胜数也。今予动吾天机，而不知其所以然。"

蚿谓蛇曰："吾以众足行而不及子之无足，何也？"蛇曰："夫天机之所动，何可易邪？吾安用足哉！"

蛇谓风曰："予动吾脊胁而行，则有似也。今子蓬蓬然起于北海，蓬蓬然入于南海，而似无有，何也？"风曰："然。予蓬蓬然起于北海而入于南海也，然而指我则胜我，鰌我亦胜我。虽然，夫折大木，蜚大屋者，唯我能也。"故以众小不胜为大胜也。为大胜者，唯圣人能之。

【注释】夔（传说像牛的野兽，没有角，只有一只脚）羡慕蚿（百足虫）；百足虫又羡慕蛇没有脚也能走；蛇又羡慕风无形无相也能走；风又羡慕眼睛能够一瞬间看到闪电；眼睛又羡慕心，心无形无相，心念比闪电还要快。

夔对百足虫说道："我只有一只脚跳着走，我不如你啊！你现在使用万只脚在走路，到底是怎么走的呢？"跉踔，跳着走的样子。

百足虫回答道："我并不是有心去控制万只脚行走的。你难道没见过吐唾沫的情景吗？唾沫喷出来的时候，大的如同水珠，小的如雾气，夹杂在其间的不可胜数，大大小小不可胜举。并不是刻意地区分唾沫大小，而是本然如此。现在我只是启动上天赋予的机能罢了，符合于天机而已，而全然不知怎么走的。”百足虫如同想先迈动哪只脚，就完全不会走路了。如同邯郸学步一样，刻意去控制就不知道如何走了。

百足虫问蛇道：“我用那么多只脚走路，还不如你没有脚走得快，这是为何呢？”

蛇回答道：“只是上天所赋予的机能在动罢了，如何能够轻易去改变呢？我不可以用脚行走的，长脚了我就不会走了！”

蛇问风道：“我扭动脊柱和肋骨而行走，则似乎好像有脚的样子。现在你呼啸而起于北海，又呼啸着吹进去南海，而似乎没有脚的样子，这是为何呢？”蓬蓬，风吹动的响声。

风回答道：“你问得很好。我呼啸着起于北海而吹入南海。然而用手指逆风而指向我，就能够胜我，我不能把手指吹断。用脚践踏（鰌）我，也能够胜我。虽然如此，吹断大树，吹卷（蜚）大屋的房顶，只有我能做到。”

所以说，正是对于一些小事不胜，所以能够有大胜。能够有大胜的，只有圣人能够做到。世俗建立功名，这是小胜；能够战胜自己，这是大胜。眼睛能够看人，这是小胜。心虽然无足，可是却无所不至。能够见己，能够得道，能够见性，这是大胜。能够知人，这还只是小胜；能够知道自己，这是大胜。

10. 通之有时

【原文】孔子游于匡，宋人围之数匝，而弦歌不惙。子路入见，曰：“何夫子之娱也？”孔子曰：“来，吾语女！我讳穷久矣，而不免，命也；求通久矣，而不得，时也。当尧、舜而天下无穷人，非知得也；当桀、纣而天下无通人，非知失也：时势适然。夫水行不避蛟龙者，渔人之勇也。陆行不避兕虎者，猎夫之勇也。白刃交于前，视死若生者，烈士之勇也。知穷之有命，知通之有时，临大难而不惧者，圣人之勇也。由，处矣！吾命有所制矣！”

无几何，将甲者进，辞曰：“以为阳虎也，故围之；今非也，请辞而退。”

【注释】孔子游历经过卫国匡地的时候，卫国人把孔子及其弟子们围了一圈又一圈。可是孔子却弹琴歌唱没有停止。

子路进来见孔子，问道：“为何先生还有心情在此娱乐呢？”

孔子回答道：“来，我告诉你是怎么回事！我避讳穷困已经很久了，可是却不免于遭遇穷困，这是命。求通达也很久了，可是却不能得到，这是时运不济。”

孔子又说道：“在尧舜的时代，天下没有穷困的人，并不能说天下人都是很厉害的，都得道了，都有本有的德性；在夏桀和商纣王的时代，天下没有通达的人，并非天下人都没有智慧，都失去本有德性。只是时势不同罢了。”孔子不能通达，处于穷困，并不是孔子没有智慧，不够贤德，而是时势造成的。

孔子又说道：“在水里行走，不躲避蛟龙，这是渔人的勇敢之处。在陆地行走，不躲避野兽猛虎，这是猎人的勇敢之处。虽然白刃交叉在面前，能够视死如归，这是烈士的勇敢之处。”

孔子又说道：“知晓穷困是命运的安排，知晓通达也是要待时运的，面临大难而不畏惧的，这是圣人的勇敢之处。”

孔子又说道：“仲由，安然处之吧！我命中自然有安排的！”孔子吉人必有天象。孔子由于长得像鲁国的阳虎，所以被围困。

没有过多久，带兵的首领进来辞别道歉，说道：“我们误以为是阳虎，所以围困你们；现在已经确认不是，请接受我们的歉意，辞别而去吧。”

11. 邯郸学步

【原文】公孙龙问于魏牟曰：“龙少学先王之道，长而明仁义之行；合同异，离坚白；然不然，可不可；困百家之知，穷众口之辩；吾自以为至达已。今吾闻庄子之言，汒焉异之。不知论之不及与？知之弗若与？今吾无所开吾喙，敢问其方”。

公子牟隐机大息，仰天而笑曰：“子独不闻夫埳井之鼃乎？谓东海之鳖曰：‘吾乐与！出跳梁乎井幹之上，入休乎缺甃之崖；赴水则接腋持颐，蹶泥则没足灭跗；还虷蟹与科斗，莫吾能若也！且夫擅一壑之水，而跨跱埳井之乐，此亦至矣。夫子奚不时来入观乎？’东海之鳖左足未入，而右膝已絷矣，于是逡巡而却，告之海曰：‘夫千里之远，不足以举其大；千仞之高，不足以极其深。禹之时十年九潦，而水弗为加益；汤之时八年七旱，而崖不为加损。夫不为顷久推移，不以多少进退者，此亦东海之大乐也。’于是埳井之鼃闻之，适适然惊，规规然自失也。且夫知不知是非之竟，而犹欲观于庄子之言，是犹使蚊负山，商蚷驰河也，必不胜任矣。且夫知不知论极妙之言，而自适一时之利者，是非埳井之鼃与？且彼方跐黄泉而登大皇，无南无北，奭然四解，沦于不测；无东无西，始于玄冥，反于大通。子乃规规然而求之以察，索之以辩，是直用管窥天，用锥指地也，不亦小乎？子往矣！且子独不闻夫寿陵余子之学行于邯郸与？未得国能，又失其故行矣，直匍匐而归耳。今子不去，将忘子之故，失子之业。”

公孙龙口呿而不合，舌举而不下，乃逸而走。

【注释】公孙龙问魏公子牟（魏国的公子）道：“公孙龙我从年少就开始

学习先王之道，稍微年长就明白仁义之行了。”

公孙龙又说道：“持合同异，离坚白这样的学说。”什么是合同异呢？也就是大同小异，前面已经详细解释过了，此处不再赘述。天地万物同为一体，此为大同。一物必有一理，天下没有完全相同的两物，此为小异。即是再小的两件物体，两片竹叶，也不会完全相同。所谓的离坚白，公孙龙实则劝导世人离坚和白的相。

公孙龙又说道：“我能够把是的说成不是的；把可以的说成不可以的。”公孙龙的辩才天下闻名。据说公孙龙跟庄子辩论鸡有三只腿，结果胜出了。但是公孙龙吃不到鸡腿，可以说也是失败了。《道德经》中讲，辩者不善，善者不辩。

公孙龙又说道：“使得百家的智士感到困惑，使得众多善辩的人都词穷了。我自以为是，以为已经通达了。”

公孙龙又说道：“现在我听闻庄子所说的话，有点茫然若失的感觉，感到特别奇异。”汒焉，茫然若失的样子。公孙龙著有《公孙龙子》十四篇，但是存世只有六篇了。如果仔细研读公孙龙的著作，就会发现，他也是得道的高人。

公孙龙又说道：“不知我的辩论才能不及庄子呢？还是我的智慧不如他呢？现在我都无法开口了，敢问是何道理呢？”喙，鸟兽的嘴巴，这里指人的嘴巴。

魏公子牟依靠几案叹气，仰天而大笑道：“你难道没有听说过浅井（埳井）中的青蛙（鼃）吗？青蛙对东海的鳖说道：‘我太快乐了！我跳出水井，跳在井栏（井幹）上，累了就进入水井里，在破损（缺甃）的井壁边休息。我跳进井水里，水就会托住我的两腋和面颊（颐），踩到泥里，淤泥就会埋没我的脚背（跗）。还顾水中蚊子的幼虫（虷）、小螃蟹和小蝌蚪（科斗），都不能像我这么悠然自得和快乐！擅自霸占一坑之水，而盘踞（跨跱）浅井所带来的快乐，也可以说是最大的快乐了吧。你为何不时常到井里去看看呢？’”

魏公子牟又说道：“东海的鳖左脚尚未完全进入井内，而右边膝盖早就被井口给卡住（絷）了。于是鳖就小心地退出来（逡巡，小心退却的样子）。鳖告诉青蛙大海是什么样的。”

魏公子牟又说道：“鳖说道：‘千里那么远，不足以形容大海的大。千仞那么高，不足以形容大海的深。大禹的时候，十年有九年发生洪涝（潦）灾害，可是大海的水也似乎没有什么增益；成汤的时候，八年有七年是大旱，可是大海的岸边水位并没有降低。’”

魏公子牟又说道：“鳖说道：‘不会因为时间的长短（顷久）有所改变（推移），不会因为降雨的多少水位有所升降，这也是东海的大乐。’”

魏公子牟又说道："于是浅井中的青蛙听了，感觉到有点惊惧（适适然，惊惧的样子），有点茫然若失的样子（规规然）。"公孙龙听闻庄子也是如此。

魏公子牟又说道："公孙龙你的智慧尚且不能知晓，知和不知，是和非的境界，而还要观庄子的话。这就好比是驱使蚊虫去背负大山；驱使百足虫（商蚷，百足虫，只能在陆地行走）到大河里驰骋一样。必然是不能胜任的。"知自己，知自己的心性才能称之为真正的知。知道才可以称之为真正的知。对于得道的人，已经无是无非了，无为而无不为。庄子境界的确比公孙龙要高，但是魏公子牟如此贬低公孙龙也是过了，看公孙龙留下的经典，也已经得道了。

魏公子牟又说道："你的智慧尚且不能谈论关于妙道的东西，而只是逞一时口快之利，这不就像浅井里的青蛙吗？"

魏公子牟又说道："庄子的学说极其高远深广。正可以往下蹈（跐）黄泉之下，又可以仰登上九天之上。庄子的学说已经融会贯通，无南无北，释然（奭然）而四面通达了。似乎又掩盖（淪）了智巧，不可测度。无东无西了，无有门派之见，宗派之见了，归于玄冥的大道，已经返回于通达的大道了。"

魏公子牟又说道："你茫然若失的样子，只是由于你睁大眼睛去观察，似乎明察秋毫，想求得至道；你从思辨和辩论中去探索至道。这就好比是用管来窥见天，只能是看到一点点；如同用锥指向地，只能支撑一点。这样难道不小吗？难道不像井底之蛙吗？"

魏公子牟又说道："你错得太远了！你难道没有听说过燕国寿陵的少年去赵国都城邯郸学步的故事吗？没有能够学得赵国的步法，却忘却了故国的步法，只好匍匐而归去了。"邯郸学步的故事从此出。

魏公子牟又说道："现在公孙龙你如果不能去掉好辩这些不好的习惯，将会忘记你原来的故乡，忘记的你的本心了。你会失去你本来的学业了。"公孙龙曾经师从于孔子。孔子教弟子要有志于道，要修君子儒。不要修小人濡，有志于功名。

公孙龙听了这番话，嘴巴张开（口呿，张口的样子），半天合不上来。抬起舌头，似乎想辩论，可是半天放不下来，就知趣地逃跑了。

12. 楚有神龟

【原文】庄子钓于濮水，楚王使大夫二人往先焉，曰："愿以境内累矣！"

庄子持竿不顾，曰："吾闻楚有神龟，死已三千岁矣。王巾笥而藏之庙堂之上。此龟者，宁其死为留骨而贵乎？宁其生而曳尾于涂中乎？"二大夫曰："宁生而曳尾涂中。"庄子曰："往矣，吾将曳尾于涂中。"

【注释】庄子在濮水（安徽茨河上游）之滨垂钓，楚威王派两位大夫前往邀请，试探庄子是否有意愿做官。大夫传达楚威王旨意道："愿意以一国境内的政事委托于你！"楚威王听闻庄周贤德，想拜庄周为相。

庄子手持钓竿，专心致志地钓鱼，连头都没有回一下。庄子说道："听说楚国有一个神龟，已经死去三千年了。楚王将它包上巾布，装在竹箱（笥）里，珍藏在庙堂里。"

庄子又说道："这只神龟，宁可死了留下骨壳而显示珍贵好呢？还是宁可活着而拖着尾巴在泥中好呢？"

两位大夫回答道："宁可拖着尾巴在泥中好。"

庄子又说道："你们回去吧，我只愿意拖着尾巴在泥中。"庄子不愿意出来做官。在为和无为，贵贱、进退之间，庄子如此选择，保全自己的本性不被物欲伤害。

13. 惠子相梁

【原文】惠子相梁，庄子往见之。或谓惠子曰："庄子来，欲代之相。"于是惠子恐，搜于国中，三日三夜。

庄子往见之，曰："南方有鸟，其名为鹓鸰，子知之乎？夫鹓鸰，发于南海而飞于北海；非梧桐不止，非练实不食，非醴泉不饮。于是鸱得腐鼠，鹓鸰过之，仰而视之曰：'吓！'今子欲以子之梁国而吓我邪？"

【注释】惠施在魏国为相，居住于都城大梁。庄子去看望惠施。有人就对惠施说道："庄子来大梁，是想取代你成为相国。"于是惠施觉得恐惧了，在国内搜寻了三天三夜，可是还是没有找到。

庄子自行前往拜见惠施。庄子说道："南方有一种鸟，名字叫鹓鸰（类似于凤凰之类的鸟），你知道吗？"不知道庄子又怎么羞辱惠施了。

庄子又说道："鹓鸰这种鸟，从南海起飞，而飞到了北海。不是梧桐树，它不会止步歇息；不是竹子（练实，竹子几十年开一次花，开花就会枯死，由此可见竹子果实极其稀少）的果实，它是不会吃的；不是甜美如醴的甘泉是不会饮水的。"

庄子又说道："于是猫头鹰（鸱）捡到了一个死老鼠，抓得很牢，鹓鸰从旁边飞过，猫头鹰仰起头看着它，说道：'吓！（怒斥的声音，想赶走对方）'"

庄子又说道："而今你难道是想因为你的梁国相位而怒斥我吗？"庄子不屑于梁国相位。庄子和惠施是知己好友，惠施先庄子死去，庄子后来很少和人说话。

14. 安知鱼乐

【原文】庄子与惠子游于濠梁之上。庄子曰："儵鱼出游从容，是鱼之乐也。"惠子曰："子非鱼，安知鱼之乐？"庄子曰："子非我，安知我不知鱼之乐？"惠子曰："我非子，固不知子矣；子固非鱼也，子之不知鱼之乐，全矣。"庄子曰："请循其本。子曰'汝安知鱼乐'云者，既已知吾知之而问我。我知之濠上也。"

【注释】庄子和惠施一起在濠水（在安徽省凤阳境内）的桥上游玩。看着两位高人如何论道的。

庄子说道："白条鱼（儵鱼）在水里游得多悠闲自在，这是鱼的快乐之处吧。"

惠施听了就问道："你又不是鱼，你安能知晓鱼儿的快乐呢？"

庄子反问道："你又不是我，你安能知晓我不知鱼儿的快乐呢？"

惠施回答道："我不是你，所以我不知道你。你肯定不是鱼，你不知鱼的快乐，可以说是肯定的。"

庄子又说道："请往上追溯回去你所问的问题。你说：'你安能知晓鱼儿的快乐'，你既然这么说，你已经知晓我知道了，可是还要反问我。"请注意这个逻辑，庄子的话也没有错。明明看到庄子知晓鱼儿快乐了，还说不知道，庄子那句话只是形容庄子罢了。至于鱼儿是不是真的快乐呢，下面庄子会再补一句。

庄子又说道："我在濠水之上游玩，是悠闲快乐的；鱼儿在濠水之下游玩，也是快乐的。"人和鱼的本性都是类似的。知一物可以知万物，知一世可以知万世，知一心可以知万心。

第十一章　至　　乐

1. 为形亦愚

【原文】天下有至乐无有哉？有可以活身者无有哉？今奚为奚据？奚避奚处？奚就奚去？奚乐奚恶？

夫天下之所尊者，富贵寿善也；所乐者，身安厚味美服好色音声也；所下者，贫贱夭恶也；所苦者，身不得安逸，口不得厚味，形不得美服，目不得好色，耳不得音声；若不得者，则大忧以惧。其为形也亦愚哉。

【注释】天下有至乐无有哉？天下有无至乐存在呢？至乐是大乐，乐到了极致。喜伤心，怒伤肝。大喜并非大乐。人生四大喜事并非至乐。喜怒哀乐未发之中，也许就接近了至乐。然而这还不是，《心经》中所说的无上正等正觉，那个才是至乐。

有可以活身者无有哉？有无活身养命，长寿的方法呢？《黄帝内经》中留下了许多修身养性实际的方法。前面也讲了，需要性命双修。所谓修命，是打通经络，打通任督二脉，打通玄关，使得身体天人合一。所谓修性，是修心性，使得恢复本有良知，使得明心见性。

今奚为奚据？奚避奚处？奚就奚去？奚乐奚恶？现在应当做什么，又有什么依据呢？应当回避什么，又应当安处何处呢？应当趋就什么，又应当舍弃什么？应当喜爱什么，又应当厌恶什么呢？前面章节，庄子已经谈论许多了，这里反问引发大家思考。

夫天下之所尊者，富贵寿善也。天下所尊崇的，无非是富有、高贵、长寿和仁善美名。

所乐者，身安厚味美服好色音声也。天下所乐的，无非是身康体泰、居住舒适、山珍海味、漂亮的服饰、赏心悦目和美妙动听的音乐罢了。

所下者，贫贱夭恶也。天下所鄙视的，无非是贫困、卑贱、夭折和恶名。

所苦者，身不得安逸，口不得厚味，形不得美服，目不得好色，耳不得音声。天下所感到痛苦的，无非是身体不得安逸，嘴巴不能吃到美味，形体无法穿到美丽的服饰，眼睛看不到赏心悦目的东西，耳朵听不到美妙的音乐。

若不得者，则大忧以惧。如果得不到这些，就会担忧和焦虑。

其为形也亦愚哉。如此看待形体，可以说是愚痴了。世人不知养生真正的主人是谁。

2. 足以活人

【原文】夫富者，苦身疾作，多积财而不得尽用，其为形也亦外矣。夫贵者，夜以继日，思虑善否，其为形也亦疏矣。人之生也，与忧俱生，寿者惛惛，久忧不死，何苦也！其为形也亦远矣。烈士为天下见善矣，未足以活身。吾未知善之诚善邪，诚不善邪？若以为善矣，不足活身；以为不善矣，足以活人。故曰："忠谏不听，蹲循勿争。"故夫子胥争之以残其形，不争，名亦不成。诚有善无有哉？

【注释】夫富者，苦身疾作，多积财而不得尽用，其为形也亦外矣。富有的人，劳累身体而辛勤劳作，积累很多财物而不舍得享用，这样对待形体也太不重视了。这样看待形体也是很见外的做法了。

夫贵者，夜以继日，思虑善否，其为形也亦疏矣。高贵的人，夜以继日地劳心劳力，思虑焦虑仕途是否顺利，这对于形体而言也够疏远了。

人之生也，与忧俱生。人活在世上，终日与忧愁相伴。人总是离不开烦恼，心理活动停止不了。

寿者惛惛，久忧不死，何苦也！长寿的人也是昏聩糊涂的样子，经历很长时间的忧愁还没有死去，这是何苦呢！

其为形也亦远矣。这样对于形体也是疏远的做法的。

烈士为天下见善矣，未足以活身。烈士虽然得到天下的仁善之名，可是没有能够存活自己的身体。

吾未知善之诚善邪，诚不善邪？我不知道这种善事真的善，还是真的不善呢？

若以为善矣，不足活身。如果认为这是好的，可是却连自己的身体都无法存活。

以为不善矣，足以活人。如果认为是不好的，不去做烈士，却可以存活下来。

故曰："忠谏不听，蹲循勿争。"所以说："如果忠言劝谏君主，君主如若不采纳，就不要再据理力争了，应当知道不可为而退去。"蹲循，退却的样子。

故夫子胥争之以残其形，不争，名亦不成。所以说伍子胥劝谏而争，所以形体被残害。如果不争，忠孝之名就不足以成了。

诚有善无有哉？这其中果真有善，还是没有善呢？庄子分析得很有道理，乌龟与其死后被摆在庙堂里，不如在泥地里爬快活。

3. 至乐无乐

【原文】今俗之所为与其所乐，吾又未知乐之果乐邪，果不乐邪？吾观夫俗之所乐，举群趣者，贸贸然如将不得已，而皆曰乐者，吾未之乐也，亦未之不乐也。果有乐无有哉？吾以无为诚乐矣，又俗之所大苦也。故曰："至乐无乐，至誉无誉。"

【注释】今俗之所为与其所乐，吾又未知乐之果乐邪，果不乐邪？当今世俗所作所为和所乐的事，我不知这些乐果真是乐呢？还是果真不是乐呢？不如孔子弟子颜回安贫乐道快活吧。

吾观夫俗之所乐，举群趣者，贸贸然如将不得已，而皆曰乐者，吾未之乐也，亦未之不乐也。我观世俗所乐的事，世人熙熙攘攘，争先恐后地去追逐名利。追逐求乐的样子（贸贸然）似乎不得已一样，似乎自己无法控制，无法停止下来。对于世俗都说是乐的东西，我并不以为乐，但是也不以为不乐。庄子以为非乐，非不乐。

果有乐无有哉？世俗的这些乐事，果真有乐吗？果真没有乐吗？

吾以无为诚乐矣，又俗之所大苦也。对我来说，我以无为为乐，可是世俗的人却以为这是很大的苦。颜回一箪食一瓢饮，身居陋巷，世人以为这样是最大的苦了。世人都为颜回感到担忧，可是颜回还是不改其乐。

故曰："至乐无乐，至誉无誉。"所以说："至乐似乎是忘掉乐，至高的名誉是忘掉名誉。"至乐回归了喜怒哀乐未发之中，中就无乐也无悲。

4. 无为定是非

【原文】天下是非果未可定也。虽然，无为可以定是非。至乐活身，唯无为几存。请尝试言之。天无为以之清，地无为以之宁，故两无为相合，万物皆化。芒乎芴乎，而无从出乎！芴乎芒乎，而无有象乎！万物职职，皆从无为殖。故曰天地无为也而无不为也，人也孰能得无为哉！

【注释】天下是非果未可定也。天下的是非果真是无法确定的。是非回归于一，喜怒哀乐也可以回归于未发之中。

虽然，无为可以定是非。虽然说是非未定，但是无为可以定是非。无为可以进入未发之中，是非定于一，定于道了。人无是非之心，就能处于静定了。

至乐活身，唯无为几存。至乐可以活身养命，只有无为可以达到至乐。无为是恬淡虚无，进入禅定。

请尝试言之。请让我尝试说说我的想法。

天无为以之清，地无为以之宁，故两无为相合，万物皆化。天正是由于无为，所以能够清虚；地正是由于无为，所以能够安宁。天地都是无为，天地相合，而万物就可以化育了。大地如果有为，如现在人很贪婪，去挖掘石油、天然气和煤。这些本来都是水中之真火，地球肾中的真阳，可是却被挖出来了。大地就不得安宁了，天也不再清澈了。人如果太过消耗肾中的真火，也会虚火浮越的。《道德经》中讲，天得一以清，地得一以宁。

芒乎芴乎，而无从出乎！恍恍惚惚，而不知万物从何处化育而出！

芴乎芒乎，而无有象乎！惚惚恍恍，而似乎没有万物的形象存在！一切有为法，如梦如幻，如露亦如电，如梦幻泡影，应作如是观。意在于月亮，月亮是一物。心和月亮的实相作用一瞬间，产生了月亮这一物。并非实际存在月亮的象。

万物职职，皆从无为殖。万物繁多，都是从无为中生出。正所谓万法唯心造。前面有关于大风吹大树的公案。大树有万种孔窍，大风吹大树有万种声音。这万种声音对应于万物。树欲静而风不止。大风对应于心，心处于无为，就会进入静定。心静定了，就相当于大风止息了，万籁寂静。万物繁多，皆出于心。

故曰天地无为也而无不为也，人也孰能得无为哉！所以说，天地无为而无不为，看似无为，可是却化育万物。世俗的人又有谁能够像天地那样做到无为呢！

5. 庄子妻死

【原文】庄子妻死，惠子吊之，庄子则方箕踞鼓盆而歌。惠子曰："与人居，长子、老、身死，不哭亦足矣，又鼓盆而歌，不亦甚乎！"

庄子曰："不然。是其始死也，我独何能无概然！察其始而本无生；非徒无生也，而本无形；非徒无形也，而本无气。杂乎芒芴之间，变而有气，气变而有形，形变而有生。今又变而之死。是相与为春秋冬夏四时行也。人且偃然寝于巨室，而我噭噭然随而哭之，自以为不通乎命，故止也。"

【注释】庄子的妻子去世，惠施前来吊唁。庄子正在把两腿分开伸直而坐，坐姿极其不雅观。庄子一边叩击瓦罐，一边歌唱。

惠施看到就说道："与妻子同居一室一辈子，她为你生儿育女，一起白头偕老，现在身死了，你不哀伤哭泣也就算了。可是你现在拿起瓦罐叩击，还在唱歌，你难道不觉得这样做太过分了嘛！"

庄子回答道："不是这样的。她刚刚死去，我如何能够无动于衷呢？怎么能不感到悲伤呢！"

庄子又说道："可是我明察其根本，她原本是无生的。从天地这个大熔炉而生，由地水火风四大和合而成。不仅仅本来无生，原本就是无形的，没有这个形体，没有这个臭皮囊。不仅仅是无有形体，而本来也是无气的，现在气尽身亡，也只是回归本然罢了。"

庄子又说道："夹杂在恍惚变化之间，迷迷糊糊的自己都不清楚，就变成有气了，气再变而有形体，形体再变就有生命了。"佛法说，佛法难闻，人身难得。人这个身体是很难得的，也要珍惜。不仅仅人有气，社稷也有气数。不仅仅国可以中兴，人身可以中兴。

庄子又说道："现在又变回去了，死去了。这就好像是春夏秋冬四时运行那样，这是很自然的事情。"春生夏长秋收冬藏，这是造化的规律。

庄子又说道："死去的人已经安然仰卧在天地这个巨室之中，而我还在嚎啕痛哭。自以为不够通达于性命之理，所以就止住不哭了。"庄子一开始还是哭的，只是后来想明白了，就不哭了。

6. 生者假借

【原文】支离叔与滑介叔观于冥伯之丘、昆仑之虚，黄帝之所休。俄而柳生其左肘，其意蹶蹶然恶之。支离叔曰："子恶之乎？"滑介叔曰："亡，子何恶！生者，假借也；假之而生生者，尘垢也。死生为昼夜。且吾与子观化而化及我，我又何恶焉！"

【注释】支离叔和滑介叔两个人在名字叫冥伯的山丘、在名字叫昆仑的旷野的地方游玩观赏。这两个地方据说是黄帝曾经休息过的地方。

过了一会滑介叔左肘长出了一个瘤子，他感到惊奇（蹶蹶然）而似乎厌恶的样子。

支离叔问道："你厌恶它吗？"

滑介叔回答道："不，我怎么会厌恶它呢！"

滑介叔又说道："所谓生，只是假借的罢了。这个生身，只是暂时的罢了。这个瘤子，也只是假借的罢了。”古人讲借假修真。人本无我，我只是一个执着的概念罢了。佛家说是我执，对自我的执着。借着这个假身而修真的性命，修道得道。天地万物本来同为一体，暂时有这个人身，也不过是天地的物质组成罢了。

滑介叔又说道：“造化假借阴阳五行而生生不息，只是尘垢罢了。由尘垢而生，死去又回归于尘垢。”

滑介叔又说道：“死生如同昼夜变化那么平常罢了。”本来无白天无黑夜，只是日月轮回而有此假象罢了。

滑介叔又说道：“我本来和你一起同游至此，就是观造化的，而今化到了我身上了，我又有什么好厌恶的呢！”

7. 叩问骷髅

【原文】庄子之楚，见空髑髅，髐然有形。撽以马捶，因而问之，曰：“夫子贪生失理，而为此乎？将子有亡国之事，斧钺之诛，而为此乎？将子有不善之行，愧遗父母妻子之丑，而为此乎？将子有冻馁之患而为此乎？将子之春秋故及此乎？”于是语卒，援髑髅，枕而卧。

【注释】庄子往楚国去，见到一个空的骷髅（髑髅）头骨。看样子那个死人头骨空枯的样子（髐然）。庄子用马鞭子从旁边敲击（撽）它。

庄子问头骨道：“先生是因为贪欲求生，失去天理，而遭受厄运而死去的吧？”

庄子又说道：“你是否经历了亡国大事，斧钺的刑罚诛杀，而至于此吧？”亡国之君大多死于非命。

庄子又说道：“你是否做了违法的恶事，自己死去了，还把耻辱留给了父母妻子，而至于此吗？”

庄子又说道：“你是否遭受了寒冷饥饿的困苦，以至于此呢？”

庄子又说道：“你是否享尽天年，以至于此吗？”

于是庄子说完这些话，就拉过骷髅，当成枕头躺下睡着了。庄子可真是大胆。

8. 骷髅见梦

【原文】夜半，髑髅见梦曰：“子之谈者似辩士。视子所言，皆生人之累也，死则无此矣。子欲闻死之说乎？”庄子曰：“然。”髑髅曰：“死，无君于上，无臣于下；亦无四时之事，从然以天地为春秋，虽南面王乐，不能过也。”庄子不信，曰：“吾使司命复生子形，为子骨肉肌肤，反子父母妻子闾里知识，子欲之乎？”髑髅深矉蹙頞：“吾安能弃南面王乐而复为人间之劳乎！”

【注释】睡到半夜，骷髅托梦给庄子。

骷髅对庄子说道：“你刚才的谈论似乎是善辩之士。看你刚才所说的话，都是生活在世上的人所系累的，死了就没有这些负累了。你想听听关于死的道理吗？”

庄子回答道：“当然愿意的。”

骷髅又说道：“死去了，没有君主在我之上，没有大臣在我之下。”没有君主在上，就不会伴君如伴虎，不会战战兢兢。韩信功高盖主，整个家族被诛杀。君主也有忧患，田常杀死君主取而代之。

骷髅又说道：“也没有四时变化之事，也无世态炎凉，纵然以天地长久为寿，再加上南面称王，不过如此的。”

庄子听了不信，说道：“我让主管生命之神恢复你的生命，恢复你的形体，让你长出骨头、肌肉和皮肤。归还你的父母、妻子、孩子、邻里（闾里）和相知好友（知识）。你愿意吗？”

骷髅紧皱眉头（深矉），紧缩着鼻梁（蹙頞），一副愁苦的样子。

骷髅说道：“我怎么舍得放弃南面称王的快乐，而再回去人间受劳苦呢！”虽然这则寓言说死之乐，但是归根结底要在活的时候成就。在活的时候，致良知，恢复自己的自性本心。庄子并非告诉世人轻生，而是要珍惜生的机会，否则庄子也不会说想当乌龟在泥地里爬了。

9. 颜回之齐

【原文】颜渊东之齐，孔子有忧色。子贡下席而问曰：“小子敢问，回东之齐，夫子有忧色，何邪？”

孔子曰：“善哉汝问！昔者管子有言，丘甚善之，曰：‘褚小者不可以怀大，绠短者不可以汲深’。夫若是者，以为命有所成而形有所适也，夫不可损益。吾恐回与齐侯言尧舜黄帝之道，而重以燧人神农之言。彼将内求于己而不得，不得则惑，人惑则死。”

【注释】颜回向东去齐国，孔子面带忧色。

子贡离开坐席问道：“子贡我斗胆提问，颜回此次往东去齐国，先生你面带忧色，这是为何呢?”

孔子回答道：“善哉，你能够问这个问题！昔日管仲曾经说过一句话，孔丘我觉得很有道理。”

孔子又说道：“管仲曾经说过：‘小布袋（褚）不能装大的东西，短的绳子（绠短）不能汲取深的井水’。”

孔子又说道：“如此说来，人各有命，形体有长短大小差异，各有各的适宜，不可以增加，也不可以减少。”癞蛤蟆的脖子不能长得像长颈鹿那样长，长颈鹿的脖子也不能像鸭子脖子那么短。

孔子又说道：“我恐怕颜回会跟齐侯说尧舜、黄帝的治国之道，而推崇燧人氏、神农氏的言教。”

孔子又说道：“齐侯就会向内扪心自问，自求于己，可是必定找不到的。齐侯找不到自己的自性本心。与古代贤德明君对比，自残形愧。不得本心则会感到迷惑，感到迷惑则颜回就危险了。必定不会相信颜回所说。”

10. 名止于实

【原文】“且女独不闻邪？昔者海鸟止于鲁郊，鲁侯御而觞之于庙，奏九韶以为乐，具太牢以为膳。鸟乃眩视忧悲，不敢食一脔，不敢饮一杯，三日而死。此以己养养鸟也，非以鸟养养鸟也。夫以鸟养养鸟者，宜栖之深林，游之坛陆，浮之江湖，食之鳝鲉，随行列而止，委蛇而处。彼唯人言之恶闻，奚以夫譊譊为乎！咸池九韶之乐，张之洞庭之野，鸟闻之而飞，兽闻之而走，鱼闻之而下入，人卒闻之，相与还而观之。鱼处水而生，人处水而死，彼必相与异，其好恶故异也。故先圣不一其能，不同其事。名止于实，义设于适，是之谓条达而福持。”

【注释】孔子又说道：“你难道没有听说过这样的一个故事吗？昔日有一只海鸟飞到鲁国的郊区歇息，鲁候为了迎接它，在宗庙里请它饮酒，奏舜帝是雅正音乐《九韶》，准备了帝王祭祀用的太牢（牛、羊、猪等美食）为膳食。”

孔子又说道：“海鸟看得眼睛都花了，很忧虑悲伤，不敢吃一小片肉（脔），不敢饮一杯酒，三天后就死去了。这是在以养自己的方式来养鸟，并不是以养鸟的方式养鸟。”

孔子又说道：“所谓养鸟的方式养鸟，讲的是要让鸟栖息在深山密林之中，自由地游乐于河水中的绿洲，浮游于江湖之中，啄食水中的泥鳅和小鱼（鳝鲉），随着鸟群的行列而起飞歇息，比如大雁会排成一字和人字。鸟儿从容自得（委蛇）地生活。”

孔子又说道："海鸟连人说话的声音都不想听见，何况喧闹嘈杂（譊譊）的音乐呢！《咸池》《九韶》这样雅正的音乐，在广阔的田野演奏，鸟听闻就要飞走，野兽听闻就要逃走，鱼儿听闻就要沉入水下，众人听闻就环绕围观欣赏。"

孔子又说道："鱼儿在水里就能够生存，人在水里就会死去。他们的本性都是不相同的，所以好恶也是不同的。"

孔子又说道："所以说先圣不强求其性情相同，不强求其能力相同，不强求其做同样的事情。"古代圣明的君主对于不同的人才分配不同的工作。

孔子又说道："名相要与实相相符合，如果一味追求名誉，可是名不符实也就危险了；义理的设置也要适合于人们的习性，如果硬是把鱼放在陆地生存，这是不合适的。如此就可以条理通达，长久持有福报了。"如果名不符实，君主会因为盛名而安排艰难的任务，如果不能完成就危险了。小布袋装不了大东西，短的绳子不能汲取深井中的水。

11. 未尝生死

【原文】列子行，食于道从，见百岁髑髅，攓蓬而指之曰："唯予与汝知而未尝死、未尝生也。若果养乎？予果欢乎？"

【注释】列子在路上行走，停在路边吃饭。他突然看见路边有个百年来的骷髅头骨（髑髅）。他拔掉（攓）骷髅头骨周围的蓬草。

列子指着骷髅头骨说道："只有我和你知晓，你未尝死、未尝生的道理。你果真感到忧伤（养，通恙，忧伤）吗？我果真感到欢乐吗？"

列子已知晓无生无死的道理。天地如同一个大熔炉，世人只是偶得人身罢了。

12. 出入于机

【原文】种有几，得水则为继，得水土之际则为鼃蠙之衣，生于陵屯则为陵舄，陵舄得郁栖则为乌足。乌足之根为蛴螬，其叶为胡蝶。胡蝶胥也化而为虫，生于灶下，其状若脱，其名为鸲掇。鸲掇千日为鸟，其名为干余骨。干余骨之沫为斯弥，斯弥为食醯。颐辂生乎食醯，黄軦生乎九猷，瞀芮生乎腐蠸。羊奚比乎不箰久竹生青宁；青宁生程，程生马，马生人，人又反入于机。万物皆出于机，皆入于机。

【注释】种有几，得水则为继。万物的种子中隐藏有大道的枢机，有无限的生机，得到水的滋润，就会长出细丝状生物。继，开始长出细丝状生物。

得水土之际则为鼃蠙之衣。得到水土，就会长出青苔（鼃蠙）。当然并不是说一种植物的种子可以生成别的东西，而是造化之机可以变出万物。

生于陵屯则为陵舄。如果长在丘陵高地（陵屯），就会长成车前草（陵舄）。

陵舄得郁栖则为乌足。车前草如果能够得到粪土（郁栖），就可以成长为乌足（一种草名）。

乌足之根为蛴螬，其叶为胡蝶。乌足的根变化成为土蚕（蛴螬），叶子变化为蝴蝶。

胡蝶胥也化而为虫。蝴蝶不久（胥也）就转化为小虫。

生于灶下，其状若脱，其名为鸲掇。蝴蝶的虫子生在炉灶下，其形状就好像是刚刚脱下的皮，起名叫鸲掇虫。

鸲掇千日为鸟，其名为干余骨。鸲掇虫过了一千天，就变化为鸟，其名字叫干余骨。

干余骨之沫为斯弥，斯弥为食醯。干余骨这种鸟的唾沫长出斯弥虫，斯弥虫又生出食醯虫（专门生长在酒醋中）。

颐辂生乎食醯。颐辂虫又从食醯虫转化而出。

黄軦生乎九猷。黄軦虫从九猷虫转化而出。

瞀芮生乎腐蠸。蚊虫（瞀芮）又从腐烂的黄甲虫（蠸）中转化而出。

羊奚比乎不箰久竹生青宁。羊奚草和长久不生竹笋的竹子（不箰久竹）一起结合而转化成青宁虫。

青宁生程。青宁虫转化成豹子（程，豹子的别名）。

程生马。豹子转化而成马。这似乎越来越不合乎逻辑了，实则造化的秘密。前面庄子说，假如造化把左手变化成雄鸡，就让它报晓。豹子死去，回归尘土，又孕育出马，并非豹子直接生出马。

马生人。马死去，回归尘土，又孕育出人身。

人又反入于机。人身又返回去，回归于尘土，入于枢机。

万物皆出于机，皆入于机。天地万物都出于大道枢机，都入于大道的枢机。万物可以互相转化，一个人身死去，回归于尘土，又生出另外一个人身。人人的自性本心皆是相同的，实则无我的概念。如此可以进入无生无死之地。

第十二章　达　生

1. 养形存生

【原文】达生之情者，不务生之所无以为；达命之情者，不务知之所无奈何。养形必先之以物，物有余而形不养者有之矣；有生必先无离形，形不离而生亡者有之矣。生之来不能却，其去不能止。悲夫！世之人以为养形足以存生；而养形果不足以存生，则世奚足为哉！虽不足为而不可不为者，其为不免矣。

【注释】达生之情者，不务生之所无以为。通达养生实情的人，不会做养生有害的事情。已经知晓养生真正的主人是心，是自性。不会追求物欲而遮蔽本心。

达命之情者，不务知之所无奈何。通达养命实情的人，不会做明知道无可奈何的事情。知晓功成身退，天之道的道理。如果不及时隐退，可能性命难保。

养形必先之以物，物有余而形不养者有之矣。如果要养形体，必然需要有一定的物质条件；然而物质条件有余，可是形体却不能得到很好保养的，大有人在。拥有许多金钱，夜夜笙歌，日夜饮酒，如此形体如何养呢？

有生必先无离形，形不离而生亡者有之矣。如果要有生命，必然不要离开这个形体，如果形体离开了，也就死去了。然而形体没有离去，而生命已经如同行尸走肉的大有人在。如果找不到养生的真正主人，找不到真心，被物欲所主宰，和行尸走肉有何分别呢？

生之来不能却，其去不能止。生命到来不能推却，生不由得不生；生命逝去不能留住。

悲夫！世之人以为养形足以存生；可悲啊！世俗的人以为养这个形体就足以保存生命了。其实这个形体不是主人，形体的真正主人是自性本心。

而养形果不足以存生，则世奚足为哉！而供养这个形体果真不足以保存生命，则世上的事还有多少值得去做呢！世人皆急不急之事。世人忙忙碌碌，不外乎为了满足这个形体的需求罢了。

虽不足为而不可不为者，其为不免矣。虽然不值得去做，可是还是不得不去做，还是不可避免地要做事的。饿了要吃，渴了要喝，这些都是不得不去做的事。

2. 形精不亏

【原文】 夫欲免为形者，莫如弃世。弃世则无累，无累则正平，正平则与彼更生，更生则几矣！事奚足弃则生奚足遗？弃世则形不劳，遗生则精不亏。夫形全精复，与天为一。天地者，万物之父母也，合则成体，散则成始。形精不亏，是谓能移；精而又精，反以相天。

【注释】 夫欲免为形者，莫如弃世。如果想要避免为形体所操劳，莫不如抛弃世间纷纷扰扰的事，超然于物外。王阳明先生教世人要在事上磨炼，而不是躲到深山老林求静。

弃世则无累，无累则正平，正平则与彼更生，更生则几矣！如果抛弃世事的烦扰，就不会被物欲所牵累；不被物欲牵累则心正气平；心正气平久了，就可以脱胎换骨，就可以获得新生，如同凤凰涅槃；获得新生就接近于道了！《大学》中讲，苟日新，日日新，又日新。

事奚足弃则生奚足遗？为什么要抛弃世事的烦忧呢？为什么要遗忘求生之厚呢？如果求生之厚就会不择手段去追求名利，如此反而有损于自性了。

弃世则形不劳，遗生则精不亏。如果能够抛弃尘世的物欲，则形体就不会过分操劳。如果遗忘求生之厚，精气就不会亏虚。《道德经》中讲，民之轻死，以其上求生之厚。

夫形全精复，与天为一。如果能够形体保全而精气复原，恢复先天之气，就能够天人合一。首要的是要恢复自性本心，因为心为君主之官。如果心能够静定，静定功夫日久日深了，就能够心正气平，经络畅通，与天地相通。

天地者，万物之父母也，合则成体，散则成始。天地为万物的父母，天覆地载，化育万物。因缘和合而成形体，因缘尽了，就散开了，恢复到开始的状态。人的这个形体也是如此。佛法上说，人身难得。人的这个形体得来不容易，有个故事形容得很好。眼睛瞎的海龟，一百年才浮出水面一次，有一块中间空的木头在大海里漂浮，乌龟的头刚好套在木头里，如此稀有的因缘才有了我们这个人身。所以，我们是不是该好好珍惜呢？好好珍惜是要通达养生之道，而不是去做有害养生的事情。

形精不亏，是谓能移。形体和精气不亏虚，静极生动，自然就会更新变化了。所谓移，就是回家。不管是心，还是这个形体都要回家。心回到自性本心的家园，回归大道之乡。这个形体的经络畅通，血气充盈。

精而又精，反以相天。如果养精到极致了，能量级很高，就可以反助于天。如果地球上人人都是得道的，人人都是正能量的，就不会有纷争，不会有战争了。如此就可以实现古圣先贤所期待的大同世界了。

3. 何以相远

【原文】子列子问关尹曰："至人潜行不窒，蹈火不热，行乎万物之上而不慄。请问何以至于此?"

关尹曰："是纯气之守也，非知巧果敢之列。居，予语女。凡有貌象声色者，皆物也。物与物何以相远！夫奚足以至乎先？是色而已。则物之造乎不形，而止乎无所化。夫得是而穷之者，物焉得而止焉！彼将处乎不淫之度，而藏乎无端之纪；游乎万物之所终始，壹其性，养其气，合其德，以通乎物之所造。夫若是者，其天守全，其神无郤，物奚自入焉!"

【注释】列子问关尹（函谷关令）道："至德的人潜入水底不会窒息；蹈火而不会被火烧伤；行走在险峻的万物之上，也不会感到战栗。请问至德的人是如何做到的呢?"列子是世外高人了，他还要向别人请教，由此可见这个关尹必然是得道高人了。

关尹回答道："至德的人之所以能够做到，这是由于能够恢复纯洁的自性本心，无有半点杂质罢了，无有半点私欲了，身体恢复并持守元气。这些和智巧、果敢根本没有什么关系，正所谓无欲则刚。"

关尹又说道："请坐下，我来告诉你详情。凡是有外在形迹的，能够听得见，能够看得见的，例如外貌、形象、声音和色相等，这些都可以称之为物。一物和一物，为何差异如此远呢!"知一物可以知万物，知一世可以知万世，知一心可以知万心。天地万物本来同为一体，此为大同，而不是差异。站在大心的角度，万物同为一体，是大同的。如果站在一物本身来看，以小心来看，就是千差万别的。这就是大同小异这个成语的来源。惠施有著名的合同异论说。

关尹又说道："什么先跑到眼前呢？只是色相而已。"王阳明有山中之花的公案。人不看花的时候，花归于寂静，心归于寂静。人看花的时候，花的颜色一下子鲜明起来。虽然花的色相先跑到眼前，但是花的实相在后头，不为人知。心与花的实相的共同作用，一瞬间产生了花的色相。用阳明心学来讲，意在于花，花即是一物。

关尹又说道：“万物由没有形体的大道所造化，形而上者谓之道，形而下者谓之器。万物属于器世界。前面有讲大风吹大树的公案，树欲静而风不止。心不进入静定，狂心不歇息，狂风不止。如果狂心止息了，就不再化育万物了。”万法唯心造，并非一句虚言。心和万物的实相作用的一瞬间而产生了万物。大风和大树万种孔窍的作用的一瞬间，而产生了万种声音。万种声音对应着万物。

关尹又说道：“对于得道而穷尽万事万物之理的人，也就是恢复自性本心，恢复良知的人，是不会止步于物的，是不会住心于物的。”正是由于不会止步于物，就不会被外物所伤害。对于吃货，就止步于美味，就被美食所伤害。止步于美色，就被美色所伤害。

关尹又说道：“怀道的人将处于身心所需要的限度内，不会过分地纵容自己的物欲。渴了就喝，饿了就吃，取之适度就可以了，不会过多地贪婪。”

关尹又说道：“而藏身于无始无终，无有起点终点的大道之乡。不会贪求华美的屋子，而是藏身于精神家园。”颜回藏身于大道，一箪食一瓢饮，身居陋巷。怀道的人不是刻意要藏，而是不为人所知。大道并不是刻意要藏，而是正法眼藏。

关尹又说道：“怀道的人安居大道之乡，并不会不理世事，不理会万物。佛法在世间，不离世间觉。逍遥游于造化之端，万物生成和消亡，都了然于心。”怀道的人对待万事万物，如同看电影一样，不会执着了。

关尹又说道：“怀道的人一心持守自性，安于喜怒哀乐未发之中。如果发出来，就是七情六欲了，就不是归一了。如果能够专一守中，就能够养天地浩然正气。集合积德于一身，使得富有盛德。如此就可以通天道，就可以通万物的造化了。”

关尹又说道：“果真能够如此，天性就能够持守保全，精神就不会有亏损，物欲如何侵入呢!”郤，通隙，间隙。所谓无间道，是没有物欲夹杂在其间，就没有什么间隙了。如果没有间隙，没有物欲夹杂，没有物欲的分隔，就是大心，不是小心了。

4. 开天之天

【原文】“夫醉者之坠车，虽疾不死。骨节与人同，而犯害与人异，其神全也。乘亦不知也，坠亦不知也，死生惊惧不入乎其胸中，是故迕物而不慴。彼得全于酒而犹若是，而况得全于天乎？圣人藏于天，故莫之能伤也。

复仇者不折镆干，虽有忮心者不怨飘瓦，是以天下平均。故无攻战之乱，无杀戮之刑者，由此道也。不开人之天，而开天之天。开天者德生，开人者贼生。不厌其天，不忽于人，民几乎以其真!”

【注释】关尹又说道：“醉酒的人从马车上衰落下来，虽然会受伤但是却不会死去。骨节结构与别人都是相通的，而摔伤的程度却与人不同，这是由于他保全精神的缘故。”熟睡的人从床上掉下来，道理也和这个相同。

关尹又说道：“醉酒的人完全不知道自己的状态，乘车不知道，摔下来也不知道，生死恐惧都不会入胸中，所以他遇见外物，不管是多么地凶险，都不会感到恐惧。”迕，遇到。慴，通慑，恐惧。

关尹又说道：“被酒保全的人尚且能够如此，而更何况是保全天性的人呢?”保全天性的人，泰山崩于前而色不变。

关尹又说道：“圣人藏神于天道，凝神聚气，聚气成精。精神不会执着于物欲，所以不会被外物所伤。”

关尹又说道：“复仇者虽然被干将、莫邪宝剑所伤，但是不会去折断它们。”镆干，干将、莫邪宝剑。圣人虽然有为做事，可是却如同干将、莫邪宝剑一样，只是除暴安良的利器罢了，不会被人记仇。王阳明先生虽然平乱剿匪，只是不得已而为之，不会被土匪所伤。他在给土匪的劝降信中，可以看出圣人的大爱之心。他说，假如一个父母有十个孩子，有两个孩子非得要杀害其他八个孩子。作为父母如何去做呢?只能是劝着两个孩子，如果冥顽不化，只好绳之以法了。然而父母不得已而为之，其中的滋味只有为人父母的才能知晓。

关尹又说道：“从屋顶飘落下来的瓦，不经意打到人头上。虽然是有很强嫉恨心的人，也不会有怨恨的。如此天下就太平了。”人人都是天生天杀而已，只有特别造恶者被天道所杀，不得不杀罢了。自作自受罢了，又有何面目去报仇呢?唐太宗曾经将一批秋后问斩的犯人放回家跟家人团聚，犯人都按时回来了。唐太宗深感犯人有悔改诚意，就全部赦免死罪了。

关尹又说道：“所以说，如此就无有攻占的混乱了，无杀戮的刑罚了，由此大道行于天下了。”

关尹又说道：“所以说不要打开人的物欲之门，打开了心智，而是打开天性之门。如果打开天性，恢复自性本心，盛德就会集聚而生；如果打开人的物欲之门，打开了智巧之门，人心就乱了。”

关尹又说道：“不厌恶天性和天理，不要觉得天性太过于纯净，没有一点物欲和享受，只是当苦行僧。不忽视于人欲，不要只管天理而一点人欲都不顾及。饿了吃饭，渴了喝水，困了睡觉，这些基本的人欲还是要兼顾的。如此百姓几乎就可以返璞归真了!”存天理，灭人欲，只可持中庸，不可偏颇了。

《道德经》中讲，圣人之治，虚其心、实其腹，弱其智、强其骨，常使民无知无欲。如果使得百姓跟醉酒似的保全天性，就能够返璞归真了。这并非古人的愚民政策，而是对百姓的大爱，让百姓虽然在车上，不知车在走，不知摔下车。

5. 痀偻承蜩

【原文】 仲尼适楚，出于林中，见痀偻者承蜩，犹掇之也。

仲尼曰："子巧乎！有道邪？"曰："我有道也。五六月累丸二而不坠，则失者锱铢；累三而不坠，则失者十一；累五而不坠，犹掇之也。吾处身也，若厥株拘；吾执臂也，若槁木之枝；虽天地之大，万物之多，而唯蜩翼之知。吾不反不侧，不以万物易蜩之翼，何为而不得！"孔子顾谓弟子曰："用志不分，乃凝于神，其痀偻丈人之谓乎！"

【注释】 孔子往楚国去，从林子里出来，见到一个驼背（痀偻）老人在用竹竿粘蝉（承蜩），就好像是用手去捡起来这么容易。

孔子问道："你真是灵巧啊！其中有什么门道吗？"在《论语》中也记载这个故事，但是描述跟庄子略有不同。

老人回答道："我有我的办法的。经过五六个月的练习，在竹竿上累加两个丸子不掉下来，则在粘蝉的时候，失误就会很少了。"锱铢，古代的重量单位，六铢为一锱，四锱为一两。这里用来形容很少。

老人又说道："在竹竿上累加三个丸子不掉下来，失误就更少了，十个蝉跑掉一个就不错了。如果累加五个丸子不掉下来，就可以做到像捡东西那样了。"

老人又说道："我立定身体，就好像是大树的根一样，牢牢地抓住地面。我用手臂执持竹竿，如同枯木的树枝。竹竿和手臂都是一体了，像长在大树上一样。"厥，竖立。株拘，树根。

老人又说道："虽然天地如此广大，万物如此众多，可是唯独知晓蝉的双翼了。"制心一处无事不办。一心于醉酒，摔下车尚且能够保全，更何况一心放在捕蝉呢。

老人又说道："我纹丝不动，意志不会有所改变。不会受万物的影响而转移注意力，专心于蝉的双翼，如此精神专注，何愁不能办到呢！"不仅仅是捕蝉如此，天下万事都如此，没有难事了。天下的事，最怕就是精深专一了。

孔子回头对弟子们说道："专心致志而不分神，凝神聚气，这就是在形容这位驼背老人吧！"

6. 金注者殙

【原文】颜渊问仲尼曰："吾尝济乎觞深之渊，津人操舟若神。吾问焉，曰：'操舟可学邪?'曰：'可。善游者数能。若乃夫没人，则未尝见舟而便操之也'。吾问焉而不吾告，敢问何谓也?"

仲尼曰："善游者数能，忘水也。若乃夫没人之未尝见舟而便操之也，彼视渊若陵，视舟之覆犹其车却也。覆却万方陈乎前而不得入其舍，恶往而不暇！以瓦注者巧，以钩注者惮，以黄金注者殙。其巧一也，而有所矜，则重外也。凡外重者内拙。"

【注释】颜回问孔子道："我曾经在宋国渡过一条深渊，名字叫觞深。摆渡人划船非常灵巧，技巧如神。我就问他：'划船的技巧可以学习吗?'他回答道：'可以。善于游泳的人，经过数次练习就会划船了。至于会潜水的人，虽然没曾见过船，可是却能一下子就会划船。'我问他为什么会这样，他却不告诉我原因，请问他说的话如何解释呢?"

孔子回答道："善于游泳的人，经过数次学习就能够划船，这是由于其忘记水会淹没人了。"已经能够忘记水的伤害了，能够制服水性了。如此在水中就不会有恐惧了。如同前面醉酒摔下车的人。

孔子又说道："至于潜水的人没有见过船，却能够一下就会划船。他看深渊如同丘陵，看翻船如同车往后倒退了一下，没有什么大不了。"

孔子又说道："千万种翻船、倒车的情景呈现在眼前，他都不为所动，不会入其心舍，不会扰乱其心。在水上做什么都得心应手，都可以闲适自得。"

孔子又说道："如果以瓦片当赌注，心计就灵巧；以带钩当赌注，心里就有所忌惮了；以黄金当赌注，心志就昏乱了。"殙，通昏，心志昏乱。孔子虽然没见过股票，但是估计拿起股票就会炒。会潜水的人虽然没见过船，但是一下子就会划船。

孔子又说道："赌博的人的心智都是一样灵巧的，而只是由于有所顾惜，对于瓦片不会顾忌，而对于黄金就很舍不得了，所以就心重在于外物了，不在心舍里了。"矜，顾惜。

孔子又说道："凡是心重在于外物的，内心就笨拙了。"在谈恋爱的时候，如果特别爱一个人，也许就会比较笨拙了。

7. 若牧羊然

【原文】田开之见周威公。威公曰：“吾闻祝肾学生，吾子与祝肾游，亦何闻焉？”田开之曰：“开之操拔篲以侍门庭，亦何闻于夫子！”威公曰：“田子无让，寡人愿闻之。”开之曰：“闻之夫子曰：‘善养生者，若牧羊然，视其后者而鞭之。’”威公曰：“何谓也？”

【注释】田开之拜见周威公（周桓公之子）。田开之是祝肾的弟子。

周威公问道：“听闻祝肾学习养生之道，你是祝肾的弟子，跟着他游学，有什么见闻呢？”

田开之回答道：“开之我只是拿着扫把，伺候门户，洒扫门庭罢了。怎么敢问先生之道呢！”拔篲，扫把。古人尊师重道，从师从洒扫门庭开始，如果这些都不愿意去做，如何见其求学的诚心呢？

威公说道：“你就不要太过于谦让了，寡人愿意听你说说。”

田开之说道：“曾经听闻先生如此说：‘善于养生的人，如同牧羊一样，看到落后的羊，就用鞭子抽打它。’”

威公问道：“为什么呢？”我们也许抱有同样的疑问，赶紧往下看吧。

8. 内外兼修

【原文】田开之曰：“鲁有单豹者，岩居而水饮，不与民共利，行年七十而犹有婴儿之色；不幸遇饿虎，饿虎杀而食之。有张毅者，高门县薄，无不趋也，行年四十而有内热之病以死。豹养其内而虎食其外，毅养其外而病攻其内，此二子者，皆不鞭其后者也”。

【注释】田开之回答道：“鲁国有一个名字叫单豹的隐士，在山洞岩石里居住，饮用山里的泉水，不与别人争利。到了七十岁的时候，还是犹如婴儿一样的气色。不幸遇见饥饿的老虎，被老虎杀死而吃掉了。”

田开之又说道：“鲁国有另外一个人名字叫张毅，不管是大户人家还是穷苦人家，都去拜见。不到四十岁，就因为内热之病而死去了。”高门，大户人家。县薄，悬挂薄的门帘的小户人家。内热之病，由于为名利而到处奔走，犯了心热之病。

田开之又说道：“单豹这个人讲究养生，只是注意养其内部，可是却被外部的老虎给吃了。张毅只是注意养其外，不分贫富贵贱都去拜见，可是内心却不能真正平和，内心是急功近利的，所以疾病攻入内部了。这两个人，都是由于没有用鞭子抽打落后的羊的缘故。”养生需要内外兼修，性命双修，否则就会被某一方面所拖累。只是修性不修命，虽然可以明心见性，可以有智慧，可是却不能打通经络，不能打通任督二脉，不能打通玄关，如此也是枉然。修性可以促进修命，修命可以促进修性，否则一方落后就会严重拖后腿了。如果仅仅只是对经典了如指掌，而不修炼命功，如此也枉然。

9. 无入而藏

【原文】仲尼曰：“无入而藏，无出而阳，柴立其中央。三者若得，其名必极。夫畏涂者，十杀一人，则父子兄弟相戒也，必盛卒徒而后敢出焉，不亦知乎？人之所取畏者，衽席之上，饮食之间，而不知为之戒者，过也。”

【注释】孔子说道：“不要入于室内而隐藏自己的恶行，不够慎独；不要出去外面而显示自己的善行；只需要像木头一样树立于两者中间，不偏不倚，不刻意去隐藏恶行，也不刻意去显示善行。假如能够做到这三点，养生就能够名副其实了。”

孔子又说道：“对于经过险峻道路，盗贼出没的地方，十个人有一个人会被杀害，则父子兄弟会互相提醒警戒，必须成群结队才敢出去，这样的做法不是很聪明吗？”

孔子又说道：“人真正应当畏惧的，是在卧席之上的纵欲，在饮食失去节制，放纵饮酒。而世人都不知道要引起警戒和重视，这是最大的过失啊。”衽席，卧席。

10. 为猪着想

【原文】祝宗人玄端以临牢筴，说彘曰：“汝奚恶死？吾将三月豢汝，十日戒，三日齐，藉白茅，如汝肩尻乎彫俎之上，则汝为之乎？”为彘谋，曰：“不如食以糠糟而错之牢？之中。”自为谋，则苟生有轩冕之尊，死得于腞楯之上，聚偻之中则为之。为彘谋则去之，自为谋则取之，所异彘者何也！

【注释】主持祭祀的官吏穿着礼服、戴着黑色的礼帽来到猪圈旁边。祝宗人，主持祭祀的官吏。玄端，黑色的礼帽。牢筴，猪圈。

他对猪（彘）说道：“你为什么会厌恶死去呢？我将要用很好的东西喂养你三个月时间，吃得白白胖胖的。为了用你祭祀，我还要让你持戒律十日，吃斋三日。”

他又说道：“我还要给你铺上白茅席子，然后，把你的肩胛和臀部放在雕刻美丽花纹的祭器上，你愿意这样吗？”尻，臀部。估计要放在白茅席子上，已经是弄熟了。

他站在猪的角度琢磨了一下，就自言自语说道：“与其吃那些好吃的东西，还是不如吃点糟糠算了。与其放在白茅席子上，还不如放在猪圈里。”

官吏为自己谋划，则希望自己活着的时候有显贵的地位；死了能装上绘有花纹的高贵的灵柩车，安放在棺材里，这样死了都愿意。轩冕，华贵的车子和礼貌，指显贵的地位。腞楯，纹饰的灵柩车。聚偻，棺材。

官吏为猪着想，却理智地去掉显贵，选择猪圈；可是为自己谋划的时候，就不假思索地选择了。究竟为何要选择与猪不同呢！官吏不知道自己的处境也是很危险的。

11. 桓公见鬼

【原文】 桓公田于泽，管仲御，见鬼焉。公抚管仲之手曰：“仲父何见？”对曰：“臣无所见。”公反，诶诒为病，数日不出。

齐士有皇子告敖者曰：“公则自伤，鬼恶能伤公！夫忿滀之气，散而不反，则为不足；上而不下，则使人善怒；下而不上，则使人善忘；不上不下，中身当心，则为病。”桓公曰：“然则有鬼乎？”曰：“有。沈有履，灶有髻。户内之烦壤，雷霆处之；东北方之下者，倍阿、鲑蠪跃之；西北方之下者，则泆阳处之。水有罔象，丘有峷，山有夔，野有彷徨，泽有委蛇。”公曰：“请问委蛇之状何如？”皇子曰：“委蛇，其大如毂，其长如辕，紫衣而朱冠。其为物也，恶闻雷车之声，则捧其首而立。见之者殆乎霸。”桓公辴然而笑曰：“此寡人之所见者也。”于是正衣冠与之坐，不终日而不知病之去也。

【注释】 齐桓公在草泽中打猎，管仲帮齐桓公驾车。管仲好像突然见到鬼怪了。齐桓公拉住管仲的手问道：“仲父你看到了什么呢？”（齐桓公称管仲为仲父）。管仲回答道：“臣下我没看到什么。”齐桓公回来以后，感觉到很疲惫困乏而生病了，接连数日都不出门。诶诒，疲惫困乏。

齐国有一位贤士，名字叫皇子告敖。他对齐桓公说道：“桓公自己伤害自己罢了，鬼怪如何能够伤得了你呢！胸气郁结，散发而不返回，则为气不足，就会造成萎靡不振和困乏。气上攻而不下，则使人容易发怒。气下通而不能上达，则使人善忘。气不上不下，淤积在心中，就会生病了。”忿滀，郁结。

齐桓公听了就问道：“然而世上真的有鬼吗？”

贤士回答道："有鬼的。水下污泥中有鬼，名字叫履。灶台有灶神，名字叫髻。门户内、庭院中堆积的粪堆，名字叫雷霆的鬼就住在那里了。"这位贤士一下子叫出这么多鬼的名字，估计会吓到齐桓公吧。

贤士又说道："在屋子里东北角的墙下，有两个鬼，一个名字叫倍阿，另外一个鬼叫鲑蠪，它们在跳跃。"

贤士又说道："在屋子里西北角的墙下，有一个鬼住在那里，名字叫泆阳。"不知道这个贤士葫芦里究竟卖的什么药，我们继续听他还讲些什么。

贤士又说道："水里有鬼怪，名字叫罔象。山丘里有鬼，名字叫峷。"前面讲完灶神，这里又讲水神和山神了。如此多的鬼神在我们的身边，平时都不怕，为何突然在野外看到就怕呢？这位贤士可谓是用心良苦。

贤士又说道："山里有木石怪兽，名字叫夔。野外有鬼，名字叫彷徨。草泽里有鬼，名字叫委蛇。"贤士绕了半天，终于讲到草泽中这个鬼了。

齐桓公听了，迫不及待地问道："请问委蛇这个鬼到底长得怎么样呢？"

贤士回答道："委蛇这个鬼，长得很大，大得像车轮那么大。长得也很长，就好像是车辕那么长。它还穿着紫色的衣服，头顶戴着红色的帽子。"

贤士又道："它作为怪物，最讨厌听到如雷的车声了，一听到就会捧着脑袋站着不动了。如果有谁看见它，恐怕就要成为霸主了。"

齐桓公听了，马上喜笑颜开了。他说道："这正是寡人所见到的鬼怪。"于是齐桓公就整理衣冠，跟贤士坐下谈话。不到一天的工夫，病就不知不觉不见踪迹了。可以说，贤士所用的中医医术属于十三科的祝由术。在明代中医大师张景岳的医书中，详细记载了祝由术。

如果气机不畅通，上下乱串，就会生病了；养生贵在于保全天性，凝神聚气，气定神闲。前面说醉酒掉下车的人，受伤不是很严重。齐桓公正是由于不能使得精神安定，所以生病了。

12. 呆若木鸡

【原文】纪渻子为王养斗鸡。十日而问："鸡已乎？"曰："未也，方虚骄而恃气。"十日又问，曰："未也，犹应向景。"十日又问，曰："未也，犹疾视而盛气。"十日又问，曰："几矣。鸡虽有鸣者，已无变矣。望之似木鸡矣，其德全矣。异鸡无敢应者，反走矣。"

【注释】纪渻子为周宣王养斗鸡。据传，周宣王爱好斗鸡。古代君王有什么爱好的都有，明代有的皇帝喜欢做木工，春秋战国卫国有个君主爱好养鹤。

十天以后周宣王问他道："鸡可以斗了吗？"

他回答道："不可以的，正在虚浮，骄傲，自恃其能呢。"

又过了十天，周宣王又问，他回答道："还是不可以。还是一听到有别的鸡的声响，一看到有别的鸡的身影，就马上响应，马上进入战斗状态。"这样还是不行的。鸡不能处于喜怒哀乐未发之中，不能气定神闲。向，通响。景，通影。

又过了十天，周宣王又问，他回答道："还是不可以，还能够看到它顾看迅疾，左右很警觉地摆头观看，看有无别的斗鸡出现。还能够看到盛气凌人的样子。"不对，这里应该叫盛气凌鸡。

又过了十天，周宣王又问，他回答道："差不多可以了。虽然有别的斗鸡鸣叫想要跟它决斗，但是神情似乎没有任何变化。仔细观望它的样子，就好像是木鸡一样。由此可见，它的德性已经保全了，凝神聚气了。别的鸡根本不敢跟它应战，一看到扭头就走了。"

13. 观于吕梁

【原文】孔子观于吕梁，县水三十仞，流沫四十里，鼋鼍鱼鳖之所不能游也。见一丈夫游之，以为有苦而欲死也，使弟子并流而拯之。数百步而出，被发行歌而游于塘下。孔子从而问焉，曰："吾以子为鬼，察子则人也。请问，'蹈水有道乎'"曰："亡，吾无道。吾始乎故，长乎性，成乎命。与齐俱入，与汩偕出，从水之道而不为私焉。此吾所以蹈之也。"孔子曰："何谓始乎故，长乎性，成乎命？"曰："吾生于陵而安于陵，故也；长于水而安于水，性也；不知吾所以然而然，命也。"

【注释】孔子在吕梁这个地方观赏游玩。吕梁，现在江苏徐州附近。

有一个大瀑布非常壮观，从三十仞高的地方悬挂下来，如此高的地方飞流直下，激流产生的浪花飞溅到了四十里开外的地方。鼋（鳖的一种）鼍（鳄鱼的一种）鱼鳖都不能在水里游了。

看到一个壮年男子在游泳，以为是遇见什么痛苦的事情，所以寻死。孔子赶紧命弟子顺流而去拯救他。

壮年男子游了数百步远，这才浮出水面，披头散发地边游边唱歌。游到了岸边了。

孔子于是就上前去问他道："我还以为你是鬼呢，可是仔细观察一下，你的确是人。请问，你游泳有无门道呢？"

壮年男子回答道："没有，我什么门道的。我只是开始于我的本然罢了，婴儿在娘胎中，本来就有胎水。婴儿一出生就会游泳，这就是本然。只是由于我们长大了，习惯于空气中，陆地上的生活，所以忘却了罢了。如同邯郸学步，连故国的步法都忘却了。我只是没有忘却故国的步法罢了，在水中如履平地。婴儿忘却娘胎，就如同鱼儿相忘于江湖。顺着水性，就能够让我的游泳技巧有所进步。顺天命而为，顺水性而为，就能够成就了。”每个人的故国是自性本心，不能忘却。大禹治水，也是要顺着水性。如果按照他父亲的治水方法，也许永远都无法治理成功的。治水方法，堵不如疏。治心方法，也须顺着心性。心性如同牛脾气，硬按着牛喝水，是无法办到的。

他又说道：“与水流的漩涡一起潜入水中，与上涌的激流一起浮出水面。顺着水性而游罢了，人与水一体了。只是顺着水性罢了，不私自人为改变什么。这就是为什么我能够在水中游泳的缘故。”齐，肚脐。水的漩涡如同肚脐。汩，涌出的激流。

孔子问道：“什么是始乎故，长乎性，成乎命？”前面我们已经解释了一下，孔子这里再帮我们问问。

壮年男子回答道：“我原本生于山陵而安于山陵，这就是故。生长在自己的故乡就安于故乡，不要去邯郸学步法。生长在娘胎，就安于娘胎，不要忘却娘胎。生长在自性本心，就安于自性本心，不要忘却固有良知。长于水中，就要安于水中，这就是性。前面讲生，这里讲长。人生于娘胎，是在水中；长于陆地，在空气中。如果学习到了不知为什么就能够完成了，这就是命了。”我们敲打键盘，忘却是怎么打的了，这就是命了。

14. 鬼斧神工

【原文】梓庆削木为鐻，鐻成，见者惊犹鬼神。鲁侯见而问焉，曰：“子何术以为焉？”对曰：“臣工人，何术之有？虽然，有一焉。臣将为鐻，未尝敢以耗气也，必齐以静心。齐三日，而不敢怀庆赏爵禄；齐五日，不敢怀非誉巧拙；齐七日，辄然忘吾有四枝形体也。当是时也，无公朝，其巧专而外骨消。然后入山林，观天性，形躯至矣，然后成见鐻），然后加手焉；不然则已，则以天合天，器之所以疑神者，其是与！”

【注释】梓庆是鲁国的木匠，削木做成悬挂钟磬的木架（鐻），当木架做成的时候，见到的人感叹鬼斧神工。

鲁侯见到了，就问道：“你有何技术能够做得如此精巧呢？”

他回答道：“臣下只是做工的工匠罢了，如何敢谈技术呢？虽然我这么说，可是还是有一样门道在里面的。”

他又说道：“臣下将要制作木架的时候，不敢轻易消耗我的气血，必然要斋戒以静心。”

他又说道：“斋戒三日，就不敢怀有获得庆贺、奖赏、爵位和俸禄的想法了。斋戒五日，就不敢怀有获得名誉还是毁誉，做工精巧还是笨拙的想法了，已经无有分别心了。斋戒七日，寂静不动，忘却我还有四肢和形体了。”辄然，寂静不动的样子。

他又说道：“到这个时候，已经忘却来自朝廷的压力了，智巧能够专一而不会受到外来事物的影响了，一切都消释了。”

他又说道：“然后就进入山林中，观察树木的天性，挑选形体合适的木头。然后似乎已经做好的木架呈现在面前了，就按照这个样子着手开始加工。”

他又说道：“假如不能做到这样，就不会开始动手的。以自我的天性、树木的天性都赋予到作品当中，所做的器物就会很传神了，也就是这个门道吧！”人写字也是把自我天性赋予在字当中，所以说字如其人。物理学之中所有的物理量都含有自我天性在其中，比如长度、时间、速度和质量等，都含有观察者的信息。

15. 力竭必败

【原文】东野稷以御见庄公，进退中绳，左右旋中规。庄公以为文弗过也，使之钩百而反。颜阖遇之，入见曰：“稷之马将败。”公密而不应。少焉，果败而反。公曰：“子何以知之？”曰“其马力竭矣，而犹求焉，故曰败。”

【注释】东野稷很擅长驾车，因此他有机会见到鲁庄公。他驾车技巧非常娴熟，进退如同墨绳一样直，左右旋转如同用圆规画的那样圆。

庄公以为即使造父再世也不过如此了，让他驾车绕一百个圈子而返回。造父为上古善于驾车的人。

颜阖为鲁国的贤人，看了以后，就进去拜见鲁庄公，说道：“东野稷马车表演将要失败了。”

鲁庄公听了以后默不作声。过了一会，果然失败而回。

鲁庄公感到好奇，就问颜阖道：“你如何能够知道的呢？”

颜阖回答道：“这是由于马力已经竭尽了，而还要去强行驱赶马，所以必败了。”即使再娴熟的驾车技术，如果超负荷运行，也会失败了。人的精力如果竭尽了，再大的宏图伟业也都会失败了。前面有个养生高人曾经讲过，要驱赶落后的羊。驾车技术不落后，而马的精力落后了，就会失败了。

16. 知忘是非

【原文】工倕旋而盖规矩，指与物化而不以心稽，故其灵台一而不桎。忘足，屦之适也；忘要，带之适也；知忘是非，心之适也；不内变，不外从，事会之适也。始乎适而未尝不适者，忘适之适也。

【注释】工倕旋而盖规矩。工倕这个人为古代能工巧匠，他徒手所画，都能够和规矩所画分文不差。

指与物化而不以心稽，他的手指已经与外物合一了，不假思索就能够画出来了。武林高手不仅仅手中无剑，心中也无剑了。

故其灵台一而不桎。所以他的心灵专一而不受任何桎梏，没有任何的束缚。

忘足，屦之适也。如果能够忘掉脚，穿鞋子就会感到特别的舒适。

忘要，带之适也。如果能够忘掉腰，系腰带就会感到特别的舒适。对于恋爱的人，如果能够忘掉恋爱对象，就会感到特别游刃有余。如果把对方看得太重，就会很笨拙了。前面孔子讲过，用瓦片当赌注就很轻巧；用带钩当赌注就心有余悸了；用黄金当赌注，就心智昏聩了。

知忘是非，心之适也。如果良知能够忘却是非，心就无比舒适了。忘却是非，就进入静定了，进入喜怒哀乐未发之中了。

不内变，不外从，事会之适也。如果内心守中不变，一直处于未发之中，处于静定，不受外在事物的影响，遇事就会特别舒适了。物来则应物去不留罢了。

始乎适而未尝不适者，忘适之适也。其实我们的自性本心一开始本来就是无比舒适的，未尝有什么不舒适。如此已经忘却刻意追求舒适，这才是真正的舒适。

17. 事君不遇世

【原文】有孙休者，踵门而诧子扁庆子曰："休居乡不见谓不修，临难不见谓不勇；然而田原不遇岁，事君不遇世，宾于乡里，逐于州部，则胡罪乎天哉？休恶遇此命也？"

【注释】鲁国有一个名字叫孙休的人，他走到扁庆子门前告诉他说道："孙休我闲居乡里的时候，没有人说我没有修养；遇见危难的时候，没有人说我不勇敢的。”

他又说道：“然而我在田园耕种却不从来没有遇见丰收之年，侍奉君主却不能遇见圣明的世代。”他似乎抱怨自己怀才不遇。

他又说道：“不仅仅被乡里的人所排挤，还被州邑的官吏所驱逐。我是否有什么地方得罪了上天了？让孙休我遇见如此的命运呢？”

18. 若揭日月

【原文】扁子曰：“子独不闻夫至人之自行邪？忘其肝胆，遗其耳目，芒然彷徨乎尘垢之外，逍遥乎无事之业，是谓为而不恃，长而不宰。今汝饰知以惊愚，修身以明污，昭昭乎若揭日月而行也。汝得全而形躯，具而九窍，无中道夭于聋盲跛蹇而比于人数，亦幸矣，又何暇乎天之怨哉！子往矣！”

【注释】扁子听了就回答道：“你难道没有听闻过至德的人如何自我修行吗？”至人为至德的人，怀道的人。

扁子又说道：“怀道的人忘却肝胆，忘却这个形体；遗忘耳目，不会被五官所牵引。”前面讲，忘掉脚，穿鞋子就特别舒适；忘掉腰，系腰带就特别舒适。这里是忘却这个形体，就会身心舒适了。如果能够遗忘耳目五官，就会归于心，归于君主之官。如果被五官所牵引，心就不会居于君主之位了。

扁子又说道：“无知无识的样子，很放松舒适的样子，已经出离了尘世之外了。”芒然，无知无识的样子。如果能够忘却是非，就能够无是无非，无知无识了。

扁子又说道：“逍遥游于大道之乡，已经无所事事了，无为而治了。”意在于孝顺，孝顺就是一物。如果心不动，就无所事事了。

扁子又说道：“这样就叫有所作为而不会自恃其能，虽然长育万物可是却不居于主宰之位。”一物必有一理，一物是自己的主宰，并无一个神在主宰。扁子如此说，你有如此的境遇，必定有你自己不对的地方；你是自己的主宰，而不要怨天尤人。

扁子又说道：“现在你故意粉饰自己的智慧而惊吓别人的愚昧。修身自好而显明别人的污秽。明亮的样子，如同举着日月而行走。”不能像怀道的人那样和光同尘，如此是很难处于世上的。

扁子又说道：“你能够保全自己的形体，保全这个躯壳，具备你的九窍。没有在人生的道路上遭遇不幸，没有耳聋、目盲、跛足，而列于常人的行列之中，已经特别地幸运了。你还有什么闲暇去怨恨上天呢！你走吧！”

19. 非不惑是

【原文】孙子出，扁子入，坐有间，仰天而叹。弟子问曰："先生何为叹乎？"扁子曰："向者休来，吾告之以至人之德，吾恐其惊而遂至于惑也。"弟子曰："不然。孙子之所言是邪？先生之所言非邪？非固不能惑是。孙子所言非邪？先生所言是邪？彼固惑而来矣，又奚罪焉！"

【注释】孙休走出门去，扁子就进入室内，坐了一会，仰天长叹。不知扁子为何如此叹气呢？弟子会帮我们问的。

弟子问道："先生为何如此感叹呢？"

扁子回答道："刚才孙休过来，我告诉他至人的德性，我恐怕他会感到震惊而迷惑不解，担心他误入歧途了。"

弟子又说道："先生不必因此而忧虑。孙休所言对吗？先生之言有不对吗？即使你讲得不对，不对的东西必然不能迷惑正确的。"如果孙休的是正确的，扁子的是错误的，错误的无法迷惑正确的。

弟子又说道："孙休所说的是错的吗？先生所说的是对的吗？他正是因为带着迷惑而来请教先生的，现在即使迷惑了，又有什么罪过呢！"如果已经见道，已经明心见性了，就会有什么迷惑了。

20. 开窍极小

【原文】扁子曰："不然。昔者有鸟止于鲁郊，鲁君说之，为具太牢以飨之，奏九韶以乐之，鸟乃始忧悲眩视，不敢饮食。此之谓以己养养鸟也。若夫以鸟养养鸟者，宜栖之深林，浮之江湖，食之以委蛇，则安平陆而已矣。今休，款启寡闻之民也，吾告以至人之德，譬之若载鼷以车马，乐鴳以钟鼓也。彼又恶能无惊乎哉！"

【注释】扁子听了弟子的话，说道："你所说的不对的。昔日有只海鸟停在鲁国的郊外，鲁候很喜欢它，所以用太牢的美味供养它，演奏《九韶》这样雅正的音乐给它听。"

扁子又说道："海鸟感到很忧虑和悲伤，眼睛都花了，不敢喝东西，也不敢吃东西。"

扁子又说道："这叫以养自己的方式来养鸟罢了。如果以养鸟的方式养鸟，顺着鸟的天性来养。就会让鸟栖息在深山密林之中，浮游于江湖之中。让它在吃泥鳅之类的食物，把它放回田野而已。”

扁子又说道：“现在的孙休，属于开窍很小而孤陋寡闻的人。”款启，开窍很小，根器很小的人。大根器的人很有悟性。古人讲六根清净。六根如同六个城门。每个人的六根都是一样大的，都是畅通无阻的。只是由于被物欲堵塞住了，所以就变小了。城门堵住许多货物，就不能畅通了，称之为小；六根被物欲所遮蔽了，开窍就小了。佛家讲都摄六根，制心一处无事不办。心可以自由控制六根的开关；君主可以自由控制城门的开关。佛家讲有漏，无漏。如果有物欲从六根漏进来，就是有漏，就会污染本心。如果有外邪进入城门，就会伤害君主。

扁子又说道：“现在我告诉他至人的德性，就好像是用车马拉小老鼠。用钟鼓之乐给小鸟听一样。他如何能够不感到震惊呢!”鼷，小老鼠。鴳，小鸟。如果根器太小，如同小花小草，大的法雨降落下来，根本就接受不了，东倒西歪了。所以讲道是要看因缘的。

第十三章　山　　木

1. 养形存生

【原文】 庄子行于山中，见大木枝叶盛茂，伐木者止其旁而不取也。问其故，曰："无所可用。"庄子曰："此木以不材得终其天年。"

【注释】 庄子在山中行走，见到一棵大树，枝叶繁茂。伐木的人纷纷在大树旁停步观望，都没有想去砍伐。

庄子就问伐木的人为何不去砍伐。伐木人回答道："没有什么用处的。"

庄子说道："这棵大树正是由于没有用处，不能具备好木的材质，所以能够享尽天年。"

2. 杀不鸣者

【原文】 夫子出于山，舍于故人之家。故人喜，命竖子杀雁而烹之。竖子请曰："其一能鸣，其一不能鸣，请奚杀?"主人曰："杀不能鸣者。"

【注释】 庄子走出山，在朋友家中休息。朋友见到庄子很欢喜，就让童仆杀鹅而烹煮，款待庄子。

童仆问道："有一只鹅鸣叫，另外一只鹅不鸣叫，请问杀哪一只好呢?"

主人回答道："杀那只不鸣叫的鹅。"为什么主人会这么说呢?

3. 道德之乡

【原文】 明日，弟子问于庄子曰："昨日山中之木，以不材得终其天年；今主人之雁，以不材死。先生将何处?"庄子笑曰："周将处乎材与不材之间。材与不材之间，似之而非也，故未免乎累。若夫乘道德而浮游则不然，无誉无訾，一龙一蛇，与时俱化，而无肯专为；一上一下，以和为量，浮游乎万物之祖，物物而不物于物，则胡可得而累邪！此神农、黄帝之法则也。若夫万物之情，人伦之传，则不然。合则离，成则毁；廉则挫，尊则议，有为则亏，贤则谋，不肖则欺。胡可得而必乎哉！悲夫！弟子志之，其唯道德之乡乎！”

【注释】第二天，弟子问庄子道：“昨天山里的大树，因为不能成为良材而能够享尽天年。今天主人的鹅，却因为不能鸣叫就死去了，也是由于不材而死去的。先生假如说是你，你会选择不材呢，还是有材呢?”

庄子笑着回答道：“庄周我啊，将处于材和不材之间。”看来庄子太狡猾了，如此回答。我们赶紧听听他有何高论。

庄子又说道：“处于材和不材之间，似乎符合于大道，实则并非符合的，所以还未免会受到牵累。”不能执着于左，不能执着于右，也不能执着于中。不能执着于长线，不能执着于短线，也不能执着于中线。

庄子又说道：“如果能够顺应大道而逍遥浮游于道德之乡则不然。已经无有赞誉，也无有诋毁（訾）。时而如同龙一样，时而如同蛇一样，时隐时现，变化莫测。世人呼之以牛，以牛应之。呼之以马，以马应之。不会专门执着，自恃其为。”

庄子又说道：“得道的人如同龙，时隐时现，一上一下。上则通达于道，下则通达于器世界。上则出世，下则入世。上则为龙，下则化为蛇。以和顺天地万物为准则，和光同尘，游于天地万物之间。逍遥游于万物未生之前。主宰万物而不被外物所奴役，则如何会受外物所系累呢!”

庄子又说道：“这是神农氏、黄帝的法则。”两位圣人都为得道的高人。神农氏留下《本草经》，而黄帝留下《黄帝内经》。

庄子又说道：“对于万物之情，人情变化就不是如此了。”人的自性本心是不被外物所牵累的，可是本心分出七情六欲，就有变化了。

庄子又说道：“万物的实情是如何的呢？有会合，就有分离。天下没有不散的筵席。合久必分，分久必合。社稷也是如此。有成功就会有毁败。”今天不材的，明天也许就是材，就有了祸害。

庄子又说道：“太过于廉洁的，就会遭受挫折。太过于有棱角的，就会被挫掉了。处于尊贵的高位，必然会被人非议。处于上位的人，必然会被人所非议。”

庄子又说道：“如果刻意有为，则必然会遭受亏损。”对于炒股而言，如果刻意有为频繁操作，必然遭受不必要的损失。需要无为而治。短线频繁操作，九死一生。

庄子又说道：“如果贤德，就会遭人谋算。”岳飞贤德，所以被秦桧谋算。

贤德如同大树，是栋梁之材，必然会容易遭人嫉妒。

庄子又说道："如果不够贤德就会被人欺凌。"所以不管是贤德还是不贤德，都不好。不管是有材，还是不材，也都不好，处于中间也不见得好到哪里去。

庄子又说道："如何能够免于祸患呢！真是可悲啊！弟子请务必记住，只有道德之乡才能免于忧患啊！"处于材和不材之间并不会免于忧患。

4. 皮为之灾

【原文】市南宜僚见鲁侯，鲁侯有忧色。市南子曰："君有忧色，何也？"鲁侯曰："吾学先王之道，修先君之业；吾敬鬼尊贤，亲而行之，无须臾离居；然不免于患，吾是以忧。"

市南子曰："君之除患之术浅矣！夫丰狐文豹，栖于山林，伏于岩穴，静也；夜行昼居，戒也；虽饥渴隐约，犹且胥疏于江湖之上而求食焉，定也；然且不免于罔罗机辟之患。是何罪之有哉？其皮为之灾也。今鲁国独非君之皮邪？吾愿君刳形去皮，洒心去欲，而游于无人之野。南越有邑焉，名为建德之国。其民愚而朴，少私而寡欲；知作而不知藏，与而不求其报；不知义之所适，不知礼之所将；猖狂妄行，乃蹈乎大方；其生可乐，其死可葬。吾愿君去国捐俗，与道相辅而行。"

君曰："彼其道远而险，又有江山，我无舟车，奈何？"市南子曰："君无形倨，无留居，以为君车。"君曰："彼其道幽远而无人，吾谁与为邻？吾无粮，我无食，安得而至焉？"

【注释】居住在市南名字叫宜僚的人拜见鲁侯。看到鲁侯面有忧色。南子问道："君主为何面带忧色呢？"

鲁侯回答道："我虽然学习效法先王之道，继续先君主的遗命。我敬鬼神而尊重贤德的人才，亲力亲为，一点功夫都不敢耽搁怠慢。然而，却不能免于忧患，所以我就感到忧虑了。"

南子说道："君主你消除忧患的方法太过于浅陋了！"听听他有何高见。

南子又说道："丰美的狐狸，有文采的豹子，虽然栖息于山林之中，隐藏于岩石洞穴之中，不敢轻举妄动，能够处于静定。白天隐藏起来不动，夜晚出来活动，这是持戒。虽然饥渴困乏（隐约），但还是远（胥疏）去江湖之上去求食，这是定。然而，却不免于被捕捉鸟兽的机械（罔罗机辟）所伤害。它们又有什么罪过呢？是由于身上的皮所带来的灾难的。"

南子又说道："现在鲁国难道不就相当于君主你美丽而珍贵的皮毛吗？我

愿意帮君主你刮形去掉皮毛，洗心而去除物欲，而逍遥游于无人的大道之乡野。”前面讲道德之乡无有忧患。

南子又说道：“遥远的南方有个城镇，名字叫建德之国。国内的百姓愚钝而纯朴，少有私心而清心寡欲。光知道劳作而不知收藏，光知道给予而不知道回报。不知怎么样做才能符合义，不知道怎么样做才符合礼。虽然随心所欲，任意而行，却能够行走于大方之道。生的时候过得快乐，而死后有安定的地方安葬。生死都有安身之所。我但愿君主你去除你的国家，如同去除毛皮，捐弃世间俗务，与大道相依而行。”

鲁侯听了就问道：“怎奈何那个地方太过于遥远，路途艰险，又有江河、大山阻隔，我没有船和车，如何去得了呢？”

南子回答道：“君主你只要形态不傲慢，对外物没有留滞，不会留恋于物欲的居所，就可以走动起来了，这就为君主你准备好车了。”佛陀带着僧团在河边走的时候，看到河中漂浮着一些东西。他给弟子们说法，假如这些东西在中间不被绿洲搁浅，不被人捡起，总有一天会流到大海的。

鲁侯又问道：“你所说的那个地方幽深而远，我到了那里和谁当邻居呢？我没有粮食吃，又怎么能够到那里呢？”大道幽深而远，似乎极其遥远，但是大道丝毫不离我们左右。得道的资粮是什么呢？

5. 虚船无害

【原文】市南子曰：“少君之费，寡君之欲，虽无粮而乃足。君其涉于江而浮于海，望之而不见其崖，愈往而不知其所穷。送君者皆自崖而反，君自此远矣！故有人者累，见有于人者忧。故尧非有人，非见有于人也。吾愿去君之累，除君之忧，而独与道游于大莫之国。方舟而济于河，有虚船来触舟，虽有惼心之人不怒，有一人在其上，则呼张歙之，一呼而不闻，再呼而不闻，于是三呼邪，则必以恶声随之。向也不怒而今也怒，向也虚而今也实。人能虚己以游世，其孰能害之！”

【注释】南子说道：“减少君主你的费用，君主你清心寡欲，虽然没有粮食而已经有足够的资粮了。”在上位的人清心寡欲，下位必定效法，百姓就不会税负太重。清心寡欲就是修道的资粮。

南子又说道：“君主你涉江而过海，虽然远望，可是看不见对岸。越往前走，越不知道哪里是穷尽，哪里是尽头。送别君主的人从岸边返回，君主你从此就远在大道上了！”求道实则莫向外求，并不是走得越远就知道得越多。足不出户，可知天下事。只需要反求诸己，自性本心就是道。佛家说从此岸渡到彼岸。如果能够顿悟而得道，当下即到彼岸。

南子又说道："所以说，有国的人为国所累，有国就有人，有人的人为人所牵累。被人役使的人，就有忧虑了。"

南子又说道："所以说，尧没有国家之累，把帝位禅让给了舜；尧帝不轻易使用民力，所以百姓似乎感觉不到帝王的存在。"尧帝的时候，有一位老人唱道，帝力于我何加焉。在老人看来，他日出而作，日落而息，幸福的日子只是自己劳作所得，并非帝王所给。

南子又说道："我愿意去除君主你的牵累，去除君主你的忧患，而独自与大道逍遥游于广大的国度。"大莫之国实则是道德之乡。

南子又说道："一条船刚要渡河，另外有一条空船撞上了。虽然有急性子的人（惼心之人）在船上，但是也不会感觉愤怒。"因为对面来的是空船，没有人如何能够动怒呢？

南子又说道："假如空船上有一个人，则急性子的人就会喊赶紧撑开，赶紧收拢靠岸（歙）。如果一次喊叫对方听不见，第二次喊叫再听不见，第三次再喊，必然会恶语相向了。"

南子又说道："之前不会动怒而现在动怒，之前是空船无人，而现在实船有人。人如果能够如同空船一样，把自己空虚以逍遥游于世上，又有谁能够加害呢！"

6. 毫毛不挫

【原文】北宫奢为卫灵公赋敛以为钟，为坛乎郭门之外，三月而成上下之县。王子庆忌见而问焉，曰："子何术之设？"

奢曰："一之间，无敢设也。奢闻之，'既雕既琢，复归于朴'，侗乎其无识，傥乎其怠疑；萃乎芒乎，其送往而迎来；来者勿禁，往者勿止；从其强梁。随其曲傅，因其自穷，故朝夕赋敛而毫毛不挫，而况有大涂者乎！"

【注释】北宫奢帮卫灵公敛百姓之财，制作编钟。他在城门外筑坛祭祀，因为在制作编钟之前必须要先祭祀。三个月后，就建成了上下两层钟架。

王子庆忌（吴王僚的儿子）见到就问道："你有何法术设坛呢？"

北宫奢回答道："一心只是在于编钟之间，不再另外有什么设的。我听闻一句话：'雕琢已经失去本性了，复原就会归于本性，归于纯朴了'"。

北宫奢又说道："我铸造编钟，无知无识，不会想着有什么功劳，只是一心在编钟上；"侗，无知无识的样子。

北宫奢又说道："似乎无心样子，似乎很懈怠无所事事，似乎有疑问犹豫不决，不知道去做什么。”侻，无心的样子。铸造编钟无为而治。

北宫奢又说道：“来捐献铸造编钟的人很多，迎来送往，无法辨认是谁捐献的，谁捐献了多少。”萃，聚集，形容人多。芒，茫然，无法辨认。

北宫奢又说道：“爱来就来，来的人不会禁止；爱走就走，走的人也不会阻止。”

北宫奢又说道：“强横不讲理的，也自随其便，只是让来者尽力而为，而不会令其不堪重负。”

北宫奢又说道：“所以虽然早晚不断地募捐和敛财，而丝毫都不会挫伤募捐的人们，而更何况是怀有大道者办事呢!”怀有大道的人办事，百姓乐推而不会厌烦。虽然在上位，可是百姓不会以之为重。

7. 燕子之道

【原文】孔子围于陈蔡之间，七日不火食。大公任往吊之曰：“子几死乎?”曰：“然”。“子恶死乎?”曰：“然。”任曰：“予尝言不死之道。东海有鸟焉，其名曰意怠。其为鸟也，翂翂翐翐，而似无能；引援而飞，迫胁而栖，进不敢为前，退不敢为后；食不敢先尝，必取其绪。是故其行列不斥，而外人卒不得害，是以免于患。直木先伐，甘井先竭。子其意者饰知以惊愚，修身以明污，昭昭乎若揭日月而行，故不免也。昔吾闻之大成之人曰：‘自伐者无功，功成者堕，名成者亏。’孰能去功与名而还与众人!道流而不明居，得行而不名处；纯纯常常，乃比于狂；削迹捐势，不为功名。是故无责于人，人亦无责焉。至人不闻，子何喜哉?”

孔子曰：“善哉!”辞其交游，去其弟子，逃于大泽；衣裘褐，食杼栗；入兽不乱群，入鸟不乱行。鸟兽不恶，而况人乎!

【注释】孔子被围困于陈蔡之间，在陈国和蔡国之间，七天都不能生火吃饭。大公任这个人前往慰问孔子，他问道：“你是不是几乎要饿死了?处境如此凶险，处于死地了。”

孔子回答道：“是的。”大公任又问道：“你厌恶死去吗?”孔子回答道：“是的。”

大公任又说道：“我尝试给你讲讲不死之道。东海有一种鸟，名字叫意怠，也就是燕子。燕子这种鸟，飞起来特别迟缓，似乎不能高飞的样子（翂翂翐翐）。飞得很慢，似乎不能飞翔。”

大公任又说道：“起飞必然会援引别的燕子一起同伴而飞；停下来不敢单独栖息，必然挤在一堆燕子中，胁部互相都碰到一起了。”虽然处于南方，经常家中有燕子窝，却从未观察如此仔细。

大公任又说道：“燕子飞行的时候，进不敢飞到最前面，退却不敢处于最后。”世人为了名利争先恐后，燕子却如同怀道的高人，不敢为天下先。

大公任又说道：“燕子吃东西的时候，不敢先尝，必然会取其他鸟儿吃剩下的食物。”

大公任又说道：“所以燕子在行列之中不会互相排斥，爱集体行动，而外人终究不能伤害燕子，所以就免于忧患了。”燕子不爱显露自己的才能，所以能够免于祸患。如果像孔子这样，太过于锋芒毕露，就会危险了。

大公任又说道：“所以说，笔直的树木必然会先遭受砍伐，前面所说的无用的大树却能够享尽天年。一口井如果有甘甜的井水，必然会先枯竭。”木秀于林，风必摧之。

大公任又说道：“你或许卖弄聪明，粉饰自己的智巧而惊吓愚钝的人；刻意修身自好而显示别人的污浊；似乎明亮的样子，就好像是举着日月而行走。所以不能免于忧患的。”

大公任又说道：“昔日我曾经从修道有大成的人那里听说过一句话：‘爱自夸的人无功劳；功成而不知道隐退的人，必然会遭受毁败；声名显赫的人，如果不能身退，必然会遭受损伤。’”《道德经》中讲，自见者不明，自是者不彰，自伐者无功，自矜者不长。

大公任又说道：“又有谁能够去除功名而返回到众人当中呢！如同燕子那样，不敢为天下先。”范蠡在功成名就之后，能够隐退，是真丈夫！

大公任又说道：“大道流布，无处不在，可是不会明白显示自己的存在。虽然在万物之中都存在大道的形迹，可是大道却不自居。圣人富有盛德，行于天下，可是却不以仁德自居。”

大公任又说道：“圣人心地纯真，一切似乎平平常常，所谓平常心是道。然而，却被世人误以为狂人。”王阳明先生一开始出来弘扬心学，被世人排挤。

大公任又说道：“削除自己的形迹，不想被人所知，不求闻达于诸侯。捐弃所有的权势，不被权势所系累。圣人不为功名。”

大公任又说道：“所以说，不会责求于他人，他人也不会责求于自己。至德的人不求闻达，而你为何却以闻达为喜呢?”《道德经》中讲，是以圣人执左契，而不责于人。

孔子回答道：“善哉!”孔子对大公任所说的这番话非常的赞许。于是孔子就辞去故交好友，离开弟子们，逃避于山泽旷野之中。穿着粗衣，靠采食橡子（杼）和板栗充饥。孔子走入野兽群中，野兽不乱，不会受到惊吓。走入鸟群中，鸟群的行列不会散乱。鸟兽不会厌恶，更何况是人呢!

8. 以天属也

【原文】孔子问子桑雽曰：“吾再逐于鲁，伐树于宋，削迹于卫，穷于商周，围于陈蔡之间。吾犯此数患，亲交益疏，徒友益散，何与？”

子桑雽曰：“子独不闻假人之亡与？林回弃千金之璧，负赤子而趋。或曰：‘为其布与？赤子之布寡矣；为其累与？赤子之累多矣。弃千金之璧，负赤子而趋，何也？’林回曰：‘彼以利合，此以天属也。’夫以利合者，迫穷祸患害相弃也。以天属者，迫穷祸患害相收也。夫相收之与相弃亦远矣。且君子之交淡若水，小人之交甘若醴；君子淡以亲，小人甘以绝。彼无故以合者，则无故以离。”孔子曰：“敬闻命矣！”徐行翔佯而归，绝学捐书，弟子无挹于前，其爱益加进。

异日，桑雽又曰：“舜之将死，真泠禹曰：‘汝戒之哉！形莫若缘，情莫若率。缘则不离，率则不劳；不离不劳，则不求文以待形。不求文以待形，固不待物。’”

【注释】孔子问子桑雽道：“我再次被驱逐出鲁国，在宋国大树下讲学而大树被砍伐，绝迹于卫国，在商、周之地穷困潦倒，在陈蔡之间被围困。我遭遇如此多的忧患，亲朋越发疏远，弟子故交更加离散，这是为什么呢？”孔子当大司寇后，第二次被驱逐出鲁国，开始了长达十四年的周游列国的游历生涯。

子桑雽回答道：“你难道没有听说过假国人逃亡的事情吗？”假国是一个国家名字。

子桑雽又说道：“林回是假国逃亡的百姓，他抛弃了价值千金的玉璧，却背负着自己的婴儿逃跑。”林回此人必定是慈爱之人。

子桑雽又说道：“有人就问道：‘难道你是为了钱财吗？婴儿所值的钱太少了。难道你是怕被拖累吗？玉璧不会有多少拖累而价值千金，婴儿的拖累就多得多了。你为何抛弃价值千金的玉璧，而唯独背负着婴儿逃跑呢？这是为何呢？’”

子桑雽又说道：“林回听了就回答道：‘我与玉璧只是以利益相互连接，而我与婴儿是以天性相连。’”正所谓父子连心。有亲近关系的人，会有心灵感应现象。

子桑雽又说道：“如果是以利益相互连接的，当迫近穷困、灾祸、忧患和伤害的时候，就会相互抛弃了。”如果以利益交友，就不长久。

子桑雽又说道：“如果以天性连接，虽然迫近穷困、灾祸、忧患和伤害，也会相互收容。”

子桑雽又说道：“所以，相互收容和相互抛弃相差是很远的。君子之交是天性之交如同清水那么淡，但是遇见危难却不会被抛弃；小人之交为利益之交，虽然甜美如甜酒，但是遇见危难却会被抛弃。”

子桑雽又说道：“君子之交虽然清淡，却很亲密；小人之交虽然甘甜，却很绝情。”

子桑雽又说道：“所以说，无缘无故地结合，也会无缘无故地离散。天下没有无缘无故的爱，也不会有无缘无故的恨。”

孔子听了就说道：“我恭敬地听闻你的教诲！”孔子特别的谦卑。孔子缓慢自得（翔佯）地归来。孔子停止学业了，正所谓绝学无忧。为学日益，为道日损。学得越多，知见越多，而离道越远，所以孔子绝学。张载讲，继往圣绝学，为万世开太平。五百年前的明代是圣贤辈出的年代，当时出现了王阳明、陈白沙、湛若水和张景岳等圣贤，如今五百年后也是如此。孔子捐弃书籍，不再受限于书本了。

弟子们虽然不需要再作揖于面前，但是弟子们对孔子的敬爱更加深厚了。孔子和弟子们以天性相互连接，而不是以利益相互连接。

有一天，子桑雽又说道：“舜将要死去的时候，教导大禹道：‘你应当要警惕啊！形体的结合莫如相信缘分，感情的结合莫如天真直率。如果能够顺应自然，而相信缘分，就不会背离。如果天真直率，就不会劳累。对待感情，如果不天真直率，刻意为之，刻意讨好，如此就疲劳了，不会长久。”当然舜教导大禹不是谈男女感情，而是与臣子百姓相处之道，治国安邦之道。

子桑雽又说道：“不背离和不疲劳，如此就是君子之交淡如水，不会觉得疲惫。如此就不会刻意求繁文缛节来对待形体，不会以利益对待形体。如果不求繁文缛节于形体，就不会对外人、外物有所期求了。”不责求于人，则不被人所责。孔子虽然亲朋疏远，可是不要责求于人。亲朋如果以利益结合，遇见危难就会背离。如果以天性结合，遇见危难就不会分离。孔子与子路、颜回这些弟子们以天性结合，所以遇见危难，没有背离。

9. 生不逢时

【原文】庄子衣大布而补之，正緳系履而过魏王。魏王曰：“何先生之惫邪？”庄子曰：“贫也，非惫也。士有道德不能行，惫也；衣弊履穿，贫也，非惫也；此所谓非遭时也。王独不见夫腾猿乎？其得柟梓豫章也，揽蔓其枝而王长其间，虽羿、蓬蒙不能眄睨也。及其得柘棘枳枸之间也，危行侧视，振动悼慄；此筋骨非有加急而不柔也，处势不便，未足以逞其能也。今处昏上乱相之间，而欲无惫，奚可得邪？此比干之见剖心，征也夫！”

【注释】庄子身穿缝补过的粗布衣服，脚穿用麻绳捆扎的破鞋走过魏王的身边。正緳，麻束。系履，捆扎破鞋。庄子的形象似乎活灵活现在我们面前了。

魏王问道：“为何先生如此困乏呢？”庄子并非没有机会出去做官，而是不愿意出仕。

庄子回答道：“我只是贫困罢了，并非困乏的。士人假如有道德却不能真正去实行，这是真正的困乏。衣服穿破了，鞋子有洞，这只是贫困罢了，不是困乏。这只是生不逢时罢了。”

庄子又说道：“魏王难道没有见过跳跃的猿猴吗？它们生活在柟、梓、豫和章等高大乔木的树林里。在深山密林当中攀援如藤蔓似的树枝，自由自在翻腾跳跃，在里面称王称长，称孤道寡。”

庄子又说道：“即使是后羿、蓬蒙（后羿弟子）这样的神射手，猿猴都不会斜眼（眄睨）看一下。”把魏王比喻成猿猴了，庄子自己倒是成了神射手。

庄子又说道：“等到猿猴跑到柘、棘、枳和枸等有刺的灌木丛中的时候，小心地行动，还侧着眼睛观察，战战兢兢的样子，内心战力恐惧发抖。”

庄子又说道：“猿猴的筋骨并非被绳子捆绑而不灵活，只是所处的形势不便利罢了。未能足以施展其本有的良知良能罢了。”

庄子又说道：“当今处在君昏臣乱的乱世之中，如果想不困乏，如何能够得到呢？比干因为劝谏而被剖心，这不就已经证明了嘛！”

10. 陈蔡之间

【原文】孔子穷于陈蔡之间，七日不火食，左据槁木，右击槁枝，而歌猋氏之风，有其具而无其数，有其声而无宫角，木声与人声，犁然有当于人之心。

颜回端拱还目而窥之。仲尼恐其广己而造大也，爱己而造哀也，曰：“回，无受天损易，无受人益难。无始而非卒也，人与天一也。夫今之歌者其谁乎？”

【注释】孔子被穷困于陈国和蔡国之间，整整七天不能生火做饭吃。左手依靠着枯树，右手敲击着枯树枝。估计已经饿得有气无力了，七天七夜断粮，可想而知处境有多凶险了。孔子嘴里吟唱着神农氏（猋氏）的歌曲。由此可知，孔子对神农氏圣王的时代多么的向往。

虽然有打击的乐器（枯树枝），可是却没有什么节奏感可言了；虽然能够听到歌声，但是有气无力的样子，已经没有音律了。

敲打枯木的声音，人歌唱的歌声，听得清楚分明，很恰如其分地表达了歌者的心情。

颜回端正拱手而立，由于对孔子特别敬重，头不敢随便乱转动，只是眼睛在那里打转而偷偷看一下师父。颜回的形象描绘得很生动了。

孔子担心自己的爱徒颜回由于尊崇他而把他夸得特别伟大；由于敬爱老师而过于悲哀。

孔子说道："颜回啊，不受上天的损害容易，只要积德从善就可以了；可是如果不受人的利益这就难了。"孔子周游列国，虽然被人聘以重金，如果不能推行先王之道，他也不会接受的。

孔子又说道："生死有命，无始无终，天人是一体的。天地万物本来同为一体。在你面前歌唱的这个人，又是谁呢?"遇见此危难，面对生死考验，孔子安慰颜回并趁机明无我之理。禅宗有个著名公案，经常让弟子们猜我生之前的真实面目，到底我是谁?

11. 无受天损

【原文】回曰："敢问无受天损易。"仲尼曰："饥渴寒暑，穷桎不行，天地之行也，运物之泄也，言与之偕逝之谓也。为人臣者，不敢去之。执臣之道犹若是，而况乎所以待天乎!"

【注释】颜回问道："敢问先生，不受上天的损害容易，这是什么意思呢?"

孔子回答道："人遇见饥渴寒暑，穷困桎梏而不能通达，这是天地运行，万物消长的必然结果。人只能顺着大势一起变化罢了。"天人是合一的，天有不通的时候，人也有不通的时候。如果天道不通，人道也是不通的，顺势而为罢了，就不会被天道所损害。如果生不逢时，就及时隐退。

孔子回答道："可是身为人臣就不同了，做人难啊，不敢轻易舍去。为臣之道尚且如此，而更何况是对待天道呢!"对待天道就要忠于天道，不敢须臾背离天道。后面会讲到燕子由于鸟巢在人间，不得不飞入人间；臣子也是如此，百姓在人间，不得不入世。如果天道令我暂时穷困，就安然处之，等待天时。

12. 无受人益

【原文】“何谓无受人益难?”仲尼曰:“始用四达,爵禄并至而不穷,物之所利,乃非己也,吾命其在外者也。君子不为盗,贤人不为窃。吾若取之,何哉!故曰,鸟莫知于鷾鸸,目之所不宜处,不给视,虽落其实,弃之而走。其畏人也,而袭诸人间,社稷存焉尔。”

【注释】颜回又问道:“什么是不接受别人的利益难呢?”

孔子回答道:“初被任用的时候,办什么事都特别顺利,爵位和俸禄一起到了,简直应接不暇。外来的利益,并非本来就是自己的,这些都是身外之物罢了。只是由于此时是我的命中有的罢了,外来的缘分和机遇加给我的。”人的一辈子说长也长,说短也短。有时通达的时候,什么都顺风顺水,有时困厄的时候,什么都不通。

孔子又说道:“君子不会为盗贼,贤人不会为窃贼之事。如果我拿了爵位和俸禄,不能推行先王之道,又和盗贼有什么区别呢?”这也就是孔子为什么不轻易接受别人利益的缘故,也是今天处于困境的根本原因。

孔子又说道:“所以说,鸟当中最有智慧的莫如燕子(鷾鸸)了,看见不适宜栖息的地方,不会再回头看第二眼。虽然掉落食物了,也不管不顾飞走了。”

孔子又说道:“燕子很害怕人,而却飞入人居住的地方,由于鸟巢在屋子里,不得不飞入。由于幼儿在鸟巢里,不得不去喂养。怀道的人也害怕人,害怕世间的凶险,然而不得不飞入寻常百姓家,不得不进入社稷之中。这是由于无数的百姓如同嗷嗷待哺的鸟儿,等待圣人挽救。”圣人可以逍遥游于世外,然而不得不入世。人人都有这个形体,如同燕子的鸟巢。人的形体是心灵的家园,不得不飞入世间罢了。

13. 无始无终

【原文】“何谓无始而非卒?”仲尼曰:“化其万物而不知其禅之者,焉知其所终?焉知其所始?正而待之而已耳。”

【注释】颜回又问道:“什么是无始无终呢?”

孔子回答道:“万物变化自然更迭罢了,根本不知道下一个会变成什么。”禅,就是继。禅让,尧帝禅让帝位给舜帝。一物化为尘土,又不知下一个继续的是什么。人身为一国，心为君主，五官对应百官。一国之君主禅让，人身如同禅让，回归于尘土，下一个不知变成什么了。

孔子又说道："哪里知道什么是终点，什么是起点呢？终点中有起点，起点中有终点。我只能守正，符合于天道，等待天时罢了。"天道有时闭塞，有时通达，人道也是如此。

14. 天与人一

【原文】"何谓人与天一邪？"仲尼曰："有人，天也；有天，亦天也。人之不能有天，性也，圣人晏然体逝而终矣！"

【注释】颜回又问道："什么是天人合一呢？"

孔子回答道："人为万物之灵，之所以有人，这是天道所生。天覆地载，之所以有天，这也是天道所生。人之所以不能天真无邪，不能恢复本有的天性，不能恢复自性本心，不能恢复良知良能，这都是由于自性本心被物欲所遮蔽罢了。只有圣人能够安然（晏然）地体证天人合一，随顺天道的变化而变化！"天道通达，就随着天道通达；天道闭塞，也就随着天道闭塞，等待天时，不会怨天尤人。当然并不是不去作为，还是顺着天道而有所为，有所不为。

15. 二类相召

【原文】庄周游于雕陵之樊，睹一异鹊自南方来者，翼广七尺，目大运寸，感周之颡而集于栗林。庄周曰："此何鸟哉，翼殷不逝，目大不睹？"蹇裳躩步，执弹而留之。睹一蝉，方得美荫而忘其身，螳螂执翳而搏之，见得而忘其形；异鹊从而利之，见利而忘其真。庄周怵然曰："噫！物固相累，二类相召也！"捐弹而反走，虞人逐而谇之。

【注释】庄子在雕陵的园圃（樊）栗树林里游玩，看到一只从南方飞来奇异的鹊鸟。这只鸟非常的大，翅膀展开足足有七尺那么宽广，眼睛瞪大起来有一寸那么大。

刚好从庄子我的额头（颡）前面飞过，而飞入栗树林之中。

庄子说道："这到底是什么鸟呢？翅膀如此广大，却不知道飞得远一些；眼睛如此大，却好像看不见东西一样？还差点撞上我了。"

庄子提起衣裳（蹇裳，古人穿宽大而长的衣服，在树林里行走，提起衣裳方便点）并快步（躩步）跟上去，拿着弹弓伺机打这个鸟。

庄子这时看到一只蝉，因为得到浓密树荫遮蔽而忘记自身的安危了。

一只螳螂刚好凭着树叶的遮蔽（翳），而伺机捕杀蝉。螳螂因为太专注于捕蝉，而忘记了自己形体的安危。

那只鸟见到螳螂可以食用，以之为利，见利益而忘其自然本性。

庄子惊恐警惕的样子（怵然），说道："啊！天下的万物固然是如此相互牵累的，两个物类之间是相互感召的。"蝉感召螳螂；螳螂感召鹊鸟；鹊鸟感召庄子；庄子又感召什么呢？庄子马上惊恐起来，不知自己会感召什么，所以马上警觉起来了。

庄子马上把弹弓丢掉而回头快步跑去，看守栗树林的人（虞人）追逐而责骂他。这只大鸟本来可以飞得很高，却跑到危险的树林里，都是由于利益所导致的啊！也许此篇文章为山林，所以把螳螂捕蝉黄雀在后的故事放在此处。

16. 入乡随俗

【原文】庄周反入，三月不庭，蔺且从而问之："夫子何为顷间甚不庭乎?"庄周曰："吾守形而忘身，观于浊水而迷于清渊。且吾闻诸夫子曰：'入其俗，从其令'。今吾游于雕陵而忘吾身，异鹊感吾颡，游于栗林而忘真，栗林虞人以吾为戮，吾所以不庭也。"

【注释】庄子从栗树林返回家中，三个月都不出门庭。庄子的弟子蔺且问道："先生为何近日都不见走出庭院呢?"

庄子回答道："我只知道守看外物的形体，只知道看鸟鹊而忘记自身的安危。只知道守着这个有形的形体，而忘却自身的真身真性。只知道观看浊水而迷失了清渊，忘却了清水。"只知道看浊世的一切，而忘却了自己的真如本性。入世很容易就迷入里面的，所以庄子不出门庭。

庄子又说道："且我曾经听闻老子说过：'入乡随俗，到了一个地方，就要服从当地的法令，随从当地的习俗'。"如果入世就身不由己了，必然会入乡随俗，如果不能随俗是危险，随俗同流合污更加危险。

庄子又说道："现在我游玩于雕陵的栗树林，却忘记自身安危。鸟鹊从我额头飞过，鸟鹊感召到我了。游玩于栗树林而忘却本真，栗树林看守人责骂侮辱我，所以我就不出门去了。"庄子这里讲世途的凶险，世人在看重追逐物利的时候，必然会忘却自己处境的危险。难道呆在家里就没有危险了吗？前面庄子讲过，要呆在道德之乡才能免于忧患。我们是否也应该反省一下自己呢?

17. 美者自美

【原文】 阳子之宋，宿于逆旅。逆旅人有妾二人，其一人美，其一人恶，恶者贵而美者贱。阳子问其故，逆旅小子对曰："其美者自美，吾不知其美也；其恶者自恶，吾不知其恶也。"阳子曰："弟子记之！行贤而去自贤之行，安往而不爱哉！"

【注释】 阳子去宋国，夜宿于旅舍（逆旅）。旅舍主人（逆旅人）有两个小妾，其中有一个美丽，而另外一个丑陋。

可是特别奇怪，丑陋的那个小妾反倒受到店主人的宠爱，而美丽的那个小妾却被店主人轻视。

阳子问店主人到底是什么缘故。店主人回答道："那个貌美的小妾自己以为自己很美，可是我却不知道她美在哪里；那个貌丑的小妾自己以为自己很丑，可是我却不知道她丑在哪里。"庄子在这里奉劝那些自以为追求美丽的女子，不是去刻意美容把容貌搞漂亮就可以了，更重要的要把德性修养好。

阳子听了就对弟子说道："弟子们请记住！修行贤德而要去掉自己以为的贤德，而要以别人认为自己贤德才可以。如此不管去到哪里，都会得到别人的爱戴！"

第十四章　田子方

1. 人貌天虚

【原文】田子方侍坐于魏文侯，数称谿工。文侯曰：“谿工，子之师耶？”子方曰：“非也，无择之里人也；称道数当，故无择称之。”文侯曰：“然则子无师邪?”子方曰：“有”。曰：“子之师谁邪?”子方曰：“东郭顺子”。文侯曰：“然则夫子何故未尝称之?”子方曰：“其为人也真，人貌而天虚，缘而葆真，清而容物。物无道，正容以悟之，使人之意也消。无择何足以称之?”

【注释】田子方坐在魏文侯的身旁，多次称赞魏国名字叫谿工的贤人。

文侯问道：“谿工难道是你的老师吗？你如此称赞他”

子方回答道：“不是的，只是无择（田子方，名字叫无择，字子方）我的同乡罢了。谈论大道往往十分恰当，所以无择我称赞他。”

文侯又问道：“然而你难道没有老师吗?”子方回答道：“有。”文侯又问道：“那你的老师到底是谁呢?”子方回答道：“东郭顺子”。文侯又问道：“然而先生你为何从未称赞自己的老师呢?”

子方回答道：“我的老师为人纯真无邪，外貌看起来虽然和常人似乎没有什么太大的不同，然而内心却如同天道那样虚空，契合于大道。”

子方又说道：“顺应自然而永葆自性本真，心镜清虚而能够容纳万物。”心如明镜，如果不能清虚，如何能够照见外物呢?

子方又说道：“如果世人执着于外物，不符合于大道，背道而驰。世人见了我的老师，老师如一面镜子，能够正衣冠，能够端正别人的私心，使得世人及时悔悟。使得世人邪恶之心自然消融。无择我何德何能，如何敢评价自己的老师呢?”

2. 口钳不言

【原文】子方出，文侯傥然终日不言，召前立臣而语之曰：“远矣，全德之君子！始吾以圣知之言、仁义之行为至矣，吾闻子方之师，吾形解而不欲动，口钳而不欲言。吾所学者直土梗耳，夫魏真为我累耳！”

【注释】子方出去以后，文侯茫然若失的样子（傥然），一整天都不怎么说话。召见站在面前的侍臣，对他说道：“德性保全的君子，真是深远难测啊！”

文侯又说道：“我一直以为圣人的言教，仁义的行为已经到达极致了。我听闻子方的老师如此，我的形体好像解散而不想动弹了，我的嘴巴好像被钳住了一样，根本不想开口说话。”

文侯又说道：“我之前所学的东西，真的如同土块一样，毫无价值。魏国真是我的拖累啊！”文侯有出世之心了。

3. 陋知人心

【原文】温伯雪子适齐，舍于鲁。鲁人有请见之者，温伯雪子曰：“不可。吾闻中国之君子，明乎礼义而陋于知人心，吾不欲见也”。

至于齐，反舍于鲁，是人也又请见。温伯雪子曰：“往也蕲见我，今也又蕲见我，是必有以振我也。”出而见客，入而叹。明日见客，又入而叹。其仆曰：“每见之客也，必入而叹，何耶？”曰：“吾固告子矣：‘中国之民，明乎礼义而陋乎知人心。’昔之见我者，进退一成规、一成矩，从容一若龙、一若虎，其谏我也似子，其道我也似父，是以叹也。”

仲尼见之而不言。子路曰：“吾子欲见温伯雪子久矣，见之而不言，何邪？”仲尼曰：“若夫人者，目击而道存矣，亦不可以容声矣。”

【注释】温伯雪子是个怀道的人，他去往齐国，在鲁国寄宿。鲁国有人要求见他，温伯雪子却说：“不见。我听闻中原的君子，虽然明于礼义，可是对人心却知之甚少，很浅陋，所以我不想见。”

等到了齐国，回来的时候又寄宿在鲁国。这个人又去求见他。温伯雪子说道：“我去的时候想求（蕲）见我，现在我回来又想求见我，必然有什么东西可以振动启发我的。”

出来见了客人，进入房间后就叹息不已。第二天出去见客人，回来后又叹息。仆人见此情景，感到特别奇怪，问道：“为什么每次见到客人，回来必然会叹息呢，这是为何呢？”

温伯雪子回答道：“我原本就告诉过你：‘中原的百姓，虽然明于礼义可是却不识人心，显得很浅陋。’”佛法有讲：不识自性，学法无益。

温伯雪子又说道：“之前我所见到的人，一进一退，必然循规蹈矩；一举一动，举手投足，如龙似虎。他们劝谏我的时候，如同我是他们的孩子一样；教导我的时候，就好像是我的父亲一样，所以有此感叹。”

孔子见到温伯雪子却不说话。子路问道：“先生你想拜见温伯雪子已经很久了，可是见到为何一言不发呢，这是为何呢？”

孔子回答道：“那个人，一眼看一下就知道身上怀道了，所以就不必要再多言了。”

4. 亦步亦趋

【原文】颜渊问于仲尼曰：“夫子步亦步，夫子趋亦趋，夫子驰亦驰；夫子奔逸绝尘，而回瞠若乎后矣！”夫子曰：“回，何谓邪？”曰：“夫子步，亦步也；夫子言，亦言也；夫子趋，亦趋也；夫子辩，亦辩也；夫子驰，亦驰也；夫子言道，回亦言道也；及奔逸绝尘而回瞠若乎后者，夫子不言而信，不比而周，无器而民滔乎前，而不知所以然而已矣”。

【注释】颜渊问孔子道：“先生你慢走，我也慢走；你快走，我也快走；你奔跑，我也跟着奔跑；你奔跑极快，眨眼间就杳无踪迹了，而颜回我只能是瞪着眼睛落在后面了！”亦步亦趋成语从此处出。

孔子问道：“颜回啊，你为什么这么说呢？”

颜回回答道：“先生慢走，我也跟着慢走。讲的是先生说话，我也跟着说话。”

颜回又说道：“先生快走，我也跟着快走。讲的是先生辩论，我也跟着辩论。”

颜回又说道：“先生奔跑，我也跟着奔跑。讲的是先生讲道，颜回我也跟着讲道。”

颜回又说道：“先生跑得很快，转眼间杳无踪迹，颜回在后面只能干瞪眼了。讲的是先生不说话而能够取信于人；不徇私勾结，而能够团结别人。虽然没有权势而百姓却来归附。我不知先生为何能够如此，只能干瞪眼了。”

5. 失之交臂

【原文】仲尼曰："恶，可不察与！夫哀莫大于心死，而人死亦次之。日出东方而入于西极，万物莫不比方。有目有趾者，待是而后成功，是出则存，是入则亡。万物亦然，有待也而死，有待也而生。吾一受其成形，而不化以待尽，郊物而动，日夜无隙，而不知其所终，薰然其成形。知命不能规乎其前，丘以是日徂。吾终身与汝交一臂而失之，可不哀与！女殆著乎吾所以著也。彼已尽矣，而女求之以为有，是求马于唐肆也。吾服女也甚忘，女服吾也亦甚忘。虽然，女奚患焉！虽忘乎故吾，吾有不忘者存。"

【注释】孔子听了颜回的话，就说道："哎，怎么不能明察呢！悲哀莫过于心死，而人身死去还在其次。"

孔子又说道："太阳都是从东方升起，而落于西方。万物莫不是如此。"古人看到太阳东升西落，现在我们知晓太阳的实相是无升无落的。我们看到人有生有死，然而实相又是如何的呢？

孔子又说道："有眼睛有脚趾的动物，都是需要太阳才能够成功。太阳出而劳作，太阳入而作息。"人对太阳都有所依赖。

孔子又说道："万物也是如此，有所依赖而死，有所依赖而生。"人也依赖这个形体，如果这个形体消失，人也不复生了。

孔子又说道："我一旦接受造化而形成这个形体，看似没有转化成其他万物，实则还在不断地变化，总有一天我的形体就会消亡了。"

孔子又说道："感受外物而动，日夜无有间隙地变化。而不知哪里是终点，经过自然的熏蒸而形成这个形体。"

孔子又说道："即使已经知晓天命的人，也不能事先在形体形成之前就规划好。所以孔丘我只能是每天顺应自然的变化而变化。"

孔子又说道："我终身与你在一起，而你却未能真正地知道我，岂不是很可悲呢！"失之交臂成语从此处出。只有见道者才能知道孔子的心。

孔子又说道："你大概所看见的只是我的粗迹罢了，并不能识得我心。"前面有位贤人曾经说中原人不识人心。

孔子又说道："粗迹已经消失殆尽了，如同飞鸟之影，刻舟求剑，如何能够去捕捉呢？而你求之以为实有，以为我时而说话、时而辩论、时而谈道，这些只是因材施教罢了。你这么做，就好像在停马之地（唐肆）里去寻求飞驰而过的骏马。"孔子教弟子颜回不能只是亦步亦趋地学习表面，而是要学习孔门心法。

孔子又说道："我对你的形体的思念很快就忘却，你对我形体的思念也很快忘却。虽然如此，你又有什么忧患呢？"其实我们的大脑经常跟我们玩游戏，喜欢把头脑中某个人的印象等同于实实在在的那个人。所以说，士别三日当刮目相待，不仅仅是三日当刮目相看，随时需要更新的。做到这一点十分不容易，涉及离相。外离相即禅，内不乱即定。离相即是无上甚深禅，难怪如此不容易。前面讲世人依赖太阳，弟子依赖老师，颜回依赖孔子。孔子是要让弟子们忘却自己，如此才能有更大的进步。由此可见，这才是真正的明师，不要弟子们搞盲目的崇拜。

孔子又说道："虽然忘却以前的小我，但是我有不忘却的存在，不忘却的是自性本心，不忘却的是大我。"佛陀将要圆寂的时候，阿难非常的难过，不知道以后修行的日子如何过。佛陀慈悲地给僧团讲了，要以自性为皈依。每个人的自性本心就是太阳。

6. 孰为之宗

【原文】 孔子见老聃，老聃新沐，方将被发而干，慹然似非人。孔子便而待之，少焉见，曰："丘也眩与，其信然与？向者先生形体掘若槁木，似遗物离人而立于独也。"老聃曰："吾游心于物之初。"

孔子曰："何谓邪？"曰："心困焉而不能知，口辟焉而不能言，尝为汝议乎其将。至阴肃肃，至阳赫赫；肃肃出乎天，赫赫出乎地；两者交通成和而物生焉，或为之纪而莫见其形。消息满虚，一晦一明，日改月化，日有所为，而莫见其功。生有所乎萌，死有所乎归，始终相反乎无端，而莫知乎其所穷。非是也，且孰为之宗！"

【注释】 孔子拜见老子，老子刚洗完头发，正在披头散发地晾干，然而看着寂然不动的样子（慹然），似乎不像人，倒像是木头人。前面有讲过养斗鸡，真正厉害的斗鸡却呆若木鸡，别的鸡看到掉头就跑。老子也要洗头，圣人活生生的形象在我们面前了。

孔子看到了，就一边观察，一边等待，过不久就有机会拜见老子了。孔子问道："孔丘我是不是眼花了，刚才我所见是不是真的那样的呢？刚才先生的形体寂然不动，如同槁木一般。似乎遗弃外物，离开人世而独自立于寂然不动的境界。"

老子听了，就回答道："我逍遥游心于万物诞生之初，游于大道之乡。"王阳明先生讲，心外无物，心外无理。佛家讲，万法唯心造。儒释道所说如出一辙。

孔子问道："你所说的是什么意思呢?"老子回答道："我的心还留恋在大道之乡，一下子还不能马上出静定，心还处于是非不分的浑沌不知的状态；嘴巴张开，好像想说又不知从何说起。尝试给你说个大概吧。"

老子又说道："老子我逍遥游于阴阳未分之地，至阴极其寒冷的样子（肃肃）；至阳极其炎热的样子（赫赫）。寒冷的阴气出自于天，天为阳，阳中有真阴。炎热的阳气出自于地，地为阴，阴中有真阳。"大地之中有火热的岩浆、石油、煤和天然气。

老子又说道："阴阳交通和合而生成万物。"天地交通和合而降下甘霖。男女交通和合而生下子女。

老子又说道："或许其中有纲纪，可是却看不见任何形体。消逝、生息、盈满和亏虚，如此不断地变化。一暗一明，每日每月都有所变化，每天都有所作为，而看不见到底是谁的功劳。"大道化育万物，而不自恃其功劳，功成而不居功自傲。

老子又说道："万物初生而有萌发之地，死去有其归宿。无始无终，终中有始，始中有终，循环无端。不知哪里是穷尽。如果不是大道，又有谁能够成为万物之宗呢!"

7. 身贵于隶

【原文】孔子曰："请问游是"。老聃曰："夫得是，至美至乐也，得至美而游乎至乐，谓之至人。"孔子曰："愿闻其方"。曰："草食之兽不疾易薮，水生之虫不疾易水，行小变而不失其大常也，喜怒哀乐不入于胸次。夫天下也者，万物之所一也。得其所一而同焉，则四支百体将为尘垢，而死生终始将为昼夜，而莫之能滑，而况得丧祸福之所介乎！弃隶者若弃泥涂，知身贵于隶也，贵在于我而不失于变。且万化而未始有极也，夫孰足以患心！已为道者解乎此。"

【注释】孔子又问道："请问逍遥游于造物之初的情景是怎么样的呢?"

老子回答道："如果能够修得此境界，这是至美至乐的事情了。如果能够见到大道，就见到至美了，正所谓天地大美而无言。如此就可以逍遥游于至乐的境界了。如此就是至德的人，就是怀道的人了。"

孔子又问道："但愿先生能够给我讲讲有什么方法可以做到。"

老子回答道："草食的野兽不会厌恶更换草泽（薮），水生的鱼虫不会厌恶更换生活的水域。这只是小的变化而不会失去大的常态的。时时刻刻都符合于大道就可以了。所谓喜怒哀乐不入于胸中。如果能够时刻都处于喜怒哀乐未发之中。持守静定，处于中，这就是大常。”老子教孔子入道的功夫，不可小看这一点。

老子又说道：“天地之间，万物都有同样一个归宿，就是大道。天地万物本来就同为一体。如果万物能够同归于大道，则我们每个人的四肢身体如同尘垢一般。人身变为尘垢，而尘垢又变为人身。如此无始无终，循环不已。”

老子又说道：“如此死生如同昼夜变化一般，无始无终，无生无死，而这些都不会扰乱我们的心。更何况是得失祸福这样的小事呢！”如果不能扰乱我们的心，喜怒哀乐就不能入于胸中了。

老子又说道：“丢弃外在的隶属之物，就如同丢弃烂泥一样。外在的爵位和俸禄，这些都是多余的了。”

老子又说道：“如此就知道自身比外在的隶属之物要珍贵得多了。不会为了爵位和俸禄而失去性命。之所以珍贵，并不是这个身体珍贵，而是在于不失去本性，自性本心没有发生变化，没有被物欲所遮蔽。”

老子又说道：“况且万物的变化没有穷尽，有高贵也有卑贱的时候，有得到也有失去的时候，又有什么值得令心感到忧患呢！已经得道的人能够理解此中的道理。”老子在此给我们印证了。

8. 至言修心

【原文】孔子曰：“夫子德配天地，而犹假至言以修心。古之君子，孰能脱焉？”老聃曰：“不然。夫水之于汋也，无为而才自然矣。至人之于德也，不修而物不能离焉。若天之自高，地之自厚，日月之自明，夫何修焉！”

孔子出，以告颜回曰：“丘之于道也，其犹醯鸡与！微夫子之发吾覆也，吾不知天地之大全也。”

【注释】孔子问道：“先生你德配天地，富有光明德性。你如此好的德性，尚且还要假借至理载道的语言来修心。古时候的君子，又有谁能够脱离载道语言文字来修心呢？”语言文字只是指月的手指罢了，并非真理本身。当然诵读载道文字也是洗心的过程。佛法有讲，法尚应舍，何况非法。如果病已经好了，执着于药，也是一种病。载道的语言文字就如同治疗心病的药。

老子回答道：“不是你想象的那样的。水是自然涌出的，无所作为而水质才能自然纯净。”反思现在的水，虽然是高科技，经过无数的过滤，什么纳米技术，都比不上古代自然的水质。有为的输送管道，虽然是方便取水了，但是也增加了污染的机会。

老子又说道：“至人富有光明的德性，已经恢复自性本心，恢复良知良能了。虽然不刻意去修行而万物不能离其左右。”阳明心学有个著名的山中之花的公案。如果不看那朵花，花和心都归于寂静。看那朵花的一瞬间，花的颜色一下子鲜明起来了。

老子又说道：“天自然是高的，天覆地载；地自然是厚的，厚德载物；日月自然是明亮的，还要刻意去修吗?”自性本心本来就是无比光明智慧的。阳明先生临终遗言：此心光明，夫复何言。如果能够恢复自性本心，自性具足智慧，如同汩汩泉水不断涌现出来。

孔子走出来，告诉颜回道：“孔丘我对于大道，就如同醋瓮中的蠓虫（醯鸡）一样无知！如果没有先生（老子）的启发，揭开覆盖瓮口的盖子，我是不会知晓天地如此之广而全的。”孔子五十一岁以后得道，也许和老子的启迪有直接关系。

9. 鲁国一儒

【原文】庄子见鲁哀公。哀公曰：“鲁多儒士，少为先生方者”。庄子曰：“鲁少儒。”哀公曰：“举鲁国而儒服，何谓少乎?”

庄子曰：“周闻之，儒者冠圜冠者，知天时；履句屦者，知地形；缓佩玦者，事至而断。君子有其道者，未必为其服也；为其服者，未必知其道也。公固以为不然，何不号于国中曰：‘无此道而为此服者，其罪死！’”

于是哀公号之五日，而鲁国无敢儒服者，独有一丈夫儒服而立乎公门。公即召而问以国事，千转万变而不穷。庄子曰：“以鲁国而儒者一人耳，可谓多乎?”

【注释】庄子拜见鲁哀公。哀公说道：“鲁国大多是儒商士，很少有对先生方术感兴趣的。”庄子听了就说道：“鲁国很少有真正的儒者。”哀公说道：“你看看，整个鲁国都是穿着儒家的服装，怎么能说少呢?”

庄子说道：“据庄周我所闻，儒者的服饰是有深刻含义的，戴着圆形的帽子，天圆地方，代表着儒者知天时；儒者穿着方形的鞋子（句屦），代表着知地形；腰带用丝绳系着玉玦，代表着儒者遇事而有决断力。”

庄子又说道：“君子必然是有道方能称之为君子，未必要穿儒者服装。穿儒者服装的，未必是君子，未必就知晓大道的道理。”末法时期，邪师横行，如何去识别真正的儒者呢?

庄子又说道：“哀公必定以为我说的不对，然而，为何不试试以下的做法呢? 在国内发布命令：‘如果身不怀此道而穿儒者服饰的，要判处死罪！’”

于是哀公果真按照庄子的建议，在国内发布命令了。五天过后，鲁国果真没有人敢穿儒者服装了。唯独有一位成年男子穿着儒者服装立在鲁哀公门外。

鲁哀公当即就召见，以国家大事问那个人。不管怎么询问，都能够应答无穷。庄子说道："以整个偌大的鲁国，只有一个真正的儒者，还算多吗？"

为何这位儒者能够应答如流呢？由于真正的儒者已经得道，正像王阳明先生龙场悟道那样。自性之中具足一切，如同泉水不断涌出，已经能够圆融通达了，所以不管怎么问，都能应答如流。

如果不知庄子之道，也不知真正的儒门心法。如果知晓儒门真正的心法，也就能够知晓庄子之道。只不过庄子的修行更加深入，修行的层次不同罢了。孔子得道，得到了老子的印证，由此可见，不管是儒家还是道家，实则是师出一门的。只有明心见性了，才能称之为得道，才能知晓儒门心法。

10. 不入于心

【原文】百里奚爵禄不入于心，故饭牛而牛肥，使秦穆公忘其贱，与之政也。有虞氏死生不入于心，故足以动人。

【注释】百里奚不把爵位和俸禄放在心上，所以饲养牛，而牛就会长得很肥壮。百里奚后来被秦穆公以五张羊皮买来，拜为秦国之相。

由于百里奚的所作所为，非常贤德，所以使得秦穆公忘记了他的卑贱，把一国的政事委托给他来管理。

有虞氏，也就是舜帝，不把死生放在心上。他的父母和弟弟几次三番要置之死地，可是他都没有放在心上，感化了家人。他的高尚品德足以感化人心。

弘扬国学，不把名利放在心上，也许就足以做成一点事情了。

11. 是真画者

【原文】宋元君将画图，众史皆至，受揖而立；舐笔和墨，在外者半。有一史后至者，儃儃然不趋，受揖不立，因之舍。公使人视之，则解衣般礴羸。君曰："可矣，是真画者也。"

【注释】宋元公要画几幅画，许多画工（史）都来了，接受旨意恭敬地在旁边站着。

有些画工已经在用舌头舐着笔，调着墨，还有一半站在外面。

有一个画工最后才来，不慌不忙的样子（儃儃然），一点都不着急，接受旨意也不站在旁边，而是掉头直接回馆舍去了。

宋元公就派人前去察看，看到那个画工已经把衣服解了，赤裸身体，叉开两条腿在那里悠然自得地坐着了。般礴，叉开两条腿坐着。通裸，赤裸身体。

宋元公说道："可以了，他才是真正的画工。"率性而为，如此才能画出真正的画作。正所谓艺高人胆大。前面那个儒者如果没有真本事，也不敢不脱掉儒者服装，否则会冒杀头之罪。

12. 文王托梦

【原文】文王观于臧，见一丈夫钓，而其钓莫钓；非持其钓，有钓者也，常钓也。

文王欲举而授之政，而恐大臣父兄之弗安也；欲终而释之，而不忍百姓之无天也。于是旦而属之大夫曰："昔者寡人梦见良人，黑色而髯，乘驳马而偏朱蹄，号曰：'寓而政于臧丈人，庶几乎民有瘳乎！'"诸大夫蹴然曰："先君王也。"文王曰："然则卜之。"诸大夫曰："先君之命，王其无它，又何卜焉！"

遂迎臧丈人而授之政。典法无更，偏令无出。三年，文王观于国，则列士坏植散群，长官者不成德，斔斛不敢入于四境。列士坏植散群，则尚同也；长官者不成德，则同务也；斔斛不敢入于四竟，则诸侯无二心也。文王于是焉以为大师，北面而问曰："政可以及天下乎？"臧丈人昧然而不应，泛然以辞，朝令而夜遁，终身无闻。

颜渊问于仲尼曰："文王其犹未邪？又何以梦为乎？"仲尼曰："默，汝无言！夫文王尽之也，而又何论刺焉！彼直以循斯须也。"

【注释】周文王在臧地（渭水之右）巡视，看见一个老人正在垂钓。这位老人正是姜太公。虽然看似在钓鱼，但是却无心钓鱼。他并非真的有心持杆钓鱼，而是另有所钓者。所以常常如此钓鱼。姜太公所钓的是最大的鱼。

周文王想要举荐并授以一国的政事，而又恐怕大臣父老兄弟猜忌不服。周文王琢磨再三，想就此作罢，放弃举荐这位老人。但是不忍心看到百姓没有受天道的庇佑。得道的人知天时，知地形，所以举荐姜太公，百姓就会得到天道的庇佑。

于是一大清早就召集诸位大夫，嘱咐他们道："昨夜寡人做梦梦见一位贤人，黑色的面孔，面颊上长着许多颊须（髯）。乘坐一匹毛色不纯而四个蹄有半侧是红色的马。"

周文王又说道："这位贤人大声对我呼喊：'把你的政事托付给臧地的老人，恐怕你的百姓就可以免于苦难了！'"

诸位大夫听了，感觉到很惊讶的样子（蹴然），赶紧说道："托梦的人不是别人，正是先王，也就是文王的父亲季历。"从这里的描述，可以想象出文王之父的样子。

周文王说道："既然如此，那就占卜，询问神灵此事该如何处置。"诸位大夫听了就说道："这是先王的命令，应当遵行先王之命，不该有任何怀疑，又何必要占卜呢！"

于是周文王就迎接臧地老人，而将一国的政事授予他处理。贤德的人才难遇见，贤明的君主更是难以遇见。

姜太公没有更改先王的典章法度，由于先王、文王很贤明，所制定的法度都不轻易变更。如果一任官员上台，就有一个新思路，几年一变化，没有延续性。如此不利于在百姓中树立威信，百姓也无所适从。偏颇的政令不会发出。

三年以后，文王在国内视察，则看到士人解散了朋党和徒众。列士，列爵位于朝堂的士人。坏植，不培植党羽，结党营私。散群，解散徒众。文王和姜太公治理下的周朝，政治清明。

长官不自恃其功德，即使是国外的度量，也不敢轻易流入国境使用。斔，古代的量器，能够容纳六斛四斗。斛，古代的量器，对应于十斗。度量工具特别重要，特别是这个量器，可以用在度量粮食。官员如果想克扣老百姓，可以在量器上做文章。如此看来，国内的诚信建立得很好。

士人不结党营私，解散徒众，这是崇尚大同，天下一家了。长官不自恃其功德，这是大家都把国内的事当成同一家的事务，有事情大家一起做。所谓的同事，也就是同务，同事务，每个人都把国家的事当成自己的事。斔和斛这些国外的度量器具不敢进入国境，则诸侯不会想着国外的事情了，只是安心治理好国内，诸侯不会有二心，而不想着去征讨他国了。

文王于是就拜姜太公为太师。文王很礼贤下士，一般君主都是面南背北，臣下北面拜见君主。文王以弟子之礼，以臣下之礼拜见姜太公，问道："你在周朝推行此政，已经获得很好的成效。能否推行于天下呢？"文王并非有不臣之心，而是想天下百姓都能够得到天道的庇佑。

臧地老人看似没有听懂的样子（昧然），沉默没有应答。漫不经心地予以拒绝了。早晨听到文王如此说，夜晚就逃跑了，终身都没有消息。姜太公以为文王有二心了，如果要推行于天下，天下必然会有战争了。所以，姜太公就逃跑了。

颜回问孔子道："文王是不是还没有达到圣人的境界呢？还没有得道吧？又为何要假借托梦呢？"文王也是得道高人的，否则不会推演周易。

孔子回答道："别作声，你不要多说话了！文王已经尽善尽美了，已经得道了。你不懂，又怎么能随便议论和讽刺呢！他这样做，只是顺应天下人的需要罢了。”天下人心思归，都推行了此政，天下就太平无事了。但是推行的过程中，也不可避免会出现战事。

13. 不射之射

【原文】列御寇为伯昏无人射，引之盈贯，措杯水其肘上，发之，适矢复沓，方矢复寓。当是时，犹象人也。伯昏无人曰：“是射之射，非不射之射也。尝与汝登高山，履危石，临百仞之渊，若能射乎？”

于是无人遂登高山，履危石，临百仞之渊，背逡巡，足二分垂在外，揖御寇而进之。御寇伏地，汗流至踵。伯昏无人曰：“夫至人者，上窥青天，下潜黄泉，挥斥八极，神气不变。今汝怵然有恂目之志，尔于中也殆矣夫！”

【注释】列子为伯昏无人演示射箭的本领，拉开工把弓拉满（盈贯）。在肘上放一杯水，将箭射出。射出去的箭，一只接着一只。刚刚射出去一只箭，马上又是下一只了，非常的神速。

此时，列子如同木偶一样，纹丝不动。想到前面斗鸡的故事了，斗鸡处于静定，呆若木鸡。其他的斗鸡看到，马上掉头就跑。列子原来是个神射手。

伯昏无人问道：“这只是有心有为而射，为了射而射罢了。尝试让我和你一起登上高山，走在高耸的山石之上，登临百仞的深渊，你还能射吗？”

于是伯昏无人就登上高山，走在高耸的山石之上，登临百仞的深渊。背临深渊而后退，脚有三分之二悬在岩石之外，叫列子走近前面观看。

列子此时特别狼狈，伏在地上，直冒冷汗，一直流到脚后跟了。列子已经是世外高人了，真是人外有人，天外有天。

伯昏无人说道：“至德的人，也就是怀道的人，对上能够窥视青天，上知天时；对下能够潜入黄泉，对下能够知地。此心无所不包，无所不容，通达于宇宙八方。凝神聚气，此心如如不动。”

伯昏无人又说道：“可是现在你却如此恐惧的样子（怵然），已经惊慌失措了，看到如此危险的境地，已经头昏目眩了。你要想射中就难了！”

14. 三为令尹

【原文】肩吾问于孙叔敖曰：“子三为令尹而不荣华，三去之而无忧色。吾始也疑子，今视子之鼻间栩栩然，子之用心独奈何？”

孙叔敖曰：“吾何以过人哉！吾以其来不可却也，其去不可止也，吾以为得失之非我也，而无忧色而已矣。我何以过人哉！且不知其在彼乎，其在我乎？其在彼邪，亡乎我；在我邪，亡乎彼。方将踌躇，方将四顾，何暇至乎人贵人贱哉！”

【注释】 肩吾问孙叔敖（曾任楚庄王之相）道：“你三次当楚国的令尹而不感到荣耀和华贵，三次被免去令尹的职位也毫无忧虑。我起初也是怀疑你刻意为之罢了，是不是太会装了。可是现在看你鼻息出入，非常气定神闲的样子（栩栩然），不知道你心里到底是怎么想的呢？”

孙叔敖回答道：“我并没有什么过人之处啊！我只是觉得该来的也不能阻挡；该去的也不可以留住；我觉得得失并不在我，所以没有什么好忧虑的罢了。”

孙叔敖又说道：“我哪里有什么过人之处呢！我不知道荣华是在于令尹这个职位呢，还是在我身上？如果荣华在令尹这个职位，那就与我无关了。如果荣华在我身上，那就与令尹这个职位无关了。”其实真正的荣华在我，在于内心的高贵和富足。自性本心之中具有一切了。

孙叔敖又说道：“我正在悠闲自得呢，刚好有空去四顾遐想。哪里有多少工夫去考虑人的高贵还是卑贱呢！”孙叔敖在官场沉浮，起起落落。爵位和俸禄不入于心，所以能够如此。

15. 古之真人

【原文】 仲尼闻之曰：“古之真人，知者不得说，美人不得滥，盗人不得劫，伏戏、黄帝不得友。死生亦大矣，而无变乎己，况爵禄乎！若然者，其神经乎大山而无介，入乎渊泉而不濡，处卑细而不惫，充满天地，既以与人，己愈有。”

【注释】 孔子听到了孙叔敖如此说，听闻了孙叔敖三起三落而不悲不喜，他就说道：“上古的真人，即使是再有智慧的人都不能游说得了。”什么是真人呢？有真心的人称之为真人。真人已经恢复本心，如同婴儿般天真无邪了。由于已经恢复本心，有良知良能，不管别人如何游说，如何用花言巧语都不为所动了。

孔子又说道：“再美丽妖艳的美女，也不会令其淫乱；强盗也不能劫持他，正所谓威武不能屈。”

孔子又说道：“即使是伏羲、黄帝这样的圣人，也不能与他交朋友。”

孔子又说道：“死生的事情算是最大的了，即使是如此大事，都不能改变其本性，更何况是爵位和俸禄呢！”

孔子又说道："像这样的真人，他的精神遨游经过泰山，也不会被阻碍。"泰山如此之大，都不会阻碍他，更何况是爵位和俸禄呢？

孔子又说道："即使潜入深渊，也不会被沾湿。"真人心无所住，不会粘滞于外物。

孔子又说道："虽然身处卑贱、低微的低微而不会感到困苦。"传说孙叔敖被楚王发现，并授予官职之前和老母亲一起在海边住。庄子穿着打补丁的粗布衣服，穿着破鞋子，可是一点都不感到困苦。

孔子又说道："真人的心无所不包，无所不容，充满天地。付出给别人越多，自己就越富有。"《道德经》中讲，圣人不积，既以为人，己愈有；既以与人，己愈多。

16. 凡亡者三

【原文】楚王与凡君坐，少焉，楚王左右曰凡亡者三。凡君曰："凡之亡也，不足以丧吾存。夫'凡之亡不足以丧吾存'，则楚之存，不足以存存。由是观之，则凡未始亡而楚未始存也。"

【注释】楚王和凡国的国君坐在一起。凡国是小国，而楚国为大国，楚国早有吞并凡国的野心。

没多长的时间内，楚王的左右近臣就报告了三次，说凡国已经亡国了。

凡国国君见此情形，就说道："即使凡国真的灭亡了，不足以丧失我的本性。"

他又说道："'我既然说凡国即使灭亡了，不足以丧失我的本性'，也就是说，楚国即使没有灭亡，不足以使得我的本性存在。"

他又说道："由此看来，凡国一开始就未曾灭亡；而楚国一开始未曾真正存在。"人有人的气血，邦国也有邦国的气数；人有中年，国有中兴；人无生无死，邦国也是无灭亡无存在的。

第十五章　知北游

1. 无思无虑

【原文】知北游于玄水之上，登隐弅之丘，而适遭无为谓焉。知谓无为谓曰："予欲有问乎若：何思何虑则知道？何处何服则安道？何从何道则得道？"三问而无为谓不答也，非不答，不知答也。知不得问，反于白水之南，登狐阕之上，而睹狂屈焉。知以之言也问乎狂屈。狂屈曰："唉！予知之，将语若，中欲言而忘其所欲言。"知不得问，反于帝宫，见黄帝而问焉。黄帝曰："无思无虑始知道，无处无服始安道，无从无道始得道。"

【注释】名字叫知的人向北游历到玄水岸边。

登上名字叫隐弅的山丘，刚好在那里遇见名字叫无为谓的人。

庄子给两个人起的名字是有寓意的。北方代表幽冥之地，玄水，代表玄，也就是道。知，代表着智巧，也就是识。智巧如果回归于幽冥之境，也就是大道之乡。在大道之乡，也就无为而治了，所以起了无为谓这个名字。

知就对无为谓说道："我想请教你一些问题：怎样思索怎样考虑才能知晓大道呢？如何居处，如何行事，才能安于道呢？依从什么，走哪条路能够通往大道呢？"

知问了他好几次，无为谓都不回答。并不是不想回答，而是不知如何回答。并不是不知道答案，而是即使告诉知了，知也无法理解和接受，所以干脆不说了。此道离语言文字相，并不是跟谁都可以谈论大道的。

知不管怎么问，都得不到回答，就返回白水的南岸。北方为玄，南方为显明。形而上者谓之道，北方为玄；形而下者谓之器，南方为显明。

登上了名字叫狐阕的山丘。狐阕，阕疑。在没有得道的时候，必然是会怀疑的。《道德经》中讲，上士闻道，勤而行之；中士闻道，若存若亡；下士闻道，大笑之。不笑不足以为道。

在山丘上看到名字叫狂屈的人。知又问狂屈同样的问题。

狂屈回答道："唉！我知道的，可是将要告诉你的时候，心中想说，却忘记所想的话了。"

知还是得不到回答，返回黄帝的住所。他见到黄帝，就问黄帝同样的问题。

黄帝回答道："没有思索，没有考虑的时候方能知晓大道。"无思无虑，也就是回归于喜怒哀乐未发之中。如此用功久了，就能顿悟而得道。

黄帝又说道："没有刻意要求居处，随遇而安；没有刻意去有为行事，方能安于大道。"颜回一箪食一瓢饮，身居陋室，安贫乐道。

黄帝又说道："没有依从什么，以自性本心为依归；如果要向外求索一条有形的通往大道的路，这是无法找到的，忘却向外求道，如此方能得道。"佛陀圆寂之前，阿难极其难过。佛陀安慰他说，以后以自性本心为依归。每个人的自性本心即是道。大道为形而上的，看不见有具体形象。无道方能得道，如果向外寻求一条通往大道的路，这是很难找得到的。古代有位得道高人，他得道以后写了一首诗：蓬莱此去无多路，只在谭生拄杖前。

2. 天下一气

【原文】知问黄帝曰："我与若知之，彼与彼不知也，其孰是邪?"黄帝曰："彼无为谓真是也，狂屈似之；我与汝终不近也。夫知者不言，言者不知，故圣人行不言之教。道不可致，德不可至。仁可为也，义可亏也，礼相伪也。故曰，'失道而后德，失德而后仁，失仁而后义，失义而后礼。礼者，道之华而乱之首也'。故曰，'为道者日损，损之又损之以至于无为，无为而无不为也'。今已为物也，欲复归根，不亦难乎！其易也，其唯大人乎！生也死之徒，死也生之始，孰知其纪！人之生，气之聚也；聚则为生，散则为死。若死生之徒，吾又何患！故万物一也。是其所美者为神奇，其所恶着为臭腐；臭腐复化为神奇，神奇复化为臭腐。故曰，'通天下一气耳'。圣人故贵一。"

【注释】知问黄帝道："我和你知道这些事情，可是无为谓和狂屈却不知道，那到底是谁正确呢?"没有得道的人也许认为自己是正确的，得道的人是错误的。张果老倒骑驴就是提醒颠倒众生。

黄帝回答道："无为谓真正是得道的。"无为谓居于北方玄冥之地，也就是大道之乡。

黄帝又说道："狂屈近似于得道；我和你始终都不能近于道。"黄帝既然能够讲出上面那几句话，就足以证明已经得道了。黄帝曾经向广成子求道而得道。

黄帝又说道："得道的人不说，说的人不得道。因为真正得道的人，就知道不能随便对什么人都说，如果对方没有机缘接受，效果刚好相反。所以说，圣人行不言之教。"《道德经》中讲，知者不言，言者不知。

黄帝又说道："大道不可以靠言传而获得。德性不失去，本有明德不失去，就可以称之为有德。德性不能靠评说就可以达到，德性本来人人都有。"黄帝能够讲出此话，足可见前面是谦虚的，他在接引知。把自己摆在跟他对等的位置讲道，循循善诱，更容易接受。

黄帝又说道："仁有所作为了，不是无为。"仁爱以天地万物为一体，不得不爱。仁是有所为的，不是无为的。上等的仁不刻意为仁，下等的仁是刻意为仁，以博取仁爱美名。

黄帝又说道："讲道义已经有所亏了，光讲义气，已经不是完整的道了。"

黄帝又说道："礼是崇尚往来的，既然往来就会有所伪诈。"黄帝一下子把道德仁义礼都给讲完了。

黄帝又说道："所以说，'失去大道而仅有德性，失去德性而后存有为的仁爱，失去仁爱而后有义气，失去道义而后有礼。所谓的礼，只是道的荣华罢了，只是显示在外的表面的东西罢了。礼只是枝叶，而道德是树根。礼说得严重一点，是造成祸乱的罪魁祸首了。'"《道德经》中讲，失道而后德，失德而后仁，失仁而后义，失义而后礼。夫礼者，忠信之薄而乱之首。

黄帝又说道："所以说，'为道的人是每天都损失一些固有的知见，不断地损之又损，把知见丢失差不多，束缚就解脱差不多了。以至于大道无为的状态。如果能够达到无为的状态，如果能够得道了，就没有什么做不到的了。'"王阳明先生得道了，就可以一通百通了。《道德经》中讲，为学日益，为道日损。损之又损，以至于无为。无为而无不为。

黄帝又说道："当今世人已经失去本性，一心只是追求物欲，已经被物欲遮蔽得严严实实。如果要恢复其本性，不是很困难了吗！"

黄帝又说道："如果说容易的，只有真正的大人才可以！"什么是大人呢？有大心的人才能称之为大人。大人并不是官位有多高，年龄有多大。一个小孩如果有大心，可以称之为大人。一个老人如果只有小心，只能称之为小人。《道德经》中讲，吾言甚易知，甚易行；天下莫能知，莫能行。

黄帝又说道："生是死的同伴，生死相伴，无生就无死，无死就无生。正如无善就无恶，无长就无短。死是生的开始，又有谁能够知晓其中的纲纪呢！"生死都归于一，善恶都归于一，喜怒都归于一，而一归于道。

黄帝又说道："人之所以有生，只是由于血气的聚集罢了。血气聚集，就不得不生；血气散尽了，人就死去了。"社稷也是如此，社稷也有气数，如果气数尽了，也就改朝换代了。

黄帝又说道："如果死生本来都是同伴，本来都是一起的，我又有什么忧患呢！"古人看月亮有圆有缺，所以有欢喜也有忧虑。如果知晓月亮本来就是一整个的，就没有什么忧患了。生死如同月亮的圆缺，本来就没有忧患。

黄帝又说道："已经明白生死之理，本来生死都归于一。万物都有生死，也归于一。"庄子前面有讲《齐物论》。天地万物本来同为一体，万物都是一体，都是归于一，此为大同。

黄帝又说道："今人都以生为神奇而赞美之，都以死为腐臭而厌恶之。"庄子前面有讲天地为一个大熔炉，人因为因缘而生出人身，就会惊奇赞美。

黄帝又说道："死的腐臭可以转化为生的神奇；生的神奇又会转化为死的腐臭。生生死死，死死生生。"我们经常讲，化腐朽为神奇，就是出于此处。

黄帝又说道："所以说，'贯通天下的，仅一气而已'。"腐臭有一气而可以转化为生；失去气就会转化为死。现代物理学中，试图用标准粒子模型，用寥寥无几的机械的粒子来描述丰富多彩的世界。如此是万万做不到的。爱因斯坦质能方程已经表明，万物都可以转化为能量，而能量就是一气。一气为万物实相，心和一气相互作用，一瞬间就产生了万种粒子。大风和大树的相互作用，一瞬间而产生了万种声音。

黄帝又说道："所以圣人以一为贵，以生死同一而不起分别心"。孔子以一贯之。一心可以分出喜怒哀乐。喜怒哀乐未发谓之中，可以归于一，归于中。

3. 黄帝知言

【原文】知谓黄帝曰："吾问无为谓，无为谓不我应。非不我应，不知应我也。吾问狂屈，狂屈中欲告我而不我告，非不我告，中欲告而忘之也。今予问乎若，若知之，奚故不近?"黄帝曰："彼其真是也，以其不知也；此其似之也，以其忘之也；予与若终不近也，以其知之也"。

狂屈闻之，以黄帝为知言。

【注释】知对黄帝说道："我问无为谓，无为谓没有回答我。并不是他刻意不回答我，而是不知如何回答我。"

知又说道："我问狂屈，狂屈心中想告诉我，可是却不告诉我。并不是刻意不想告诉我，而是心中想说，可是却忘言了。"

知又说道："现在我问你，你却知晓大道，为何说不能近于大道呢?"知刚好帮我们问黄帝这位问题了。

黄帝回答道："无为谓真是知晓大道的，正是由于无知无识，已经归于一了；狂屈似乎知晓大道，可是却忘道了，忘言了，只可意会不可言传；我和你终究不能接近大道，只是停留在智巧，停留在言语层面罢了。”可以言说的就不是真正的大道了。但是大道又离不开言说，离开言说又无法表达。

狂屈听了黄帝这番话，认为黄帝是真正了解大道的了。最后以狂屈收尾，而不是无为谓。狂屈还停留在多知多闻的层次，还不能处于无为。

4. 天地大美

【原文】天地有大美而不言，四时有明法而不议，万物有成理而不说。圣人者，原天地之美，而达万物之理。是故至人无为，大圣不作，观于天地之谓也。

今彼神明至精，与彼百化。物已死生方圆，莫知其根也。扁然而万物，自古以固存。六合为巨，未离其内。秋豪为小，待之成体。天下莫不沉浮，终身不故。阴阳四时运行，各得其序。惛然若亡而存，油然不形而神，万物畜而不知。此之谓本根，可以观于天矣！

【注释】天地有大美而不言。天地有长养万物的功德，有大的美德，可是却不言说。如果停留在言语、智巧层面，就能知晓大道。天地不言说，就近于大道了。跟上文衔接很紧密。

四时有明法而不议。春夏秋冬四时分明，春生夏长秋收冬藏，都有明确的规律，可是不拟议就已经明确了。不靠条文法令、不靠言说。世人治国，还需要有许多礼法。

万物有成理而不说。一物必有一理，万物都有生死的道理，可是却不用言说。

圣人者，原天地之美，而达万物之理。圣人能够本于天地之美，效法天地大美无言，行无言之教。圣人能够通达于万物之理，能够穷尽万物的天理。圣人回归于本心，就可以穷尽万物的天理了。

是故至人无为，大圣不作，观于天地之谓也。所以说至德的圣人无为而治，大圣人不会刻意有所作为，只是观察体会天地，效法天地罢了。

今彼神明至精，与彼百化。今圣人精神明彻，圣人的本心已经恢复，如同明镜照天照地，如同真金至精至纯，与万物一同变化无穷。

物已死生方圆，莫知其根也。万物方生方死的变化，一气要生不得不生，一气散去要死不得不死。万物不断地生死轮回而不知为何生死。万物一会是方的，一会是圆的，外在形象不断地变化，可是却不知道为何如此变化。前面庄子发问，是否有一真正主宰呢？如果说有主宰，不如说是每个人的自性本心。

扁然而万物，自古以固存。万物翩翩然而变化无穷，方生方死，自古都是如此，无时无刻都在变化。

六合为巨，未离其内。天地四方虽然巨大无穷，但是却未能离开千变万化的大道。

秋豪为小，待之成体。秋毫虽然很小，但是也要待到一气而成形体。秋毫那么小的物体，也离不开此道。不管是电子、中微子，也都离不开此道。可以用此道破解量子理论的秘密。观测中微子的一瞬间，心和中微子实相相互作用，创造了中微子。所以改变观测条件，就会有不同的震荡状态，目前发现中微子有三种震荡状态。中微子的震荡并不是观测之前就存在，而是一瞬间而产生的。

天下莫不沉浮，终身不故。天下万物无不沉浮，无不消长，永远变化常新。新故相推，日生不滞。天下万事万物的消长变化，可以用卦象和六爻清楚表示。

阴阳四时运行，各得其序。阴阳四时的运行，各有各的秩序，互相不会违背。

惛然若亡而存，油然不形而神，万物畜而不知。大道恍惚（惛然）若存若亡，大道无形无相，如果要刻意去找，还未必能够找得到。看也看不见，抓也抓不住，听也听不到。大道没有形迹，似乎神妙莫测。大道滋养万物，而万物却不知是大道的功德。贤德的君主滋养万民，百姓却不知是他的功德。慈爱的父母养育子女，子女却不知是父母的功德，不知吃了多少苦。等到自己去养育子女，方知父母的不容易。

此之谓本根，可以观于天矣。大道才是大本，才是天地万物之根。抓住了此根本，就可以俯仰观天地了。有此根本，就可以知天下兴衰了。

5. 新生之犊

【原文】啮缺问道乎被衣，被衣曰：“若正汝形，一汝视，天和将至；摄汝知，一汝度，神将来舍。德将为汝美，道将为汝居，汝瞳焉，如新生之犊而无求其故！”

言未卒，啮缺睡寐。被衣大说，行歌而去之，曰：“形若槁骸，心若死灰，真其实知，不以故自持。媒媒晦晦，无心而不可与谋。彼何人哉！”

【注释】啮缺向被衣问道。被衣说道：“你要端正形体，行得端，坐得正。纯一你的视听，非礼勿看，非礼勿听，管住六根城门。如此物欲就不会随便从城门进出，污染本心了。”

被衣又说道："如果能够做到这一点，天道自然的和气就会到来。收敛你的心智，所谓都摄六根，把六根管住。"

被衣又说道："专一你的气度，神就能够留守于形体。"如果能够专一守静，气定神闲，就不会心猿意马。

被衣又说道："光明的德性将成为你所追求的美，而不是追求外在的形体；大道之乡将成为你的安居之所。"当然恢复了光明的德性，相由心生，外在也会变美。

被衣又说道："你似乎懵懵懂懂的，无心直视的样子（瞳焉）。如果智巧比较多，眼睛会贼溜贼溜的。你就好像是初生的牛犊，不再追求故我了！"故我是被物欲遮蔽本心的我，故我也就是小我。新我是大我，具有大爱之心。

被衣的话还没有说完，齧缺就睡着了。被衣大悦，吟着诗句离去。诗句中说道："齧缺看似睡着，其实不是睡着。听了我的话，已经当下顿悟，持一守中，入于静定。所以形体如同枯干的形骸。"正如前面呆若木鸡的故事。

被衣又吟唱道："心如同死去，仅留下灰烬一样。心已经处于如如不动，已经回归于喜怒哀乐未发之中了。"

被衣又吟唱道："齧缺已经真正听懂我所说的话了，所以不会守旧了。"心如同生锈的铜镜，要不断作致良知的功夫，去掉锈迹。

被衣又吟唱道："齧缺似乎无知无识，糊里糊涂的样子，正所谓大智若愚。他已经无有私心了，虽然说无心实则有大心。所以不可以和他谋划。他是何等人！他到底是谁呢！"已经不留恋故我，不留恋小我，已经达到无我境界了。

6. 道可得乎

【原文】舜问乎丞曰："道可得而有乎？"曰："汝身非汝有也，汝何得有夫道？"舜曰："吾身非吾有也，孰有之哉？"曰："是天地之委形也；生非汝有，是天地之委和也；性命非汝有，是天地之委顺也；孙子非汝有，是天地之委蜕也。故行不知所往，处不知所持，食不知所味；天地之强阳气也，又胡可得而有邪？"

【注释】舜问丞道："大道可以得到而拥有吗？"《清静经》中讲，既入真道，名为得道，虽名得道，实无所得；为化众生，名为得道；能悟之者，可传圣道。

丞回答道："你的身体都并非由你所有，你如何能够得到道呢？如何能够拥有道呢？"

舜听了感到很疑惑，就问道："我的身体并非我所有，那我的身体是谁拥有呢?"

丞回答道："是天地把形体暂时寄托给你的。"天地如同一个大熔炉，产生了人这个形体。我只是一个执着的概念而已，佛法称之为我执。

丞又说道："出生并非你所固有的，并不是你所能控制的，而是天地之和气所致，和气到了极致，你不得不生。你这个形体总有消散的一天，和气消散了，形体也会跟着回归于尘土了。"

丞又说道："你所具有的光明德性，并非你所有，而是上天赋予的德性。你的命也并非你所有，也都是顺应天地而生。"修行要性命双修。修性就是要明心见性，恢复本有德性。修命就是要打通经络，实现天人合一。天有五星，人有五脏。

丞又说道："子孙并非你所有，而是天地所蜕变的。"世人离开世间，以为多子多福，然而哪个是属于自己的呢?自己是天地大熔炉所出，子孙也是如此。

丞又说道："所以说，行走不知往何处去，哪里是自己的家呢?人生如同浮萍，即使是故乡，也只不过是自己的祖先多年前迁移到这个地方罢了。"

丞又说道："居处不知持守什么，不知做什么。"没有什么功利心，安居不知做什么了。出门也不知去哪里了，不像如今推崇贤人，不远万里世人都会驱车前往拜访。

丞又说道："吃东西都不知什么味道。"因为不追求美味，不追求口舌之欲，所以清淡寡欲。

丞又说道："人的身体只是天地阴阳二气和合而生罢了，又如何能够拥有呢?"

7. 澡雪精神

【原文】孔子问于老聃曰："今日晏间，敢问至道。"

老聃曰："汝齐戒，疏瀹而心，澡雪而精神，掊击而知。夫道，窅然难言哉!将为汝言其崖略：夫昭昭生于冥冥，有伦生于无形，精神生于道，形本生于精，而万物以形相生。故九窍者胎生，八窍者卵生。其来无迹，其往无崖，无门无房，四达之皇皇也。邀于此者，四肢彊。思虑恂达，耳目聪明。其用心不劳，其应物无方。天不得不高，地不得不广，日月不得不行，万物不得不昌，此其道与!

且夫博之不必知，辩之不必慧，圣人以断之矣。若夫益之而不加益，损之而不加损者，圣人之所保也。渊渊乎其若海，魏魏乎其终则复始也，运量万物而不匮。则君子之道，彼其外与！万物皆往资焉而不匮，此其道与！”

【注释】孔子问老子道：“今日你安居闲暇，向您请教大道。”

老子回答道：“你只需要诚心斋戒；疏通你的心，心被物欲所闭塞，所以需要疏通（疏瀹）；洗涤（澡雪）你的精神，使得纯净；抛弃（掊击）你所有的知见！”

老子又说道：“大道是极其深奥（窅然）的，是很难用语言文字去讲清楚的！虽然言语未能及，可是我将给你讲个大概。”《道德经》中讲，道可道，非常道；名可名，非常名。

老子又说道：“显明从昏暗中产生，黎明从黑暗中走来。无明就无暗，有明才有暗。有形的从无形中生成。形而上者谓之道，大道为形而上，为无形。形而下者谓之器，天地万物为有形的。有形的万物从无形大道中生出。”

老子又说道：“精神从大道产生，形体由精气而生，而万物由不同的形体演变而生。”庄子前面讲过，如果手臂变成雄鸡，就用来报晓。万物的形体是互相转化的。

老子又说道：“所以有九窍的是胎生，也就是人和野兽；有八窍的是卵生，也就是禽类和鱼。”不管是胎生还是卵生，不同的形体之间互相转化，生生死死，无有穷尽。

老子又说道：“大道来而没有任何形迹；往而没有边际。没有门户和房屋的限制，不管在哪里都存在大道，通行而无有粘滞。大道四通八达，广大无边。”

老子又说道：“如果能够顺应大道，四肢就强健（彊）。”如果能够顺应大道而生活，起居有常，气定神闲，就会四肢强健了。

老子又说道：“思虑通达（恂达），否则就会利令智昏。如果被物欲遮蔽了，就被堵塞了。”如果能够顺应大道，心常处于清净状态，思虑很清晰。

老子又说道：“耳聪目明。耳朵灵敏，并不是向外听到多细小的声音，而是能够听见自己的心声；目明并非看到多远的地方，而是能够见到自己的自性本心。”

老子又说道：“圣人心不会疲劳，如果被物欲所拖累就会劳累。应接外物无有固定的方式，不会刻意去喜爱，也不会刻意去厌恶。”心如明镜，物来则应，物去不留。如果照见西施，就如实反应，但是不会评价为美；如果照见东施，也会如实反应，但是不会评价为丑。

老子又说道：“天如果不得此道，无以为高；地如果不得此道，无以为广大；日月如果不得此道，无以运行不休；万物如果不得此道，就不会昌盛。这都是此道的功德！”

老子又说道："博学的人未必有真知有智慧；善辩的人未必有智慧；圣人所以断弃多见多闻。"圣人切断六根的途径，不使得外在物欲污染本心。《道德经》中讲，善者不辩，辩者不善。知者不博，博者不知。

老子又说道："增益它却不能增多，减少它却不能减少。如同大海一样，旱涝都无法改变大海。自性本心具足一切，心如大海，如同天空。圣人所保全的是光明的德性。"

老子又说道："大道渊深如同大海，旱涝无法增减；高大（魏魏乎）无比，终极而又复始，无始无终，终中有始，始中有终。如此渊深高大，所以运化万物不会匮乏。"

老子又说道："君子之道，难道是向外求取的吗！"君子之道莫向外求，心性如海。

老子又说道："万物都往归于此道，而不会匮乏，此道为万物之根本。夫物芸芸，各归其根。根本就是此道。"

8. 中国有人

【原文】"中国有人焉，非阴非阳，处于天地之间，直且为人，将反于宗。自本观之，生者，喑醷物也。虽有寿夭，相去几何？须臾之说也，奚足以为尧桀之是非！果蓏有理，人伦虽难，所以相齿。圣人遭之而不违，过之而不守。调而应之，德也；偶而应之，道也；帝之所兴，王之所起也。

【注释】老子又说道："中原有圣人，非阴非阳，已经超脱了阴阳归于一，归于道。生死互为阴阳，有无互为阴阳。超脱阴阳，就超脱了生死。"当今正处于传统文化复兴的阶段，中原会出圣人。

老子又说道："圣人生于天地之间。天地为大熔炉，圣人也权且为人身，终究会返回于宗，返回于大道。"

老子又说道："圣人返归于大道的宗本，如果从根本上来看，所谓的生，只不过是偶尔聚气（喑醷），不得不生罢了。"天下没有不散的宴席，气散的时候，人身也就散了。

老子又说道："虽然有长寿和夭折的区别，可是相差又有多远呢？"《道德经》中有相似的句法，唯之与阿，相去几何。唯和阿，都是答应的声音。声音所代表的含义可以互换。这是教世人打破语言文字相。

老子又说道："如此短暂的时间，如此肤浅的评论，如何足以评判尧桀的是非呢！"长寿和夭折互为阴阳，是非互为阴阳，实际上也是假象的，也归于同一。

老子又说道："树木所结的称为果；草本植物所结的称为蓏。花草树木所结的果实，都有理有序，先后大小不同。人伦的顺序虽然参差难齐，可是也如同牙齿排列一样，也是有理有序的。不必非得要区分是和非。"是和非之间还有无穷个层次，如同牙齿排列一样，有个渐变的过程。贫穷和富有之间还有无穷个层次，黑和白之间也是如此。是非、黑白和贫富之间还可以互相转化。

老子又说道："圣人处于人伦之间，遇到了不会避讳，过去了也不会留恋。"圣人对待君臣、父子和夫妻这些事，也要处理好。并不是完全抛弃妻子和孩子去修行，也可以如同王阳明那样，在事上磨炼。

老子又说道："调和顺应人伦，如此可以称之为德。"天道赋予人光明的德性，天道也是如此调和人道。

老子又说道："如果是随感随应，偶然而相应，如此是道。"心如同明镜，物来则应，物去不留。

老子又说道："如果能够如此顺承天命，这就是帝王所兴起的根本原因。"周虽然是边陲小国，然而文王富有盛德，成为天子。

9. 道不可闻

【原文】"人生天地之间，若白驹之过郤，忽然而已。注然勃然，莫不出焉；油然漻然，莫之入焉。已化而生，又化而死。生物哀之，人类悲之。解其天弢，堕其天袠。纷乎宛乎，魂魄将往，乃身从之。乃大归乎！不形之形，形之不形，是人之所同知也，非将至之所务也，此众人之所同论也。彼至则不论，论则不至。明见无值，辩不若默。道不可闻，闻不若塞，此之谓大得。"

【注释】老子又说道："人生在于天地之间，如同白驹过隙（郤），只是忽然就过去了。"

老子又说道："万物生出的时候，勃然而生，如同江流奔注于大海，其势不可阻挡；万物消逝的时候，如同泼出去的油，散落一粒粒，归于虚无（漻然），无不归于尘土。"万物生出而后入于尘土，如同白驹过隙。人也是如此。

老子又说道："已经变化而生出，又变化而死去。还在生存的生物就会哀怜死去的；活着的人又会为死去的人感到悲伤。"

老子又说道："生物和人的死去，如同解开天弓的弓袋（天弢，放弓的弓衣），如同毁坏了天衣的衣囊（天袠）。"人的死去打破了所有的束缚，袋子和衣囊只是比方，如此又有什么好悲哀的呢？然而千万不可以因此而轻生，真正的解脱是活着解脱，真正的成就是活着成就。

老子又说道："人死去的时候无拘无束地离去了，魂魄先逝去，身体也随之。”纷乎，纷然而没有约束；宛乎，宛然而超乎物象之外，归于形而上的道。

老子又说道：“如此是归于太虚了！”修道要知晓人身的珍贵，要借假修真。珍惜活着的机会，抓紧修行。死去并不是说归于大道了。修行人所追求的应该是活着的时候成就。

老子又说道：“人从无形到有这个形体，又从形体到无形，这是人所共知的事情。但是这并非将要达道的人所追求的。这只是人们所共同讨论的话题罢了。”达道的人所讨论的是形而上的事情。形而上者谓之道，形而下者谓之器。

老子又说道：“如果已经至于道了，就不会再去讨论了，因为如人饮水冷暖自知。如果还在讨论，说明还有疑问，所以就还没有得道。”

老子又说道：“在明显的地方不会遇见（无值）达道，大道在隐微之处。然而并非大道本身隐微，而是世人本有的良知被物欲所遮蔽罢了。正所谓一叶障目不见泰山。大道实则易见易知，只是世人莫能见莫能知罢了。”

老子又说道：“与其去辩论大道，不如保持沉默。所以说沉默是金。”大道离语言文字，并非语言文字所能完全表达清楚。《道德经》中讲，正言若反。真正载道的文字似乎是荒谬的，不合情理的。

老子又说道：“大道是不能听闻的，既然不能听闻，还不如把耳朵给堵塞好了。非礼勿听，非礼勿视，莫向外求，而反求于自己的本心。如果能够见到自性本心，就可以说是真正的得道了。”

10. 道在屎尿

【原文】东郭子问于庄子曰：“所谓道，恶乎在？”庄子曰：“无所不在。”东郭子曰：“期而后可。”庄子曰：“在蝼蚁。”曰：“何其下邪？”曰：“在稊稗。”曰：“何其愈下邪？”曰：“在瓦甓。”曰：“何其愈甚邪？”曰：“在屎溺。”东郭子不应。

庄子曰：“夫子之问也，固不及质。正获之问于监市履狶也，每下愈况。汝唯莫必，无乎逃物。至道若是，大言亦然。周徧咸三者，异名同实，其指一也。尝相与游乎无何有之宫，同合而论，无所终穷乎！尝相与无为乎！澹而静乎！漠而清乎！调而闲乎！寥已吾志，无往焉而不知其所至，去而来而不知其所止，吾已往来焉而不知其所终。彷徨乎冯闳，大知入焉而不知其所穷。物物者与物无际，而物有际者，所谓物际者也；不际之际，际之不际者也。谓盈虚衰杀，彼为盈虚非盈虚，彼为衰杀非衰杀，彼为本末非本末，彼为积散非积散也。”

【注释】东郭子问庄子道：“所谓的道，存在于哪里呢?”庄子回答道：“无所不在。”东郭子听了着急了，庄子这么回答就像没有回答，他又问道：“道到底确定是在哪里呢?”庄子回答道：“在蝼蛄和蚂蚁那里。”东郭子听了有疑问，又问道：“为何道如此卑下呢?”庄子回答道：“道在稊稗。”稊，杂草，实就像是小米。稗，形状像水稻，是水稻的害草。

东郭子又问道：“为何道更加卑下了呢?”蝼蛄和蚂蚁起码是动物，庄子再说的时候，就变成草木了。

庄子回答道：“道在砖（甓）瓦。”东郭子又问道：“为何道更加卑下了呢?”庄子来了一句更绝的，他干脆回答道：“道在屎尿。”东郭子听了默不作声了。东郭子也许感觉被庄子作弄了。

庄子看东郭子没有反应，怕他误解了，就说道：“先生你刚才所问，本来就没有触及大道的本质。”庄子很认真地回答。

庄子又说道：“（主管饮射的官员）司正和司获向（主管市场的官员）监市问，如何用脚踩猪而知道猪的肥瘦呢？监市就告诉他们说，要往下踩，越往下踩一直到猪腿那里，猪腿的肥瘦就知道猪的肥瘦了。”此道已经圆融贯通了，对于猪都圆融通达了。这也是为何庄子说那句话的缘故，道在屎尿。在屎尿中都有大道的形迹，如此可见大道无处不在了。

庄子又说道：“你不必非要限定大道在何处，天下没有一物不存在大道的形迹。”一物必有一理。

庄子又说道：“大道本来就是如此的，无所不在。用再大的言论，再高明的言论来说明，也不过如此的。”庄子的意思是说，我的话虽然很粗糙，可是理不糙。

庄子又说道：“周、徧（遍）和咸三个字，虽然名字不同，可是实质是相同的，都归于一。”庄子这里教世人离语言文字相。印度梵文有个道字，拉丁文有个道字，汉语有个道字，可是都是指向一个同样的道。一花一世界，一叶一菩提。语言文字也是一个小宇宙。

庄子又说道：“让我们尝试着一起遨游于无所有的大道之乡，天地万物同合于一体的大论，如此是无有穷尽的!”

庄子又说道：“试着让我们一起率性而无为吧!”《大学》中讲，率性之谓道。以自性本心为率先，为指引，而不是以物欲为率先，如此就是道了。

庄子又说道：“澹然而清静！寂寞而清静！调和而闲舒！”在大道之乡就是如此美妙!

庄子又说道：“如果能够如此，我的心志已经静寂了。往外去，也不知去哪里了。去而复来又不知在哪里止步。我已经往来于大道之乡，而不知有所穷尽。”

庄子又说道："徜徉于虚无广大（冯闳）的大道之乡，即使是有大智慧的人入于大道也不知哪里是穷尽。"

庄子又说道："主宰万物的大道和万物同为一体，无边无际。然而，对于具体一物而言，各有各的边际，就是所谓的物的边际。"天有天边，海有海岸。宇宙的实相是无内无外的。

庄子又说道："大道在万物之中没有边际，要去找很难找得到。然而，对于得道的人，就可以随处见到大道的边际，一物必然有一理。虽然显得有边际，可是大道实则没有任何边际和形迹，无一物可得。"

庄子又说道："我们说盈满、亏虚、衰败、肃杀。大道可以使得万物盈满和亏虚，可是大道本身并不随其变化。大道如同大海，不管是旱涝都不会变化。大道使得万物衰败和肃杀，但是大道本身不会变化。大道使得万物有本有末，可是大道本身却无内无外，无本无末。大道使得万物有积聚和消散，而大道本身不会变化。"

11. 论道非道

【原文】 妸荷甘与神农同学于老龙吉。神农隐几阖户昼瞑，妸荷甘日中奓户而入曰："老龙死矣！"神农隐几拥杖而起，嚗然放杖而笑，曰："天知予僻陋慢訑，故弃予而死。已矣夫子！无所发予之狂言而死矣夫！"

弇堈吊闻之，曰："夫体道者，天下之君子所系焉。今于道，秋豪之端万分未得处一焉，而犹知藏其狂言而死，又况夫体道者乎！视之无形，听之无声，于人之论者，谓之冥冥，所以论道，而非道也。"

【注释】 妸荷甘、神农一起向老龙吉学道。老龙吉为怀道的人。

神农在大白天关着门，依靠着几案打瞌睡。妸荷甘中午的时候，推开（奓）房门进来，说道："老龙老师已经死去了！"

神农依靠着几案，扶着拐杖起来，咚的一声（嚗然），把拐杖放下，就大笑起来，他说道："上天知道我鄙陋放浪（慢诡），所以老师弃我而死去了。完了！先生没有给我留下修道的法门就走了！"弟子们总以为师父没有教完绝招，实则已经全部说完了，修行得靠弟子努力了。王阳明先生临终遗言：此心光明，亦复何言！

弇堈吊听闻了此事，就说道："所谓得道的人，是天下的君子所归依的宗主，如同小舟所系靠之处。"孔子教弟子们要修君子儒，有志于道；而不要修小人儒，有志于功名。

弇堈吊又说道："老龙对于道而言，只是秋毫那么细的末端都没有到万分之一，如此细微的成就，尚且知道藏住真言而死去，更何况是真正的得道的人呢！”康有为老师朱九江先生在临终的时候，将其毕生所作，付之一炬。

弇堈吊又说道：“大道无形无相，所以看它见不到任何形象，听它听不到任何声音。正所谓大音希声，大象无形。在人面前谈论大道，只能称之为冥冥。所以说，用言语谈论的大道，并非真正的大道。”虽然这么说，但是言语和文字当中，也有大道的形迹。既然屎尿中都有，语言和文字当然更加有了。

12. 不知之知

【原文】于是泰清问乎无穷曰：“子知道乎？”无穷曰：“吾不知。”又问乎无为。无为曰：“吾知道。”曰：“子之知道，亦有数乎？”曰：“有。”曰：“其数若何？”无为曰：“吾知道之可以贵，可以贱，可以约，可以散，此吾所以知道之数也。”

泰清以之言也问乎无始曰：“若是，则无穷之弗知与无为之知，孰是而孰非乎？”无始曰：“不知深矣，知之浅矣；弗知内矣，知之外矣。”于是泰清中而叹曰：“弗知乃知乎！知乃不知乎！孰知不知之知？”

无始曰：“道不可闻，闻而非也；道不可见，见而非也；道不可言，言而非也。知形形之不形乎！道不当名。”

无始曰：“有问道而应之者，不知道也。虽问道者，亦未闻道。道无问，问无应。无问问之，是问穷也；无应应之，是无内也。以无内待问穷，若是者，外不观乎宇宙，内不知乎大初。是以不过乎昆仑，不游乎太虚”。

【注释】于是，泰清向无穷问道：“你知晓大道吗？”无穷回答道：“我不知。”又向无为问道。无为回答道：“我知道。”他又问道：“既然你知晓大道，那大道有名数吗？”无为回答道：“有。”

又问道：“名数是怎么样的呢？”无为回答道：“我知晓，大道可以贵不可言，可以卑贱，可以聚合，可以离散，这是我所知晓的大道的名数。”贵贱互为阴阳，合散互为阴阳。大道可以分为阴阳，而阴阳又可以归于大道。

泰清将问无穷、无为的情况，再去问无始道：“如此看来，我问无穷，无穷却不知，而无为却知晓，到底谁是谁非呢？”看来他还是没有把握，不知道哪个水平更高一些。

无始回答道：“无穷虽然说不知大道，此则知晓大道很玄深了；无为虽然说知道，此则知晓大道很浅。如果说不知，则属于内行的了，是真正知道的。如果说自己知道了，则属于外行了，在道之外了。”

于是泰清听了，就由衷地感叹道：“不知才是真知！知才是不知！又有说能够知道不知之知呢？”世人都知道神，又有谁知道不神之至神呢？古希腊著名哲学家苏格拉底有关于不知之知的精彩论述。苏格拉底说，我比别人多知道一点，就是我知道自己的无知。《道德经》中讲，知不知，尚矣；不知知，病也。

无始又说道：“大道不可听闻，听闻的就并非真正的大道。大道不可看见，看见的就并非真正的大道。大道不可言说，言说的就并非真正的大道。”

无始又说道：“如此就知晓形成万物形体的是没有形体的大道！大道不应当有名字，之所以起这个名字只是勉强罢了。”《道德经》中也讲，强名曰道。勉强起了个名字为道。

无始又说道：“如果别人问道，而用言语去回应的，不是真正的知晓大道。”无穷说不知，而无为说知，无穷知晓大道程度更深一些。虽然大道不能用言语回应，但是也可以勉强用言语来比方，来解说。如果不能用言语，庄子洋洋洒洒这么多文字都白写了。庄子所写，都是载道的文字。特别是本章节，属于往北道遥游于玄冥之地，更是有许多关于大道的精彩论述。

无始又说道：“虽然问道，可是由于没有言语回应，所以也没有闻道。如果有言语回应，则那个人也未必知道，所以也没有闻道。”

无始又说道：“大道是不能问的，问了也不能用言语回答。”

无始又说道：“大道不能问，可是勉强去问，这个问题是没有意义的。大道不能回答，如果勉强回答了，是由于内在没有真正印证大道，不能得道的。”

无始又说道：“一个没有内在得道的人，面对一个没有太大意义的问道的问题，如此是很尴尬的。如此两者，在外不能观察宇宙现象，在内不能知晓太初的大道，知晓宇宙的本源。”爱因斯坦相对论所描述的，只是观察宇宙的现象，并非宇宙的实相和本源。

无始又说道：“如此就不能超过昆仑之巅，不能遨游于太虚大道之乡。”大道不可见，不可闻，不可言，不可知，不可名，不可问，不可应。

13. 未能无无

【原文】光曜问乎无有曰：“夫子有乎？其无有乎？”光曜不得问，而孰视其状貌。窅然空然，终日视之而不见，听之而不闻，搏之而不得也。

光曜曰：“至矣，其孰能至此乎！予能有无矣，而未能无无也；及为无有矣，何从至此哉！”

【注释】光曜问无有道：“先生是有的呢？还是没有的呢？”光曜得不到回

答，而仔细观察无有的状貌。无有实则是大道。

可是无有的外貌，似乎空空的无所有的样子（窅然）。终日看它，都看不见，听它也听不见，抓取它也抓取不到。

光曜说道："已经是至道了，有谁能够至此境界呢！"

光曜又说道："我能有无，而不能没有无。我能无为，而不能无无为。连无的束缚，无为的束缚都要去掉。"修道需要佛法，连佛法的执着也要去掉。佛法就好像是治病的药，连治病的药也不能执着。六祖曾经说过，法尚应舍，何况非法。《道德经》中讲，视之不见名曰夷。听之不闻名曰希。搏之不得名曰微。

光曜又说道："可是只是到了无有的程度，连无无都没有到达，如何能够至此大道之乡呢！"

14. 不用之用

【原文】大马之捶钩者，年八十矣，而不失豪芒。大马曰："子巧与！有道与？"曰："臣有守也。臣之年二十而好捶钩，于物无视也，非钩无察也。是用之者，假不用者也以长得其用，而况乎无不用者乎！物孰不资焉！"

【注释】大司马的属下有一个善于锻打宝剑的能工巧匠。虽然已经有八十岁高龄了，可是所锻打的宝剑的锋芒却不差丝毫。

大司马问道："你的手艺真是很精巧！里面有什么门道吗？"

工匠回答道："臣有所持守的锻剑门道。臣下从二十岁开始就特别爱好锻打宝剑。对于其他东西都不会多看一眼，如果不是宝剑我是不会去观察的。"只是专心致志在锻打宝剑上。

工匠又说道："所谓的有用，也就是技巧，是凭借不用才能有用。更何况不用，无不用本身呢！用和不用互为阴阳，连不用都要去掉，如此就近于道了。"

工匠又说道："万物之中又有说不靠大道资助呢！"有用要靠无用来资助。大道是无用之大用。

15. 无古无今

【原文】冉求问于仲尼曰："未有天地可知邪？"仲尼曰："可。古犹今也。"冉求失问而退，明日复见，曰："昔者吾问'未有天地可知乎？'夫子曰：'可。古犹今也。'昔日吾昭然，今日吾昧然，敢问何谓也？"仲尼曰：

“昔之昭然也，神者先受之；今之昧然也，且又为不神者求邪！无古无今，无始无终。未有子孙而有子孙；可乎？”冉求未对。

仲尼曰：“已矣，未应矣！不以生生死，不以死死生。死生有待邪？皆有所一体。有先天地生者物邪？物物者非物。物出不得先物也，犹其有物也。犹其有物也，无已。圣人之爱人也终无已者，亦乃取于是者也”。

【注释】冉求问孔子道：“没有天地之前的情况，可以知晓吗？”孔子回答道：“可以的。古代犹如当今。”古今一理，无古无今。

冉求没有再继续问，而退下去了。第二天又来见孔子，问道：“昨天我问‘没有天地之前的情况，可以知晓吗？’先生回答道：‘可以。古代如同当今。’昨天我一开始还是很明白的，可是今天我却糊涂了，敢问这是为何呢？”

孔子回答道：“昨天你明白，这是由于心神先领受了，也就是仅仅停留在意识层面的；现在却有糊涂了，这是由于不神所求证的，也就是本心在求证！”世人只是知道神，而不知道不神之至神。

孔子又说道：“本来是无古无今，无始无终的。”时间只是人类认知的一种错觉罢了。《金刚经》中讲，过去心不可得，现在心不可得，未来心不可得。

孔子又说道：“如果没有子孙而能生出新的子孙来，能不能呢？”古代都没有，如果生出当今呢？开始都没有，如何生出终结来呢？冉求听了没有说话。

孔子又说道：“算了吧，不用回答了！前面讲无古无今，无始无终，对于生死也是如此，无生无死。如果连生都没有，如何生出死来呢？如果连死都没有，如何生出生来呢？”

孔子又说道：“生和死有对待分别吗？生死本来为一体的。”生死如同月亮的盈缺。世人看月亮似乎有圆有缺，可是只是假象而已，月亮随时都是一整个的。对于生死也是如此。

孔子又说道：“先于天地所生的是物体吗？主宰万物的并非有形的外物了，而是无形的大道。”

孔子又说道：“要生出万物，可是不能找到最先的那个物。最先的那个物是找不到的，只能找到无形的大道。大道似乎有物，实则无一物。虽然没有一物，可是却能不停地生出万物。”

孔子又说道：“圣人爱世人，似乎无形无物，可是却能够光耀世间无有停息，这也是效法大道。”庄子的光辉照耀两千多年了。

16. 至言去言

【原文】 颜渊问乎仲尼曰："回尝闻诸夫子曰：'无有所将，无有所迎。'回敢问其游。"

仲尼曰："古之人，外化而内不化，今之人，内化而外不化。与物化者，一不化者也。安化安不化？安与之相靡？必与之莫多。狶韦氏之囿，黄帝之圃，有虞氏之宫，汤武之室。君子之人，若儒墨者师，故以是非相齑也，而况今之人乎！圣人处物不伤物。不伤物者，物亦不能伤也。唯无所伤者，为能与人相将迎。山林与，皋壤与，使我欣欣然而乐与！乐未毕也，哀又继之。哀乐之来，吾不能御，其去弗能止。悲夫，世人直为物逆旅耳！夫知遇而不知所不遇，知能能而不能所不能。无知无能者，固人之所不免也。夫务免乎人之所不免者，岂不亦悲哉！至言去言，至为去为。齐知之所知，则浅矣。"

【注释】 颜渊问孔子道："颜回我曾经听闻先生说过，'物走的时候，不要有所送；物来的时候，不要有所迎。'颜回敢问，如何游心于物呢？"前面有讲过不将不迎。对于外物来的时候，不提前浮想联翩，不去迎接；对于外物走的时候，心没有粘滞，不会舍不得。心如明镜一般，物来则应，物去不留，如此而已。

孔子回答道："古代的人，在外能够随物而变化，能够顺应人伦，而内在没有变化，能够保持本真，保有光明的德性。当今的人就不同了，内在发生变化了，本真已经迁改了，而外在却不能随物而变化，还要拘泥于古。"

孔子又说道："古代随外物变化的人，内在本真却一成不变。"

孔子又说道："什么是变化的，而什么是不变的呢？所不变的是每个人本有的明德，本有的光明的德性，本有的自性本心。所变化的是万事万物。"

孔子又说道："内心和外物如何相互磨合作用呢？"苏东坡有一首琴诗。如果琴上有琴声，为何放在匣子里不自鸣呢？如果手指上有琴声，为何不在手指上听呢？手指对应于心，琴对应于实相，心与实相作用的一瞬间，创造了万事万物。由此可见，万事万物如乐曲一样，如梦如幻。

孔子又说道："既然自性本心不变，外物必然不能使得它增多，也不能使得它变少。"自性具足一切，本心无所不包无所不容。自性如大海，旱涝都不能有所变化。

孔子又说道："随着时代的变迁，世道日益衰落，人所居处的地方越来越狭小，心所居之处也越来越狭小。由大心变成小心，由大爱变成小爱。由大我变成小我了。远古帝王狶韦氏的苑囿很大，黄帝园圃就比苑囿小好多了，有虞氏（舜帝）的宫殿就更小了，成汤和武王的居室就更加狭小了。”当今世上，时代越进步，人们只能是生活在楼房狭小的格子里了。前面所说，外物在变化，这就是明证了。

孔子又说道：“所谓的君子，比如儒者或者墨者这类人，还因为是非而相互诋毁，更何况世代日益衰落的普通世人呢!”人心不古啊！虽然世道人心变化，可是自性本心并没有丝毫变化，只是由于自性本心上遮蔽了太多灰尘，太多的物欲罢了。

孔子又说道：“圣人与外物相处，而不会伤害外物。”

孔子又说道：“圣人忘却物欲，外物也不能伤圣人。”《道德经》中讲，盖闻善摄生者，陆行不遇兕虎，入军不被甲兵，兕无所投其角。

孔子又说道：“之所以不被外物所伤，是由于外物与人能不将不迎。”外物来的时候，不会提前去迎接，不会不择手段去获取未到的名利。外物走的时候，不会舍不得，跟着去送，名利该走就走。孙叔敖三次升职，而三次免职，都不悲不喜。

孔子又说道：“高山丛林，泽边洼地（皋壤），我对这些外物都会不将不迎，只是欣欣然很快乐的样子!”不是对名利感到快乐，名利是有缘有故的快乐；而是对自然之乐，这是无缘无故的快乐。

孔子又说道：“如果是有缘有故的快乐，就会依赖于外物，快乐还没有完毕，哀伤就会相继而来了。”

孔子又说道：“哀伤和欢乐的到来，我不能抵御，它们走的时候也无法阻止。”喜怒哀乐的变化，这并不是自性本心。虽然哀伤和欢乐都是内在的，但是也是变化无常的。什么才是真正不变的呢？那就是每个人的自性本心，每个人本有的光明德性。

孔子又说道：“真是太可悲了，世人就好像是外物所临时寄宿的旅舍罢了!”完全随着外物的变化而变化，时而哀伤，时而快乐，完全无法自主。

孔子又说道：“人只能知道所遇见的事物，而不能知道未遇见的事物。人能做自己有能力做的事，而不能做自己不能做的事情。”王阳明先生在贵州龙场悟道的时候，已经内在印证大道了。自性中具足一切。虽然没有亲眼亲耳遇见所有事物，但是却能够知万物之理了。每个人的本心都有良知良能。

孔子又说道：“无知和无能，这是常人所未能避免的。人并不是超人，对于所有的东西都能知，对于所有的事情都能去做。”然而如果能够知道自己，知道自己的自性本心，就可以知晓天底下许多的道理了，就可以具备良知良能了。

孔子又说道：“所以说，世人都务必想要做不可避免的事情，岂不是很可悲呢！每个人所知所能都是有限的，却要求自己去做。”即使是追求悟道，这也是一种欲望。

孔子又说道：“至言（载道的语言文字）要去除语言文字，也就是离语言文字相。至为（修成正道的行为），要去掉有所作为，连成道的欲望都要放下，如此才可以真正得道。”

孔子又说道：“人的所知本来就不齐全，而强要知，如此就是浅陋了。”不要往外求，而是反求自性本心。

庄子素解杂篇

第一章　庚桑楚

1. 岁计有余

【原文】老聃之役有庚桑楚者，偏得老聃之道，以此居畏垒之山。其臣之画然知者去之，其妾之挈然仁者远之。拥仲之与居，鞅掌之为使。居三年，畏垒大壤。畏垒之民相与言曰：“庚桑子之始来，吾洒然异之。今吾日计之而不足，岁计之而有余。庶几其圣人乎！子胡不相与尸而祝之，社而稷之乎？”

【注释】老子有个弟子，名字叫庚桑楚。这位弟子非常了得，偏偏得到老子的真传。由于得道了，怀此道居住在畏垒山上。在古代弟子拜师，极其敬重师父，任其劳役和驱使。

对于那些喜欢炫耀智巧、似乎明察秋毫（画然），无所不知无所不能的奴仆，庚桑楚就让他们都远离自己。

对于那些喜欢刻意标榜（挈然）仁义的侍女和奴婢，庚桑楚也让她们远离自己。

只留下了憨厚老实（拥仲）的奴仆和他住在一起，不修饰仪容（鞅掌）的侍女和奴婢供他使唤。

居住了三年，畏垒山一带获得了大丰收（大壤）。

畏垒山一带的百姓相互传话，说道：“庚桑子刚来这里的时候，我们对他的所作所为都感到很惊异。把有智巧的所谓的聪明人都遣散了，唯独留下憨厚老实的。”对于当今企业管理者而言，是不是也很有启发呢？

百姓还说道：“虽然我们每日计算有所不足，可是一整年计算却有富余。”虽然不能给百姓带来小利，可是却能带来大利益。我们投资股票的时候能否如此呢？这里蕴含着股票投资的密码。

百姓还说道：“庚桑子简直就是大圣人了！我们为何不为他设置神位而歌颂他的德政，把他当作土地神（社）和谷神（稷）来敬奉呢？”

2. 天道已行

【原文】庚桑子闻之，南面而不释然。弟子异之。庚桑子曰："弟子何异于予？夫春气发而百草生，正得秋而万宝成。夫春与秋，岂无得而然哉？天道已行矣。吾闻至人，尸居环堵之室，而百姓猖狂不知所如往。今以畏垒之细民，而窃窃焉欲俎豆予于贤人之间，我其杓之人邪？吾是以不释于老聃之言。"

【注释】庚桑子听闻了，面向南方而并不感到快乐。弟子们觉得很奇怪，按理说听到百姓的称颂，应该很高兴才是。

庚桑子说道："弟子们为何会感到奇怪呢？春生夏长秋收冬藏，春气发生而百草生长，正值秋天的时候，万物的果实自然长成。"

庚桑子又说道："春和秋，岂能没有半点功德呢？这是天道自然运行的结果。"

庚桑子又说道："我听闻至德的圣人，如同死尸一样寂寞，呆在一丈见方的室内；而普通百姓就不同了，任性放肆，不知道以什么为依归。"一堵墙为一丈宽，四面都是一丈宽，就是环堵。

庚桑子又说道："现在畏垒山的百姓（细民），私下议论纷纷的样子（窃窃焉），他们居然想把我当做贤德的圣人一样，供奉起来。"俎和豆是祭祀所用的器具，代指供奉。

庚桑子又说道："我难道能够作为人们学习的榜样吗？"人之杓，人的标准和榜样。一勺子有多少，这是有一定标准的。《道德经》中讲，不尚贤，使民不争。

庚桑子又说道："师父老子曾经教诲过我一些话，我有所违背了，所以不能释然。"《道德经》中讲，功成而弗居。

3. 千世之后

【原文】弟子曰："不然。夫寻常之沟，巨鱼无所还其体，而鲵鳝为之制；步仞之丘陵，巨兽无所隐其躯，而孽狐为之祥。且夫尊贤授能，先善与利，自古尧舜以然，而况畏垒之民乎！夫子亦听矣！"庚桑子曰："小子来！夫函车之兽，介而离山，则不免于网罟之患；吞舟之鱼，砀而失水，则蚁能苦之。故鸟兽不厌高，鱼鳖不厌深。夫全其形生之人，藏其身也，不厌深眇而已矣。且夫二子者，又何足以称扬哉！是其于辩也，将妄凿垣墙而殖蓬蒿也。简发而栉，数米而炊，窃窃乎又何足以济世哉！举贤则民相轧，任知则民相盗。之数物者，不足以厚民。民之于利甚勤，子有杀父，臣有杀君，正昼为盗，日中穴阫。吾语女，大乱之本，必生于尧舜之间，其末存乎千世之后。千世之后，其必有人与人相食者也！”

【注释】弟子听了就说道：“先生就不要过谦了。寻常（八尺为寻，两寻为常）那样的小水沟，大鱼无法回旋身体，而泥鳅（鲵鳝）却能在里面曲折回旋。”

弟子又说道：“矮小的丘陵，大的野兽无处隐藏其身躯，而妖狐（孽狐）却以为是好地方。”六尺为步；七尺为仞。

弟子又说道：“尊重贤德的人，授权于贤能的人，把利禄优先给予善人。自古以来，尧舜的时候都是如此，而更何况是畏垒山的百姓呢！先生就听任百姓吧！”

庚桑子听了，就说道：“小子你过来！嘴巴大到足以吞掉（函，通含）一辆车的野兽，如果独自（介）离开大山，则未免遭受罗网（网罟）的祸患。”正所谓，虎落平阳被犬欺。

庚桑子又说道：“嘴巴大到足以把一条船给吞下去的大鱼，如果流荡（砀）而失去水了，水变干涸了，则蚂蚁也能够让它受苦了。”《道德经》中讲，鱼不可脱于渊，国之利器不可以示人。

庚桑子又说道：“所以说，鸟兽不会厌恶山高，鱼鳖不会厌恶水深。”

庚桑子又说道：“对于保全形体和本性的真人，为了藏匿自身，是不会厌恶深远的。”如果随便被百姓推上神坛，就可能会遭遇危险了，藏得不够深了。

庚桑子又说道：“你所说的尧舜，又有什么值得赞扬的呢！”

庚桑子又说道：“像尧舜那样明辨是非、善恶和贤愚，就好像是胡乱地凿坏垣墙，而种植蓬蒿草那样愚蠢。”如果尚贤，百姓就会争贤德的美名。正所谓，水至清则无鱼。

庚桑子又说道：“像尧舜那样，就好像是挑选头发（简发）而梳理（栉）。头发那么多如何能够挑选得过来，哪几根该梳理，哪几根不该梳理。就好像数米粒而煮饭，今天几个人吃饭，要煮多少粒米。如此斤斤计较的样子，又如何能够济世呢！”有企业管理经验的人可以反思一下西方的绩效考核制度。

庚桑子又说道：“如果推举贤德，则百姓互相倾轧。百姓都想争贤德的美名，甚至不惜牺牲自己的性命。任用智巧的人，则百姓就会相互伪诈。”

庚桑子又说道：“此数种东西，也就是说尧舜所推举的东西，如此治国不足以使得百姓归于仁厚。”

庚桑子又说道："百姓对于私利是十分勤快而用心的。为了私利甚至会不择手段做出一些令人发指的事情。儿子有杀父亲的，臣下有杀君主的，大白天当盗贼的，正晌午挖墙打洞（穴阫）的。"对于贤德的美名，百姓也是如此。

庚桑子又说道："我告诉你，天下大乱的根源，必然产生于尧舜时代，它所造成的流弊将会留存到千世之后。"老子的得意门生能够预测几千年以后的事情，老子更加不得了。

庚桑子又说道："千世之后，人与人互相倾轧的情况会更加的严重，甚至会出现人吃人的事情啊！"

4. 鸡性无南北

【原文】 南荣趎蹴然正坐曰："若趎之年者已长矣，将恶乎托业以及此言邪？"庚桑子曰："全汝形，抱汝生，无使汝思虑营营。若此三年，则可以及此言矣。"南荣趎曰："目之与形，吾不知其异也，而盲者不能自见；耳之与形，吾不知其异也，而聋者不能自闻；心之与形，吾不知其异也，而狂者不能自得。形之与形亦辟矣，而物或间之邪？欲相求而不能相得？今谓趎曰：'全汝形，抱汝生，勿使汝思虑营营。'趎勉闻道达耳矣！"庚桑子曰："辞尽矣。曰奔蜂不能化藿蠋，越鸡不能伏鹄卵，鲁鸡固能矣。鸡之与鸡，其德非不同也。有能与不能者，其才固有巨小也。今吾才小，不足以化子，子胡不南见老子？"

【注释】 南荣趎是庚桑子的弟子。南荣趎似乎很惊恐的样子，端坐在那里，对自己老师说道："像南荣趎我这么大岁数的人，如何学习才能够见道呢？才能够明白你所说的话呢？"

庚桑子回答道："保全你的形体，不要因为追求名利而受伤害；抱一守中，保持本性；再就是不要使得你思虑过多而劳累。"庄子前面有讲，要无思无虑。

庚桑子又说道："按照这么做，坚持三年时间，则就可以明白此言，也就是得道了。"

南荣趎听了说道："盲人和正常人的眼睛，在外形上我看不出有什么差异，但是盲人却不能看见东西。"不能看见自己的本心，如此是真正的盲人。

南荣趎又说道："聋人和正常人的耳朵，在外形上我看不出有什么差异，但是聋人却不能听见东西。"不能自闻，不能听见自己的心声，如此是真正的聋人。

南荣趎又说道："狂人和正常人的心，在外形上我看不出有什么差异，而狂人不能阴阳平衡，所以失常了。”中医有治疗癫狂的丰富经验。

南荣趎又说道：“我的形体和你的形体并无什么不同，难道是有什么外物间隔其间吗？想要求得与你的沟通，却不能得到此言的真谛？”问得很好，正是物欲的间隔和堵塞，把沟通的渠道给堵住了。得道的真人是畅通无阻的，只是世人的本心被物欲所遮蔽罢了。如果没有物欲间隔，就是无间道。

南荣趎又说道：“现在你对我说：‘保全你的形体，抱一守中保全你的本性，不要思虑过多而劳累。’南荣趎我虽然勤勉地闻道，然而，只能达到耳朵这里罢了！”

庚桑子听了，就说道：“我的话都说完了，实际上并没有什么秘密隐瞒你。”古圣先贤慈悲世人，已经把修行的秘密全部都留给子孙后代，只是世人无法去理解公开的秘密罢了。

庚桑子又说道：“土蜂（奔蜂）不能孵化出豆叶中的大青虫（藿蠋）。越鸡（越地产的鸡，形体较小）不能孵化出天鹅蛋（鹄卵）。鲁地的大鸡就可以孵化出天鹅蛋那么大的鸡蛋了。”

庚桑子又说道：“鲁地的鸡和越地的鸡，一个是南方的鸡，一个是北方的鸡，鸡的本来德性并非没有什么不同。”鲁地有一只大鸡孔子，可以孵化天鹅蛋。六祖曾经说过，人有南北，佛性并无南北。地方有南北，鸡性并无南北。今年是鸡年，可以写关于鸡的一篇序言，格鸡致知，雄鸡报晓中土大道归来。

庚桑子又说道：“鸡的德性虽然没有什么不同，但是有能和不能的区别。才能有巨大和渺小的区别。”每个人本有的德性都相同，只是有些被物欲遮蔽多一些，有些少一些罢了。遮蔽少的良知良能就多一些，相反的良知良能就会少一些。

庚桑子又说道：“而今我的才能比较小，不足以教化你，不足以引领你入道。你为何不南下去拜见老子呢？”庚桑子把自己的老师老子比喻成天鹅了。

5. 反汝性情

【原文】南荣趎赢粮，七日七夜至老子之所。老子曰：“子自楚之所来乎？”南荣趎曰：“唯”。老子曰：“子何与人偕来之众也？”南荣趎惧然顾其后。老子曰：“子不知吾所谓乎？”南荣趎俯而惭，仰而叹曰：“今者吾忘吾答，因失吾问。”老子曰：“何谓也？”南荣趎曰：“不知乎？人谓我朱愚。知乎？反愁我躯。不仁则害人，仁则反愁我身；不义则伤彼，义则反愁我己。我安逃此而可？此三言者，趎之所患也，愿因楚而问之。”老子曰：“向吾见若眉睫之间，吾因以得汝矣，今汝又言而信之。若规规然若丧父母，揭竿而求诸海也。女亡人哉，惘惘乎！汝欲反汝情性而无由入，可怜哉！”

【注释】 南荣趎听庚桑子如此说，就担（赢）着粮食，走了七日七夜，终于到了老子的住所。古人多么尊师重道，不管路途多么遥远，都亲往求见。

老子问道："你是从庚桑楚的住所那里来的吗？"南荣趎回答道："是的"。老子又问道："那你为何和这么多人一起过来找我呢？"南荣趎听了以后，惊恐地赶紧回头看看。老子又问道："你不知道我所说的是啥意思吗？"南荣趎低着头，感到很惭愧。突然抬起头而叹息道："现在我忘记怎么样回答你，也忘记要问你的问题了。"

老子又问道："此话怎讲呢？"

南荣趎回答道："如果不用智巧吧？别人就会说我很愚钝。如果用智巧吧？反而会给我身躯带来愁苦。"朱，通铢，在楚国表示钝。

南荣趎又说道："如果不仁德，则会伤害别人。如果刻意仁德，则反而会使得身心愁苦。"

南荣趎又说道："如果不讲道义，则会伤害别人。如果讲道义，则会使我身心愁苦。"

南荣趎又说道："我要如何才能避免此种纠结的情况呢？此三句话所问，正是我所思虑不得解的，正是我的忧虑。但愿凭着庚桑楚的引荐，您能慈悲回答我。"

老子回答道："刚才我看到你的眉宇之间有忧色，我就知晓你的心思了，现在你又问三句话而更加验证了我的想法。"

老子又说道："你茫然若失的样子（规规然），就好像是丧失父母了。你茫然不知所措，就好像是举着竹竿到茫茫的大海中去寻求依归之所。如何能够找得到呢？"

老子又说道："你丧失作为人的本来性情了，多么无知啊（惘惘，无知的样子）！"人的自性本心就是每个人的家，我们离家走得太远了，太可怜了，如同迷途的羔羊。

老子又说道："你想要返回本来的性情，而却不知道如何走入自性本心的家园，真是可怜啊！"宋代著名理学家杨时曾经说过，鸡狗尚且知道要回家，更何况是人呢！老子所言，处处指归，足见圣人的慈悲胸怀。

6. 洗涤内心

【原文】 南荣趎请入就舍，召其所好，去其所恶，十日自愁，复见老子。老子曰："汝自洒濯，熟哉郁郁乎！然而其中津津乎犹有恶也。夫外韄者不可繁而捉，将内揵；内韄者不可缪而捉，将外揵。外内韄者，道德不能持，而况放道而行者乎！"

【注释】南荣趎请求老子让自己住进学舍。由此可见当时老子还是有好些弟子跟着学习。南荣趎在老子的学舍呆了十天，经过冥思苦想，反省自己。去除恶的，不好的东西；感召好的东西，留下善的东西。十天后，还是没有悟道，显得十分地愁苦，他又再去拜见老子。

老子问道："你自己洗涤（洒濯）内心，为何还郁郁寡欢，感到不快乐呢！"

老子又说道："然而我看你的心中还有恶的东西津津如流水一般流出。"老子看到他还没有洗涤干净内心。

老子又说道："外在的万事万物不可胜数，极其繁杂而纷乱，挡也挡不住，无法捉摸控制。束缚得你很难受，就干脆把内心关闭起来，强行把外物排除在外。"外韄者，外来的束缚。内揵，把内心关闭起来。

老子又说道："内在的心事缠绕（缪），纷纷扰扰，不可捉摸，不可控制，所以你就想着要把这些心事通通往外赶出去（外揵）。"

老子又说道："外来的烦恼阻挡不住；内在的烦恼驱逐不出去。如果刻意如此做，即使是得道的人都不能做到，更何况是学道而还没有得道的人呢！"心性有个奇怪的特点，只能是顺着来，不能刻意为之。心性如同牛脾气，不能按着牛喝水，牛口渴自然会喝水。对于有失眠体验的人，也许体验很深刻。如果越是想睡着，越睡着；越不想睡，就越容易睡。

7. 卫生之经

【原文】南荣趎曰："里人有病，里人问之，病者能言其病，然其病病者犹未病也。若趎之闻大道，譬犹饮药以加病也，趎愿闻卫生之经而已矣。"老子曰："卫生之经，能抱一乎？能勿失乎？能无卜筮而知吉凶乎？能止乎？能已乎？能舍诸人而求诸己乎？能翛然乎？能侗然乎？能儿子乎？儿子终日嗥而嗌不嗄，和之至也；终日握而手不挽，共其德也；终日视而目不瞚，偏不在外也。行不知所之，据不知所为，与物委蛇而同其波。是卫生之经已。"

【注释】南荣趎听了就说道："乡里的人有病，乡里人问他，生病的人能够说自己生了什么病。然而能够知道自己有病，是得了什么病，如此还不算是真正有病，并不是太可怕。"最可怕的是明明是有病，却不知道自己有病，如此就麻烦大了。明明是睡着了，以为自己很清醒，如此就麻烦了。

南荣趎又说道："比如说南荣趎我，听闻大道，譬如本来大道是用来治病的药，听闻大道就是喝药，然而喝了药病反而加重了。如此就令我很忧虑了。我但愿能够听到护卫自己本性的道理而已。"

老子问道："你说你想知晓护卫本性的道理，然而你能否做到抱一守中呢？能否入于静定，一心不乱呢？能否做到不失去本性呢？"

老子又问道："你能否不用卜筮就能预知吉凶呢？能及时地止住言行，避免祸患呢？已经过去的事情，能否放下呢？"

老子又问道："能否舍弃去求于人，舍弃向外求取，而反求诸己呢？在自己的身上求道（自性本心即是道）。能否做到往来无拘无束（翛然）呢？能否做到无知无识（侗然）呢？"

老子又问道："能如同婴儿吗？婴儿整日啼哭（嗥）而喉咙（嗌）都不会嘶哑（嗄）。这是由于和气到极致的缘故。"《道德经》中讲，专气致柔，能如婴儿乎？……终日号而不嗄，和之至也。

老子又问道："整日握着拳头，而不会卷曲（掜），这是由于其本性就如此。"

老子又问道："整日到处看，眼睛都不会眨一下（瞚），这是由于眼睛虽然看，但是心不偏在外的缘故。"

老子又问道："怀道的人行走而不知去往哪里，居住而不知刻意去做什么。因为安于大道之乡，自性具足一切，极其满足了。只是勉强顺应外物而已，不将不迎。与外物一起随波游荡，和光同尘罢了。这就是所谓的护卫本性的道理。"

8. 无福无祸

【原文】南荣趎曰："然则是至人之德已乎？"曰："非也。是乃所谓冰解冻释者，能乎？夫至人者，相与交食乎地而交乐乎天，不以人物利害相撄，不相与为怪，不相与为谋，不相与为事，翛然而往，侗然而来。是谓卫生之经已。"曰："然则是至乎？"曰："未也。吾固告汝曰：'能儿子乎？'儿子动不知所为，行不知所之，身若槁木之枝而心若死灰。若是者，祸亦不至，福亦不来。祸福无有，恶有人灾也！"

【注释】南荣趎听了，又问道："然而这就是至德的人，也就是得道的人所处的境界吗？"

老子回答道："这还不是的。"

老子又说道："如果是那样，你的胸中的束缚，能否像冰块解冻那样释放开来呢？"老子在给我们验证。如果得道了，就可以与老子相隔两千多年心心相印了。

老子又说道："至德的圣人，能够求食于地，求乐于天。"圣人已经能够食天地之气了，吸收天地的精华能量。圣人已经打通玄关，打通任督二脉，所有的经络穴位都与天地之气相应了。圣人的身体可以吸收天地的能量，而不仅仅依靠食物了。

老子又说道：“至德的人，不会因为外在的人事和外物利害，扰乱（相撄）内心了。”圣人不会刻意去阻挡外来的事物。

老子又说道：“至德的人，不会做怪异的事情，不会谋划什么，不会刻意去做什么事。只是无拘无束（翛然）地前往，而又无知无识（侗然）地来罢了。心如同明镜一般，物来则应，物去不留，不将不迎。如此就是护卫本性的道理的。”

南荣趎听了，又问道：“然而你刚才再说的这些已经是到达最高境界了吗？”

老子又回答道：“还没有完全的。我告诉你：‘能否如同婴儿呢？’婴儿虽然动，可是却不知道有什么作为；虽然行，可是却不知道该走去哪里。身体如同枯槁树木的枝条，而心如同死灰一般孤寂。”

老子又说道：“如果能够如此，灾祸不会降临，福贵也不会来。如果连福祸都没有，哪里还有什么人祸呢！”正是因为有福才有祸，无福亦无祸。有福的时候，担心福贵失去。人往往因为福贵而骄傲，容易招来杀身之祸。

9. 行所不能行

【原文】宇泰定者，发乎天光。发乎天光者，人见其人。人有修者，乃今有恒。有恒者，人舍之，天助之。人之所舍，谓之天民；天之所助，谓之天子。

学者，学其所不能学也；行者，行其所不能行也；辩者，辩其所不能辩也。知止乎其所不能知，至矣！若有不即是者，天钧败之。

【注释】宇泰定者，发乎天光。如果心中的小宇宙康泰安定，就能够发明上天赋予的光明德性。一花一世界，一叶一菩提。每个人都是一个小宇宙。

发乎天光者，人见其人。如果能够发明上天赋予的光明德性，人就能够见到真我，见到大我，而不是见到小我。

人有修者，乃今有恒。如果能够修持保持光明的本性，就可以常保有本真了。

有恒者，人舍之，天助之。如果能够经常保有本真，人欲就舍弃了，上天就会资助他，滋养他。道家经典有讲，贼天地之气。人的经络打通之后，会在特定的时辰，吸收天地之气，接受天地赋予的能量。

人之所舍，谓之天民。人欲舍弃之后，可以称之为天民。由上天所滋养，被天道所眷顾。庄子前面讲到天放。放牛会在牛鼻子上拴绳子，天放是任由百姓在自性本心的家园，在宽广的大道上。

天之所助，谓之天子。上天所资助，所滋养，顺承天命，如此可以称之为上天之子，简称天子。后来一般用天子表示皇帝。得道的明君是上天之子，但是天子未必一定就当皇帝。一旦得道了，看清楚功名利禄的危害，都会淡泊名利，未必就想要争皇帝之位。历史上诸葛亮、刘伯温和张良等都可以被称为天子，但是他们都知晓功成身退的道理。

学者，学其所不能学也。所谓学习，就要学习所不能学习的，也就是学习绝学。如果学习太多的知识，也只能是增加知见，增加束缚罢了。绝学是摆脱所有的知见束缚，得到心灵的自由洒脱。《道德经》中讲，为道日损，为学日益。

行者，行其所不能行也。所谓行，就要行天下难行之事，行大丈夫之事。自性本心即是每个人的家园，不管家有多遥远，歧路有多么多，道路多么崎岖，都要行走。

辩者，辩其所不能辩也。所谓辩，就要分辨天下最难分辨的东西。面对回家的歧路如何分辨，这可能是最难的事情了。杨朱哭歧路，墨子悲染丝。所谓的辩论，只是停留在言语上，并不是最难的事。《道德经》中讲，善者不辩，辩者不善。

知止乎其所不能知，至矣！《大学》中讲，止于至善。所谓至善即是每个人的自性本心，每个人的家园。到家了，就要知道止步，如果还继续走，可就又远了。如果没有到家，还要继续走，停在半路也不行；如果走过了，也不好。一味地躲在深山老林求静不好，一味地对外求索不知静定也不好。所以知也要止步于良知就好了，止步于本心的良知良能，如此就到家了！

若有不即是者，天钧败之。如果不是如此，天道（天钧）就会挫败他了。

10. 诚己而发

【原文】备物以将形，藏不虞以生心，敬中以达彼。若是而万恶至者，皆天也，而非人也，不足以滑成，不可内于灵台。灵台者，有持而不知其所持，而不可持者也。不见其诚己而发，每发而不当，业入而不舍，每更为失。为不善乎显明之中者，人得而诛之；为不善乎幽间之中者，鬼得而诛之。明乎人，明乎鬼者，然后能独行。

【注释】备物以将形，藏不虞以生心，敬中以达彼。储备物质以供养

（将）形体；藏匿思虑（虞），也就是无思无虑滋养自性本心；心中恭敬至诚以上达于道，下达于器。

若是而万恶至者，皆天也，而非人也，不足以滑成，不可内于灵台。如果能够如此，而万恶还是降临，这是纯属于天意了，而非人为所致。如此不足以扰乱成性，扰乱本真；如此不会纳入心灵，不会污染心灵。所谓灵台，是指心灵，并非真有一个台。六祖曾经讲过，菩提本无树，明镜亦非台，本来无一物，何处惹尘埃。

灵台者，有持而不知其所持，而不可持者也。所谓的心灵，有所持守，可以抱一守中，可以持守一句佛号。而不知要持守什么，即使念一句佛号，入静定之后，甚至一句佛号都忘记了。如此就不知道持守什么好了。如果非得要刻意去持守什么，反而持守不了了。刻意要消灭妄念，要持静，反而持守不了。如果要用石头压住野草，野草总会找个缝隙冒出来。

不见其诚己而发，每发而不当，业入而不舍，每更为失。喜怒哀乐未发可以称之为中。所谓的抱一守中，就是保持喜怒哀乐未发的静定状态。如果自己未能做到诚意，而发出喜怒哀乐，如此所发就不当了，就不能和气了。外来的业障侵入内心，污染了自性本心，而不知舍弃。往往在言行上就有所闪失了。

为不善乎显明之中者，人得而诛之。如果在大庭广众显明的地方做不善的事情，人们就会谴责他。

为不善乎幽间之中者，鬼得而诛之。如果在幽暗隐蔽处做不善的事情，鬼神就会谴责他。如此说来，古人十分重视慎独。

明乎人，明乎鬼者，然后能独行。不管是在显明还是幽暗的地方，不管别人有没有看见，不管别人知不知道，都光明正大地，无愧于人，无愧于鬼神，然后方可以独行而不畏惧。

11. 心则使之

【原文】券内者，行乎无名；券外者，志乎期费。行乎无名者，唯庸有光；志乎期费者，唯贾人也。人见其跂，犹之魁然。与物穷者，物入焉；与物且者，其身之不能容，焉能容人！不能容人者无亲，无亲者尽人。兵莫憯于志，镆铘为下；寇莫大于阴阳，无所逃于天地之间。非阴阳贼之，心则使之也。

【注释】券内者，行乎无名；券外者，志乎期费。务于内（券内）的人，专注于抱一守中，保全自性本心，行于无名之道。务于外的人，有志于名利，期望得到名利。

行乎无名者，唯庸有光。虽然行于无名之道，然而，处于中庸之道而有光明的德性。所谓中庸，是中和之道。喜怒哀乐未发称之为中。如果喜怒哀乐发出来，但是能够做到和气，就称之为庸。

志乎期费者，唯贾人也。如果有志于名利，付出一定需要马上有回报，就如同商人一般了。

人见其跂，犹之魁然。务于外的人，人们见到他踮起脚后跟，争先恐后，就怕得不到名利，就怕不够魁梧高大。

与物穷者，物入焉。如果能够与物通达的人，能够格物穷理的人，不会刻意阻挡外物进入。真人心如明镜，物来则不得不应，物去不留，不将不迎罢了。

与物且者，其身之不能容，焉能容人！如果与物不能通达的人，刻意阻止外物进入，物欲堵塞其六根。自身都不能容纳了，连自己的自性本心都不能接纳了，如何还能够容纳别人呢！

不能容人者无亲，无亲者尽人。不能容纳自性本真的人，也无法去亲民，无法去发明百姓本有的明德。无法去亲民的人，也尽是人欲。不能做到存天理，去人欲。

兵莫憯于志，镆铘为下。心志乱发比兵器还要毒（憯），即使镆铘这样的宝剑也不能与之相比。喜怒哀乐不能妄发，而是要和气。

寇莫大于阴阳，无所逃于天地之间。贼寇莫大于阴阳二气的失衡了，阴阳二气充斥于天地之间，无所逃避。

非阴阳贼之，心则使之也。并非阴阳二气有意伤害，而是人心自己感召罢了。如果心不处于喜怒哀乐未发之中，而是发出来，如此就有七情六欲。七情六欲如果阴阳失衡，就会伤害人体了。喜怒哀乐未发之中是最好的，如果发出来就要和气。

12. 是谓天门

【原文】道通，其分也，其成也，毁也。所恶乎分者，其分也以备；所以恶乎备者，其有以备。故出而不反，见其鬼；出而得，是谓得死。灭而有实，鬼之一也。以有形者象无形者而定矣！

出无本，入无窍。有实而无乎处，有长而无乎本剽，有所出而无窍者有实。有实而无乎处者，宇也。有长而无本剽者，宙也。有乎生，有乎死，有乎出，有乎入，入出而无见其形，是谓天门。天门者，无有也，万物出乎无有，有不能以有为有，必出乎无有，而无有一无有。圣人藏乎是。

【注释】道通，其分也，其成也，毁也。大道贯通一切，正如孔子所讲，一以贯之。大道之于万事万物，有分有合。一心可以发而为喜怒哀乐。喜怒哀乐也可以合于未发之中。一缕太阳光可以发为七色。七色也可以合归于一。一根竹管开孔可以发为五音。五音也可以合归于一。社稷也有气数，天下也有分分合合，正所谓合久必分，分久必合。万事万物都有生成，生成可以说是合；也有毁灭，毁灭可以说是分。实际上天地万物本来同为一体，所谓的生灭只是假象而已。

所恶乎分者，其分也以备；所以恶乎备者，其有以备。所以厌恶分的缘故，是由于分散就会求取完备，就会求取合。所以厌恶完备的缘故，是由于虽然完备了，还想更加完备。比如我们已经有了这个形体，有了这个臭皮囊，已经是合了。可是还要追求更加完备，更多的名利。

故出而不反，见其鬼；出而得，是谓得死。所以，虽然有这个形体，还是不满足，还要心神出来追逐物欲，离散而不知返。心神出离，而只有这个形骸，如同鬼一般了，只是行尸走肉罢了。

灭而有实，鬼之一也。因为迷失本性而泯灭良知，如此仅仅有个形体罢了，这就跟鬼一样了。

以有形者象无形者而定矣！如果能够有慧眼，看清楚有形的东西本来是可以看作无形的，如此内心就会安定了！如果执着于形体，执着于相，就会被外在所迷惑，内心就无法安定了！庄子教我们不要着相。

出无本，入无窍。心神出离追逐物欲，失去根本了，不知返回。心神痴迷于物欲，迷途不知返，要找到孔窍回家，可是走得太远了，找不到回家的路了。我们知道五官对应于五个孔窍，如同五个城门，已经找不到回家的路了，真是太可怜了。

有实而无乎处，有长而无乎本剽，有所出而无窍者有实。大道虽然无形无相，但是在万事万物之中有实在的形迹，无处不在；大道虽然无始无终，但是源远流长，看不见其本末，不知哪里是本，哪里是末。大道生出万事万物，然而却看不见其孔窍，不知从哪个孔窍生出万事万物。大道虽然无形，但是却生出有形的万事万物。

有实而无乎处者，宇也。大道虽然无形无相，但是在空间形体之中存在大道的形迹，上下六合，无所不在，称之为宇。

有长而无本剽者，宙也。大道虽然无始无终，但是却源远流长而不见其本末。不见哪里是本，哪里是末；哪里是始，哪里是终。往来古今，大道无时不在，称之为宙。剽，标，树木的末梢。

有乎生，有乎死，有乎出，有乎入，入出而无见其形，是谓天门。万事万物都有生有死，如同从大道生出，又入于大道。出入都不见任何形迹，看不见有什么孔窍，看不见有什么门可以出入，称之为天门。宋朝邵康节有一首梅花诗写道：荡荡天门万古开，几人归去几人来。

天门者，无有也，万物出乎无有，有不能以有为有，必出乎无有，而无有一无有。所谓天门，并不是说真的天上有个门。所谓天门是指无，是众妙之门，是大道之门。有无互为阴阳，大道生出有和无。万物都是从无中生出。有不能自己有个有，而是要与无相生，所谓有无相生，难易相成。如果没有有，也就没有无；如果没有无，也就没有有。无有回归于一，一又可以生出无有。

圣人藏乎是。圣人也是藏身于一，藏身于大道之乡。

13. 三者公族

【原文】古之人，其知有所至矣。恶乎至？有以为未始有物者，至矣，尽矣，弗可以加矣！其次以为有物矣，将以生为丧也，以死为反也，是以分已。其次曰始无有，既而有生，生俄而死；以无有为首，以生为体，以死为尻；孰知有无死生之一守者，吾与之为友。是三者虽异，公族也。昭景也，著戴也；甲氏也，著封也，非一也。

【注释】古之人，其知有所至矣。上古的真人，已经恢复自性本心的良知良能，所以知能上达于天道，中可以明人事，下可以通达于万事万物。真人已经去除尽人欲，仅存天理了。

恶乎至？有以为未始有物者，至矣，尽矣，弗可以加矣！为何说至道了呢？我们说，止于至善，所谓的至善就是每个人自性本心。真人已经回归没有万事万物的本真了。庄子有个大树的公案，大风吹大树而产生万种声音。心对应于风，大树孔窍对应于实相，万种声音对应于万事万物。至善的境界，心就处于寂静，而万事万物回归于实相。心作用于实相的一瞬间，而有万事万物。之所以说是至善、至德，就是已经尽心了。本来心的全体被物欲、尘垢所遮蔽，做格物致知的功夫，就可以使得本心一点点显露出来。如果尽显无遗，就是孟子所说的尽心了。自性本心如同大海，不可以增加，不可减少。正如《心经》所说，不增不减，不垢不净。

其次以为有物矣，将以生为丧也，以死为反也，是以分已。次一等的人以为本来就有万事万物。以为生为丧失本性，以为死就是回归于本性了，如此分别。如果这样厌恶生，不在生的时候成就，如此就是大错特错了。

其次曰始无有，既而有生，生俄而死。次一等的人以为一开始什么都没有，既而生出，生出而后又有死。如此就有生有死，区别对待了。古人以为月亮有圆有缺，现在我们知道月亮是一整个，有圆有缺是错觉罢了。有生有死何尝不是如此呢？也是人认知的错觉罢了。

以无有为首，以生为体，以死为尻。他们把什么都没有当成头，把生当成躯体，而把死当成尾骨（尻）。

孰知有无死生之一守者，吾与之为友。谁能够知晓有无本来都可以归于一，死生本来都可以归于一，我就与他为友。我们能否与庄子相隔两千多年为友呢？读庄子的书，如同在与圣人庄子在对话。如此就能够与庄子成为知己了，世上最难求的就是知己了。自己最难看清楚的是自己，知己可以成为自己的镜子。

是三者虽异，公族也。以上三种人有三种认识，虽然有所不同，但是犹如一个公族，都归于大道同宗。本来没有门派之争，各门各派都归于大道。公族为诸侯的同族。虽然看似不同的诸侯国，可是追根溯源是很亲的。鲁国为周公的封地；齐国为姜太公的封地。

昭景也，著戴也。犹如楚国的王族，有昭、景两个姓氏，世代都以官职而显赫。戴，官职。

甲氏也，著封也，非一也。楚国王族有三个姓氏，除了前面说的两个，还有一个屈姓（甲为通假字）。屈姓王族以封邑而显赫。虽然三个王族姓氏有所不同，可是都是同宗同族的。周朝分封许多诸侯国，比如蔡国、宋国等，由此产生许多姓氏，然而虽然姓氏不同，实则同宗同族。虽然百家争鸣，然而归于源头，天下一家而已。

14. 果有名实

【原文】有生黬也，披然曰移是。尝言移是，非所言也。虽然，不可知者也。腊者之有膍胲，可散而不可散也。观室者周于寝庙，又适其偃焉，为是举移是。

请常言移是：是以生为本，以知为师，因以乘是非。果有名实，因以己为质，使人以为己节，因以死偿节。若然者，以用为知，以不用为愚；以彻为名，以穷为辱。移是，今之人也，是蜩与学鸠同于同也。

【注释】有生黬也，披然曰移是。人生有是有非，就像有黑有白，有暗有明。黑白是非变化，似乎很分明的样子（披然）。是可以移动变成非，非可以移动变成是。称之为移是。阴阳八卦图中，阴阳鱼中都有个鱼眼睛。阴中有阳，阳中有阴。阴爻阳爻的变化，就是阴阳逐渐变化的过程，变化到一定的程度，量变就到质变，是就移成了非。穷可以如此移动成富，卑贱可以如此移动变成高贵。

尝言移是，非所言也。请尝试让我说说什么是移是，然而并非语言文字所能及。所谓的移是，就是阴阳潜移默化地推移和变化，这是天机。

虽然，不可知者也。虽然用语言文字不能完全说清楚，然而如果不说，人们更不知晓，所以不得不说。

腊者之有膍胲，可散而不可散也。在进行大祭祀（腊者）的时候，必须有牛胃（膍）和牛蹄（胲）。平时非大祭祀的时候，可以分开陈列，然而大祭祀的时候必须陈列在一起。前面所说王族有三个姓氏，平时没有大祭祀的时候，可以分开。可是如果有大祭祀的时候，面对同样的列祖列宗，如何能够分开呢？血脉本来相连的，如何能分开呢？虽然说有是有非，是如同牛胃，非如同牛蹄，平时可以分开讲，可是在大道这里，就归于一了。

观室者周于寝庙，又适其偃焉，为是举移是。又比如说观览宫室的人，遍览寝庙之后，又要去厕所（偃）了。去厕所不是参观，而是不得不去。如此就是如厕，移动是进入非，移动白进入黑。去厕所这个举动，就好比是移动是进入非。正室和厕所都是不可分散的，都是一个整体，哪个都不可或缺。

请常言移是：是以生为本，以知为师，因以乘是非。请让我尝试多说几句关于移动是的道理。谈论是非转化的问题，要以自性（生通性字）本心为根本，以良知为师，如此就可以驾驭是非了。

果有名实。果真有名和实在的分别，也就是西方哲学所说的现象和本体的区别。虽然语言文字这么说，但是请注意，这就是凡圣之间的一纸的间隔。如果能够把现象和本体分离，把名相和实相分离，用古人的话来说，就是离相。古人讲，外离相即禅，内不乱即定。离相就是无上甚深禅，也难怪会如此之难。语言文字只是描述道的工具罢了，只是指月的手指。突破现代物理学难题的秘密尽在于此。

因以己为质，使人以为己节，因以死偿节。果真有名实的区别，名和实到底哪个更重要，应该是不言而喻的吧？如果为了虚名而殉难，如此是不值得的。所以说，要以自身为实，而名节为名而已。不应该以死殉名节。名节和身体本来是一体的，不该移动是变成非，不该移动身体变成名节。

若然者，以用为知，以不用为愚。如果这样区分名实，以用为智巧，以不用为愚昧。用和不用互为阴阳，有为和无为互为阴阳。不用可以移动转化为大用。庄子的大葫芦，虽然不能当水瓢，但是可以转为大用，放在江河湖海当船。大道为实，虽然看似不用，实则有大用。所谓不用，只是大智若愚罢了，并非真的愚昧。

以彻为名，以穷为辱。果真有名实，如果要追求名，以显达（彻）为名，而以穷困为耻辱。如果非得要移动自己，不择手段去追求名，就容易失去根本了。

移是，今之人也，是蜩与学鸠同于同也。移动是而求非，移动白而求黑，移动实而求名，为了虚名而殉难，这是当今的人所为。为了名利而失去自性本心，这是愚昧之举。这就好像是蜩与学鸠一起谈论讥笑大鹏一样，都是愚昧之举而不自知。

15. 市人之足

【原文】蹍市人之足，则辞以放骜，兄则以妪，大亲则已矣。故曰，至礼有不人，至义不物，至知不谋，至仁无亲，至信辟金。

【注释】蹍市人之足，则辞以放骜。如果不小心踩（蹍）到市集上人的脚，则对方也许就会生气地瞪你了，你就需要以言辞去致歉了。

兄则以妪。如果不小心踩到自己兄弟，则只需要安抚（妪）几句就可以了。

大亲则已矣。如果不小心踩到自己父母，则也就算了。

故曰，至礼有不人。所以说，最高的礼，是不分彼此。如果太过于客气，就见外了。父母虽然不计较也就那么算了，这是最高的礼了。一切尽在不言中。

至义不物。最高的道义，是不分物我的，不得不担当道义。万物本来与我同为一体。

至知不谋。最高的智慧不需要谋划，本有良知就知晓一切了。

至仁无亲。最高的仁，不刻意去亲爱。《道德经》中讲，天道无亲，常与善人。天地万物本来同为一体，不得不去亲，不得不去爱。手足本来同为一体，不会刻意去亲。

至信辟金。最高的信任，摒除（辟）以金为质押。

16. 达道之塞

【原文】彻志之勃，解心之谬，去德之累，达道之塞。贵富显严名利六者，勃志也。容动色理气意六者，谬心也。恶欲喜怒哀乐六者，累德也。去就取与知能六者，塞道也。此四六者，不荡胸中则正，正则静，静则明，明则虚，虚则无为而无不为也。道者，德之钦也；生者，德之光也；性者，生之质也。性之动，谓之为；为之伪，谓之失。知者，接也；知者，谟也。知者之所不知，犹睨也。动以不得已之谓德，动无非我之谓治，名相反而实相顺也。

【注释】彻志之勃，解心之谬，去德之累，达道之塞。撤除（彻）去对意志的干扰，解脱心灵的束缚（谬），去除追求仁德美名的系累，通达通往大道的物欲的闭塞。《道德经》中讲，弱其志，强其骨。

贵富显严名利六者，勃志也。尊贵、富有、显达、尊严、美名和利禄这六者，是对志向的扰乱。孔子教弟子修君子儒，专心志于道。如果志向勃勃生机，乱发出来，追逐名利，如此就会扰乱修道的心志了。

容动色理气意六者，谬心也。仪容、举止、美色、辞理、义气和情意这六者，都是使得心归于谬误，都是对心的束缚。对自性本心的修饰，使得失去本性了。

恶欲喜怒哀乐六者，累德也。厌恶、欲求、喜怒哀乐，这六者，都是为仁德美名所系累。厌恶没有美名，厌恶默默无闻，求闻达于诸侯。对仁德美名的得失，就有喜怒哀乐。喜怒哀乐未发称之为中，发出而不能中和，就会被牵累了。

去就取与知能六者，塞道也。去除、趋就、获取、施与、智巧和技能这六者，是堵塞大道的。如果有太多知见，堵塞六根，六根不通畅，本心与外界就无法通达了。

此四六者，不荡胸中则正。如果前面所提的四个六者，不摇荡胸中，不会动摇本性，则归于平正。《大学》中讲，正心。所谓正心相对于偏心而言。心为君主之官，居于正位，如此才能称之为正心。如果心跟着物欲跑，对于吃货而言，跑到嘴巴舌头这里来了，如此就是偏心了。君主在正位发号施令就可以了，不必每次都要御驾亲临，只要下圣旨就好了。如果不在君主位置，而是跑到百官那里去亲力亲为，如此就不是正了。

正则静，静则明。如果能够正心，就能够内心宁静。如同一杯浑浊的水，如果能够摆得正，不被前面所说的四个六者所摇晃，慢慢澄净就会变清澈了。水清澈就透明了，心清澈德性就光明了。

明则虚，虚则无为而无不为也。如果发明本有光明德性，就进入寂寞清虚的境界了。如果能够虚心，就可以无为而无不为了。明君上达于道，拱手而天下大治。

道者，德之钦也；生者，德之光也；性者，生之质也。大道，德以之为贵（钦）。性字，左边为心，右边为生，应无住而生其心。心为德性的光芒。心无所不包，无所不容。心外无物，心外无理。万法唯心造，也就是说万法由心生。庄子有大风吹大树的公案，万种声音对应于万法，对应于万事万物。性为心的本质，自性为体，而心为用。自性如同蜡烛，而心如同蜡烛发出的光。湛若水的《心性图说》有详细论述。

性之动，谓之为；为之伪，谓之失。自性本来如如不动，蜡烛可以不点。

如果不率性而动，如此就是有所作为。如果有所作为，而偏离本性，就入于伪了，失去本真了，可以称之为失去本性了。

知者，接也；知者，谟也。所谓知识，是由于五官接触外界而获得的。所谓智巧，是内心的谋划（谟）。

知者之所不知，犹睨也。然而所谓的聪明人，有智巧的人，也有不知的地方，就像斜着眼看（睨），所看总是有限的。知人者智，自知者明。有智巧的人很难知道自己。听闻自己的心声，如此才能是真正的耳聪；见到自己的自性，如此才是目明。只是斜着眼睛看外界，看得再清楚也如同盲人。

动以不得已之谓德，动无非我之谓治，名相反而实相顺也。不得已而动，如此可以称之为修德。心如明镜，物来不得已而应。对于外物不将不迎，如此就不会迁移本有的德性。虽然迫不得已而后动，随顺百姓但是不会失去本我。身居于正位，拱手而天下大治，称之为治。盛德在内，大治在外，虽然名相内外相反，实则两者互相顺应的。古人讲究内圣外王之道。

17. 所好笼之

【原文】羿工乎中微，而拙乎使人无己誉。圣人工乎天，而拙乎人。夫工乎天而俍乎人者，唯全人能之。唯虫能虫，唯虫能天。全人恶天？恶人之天，而况吾天乎人乎！

一雀适羿，羿必得之，威也；以天下为之笼，则雀无所逃。是故汤以胞人笼伊尹，秦穆公以五羊之皮笼百里奚。是故非以其所好笼之而可得者，无有也。

【注释】羿工乎中微，而拙乎使人无己誉。羿为尧帝时候神射手，虽然善于射中微小的目标，而却不能令天下人不赞誉自己为神射手，不能做到不显山不露水，在这方面却显得笨拙。

圣人工乎天，而拙乎人。所谓的圣人善于顺承天命，而却不能使得世人忘却自己，在这方面显得笨拙。

夫工乎天而俍乎人者，唯全人能之。既善于顺承天命，又善（俍）于使得世人忘却自己，只有全人（真人）能够做到。

唯虫能虫，唯虫能天。只有虫子能够安于虫子的生活，顺应自然变化。虫子不会有太多的人为的东西。现在人为转基因改造，就增加人为东西了。现在新生儿打太多的疫苗，如此也是增加太多人为东西了。人类自身的免疫力并没有得到进化增强。只有虫子能够保持本有的天性。这里用虫子比喻全人，也就是真人。

全人恶天？恶人之天，而况吾天乎人乎！全人难道会厌恶天然的东西吗？难道会厌恶天然的本性吗？只是厌恶人为造作罢了，人为造作遮蔽本有天性。更何况是用自我的视角，自我所看到，所认为的自然和人为呢！每个人的视角本身就是斜着眼睛看，只能是看到有限的东西了。

一雀适羿，羿必得之，威也。如果一只麻雀从羿身边飞过，羿必然能够获得它，这是由于依靠射箭的威力。

以天下为之笼，则雀无所逃。如果以整个天下当成鸟笼，则麻雀无处可逃了。不管飞到哪里，都在笼子里。

是故汤以胞人笼伊尹，秦穆公以五羊之皮笼百里奚。所以说，成汤以厨师（胞人）之职位笼络伊尹，后任其为相。秦穆公以五张羊皮笼络百里奚，而后任其为相。

是故非以其所好笼之而可得者，无有也。所以说，如果不是以其所好而笼络，能够成功的，这是没有的事。所以笼络人往往投其所好，庄子并不是教坏世人，而是说我们不要有所偏好，有所偏好就会失去本性，容易陷入危险的境地。

18. 敬之不喜

【原文】介者拸画，外非誉也；胥靡登高而不惧，遗死生也。夫复謵不馈而忘人；忘人，因以为天人矣！故敬之而不喜，侮之而不怒者，唯同乎天和者为然。出怒不怒，则怒出于不怒矣；出为无为，则为出于无为矣。欲静则平气，欲神则顺心。有为也欲当，则缘于不得已。不得已之类，圣人之道。

【注释】介者拸画，外非誉也。受刑罚被砍掉一条腿的人，摒弃粉饰（拸画）仪容的事情，因为已经把毁誉置之度外了。我们在因为鞋子不够漂亮而烦恼的时候，有没有想到有人没有腿呢？

胥靡登高而不惧，遗死生也。将要受死刑的囚徒（胥靡）登临高处而不会有恐惧，因为他们已经忘掉生死了。

夫复謵不馈而忘人；忘人，因以为天人矣！虽然屡次遭受恐吓（复謵）而不思虑报复，这样的人已经忘却人情了。不记仇，也不记得刻意报恩了。如果能够忘却人情，就可以成为顺应天道的人！就可以成为全人了！

故敬之而不喜，侮之而不怒者，唯同乎天和者为然。所以说，敬重他，他也不会欣喜；侮辱他，他也不会发怒。只有同于天道之和气的全人能够做到。全人已经做到宠辱不惊了。《道德经》中讲，呼我以牛，以牛应之。呼我以马，以马应之。

出怒不怒，则怒出于不怒矣。喜怒哀乐未发称之为中。不得不发，发出而能和气，如此就不伤身。虽然面对不得不怒之事，发出怒气而不是真怒，则怒从不怒之中发出。怒字上面为奴，下面为心，如果真的动怒，就是奴役自己的心了。

出为无为，则为出于无为矣。为和无为可以归于一。为从一发出，而生成为和无为。为和无为相生，正如有无相生，难易相成。则为从无为而生出。实际上为和无为都从一中发出。

欲静则平气，欲神则顺心。如果想要进入静定，则使气平即可。如欲凝神聚气，则须顺应心性。心性不可压制，心性如同牛脾气，要压牛喝水，这是徒劳无功的。牛口渴自然会喝水。

有为也欲当，则缘于不得已。虽然有所作为也会恰如其分，也是缘于迫不得已而后动罢了。圣人的心如同明镜，物来不得已而应，物去不留。

不得已之类，圣人之道。如果对于事事都是迫不得已而后应，如此就是圣人之道了。

第二章　徐无鬼

1. 性命之情

【原文】 徐无鬼因女商见魏武侯，武侯劳之曰："先生病矣！苦于山林之劳，故乃肯见于寡人。"徐无鬼曰："我则劳于君，君有何劳于我！君将盈耆欲，长好恶，则性命之情病矣；君将黜耆欲，掔好恶，则耳目病矣。我将劳君，君有何劳于我！"武侯超然不对。

【注释】 徐无鬼（魏国的隐士）凭借女商（魏武侯的宠臣）引荐，而得以拜见魏武侯。

武侯慰劳他说道："先生已经很疲惫，很辛苦了！在山林之中劳苦了，所以才肯出来拜见寡人。"

徐无鬼说道："我正应当要慰劳君侯你，君侯又为何慰劳我呢！"

徐无鬼又说道："君侯你只顾着满足（盈）嗜好（耆）和欲望，增长喜欢和厌恶之情，则性命的真情就会受到伤害了。"自性本心就会被物欲所遮蔽了。

徐无鬼又说道："君侯如果为了避免本性受到伤害，排除（黜）嗜好和欲望，牵引去（掔）喜好和厌恶的情感，则耳目就会感到不适了。"由俭入奢易，由奢入俭难。

徐无鬼又说道："我需要慰劳君侯，君侯又有何慰劳我的呢！"武侯怅然若失的样子（超然），无言以对。

2. 天下之马

【原文】 少焉，徐无鬼曰："尝语君，吾相狗也。下之质执饱而止，是狸德也；中之质，若视日；上之质，若亡其一。吾相狗，又不若吾相马也。吾相马，直者中绳，曲者中钩，方者中矩，圆者中规，是国马也，而未若天下马也。天下马有成材，若恤若失，若丧其一，若是者，超轶绝尘，不知其所。”武侯大悦而笑。

【注释】过了一会，徐无鬼又说道：“请让我告诉君侯你，我特别善于相狗。”伯乐善于相马，而徐无鬼善于相狗。看看徐无鬼葫芦里装的什么药。

徐无鬼又说道：“下等资质的猎狗，只要吃饱饭就止步了，就知足了。野猫吃老鼠就满足了，此种猎狗与野猫德性相同。”

徐无鬼又说道：“中等资质的猎狗，昂首挺胸，志向甚高，就好像是抬头望着太阳。”

徐无鬼又说道：“上等资质的猎狗，就好像是忘却自身一样。就像前面所说的斗鸡，虽然呆若木鸡，但是其他的斗鸡一看到，扭头就走了。”

徐无鬼又说道：“我相狗，又不如我相马那么厉害。”看徐无鬼怎么相马，会不会比伯乐更加高明。

徐无鬼又说道：“我相马，马走直道的时候，能够符合于墨绳；走曲道的时候能够符合于钩；马走方形的时候，能够符合于矩；马走圆形的时候，能否符合于规。这样的马能够中规中矩，能够合乎法度，不会乱来，这种马可以称之为国马，为一国的良马。可是这样的马还不是天下最好的宝马。”

徐无鬼又说道：“天下最好的宝马，天生就成材。此种宝马似乎忧虑（恤）而缓慢奔跑；似乎奔逸而忘我一般。”《道德经》中讲，古代得道的人如此：豫兮其若冬涉川；犹兮其若畏四邻；俨兮其若客。

徐无鬼又说道：“像这样的马，是天下最好的马，可以超越（超轶）群马，绝尘飞驰，看不见踪迹。转眼间就不知跑到哪里了。”武侯听了，喜悦地笑了。

3. 真人之言

【原文】徐无鬼出，女商曰：“先生独何以说吾君乎？吾所以说吾君者，横说之则以诗书礼乐，从说之则以金板六弢，奉事而大有功者不可为数，而吾君未尝启齿。今先生何以说吾君，使吾君说若此乎？”徐无鬼曰：“吾直告之吾相狗马耳。”女商曰：“若是乎？”曰：“子不闻夫越之流人乎？去国数日，见其所知而喜；去国旬月，见所尝见于国中者喜；及期年也，见似人者而喜矣；不亦去人滋久，思人滋深乎？夫逃虚空者，藜藋柱乎鼪鼬之迳，踉位其空，闻人足音跫然而喜矣，又况乎昆弟亲戚之謦欬其侧者乎！久矣夫，莫以真人之言謦欬吾君之侧乎！”

【注释】徐无鬼拜见完魏武侯，退出后，魏武侯宠臣女商问道："先生你用什么办法令国君高兴呢？我之所以取悦于国君的，纵横而言，横以诗书礼乐取悦，纵（从）以《金板》《六韬（六弢）》取悦。"《金板》为书名。六韬，为太公兵法。魏武侯看来喜欢兵法。

女商又问道："侍奉君侯，建立大功劳的人，不可胜数，而君侯未曾启齿而笑。今天先生为何能使得君侯大悦呢？使得君侯如此的高兴呢？"

徐无鬼回答道："没有别的，我只是告诉他我是怎么样相狗和相马罢了。"

女商又问道："真的是这样吗？"

徐无鬼回答道："你不听闻过流亡到越国的人吗？离开故国数日，见到至交好友而欣喜；离开十天一个月，见到在故国曾经见过面的人，就会感到欣喜；等到离开故国一年了，见到长得像故国的人，就会感到欣喜。"

徐无鬼又说道："不是离开故人越久，思念故人越深吗？"

徐无鬼又说道："逃难到空旷地方的人，在那里荒无人烟，杂草（藜藋）丛生。杂草连黄鼠狼（鼪鼬）出入的路径都给堵住了。人更是不知怎么走了。人只能踉踉跄跄地生活在杂草空隙中。听闻人的脚步声，就会感到极其欣喜的样子（跫然）。又何况是听到兄弟亲戚在身旁的咳嗽声（謦欬）呢？如果是平时，可能打呼噜、咳嗽声都觉得很吵，觉得很烦人，可是这时绝对觉得很开心。"

徐无鬼又说道："在君侯身边，太久没有听到真人载道的言论了。"只能听诗书礼乐这些东西，如同多余的手指头罢了。魏武侯失去本性已经很久了，听见心声当然开心了。如同母子分离很久了，突然听到母亲的声音，孩子必定欣喜了。

4. 登高不长

【原文】徐无鬼见武侯，武侯曰："先生居山林，食芧栗，厌葱韭，以宾寡人，久矣夫！今老邪，其欲干酒肉之味邪？其寡人亦有社稷之福邪？"徐无鬼曰："无鬼生于贫贱，未尝敢饮食君之酒肉，将来劳君也。"君曰："何哉，奚劳寡人？"曰："劳君之神与形。"武侯曰："何谓邪？"徐无鬼曰："天地之养也一，登高不可以为长，居下不可以为短。君独为万乘之主，以苦一国之民，以养耳目鼻口，夫神者不自许也。夫神者，好和而恶奸；夫奸，病也，故劳之。唯君所病之，何也？"

【注释】徐无鬼拜见武侯，武侯问道："先生久居山林，吃的是橡子（芧）和板栗。饱吃葱和韭菜。你摒弃（宾）寡人已经很久了！"

武侯又问道："现在你已经老了，是否也想品尝一点美酒和鲜肉的味道呢？是否寡人的社稷有福分呢？"武侯以为徐无鬼愿意出山任职，辅助武侯国政，这是魏国的福分。

徐无鬼听了，就回答道："无鬼我出生贫贱，未尝敢吃君侯的酒肉，我只是过来慰劳君侯罢了。"

武侯问道："你这从何谈起呢，还慰劳寡人？"

徐无鬼回答道："我专门慰劳君侯的精神和形体。"武侯为国事操劳，精神疲惫，形体操劳。

武侯听了就问道："你这是何意呢？"

徐无鬼回答道："天地养育众生都是同一的，不会有太大的差别。虽然登到高位，也不会长一些，不会多得一些。虽然居于下位，也不会短一些，也不会少得一些。"

徐无鬼又说道："君侯身为万乘之国的君主，劳苦一国的百姓，供自己享乐罢了。满足自己的耳目鼻口的欲望，心猿意马，精神不自得，都在于物欲。"

徐无鬼又说道："凝神聚气，聚气而成精。神不能扰乱，神好平和而厌恶奸诈。如果奸诈，耍智巧，如此就容易生病了。如此就扰乱神智了，所以我专门慰劳你的。"

徐无鬼又说道："唯有君侯你犯这个毛病，为何呢？"

5. 造兵之本

【原文】武侯曰："欲见先生久矣。吾欲爱民而为义偃兵，其可乎？"徐无鬼曰："不可。爱民，害民之始也；为义偃兵，造兵之本也；君自此为之，则殆不成。凡成美，恶器也；君虽为仁义，几且伪哉！形固造形，成固有伐，变固外战。君亦必无盛鹤列于丽谯之间，无徒骥于锱坛之宫，无藏逆于得，无以巧胜人，无以谋胜人，无以战胜人。夫杀人之士民，兼人之土地，以养吾私与吾神者，其战不知孰善？胜之恶乎在？君若勿已矣，修胸中之诚，以应天地之情而勿撄。夫民死已脱矣，君将恶乎用夫偃兵哉！"

【注释】武侯问道："我欲见到先生已经很久了。我怜爱百姓而为道义而偃旗息鼓，止息干戈，这样可以吗？"

徐无鬼回答道："不可以。所谓的仁爱百姓，实则是伤害百姓的开始。刻意仁爱百姓，必然出于伪心，只是为了标榜仁爱罢了。"

徐无鬼又说道："为所谓的道义而偃兵，实则这是造成起兵戈的根源。"

诸侯王往往打着道义的名号，发动战争，所以这是战争的根源。

徐无鬼又说道：“君侯如果仅仅从仁爱、道义出发，着手治理国家，则恐怕不能成功。”庄子在前面已经详细讨论仁爱、道义的危害。窃国大盗田常不仅仅把齐国给盗窃走了，连仁义这些也一起偷走了。

徐无鬼又说道：“凡是有心成就仁爱美名的，就会变成作恶的工具。君侯虽然去做仁义的事情，却几乎接近于伪心！”

徐无鬼又说道：“刻意推行仁义，如此是有形迹有心推行，必然会造成有形的危害。宋襄公假仁假义，实则欺世盗名，想要得到仁义美名，称霸诸侯。结果被楚军大败。大道没有形迹，就不会留下任何形迹。”

徐无鬼又说道：“有成功必然就会有失败（伐）。如果没有成功，哪里有失败呢？”庞涓不可一世，大多战役都是成功的，最终却被孙膑大败。拿破仑大多数战役都是成功的，最终遭受滑铁卢之败。股票投资中，世人往往颠倒了。以为别人亏的，就是自己赚的；自己亏的，就被别人赚了。实际上人人都可以赚钱，没有人是对手。如果连对手都没有，何来失败呢？可以说自己就是最大的对手，自己人性的弱点就是最大的对手。

徐无鬼又说道：“妄动心机，必然会遭受外来战争。”

徐无鬼又说道：“君侯不必要声势浩大地陈兵，如同鹤列于丽谯（楼名）前面。也不必要陈列步兵（徒）和骑兵（骥）于祭祀的宫殿（锱坛）。”

徐无鬼又说道：“不要藏匿逆于心中，不要以智巧战胜别人，不要以计谋战胜别人，不要以战争战胜别人。”如果包藏逆心，必然被人所害。宇文化及包藏逆心，最终也被人所害。以战争战胜别人，必然也会被战争所败。

徐无鬼又说道：“去杀戮别国的士兵和百姓，兼并别国的土地，以满足自己的私欲和精神需求。也许只是为心理报复，或者称霸的野心。这样的战争，不知谁是对的呢？不知谁是正义的呢？”

徐无鬼又说道：“不管哪一方战胜，实则都是失败者，又有哪一方是战胜的呢？”

徐无鬼又说道：“君侯假若能够止息干戈，对内修胸中的至诚，如此就可以顺应天地之情，不会用仁义去扰乱百姓的心了。”

徐无鬼又说道：“如果不以仁义扰乱百姓，明君安守大道无为，百姓已经能够脱离死亡危险了。君侯又何必偃旗息鼓呢！如此是多此一举了。”

6. 去其害马

【原文】黄帝将见大隗乎具茨之山，方明为御，昌寓骖乘，张若、謵朋前马，昆阍、滑稽后车；至于襄城之野，七圣皆迷，无所问涂。适遇牧马童子，问涂焉，曰："若知具茨之山乎?"曰："然。""若知大隗之所存乎?"曰："然。"

黄帝曰："异哉小童！非徒知具茨之山，又知大隗之所存。请问为天下。"小童曰："夫为天下者，亦若此而已矣，又奚事焉！予少而自游于六合之内，予适有瞀病，有长者教予曰：'若乘日之车而游于襄城之野。'今予病少痊，予又且复游于六合之外。夫为天下亦若此而已。予又奚事焉！"黄帝曰："夫为天下者，则诚非吾子之事。虽然，请问为天下。"小童辞。

黄帝又问。小童曰："夫为天下者，亦奚以异乎牧马者哉！亦去其害马者而已矣！"黄帝再拜稽首，称天师而退。

【注释】黄帝将要到具茨山（今河南省密县境内）去拜见大隗。方明这个人负责驾车，另外一个叫昌寓的人坐在车右边陪乘（骖乘）。张若、謵朋这两个人负责在前面做向导（前马），昆阍、滑稽这两个人跟在车后面断后，当随从（后车）。他们到襄城（今河南省襄城县）的郊野的时候，黄帝等七人都迷失方向了，找不到人问路。

正在这时，碰巧遇见牧马的小孩，就上前去问路道："小朋友，你可知道怎么去具茨山呢?"小孩回答道："我知道。"又问道："你知道大隗住在哪里吗?"小孩又回答道："我知道。"

黄帝听了，对这个小孩感兴趣了，问道："你这个小孩子真是与众不同啊！不仅仅知道具茨山在哪里，又能知道大隗住在哪里。请问如何治理天下呢?"

小孩回答道："所谓治理天下，也就是像你我这样自由自在，在旷野遨游罢了，又有什么太多的事情可做呢！"

小孩又说道："我小的时候，自己无忧无虑，遨游于天地六合之间。那时刚好得了目眩的病（瞀病）。"由于受太多物欲的干扰，所以目眩迷失方向了。黄帝等七人在旷野迷失方向，实际上平时也有目眩之症，已经迷失本性了，不能见到自性。本来黄帝等七人原本也是自由自在，遨游于天地之间的，遨游于大道之乡。只是由于被物欲遮蔽本心罢了。

小孩又说道："有长辈教我说：'你只要乘坐太阳之车，到襄城的旷野遨游。'"旷野代表无所有之乡，也就是道德之乡。这个长辈是得道的人。

小孩又说道："现在我的病稍有好转（少痊），我又到天地六合之外遨游了。"虽然病稍有好转，但是不能继续沉浸在尘世当中，沉浸在酒肉名利之中，那样目眩又会加重的。小孩为了保持本真，所以又遨游于大道之乡。

小孩又说道："治理天下，也类似于此罢了。又有何事可做呢！"明君只要安居于大道之乡，不刻意用仁义去扰乱民心，天下就可无为而大治了。

黄帝听了，就说道："治理天下，诚然不是你所做的事。虽然你还这么小，但是我还是要多请教你治理天下的道理。"小孩就不肯再多说什么了。黄帝以为小孩还有什么别的治国之道，所以继续请教。

黄帝忍不住又继续追问。

小孩回答道："所谓治理天下，又和牧马有什么区别呢！也是要去除伤害马本性的东西罢了！"牧民如同牧马，只要不伤害百姓本有的天性就可以了。

黄帝恭敬地叩首再拜谢，称其为得天道之师，就离开了。也许此小孩就是大隗，已经修道像天山童姥一样了。

7. 终身不反

【原文】知士无思虑之变则不乐，辩士无谈说之序则不乐，察士无凌谇之事则不乐，皆囿于物者也。

招世之士兴朝，中民之士荣官，筋力之士矜难，勇敢之士奋患，兵革之士乐战，枯槁之士宿名，法律之士广治，礼教之士敬容，仁义之士贵际。农夫无草莱之事则不比，商贾无市井之事则不比。庶人有旦暮之业则劝，百工有器械之巧则壮。钱财不积则贪者优，权势不尤则夸者悲。势物之徒乐变，遭时有所用，不能无为也。此皆顺比于岁，不物于易者也。驰其形性，潜之万物，终身不反，悲夫！

【注释】智谋之士如果没有思虑，谋划权变之事，就不会感到快乐。

善辩之士如果没有有条理地雄辩，高谈阔论，就不会快乐。《道德经》中讲，善者不辩，辩者不善。

苛察之士如果没有凌辱和责问（谇）之事，就不会感到快乐。有一种人以责问别人为乐，从来不会责问自己。

前面所说的这三种人，都受到外物的束缚（囿）了。

招世之士兴朝，中民之士荣官，筋力之士矜难。招摇过世之士，好在朝堂之上炫耀自己，争取得宠，此种人不炫耀则不会快乐。中等资材之士，以做官为荣，此种人乐于追求功名，不做官则不会快乐。体格强劲有力之士，以战胜艰难险阻为荣，此种人如果无艰难可对，反而不会快乐。这三种人也受外物束缚了。

勇敢之士奋患，兵革之士乐战，枯槁之士宿名。勇敢的敢死之士，喜欢奋不顾身地去排除祸患，如果不如此展示大无畏，成就义士美名，就不会快乐。征战之士乐于战事，马革裹尸而还方显荣耀，如不如此反而不会快乐。形容枯槁的隐士，留恋仁德美名，耻于求名利，如果不如此就不快乐。伯夷叔齐隐居，不吃周朝的粮食而饿死在首阳山。这三种人也是被外物所束缚了。

法律之士广治，礼教之士敬容，仁义之士贵际。法律之士，也就是法家之士，如荀子、韩非子和商鞅等，乐于推广法治，如若不如此，就不会快乐。推广礼教之士，乐于敬重仪容仪轨，如果不按照礼，他们就会感到不快乐。仁义之士乐于交际往来，讲究义气的义士，愿意为知己者死，如果不如此，反而就不快乐了。这三种人也是被外物所束缚了。

农夫无草莱之事则不比，商贾无市井之事则不比。农夫如果没有耕田除草（草莱）的事情做，则不会快乐。商贾如果没有市井上买卖的事情，则不会快乐。

庶人有旦暮之业则劝，百工有器械之巧则壮。百姓每天有事情做，乐业就能够勤勉。从事各种手工业的人，掌握使用机械器具的技巧，就勇于做事。以制造出精巧的作品为乐，为荣。制造宝剑的人，以制造出天下名剑为荣。

钱财不积则贪者优，权势不尤则夸者悲。钱财积累得不够多，则贪恋钱财的人就会感到忧虑。权势不大，喜爱夸耀的人就会感到悲伤。

势物之徒乐变，遭时有所用，不能无为也。趋炎附势的小人乐于变诈，如同墙头草。遭遇机会就会变诈，不能清心寡欲，清静无为。然而站在左队，右队的人得势之后又会危险。站在中间，不偏不倚，又无所依靠，也是危险万分。只有清静无为，居于大道之乡，如此是最安全的了。

此皆顺比于岁，不物于易者也。以上所列举的十九种人，都是迷失本性了。都顺时而追逐名利，不肯以道易物，不舍得摆脱物欲的束缚罢了。小孩喜欢用小蜻蜓钓大蜻蜓，大蜻蜓死死咬住小蜻蜓不肯松口，即使被人抓了，也不肯松口。如此真是可悲啊。

驰其形性，潜之万物，终身不反，悲夫！世人背道而驰，离开自性本心越来越远，形体也追逐享乐；身心都沉溺于物欲，被物欲所束缚；终身都不知迷途知返，如此真是可悲啊！杨时感叹，鸡狗尚且知道回家，为何人却不能迷途知返呢，真是可悲啊！

8. 以阳召阳

【原文】庄子曰：“射者非前期而中，谓之善射，天下皆羿也，可乎？”惠子曰：“可。”庄子曰：“天下非有公是也，而各是其所是，天下皆尧也，可乎？”惠子曰：“可。”

庄子曰：“然则儒、墨、杨、秉四，与夫子为五，果孰是邪？或者若鲁遽者邪？其弟子曰：‘我得夫子之道矣，吾能冬爨鼎而夏造冰矣。’鲁遽曰：‘是直以阳召阳，以阴召阴，非吾所谓道也。吾示子乎吾道。’于是为之调瑟，废一于堂，废一于室，鼓宫宫动，鼓角角动，音律同矣。夫或改调一弦，于五音无当也，鼓之，二十五弦皆动，未始异于声，而音之君已。且若是者邪？”惠子曰：“今夫儒、墨、杨、秉，且方与我以辩，相拂以辞，相镇以声，而未始吾非也，则奚若矣？”

庄子曰：“齐人蹢子于宋者，其命阍也不以完，其求钘钟也以束缚，其求唐子也而未始出域，有遗类矣！夫楚人寄而蹢阍者，夜半于无人之时而与舟人斗，未始离于岑而足以造于怨也。”

【注释】庄子问道：“射箭的人非事先预定个目标，随便射中哪里都算射中，如此称之为善射。如果这样天下的射手，都可以如羿那样称为神射手了。可以这样吗？”

惠子回答道：“可以。”如果心安于大道之乡，天下无处不是家。行住坐卧无不是禅，无不是道。

庄子又问道：“天下如果没有公理，没有公认的是，也没有公认的非，而是各自为是，各自为非。如此天下都是尧了，可以这样吗？”

惠子回答道：“可以。”以纣王的角度来看，天下都是他的，他享受一下，也是理所应当的。纣王如此自以为是所以就失去天下了。一花一世界，一叶一菩提，在各自的小宇宙里，都有其道理。

庄子又问道：“然而儒家、墨家、杨朱、公孙龙（字为秉），这四家，再加上惠施你，就有五家，究竟孰是孰非呢？”庄子真厉害，前面把惠施先套进去，现在才说出实情了。难道五家各个都是神射手吗？各自自以为是就可以了吗？难道天下没有公理吗？

庄子又问道：“或者像鲁遽那样吗？都是从反面来获得真理吗？从非而获得是，如此南辕北辙就可以了吗？”鲁遽为周朝初年的人。传说他在冬天取来千年的燥灰可以生火，用来烧鼎；在夏天用瓦瓶装水，在汤里煮，然后把瓶子悬挂于井中，一会儿就能够成冰。冬天取火，盛夏取冰，都是反其道而行之。

庄子又说道：“弟子对鲁遽说：‘我如果得到先生之道，我就能够冬天烧（爨）鼎，而夏天造冰了。’鲁遽回答道：‘这只是以阳召阳，以阴召阴，并非我所说的道。向你展示一下我的道。’”

庄子又说道：“于是为弟子展示调瑟之道，放置（废）一张瑟在堂上，放置一张瑟在室内。在堂上鼓动宫音，而室内的瑟也以宫音共鸣。在堂上鼓动角音，在室内的瑟也以角音共鸣。这只是音律相同而共鸣罢了。”

庄子又说道：“如果改动一弦（瑟有二十五弦），两张瑟的五音就不恰当了，不和谐了。虽然如此不和谐，但是善于鼓瑟的人，鼓瑟起来，令二十五弦都动起来，未曾发现有什么异样。如此可谓是最善于鼓瑟的人了。”虽然惠施的言论有些改动，不管怎么改，惠施相当于一根弦，庄子都能将五家弹奏出美妙的乐曲。庄子在更高的角度来驾驭五家。婆媳关系是最难处理的，家里仅分两家，婆家，媳家。高明的丈夫调和两家，弹奏出美妙的家庭乐章。

庄子又说道："惠施你难道也像鲁遽那样自以为是吗?"在庄子看来，以宫召宫，以角召角，如此共鸣并不稀奇。只是臭气相投罢了。惠施的言论也许会引起世人一些共鸣。儒家的言论也会引起世人一些共鸣。以阳召阳，以阴召阴，如此共鸣也不稀奇。关键要在阴阳之上调和阴阳，如此只有大道可以办到了。吃货被物欲遮蔽本心，然而，吃货和吃货之间因为贪吃而发生共鸣，如此并不稀奇，这只不过是臭气相投罢了。不要自以为是，而是要回归于大道之乡。佛家所讲以心印心，心心相印，这样的共鸣才是真正的共鸣。

惠子听了问道："今儒家、墨家、杨朱、公孙龙，正在与我辩论，以言辞相对抗，以声音相压制，而未曾说明我是错的，怎么能说我也像鲁遽呢?"五家可以说是五音，五音都归于大音希声罢了，都归于道。大道发出五音，五音和合而成美妙的合唱，形成百家争鸣。惠施只是五音之一罢了，而庄子已经是大音希声了。一根竹管不开孔，可以作为定音器使用，虽然是一音，可是里面蕴含着五音。竹管开孔，就分出五音。

庄子说道："齐国有人抛弃形体残缺的儿子在宋国，命其守门（命阍），因为看门不需要形体完全的人。可是他寻找到钘和钟（都为乐器），就会小心地包裹（束缚）起来。"齐国人爱子不如爱物，爱外物而不爱自性本心。惠施也是如此，爱名利而轻视自性本心，与人争辩罢了。自性本心如亲生儿子般珍贵。

庄子又说道："有人寻求遗失的儿子（唐子），却未曾走出村子之外寻找，终究会丢失的!"惠施遗失本性已经很久了，可是却故步自封，自以为是地与人争辩，不肯移步回归于大道，终究无法恢复本性了。

庄子又说道："有个楚国人被人投弃了，只好给人看门。寄居在船人的家中。可是深更半夜的时候，在无人之时，还要在船人家中与主人争斗。始终未离开岸边（岑），也离不开船人家而独立生活。在那做无谓的争斗只能增加怨恨，解决不了任何问题。"惠施就如同这个楚国人，被大道之母所遗弃。惠施只是给大道看天门罢了，还未曾入于大道之门。还未得道，还找不到安居之所，不足以独立，而又要与人争斗，争论是非。

9. 无与言之

【原文】庄子送葬，过惠子之墓，顾谓从者曰："郢人垩慢其鼻端，若蝇翼，使匠石斲之。匠石运斤成风，听而斲之，尽垩而鼻不伤，郢人立不失容。

宋元君闻之，召匠石曰：‘尝试为寡人为之。’匠石曰：‘臣则尝能斫之。虽然，臣之质死久矣。’自夫子之死也，吾无以为质矣！吾无与言之矣。”

【注释】庄子给别人送葬，经过惠子的坟墓。惠施先庄子去世，庄子以为失去知音，很少再和人言语。庄子和惠施为莫逆之交。

庄子回头对随从的人说道：“楚国都城郢城有一个人，有一小点白灰（垩）涂在鼻尖上，像苍蝇的羽翼一样又薄又轻，可是却让工匠（名字叫石）用斧头给削掉。”

庄子又说道：“名字叫石的工匠抡起斧头，只听到呼呼的风声，任凭斧头砍削下去。斧头把白灰给削掉了，可是鼻子却丝毫不受伤害。这个郢都人站在那里，面不改色的样子。”

庄子又说道：“宋元君听闻此事，召见工匠说道：‘请你尝试为寡人去除鼻尖的白灰。’”这个工匠可被吓坏了吧，稍有偏差性命不保了。

庄子又说道：“工匠说道：‘臣的确还能尝试砍削白灰。虽然如此，可是臣所能施展技巧的对象已经死去很久了。’”

庄子又说道：“自从惠施先生死去以后，我就失去辩论的对象了！我也就没有人可以辩论了。”庄子很是怀念自己这位至交好友。

10. 管仲病危

【原文】管仲有病，桓公问之，曰：“仲父之病病矣，可不讳云，至于大病，则寡人恶乎属国而可？”管仲曰：“公谁欲与？”公曰：“鲍叔牙。”曰：“不可。其为人洁廉，善士也；其于不己若者不比之；又一闻人之过，终身不忘。使之治国，上且钩乎君，下且逆乎民。其得罪于君也，将弗久矣！”

【注释】管仲病危，齐桓公问道：“仲父的病已经很严重了，虽然生病都有所避讳，有些话不应当讲，现在不得不讲了。一旦病危，寡人把国家托付给谁才妥当呢？”

管仲反问道：“桓公想托付给谁呢？”

桓公回答道：“鲍叔牙。”鲍叔牙与管仲为莫逆之交，当年就是鲍叔牙举荐管仲给齐桓公的。

管仲说道：“不可以。鲍叔牙是个廉洁清正的好人。他对于不如自己的人，不愿意接近。一听闻别人的过错，终身都不忘记。”《金刚经》中讲，不住相布施。有的专门挑穷人乞讨，不觉得东西少难吃，愿意去帮穷人；有的专门挑富人乞讨，觉得不想增加穷人负担。佛陀就专门讲不住相布施。鲍叔牙交友也是住相了，对于不如自己的人，不愿意去接近。

管仲又说道："如果让鲍叔牙治国，对上就会触犯君威，对下就可能违背民意。"因为在下位的人形形色色，许多人都不如他，他都不接近，就不了解民意，容易违背民意。国君有些什么偏差，终身都不忘记，如此就可能会触犯君威了。

管仲又说道："鲍叔牙一旦当上相国，过不了多久也许就会得罪于君侯了！"

11. 以贤下人

【原文】公曰："然则孰可？"对曰："勿已，则隰朋可。其为人也，上忘而下畔，愧不若黄帝而哀不己若者。以德分人谓之圣，以财分人谓之贤。以贤临人，未有得人者也；以贤下人，未有不得人者也。其于国有不闻也，其于家有不见也。勿已，则隰朋可。"

【注释】桓公问道："既然鲍叔牙不可以，那谁可以呢？"

管仲回答道："如果不得已，可以把国事托付给隰朋。"隰朋为齐国的贤人。

管仲又说道："他的为人，对上能够忘却上位的权势，不会谄媚讨好；对下不区分贵贱同等对待。"

管仲又说道："他自愧不如黄帝贤德，而又哀怜不如自己的人。"

管仲又说道："把德分给别人，用道德感化人，称之为圣人。把财物分给别人，周济穷人，用财物感化人，帮助别人，称之为贤人。"

管仲又说道："以贤人自居，盛气凌人，凌驾于别人之上，就不能得到别人的拥护；虽然是贤人，可是礼贤下士，以谦卑的态度礼遇别人，没有不得别人拥护的。"所以说，不管任何时候，都要走群众路线。

管仲又说道："他对于国事有所不闻，不会听闻别人的过错，就终身不忘；对于家事有所不见，不会令其亲属得势，对国家造成威胁。如果到不得已的时候，隰朋可以胜任。"

12. 以色骄人

【原文】吴王浮于江，登乎狙之山。众狙见之，恂然弃而走，逃于深蓁。有一狙焉，委蛇攫，见巧乎王。王射之，敏给搏捷矢。王命相者趋射之，狙执死。

王顾谓其友颜不疑曰：“之狙也，伐其巧恃其便以敖予，以至此殛也，戒之哉！嗟乎，无以汝色骄人哉！”颜不疑归而师董梧以助其色，去乐辞显，三年而国人称之。

【注释】吴王渡过长江，登上猴子聚居的山头。猴子们看到了，被吓得惊恐万分，丢弃山头就四散逃命去了。逃到荆棘（蓁）丛林深处。

只有一只猴子没有跑，他悠闲自得的样子（委蛇），在吴王面前跳跃（攫）。在吴王面前展示自己的灵巧。

吴王就用弓箭射它，猴子敏捷（敏给）地抓住飞驰而来的箭矢。吴王就命令左右射手快速放箭，猴子根本躲避不及，手抓住箭矢就死去了。

吴王回头对他的好友颜不疑说道：“这只猴子，自伐其灵巧，自恃其便捷，而对我如此傲慢。所以才招致杀身之祸（殛），不得不引以为戒啊！哎，千万不要以骄傲的气焰对待别人啊！”《道德经》中讲，自是者不彰；自伐者无功；自矜者不长。

颜不疑回来以后，就拜董梧为师，学习如何锄去骄傲之色。去除声乐，辞去显贵，三年后国人都称赞他是个贤德的人。

13. 悲人自丧

【原文】南伯子綦隐几而坐，仰天而嘘。颜成子入见曰：“夫子，物之尤也。形固可使若槁骸，心固可使若死灰乎？”曰：“吾尝居山穴之中矣。当是时也，田禾一睹我，而齐国之众三贺之。我必先之，彼故知之；我必卖之，彼故鬻之。若我而不有之，彼恶得而知之？若我而不卖之，彼恶得而鬻之？嗟乎！我悲人之自丧者，吾又悲夫悲人者，吾又悲夫悲人之悲者，其后而日远矣。”

【注释】南伯子綦依靠几案而坐，仰天而慢慢吐气。

弟子颜成子进去拜见，问道：“先生，你是众人中出类拔萃的人了。”有个词是尤物。

颜成子又问道：“形体固然可以使得像枯槁骸骨一般，心固然也可以像死灰一样吗?”

南伯子綦回答道：“我曾经深居山里的洞穴之中。在那个时候，齐国的君侯田禾一来看我，而齐国民众就再三祝贺齐君得贤士了。”

南伯子綦又说道：“我必然先张扬名声在外，他才能够知道我。我必然要出卖我的名声，他才能够贩卖（鬻）我的名声。”

南伯子綦又说道："假若我没有名声，他又如何能够知道我呢？如果我不出卖名声，他如何能够贩卖得了我的名声呢？"

南伯子綦又说道："哎！我悲叹那些为了名声而丧失自己本性的人。我又悲叹那些悲叹别人丧失本性的人。"那些说别人丧失本性的人，实则不知自己也是丧失本性的人。毕竟得道者，明心见性者是少数。

南伯子綦又说道："我又悲叹那些悲叹别人的悲叹的人。其后我就逐渐远离这种悲叹了，形容枯槁，而心如死灰，进入大道之乡了。"从张扬炫耀名声，到淡泊名利，再到最后心如死灰了。

14. 不言之言

【原文】仲尼之楚，楚王觞之，孙叔敖执爵而立，市南宜僚受酒而祭曰："古之人乎！于此言已。"曰："丘也闻不言之言矣，未之尝言，于此乎言之。市南宜僚弄丸而两家之难解，孙叔敖甘寝秉羽而郢人投兵，丘愿有喙三尺。"

【注释】孔子到楚国去，楚王设宴款待他。

孙叔敖当时为楚国的相国，手执酒器（爵）而站立，市南宜僚接过酒杯而洒酒祭祀，说道："古时候的人，在这个时候常会说些规劝的话。"在引导孔子，期望他说几句话。

孔子说道："孔丘我也听闻过圣人有不言之教。未曾轻易向人说过，我就在此说说吧。"

孔子又说道："市南宜僚在楚宋两军阵前，把弄丸铃。士兵都停战观看，楚军就战胜宋军了。楚宋两家所遇见的困难就解决了。"吴越交战的时候，越王勾践让死士在吴军面前自刎，扰乱吴军的士气，由此大败吴军。

孔子又说道："孙叔敖能够运筹帷幄，安卧寝室寝，手持羽扇，而敌国不敢进犯。楚国就止息干戈了。孔丘我但愿有三尺长的嘴巴，又有什么用呢！"孔子称赞楚国两位贤士行不言之教，无言制胜。

15. 不道之道

【原文】彼之谓不道之道，此之谓不言之辩。故德总乎道之所一，而言休乎知之所不知，至矣。道之所一者，德不能同也；知之所不能知者，辩不能举也，名若儒墨而凶矣。故海不辞东流，大之至也；圣人并包天地，泽及天下，而不知其谁氏。是故生无爵，死无谥，实不聚，名不立，此之谓大人。狗不以善吠为良，人不以善言为贤，而况为大乎！夫为大不足以为大，而况为德乎！

夫大备矣，莫若天地；然奚求焉，而大备矣。知大备者，无求，无失，无弃，不以物易己也。反己而不穷，循古而不摩，大人之诚。

【注释】 彼之谓不道之道，此之谓不言之辩。彼讲的是不言之道，此讲的是不言之辩。虽然彼此有点不同，但是，都是一个道理。

故德总乎道之所一，而言休乎知之所不知，至矣。所以说，人的德性归于道而同一，言论止息于智巧所不知之处，也就是止息于大道之乡。如此就可以说是达道了。如果能够离语言文字相，就可以达道了。

道之所一者，德不能同也。归于道就可以同一，然而，不同人的德性有所不同，有些被物欲遮蔽浅一些，有些被遮物欲蔽深一些。然而，如果物欲的遮蔽去掉了，恢复本有的德性，就没有什么不同了。

知之所不能知者，辩不能举也，名若儒墨而凶矣。智巧所不知的，言语去辩论也不能及。像儒家、墨家那样标榜名声，未免招致祸害了。

故海不辞东流，大之至也。所以说，大海不会拒绝东流的百川之水，所以大到极点了。大道之乡如同大海，不管是儒家，还是墨家，都兼容并蓄。

圣人并包天地，泽及天下，而不知其谁氏。圣人有大心，包容天地，恩泽天下。圣人兼容百家之学，而不知属于哪个门派，属于哪一家。

是故生无爵，死无谥，实不聚，名不立，此之谓大人。所以说生的时候没有爵位，死的时候没有谥号，财货不曾聚敛，名声不曾树立，如此可以称之为大人。所谓的大人是由于有大心。即使岁数很小，但是有大心，可以称之为大人。即使官位再高，岁数再大，如果没有大心，也不能称之为大人。

狗不以善吠为良，人不以善言为贤，而况为大乎！狗不以善于吠就是良狗，人并不是以善言善辩就为贤德，而何况是大丈夫所做的事情呢！何况是成为大人呢！

夫为大不足以为大，而况为德乎！如果有心求大，就不足以为大；有心成其大，而不能成其大。人算不如天算，春秋五霸，虽然有心为大，而最终也陨落了。更何况是修德呢！不能有心修德，有心修德不能成其德。

夫大备矣，莫若天地。要说大而完备的，莫如天地那么大的了。

然奚求焉，而大备矣。然而天地又有什么求取呢，正是因为不言不辩，不去求取所以能够大而完备。

知大备者，无求，无失，无弃，不以物易己也。如此可以知大而完备的人，不会刻意去求大，不会失去本性，不会完全摒弃外物，然而不会因为外物而改变自己的本性。本性具足一切，本性就是大而完备的。

反己而不穷，循古而不摩，大人之诚。返回自己的本性就无有穷尽，自性具足一切；因循以前固有本性而不使得本性磨灭，如此就是大人的诚心了。大人能够做到诚意，所以能够成就大心。

16. 为我相子

【原文】子綦有八子，陈诸前，召九方歅曰："为我相吾子，孰为祥？"九方歅曰："梱也为祥。"子綦瞿然喜曰："奚若？"曰："梱也将与国君同食以终其身。"子綦索然而出涕曰："吾子何为以至于是极也！"九方歅曰："夫与国君同食，泽及三族，而况父母乎！今夫子闻之而泣，是御福也。子则祥矣，父则不祥。"

【注释】子綦有八个儿子，列队在面前站着。子綦叫九方歅来问道："你帮我相一下我的这几个儿子，哪个最有福分呢？"九方歅善于相人，能知福祸。

九方歅说道："梱最有福气。"梱为子綦的儿子。

子綦听了，看似惊喜的样子（瞿然），问道曰："怎样的福分呢？"

九方歅说道："你的儿子梱将和国君一道饮食，而终其一生。"

子綦听了不但不高兴，反而悲伤落泪（索然），他说道："我的儿子何以走到此等绝境呢！"按理说，能够和国君一起饮食，这是何等的荣耀和福分呢。

九方歅又说道："能够和国君一道饮食，恩泽能够施三族，而更何况是父母呢！"父母肯定也可以享受到了。

九方歅又说道："先生你听闻就哭泣，这是在拒绝福分的到来啊。你的儿子是有福分，父亲却没有福分了。"

17. 凡有怪征

【原文】子綦曰："歅，汝何足以识之，而梱祥邪？尽于酒肉，入于鼻口矣，而何足以知其所自来？吾未尝为牧而牂生于奥，未尝好田而鹑生于宎，若勿怪，何邪？吾所与吾子游者，游于天地。吾与之邀乐于天，吾与之邀食于地；吾不与之为事，不与之为谋，不与之为怪；吾与之乘天地之诚，而不以物与之相撄；吾与之一委蛇，而不与之为事所宜。今也然有世俗之偿焉！凡有怪征者，必有怪行。殆乎，非我与吾子之罪，几天与之也！吾是以泣也。"

无几何而使梱之于燕，盗得之于道，全而鬻之则难，不若刖之则易，于是乎刖而鬻之于齐，适当渠公之街，然身食肉而终。

【注释】子綦听了就说道：“九方歅，你怎么足以知道，我的儿子梱如此就最有福分呢？享尽酒肉，从口鼻入于肠胃，你知道酒肉从哪里来吗？”酒肉的香味从鼻子进入肚子。

子綦又说道：“我未尝牧羊，而母羊（牂）却出现在室内的西南角；我未尝爱好田猎，而鹌鹑却出现在室内的东北角（宎），你不感到奇怪，为何呢？”如果存在不劳而获的时候，应当警惕了，最安逸的时候，就是最危险的时候。

子綦又说道：“我和儿子所遨游的，只是在于天地之间。我和儿子们从上天那里获得快乐，从大地里获得食物。”

子綦又说道：“我不会跟他们建立事业，不跟他们出谋划策，不跟他们做标新立异的事情。”

子綦又说道：“我和他们顺应天地之道，天地之至诚。而不会受外物的干扰。我和他们一道随顺自然，而不会择其所适宜的事情为之。”

子綦又说道：“现在却得到世俗酒肉的报答！凡是有奇怪不祥的征兆，必然会有怪异不详的行为。”

子綦又说道：“危险啊！这并非是我和儿子的罪过，而是上天给予的吧！也只能承受了！我所以哭泣了。”

没有过多久，就派儿子梱去燕国当使者，强盗在半路劫持了他。强盗觉得如果保全形体卖掉（鬻）比较困难。不如砍掉他一条腿容易卖一些。于是就砍掉一条腿，卖到齐国。刚好碰巧被齐国的富人渠公买去看守街门，所以一辈子吃肉而终其一生。

18. 民不难聚

【原文】啮缺遇许由，曰：“子将奚之？”曰：“将逃尧。”曰：“奚谓邪？”曰：“夫尧，畜畜然仁，吾恐其为天下笑。后世其人与人相食与！夫民，不难聚也；爱之则亲，利之则至，誉之则劝，致其所恶则散。爱利出乎仁义，捐仁义者寡，利仁义者众。夫仁义之行，唯且无诚，且假乎禽贪者器。是以一人之断制利天下，譬之犹一覕也。夫尧知贤人之利天下也，而不知其贼天下也，夫唯外乎贤者知之矣。”

【注释】啮缺遇见许由，问道：“你将要去哪里呢？”许由回答道：“逃避尧帝。”尧帝以为许由是贤士，要把帝位禅让给他。

啮缺又问道：“为何这么说呢？”

许由回答道：“尧帝和悦（畜畜然）地推行仁义，恐怕他会被天下人耻笑的。后世将会出现人吃人的现象！”

许由又说道："百姓并不难聚集；爱护他们，就会亲附；使他们受益，他们就到来；给他们赞誉，他们就会更加勤奋；强加给他们所厌恶的东西，他们就会离散。"

许由又说道："私爱和私利从仁义生出，舍得捐献仁义的人少，享受仁义的人多。"

许由又说道："仁义之行，往往没有诚意。前面讲了，真正布施仁义的人很少，而享用仁义的人很多。如此只能是假仁假义了。仁义只能成为如同禽兽般贪婪的人所借用的武器罢了。"田常窃取齐国，取而代之。为了巩固田家的统治，也一并窃取仁义，当做治国的武器。

许由又说道："这只是以一人的决断来为天下人制造利益，毕竟布施仁义的人是极少数的。这就好像是短暂地一瞥（一觇），是转瞬即逝的，也是有很大局限性的。"

许由又说道："尧帝只是知道贤人可以利益天下，而不知贤人所谓的仁义也会害天下。只有忘掉贤人，不被其所弘扬的仁义所束缚，才能够知晓这些道理。"

19. 仁义膻气

【原文】有暖姝者，有濡需者，有卷娄者。

所谓暖姝者，学一先生之言，则暖暖姝姝而私自说也，自以为足矣，而未知未始有物也，是以谓暖姝者也。濡需者，豕虱是也，择疏鬣自以为广宫大囿，奎蹄曲隈，乳间股脚，自以为安室利处，不知屠者之一旦鼓臂布草操烟火，而己与豕俱焦也。此以域进，此以域退，此其所谓濡需者也。卷娄者，舜也。羊肉不慕蚁，蚁慕羊肉，羊肉羶也。舜有羶行，百姓悦之，故三徙成都，至邓之虚而十有万家。尧闻舜之贤，举之童土之地，曰冀得其来之泽。舜举乎童土之地，年齿长矣，聪明衰矣，而不得休归，所谓卷娄者也。

【注释】有一种人稍有浅见就沾沾自喜（暖姝）；有一种人苟且偷生，苟安于一时，如同鱼一样，在陆地上，只需要把身体濡湿就可以了（濡需）；有一种人弯腰驼背，劳苦疲倦的样子（卷娄）。

所谓沾沾自喜的人，只是学了先生的只言片语，就沾沾自喜，暗自高兴了。这样的人稍微知道一点就自以为是，就知足了。完全不知道万物生成之前有大道存在，所以说他们只有浅见而沾沾自喜了。实证大道再沾沾自喜还不晚。

所谓苟安一时的人，就好像是猪身上的虱子。专门挑选猪毛长得稀疏

（疏鬣）的地方呆着。自以为那是宽广的宫殿和园林。猪大蹄胯内，弯曲隐蔽的地方，乳房股脚之间，以为这些都是安稳的处室和便利之所。殊不知屠夫一旦挥动臂膀，放好柴火，烧起烟火，自己就和猪一起被烧焦了。进也是在此地域进，退也是在此地域退，这就是所谓的苟安一时。虱子进不知钻入猪浓密猪毛的安全之所，退也不知跳离猪身上。猪要被杀之前，就要提前跳离。范蠡不是苟安一时，就提前离开越王勾践，泛舟江湖。文种不管怎么退，都还是在越王眼皮底下，所以招致杀身之祸。

所谓弯腰驼背，疲倦劳苦的人，就是像舜这样的人吧。羊肉不会爱慕蚂蚁，而蚂蚁却爱慕羊肉，因为羊肉有天然的膻气（羶）。舜有类似于膻气的仁义，百姓爱慕这种仁义的膻气，所以舜三次迁徙而都能够建成都邑。舜迁徙去邓这个废墟，而又聚集了十多万家百姓。尧帝听闻舜的贤德，便选派他到不毛之地（童土之地）。尧帝说，希翼舜能够给百姓带来福泽。舜被尧帝推举到不毛之地，年岁都很大了，耳朵不灵眼睛都看不清了，而还是不能退休归养。真是疲倦劳苦的人啊。

20. 以心复心

【原文】是以神人恶众至，众至则不比，不比则不利也。故无所甚亲，无所甚疏，抱德炀和以顺天下，此谓真人。于蚁弃知，于鱼得计，于羊弃意。以目视目，以耳听耳，以心复心。若然者，其平也绳，其变也循。古之真人，以天待人，不以人入天。古之真人，得之也生，失之也死；得之也死，失之也生。

【注释】是以神人恶众至，众至则不比，不比则不利也。所以说神人厌恶众人的归附；太多人归附就不会和睦；如果不和睦，就不利于身心。

故无所甚亲，无所甚疏，抱德炀和以顺天下，此谓真人。所以说不会刻意去亲近，也不会刻意去疏远，只是抱一守中，安守本有德性，颐养和气（炀和），以顺应天下，如此可以称之为真人。《道德经》中讲，故不可得而亲，不可得而疏。…天道无亲常与善人。

于蚁弃知，于鱼得计，于羊弃意。蚂蚁摒弃知道羊肉膻气的智巧，如此就不会贪慕膻气，不会不远千里去依靠外在而求乐，本性具足一切，蚂蚁窝就是安乐窝；鱼儿不再贪恋钩饵，就可以悠然自得；羊有膻气所以招来蚂蚁，羊肉要去除膻气，圣人要去除仁义。

以目视目，以耳听耳，以心复心。眼睛要看到眼睛本身，见到自身才能称之为目明；耳朵要听到耳朵本身，听到自身才能称之为耳聪；以心恢复心性，如此才能称之为见性。制心一处无事不办。人最难的是认识自己，心最难的就是见到心性。大力士最难做到的就是把自己举起来。做梦者最难的就是在梦中知晓是在做梦。迷路的人最难的就是在迷途中知晓是迷路了。眼睛最难看见的就是自己，虽然从镜子中可以看见，但是从来没有亲眼看过自己一眼。古人钻木取火，以木钻木而取火。古代木工要把木头的木钉子打出来，只能用一模一样的木钉子打出。佛家有净土宗，用一句佛号打出妄想杂念，心就归于静定了。

若然者，其平也绳，其变也循。如果能够如此，心如同墨绳那样平直，正所谓直心是道场；心只是因循自然而变化。

古之真人，以天待人，不以人入天。古代的真人，以天道对待人事，人事会顺应天道；不会以人事干扰天道。当今就不同，人类自恃技术高明，用转基因而干扰天道。

古之真人，得之也生，失之也死；得之也死，失之也生。古代的真人，得到天道而生，恢复光明德性而生；失去天道而死，如果失去光明德性，虽然生犹如死。得到名利，失去天性，就如同死去；失去名利，失去物欲，就可以得生。正如前面所讲，舜得到权势，疲倦劳苦而接近于死。虱子得到广大的生存空间，而死期将近了。

21. 风日守河

【原文】药也，其实堇也，桔梗也，鸡瘫也，豕零也，是时为帝者也，何可胜言！

勾践也以甲楯三千栖于会稽，唯种也能知亡之所以存，唯种也不知其身之所以愁。故曰鸱目有所适，鹤胫有所节，解之也悲。故曰风之过河也有损焉，日之过河也有损焉。请只风与日相与守河，而河以为未始其撄也，恃源而往者也。故水之守土也审，影之守人也审，物之守物也审。

【注释】我们来以药性打个比方。其实乌头（堇）也好，桔梗也好，鸡头（鸡瘫）也好，猪苓（豕零）也好。这些药随时都可以变为君药，也就是主药的。其中的道理如何能够说得完呢！懂中医的人知道君臣佐使，用药如用兵，药都是随病症所转化的。阴阳随时可以转化，贵贱、贫富都可以转化。药性承载天地之偏，正好可以纠正人体阴阳之偏。复兴中华传统文化，需要复兴中医中药。

越王勾践被吴王夫差打败后，率领三千士兵被困在会稽山上。唯独文种知晓越国虽然亡国而却可以复存。具有讽刺意味的是，也唯独文种不知自己身处险境而不知道忧愁。眼睛最看不清眼睛，耳朵最听不清耳朵，心最不了解心性，文种最不了解自己处境的危险。越王勾践卧薪尝胆，复仇灭了吴国。范蠡携西施离去，文种不愿舍弃名利。范蠡写书信劝文种，文种收到书信就称病不朝，勾践就赐宝剑令其自杀而死。文种不就如同苟且一时的那种人吗？退不懂退到江河湖海，还留在勾践身边。如同虱子苟安一时，退不懂跳离猪身上。亡国可以转化为复国，战胜国吴国可以转化为亡国，如同药性随时都可以转化。

所以说猫头鹰（鸱）眼睛有所宜，夜晚看得清楚，而白天很大的山头都看不见。鹤的小腿有一定的长度，要是把它截短了，那是很悲哀的一件事情。文种看越国复兴看得很清楚，可是自己这个大活人的安危却看不明白，以至于招致杀身之祸。

所以说，风从河面上吹过，河水还是会有所损失的，太阳从河面上晒过，河水还是会有所损失的。由于河水羡慕风的轻盈自由，所以被风带走了；由于河水羡慕太阳的高高在上，炙热无比，所以跟着往上爬了，所以就有损失。勾践为君主如太阳，文种因为追求名利所以损失惨重，失去性命。

请试着让风和太阳整天守在河面上，而河水似乎未曾有所损耗，这是由于河水自恃源头的源远流长罢了。只要人守着真性，不要丧失，就不会有所损失了。

所以说，水依靠土壤来守，就会安定；影子依赖于人，就会固定；事物依赖事物，就会得以固定。山上高高的石头，依靠下面的沙石才能得以固定。人依靠真性而得以安定。

22. 以为己宝

【原文】故目之于明也殆，耳之于聪也殆，心之于殉也殆。凡能其于府也殆，殆之成也不给改。祸之长也兹萃，其反也缘功，其果也待久。而人以为己宝，不亦悲乎？故有亡国戮民无已，不知问是也。

【注释】故目之于明也殆，耳之于聪也殆，心之于殉也殆。所以说，眼睛追求明察秋毫，就危险了。水至清则无鱼，人至察则无徒。耳朵追求灵敏，就危险了。听闻别人太多过错，又不忘却，就危险了。鲍叔牙就有个特点，听闻别人过错，终身不忘。听闻太多，污染本心，就危险了。心如果殉于外物，追求无穷尽的知识，增长知见，就危险了。

凡能其于府也殆，殆之成也不给改。非礼勿视，非礼勿听。对于外在五官而言，如果自恃其能，就会伤害脏腑，对内在脏腑也是危险的。喜伤心，怒伤肝。看太多开心的事，就会伤心。听太多令人生气的事情就会动怒，动怒就会伤肝。对于脏腑的伤害，不是一朝一夕造就的，一旦危险酿成，再去改就来不及了。嘴巴爱饮酒吃肉，伤及脏腑，生重病了，再去改正都晚了。

祸之长也兹萃，其反也缘功，其果也待久。祸患的滋长也越来越多（兹萃），在不知不觉之间增长了；然而要返回本性就要缘于许多的功夫了，心田长太多杂草，就要花好多功夫除草了；要收到效果，也需要等待很长时间了。祸患产生的时候，苗头比较小，容易去除。如果等到长成参天大树，就要用斧头去砍伐了。《道德经》中讲，其安易持，其未兆易谋。

而人以为己宝，不亦悲乎？而人以为五官为自己的宝，不是很可悲吗？世人不知自己身上的宝贝是什么，不知自身养生真正的主人是谁。自性本心才是宝，心为君主之官，五官对应于百官罢了。

故有亡国戮民无已，不知问是也。所以说，不断地有亡国和百姓被杀戮的事情出现，却不知探究其根本原因。如果人人都返回本性，就不会有战争了。如果只是为了满足口腹之欲，就会不断出现争斗了。这是纷争的千古根源。

23. 大一通之

【原文】故足之于地也践，虽践，恃其所不蹍而后善博也；人之于知也少，虽少，恃其所不知而后知天之所谓也。知大一，知大阴，知大目，知大均，知大方，知大信，知大定，至矣。大一通之，大阴解之，大目视之，大均缘之，大方体之，大信稽之，大定持之。

【注释】故足之于地也践，虽践，恃其所不蹍而后善博也。所以说，脚对于所踩的地，只需要踩到的那一小块；虽然只是踩一小块，然而如果不是自恃其没有踏足的广大区域，就无以致远。汽车车灯每次只能照眼前的一块区域，轮胎每次只能碾压一小块地面，然而如果没有未碾压的广大区域，就无以至千里。念佛法门，每次虽然只念一个佛号，如果没有广大空灵的境界，就无以成佛道。

人之于知也少，虽少，恃其所不知而后知天之所谓也。人所知道的虽然很少，但是正是存在着许多不知的领域，所以能够成就人知晓天道。

知大一，知大阴。凭借着我们所知的一点点，所本有的一点点良知的亮光，不断地拓展，就可以穷尽天理了。凭借着黑暗中一点点手电筒的亮光，凭借着生锈铜镜所透露出的一丝亮光，不断地专一精深做功夫，就可以穷尽天理了。如此我们就知晓太一，知晓大道了。阴阳归于太一。知晓太阴，知晓到阴之极点的境界。

知大目。知晓所谓目光远大，并不是建功立业，而是能够反视自己，看清自己自性本心。

知大均。知晓天下有平均无私，有大同世界的存在。如果人人都恢复本心，也就是大同世界来临之时。

知大方。知晓大方无隅。真正的大方，似乎没有棱角。

知大信。知晓大的信义，不需要以金为质押。

知大定，至矣。知晓万事万物都有各自定位。如果能够知晓以上这些，就可以说是知之至了。

大一通之，大阴解之，大目视之，大均缘之。太一微妙玄通，知之者圆融通达。太阴虚寂之境，知之者束缚全部得以解脱。大目目光远大，能够反视自己本性。大均实则为大同。天地万物同为一体，如此为大同。并非万物都是完全一样的，实则一物一世界，没有完全相同的两个事物。如此为小异。所谓大同也是随缘的，不管怎么变，都是同为一体。

大方体之，大信稽之，大定持之。大方无隅，真正的大方是没有棱角的。大道是为大方，圆融通达，无有棱角，无有黑暗的角落。大方为大道之体。大信为大道的信义，不需要稽考。科学老是强调第三方验证的东西，才能够相信。然而大道也可以验证，只不过自己要亲自去做实验。如果得道了，对于一切都相信无余了，原来古圣先贤慈悲子孙，都是说的真话。大定为至位，就是位于光明德性，持守不要失去。不要失去本心，不要失去君主之位。

24. 不惑解惑

【原文】尽有天，循有照，冥有枢，始有彼。则其解之也似不解之者，其知之也似不知之也，不知而后知之。其问之也，不可以有崖，而不可以无崖。颉滑有实，古今不代，而不可以亏，则可不谓有大扬搉乎！阖不亦问是已，奚惑然为！以不惑解惑，复于不惑，是尚大不惑。

【注释】尽有天，循有照，冥有枢，始有彼。尽心就有天道，所谓尽心就是使得心的全体尽显无遗，如此就可以穷尽天理了。因循心性就可以发明本心，照天照地了。心性只能随顺，不能压制。野草用石头去压，总会从别的地方冒出来。把这个杂念压下去，另外的杂念就会如同野草冒出来。玄冥之处，有大道的枢机，此为天机。每个人身上都有一个无形的按钮，按动按钮就可以进入静定了。初始有道，初心就是道。如果能够恢复初心，就能恢复自性本心了。

则其解之也似不解之者，其知之也似不知之也，不知而后知之。则虽然已经解脱束缚了，看似没有解脱束缚。世人都在作茧自缚。有形的丝线容易解，无形的丝线是很难解脱的。即使解脱了，似乎不解的样子。所以对于真正的得道高人，似乎很平常。对于炫耀神通的邪师，似乎深不可测。知晓大道的人，似乎无知无识的样子。苏格拉底有著名的无知之知。如果能够做到放弃知见，就会慢慢知晓大道了。正所谓为学日益，为道日损。

其问之也，不可以有崖，而不可以无崖。对于问道，似乎不可以有崖岸，而又不是毫无边际的。大道的形迹存在于万事万物，只是我们需要有慧眼去识别罢了。

颉滑有实。大道虽然升降上下、不断流转（颉滑），似乎不可捉摸，然而大道也是实实在在存在的。在万事万物当中都存在大道的形迹。上达于道，就可以精通兵法，如同孙武，这一点都不虚假。

古今不代，而不可以亏，则可不谓有大扬搉乎！大道古今不会有所更代，大道如同大海，旱涝都不会有所变化。大道不会有所亏损。则如此不就可以说是大道的概略（扬搉）吗？虽然不能把道讲清楚，短短几句，可以讲清楚大道的大概了。

阖不亦问是已，奚惑然为！为何对于大道不也问个大概呢，虽然没有精力去搞得太明白，但是弄清楚大概总可以吧。为何迷惑颠倒到如此的地步呢！

以不惑解惑，复于不惑，是尚大不惑。如果能够知晓大道的概略，起码明心见性，得道了，就不会有什么迷惑了。如果能够明心见性，看到本有光明德性的一丝亮光，也不会感到迷惑了。当然要彻底不迷惑，还是要彻底恢复本有良知。以不迷惑解除迷惑，恢复于本不迷惑的本性，如此就可以彻底不迷惑了。

第三章　则　　阳

1. 无德有知

【原文】则阳游于楚，夷节言之于王，王未之见，夷节归。彭阳见王果曰："夫子何不谭我于王？"王果曰："我不若公阅休。"

彭阳曰："公阅休奚为者邪？"曰："冬则擉鳖于江，夏则休乎山樊。有过而问者，曰：'此予宅也。'夫夷节已不能，而况我乎！吾又不若夷节。夫夷节之为人也，无德而有知，不自许，以之神其交，固颠冥乎富贵之地，非相助以德，相助消也。夫冻者假衣于春，暍者反冬乎冷风。夫楚王之为人也，形尊而严；其于罪也，无赦如虎；非夫佞人正德，其孰能桡焉！

【注释】则阳（鲁国人，名字为彭阳，字则阳）到楚国游说，夷节（楚国大臣）向楚王引荐了他。楚王不愿意接见则阳，夷节只好作罢回家。

彭阳见王果（楚国大臣），说道："先生你为何不向楚王推荐我呢？"王果回答道："我不如公阅休（隐士名字）。"

彭阳问道："公阅休是什么人呢？"

王果回答道："他冬天的时候，就用叉刺（擉）鳖于江上，夏天就休息在山林旁（山樊）。有人经过就问他。他回答道：'这就是我的住宅。'"

王果又说道："夷节既然都不能引荐，更何况是我呢！我又不如夷节。"

王果又说道："夷节的为人，无有德行而有智巧。不以气节自许，可以不择手段地去处事，善于以智巧神化其交际。所以颠倒昏聩于富贵之地。"

王果又说道："夷节这个人，你让他举荐你，打错算盘了。他不能以德性相助，反而会相互消耗。所以推荐你无益。"

王果又说道："冬天受冻的人渴望温暖的春天，夏天中暑（暍）的人反而会求冬天的冷风。"赋闲在家的人想当官，当官的人羡慕逍遥自在的隐士。王果劝他知晓为官的利害。

王果又说道："而且楚王的为人，外形尊贵而显得很有威严，自视甚高而待人刻薄。楚王对于有罪的人，毫无赦免之心，像猛虎一样凶残。除非是内怀贤德，而外有才辩，如同佞臣，如此有勇有谋的人方能伺候好楚王。如果不是这样的人，如何能够令楚王屈服（桡）呢!”

2. 饮人以和

【原文】“故圣人其穷也，使家人忘其贫；其达也，使王公忘爵禄而化卑；其于物也，与之为娱矣；其于人也，乐物之通而保己焉。故或不言而饮人以和，与人并立而使人化父子之宜。彼其乎归居，而一闲其所施。其于人心者，若是其远也。故曰‘待公阅休’。”

【注释】王果又说道：“所以说圣人处于穷困的时候，能够使得家人忘掉其穷困。处于显达的时候，能够使王公大臣忘却爵禄，而转化高傲为谦卑。”庄子穷困的时候，家人会忘却其穷困。因为并不是无官可做，而是不愿意做官罢了。

王果又说道：“圣人虽然入世，只是逍遥游于世间。对于外物，与外物娱乐，如同看电影一样罢了，不会执着于外物。对外物不将不迎，看花开花落。圣人不会受物欲污染，保持本真。不会像丝线一样，放在蓝色染缸就是蓝色，放在红色染缸就是红色。圣人对于人，乐于与人沟通，而又不会受不好的影响，而能够保全自己形体，也能保全自性本心。”前面有讲，夷节这个人，与其交往，不会助长德性，而是损耗德性。

王果又说道：“所以说，圣人行不言之教，虽然没有言语，但是和气熏蒸人。使得世人饮其和气，就似乎已经醉了。圣人只要跟人并立站在一起，就能够感化父子，使得相宜。”

王果又说道：“公阅休为富有盛德的圣人，虽然有感化世人的光明德性，可是却归隐于山林。赋闲其施行教化，不着急出来做官。”相比之下，则阳却汲汲于名利。

王果又说道：“公阅休的思想，与一般人的想法，岂不是相差太远了呢。所以说，‘待公阅休’。”由于楚王的性情残暴，必然要等待大德。令公阅休先感化他，方可去亲近。并不是让则阳等待公阅休举荐他。

3. 旧国旧都

【原文】圣人达绸缪，周尽一体矣，而不知其然，性也。复命摇作而以天为师，人则从而命之也。忧乎知，而所行恒无几时，其有止也若之何!

生而美者，人与之鑑，不告则不知其美于人也。若知之，若不知之，若闻之，若不闻之，其可喜也终无已，人之好之亦无已，性也。圣人之爱人也，人与之名，不告则不知其爱人也。若知之，若不知之，若闻之，若不闻之，其爱人也终无已，人之安之亦无已，性也。

旧国旧都，望之畅然。虽使丘陵草木之缗，入之者十九，犹之畅然，况见见闻闻者也，以十仞之台县众閒者也！

【注释】 圣人达绸缪。圣人上达于形而上之道，能够解脱事物的纠缠（绸缪）。世人笑蚕作茧自缚，然而却不知自己也作茧自缚。蚕被有形的丝线束缚，看得见的丝线相对来说容易解开。人被无形的丝线所束缚，无形的丝线更难解脱。所谓的无形的丝线是行为所做，心里所想，嘴巴所说，这些都是在吐丝，作茧自缚。

周尽一体矣，而不知其然，性也。圣人已经恢复本心，发明本有光明的德性。圣人为大人，有大心，大心无所不包，无所不容。大心以天地万物同为一体，周遍天地万物。而世人不知为何如此，其实是每个人的自性本心本来就如此。圣人只是恢复本有良知罢了。

复命摇作而以天为师，人则从而命之也。《道德经》中讲，归根曰静，是曰复命。事物纷纷扰扰，给人以无法解脱的束缚，然而归于根本，就是安静。静到了极点，也就是佛家所说的禅定，就可以恢复自性本心了。动静互为阴阳，本来无动无静，也要打破对静的执着。圣人不管是静是动（摇作），都以天道为宗师。行住坐卧无不是定，并不是一定要打坐。所谓禅定是心安于静定，而不是非得要坐着。即使在打坐，内心妄想纷飞，也不是禅定。圣人本无名，然而世人从而称之为圣人。

忧乎知，而所行恒无几时，其有止也若之何！世人忧虑所知甚少，而所行又不能恒久坚持几时，走走止止，停停走走，又如何能够知多少呢？修道如同走路，并不是站在路的起点就全部知晓沿路风景的。走多一步就可以同时多见到一些风景，是知行合一的。修道并不是向外走多远，而是向内走多远，在自己心地上做功夫，恢复本有良知。《道德经》中讲，不出户知天下，不窥牖见天道；其出弥远，其知弥少。

生而美者，人与之鑑，不告则不知其美于人也。天生就很美丽的人，别人拿镜子给她照，如果不告诉她，说她很美。她不知道自己比别人美。圣人安于天道，如果世人不称之为圣人，他只是顺应自然罢了。

若知之，若不知之，若闻之，若不闻之，其可喜也终无已，人之好之亦无已，性也。自性本心如同天然的美人，只是世人不知罢了。如果不告诉世人说，你的自性本心本来很美，世人是迷糊的，还不知道。如果你对别人说，你身上有无价之宝，别人肯定打死也不相信。无价之宝即是自性本心，其中具足一切。王阳明龙场悟道，就是顿悟自性本心。自性本心不管是世人知道也好，不知道也好，听闻也好，不听闻也好，自性本心还是在那里。自性本心的宁静喜乐不会止息。世人喜爱自性本心也不会止息，毕竟是最天然的自性，毕竟是每个人的心灵家园。

圣人之爱人也，人与之名，不告则不知其爱人也。圣人大爱世人，而人给予圣人美名。如果不告诉世人，世人是不知晓圣人如何爱世人的。圣人以天地万物同为一体，把世人当成自己的手足，如何不爱呢？圣人以万物，以世人为刍狗，不得不爱。

若知之，若不知之，若闻之，若不闻之，其爱人也终无已，人之安之亦无已，性也。不管是世人知道，还是不知道，听闻相信，还是不相信，圣人大爱世人都不会终止。圣人只是恢复自性本心罢了。圣人教化世人，无非是发明世人本有光明的德性罢了。世人安于自性家园，也不会止息，也不会有所变化。

旧国旧都，望之畅然。自己的故国故乡，只要远远望着都会感到心情舒畅。每个人的自性本心就是故国故乡。虽然不知道，听闻也不信，可是莫名地也会开心。

虽使丘陵草木之缗，入之者十九，犹之畅然，况见见闻闻者也，以十仞之台县众间者也。虽然一眼望过去，会有丘陵草木的遮蔽（缗），这些杂物映入眼中占有十分之九，然而依稀可以看见故国故乡的影子，仍然觉得心情舒畅。所谓丘陵草木对应于物欲，物欲遮蔽本心，遮蔽十分之九，然而还可以依稀看到一点亮光。看一看，听一听故国故乡的消息都会感到开心了。更何况是建起十仞的高台，悬挂在众人之间，让众人可以登台观望呢？或者有人在高台上看清楚，虽然众人没有亲自登上去，听一听，轮流上去看一看，都会感到极其欣喜的。每个人都想亲自上去看个究竟，在高台上的是圣人。世人如果上了高台，也可以称之为圣人了。

4. 除日无岁

【原文】冉相氏得其环中以随成，与物无终无始，无几无时。日与物化者，一不化者也，阖尝舍之！夫师天而不得师天，与物皆殉，其以为事也若之何？夫圣人未始有天，未始有人，未始有始，未始有物，与也偕行而不替，所行之备而不洫，其合之也若之何？汤得其司御门尹登恒，为之傅之。从师而不囿，得其随成。为之司其名，之名赢法，得其两见。仲尼之尽虑，为之傅之。容成氏曰：“除日无岁，无内无外。”

【注释】 冉相氏得其环中以随成，与物无终无始，无几无时。冉相氏为古代的圣王。冉相氏得知大道的中枢（环中），也就是恢复自性本心，因而能随顺自然而成就万物。冉相氏以天地万物同为一体，无始无终，无时无期。

日与物化者，一不化者也，阖尝舍之！得道的圣人与万物同游，随顺万物变化，然而一成不变化的是自性本心。不管何时何地，何尝舍弃自性本心呢！

夫师天而不得师天，与物皆殉，其以为事也若之何？刻意有心以天道为宗师，如此就不能得道为宗师了。如果要以道为师，连成佛成道的欲望也都要放下。世人都是有心以天道为宗师，刻意地追求贤德，实则是追求名利，就会与外物一起失去本性。世人如同飞蛾扑火，都是如此，又能怎么样呢？

夫圣人未始有天，未始有人，未始有始，未始有物。圣人不曾有心以天为宗师，不曾刻意仁爱世人，而是不得不爱。圣人以万物、百姓为刍狗而已。在圣人心里，宇宙是无始无终的，已经回归于万物诞生之初。爱因斯坦说过，时间和空间只是人类认知的错觉罢了。前面有大风吹大树的公案，大风对应于心，大树的万种孔窍对应于万物实相，万种声音对应于万事万物。树欲静而风不止，圣人的心归于静定，万种声音就止息了，万籁寂静了，也就回归于万物未生之时了。

与也偕行而不替，所行之备而不洫，其合之也若之何？圣人与世人同行而不废止。佛法在世间，不离世间觉。虽然圣人有出世的心，但是入于尘世，与世人同行，帮助世人罢了。圣人虽然入于尘世，所言所行周备而不会沉溺（不洫）于物欲。圣人符合于天道，又是什么样的呢？

汤得其司御门尹登恒，为之傅之。成汤为一代圣者明君。成汤知晓圣人之道，不管出身多么卑微，只要贤德，就会以之为师。伊尹原本只是厨师，拜为相国。成汤对于看门的贤德的人也不放过。有一个看守王宫御门的武官，官称为御门尹，名为登恒。成汤以他为师傅。身边不乏贤德人才，只是看有无慧眼发现罢了。

从师而不囿，得其随成。成汤虽然以看门官员为师，但是不局限于师傅所教。正所谓依法不依人，以自性本心为师，以良知为师。只是得到明师，以其为镜子，随顺成就自己的本性罢了。

为之司其名，之名嬴法，得其两见。成汤作为圣人，并非为了礼贤下士的美名而刻意为之。不是为了彰显自己的贤德，而以看门的、做饭的人为师，而是求贤若渴罢了。所谓的名，只是身外剩余之物罢了（嬴法）。如果落于美名，就陷入于是非、得失、美丑的两端了，就有分别心了。

仲尼之尽虑，为之傅之。孔子虽然为人的师傅，可是尽心思虑，如何去为师。如果有心为师，就不是天道的宗师了。每个人应当以自性本心为师，如此才是天道的宗师。

容成氏曰："除日无岁，无内无外。"容成氏传说为古代帝王。容成氏曾经说过："除去日，就没有岁了。所谓的岁，就是一年。一年为日积月累所得，如果把日去除，就没有年了。如果把内去除，就无外了。如果把自性本心遮蔽，如何能够成就外物呢？如果把镜子遮住，如何能够照见外物的影子呢？"西方科学割裂了观察者和被观察者，割裂了心和物，所以遇见根本的困难了。除去内心，则无外物了。苏东坡有一首琴诗，如果琴上有琴声，为何放在匣子里不自鸣？如果手指上有琴声，为何不在手指上听？手指对应于内心，琴对应外物实相。琴声对应于万事万物。

5. 求道而已

【原文】魏莹与田侯牟约，田侯牟背之。魏莹怒，将使人刺之。犀首闻而耻之曰："君为万乘之君也，而以匹夫从仇！衍请受甲二十万，为君攻之，虏其人民，系其牛马，使其君内热发于背。然后拔其国。忌也出走，然后抶其背，折其脊。"

季子闻而耻之曰："筑十仞之城，城者既十仞矣，则又坏之，此胥靡之所苦也。今兵不起七年矣，此王之基也。衍乱人，不可听也。"

华子闻而丑之曰："善言伐齐者，乱人也；善言勿伐者，亦乱人也；谓伐之与不伐乱人也者，又乱人也。"君曰："然则若何？"曰："君求其道而已矣！"

【注释】魏惠王（魏莹）与齐桓公订立盟约，然而齐桓公却违背盟约。魏惠王大怒，打算派刺客刺杀齐桓公。

公孙衍当时当犀首（相当于后世的虎牙将军）这个官职，听闻这个消息，感到很羞耻。他对魏惠王说道："君侯你为万乘之君，为大国的君主，而却如同匹夫一样去报仇！公孙衍请君侯给我甲兵二十万，为君侯你攻打齐国，俘虏其百姓，牵着他的牛马。让齐桓公难受一下，让他急火攻心，而痈疽发于背上。然后攻破并占领他的国家。齐国的大将田忌也会望风而逃，然后我就用鞭子抽打他的背，还要折断他的脊梁。"

魏国的贤臣季子听闻了，又认为公孙衍的做法比较可耻，就说道："筑起十仞高的城池，城池已经筑起十仞，而后又去破坏掉，这都是苦了筑城人。坏了又要筑城了。现在兵戈不起足足有七年了，这是王业的根基所在。也是由于君侯的仁德所致。公孙衍实在是挑起战乱的人，不可以听取他的意见。"胥靡，服劳役的筑城人。

魏国的贤臣华子听闻了，又以季子所讲为丑，他说道："竭力劝谏讨伐齐国的人，这是在挑起战乱。劝说不要讨伐的，也是在扰乱人心。评论讨伐还是不讨伐是扰乱人心，这样的评论者也是在扰乱人心。”

魏惠王听闻就问道：“按照你的看法，该如何办呢?”

华子回答道：“君侯只要求道就可以了!”如果君主符合于道，得道多助失道寡助，自然魏国就不会有危险了。华子还有功利心，而不知求于大道。十仞高的城墙不算高，更严重的是人与人之间心灵的围墙。人与人之间被物欲所间隔，所堵塞，所遮蔽，所以心无法相通，就有怨恨，就会有战争了。

6. 有国于蜗

【原文】惠子闻之而见戴晋人。戴晋人曰：“有所谓蜗者，君知之乎?”曰：“然。”“有国于蜗之左角者，曰触氏；有国于蜗之右角者，曰蛮氏。时相与争地而战，伏尸数万，逐北旬有五日而后反。”君曰：“噫！其虚言与?”曰：“臣请为君实之。君以意在四方上下有穷乎?”君曰：“无穷。”曰：“知游心于无穷，而反在通达之国，若存若亡乎?”君曰：“然。”曰：“通达之中有魏，于魏中有梁，于梁中有王。王与蛮氏，有辩乎?”君曰：“无辩。”客出而君惝然若有亡也。

客出，惠子见。君曰：“客，大人也，圣人不足以当之。”惠子曰：“夫吹管也，犹有嗃也；吹剑首者，吷而已矣。尧舜，人之所誉也；道尧舜于戴晋人之前，譬犹一吷也。”

【注释】惠子听闻魏国的戴晋人为得道的贤者，所以引荐给魏王。

戴晋人问道：“有名字叫蜗牛的小动物，君侯可听说过呢?”魏王回答道：“知道的。”

戴晋人又说道：“有个国家在蜗牛的左角，名字为触氏；另外一个国家在蜗牛的右角，名字为蛮氏。”虽然两个国家名字不同，实则都是一个蜗牛身上的两个触角罢了，本来就是同为一体的。鲁国为周公的封地；齐国为姜太公的封地。周朝几百个诸侯国无不是如此，本来好些君侯都是有血缘关系的。九头鸟为了争夺食物，打得头破血流，可是它们却不知道，它们有共同的一个胃，不管谁吃进去都一样。

戴晋人又说道：“两个国家为了争夺土地而发生战争，倒伏在地的尸首有数万之多。胜方追逐败北的一方，足足追了十五天才返回。”

魏王听了就问道：“咦！这都是假的吧?”

戴晋人又说道：“为臣尝试为君侯证实此话。君侯以意推测四方上下有穷尽吗?”君侯回答道：“没有穷尽。”

戴晋人又说道："既然知晓游心于无穷的大道之乡，却反而局限在人迹所至的狭小之国。四方上下的无穷尽和狭小之国对比，相差很巨大吧？国家如此渺小，小到似乎都可以说存在，也可以忽略不计了吧？"魏王回答道："是的。"

戴晋人又说道："四海之内，人迹通达之处有个国家叫魏，于魏国中有魏国都城梁，于都城梁中有王侯。王侯和蛮氏，两者之间有什么根本区别吗？"戴晋人真会起名字，蛮氏似乎是野蛮人，把魏王比喻成随便发动战争的野蛮人了。

魏王回答道："没有区别。"客人走后，魏王有点怅然若失的样子。

客人出去后，惠子拜见魏王。

魏王说道："刚才的客人是大人，是得道的人。称之为圣人都不足以形容。"所谓大人是有大心的人，并非年龄大，并非官大。

惠子回答道："吹奏竹管，尚且还会有宏大的声音（嗃）；吹剑头的小孔，只会听到细微的声音（吷）而已。尧舜，世人所赞誉的圣人。在戴晋人面前谈论尧舜，尧舜就犹如细微的声音罢了。"

7. 其志无穷

【原文】孔子之楚，舍于蚁丘之浆。其邻有夫妻臣妾登极者，子路曰："是稯稯何为者邪？"仲尼曰："是圣人仆也。是自埋于民，自藏于畔。其声销，其志无穷，其口虽言，其心未尝言，方且与世违而心不屑与之俱。是陆沈者也，是其市南宜僚邪？"

子路请往召之。孔子曰："已矣！彼知丘之著于己也，知丘之适楚也，以丘为必使楚王之召己也，彼且以丘为佞人也。夫若然者，其于佞人也羞闻其言，而况亲见其身乎！而何以为存？"子路往视之，其室虚矣。

【注释】孔子去楚国，寄宿在蚁丘山卖水浆的人家中。所谓的水浆就是解渴的饮品。卖水浆人家的邻居，夫妻和奴仆都登上屋顶观看孔子的车骑。子路问道："那些人纷纷（稯稯）登上屋顶干什么呢？"

孔子回答道："那些人是圣人市南宜僚的仆从。此人自己隐姓埋名于普通百姓之中，隐藏于乡村田野之间。"

孔子又说道："他的名声已经销声匿迹了，其志向上达于道无有穷尽。虽然还在开口说话，但是他的心未曾有什么言语了。心处于静定了。他德性高洁，似乎违背世俗常理，只是由于不屑于与世俗同流合污罢了。在陆地而犹如沉入水中，比喻身在市朝而自隐。这个人就是隐居的圣人市南宜僚吧？"

子路请求孔子，去召见这位隐士。孔子说道：“还是算了吧！他知道我对他十分了解，知晓孔丘我这次去楚国，必然会令楚王召见他。他也许以为孔丘是谄佞之人。”

孔子又说道：“这样的话，他对于谄佞的人，听闻说话都会感到羞耻，更何况是亲自见到呢！你凭什么以为他还在那里呢?”

子路再去看的时候，屋子空无一人了。

8. 深耕心地

【原文】长梧封人问子牢曰：“君为政焉勿卤莽，治民焉勿灭裂。昔予为禾，耕而卤莽之，则其实亦卤莽而报予；芸而灭裂之，其实亦灭裂而报予。予来年变齐，深其耕而熟耰之，其禾蘩以滋，予终年厌飧。”

庄子闻之曰：“今人之治其形，理其心，多有似封人之所谓：遁其天，离其性，灭其情，亡其神，以众为。故卤莽其性者，欲恶之孽，为性萑苇，蒹葭始萌，以扶吾形，寻擢吾性；并溃漏发，不择所出，漂疽疥痈，内热溲膏是也。”

【注释】长梧地方守护封疆的官吏问子牢（孔子弟子）道：“你为政不太粗疏（卤莽）了，治理百姓不要太草率（灭裂）了。”

他又说道：“以前我耕种庄稼的时候，耕地很粗疏，则庄稼也以粗疏的态度报答我；锄草很草率，则庄稼也以草率的态度报答我。”

他又说道：“我来年改变耕作方式，深耕土地而仔细锄草（熟耰）。禾苗就很繁茂，粮食颗粒饱满，我一整年都饱食（厌飧）无忧了。”工作和修行也是如此，如果以粗疏草率对待，也会以粗疏草率的结果来报答。如果我们能够深耕心地，进入无上甚深禅定，心地的杂草就会清除干净了。不管做什么，只要一门专一持久深入，就会成功了。

庄子听闻就说道：“现在的人调养身体，调理心神，大多耗时封疆官吏所说的那样。”真正的福田是自己的心田，真正的福地是自己的心地。方丈穿着袈裟，上面有一格格的图案，代表着福田。如果有物欲的杂草，就要及时清除。

庄子又说道：“逃遁其自然天理，背离其自然本性，泯灭其良知真情，失去其真神，精神耗散，这都是由于太多有为、追逐物欲所造成。”

庄子又说道：“所以说，粗疏其本性的人，欲念和恶念所造的孽，对本性所造成的伤害，就好像是芦苇（萑苇）对禾苗造成的伤害。”心地长满杂草，如果不及时清理，就会伤害本性。

庄子又说道："芦苇（蒹葭）刚刚开始萌生的时候，可以扶持我的形体。吃饭穿衣这些初始的欲望，可以供养人的形体，然而如果整天想着吃山珍海味，穿华丽高贵的礼服，这就危害本性了。如此久了，就会遮蔽自我本性。"芦苇长高大了，就会遮蔽禾苗，使得禾苗不见天日了。欲望膨胀长大了，就会遮蔽本性，使得失去本性的光明。

庄子又说道："就像是浑身的疥疮一起并发溃烂，毒素不知从哪里排泄出。毒疮、内热和溺精等就是这样发生的。"如果不注意修身养性，疾病一起发作的时候，可就晚了。

9. 立人所病

【原文】柏矩学于老聃，曰："请之天下游。"老聃曰："已矣！天下犹是也。"又请之，老聃曰："汝将何始？"曰："始于齐。"

至齐，见辜人焉，推而强之，解朝服而幕之，号天而哭之曰："子乎！子乎！天下有大菑，子独先离之。曰'莫为盗，莫为杀人'。荣辱立，然后睹所病；货财聚，然后睹所争。今立人之所病，聚人之所争，穷困人之身，使无休时。欲无至此得乎？"

【注释】柏矩为鲁国人，师从老子学道。他对老子说道："请求游学于天下，到列国去宣传先生之道。"老子听了就说道："还是算了吧！天下的情况跟这里没有什么两样。"他还是不放弃想法，又向老子请辞。老子问道："你将要从哪里开始讲道呢？"他回答道："从齐国开始。"

柏矩来到齐国，见到街头有一具受刑的死尸（辜人）。他就用手强推，把尸体摆正，然后解下朝服把尸体覆盖住。他就仰天嚎啕大哭，说道："你呀，你呀！天下有大灾祸（大菑），唯独你却先遭遇上了，离开了人世。"

他又说道："人们常说'不要偷盗，不要杀人'。可是荣辱观念树立起来了，然后目睹太多荣辱的事情，就会犯病了。看到有钱有势的人很荣耀，看到穷困卑贱的人很耻辱，所以就都争相去得到名利，所以就会犯病了。财货聚集起来，然后世人目睹就会争夺了。"《道德经》中讲，不尚贤，使民不争；不贵难得之货，使民不为盗；不见可欲，使民心不乱。

他又说道："现在树立世人所困扰的荣辱观念，聚集世人所争夺的财货。世人就会被荣辱、财货所困扰，就会为此不择手段，疲于奔命，永无休止之时。如果想不至于此地步，不遭受刑罚死于非命，这怎么可能呢！"

10. 失为在己

【原文】“古之君人者，以得为在民，以失为在己；以正为在民，以枉为在己；故一形有失其形者，退而自责。今则不然。匿为物而愚不识，大为难而罪不敢，重为任而罚不胜，远其涂而诛不至。民知力竭，则以伪继之，日出多伪，士民安取不伪！夫力不足则伪，知不足则欺，财不足则盗。盗窃之行，于谁责而可乎?”

【注释】柏矩又说道：“古代的君主，把功劳归于百姓，把过失归于自己。”成汤为商代开国君主，为一代明君，伊尹辅佐他。成汤在位的时候，曾经连续七年大旱。他坐在柴火堆上，向上天祷告求雨。他说如果上天有什么要怪罪的，就降罪于他一个人身上，不要殃及百姓。

柏矩又说道：“把正确的做法归于百姓，把胡乱枉为的做法归于自己。”如果有什么不对的做法，都怪自己，不会过多地责怪百姓。

柏矩又说道：“所以，如果有一个人受到刑罚的伤害，就会退而自责，反思自己的过失。”对于这个受刑而死去的人而言，君主也应该要反思自己的过失。

柏矩又说道：“现在则跟古代明王刚好相反。故意隐匿事物的真实情况，而责怪百姓不了解。故意加大事情的难度，而加罪于不敢做为的人。加重任务，而处罚不能胜任的人。增加路途，而诛杀不能按期而到的人。”

柏矩又说道：“百姓的智慧和力气都竭尽了，则只好伪造虚假应对了。居于高位的人每天都以伪诈对待百姓，底层的百姓如何不虚假应对呢！只好疲于奔命了。”

柏矩又说道：“气力不足则只好伪造了（如果一天要搬动多少石头构筑城池，气力不足只要弄虚作假了，否则无法完成）；聪明不足则只好欺瞒了（如果君主要臣下想出外交的万全之策，无论如何也想不到，为了保命，只好欺瞒了）；财货不足，为了保命，则只好盗窃了。”

柏矩又说道：“盗窃行为的发生，到底该责怪谁呢?”百姓难以治理，君主该反省自己。

11. 莫见其门

【原文】蘧伯玉行年六十而六十化，未尝不始于是之，而卒诎之以非也，未知今之所谓是之，非五十九非也。万物有乎生而莫见其根，有乎出而莫见其门。人皆尊其知之所知，而莫知恃其知之所不知而后知，可不谓大疑乎！已乎已乎！且无所逃。此所谓然与然乎！

【注释】蘧伯玉为卫国贤德的大夫。蘧伯玉活到六十岁而六十年以来都是与时俱进的。正如《大学》里讲，苟日新，日日新，又日新。

未尝不是一开始肯定的，而最终却认为是错误的。六十年以来，可以说蘧伯玉的良知一点点显现，所以认识就不断地进步。世人最难知的就是自己，就是自己的自性本心。

现在认为所谓对的事情，并不是五十九岁的时候认为是错的，这是不一定的。五十九岁认为错的，六十岁可能认为对，也可能还是认为错的。形容蘧伯玉一年年地恢复自己的本心，恢复自己固有的良知。如此贤德的大夫，尚且如此，由此可见恢复良知有多艰难。

只看见万物生长，而不能见到其大道的根本。形而上者谓之道，形而下者谓之器。万物属于器世界。大道为形而上，不可见，不可闻，不可说，所以看不到根本。

万物都从大道中生出，而却看不见天门。《道德经》中讲，玄牝之门，是谓天地根。

世人都自以为自己所知很尊贵，自以为是，以为自己很聪明，以为自己博学多才，天上地下无所不知。然而世人却不知凭借自己所知，去探究所不知的真理，而最终得到真知。这难道不是最大的糊涂嘛！苏格拉底能够知道自己的无知，而雅典城所谓的聪明人却不知道自己的无知。知道自己，知晓自己自性本心，这才是真正的真知。

已乎已乎！算了吧，算了吧！世人都自以为自己很聪明，而不能醒悟，这是最大的糊涂。如果不能自己去反省，这注定是无处可逃的，终其一生都稀里糊涂地过了。

世人所认为对的，到底是对还是不对呢！当今世界面临新的科学革命，传统文化复兴会令真正的科学思想回归。霍金曾感叹哲学已死。西方量子理论所认为对的，到底是对还是不对呢！西方科学家行走得太快，把灵魂落在后面长达一百年，如今是知行合一的时候了。

12. 灵公为灵

【原文】仲尼问于大史大弢、伯常骞、狶韦曰："夫卫灵公饮酒湛乐，不听国家之政，田猎毕弋，不应诸侯之际；其所以为灵公者何邪？"大弢曰："是因是也。"伯常骞曰："夫灵公有妻三人，同滥而浴。史鳅奉御而进所，搏币而扶翼。其慢若彼之甚也，见贤人若此其肃也，是其所以为灵公也。”狶韦曰：“夫灵公也死，卜葬于故墓不吉，卜葬于沙丘而吉。掘之数仞，得石椁焉，洗而视之，有铭焉，曰：‘不冯其子，灵公夺而里之。’夫灵公之为灵也久矣，之二人何足以识之！”

【注释】孔子问卫灵公的史官大弢、伯常骞和狶韦道：“卫灵公沉湎于饮酒作乐，不愿意处理国家政事。经常出外田猎，用网捕捉走兽，用弓箭射杀飞禽。不爱参加诸侯间的交际活动。可是死后却追加谥号为灵公，这是为何呢？”看卫灵公所为，十足的昏君，如何能够称之为灵呢？

大弢回答道：“给他这个谥号，是因为有这样的德行。”卫灵公到底有什么过人之处呢？令史官能够给他如此高的评价。

伯常骞回答道：“卫灵公有三个妻子，在同一个洗澡盆中洗澡。史鳅（卫灵公贤德大臣）奉召而进入卫灵公的寓所。卫灵公只好急忙接过衣裳遮丑，恭敬地接见史鳅。”卫灵公对待贤德大臣，有点周公吐脯的风范了。周公正在吃饭的时候，贤臣拜见，就会马上吐出饭菜，急忙接见。周公正在洗头的时候，贤臣拜见，就会马上盘起头发，急忙接见。

伯常骞又说道：“虽然平时卫灵公表现得极其傲慢，但是见到贤臣如此肃穆恭敬，这是之所以追加谥号为灵公的缘故。”

狶韦回答道：“卫灵公死后，占卜说埋葬在预先构筑的墓地不太吉利，而占卜说埋葬在沙丘（地名）就吉利。挖掘数仞之深，得到一个石制的外棺。清洗干净后仔细查看，有铭文刻在上面，写道：‘子孙不足以保住墓地，后世灵公夺此墓地而埋葬于此。’”

狶韦又说道：“灵公虽然乱但是不离政事根本。政事的根本是举贤任能，所以称之为灵。卫灵公可以称之为灵已经很久了，你们两个又怎么能够知晓此事呢！”其他两个人都在是非上辩白，然而却不知是非从天然自性中分化而出。自性本心可以称之为灵台，卫灵公不会偏离灵台太远，所以称之为灵公。

13. 丘里之言

【原文】少知问于大公调曰：“何谓丘里之言？”大公调曰：“丘里者，合十姓百名而以为风俗也；合异以为同，散同以为异。今指马之百体而不得马，而马系于前者，立其百体而谓之马也。是故丘山积卑而为高，江河合水而为大，大人合并而为公。是以自外入者，有主而不执；由中出者，有正而不距。四时殊气，天不赐，故岁成；五官殊职，君不私，故国治；文武殊能，大人不赐，故德备；万物殊理，道不私，故无名。无名故无为，无为而无不为。时有终始，世有变化。祸福淳淳至，有所拂者而有所宜，自殉殊面；有所正者有所差。比于大泽，百材皆度；观于大山，木石同坛。此之谓丘里之言。”

【注释】 少知（人名）问大公调（人名）道：“什么叫关于丘里的妙论呢?”丘里也就是乡里。

大公调回答道：“所谓丘里，就是聚合十个姓氏的人家，上百个人在一起，所形成的风俗。”四井为一邑，四邑为丘；五家为邻，五邻为里。

大公调又说道：“把差异的姓氏、上百个差异的人合在一起，成为同一个乡里，同一个乡里就有同样的风俗。如此可以称之为同。”让我们想到惠施关于合同异的学说。天地万物同为一体，如此为大同。天地万物本来都是不同的，一花一世界，一叶一菩提。找不到完全相同的两片竹叶，王阳明先生格竹子估计也会想到这一点的。东西方价值观差异、男女习惯有差异，可是没有关系。东西方合在一起，同为人类共同体，可以称之为大同。男女组成家庭，同为一家。高明的调和者会经营家庭，弹奏出和谐美妙的乐章。高明的治国者也是如此，弹奏出和谐的社会大治乐章。

大公调又说道：“如果把同一个乡里散开，就成为差异的姓氏，上百个差异的个人，如此可以称之为异。”西方价值观崇尚个人自由，也就是崇尚差异，崇尚个人特质，如此就会有纷争。东方价值观崇尚和而不同，也就是崇尚大同，不要太多个性冒尖的东西。如此就会和谐。因为中国人知道枪打出头鸟，木秀于林风必摧之。

大公调又说道：“指向马的百个不同的部分，各部分是差异的，如此分散就不能得到马；然而把马系在面前，合百个不同的部分，就可以称之为马。”量子物理科学家为天下万物忙得不亦乐乎，实则天下一马。今年是鸡年，也可以说天下一鸡。整个宇宙对应于一匹马，科学家分散观察不同差异的个体，就会出现电子、中微子和希格斯粒子等不同的粒子。高明的科学家能够调和不同的粒子，弹奏出宇宙万物和谐美妙的乐章。不高明的科学家，就只能看到不同的粒子，不同理论之间的矛盾和纷争。

大公调又说道：“所以说，山丘从卑下积累尘土砂石而能成其高，砂石尘土都为不同的个体，然而合起来同为一体。江河把差异的水流合起来，同为一体，所以能够成其大。大海又把差异的百川合起来，同为一体，所以称之为大海。大人有大爱之心，有大心，把天下差异的人，差异的私心合并起来，天下同为一家，称之为大公。”虽然每个人都有不同的私心，但是大人能够看到每个人的自性本心都是相同的，只是由于本心上遮蔽或深或浅的物欲。私心的不同只是物欲遮蔽深浅程度不同罢了。

大公调又说道：“所以，不同的差异个体合起来，成为大同。外来一个差异的个体进入，虽然有主人，但是不会太过于排斥和偏执。不同的差异的国家合起来，成为大同世界。外来一个差异的个体进入，虽然有主见，有自己的价值观，但是不会太过于排斥和偏执，又能够把外来的东西给融入进去，形成新的大同世界。外来的言语从外而入我的内心，虽然我自有主见而不会偏执。”大人找到自身真正的主人，也就是自性本心。每个人都是一个差异的个体，大人尊重别人的意见，而不会偏执。由此可见，春秋五霸不能将自己的价值观强加给别人，当今世界也是如此。

大公调又说道：“有一个差异的个体从大同中离散出去，虽然有君主之正，而不会拒绝。”对于明王而言，如果富有盛德，差异的百姓个体不远千里就会前来归附。如果个体离去，也许是做得不够了，就不会拒绝，就会反思自己。宇宙为一整体，天下一马，虽然暂时分出差异的个体中微子，可是却不会太过于执着。中微子只不过是中微子实相和心相互作用一瞬间所产生的罢了。

大公调又说道：“一年四季有四时，虽然寒暑燥等不同的气，上天不会偏赐，所以一年有好的收成。”如果一年四季都是相同的，也许就不会有好的收成了。

大公调又说道：“不同的官员有不同的职责，君主不会偏私某个官职，将百官之力形成合力，所以国家能够大治。”一身如同一国，五官有不同的功能，然而不会偏私某个器官。如果偏私在吃，其身就不会康泰了。

大公调又说道：“文武百官有不同的才能，担任不同的职务，大人不会偏赐，所以能够德行圆满而完备。”《道德经》中讲，三十辐共一毂，当其无，有车之用。整辆车由不同的部分构成，正是形成一体，所以有车的功用。一国如同一辆车，哪个部分都重要，关键是形成一个整体，才能有国家的大治。

大公调又说道：“万物虽然都有不同的理。一物必有一理。然而大道不会偏私于一物，所以大道无名，而万物皆归。”

大公调又说道：“大道无名，所以无为。虽然说无为，可是无不为。”天地万物，中微子、电子和夸克等，一物必有一理，一物必有一名。然而名都是给起的，道也是勉强起的名字。万物都归于道，都合于道。万物在道都是同的。然而却没有一个名字。正是由于大道无形无相，看似山谷那样虚空，看似无用然而有大用。车轱辘中间有空，所以有车的用；房屋中间有空，所以有居住的功用。

大公调又说道：“时间有始有终，世间有变有化，大道无始无终，自性本心真常不变。三十年河东三十年河西，东方不亮西方亮。社稷有兴衰，人情有离合。”天地万物组成了这个世界，世界归于大道，归于大同。然而，构成的个体都在随着时间而循环往复地变化。

大公调又说道：“福祸无常（淳淳）而至，有所拂逆而有所顺宜，各自向不同的方向流转变化。”大道分化为是非、福祸、贫富。福祸虽然不同，然而合起来为大同。福祸都在随时间变化，人的命运有起起落落。有时候顺一些，有时候逆一些。喜怒哀乐未发，合起来称之为中，中分散而为喜怒哀乐。酸甜苦辣合起来才有美味，如果单单一个味道，就会腻味了。伊尹为得道高人，融通中医药，著有《汤液经》；融通厨艺，成为中国厨神；融通治国理政，成为一代贤相。药物有寒有热，一种药物有一种偏差，刚好可以纠正人体阴阳之偏，需要调和在一起，有君臣佐使，同为一副方剂，如此对于身体才有大治。

大公调又说道：“有所正确的，也有所差错的。”福祸无常，可是并不是都是正确的，刚好让好人遭受灾祸了；也有可能让坏人得到好处了。然而其中必有深层次的原因。股市如同人生，我们看股票的起落，有时特别低，有时高得离谱。不管是怎么样的价位，也必定是合理的价位，如果不合理，也不会出现。所以存在必然是合理的。只是原因比较隐蔽，让人不容易察觉罢了，所以世人会认为有差错。人生也有起落，也有福祸。

大公调又说道：“比如大泽，百种树木虽然不同，形态各异，但是都同样生长在同样一片大泽之中。”无数种微观粒子，虽然形态各异，然而都同样生长在宇宙之中。

大公调又说道：“再观看大山之中，百种树木，万种石头都同处于一块地方。”大同包含有小同。百种树木合起来称之为小同。树木和石头又合在一起称之为大同。电子和原子核合起来为原子，如此为小同。不同的原子又合起来，成为分子。分子又组合起来成为万事万物，组成这个大同世界。

大公调又说道：“万事万物形态各异，如果以道看破，则如孔子所说一以贯之就可以了。万事万物都归于一，归于大道。如果看不破，就各自为是，争论不休。这就是所谓关于丘里的言论。”虽然很土的乡里言论，但是实则是无上天音。百家争鸣，百家虽然言论各异，但是合起来并无什么不同。爱因斯坦和波尔争辩一辈子，无法形成大同，然而站在更高的视角，形而上的视角，就可以归于同一了。

14. 道者为公

【原文】少知曰：“然则谓之道，足乎？”大公调曰：“不然。今计物之数，不止于万，而期曰万物者，以数之多者号而读之也。是故天地者，形之大者也；阴阳者，气之大者也；道者为之公。因其大以号而读之，则可也。已有之矣，乃将得比哉！则若以斯辩，譬犹狗马，其不及远矣。”

【注释】少知又问道：“然则把丘里的言论称之为道，足以胜任吗？”

大公调回答道："不足以称之就是大道本身。"关于丘里的言论只是大道的一小勺而已，并不能说就等于大道本身了。

大公调回答道："现在我们计算事物的数目，远远不止于一万个，而大约称之为万物。只是形容数目太多了，所以勉强称之为万罢了。"大道本来无名，只是勉强起个名字为道罢了。大道无形无相，无有止境，不能说就是如此而已。

大公调回答道："所以说，天地为有形体里面算最大的。天覆地载，恩养万物。然而山外有山，天外有天。比天地更大的是阴阳。阴阳，为气之最大的。天有天气，地有地气。天地归于阴阳。然而比阴阳更大的，就是大道了。大道分出阴阳，就有是非、善恶、福祸。大道为天下大公，为天地、阴阳、万物所公用。在万事万物之中，都存在大道的形迹。"

大公调回答道："正是由于道大，无形无相，无穷无尽，所以勉强以一个道字称呼罢了。"

大公调回答道："可以将天地、阴阳、万物这些差异的个体组成大道，同归于大道。这里只是举丘里之言作为例子见证大道罢了，然而，如何能够将此言论与大道相提并论呢！"

大公调回答道："如果以丘里言论和大道相辨别，就好像是狗马那样，差别很远了。"

15. 万物何起

【原文】少知曰："四方之内，六合之里，万物之所生恶起？"大公调曰："阴阳相照相盖相治，四时相代相生相杀。欲恶去就，于是桥起。雌雄片合，于是庸有。安危相易，祸福相生，缓急相摩，聚散以成。此名实之可纪，精微之可志也。随序之相理，桥运之相使，穷则反，终则始，此物之所有。言之所尽，知之所至，极物而已。睹道之人，不随其所废，不原其所起，此议之所止。"

【注释】少知又问道："四海之内，天地之间，万物是从何处生出来的呢？"

大公调回答道："阴阳推移，互相照应，互相遮盖，相生相克。阴阳一对互相都是对应的。孤阴则不生，独阳则不长。有东必有西，有动必有静，有福必有祸。阴中有阳，阳中有阴，如此互相遮盖，互相隐藏。阴能生阳，也能克于阳。阳能生阴，也能克于阴。"对于一个家庭而言，女人属于阴，如果能够柔顺平和，就能够生阳，有利于丈夫。相反地，如果刚勇强悍，就不能够生阳，反而有克于丈夫。

大公调又说道："阴阳随四时而变化，一天也类似于一年四季变化，阴阳之气也不断变化。阴阳之气相互迭代变化，寒暑往来，贫富起落。阴阳之气顺，就会相生，比如春夏。天地之气顺，就会相生。天地之气逆，就会相杀，比如秋冬。"

大公调又说道："爱、憎、进、退，也是就会凭空而起了。"这里说桥起，很形象。桥连接此岸和彼岸，无此岸就无彼岸，有此岸就有彼岸。搭建拱桥，此岸和彼岸就归于一。无爱就无憎，无进就无退。社稷也有气数，也有阴阳之气的变化。如果社稷之气不顺，则贤人退而归隐等待天时。此一时彼一时。飞鸟尽，良弓藏；狡兔死，走狗烹。范蠡该退则隐退，保全其身；文种该退不退，则有杀身之祸。

大公调又说道："雌雄两相合，夫妻俩相合，阴阳相对应，阴阳相滋养。阴中有阳，阳中有阴。如此就常有子孙后代。"万物众生莫不如此，从而生生不息。这也就回答万物怎么生出来的问题。

大公调又说道："安危相互变易转化。为富不仁，就会转安为危。功成身退，天之道，就会转危为安。"安危虽然说是天意，实则离不开人为。

大公调又说道："祸福相依相生，福祸互为阴阳。福中隐藏祸，祸中隐藏福。"

大公调又说道："缓和急相互摩擦。有时候急于求成，反而缓慢不成。有时虽然看似缓慢，但是无为不动而成。"左思用十年写成《三都赋》，十年磨一剑，看似缓慢，实则快速了。一朝成名天下皆知，当时人们传抄，造成洛阳纸贵。

大公调又说道："聚散以成万物。气聚而生，气散而死。原子聚集一起而成分子，分子聚集一起而生成万物。"《道德经》中讲，有无相生，难易相成，长短相形，高下相倾，音声相和。

大公调又说道："如果能够明白安危、福祸、缓急和聚散之理，就能达于名实的根本，达于大道，也就是阴阳的纲纪；就可以进入玄之又玄的大道之门，就可以达到精微妙道的天门。"所谓的安危、福祸、缓急和聚散只是名罢了，实为宇宙的实相。实分化而生出现象，生出名相。

大公调又说道："大道分化生出安危、福祸等名相，怀道的人随顺时序变化的道理。一物必有一理，安有安之理，危有危之理，福有福之理，祸有祸之理。顺应时势，待时而动。在安则居安思危，在危则功成身退。拱桥连通此岸和彼岸。在危可以转运而为安；在贫可以转运而为福。穷尽则反，阴极生阳，阳极生阴。终而复始，盛极而衰。物极必反，这是万物都会有的现象。"

大公调又说道："语言文字所能够说的尽的，智巧所能及的，只是万物的表象而已。”数学所能说尽的，物理公式、模型所能尽的，只是万物的表象而已。量子理论和相对论看似高深莫测，实则也只是在表象打转而已。福祸、安危这些都是表象，只是名相罢了，不能达于道，不能达于实。只有上达于道的人，才能够知晓万物的生成变化之理。

大公调又说道：“得道的人，不会追究万物的消亡，不会探源万物的生成。对于得道的人，宇宙是无始无终的，安危归于一，福祸归于一，如此就不会有进退、不会有此岸和彼岸之分了。烦恼即菩提。议论和争辩就会终止了。”

16. 非言非默

【原文】少知曰：“季真之莫为，接子之或使。二家之议，孰正于其情，孰偏于其理？”大公调曰：“鸡鸣狗吠，是人之所知；虽有大知，不能以言读其所自化，又不能以意其所将为。斯则析之，精至于无伦，大至于不可围，或之使，莫之为，未免于物而终以为过。或使则实，莫为则虚。有名有实，是物之居；无名无实，在物之虚。可言可意，言而愈疏。未生不可忌，已死不可徂。死生非远也，理不可睹。或之使，莫之为，疑之所假。吾观之本，其往无穷；吾求之末，其来无止。无穷无止，言之无也，与物同理；或使莫为，言之本也，与物终始。道不可有，有不可无。道之为名，所假而行。或使莫为，在物一曲，夫胡为于大方？言而足，则终日言而尽道；言而不足，则终日言而尽物。道，物之极，言默不足以载。非言非默，议有所极？”

【注释】少知又问道：“季真（人名）主张无为，而接子（人名）主张有为。他们两家的争议，哪个是符合于正道实情，哪个偏离正道天理呢？”

大公调回答道：“鸡会鸣狗会吠，这是人所共知的事情。然而，虽然有再大的智慧，也不能以言语来读出自我的化境，只能是如人饮水冷暖自知。鸡鸣狗吠，鸡有鸡的语言，狗有狗的语言，单单凭借它们的鸣叫，如何知晓其真实用意呢？所以说，要离语言文字相。外离相即禅，内不乱即定。既然不能以语言文字说明其状态，就不能主观臆断其状态。不能仅仅以语言来讨论有为和无为。”

大公调回答道：“虽然不能以言语尽之，但是在此可以精细分析。此道至精微，小到无与伦比，看不见形体；大到没有外围，没有边际。”

大公调回答道：“有的主张有为，有的主张莫为，也就是无为。不管是执着于有为还是无为，这都未能免于受物欲的干扰，而终究都有偏颇过失之处。”执着于左，右都不对，执着于中就对了吗？投资股票，执着于短线、长线不对，执着中线就对了吗？执着于唯心，唯物都不对，执着于中庸就对了吗？有为和无为都不执着，而归于一，就泯灭争论了。

大公调回答道：“片面地强调有为则太实，片面地强调无为则太虚。”无为也不是绝对的无为，绝对地什么都不管。比如一管就死，一放就乱。如果一放就放到底，一管就什么都管，如此就未免偏颇了。有管有放，两者之间有一个平衡关系，就不会死，也不会乱了。管三放七，这个比例是可以与时俱进的。

大公调回答道：“有名称，有实体，这是万事万物的居所。”意在于电子，电子为一物。电子的实相和心相互作用一瞬间，创造了电子的现象实体。

大公调回答道：“万事万物又是虚幻不实的，实相是没有名称，没有实体的。”万事万物的名称都是人给起的罢了。万事万物分解下去，有分子，原子和夸克等。分到最后，科学家发现，最小的粒子没有质量，无法赋予基本粒子质量，这时科学家慌了神了！

大公调回答道：“此道虽然不能言语说尽，但是也可以用言语描述。古人讲文以载道，如果不说如何能够明白呢？此道可以言说，也可以意会。如果得道的人意会，就以心印心，心有灵犀一点通。否则意会就错了，相差几万里了。意会更接近真理，言语就更加疏远了。”有为和无为只是两个词语罢了，两个词对应的内容和境界，只可意会不可言传。然而，如果没有得道，所谓的意会只能是胡乱猜测罢了。大公调在这里调和有为和无为，使得归于一。

大公调回答道：“未生之物，不可以禁忌其生；已死之物，不可以阻止其死。”一气当生，不得不生；一气散去，不得不死。本来无生无死，无始无终。月亮本来无盈无缺，只是错觉罢了。

大公调回答道：“死生互为阴阳，并不遥远。死生归于一。《黄帝阴符经》有讲，死者生之根，生者死之根。虽然死生并不遥远，但是其理不可以直接看到，所以人往往好生而厌恶死，只有见道的人能够看透生死之理。”死生互为阴阳，有为和无为互为阴阳。

大公调回答道：“说生说死，说有为，说无为，只不过是借以迷惑世人罢了。”见道的人是不会因此而迷惑的。

大公调回答道：“我静观其根本，根本为形而上的道，万物芸芸归于根本，归于道，归于天门，无穷无尽。我求于末，道为本，而器世界为末。万物从天门而出，无有休止，变化莫测。”圣人上观于形而上的道，下俯察形而下的器世界。

大公调回答道：“没有穷尽，没有止息，无法用语言文字来说清楚。语言文字也是一物，与万物是同理的。”不识庐山真面目，只缘身在此山中。语言文字如同大山，如果要看清楚语言文字的实相，就要跳出语言文字的框框，也就是离语言文字相。要理解万物的实相，也需要跳出数学的框框，数学也是有局限性的。现代物理学不是数学用得少了，而是科学家自恃智巧高明，用得太多缘故，把自己给迷惑了。

大公调回答道："在这里谈论有为还是无为，这也只不过落入语言文字罢了。语言文字也属于事物。不能把语言文字等同于事物本身。"

大公调回答道："道不可以用有来描述，有也不可以用无来描述。"道只是勉强起了这个名字罢了。《道德经》中讲，有无相生，难易相成。为了说清楚道，所以冒出有无这两个词。

大公调回答道："道这个名字，也只不过假借而已。"当今世人颇有叶公好龙的意味。世人都追求真理，可是一提这个道字就感到无比害怕，担心落入唯心主义。然而我们平时口头禅都会说，平常心是道，讲道理。古人尊师重道，而今人们谈道色变了。古人喜欢坐而论道，现在世人对道有极其复杂的心情。孔子说，朝闻道夕死可矣。孔子把道看成比性命还要重要的东西。

大公调回答道："有为无为的主张，都是偏于一边罢了，又怎么能够符合于大道呢?"落入有为和无为两边，就不符合于大道了。执着于动不好，执着于静也不好。

大公调回答道："对于得道的人，言谈能够圆融通达，则终日所说都不离于道。对于不得道的人，言谈不能圆融通达，终日所说都不离万事万物的表象罢了。"庄子言下之意是说，我整天在这里横说竖说，都离不开此道。整部书都是关于道的学问。王阳明先生在《传习录》中讲，横说竖说都是讲的这个东西。这里说明并无完全否定语言文字的作用，毕竟文以载道。如果语言文字无用，庄子洋洋洒洒写这么多文字也没有太大意义了。庄子终日所说的文字，都符合于道。西方量子理论所描述的只是现象空间，描述事物的现象罢了，一直在那里打转了将近百年。

大公调回答道："大道为万物之极，为万物的根本，为万物之母。如果不用语言文字，保持沉默，什么都不说，不足以承载大道。正所谓文以载道，不说也不行。"《道德经》中讲，道可道，非常道；名可名，非常名。

大公调回答道："不能执着于语言文字，也不能执着于沉默。如果单单在那里议论无为和有为，难道能造道之极点吗?"议论是需要的，但是更重要的是实际的修行。

第四章　外　　物

1. 众人焚和

【原文】外物不可必，故龙逢诛，比干戮，箕子狂，恶来死，桀纣亡。人主莫不欲其臣之忠，而忠未必信，故伍员流于江，苌弘死于蜀，藏其血三年而化为碧。人亲莫不欲其子之孝，而孝未必爱，故孝己忧而曾参悲。木与木相摩而然，金与火相守则流。阴阳错行，则天地大絯，于是乎有雷有霆，水中有火，乃焚大槐。有甚忧两陷而无所逃，螴蜳不得成，心若县于天地之间，慰昏沉屯，利害相摩，生火甚多；众人焚和，月固不胜火，于是乎有僓然而道尽。

【注释】外来的事物所招致的祸害是没有必然的，是无常的。所以龙逢因多次忠言劝谏夏桀而被诛杀；比干因多次劝谏纣王而被杀戮剖心；箕子因忠言劝谏纣王，被迫装疯；恶来为纣王佞臣，跟纣王一同被杀死；夏桀和商纣王都因为为政不仁而身亡国毁。

身为国君无不想臣下对其效忠，然而，虽然臣下有效忠之心，君主未必能够信任，所以伍子胥被吴王杀死，尸体抛入江中流走；周灵王贤臣苌弘因为遭受谗言，而死于蜀地。百姓感其忠烈，藏血三年，打开一看化为碧玉。碧血丹心中的碧血就是讲的苌弘化碧。

身为父母无不想自己子女对其孝顺，虽然子女孝顺，父母未必会爱子女。所以孝己（殷高宗之子）遭受后母虐待，被放逐，最后忧苦而死；曾参帮助父亲锄草，不小心斩断了瓜根，被大杖打几乎昏死过去，所以曾参虽然孝顺，但是有忧苦之事。

木头和木头放在一起相互摩擦，就会燃烧；金属和火放在一起，金属就会熔化而流动。阴阳如果错乱，则天地就会受到惊动（大絯）。于是就会有雷霆，雷雨之中夹杂闪电，电中有火，击中大槐树就会燃烧起来。

有人感到非常忧虑，陷入利害之境而无处遁逃。也许人生一辈子，每个人都难免会遇见进退两难的境地。战战兢兢恐惧不安的样子（螴蜳），恐怕做不成事情。心就好像被悬挂于天地之间，心若县于天地之间，郁闷（慰昏）、深深地忧虑（沉屯）。利害互为阴阳，相互摩擦而生火，就会伤害世人了。利害交织在一起，身体如同火宅一样，虚火浮越。世俗的人如此就会将自身中和之气焚烧殆尽了。如月亮般清纯的自性本心，固然不能胜过欲火的焚烧，于是就被烧毁（僓然）而彻底失去天性了，彻底背道而驰了。

2. 斗升之水

【原文】庄周家贫，故往贷粟于监河侯。监河侯曰：“诺。我将得邑金，将贷子三百金，可乎？”庄周忿然作色曰：“周昨来，有中道而呼者。周顾视车辙中，有鲋鱼焉。周问之曰：‘鲋鱼来！子何为者邪？’对曰：‘我，东海之波臣也。君岂有斗升之水而活我哉？’周曰：‘诺。我且南游吴越之王，激西江之水而迎子，可乎？’鲋鱼忿然作色曰：‘吾失我常与，我无所处。吾得斗升之水然活耳，君乃言此，曾不如早索我枯鱼之肆！’”

【注释】庄子家里很穷，所以就跑去跟监河侯（监河工的官员）借粮食。这个监河侯可真够坏的，他问道：“行，没问题，我可以借给你粮食。我将要得到封邑之地的赋税，可以借给你三百金，可以了吧？”古代说金未必就是金子，铜铁之类都可以为钱币。

庄子听了感到很生气，脸色都变了，说道：“庄周我昨天来，半路上听见有人在叫我。庄周回头看看车辙中，有一条鲫鱼在那里挣扎。”原来是那条鲫鱼在呼叫庄子。

庄子又说道：“我就问它：‘鲫鱼你好啊！你为何叫我呢？’鲫鱼回答道：‘我本来是东海龙王的波浪之臣，你能否借一斗或者一升水给我，救活我呢？’我就回答道：‘行啊。我将要向南去游说吴国和越国的君王，引西江的水过来迎接你，可以吗？’鲫鱼听了很生气，脸色都变了，它说道：‘我失去经常赖以生存的生活的水，我已经没有处所了。我只要得到一斗或者一升这么一丁点的水，就可以存活了。然而你却如此说，倒不如你早一点去干鱼店去找我吧！’”

3. 沽名钓誉

【原文】任公子为大钩巨缁，五十犗以为饵，蹲乎会稽，投竿东海，旦旦而钓，期年不得鱼。已而大鱼食之，牵巨钩，錎没而下，骛扬而奋鬐，白波如山，海水震荡，声侔鬼神，惮赫千里。任公得若鱼，离而腊之，自制河以东，苍梧已北，莫不厌若鱼者。已而后世辁才讽说之徒，皆惊而相告也。夫揭竿累，趣灌渎，守鲵鲋，其于得大鱼难矣。饰小说以干县令，其于大达亦远矣，是以未尝闻任氏之风俗，其不可与经于世亦远矣。

【注释】任国的公子制作了很大的鱼钩，用粗大的黑绳子（巨缁）绑住大鱼钩。再用五十头阉割过的大肥牛（犗）作为钓饵，蹲在会稽山上，把鱼竿投向东海。庄子可真能够想象，有这么钓鱼的。

虽然天天都如此钓鱼，可是一整年过去了，却始终没有任何鱼上钩。姜太公直钩钓鱼，虽然钓不着小鱼，但是却钓到周文王这个大鱼。

后来，有一条大鱼吞食了鱼饵，牵动了巨大的鱼钩。急速地沉没（錎没）而游入海底。又迅疾地翻动脊背，奋身而起，到处乱游。

大鱼掀起如山的白色波浪，海水剧烈地震荡。巨大的声响惊动鬼神，千里之内极其惊恐的样子。

任公子钓到如此的大鱼，将其剖开晾干。从浙江（制河）以东，苍梧以北，如此广大范围内的人，无不饱食这条大鱼。

此后，那些浅薄的人，喜欢评头论足、道听途说的人都惊呼而奔走相告。

这些人纷纷举着小竹竿，细绳绑住小的鱼钩；跑去灌溉用的小沟小渠中，守候着小鱼小虾。他们这些人要钓到大鱼可就很难了。

修饰浅陋的言辞，以求沽名钓誉，想得到大的荣誉。这对于通达大道而言，相差实在是太远了。世人在微博和微信中，为了吸引眼球而在标题中起一些怪异的名字，如此是钓不到大鱼的。庄子一书，不为名利，然而流传两千多年。

所以说，未曾听闻了解任公子的气度的人，也不能与其谈经世致用之道，因为相差实在是太遥远了。如果有缘，相隔两千多年，才能够听闻庄子的教诲。

4. 口中有珠

【原文】儒以《诗》、《礼》发冢，大儒胪传曰："东方作矣，事之何若？"小儒曰："未解裙襦，口中有珠。《诗》固有之曰：'青青之麦，生于陵陂。生不布施，死何含珠为？'""接其鬓，压其顪，儒以金椎控其颐，徐别其颊，无伤口中珠。"

【注释】儒生在表面上，满口《诗》《礼》，然而，其行为跟盗墓并无什么区别。前面刚讲完世人沽名钓誉，儒生讲《诗》《礼》，也是在欺世盗名罢了。

大儒给小儒传话（胪传）道："东方已经发白了，太阳快升起来了，事情进展得如何了呢？"盗墓之事，如果太阳升起了，就无法顺利进行了。庄子所写之书一出，如同太阳升起，儒生再无法欺世盗名了。

小儒回答道："还未解开裙子和短衣，死者口中含有宝珠。《诗》经中本来就有一句话：'青青的麦苗，生长在山坡之上。生前没有布施，为何死后却含有宝珠呢？'"

大儒对小儒说道："你要揪住死人的鬓毛，按住死人的胡须（颛）。再用铁锤敲打死人的下巴，慢慢地分开两颊，千万不要伤到口中的宝珠。"

5. 万世之患

【原文】老莱子之弟子出取薪，遇仲尼，反以告，曰："有人于彼，修上而趋下，末偻而后耳，视若营四海，不知其谁氏之子。"老莱子曰："是丘也。召而来。"仲尼至。曰："丘！去汝躬矜与汝容知，斯为君子矣。"仲尼揖而退，蹙然改容而问曰："业可得进乎？"老莱子曰："夫不忍一世之伤而骜万世之患，抑固窭邪，亡其略弗及邪？惠以欢为骜，终身之丑，中民之行进焉耳！相引以名，相结以隐。与其誉尧而非桀，不如两忘而闭其所誉。反无非伤也，动无非邪也。圣人踌躇以兴事，以每成功，奈何哉其载焉终矜尔！"

【注释】老莱子为楚国的贤人，跟孔子生活在一个年代。楚王想要拜他为相，携带妻子隐居江南。老莱子的弟子外出打柴，遇见孔子，返回来告诉老莱子。

弟子说道："我刚才遇见一个人在那里，上身修长而下身较短。背部有些弯曲（末偻）而耳朵贴着脑后。目视远方似乎经营天下的样子，不知道是什么人。"

老莱子听了，就说道："那个人是孔子，请把他叫过来。"孔子跟着过来见老莱子。

老莱子对孔子说道："孔丘啊！去掉你自矜和自恃聪明的仪容，你就可以成为君子了。"孔子听了，恭敬地作揖而后退，局促不安地改变容貌，赶紧问道："我的学业如何进步呢？"由此可见，孔子遇见贤人，是多么的谦逊。

老莱子说道："你慈悲当代世人，看到天下战乱分仍，不忍看到世人颠沛流离，饱受战乱之苦。不忍看到这一世的人受伤害，而却给万世留下了祸患。你是本来就孤陋寡闻呢，还是智慧本来就没有达到呢？"也许老莱子如此说的时候，孔子还未得道。孔子五十一岁之后得道。如果孔子得道了，老莱子就没有什么好批评的了。

老莱子又说道：“布施恩惠给世人，而求得自己的欢心。以为这些小恩小惠就是仁德，实则是终身的丑行罢了。这只不过是平庸之辈的做法罢了！”

老莱子又说道：“平庸之辈以名声相互招引，以隐密的私利相互勾结。”正所谓臭气相投罢了。

老莱子又说道：“与其赞誉尧的仁德，而诋毁桀的暴行。不如将两者都忘却，而闭塞耳目，闭塞所赞誉的东西。”《道德经》中讲，不尚贤，使民不争。

老莱子又说道：“违反本性，无不伤害本性。心性扰动，无不邪念顿起。”世人为仁德的名声，也会不择手段。

老莱子又说道：“圣人踌躇不定，不得已而应对世事。圣人的心如同明镜，物来则应，物去不留罢了。如此每每而能够成功应对。为何你的行为始终都是如此骄傲自矜呢！”

6. 去善自善

【原文】宋元君夜半而梦人被发窥阿门，曰：“予自宰路之渊，予为清江使河伯之所，渔者余且得予。”元君觉，使人占之，曰：“此神龟也。”君曰：“渔者有余且乎？”左右曰：“有。”君曰：“令余且会朝。”明日，余且朝。君曰：“渔何得？”对曰：“且之网得白龟焉，其圆五尺。”君曰：“献若之龟。”龟至，君再欲杀之，再欲活之，心疑，卜之，曰：“杀龟以卜吉。”乃刳龟，七十二钻而无遗[illegible]。仲尼曰：“神龟能见梦于元君，而不能避余且之网；知能七十二钻而无遗[illegible]，不能避刳肠之患。如是，则知有所困，神有所不及也。虽有至知，万人谋之。鱼不畏网而畏鹈鹕。去小知而大知明，去善而自善矣。婴儿生无石师而能言，与能言者处也。”

【注释】宋元君（宋国国君）半夜的时候做了一个梦，梦见有人披散着头发，站在侧门旁窥视。那个人说道：“我来自宰路的深渊之中，我本来作为清江的使者，到河伯的住所拜会河伯，然而却被打鱼人（名字叫余且）捕捉到了。”

宋元君一觉醒来，让人占卜自己的梦，占卜的人说道：“此是神龟。”

宋元君问道：“有没有名字叫余且的打鱼人呢？”左右的人回答道：“有。”宋元君说道：“传令打鱼人朝见。”第二天，余且朝见宋元君。

宋元君问道：“打鱼时，你捞到什么了呢？”余且回答道：“我捕鱼的网捞到了一只白龟，周长足足有五尺。”

宋元君说道：“将你捕捉到的白龟献出来吧。”余且就把白龟献给宋元君。

白龟送到的时候，宋元君犹豫不决，一会想杀掉白龟，一会又想把白龟养起来，心有疑惑不定。又请占卜的人占卜，占卜的人说道：“如果能够杀掉白龟，用龟壳进行占卜，一定是大吉的。”

于是就把白龟杀了，把龟剖开挖空。进行了七十二次占卜，居然没有一次是不准的。

孔子说道：“神龟虽然能够托梦给宋元君，而不能避开打鱼人余且的渔网。才智虽然能够占卜七十二次，丝毫都没有失误，可是却不能避开剖腹挖肠的祸患。如此看来，智者也有困惑的时候，神灵也有所不及之处。”

孔子又说道：“个人虽然有极高的才智，但是也敌不过万人的智谋。鱼不知畏惧渔网，但却畏惧鹈鹕（一种捕鱼的鸟）。”文种的智谋足以谋划一国，把吴国给灭掉了，然而却不能算到自己的生死。

孔子又说道：“去掉小聪明，就可以发明大智慧了。去掉刻意为善的心，就可以自我完善了，就可以恢复自性本心了。”神龟虽然有小聪明，然而无有大智慧，所以有此灾祸。六祖曾说：兀兀不修善，腾腾不造恶。

孔子又说道：“婴儿出生，虽然没有大师的教诲，然而却能够说话。只要把婴儿放在能说话的人身边就可以了。”

7. 无用之用

【原文】惠子谓庄子曰：“子言无用。”庄子曰：“知无用而始可与言用矣。天地非不广且大也，人之所用容足耳。然则厕足而垫之，致黄泉，人尚有用乎？”惠子曰：“无用。”庄子曰：“然则无用之为用也亦明矣。”

【注释】惠子对庄子说道：“你所言真的没有用处。”惠子讥讽庄子，看看庄子如何回答。

庄子听了，就说道：“知晓无用之处，方可谈论有用之处。”知晓大葫芦没有用处，方可讨论其有用之处。不能用于水瓢，但可以用于泛舟。

庄子又说道：“天地并非不广大，人所使用的只是立足之地罢了。”言下之意，庄子的境界如天地一样广大，然而所使用的只是只言片语罢了。

庄子又说道：“然而假如除了立足之地之外，全部挖掘空了，直至黄泉，人所立足之地还有什么用呢？”光站在那里，无法走动了。如果单单看庄子的只言片语，必定是没有用的。必须要看到庄子言外之意，广大的无用之地，方能知晓庄子之言有用。否则，如果只是把庄子的言辞当成普通的文学辞藻，就没有多大用了。

惠子回答道：“没有用。”

庄子说道："如此看来，无用之处，正所以能够成其用，这样的道理已经很明了了。"屋子正是由于有空的地方，无用的地方，所以能够成其用。杯子也是如此。汽车轮子所压的地方很小，如果把其他地方的土地都挖掘空，汽车如何行使呢？

8. 彼教不学

【原文】庄子曰："人有能游，且得不游乎？人而不能游，且得游乎？夫流遁之志，决绝之行，噫，其非至知厚德之任与！覆坠而不反，火驰而不顾。虽相与为君臣，时也，易世而无以相践。故曰至人不留行焉。夫尊古而悲今，学者之流也。且以狶韦氏之流观今之世，夫孰能不波？唯至人乃能游于世而不僻，顺人而不失己。彼教不学，承意不彼。"

【注释】庄子说道："人如果知道有办法逍遥游，很快活自在，难道不想去遨游吗？"世人不知有此逍遥快活之境地，所以不想去遨游。如果知晓，必定乐于前往。人要能够迷途知返。在平常生活中，有一个生活的小窍门。身边的东西，拿来用完，就随时放回原处，如此物件就会井井有条。

庄子又说道："身为人，如果没有本事去逍遥游，难道能够快活自在吗？"前面一句讲知，后面这句讲行。如果想逍遥游，就要努力修行。

庄子又说道："流连于外物，不知返回本心，不知上达于道，没有君子之志。对于世俗决绝而弃世，隐遁于山野求静。哎，这两种行为，都并非有大智慧，厚德的圣人所为的！"圣人不偏不倚，不会一味地求静，离世索居；也不会一味沉迷于尘世。庄子所说，跟王阳明先生所讲一脉相承，都讲求在事上磨炼。如此看来，不能认为庄子完全避世。

庄子又说道："流连于外物，频临覆灭，坠入深渊却不知返回。离世隐居，火驰而离去，决然不会回头。"此并非圣人所言所行。

庄子又说道："虽然此一世互相为君臣，然而这只是时势机缘所造成的。换一世就无缘为君臣了。所以说，圣人不会留下行迹。"如果被当官的高位所滞留，不肯离去，就会有危险了。范蠡能够功成身退，就无忧了。如果流连于君臣如此高贵的地位，就会危险了。即使是再好的朝代，也都有起有落。

庄子又说道："单纯尊崇古人，而悲叹今人，这只是浅陋学者的见解罢了。"真正的圣人要识得正道正统。

庄子又说道："以远古帝王狶韦氏那样的眼光，观察当今世事，又有谁能不随波逐流呢？"庄子生在战国乱世，又有多少人能够置身于世外呢？

庄子又说道："只有真正的圣人，至德的圣人能够逍遥游于世上，而不会走上偏僻小路。不会流连于物欲而失去性命。只有圣人能够随顺世人，而不会失去自性本心。”

庄子又说道：“尊古悲今的诸子百家之学，不必刻意去学习，只是随顺百家之学罢了，而不会因为百家之学而失去自性本心，失去自我。”庄子无意去贬低百家之学。

9. 道不欲壅

【原文】“目彻为明，耳彻为聪，鼻彻为颤，口彻为甘，心彻为知，知彻为德。凡道不欲壅，壅则哽，哽而不止则跈，跈者众害生。物之有知者恃息，其不殷，非天之罪。天之穿之，日夜无降，人则顾塞其窦。胞有重阆，心有天游。室无空虚，则妇姑勃豀；心无天游，则六凿相攘。大林丘山之善于人也，亦神者不胜。”

【注释】庄子又说道：“目光敏锐称之为明。耳朵敏锐称之为聪。鼻子灵敏称之为颤（通膻字）。”真正的目明不是可以看多远，可以看到针眼那么细小的东西，而是可以看见自性。耳朵真正灵敏是能听见自己的心声。鼻子灵敏是能闻到正法的真香。

庄子又说道：“嘴巴灵敏称之为甘。心灵透彻称之为知。知能彻底恢复本有良知，智慧通彻，圆融通达，称之为德。”一片药片放在喉咙感觉不到苦，然而放在舌头就可以。正所谓无苦就无甜，有苦也有甜。心灵通彻，除去物欲遮蔽，就通彻明了。如果能够彻底恢复本有良知，圆融通达，就称之为德（通得，可以说得道）。

庄子又说道：“凡为道者都不想壅塞，壅塞则哽塞不通。如同被物欲所堵塞，耳朵就不灵了，眼睛就不明了。嘴巴也不甘了，吃粗茶淡饭都不知甘甜了，只能追求重味厚味了。良知被遮蔽了，无法通彻。如此就无法见到自性本心，就无法得道了。”

庄子又说道：“哽塞久了，就会互相践踏（跈）。互相践踏，各种祸害就会发生了。”世人正是由于本有良知被蒙蔽，被堵塞，所以不知天地万物本来同为一体。既然万物同为一体，天下的人本来也是兄弟姐妹，同为一家。正是因为良知被蒙蔽了，所以才会互相伤害。

庄子又说道：“万物当中有知觉的，都依靠气息而生存。其气息不盛（殷）的，并非上天的罪过。”气息不盛，非上天的罪过，而是自己的罪过，正所谓自作自受罢了。庄子讲修行的功夫了，如此看来庄子的气息是很足的，气血充盈。世人良知被拥塞以后，经络脏腑也被拥塞了。通则不痛，痛则不通。修行丹道的人，就知晓其中滋味了。

庄子又说道："上天贯穿万物，日夜无有止息。人则因为嗜好物欲而堵塞其天窦（耳目鼻口等，也就是六根）。"

庄子又说道："胞胎当中尚且有空虚之处（阆），可以通气息。心正是因为空灵，可以从天而逍遥游。"

庄子又说道："室内没有足够多的空旷地方，则婆媳挤在一起，就会争吵（勃谿）。心灵如果不能空灵而游于天，则六根就会相互扰攘。"嘴巴贪求美味，眼睛贪求美色，耳朵贪求靡靡之音，而心无所适从了，不知道怎么办才好。

庄子又说道："大森林和大山之中，适合于人修身养性，这是由于心神不胜外物的烦扰罢了。在山野之间隐居就很清静了。"这里也呼应了外物的篇名。

10. 静然补病

【原文】"德溢乎名，名溢乎暴；谋稽乎誸，知出乎争；柴生乎守官，事果乎众宜。春雨日时，草木怒生，铫鎒于是乎始修，草木之到植者过半而不知其然。

静然可以补病，眦搣可以休老，宁可以止遽。虽然，若是劳者之务也，非佚者之所未尝过而问焉。圣人之所以駴天下，神人未尝过而问焉；贤人所以駴世，圣人未尝过而问焉；君子所以駴国，贤人未尝过而问焉；小人所以合时，君子未尝过而问焉。"

【注释】庄子又说道："富有盛德，德满而溢出，就会成名。正所谓酒香不怕巷子深。名声过于外溢，就太过于暴露张扬了。"太过于有名声，然而又会引来灾祸。关于溢出，有句有趣的话：女人溢出多少眼泪，正是由于之前脑子进了多少水。

庄子又说道："由于形势急迫（誸），所以需要研究（稽）谋略；由于争斗，所以需要运用智巧。"由于名声引来灾祸，只要研究应对谋略。两个人打架不需要兵法，多人打架就需要《孙子兵法》了。

庄子又说道："栅栏的设立，是由于官府防守的需要；事业的成功，是由于顺应大众的意愿。"设置栅栏是为了防止百姓，防止别国的威胁。如果能够顺应大众的意愿，何须设置栅栏呢？君主和百姓之间的矛盾加大，所以需要谋略和智巧。有形的栅栏容易拆除，无形的栅栏，人与人心之间的隔阂，更是很难拆除。正是由于有这些隔阂，所以争斗不休。

庄子又说道："春天是降雨的时节，草木勃然而生长。在这个时候才开始急忙整修锄草的农具（铫鎒）。田间的杂草刚刚被锄完，又有超过一半的杂草又长起来了。农民看着很苦恼，不知为什么会如此，很辛苦。"每个人都要管好自己的心地，这块心田。妄想杂念如同杂草，这批除掉，另外一批杂念又冒出来。在刚刚萌发杂草的时候，就想办法除掉就容易得多；事情还只是兆头，就开始处理；大乱还没有形成之前，就要提前处理。

庄子又说道："寂静而不妄动，没有太多的妄想杂念，如此可以补养身体，使得疾病去除，康复如初。"前面所说的锄草，如同去除妄想杂念。杂念如同野草。

庄子又说道："按摩（揻）眼角（眦）可以延缓容颜的衰老。宁静可以止息急躁（遽）的心情。"庄子教我们普通人的功夫了，大家要注意了。

庄子又说道："虽然如此，这只是为名利劳心伤神的人所要注意的。因为世人因为病了，所以需要静养；因为容颜衰老了，所以只能如此按摩延缓；因为心情急躁了，所以需要止息。如此并非闲暇安逸的圣人所过问的。"前面所说的那三种情况，都是杂草丛生以后所采取的权宜之计。虽然说是权宜之计，但是总比没有强。虽然锄草又长出来，总比不锄草强。

庄子又说道："圣人所做的惊骇（駴）天下的事情，神人未尝过问。"圣人指像孔子这样的儒者。

庄子又说道："贤德的人所做的惊骇天下的事情，圣人未尝过问。"贤德的人比如伯夷叔齐，不吃周朝的粮食，饿死在首阳山上。神人比圣人境界高，圣人又比贤人的境界高。

庄子又说道："君子所做的惊骇天下的事情，贤德的人未尝过问。"

庄子又说道："小人为了合时宜所做的事情，君子未尝过问。"君子不屑于为名利，而失去自己的名节。

11. 过而不问

【原文】"演门有亲死者，以善毁爵为官师，其党人毁而死者半。尧与许由天下，许由逃之；汤与务光，务光怒之；纪他闻之，帅弟子而踆于窾水，诸侯吊之。三年，申徒狄因以踣河。"

【注释】庄子又说道："宋国都城城门演门（城门名称）那个地方，有个人父母死了，由于过于哀伤而容颜都消损了。宋国的国君认为他极其孝顺，所以加封爵位为官师。看到有这等好处，同乡的人纷纷效法，居丧期间都人为刻意消损形貌，导致有一半的人因此而死去。"前者可以说是君子，然而君子如此做法，孔子这样的圣人是未尝赞许的。子夏儿子死去，因为过于悲伤而哭瞎了眼睛。孔子教导子夏，不该如此。

庄子又说道："尧帝把天下让给许由，许由未尝过问，隐遁逃走了。"

庄子又说道："商汤把天下让给隐者务光，务光未尝过问，因此大怒而离开了。"庄子所讲很连贯，跟前面一个小节连成一体。

庄子又说道："隐者纪他听闻此事，也未尝过问功名，恐怕会连累自己，就率领弟子隐居到窾水之滨。诸侯仰慕其贤名，纷纷前去慰问。"

庄子又说道："三年以后，隐者申徒狄因为仰慕纪他，而跳河溺死了。"世人为了名利，无所不用其极。

12. 得意忘言

【原文】"荃者所以在鱼，得鱼而忘荃；蹄者所以在兔，得兔而忘蹄；言者所以在意，得意而忘言。吾安得夫忘言之人而与之言哉！"

【注释】庄子又说道："使用捕鱼的竹笼（荃），捕到鱼就忘记了竹笼。使用捕兔的网具，捕到兔子就忘记了网具。使用言语关键在于表达意思，得到意思就忘记言语了。"语言文字只是指向月亮的手指罢了。如果已经看到月亮，为何死死抓住手指不放呢？甚至把手指当成月亮本身了。

庄子又说道："我如何能够找到得意忘言的人，而跟他谈论大道呢！"相隔两千多年，我们可以与庄子心心相印，成为忘言之交。

第五章 寓 言

1. 寓言十九

【原文】寓言十九，重言十七，卮言日出，和以天倪。寓言十九，藉外论之。亲父不为其子媒。亲父誉之，不若非其父者也；非吾罪也，人之罪也。与己同则应，不与己同则反；同于己为是之，异于己为非之。重言十七，所以已言也，是为耆艾。年先矣，而无经纬本末以期年耆者，是非先也。人而无以先人，无人道也；人而无人道，是之谓陈人。卮言日出，和以天倪，因以曼衍，所以穷年。

【注释】寓言十九。在庄子此书中，寓言很多，十篇里面有九篇是如此。所谓寓言是指寄言，为了表达意思，而把此言寄托于彼。前面刚讲完得意而忘言，这里就讲寓言。庄子整日所讲，无非大道。但是大道没有办法用言语讲清楚，所以暂且将大道寄托于此书中。

重言十七。此书中，为了使得世人相信，大多借古人之言自重，增加分量。否则世人不会轻易相信。这种情况十篇里面有七篇是如此。我们看整本书，许多是关于黄帝、老子、孔子等圣人的言论。此部庄子素解，无非也是借庄子而自重罢了，也是作者的良苦用心。

卮言日出。酒器（卮）满了，自然倾泻；酒器空了，自然又仰起而对上。酒器由于有空心，所以能够装酒；人心由于有空灵，所以能够应物。所谓卮言只是无心之言罢了，物来则应，物去不留。此书大多是随顺世人，应机而教化，启发世人悟道罢了。酒器每天倒酒，人心每天倒言语。酒中有道，言中也有道。

和以天倪。如果没有言语也无法说明清楚，正所谓文以载道。如果执着于言语，就无法领悟大道。不偏于形而上，也不偏于形而下，上下之间似乎没有边际。正所谓天衣无缝，这只有天道能够和合如此。

寓言十九，藉外论之。此书所用的寓言当中，十篇里面有九篇是借外事外物（藉外）而论道。玄奘法师曾经说过，如人饮水冷暖自知。如果自己说此道如何玄妙，世人必定不会相信。只有借外事外物以明道，才能够显明大道之妙。

亲父不为其子媒。这就好像是亲生父亲不能给自己的儿子作媒一样，别人必定不信。自己老爹肯定说自己儿子好了。

亲父誉之，不若非其父者也。亲生父亲赞誉儿子，不如别人赞誉更加令人信服。自己怀道，自卖自夸，别人必定不信。

非吾罪也，人之罪也。父亲如实说自己儿子的优缺点，赞誉儿子，并非是父亲的过错，而是听的人固执己见而起疑心。庄子说道，都是真实之言，不会乱说，可是世人却不信。这并非是庄子的过错，而是世人的过错。

与已同则应，不与已同则反。世人都是如此，与自己的看法相同则呼应；与自己的看法不同则反对。前面有个故事，一把瑟放在堂上，另外一把瑟放在室内。弹奏的时候，两把瑟会互相呼应共鸣。我们说两个人同频，也是如此。如果臭味相投，也可以互相共鸣。然而举世皆迷，庄子如何能够找到忘言的得道高人一起坐而论道呢?

同于已为是之，异于已为非之。与自己看法相同，就认为是正确的；与自己看法相异，就认为是错误的。难怪苏格拉底感叹，雅典城所谓的聪明人，都不知道自己的无知之处。由此可见，庄子劝世可谓是一片苦心，不得已而用寓言，借外事外物，不得已而借黄帝、老子等名人的言论而加重自己说话的份量。

重言十七，所以已言也，是为耆艾。引述古圣先贤的言论以自重，此部书中十篇有七篇。虽然是引用，然而大多都是符合庄子我自己的言语。庄子已经与黄帝、老子等圣人心心相印了。圣人所言，无非载道文字，庄子已经圆融贯通了。引述圣人的言语，如同年高而富有盛德的长者，容貌苍老如同艾的颜色。如此就令人信服了。

年先矣，而无经纬本末以期年耆者，是非先也。所谓经。上下为经，上达于道，而不离开世间。下达于世间，而不沉迷于物欲。所谓纬，是旁通左右，融会贯通。所谓本末，道德为本，而仁义礼为末。如果年龄大于别人，而没有能够对经纬、本末通达，不能融会贯通，这并不能称之为年长的。所谓大人，并非官有多大，并非年长的人，是有大心的人。所谓小人，是有小心的人，并非年龄小。如果一个人岁数很大，却没有大爱之心，如此不能称之为大人。

人而无以先人，无人道也。假如作为人，不能够以道先人，不能先于别人而得道，就失去为人之道了。不要怪庄子如此说。孔子讲，朝闻道夕死可矣。孔子把道看得比性命还要重要。程门立雪的杨时曾经说过这样一句话，鸡狗尚且知道去寻找此道，更何况是人呢?

人而无人道，是之谓陈人。作为人而失去人道，只能称之为陈旧腐朽的人了。只有求道而得道，才能不失去人道。每个人的自性本心都是自己的家园，如果一个人连家都不知道，连家都不想回，如何能够称之为人呢？也难怪庄子说，失去人道。《大学》中讲，苟日新，日日新，又日新。什么是新人，什么是陈人呢？所谓陈人，是有陈心，有陈旧的心，所以称之为陈人。所谓新人，是有崭新的心，所以称之为新人。每个人的心如同生锈的铜镜，每天都打磨，去掉物欲的锈迹，逐渐就会完全恢复崭新的样子。

卮言日出，和以天倪，因以曼衍，所以穷年。庄子我的本心如同一个空酒杯，酒满就倾泻而已，倒出来又空了。所倒的酒如同语言文字，都是载道的。于文字而离文字，虽然道和文字之间有缝隙，然而却以天道和合之，找不到任何痕迹。庄子我只是随顺外事外物而引申说道罢了，就这样穷尽天年了。

2. 不言则齐

【原文】不言则齐，齐与言不齐，言与齐不齐也，故曰“言无言”。言无言，终身言，未尝言；终身不言，未尝不言。有自也而可，有自也而不可；有自也而然，有自也而不然。恶乎然？然于然。恶乎不然，不然于不然。恶乎可，可于可。恶乎不可？不可于不可。物固有所然，物固有所可。无物不然，无物不可。非卮言日出，和以天倪，孰得其久！万物皆种也，以不同形相禅，始卒若环，莫得其伦，是谓天均。天均者天倪也。

【注释】不言则齐，齐与言不齐。天地万物不用言说，本来是齐同的，本来同为一体，此为大同。前面庄子有《齐物论》。本来的齐同加上人为的言语，就不齐同了。语言文字只是指向月亮的手指罢了，并不是月亮本身。

言与齐不齐也，故曰“言无言”。既然言语和本来的齐同并不齐同，所以说虽然言语，可是却未曾有言语。正如佛陀所说，虽然说法一生，然而未曾说一法。佛法也仅仅是过河的舟楫而已，既然已经过了河，也没有必要背着船走。疾病康复了，也没有必要执着于药。对药执着，也是一种病。

言无言，终身言，未尝言。虽然有言语，似乎未尝有说什么。终身有言语，似乎终身都未尝说一句话。庄子终日有言语，都不离于道。王阳明先生横说竖说，都是说的一个道理。

终身不言，未尝不言。虽然终身没有言语，没有说一句话，可是未尝没有言语。圣人效法天地，大美而不言，行不言之教。

有自也而可，有自也而不可。对于各自的自我而言，可以认可，也可以不认可。前面也讲过，对于与自己看法相同，就认可；不能合乎自己的看法，就不认可。对于同样的一件事情，有的人认可，有的人不认可。前面讲得意忘言。对于同样一句话，不同的人得意是不同的。

有自也而然，有自也而不然。对于各自的自我而言，可以是正确的，也可以是不正确的。认可不认可，这是主观自己的想法。正确不正确，这也无绝对的标准。现在正确的，过去未必正确。过去正确的，现在未必正确。此地正确的，彼地未必正确。相对论描述现象时空，不描述自在时空。相对论在现象时空是正确的，在自在时空就不正确。

恶乎然？然于然。什么是正确的呢？正确的就是正确的。这不是废话吗？因为所谓的正确，是离不开一个时空，也就是特定的小宇宙。在特定的小宇宙是正确的，离开特定的小宇宙，就不能说是正确的，还是不正确的了。古人讲，一花一世界，一叶一菩提。不同的人也是不同的小宇宙，每个人都在每个人自己的时区当中。虽然地球上不同时区的时间有所差别，然而不同时区的人所拥有的时间未曾差分毫。王弼年纪轻轻已经很有名了，然而如同昙花一现；姜太公大器晚成，成为齐国开国君主。

恶乎不然，不然于不然。为什么是不正确的呢？不正确就是不正确。假如有一个人只有眼睛，可以看到石头的白，摸不到石头的坚；另外一个人只有手，可以摸到石头的坚，看不到石头的白。两个人谈论石头是什么的时候，如同鸡同鸭讲。正确的就是正确的，不正确的就是不正确的，就是这么简单，如是而已，无法用言语说得清楚。

恶乎可，可于可。为什么认可呢？认可的就认可。庄子前面有讲以阳召阳，以阴召阴。把一把瑟放在堂上，另外一把瑟放在室内，两者可以发生共鸣。互相认可，只是发生共鸣罢了。世人有的对儒家共鸣，有的对法家共鸣，如此而已。

恶乎不可？不可于不可。为什么不认可呢？不认可的就是不认可。认可不认可，都是每个人的看法而已。不管世人认不认可，大道就在那里，如此而已。话又说回来，如果人人能够恢复自性本心，恢复本有良知，都会认可大道的，都会认为大道是正确的。不笑不足以为道，正是由于世人误解大道罢了。

物固有所然，物固有所可。万物本来都有其正确的地方，万物本来都有其所被认可之处。一物必有一理，一人必有一用。大葫芦虽然不能当水瓢，然而却可以泛舟于江河湖海。健康的人体是阴阳平衡的，如果人的阴阳之气有所偏差，就需要用中药材纠正。附子虽然有毒，然而大热，游走于十二经之中，可以纠正人体之寒。附子有毒，不被认可；然而可以提升人体阳气，祛除寒气，却被医家认可。附子到底是正确的，还是不正确的呢？万事万物无不如此。

无物不然，无物不可。没有一物不是正确的。没有一物不被认可。存在必然是合理的。

非卮言日出，和以天倪，孰得其久！言语也是一物而已，对于一种言论，有人认可，有人不认可。有人认为正确，有人认为不正确。庄子告诉我们，认为正确的就是正确的，认为不正确的就是不正确的。如人饮水冷暖自知罢了。如果有根器能够和庄子的心呼应，相互印证，就认为庄子所言非虚。当今之世，各种言论满天飞，什么言论能够传于久远呢？必定是符合于大道之言。讲道如同酒器倒酒，满则倾泻，空则仰而待物，应机而动罢了。言论和本来齐同的大道，需要以天道来和合，就可以天衣无缝了。言论为形而下的器物，大道为形而上，上下和合，天衣无缝，只有天道能如此。言不离道，道不离言。一言一语必然合于大道，就会长久了。

万物皆种也，以不同形相禅，始卒若环，莫得其伦，是谓天均。万物都由不同种类变化而来，庄子在前面的章节已经充分讲万物之间的转化。万物之间有着千丝万缕的联系，以不同的形式相互传接。事有终始，物有本末，起点和终点连接在一起，循环往复，似乎看不到哪里是起点，哪里是终点，找不到头绪。万物都是天然地均衡的。

天均者天倪也。上天调和万物，使得万物和而不同。一物必有一理，一物必有一用。人也是如此，每个人所处的位置不同，所做的工作不同，然而都是有用之才。上天能否做到均衡呢？上天不会偏爱于任何一物，偏爱于任何一人。但是天道无亲，常与善人。得道多助失道寡助。调和形而下，形而下，上下无有缝隙。

3. 人乃心服

【原文】庄子谓惠子曰："孔子行年六十而六十化。始时所是，卒而非之。未知今之所谓是之非五十九非也。"惠子曰："孔子勤志服知也。"庄子曰："孔子谢之矣，而其未之尝言。孔子云：'夫受才乎大本，复灵以生。'鸣而当律，言而当法。利义陈乎前，而好恶是非直服人之口而已矣。使人乃以心服，而不敢蘁立，定天下之定。已乎已乎！吾且不得及彼乎！"

【注释】庄子对惠施说道："孔子经历六十个岁月，而都能够与时俱化。"每一年都有所不同，每一年都有所进步。苟日新，日新，日日新。

庄子又说道："开始所认为是的，最终却认为是非的。"这里也呼应了前面关于认可不认可，正确不正确的说法。

庄子又说道："不知现在所认为是的，是否是五十九岁所认为是非的。"这一段和前面关于蘧伯玉的说法极其相似。

惠施听了，就说道："孔子只是勤劳于心志罢了，并非在道业上下功夫。

只是在求于多智多识罢了。”

庄子又说道：“你这么说也不太客观的，孔子其实已经辞谢多智多识了，只是他未尝说出来罢了。”前面讲孔子五十一岁以后得道，现在六十了，已经得道了。

庄子又说道：“孔子曾经说过：‘人秉受于大本而生，必然要恢复本有灵性而生’。”由此可知，孔子知晓什么是本末。大本为道，而万事万物为末。只有恢复每个人本有的灵性，本有的良知，才能称之为生，否则只能是前面所说的陈人罢了。

庄子又说道：“人既然生于大本。鸣应当合于音律，言说应当合乎礼法，更高级别应该合乎于道。”

庄子又说道：“把利害和仁义摆在面前，而评判好恶是非，只能是让人口服而已，无法令人心服。”这里也呼应了前面认可不认可，正确不正确的说法。虽然使得世人嘴巴上认可，可是心里不认可。嘴巴上认为正确，可是心里认为不正确。

庄子又说道：“孔子能够使人心服，而不是口服。使得天下的人不敢对立（蘁立）。如此就能够使得天下安定了。”

庄子又说道：“算了算了吧！庄子我都不如孔子啊！”孔子都能够与时俱化，而惠施却如此自以为是。庄子这里是借孔子来教惠施。

4. 曾子心悲

【原文】曾子再仕而心再化，曰：“吾及亲仕，三釜而心乐；后仕，三千钟而不洎，吾心悲。”弟子问于仲尼曰：“若参者，可谓无所县其罪乎？”曰：“既已县矣。夫无所县者，可以有哀乎？彼视三釜三千钟，如观雀蚊虻相过乎前也。”

【注释】曾子（曾参）第二次走上仕途，再去做官的时候，心境有很大的变化了。

曾参说道：“我第一次做官的时候，双亲健在，俸禄虽然只有三釜（一釜为六斗四升）米，然而心里很安乐。第二次做官，虽然俸禄大增，达到三千钟（一钟为六斛四斗），而赶不上（不洎）赡养父母。我内心感觉到很悲伤。”曾参是出了名的大孝子，感叹子欲养而亲不待。古人孝顺如此，读到此，每个人都应当反省。

弟子听了就问自己的老师孔子道：“像曾参这样的人，可以说是没有因为利禄承受倒悬之苦了吧？不会因为利禄所系累了吧？”

孔子回答道："曾参如此，已经被利禄所系累了。如果是无所系累的人，难道会因此而悲哀吗？"

孔子又说道："对于不受利禄系累的人，看三釜三千钟的俸禄，如同看到麻雀、蚊虻飞过眼前一样，不为所动。"

5. 不知生死

【原文】 颜成子游谓东郭子綦曰："自吾闻子之言，一年而野，二年而从，三年而通，四年而物，五年而来，六年而鬼入，七年而天成，八年而不知死、不知生，九年而大妙。生有为，死也。劝公以其私，死也有自也；而生阳也，无自也。而果然乎？恶乎其所适，恶乎其所不适？天有历数，地有人据，吾恶乎求之？莫知其所终，若之何其无命也？莫知其所始，若之何其有命也？有以相应也，若之何其无鬼邪？无以相应也，若之何其有鬼邪？"

【注释】 颜成子游对东郭子綦说道："自从我听闻先生之言，一年而归于质朴，不求多闻多识，不求智巧。"前面孔子六十岁，每年都与时俱化。

颜成子游又说道："两年的时候，就不自以为是了，不自专了。能够随顺于世俗了。三年的时候，就能够通达于彼此，你我无有分别了。不会以为自己认可的，就是正确的了。"

颜成子游又说道："四年的时候，能够与物混同了。以天地万物同为一体了。五年的时候，万事万物之理都来归，都在于自性本心之中，无所不适了。"

颜成子游又说道："六年的时候，鬼神将来舍，已经把这个形骸当成衣服了，只是一个臭皮囊了。当然这个形体是很重要的，如果没有形体，无法住魂魄。正所谓肝肺藏魂魄，心藏神。"

颜成子游又说道："七年的时候，大道已经浑然而天成。已经融合形而上，形而下，无有缝隙，无有分别了。"

颜成子游又说道："八年的时候，已经能够了却生死了。原本就是无生无死。九年的时候，就达到玄妙的大道之境了。"

颜成子游又说道："如果人生有为，就无法了却生死，有为多欲，沉溺有为，近于死地。"有为多欲，扰乱本心，心神一乱，就会影响身体了。

颜成子游又说道："如果以私心以助公心，以助天道。为仁德美名的私心，而行仁德之事，如此近于死地也是由于自己多为造成的。"

颜成子游又说道："感于阴气则死，感于阳气则生。神仙为纯阳之体，初生婴儿也是如此。如果自己多为多欲，阴气就会滋生，就近于死地。如果无欲无求，没有自己多为多欲，阳气就会滋生，就近于生地。”

颜成子游又说道：“你果真是这样认识生和死的道理吗？如果懂得生死的道理，如何适从呢？什么该适从的，什么该放弃的呢？”如果完全无为，那是否什么都不做了呢？整天晒太阳就可以了。其实并非如此，《了凡四训》里的主人公，一开始误解了命运，以为是不可以改变的。后来主人公积德行善，自己的命运都发生了很大的改变。

颜成子游又说道：“天有天的定数，日月星辰的往来，寒来暑往的变化，似乎都是定数；地有人所注定的生活的地方，注定的命运，我难道可以去有为地求吗？难道是可以改变的吗？”

颜成子游又说道：“如果不知晓生命的终结，怎么知道就无性命呢？如果不知晓生命的开始，又怎么知道有性命呢？”宇宙本无始无终，循环无端；生命本无生无死。正如月亮本无盈无缺，只是人类认知的错觉罢了。然而，得道者能够通晓明白性命之理。六祖曾经说过：自性具足一切。

颜成子游又说道：“如果说有性命，相应的，就会有死，怎么能够说没有鬼神呢？如果说没有性命，相应的，就没有死，怎么能够说有鬼神呢？”中医认为肝肺藏魂魄，心藏神。所谓的鬼神都在于自心自性之中罢了。明代著名中医张景岳著有《景岳全书》《类经》等，在医书中详细讲了中医神秘的祝由术，里面有科学地解释鬼神。

6. 罔两问景

【原文】众罔两问于景曰：“若向也俯而今也仰，向也括而今也被发，向也坐而今也起，向也行而今也止，何也？”景曰：“搜搜也，奚稍问也！予有而不知其所以。予，蜩甲也，蛇蜕也，似之而非也。火与日，吾屯也；阴与夜，吾代也。彼吾所以有待邪？而况乎以无有待者乎！彼来则我与之来，彼往则我与之往，彼强阳则我与之强阳。强阳者又何以有问乎！”

【注释】前面庄子有关于罔两和影子的故事。所谓罔两是影子周围的阴影，也就是说影子的影子。一个影子对应于许多罔两。正如一个月亮对应于江河湖泊中许多月亮影子一样，千江有水千江月。

薛定谔曾经说过，物理学是关于影子的学问。傅里叶变换将时域空间任意形状的波形，可以转化成频域空间中无数个正弦波的叠加。在频域空间是规则的可以理解的，而在时域空间是不可理解的。薛定谔方程也是如此，可以将观测微观原子系统运动得到的影子，无数个时域空间的正弦波叠加，转换成频域空间，形成频域空间所谓的波函数。在频域空间中的波函数是诡异的，测不准的，不可理解的，然而在时域空间中是可以理解的。可以说庄子的火眼金睛，可以看透量子理论最深层的奥秘，破解西方引以为豪的量子理论。

罔两们问影子道："先前你俯下来，而现在却仰起来。先前你束拢头发，现在却披散头发。先前你坐下，现在却起来了。先前你行走，现在却止步了，这是为什么呢?"罔两们觉得很烦，完全受影子的左右和影响，无法主宰自己。看影子如何回答。

影子回答道："区区小事，何须多问呢！我有如此行为，但是也不知为何如此。"影子也无法主宰自己，不知道谁是自己的主人。

影子又说道："我，只不过如同蝉壳（蜩甲），蛇皮（蛇蜕）罢了。如果把蝉壳当成蝉，蛇皮当成蛇，就不对了。我也如此，似是而非罢了。"

影子又说道："逢火和太阳，我就屯聚，因为有火堆和太阳，就会有影子。逢阴凉和夜晚，影子我就代谢了。黑漆漆的，如果没有亮光，就不会有影子了。"

影子又说道："有形的外物，如同火堆和太阳，难道是我所依赖的吗？这些果真是我的主宰吗？如果有形的外物都不是我的主宰，难道是无形的外物是主宰吗！"无形的大道是主宰，无形的自性本心是主宰，自性本心是真主人。

影子又说道："有形的外物，比如火堆和太阳，它来则我就会来。它走我也会跟着走。它徘徊则我也就跟着徘徊（强阳）。"

影子又说道："徜徉不定的影子，我自己都不能主宰自己，又有什么好问的呢！"罔两无形，罔两依赖于影子；影子无形，影子依赖于有形的外物。外物又依赖什么呢?

7. 杨朱见老子

【原文】阳之居南之沛，老聃西游于秦。邀于郊，至于梁而遇老子。老子中道仰天而叹曰："始以汝为可教，今不可也。"阳子居不答。至舍，进盥漱巾栉，脱屦户外，膝行而前曰："向者弟子欲请夫子，夫子行不闲，是以不敢。今闲矣，请问其过。"老子曰："而睢睢盱盱，而谁与居？大白若辱，盛德若不足。"阳子居蹴然变容曰："敬闻命矣！"其往也，舍者迎将。其家公执席，妻执巾栉，舍者避席，炀者避灶。其反也，舍者与之争席矣。

【注释】阳之居（杨朱）前往南方的沛地（今江苏徐州）。老子往西前往秦地游览。杨朱估计会在沛地的郊野迎住老子，可是一直到魏国的都城梁城（今河南开封市）方才遇见老子。

老子遇见杨朱，在半路上仰天感叹道："一开始我听说你的大名，以为你是可以教化的，然而现在才发现不行。”杨朱听了，没有言语。两个高人相见，看会发生什么。

等到了旅舍，杨朱对待老子还是很恭敬的，进奉洗漱用品（盥，洗手器具；漱，漱口用具；巾，面巾；栉，梳子）。

不仅如此，杨朱还把鞋子脱在屋外，双膝跪地而前行，说道：“先前弟子本来想请教先生，但是先生旅途劳顿，未得空闲，所以未敢冒昧打搅。今天先生空闲下来，弟子斗胆请问我有何过错呢?”由此可见，古人尊师重道，可见一斑。

老子回答道：“你似乎永远都是仰视张目高傲的样子，似乎谁都看不起，你又能和谁一起共处呢?”睢睢，仰视的样子；盱盱，张目的样子。

老子又说道：“太青白的人看似有污点一样；富有盛德的人看似仁德不足，十分谦卑的样子。”老子教会杨朱首先要学会谦卑，不要目中无人，傲慢不除，无法接受大道。

杨朱听了老子如此严厉地批评自己，很紧张。老子当然是为弟子好。杨朱听了惭愧极了，脸色都变了，赶紧说道：“我恭敬衷心地听闻先生的教诲!”

杨朱刚到旅舍的时候，旅舍的人们听闻了，都纷纷迎来送往。杨朱也是个天下闻名的大人物了。店主人亲自为他安排坐席，店主人的妻子亲自给杨朱供奉洗漱用品。店客们看他坐在那里，都纷纷避让，以示恭敬。生火做饭的人，也避开炉灶，放下手上忙活的事情，以示恭敬。然而经过老子的感化，等到杨朱离开旅舍的时候，店客们已经跟他无拘无束了，跟他争着席子坐了。

第六章 让 王

1. 尧舜让天下

【原文】尧以天下让许由，许由不受。又让于子州支父，子州支父曰："以我为天子，犹之可也。虽然，我适有幽忧之病，方且治之，未暇治天下也。"夫天下至重也，而不以害其生，又况他物乎！唯无以天下为者，可以托天下也。

舜让天下于子州支伯。子州支伯曰："予适有幽忧之病，方且治之，未暇治天下也。"故天下大器也，而不以易生，此有道者之所以异乎俗者也。

舜以天下让善卷，善卷曰："余立于宇宙之中，冬日衣皮毛，夏日衣葛；春耕种，形足以劳动；秋收敛，身足以休食；日出而作，日入而息，逍遥于天地之间而心意自得。吾何以天下为哉！悲夫，子之不知余也！"遂不受。于是去而入深山，莫知其处。

舜以天下让其友石户之农，石户之农曰："捲捲乎后之为人，葆力之士也！"以舜之德为未至也，于是夫负妻戴，携子以入于海，终身不反也。

【注释】尧把天下让给贤人许由，许由不肯接受。尧又把天下让给得道的隐居者子州支父，子州支父说道："让我来当天子，还是可以的。虽然可以胜任，但是我刚好患有隐忧症（对权力地位的隐忧，担忧当天子给自己带来的灾祸）。我正要治疗，没有闲暇治理天下了。"天下可以说是最贵重了，当天子位高权重，但是如此大的诱惑，也不足以让贤人伤害自性本心。又何况是其他的外物呢？更是无足挂齿了。只有忘却天下，无所作为，拱手而天下大治的人，能够托付天下给他。

尧禅让给舜，舜也效法尧。舜要把天下让给贤者子州支伯。子州支伯说道："我刚好患有隐忧症，正在治疗，没有闲暇治理天下。"所以说，天下可以说是最大的宝器了，但是如此大宝物，不能用来交换性命。如果性命被伤害，良知被覆盖，这是得道的人不愿意看到的。这是有道的人不同于世俗的人的地方。有道的人把道看得比性命还要重要，不会背道而驰。

舜又把天下让给贤人善卷，善卷说道："我立于宇宙之中，冬天穿动物的皮毛，夏天穿葛布衣服；春天耕种播种，形体足以承受劳作；秋天收藏谷物，身体足以得到休息和供养；日出而作，日落而息。如此可以逍遥游于天地之间，而能够自得其乐。我哪里用得着去统治天下呢！可悲啊，你不够了解我！"于是善卷不接受好意，于是离开舜而逃入深山老林之中，不知道去哪里了。

舜又要把天下让给好朋友石户之农，传说这个人做鱼非常好吃。石户之农说道："舜（后，君后）做事很认真，似乎很勤奋努力（葆力），劳倦的样子（捲捲乎）。"石户之农担心舜还没有达到至德，舜还会过来为难他。于是夫妻二人，背的背，扛的扛，带着孩子逃到海上的荒岛上去了，终其一生都没有返回。

2. 成国于岐山

【原文】太王亶父居邠，狄人攻之；事之以皮帛而不受，事之以犬马而不受，事之以珠玉而不受，狄人之所求者土地也。太王亶父曰："与人之兄居而却杀其弟，与人之父居而杀其子，吾不忍也。子皆勉居矣！为吾臣与为狄人臣奚以异！且吾闻之，不以所用养害所养。"因杖？而去之。民相连而从之，遂成国于岐山之下。夫大王亶父，可望能尊生矣。能尊生者，虽贵富不以养伤身，虽贫贱不以利累形。今世之人居高官尊爵者，皆重失之，见利轻亡其身，岂不惑者！

【注释】太王古公亶父居住在邠（今陕西省旬邑西南），游牧民族常来侵扰。周武王的时候追封亶父为太王。亶父为周文王的祖父。狄人，秦汉的时候称之为匈奴。

古公亶父就送兽皮、布帛给他们，不接受；送狗和马匹给他们，也不接受；送珠宝美玉给他们，还是不接受。狄人所求的是土地。

太王亶父说道："如果要争夺土地，就要引起杀戮。和人家的兄长居住在一起，却要杀害其弟弟。和人家的父亲居住在一起，却要杀害其子女。如果引起战争，一起生活的人都会有死伤的危险，我着实不能忍心看到这样的事情发生。"太王亶父不忍心因为争夺土地而引起双方无谓的死伤。

太王亶父说道："你们就暂且勉强居住在这里吧！我自己先走了，当我的臣民和当狄人的臣民又有何不同呢！况且，我听说过一句话，不能用养育百姓的土地来伤害所要养育的百姓。"因此拄着拐杖离开邠地。

太王亶父来到岐山（今陕西省岐山县东北）脚下，百姓都拖儿带女地相连成一片，跟随着太王来到那里。于是在岐山旁建立了国家。

太王亶父是最能够尊重性命的了，不会为了土地而争斗。

能够尊重性命的人，虽然富贵，但是不会因为贪求物欲和权力而伤害自身；虽然贫贱，也不会因为追求利益而伤害形体。

当今的世人，居于高官显位，皆看重权势，担心失去它。见到私利而轻率地因此失去自己的性命，岂不是很糊涂吗！有如此贤德的祖上，难怪能出周文王这样的子孙。

3. 越人弑君

【原文】越人三世弑其君，王子搜患之，逃乎丹穴。而越国无君，求王子搜不得，从之丹穴。王子搜不肯出，越人薰之以艾。乘以王舆。王子搜援绥登车，仰天而呼曰："君乎君乎！独不可以舍我乎！"王子搜非恶为君也，恶为君之患也。若王子搜者，可谓不以国伤生矣，此固越人之所欲得为君也。

【注释】越国三代国君都被弑杀（臣下杀君主称之为弑）。王子搜被选为新国君，他很担心自己又处于危险的境地，所以逃到了山洞（丹穴）里躲避起来。

而越国一日不可无国君，到处寻找王子搜都找不到，追踪到了山洞那里。王子搜还是不肯出来，越国人只好用艾草薰他。再用国君乘坐的豪华马车接他回国。

王子搜拉着登车的拉绳，仰天而长叹道："国君之位啊，国君之位！为何我想躲都躲不掉呢！"王子搜并非厌恶为国君，而是厌恶当上国君之后的祸患罢了。

像王子搜这样的国君，可以说不会因为国家权力而伤害性命。像这样的人，正是越国人想要奉为国君的最佳人选。

4. 韩魏争地

【原文】韩、魏相与争侵地。子华子见昭僖侯，昭僖侯有忧色。子华子曰："今使天下书铭于君之前，书之言曰：'左手攫之则右手废，右手攫之则左手废，然而攫之者必有天下。'君能攫之乎？"昭僖侯曰："寡人不攫也。"子华子曰："甚善！自是观之，两臂重于天下也，身亦重于两臂。韩之轻于天下亦远矣，今之所争者，其轻于韩又远。君固愁身伤生以忧戚不得也！"僖侯曰："善哉！教寡人者众矣，未尝得闻此言也。子华子可谓知轻重矣。

【注释】 韩、魏两国相互争夺边境上的土地。子华子（魏国人）拜见昭僖侯（魏国国君），看到昭僖侯面有忧色。

子华子问道："假如现在让天下的人都在国君你的面前写下契约，契约中写道'左手夺取（攫之）土地则右手将被砍掉，右手夺取土地则左手将被砍掉。然而夺取土地的人将会拥有天下。'国君你还愿意去夺取土地吗？"

昭僖侯听了，就回答道："寡人我当然不愿意了。"如果昭僖侯去夺取土地，会有砍手的危险，不愿意去做了。

子华子听了就说道："国君说得很好！从这一点看来，双臂还是比天下更加重要。身体比双臂又要重要一些。韩国的土地远远不如全天下的土地重要。而今魏国所争夺的土地，又远远轻于韩国全国的土地。现在所争的地方，只不过是弹丸之地罢了。国君为何忧愁伤身，伤害性命，忧心忡忡地担心得不到那么一丁点土地呢！"

昭僖侯听了，就说道："讲得太好了！之前教导寡人的人众多，可是未尝听闻如此的珍贵的言论。"

子华子可以说是知轻重的人啊。世人往往沉溺于物欲，不知轻重。我们是否也应该反思一下自己呢？

5. 随侯之珠

【原文】 鲁君闻颜阖得道之人也，使人以币先焉。颜阖守陋闾，苴布之衣而自饭牛。鲁君之使者至，颜阖自对之。使者曰："此颜阖之家与？"颜阖对曰："此阖之家也。"使者致币，颜阖对曰："恐听者谬而遗使者罪，不若审之。"使者还，反审之，复来求之，则不得已。故若颜阖者，真恶富贵也。

故曰，道之真以治身，其绪余以为国家，其土苴以治天下。由此观之，帝王之功，圣人之余事也，非所以完身养生也。今世俗之君子，多危身弃生以殉物，岂不悲哉！凡圣人之动作也，必察其所以之与其所以为。今且有人于此，以随侯之珠弹千仞之雀，世必笑之。是何也？则其所用者重而所要者轻也。夫生者，岂特随侯之重哉！

【注释】 鲁国国君（鲁哀公）听闻颜阖（鲁国的隐士）是得道的人，就派人先行送去聘礼以示恭敬。颜阖居住在陋巷当中，身穿粗布衣服（苴布），而在那里喂牛。

鲁哀公的使者到了，颜阖自己接待使者。使者问道："这是颜阖的家吗？"

颜阖回答道："这里正是颜阖的家。"使者送上聘礼。颜阖看了，就说道："恐怕听话的人有什么谬误，误传了国君的口谕，而使得使者你有过失，不如你回去再好好审查确认一下再来。"使者听了，还真就回去确认了一下，再回来找颜阖。可是再也找不到他了。所以说，像颜阖这样的贤者，真是厌恶富贵之人啊。不是厌恶富贵，而是厌恶富贵所带来的灾祸。

所以说，道的真谛可以用以治身，修身养性，而其残余就足以治理国家了，它的粪草（土苴）就足以治天下了。此句似乎狂言，然而并非虚言。半部论语治天下，然而大道比论语重要得多。

由此看来，帝王的功业，只不过是圣人多余的事罢了，并非可以用来保全身体，修养性命的。

当今世俗所谓的君子，大多为了外物而危及自身，放弃性命以殉物，岂不是很可悲呢！

圣人则不同，圣人不会舍本逐末。圣人行动做事，必先审察是否伤害性命，孰轻孰重，才会去做。

现在这里有这样的人，用随侯的宝珠去弹射千仞那么高的麻雀，世人必定会笑话他。传说周朝的时候，随国的国君得到一个宝珠，极其珍贵。自性本心比外物要珍贵得多，而世人宁愿失去自性本心而去得到外物，这岂不是很可笑吗？外物就好像是麻雀那样微不足道。

为什么大家会笑话他呢？因为他用贵重的东西去换取轻贱的东西。我们在跟着笑话这个人的同时，也要认真地反省自己有无犯同样的错误呢？也许我们人人都在犯这个错误，却不知道，庄子在委婉给我们指出来。

说到性命，难道仅仅像随侯的宝珠那么贵重吗！性命远远比宝珠重要得多。然而我们仅仅看到有形的性命，看不到无形的性命。孔子讲，朝闻道夕死可矣。孔子把道看得比性命还要重要。自性本心是一身真正的主人，这远远比有形的臭皮囊要重要。如果失去本心，人就如同行尸走肉。如果能够找回本心，身体也能够延年益寿，增加智慧。

6. 子列子穷

【原文】子列子穷，容貌有饥色。客有言之于郑子阳者曰："列御寇，盖有道之士也，居君之国而穷，君无乃为不好士乎？"郑子阳即令官遗之粟。子列子见使者，再拜而辞。

使者去，子列子入，其妻望之而拊心曰："妾闻为有道者之妻子，皆得佚乐，今有饥色。君过而遗先生食，先生不受，岂不命邪！"子列子笑谓之曰："君非自知我也。以人之言而遗我粟，至其罪我也又且以人之言，此吾所以不受也。”其卒，民果作难而杀子阳。

【注释】列子很贫穷，带有经受饥饿的面色。

郑子阳（郑国的相国）的门客说道：“列子是有道之士，可是在你的国都居然受穷困之苦，你岂不是成为不好贤士之人了吗?”郑子阳当即下令官吏送粮食给列子。

列子见到使者，再三拜谢而推辞不肯接受。使者退去，列子进来。列子的妻子望着他，捶胸顿足埋怨他，说道：“臣妾听闻有道之人的妻子和儿女，都能得到安逸和快乐，然而现在却要忍饥挨饿。现在我们面带饥色，相国觉得自己有过失，怠慢贤士，所以专程派人过来送粮食，可是先生却不愿意接受，岂不是太过于傲慢了吗!”

列子听了，就笑着对自己妻子说道：“相国并非自己知道我为怀道之士，也并非自己知道我受贫困之苦。只是听别人的言语，就给我送粮食。以后同样也会因为别人的言语，降罪于我。这也是我不接受的缘故。”后来，民众果然发难，而杀死相国郑子阳。据历史记载，郑国相国郑子阳，为人严酷无情，民怨极深，终究招致杀身之祸。

7. 楚昭王失国

【原文】楚昭王失国，屠羊说走而从于昭王。昭王反国，将赏从者，及屠羊说。屠羊说曰：“大王失国，说失屠羊；大王反国，说亦反屠羊。臣之爵禄已复矣，又何赏之有!”王曰：“强之!”屠羊说曰：“大王失国，非臣之罪，故不敢伏其诛；大王反国，非臣之功，故不敢当其赏。”王曰：“见之!”屠羊说曰：“楚国之法，必有重赏大功而后得见，今臣之知不足以存国而勇不足以死寇。吴军入郢，说畏难而避寇，非故随大王也。今大王欲废法毁约而见说，此非臣之所以闻于天下也。”

王谓司马子綦曰：“屠羊说居处卑贱而陈义甚高，子綦为我延之以三旌之位。”屠羊说曰：“夫三旌之位，吾知其贵于屠羊之肆也；万钟之禄，吾知其富于屠羊之利也；然岂可以贪爵禄而使吾君有妄施之名乎！说不敢当，愿复反吾屠羊之肆。”遂不受也。

【注释】楚昭王为楚平王之子。楚平王杀害了伍子胥的父亲和哥哥，伍子胥投奔吴王阖闾，请求发兵攻打楚国。当时楚平王已经去世，楚昭王即位为国君，吴军攻破楚国都城。楚昭王放弃楚国而投奔随国，而后又投奔郑国。屠羊说（一个杀羊为生的人）跟随楚昭王一起走。

楚昭王返回楚国，奖赏跟随他一起出去的人，恩及屠羊说。

屠羊说说道："大王失去国家，而我失去屠羊之业。大王返回国家，而我也重新得到屠羊之业。臣下的爵位和俸禄已经得到恢复了，又如何还能够接受额外的赏赐呢！"

楚昭王听说了以后，就对封赏的人说道："强行把赏赐给他，不要也得要！"

屠羊说说道："大王失去国家，并非臣下的罪过，所以我不愿意接受惩罚；大王返回国家，并非臣下的功劳，所以我不敢接受赏赐。"

楚昭王听闻，就说道："召见他！"

屠羊说说道："按照楚国的法令，必然有重赏大功的人，而后才能得到觐见国君的机会。现在臣下的智谋不足以保全国家，而勇不足以杀死敌寇。吴国的军队攻入郢都，我因为畏惧艰难而逃避贼寇，并非故意追随大王。现在大王废除成法，毁坏公约而召见我。这实在并非臣下所愿，不想因此而传闻于天下。"

楚昭王对司马子綦说道："屠羊说此人虽然身处于如此卑贱的地位，然而却能够深明大义，子綦你还是替我以三公的高位去延请他吧。"

屠羊说说道："三公那样的高位，我深知其位贵于屠羊的店铺。万钟（一钟相当于六斛四斗）那么多的俸禄，我深知必定很富足，比屠羊获利多得多。然而岂能因为我个人贪求爵位和俸禄，而使得我的国君因此而落了个赏罚不公的罪名呢！我实在是不敢当此重任，但愿我还是返回屠羊的店铺。"于是还是不肯接受。

8. 原宪居鲁

【原文】原宪居鲁，环堵之室，茨以生草，蓬户不完，桑以为枢；而瓮牖二室，褐以为塞；上漏下湿，匡坐而弦。子贡乘大马，中绀而表素，轩车不容巷，往见原宪。原宪华冠縰履，杖藜而应门。子贡曰："嘻！先生何病？"原宪应之曰："宪闻之，无财谓之贫，学而不能行谓之病。今宪贫也，非病也。"子贡逡巡而有愧色。原宪笑曰："夫希世而行，比周而友，学以为人，教以为己，仁义之慝，舆马之饰，宪不忍为也。"

【注释】孔子的弟子原宪居住在鲁国，所居住的地方极其狭小，四面各有一堵墙罢了。一丈长的土墙称之为堵，四面都是一丈长的土墙围成的居室是极其狭小的了。

用鲜茅草盖房子，作为屋顶；用草编织成门户，很不完整美观；用曲折的桑树条作为门户的转轴；用瓮罐作为两间房屋的窗户；用粗布塞住瓮窗，当成窗帘。每逢下雨天，上面漏雨，下面湿漉漉的。可是原宪还正坐而弦歌，自娱自乐。一点都看不出有什么忧愁。真有点颜回的那种安贫乐道的精神。

孔子另外有个弟子子贡，乘坐高头大马，里面穿着青红色（绀）内衣，而外面穿着白色的外衣。由于马车太过于豪华高大，陋巷都无法容纳得下。子贡如此高调地去见原宪。

原宪戴着裂开口子的帽子，穿着破了后跟的鞋子，拄着藜藤制作的拐杖，应声而开门。

子贡问道："哎呀！先生何故穷困到如此这般田地呢？"

原宪回答道："原宪我听闻，无有财富称之为贫，而虽然学了却不能行才能称之为病。而今原宪我充其量也只是贫困而已，并非病了。"

子贡听了，倒退了几步，脸上露出惭愧的神情。

原宪看了，就笑道："迎合世俗而行事；为了私利，周旋结交朋党；学本来是要成为真人，也就是当真正的人，要恢复本有的良知，现在却用来为别人效劳；施教本来是要培养人才，发明世人本有的明德，然而现在却为了功名利禄；假借仁义而行奸恶之事；讲究车马的华贵装饰。如此原宪我实在是不忍心去做啊。"

9. 曾子居卫

【原文】曾子居卫，缊袍无表，颜色肿哙，手足胼胝。三日不举火，十年不制衣，正冠而缨绝，捉衿而肘见，纳屦而踵决。曳、縰而歌商颂，声满天地，若出金石。天子不得臣，诸侯不得友。故养志者忘形，养形者忘利，致道者忘心矣。

【注释】孔子的弟子曾子居住在卫国，穿着乱麻絮所做的袍子（缊袍），外面没有穿罩衫；脸色浮肿（肿哙）；由于辛苦劳作，手脚都磨出老茧（胼胝）。曾子以孝顺闻名，留下四书之一的《大学》。

曾子已经有三天没有生火做饭了，十年没有缝制新衣服了。调整一下帽子，而帽带（缨）就会断掉。拉一下衣襟，而胳膊肘子就会露出来了，衣衫褴褛，衣服已经破旧不堪了。穿鞋子而鞋跟（踵）裂开了。拖着无后跟的破鞋（縰），而吟唱《商颂》自娱自乐，歌声清脆洪亮，就好像是金石玉器发出的悦耳声音。

天子想要得到他，把他当成臣下，不是件容易的事情；诸侯想要和他认识，结交成朋友，也不是件容易的事情。

所以说，善于修养心志的贤人，往往忘却形骸。曾子有志上达于道，只是在发明自己本有的明德，完全忘却了这个臭皮囊了。曾子安贫乐道若此，只有身在其中的人才能体会。

善于养形体的人，会忘却利益的诱惑。以自身为贵的人，不会因为利益而牺牲自己的性命。

得道的人，忘却心智，忘却那些小聪明了。

10. 颜回不仕

【原文】孔子谓颜回曰："回，来！家贫居卑，胡不仕乎?"颜回对曰："不愿仕。回有郭外之田五十亩，足以给馇粥；郭内之田四十亩，足以为丝麻；鼓琴足以自娱，所学夫子之道者足以自乐也。回不愿仕。"

孔子愀然变容曰："善哉，回之意！丘闻之：'知足者不以利自累也，审自得者失之而不惧；行修于内者无位而不怍。'丘诵之久矣，今于回而后见之，是丘之得也。"

【注释】孔子对自己的弟子颜回说道："颜回啊，你过来！你家里很贫困，而身处卑微的地位，为何不愿意出来做官呢?"

颜回听了自己老师这么说，就回答道："不愿意做官。颜回我有城郭之外的五十亩田地，足以供给我吃粥了（馇粥，不太稀的粥，如果太稀了，就不耐肚子了）。在城郭内还有田地四十亩，足以种麻养蚕。我自己弹琴足以自娱了。我从先生那里所学的道，足以令我自乐了。颜回我实在不愿意做官。"颜回讲，从孔子那里学道，可以令他自乐，有何可乐呢？为何那么多古圣先贤能够安贫乐道呢？由此可见此道的珍贵。

孔子听了颜回如此说，突然地改变了面容，说道："实在太好了，颜回你的意愿真的太好了!"颜回是孔门第一高徒了。

孔子又说道："孔丘我曾经听闻：'知足的人不会因为名利而给自己带来负累；明白自性自得其乐，安贫乐道的人，是不会因为失去外物而感到忧虑的；修养内在明德的人，是不会因为没有显赫的地位而感到惭愧的。'"

孔子又说道："孔丘我之前吟诵这句话很久了，现在才在颜回身上见到，这是孔丘我最大的收获了。"

11. 中山公子牟

【原文】中山公子牟谓瞻子曰："身在江海之上，心居乎魏阙之下，奈何?”瞻子曰:“重生,重生则利轻。”中山公子牟曰:“虽知之,未能自胜也。”瞻子曰:“不能自胜则从,神无恶乎!不能自胜而强不从者,此之谓重伤。重伤之人,无寿类矣。”魏牟,万乘之公子也,其隐岩穴也,难为于布衣之士;虽未至乎道,可谓有其意矣。”

【注释】中山国的公子牟(原本是魏国人,因被封于中山,成为中山国的王子,所以称之为中山公子)对瞻子说道:“身虽然隐遁于江河湖海之上,而心却系朝堂,该怎么办呢?”

瞻子回答道:“应该看重性命,如果知道轻重,就会重视性命而轻视名利了。”

中山公子牟听了,就说道:“虽然从道理上知晓,然而,却未能自己控制住自己的,有些身不由己。”很多时候不能做到知行合一。

瞻子说道:“如果不能控制自己,则顺从它吧,如此精神就不会产生不快!如果不能控制自己,而却勉强克制自己,就会造成双重伤害。”瞻子真可谓是贤人,讲得很深刻。日常生活中,我们是否也会经常遇见双重伤害呢?也许我们碰到偶尔失眠的情况,越想控制自己不要乱想,安心睡觉,越是睡不着。相反地,假如我们顺从心性,暂时睡不着就睡不着,越不想睡反而就容易睡着了。对于修行人的情欲而言,也是如此。如果认为是罪过,刻意压制,反而造成双重伤害,不如转移注意力,就会看淡许多了。

瞻子又说道:“受到双重伤害的人,是不会得到长寿的。”去医院看到承受病痛的人们,就会深刻体会健康的重要了。

魏牟(公子牟原本是魏国人,所以如此称呼),是万辆战车的大国的公子,却隐居于山洞之中,这比原本贫贱之人要难能可贵得多。虽然还没有上达于道,然而却已经有意于领悟大道了。佛陀原本贵为太子,却放下富贵修行,是十分难能可贵的。

12. 乐非穷通

【原文】孔子穷于陈蔡之间,七日不火食,藜羹不糁,颜色甚惫,而弦歌于室。颜回择菜,子路子贡相与言曰:“夫子再逐于鲁,削迹于卫,伐树于宋,穷于商周,围于陈蔡,杀夫子者无罪,藉夫子者无禁。弦歌鼓琴,未尝绝音,君子之无耻也若此乎?”

颜回无以应,入告孔子。孔子推琴喟然而叹曰:“由与赐,细人也。召而来,吾语之。”子路子贡入。子路曰:“如此者可谓穷矣!”孔子曰:“是何言也!君子通于道之谓通,穷于道之谓穷。今丘抱仁义之道以遭乱世之患,其何穷之为！故内省而不穷于道，临难而不失其德。天寒既至，霜雪既降，吾是以知松柏之茂也。陈蔡之隘，于丘其幸乎！”孔子削然反琴而弦歌，子路扢然执干而舞。子贡曰：“吾不知天之高也，地之下也。”

古之得道者，穷亦乐，通亦乐，所乐非穷通也。道德于此，则穷通为寒暑风雨之序矣。故许由娱于颍阳，而共伯得乎共首。

【注释】孔子被困于陈国和蔡国之间，七天都无法烧火做饭吃。藜菜汤里没有一粒米粒。脸色极其疲惫，而却还有心情在室内弹琴吟唱，自娱自乐。

颜回很乖，在旁边摘菜。子路和子贡两个弟子谈论道：“先生再次被鲁国驱逐出境；绝迹于卫国，从此不敢踏入卫国半步；在宋国受到砍伐大树的羞辱；在商、周后裔居住的地方弄得自己走投无路。如今又被围困于陈国和蔡国之间，图谋杀害先生的人没有被问罪，凌辱先生的人却没有被禁阻。先生还只顾弹琴吟唱，未尝中断过乐音。君子竟然可以不以困厄感到耻辱，能够达到如此地步吗?”

颜回听了子路和子贡的议论，没有说话，就进来告诉孔子。当然了，颜回不喜欢打小报告。

孔子把琴推掉，不再弹奏了，长叹息道：“仲由（子路）和端木赐（子贡），真是见识短浅之人啊。把他们两位喊过来，我有话要对他们讲。”于是子路和子贡进来，拜见自己的老师。

子路说道：“现在所遭遇的困境，真可谓是走投无路了！”子路心直口快，直接跟老师说了自己的想法。

孔子听了，就说道：“子路你这是说的什么话！作为君子，如果能够通达于大道，才能称之为通；如果穷困于大道，才能称之为穷。”孔子曾经讲，朝闻道夕死可矣。孔子对于道，看得比性命还要重要。虽然穷困，但是只要能够有道，就不能称之为穷困。此道为无价的珍宝。孔子可谓是一代明师，虽然身处危险的境地，也不会放弃教化弟子们的机会，没有放弃在事上磨炼弟子们心性的机会。

孔子又说道：“而今孔丘我怀抱仁义之道，只是遭逢乱世，生不逢时所带来的祸患罢了。我又有什么好穷困的呢!”孔子不管遇见怎么样的艰难险阻，未曾失去仁义之道，所以不能称之为穷。前面孔子的弟子曾子、颜回和原宪虽然穷困，但是却未曾失去此道，不能称之为穷。

孔子又说道：“所以说，善于反省内心，就不会穷于大道，就会通达于大道；面临危难而不会失去本有的明德。”

孔子又说道：“严寒的天气已经到来，霜雪已经降下，这时候才能知晓松柏依然茂盛。”

孔子又说道："在陈国和蔡国之间遇见如此困厄，对孔丘我来说，无疑也是庆幸的一件事情！"也许是上天给予孔子的一种考验吧。

孔子说完这番话，一副看似孤傲的样子（削然），毅然又弹琴而吟唱。子路手持盾牌兴奋地舞起来。

子贡说道："孔子的道深不可测，先生如天那么高洁，而我如同地下那么浅薄低微。"

古代得道的人，穷困也安乐，通达也安乐，不管处境如何。所乐并非在于穷困和通达的变化，所乐在于道德罢了。不管穷困和通达，道德不离于自心，须臾未尝脱离此道，所以安乐。穷困和通达如同寒暑风雨那样变化罢了，穷困也会过去，通达也会过去。人的一生会经历穷困和通达，朝代也会经历兴衰。

所以许由拒绝接受尧帝的禅让，隐居于颍水之阳。周厉王被推翻后，共伯立为王，在位十四年，因为天下大旱而被废除。反而因祸得福，得以逍遥于丘首之山。共伯原被封于共地，所以称之为共伯。共伯有志于道，虽然经历穷困和通达，而不改其乐。

13. 舜让天下

【原文】舜以天下让其友北人无择，北人无择曰："异哉后之为人也，居于畎亩之中而游尧之门！不若是而已，又欲以其辱行漫我。吾羞见之。"因自投清泠之渊。

【注释】舜把天下让给好朋友北人无择。北人无择说道："舜的为人真是太奇怪了，原本居住于天地之间，而却游走于尧帝的权力之门，接受了尧帝的禅让！他自己如此也就罢了，又要把这种耻辱的行为玷污我。我觉得很羞耻，不愿意见他。"因此他就自己投进深渊而死，也不愿意帝位玷污自己。清泠，为深渊的名字。

14. 成汤伐桀

【原文】汤将伐桀，因卞随而谋，卞随曰："非吾事也。"汤曰："孰可?"曰："吾不知也。"汤又因瞀光而谋，瞀光曰："非吾事也。"汤曰："孰可?"曰："吾不知也。"汤曰："伊尹何如?"曰："强力忍垢，吾不知其他也。"汤遂与伊尹谋伐桀，克之，以让卞随。卞随辞曰："后之伐桀也谋乎我，必以我为贼也；胜桀而让我，必以我为贪也。吾生乎乱世，而无道之人再来漫我以其辱行，吾不忍数闻也。"乃自投椆水而死。

汤又让瞀光曰："知者谋之，武者遂之，仁者居之，古之道也。吾子胡不立乎？"瞀光辞曰："废上，非义也；杀民，非仁也；人犯其难，我享其利，非廉也。吾闻之曰：'非其义者，不受其禄；无道之世，不践其土。'况尊我乎！吾不忍久见也。"乃负石而自沈于庐水。

【注释】商汤将要讨伐夏桀，想同卞随谋划。卞随为怀道的高人。卞随说道："这不是我做的事情。"商汤说道："谁可以谋划此事？"卞随回答道："我也不知道。"

商汤又找瞀光谋划，瞀光也说道："这不是我做的事。"商汤说道："谁可以一起谋划呢？"瞀光回答道："我也不知道。"商汤问道："伊尹怎么样啊？"瞀光回答道："我只知道他有坚强的毅力，能够忍辱负重，至于其他的才干，我就不知道了。"伊尹是得道高人，著有《汤液经》，是张仲景《伤寒论》的前身。

商汤于是和伊尹一起谋划讨伐夏桀的大事，不久就大败夏桀。商汤又想效法尧舜，把王位禅让给贤人卞随。卞随推辞道："君王讨伐夏桀的时候，找我一起谋划，必然认为我有贼心，对于夏桀有不臣之心，而且精通谋略；而今取胜于夏桀，又禅让王位给我，必然又认为我是贪图富贵之士。我生逢乱世，而无道的人自己做了亏心的事，做了可耻的事情，却还要一而再来玷污我，我不能忍受多次听闻这些羞辱我的话语了。"于是就自己投入椆水（河流名称）而死。

商汤又把王位禅让给瞀光，商汤说道："夏桀无道，有智谋的人便谋取王位，勇武者就可以成就王业，仁德的人就可以居于王位，自古以来都是如此。你为何不答应，拥立你为王呢？"

瞀光推辞道："以下废上，并非义举；因为战事，造成无辜平民的死伤，并非仁德；别人经历危难，而我坐享其成，并非廉洁。"

瞀光又说道："我听闻过一句话：'不符合道义的人，不能接受其给予的俸禄；无道义的国度，不要踏上那块土地。'"

瞀光又说道："更何况是无道义，却还要尊我为王呢！我不忍心再长期看到此种情况。"于是就背着石头，自沉于庐水。当然了，作为得道高人，不能如此轻生，不应为后人所效法。庄子并非鼓励如此，而是用夸张的故事说明应该有志于大道，而不是名利。

15. 伯夷叔齐

【原文】昔周之兴，有士二人处于孤竹，曰伯夷叔齐。二人相谓曰："吾闻西方有人，似有道者，试往观焉。"至于岐阳，武王闻之，使叔旦往见之，与盟曰："加富二等，就官一列。"血牲而埋之。

二人相视而笑曰："嘻，异哉！此非吾所谓道也。昔者神农之有天下也，时祀尽敬而不祈喜；其于人也，忠信尽治而无求焉。乐与政为政，乐与治为治，不以人之坏自成也，不以人之卑自高也，不以遭时自利也。今周见殷之乱而遽为政，上谋而下行货，阻兵而保威，割牲而盟以为信，扬行以说众，杀伐以要利，是推乱以易暴也。吾闻古之士，遭治世不避其任，遇乱世不为苟存。今天下闇，周德衰，其并乎周以涂吾身也，不如避之以絜吾行。"二子北至于首阳之山，遂饿死焉。若伯夷叔齐者，其于富贵也，苟可得已，则必不赖。高节戾行，独乐其志，不事于世，此二士之节也。

【注释】从前周朝初兴的时候，有两位贤士居住在孤竹国。他们的名字叫伯夷和叔齐。这两位的名字在庄子全书中讲过很多次了。伯夷和叔齐分别是孤竹国国君的长子和次子，两兄弟互相谦让，都不肯接王位。

两人互相商量道："听说西方有个人，似乎是得道了，一起去看看吧。"两个人听闻西岐周文王得道了，所以要亲自去看看。

两个人到达岐山之阳，武王听闻此事，便让自己的弟弟周公姬旦去见他们两个人。与两个人订立盟约道："增加俸禄二等，授予一等官职。"于是用牲畜的血涂抹盟书，埋入地下。

两个人看到了，互相对视而笑道："哎呀，太奇怪了！这并非我所谓的道。"两个人本来是为道而来，而非名利而来。本来两个人有机会当孤竹国的国君，都不为所动，难道还会为俸禄和官位动心吗？

伯夷和叔齐又说道："昔日神农氏拥有天下的时候，按时祭祀，竭尽恭敬，而不会祈求赐福。他的为人，只是忠诚地为老百姓，对老百姓讲究信义，尽力去治理天下，而不会有所求。"

伯夷和叔齐又说道："百姓乐此政，所以行此政，不会施行百姓不喜欢的政事；百姓乐此治，所以行此治，按照老百姓喜欢的方式治理天下。"

伯夷和叔齐又说道："不以别人的衰败而衬托自己的成功，不踩在别人的肩膀上成就自己。不因为别人的卑下而显得自己的高贵。不会乘人之危，不借着别人遭遇不对的时机，而谋求私利。"

伯夷和叔齐又说道："现在周朝看见殷商动乱，而刻意地修善政，去收买笼络人心。在上崇尚谋略，而在下用高官厚禄引诱天下之士。依仗武力而保持威慑。宰杀牲畜，歃血为盟，以取得别人的信任。竭力宣扬自己的德行，取悦于民众。利用征战来获取私利。这只不过是推动战乱来代替暴政罢了。"

伯夷和叔齐又说道："我听闻古代的高洁之士，身逢太平盛世不会逃避应该承担的责任，遭遇乱世不会同流合污苟且偷生。现在天下黑暗，周朝道德衰落，岂能与周同处而玷污自身呢！不如逃避周人，而保持我的高洁品行。”

伯夷、叔齐两个人向北走，到达首阳山。不肯吃周朝的粮食，饿死在首阳山上。像伯夷和叔齐这样贤德的人，对于富贵，即使得到了，也不会依赖不肯舍弃。人最难的并不是一直没有得到，而是得到而不依赖，舍得放下他们具备高尚的节操，乖张的行为，自得其乐。不愿意同俗世同流合污，这是两位高士的高贵品节。

第七章　盗　　跖

1. 柳下惠之弟

【原文】孔子与柳下季为友，柳下季之弟，名曰盗跖。盗跖从卒九千人，横行天下，侵暴诸侯；穴室枢户，驱人牛马，取人妇女；贪得忘亲，不顾父母兄弟，不祭先祖。所过之邑，大国守城，小国入保，万民苦之。孔子谓柳下季曰："夫为人父者，必能诏其子；为人兄者，必能教其弟。若父不能诏其子，兄不能教其弟，则无贵父子兄弟之亲矣。今先生，世之才士也，弟为盗跖，为天下害，而弗能教也，丘窃为先生羞之。丘请为先生往说之。"柳下季曰："先生言为人父者必能诏其子，为人兄者必能教其弟，若子不听父之诏，弟不受兄之教，虽今先生之辩，将奈之何哉！且跖之为人也，心如涌泉，意如飘风，强足以距敌，辩足以饰非，顺其心则喜，逆其心则怒，易辱人以言。先生必无往。"

【注释】孔子与柳下季为好友。柳下季也是鲁国人，因为食邑于柳下，谥号为惠，世人也称之为柳下惠。大家知道此人坐怀不乱。

柳下惠有个弟弟，名字叫盗跖。

跟随盗跖一起干坏事的九千人之众，横行于天下，经常侵扰各诸侯国。穿室破门，偷人牛马，掳掠妇女。贪图钱财，不顾及父母兄弟，不祭祀先祖。所经过的城邑，大的诸侯国避守城池，小的诸侯国退入城堡以求自保，老百姓都被他骚扰得很苦。

孔子对柳下惠说道："为人父亲的，必然能够告诫自己的儿子；为人兄长的，必然能够教育自己的弟弟。正所谓长兄如父。如果身为人父却不能告诫自己的儿子，身为兄长却不能教育自己的弟弟，则父子、兄弟之间的感情，也没有什么存在的必要了。"

孔子又说道："现在先生你，为世上有名的贤能之士，可是弟弟却为江湖大盗。如此危害天下，而你却不能教育，令其改邪归正。孔丘我真的很为先生感到羞耻。孔丘斗胆请允许我代替先生前去劝说他。”

柳下惠听了，就说道：“先生说身为人父必定能够告诫自己的儿子，身为人兄必定能够教育自己的弟弟。然而假如身为儿子完全听不进父亲的告诫，身为弟弟完全听不进兄长的教育，即使有先生你这样善辩的口才，又能拿他们怎么样呢！”

柳下惠又说道：“且盗跖的为人，心性如同不断涌出的泉水，很有自己的想法；意气变化如同漂浮不定的风一样，不可捉摸；勇武强悍足以抵御强大的敌人；善于辩论，足以文过饰非，足以把黑的说成白的，把白的说成黑的。如果顺他的心意就会高兴，如果违逆他的心意，就会发怒，容易用言语辱骂别人。先生你还是不要亲自过去了。”

2. 孔子不听

【原文】孔子不听，颜回为驭，子贡为右，往见盗跖。盗跖乃方休卒徒大山之阳，脍人肝而餔之。孔子下车而前，见谒者曰：“鲁人孔丘，闻将军高义，敬再拜谒者。”谒者入通，盗跖闻之大怒，目如明星，发上指冠，曰：“此夫鲁国之巧伪人孔丘非邪？为我告之：‘尔作言造语，妄称文武，冠枝木之冠，带死牛之胁，多辞缪说，不耕而食，不织而衣，摇唇鼓舌，擅生是非，以迷天下之主，使天下学士不反其本，妄作孝弟而侥幸于封侯富贵者也。子之罪大极重，疾走归！不然，我将以子肝益昼餔之膳！’”

孔子复通曰：“丘得幸于季，愿望履幕下。”谒者复通，盗跖曰：“使来前！”孔子趋而进，避席反走，再拜盗跖。盗跖大怒，两展其足，案剑瞋目，声如乳虎，曰：“丘来前！若所言，顺吾意则生，逆吾意则死。”

【注释】孔子不听柳下惠的劝说，还是坚持去劝说柳下惠弟弟。颜回负责驾车，子贡在右边陪乘，一起去见盗跖。

盗跖正在泰山之阳休整士卒，把人肝切得细细的拿来吃。孔子下车而走上前去，见到负责传谒的人，就说道：“鲁国人孔丘，听闻将军高义，多多拜谢你帮我转达求见的心意。”

传谒的人赶紧进去通报，盗跖听闻之后大怒。眼睛瞪得大大的，如同明亮的星星闪闪发光，怒发冲冠，说道：“此人难道是鲁国那个善于弄巧伪饰的孔丘吗？传我的话，告诉他：‘你玩弄文字，故弄玄虚，随口妄称是文王、武王的主张。头上戴着太繁杂如同树木的枝叶那样的帽子，太多的名堂了，什么仁德，什么孝顺，什么老师。系着死牛皮做的大皮带，牛皮都吹破了吧，太多的文过饰非的言辞，太多的谬误，误导世人。’”盗跖痛痛快快地把孔子骂了一通，还没有骂完，继续看看。

盗跖又说道："'不用耕作而有饭吃，不用织布而有衣服穿，上下嘴唇一张一合，鼓动舌头，专门造谣，妄生是非。如此迷惑天下的诸侯，使得天下为学的人都不知道返归其根本，虚伪地去称说孝悌，期望侥幸地被封侯而得到富贵。你真是罪大恶极，快快离开滚回去！不然，我就要挖你的肝，改善中午的膳食了！'"孔子胆量还是挺大的，去劝说这样一个大盗。

孔子听了，还是不肯走，又要传谒的人通报道："孔丘我有幸能够见到你的兄长柳下惠，但愿能够走进你的帐幕之下。"

传谒的人又一次通报，盗跖说道："行，让他来跟前见我！"

孔子快步走进帐幕，让开坐席，退行几步，以示敬意，再次拜见盗跖。孔子以礼对待盗跖。

盗跖看到就大怒，两条腿伸直岔开而坐，手握腰间佩戴的宝剑剑柄，怒目圆瞪，声如母虎般吼叫道："孔丘，你走到前面来！你所说的话，如果顺我的心意就放你一条生路，如果违逆我的心意，你就必死无疑了。"

3. 天下之愿

【原文】孔子曰："丘闻之，凡天下有三德：生而长大，美好无双，少长贵贱见而皆说之，此上德也；知维天地，能辩诸物，此中德也；勇悍果敢，聚众率兵，此下德也。凡人有此一德者，足以南面称孤矣。今将军兼此三者，身长八尺二寸，面目有光，唇如激丹，齿如齐贝，音中黄钟，而名曰盗跖，丘窃为将军耻不取焉。将军有意听臣，臣请南使吴越，北使齐鲁，东使宋卫，西使晋楚，使为将军造大城数百里，立数十万户之邑，尊将军为诸侯，与天下更始，罢兵休卒，收养昆弟，共祭先祖。此圣人才士之行，而天下之愿也。"

【注释】看到这里，可真是替孔子捏了一把汗。看孔子如何回答。

孔子说道："孔丘我听闻，大凡天下人有三种美德：生而长大成人，高大魁梧，美好无双，不管是小的、老的、高贵的、卑贱的见到他，都会感到喜悦，都喜欢他，这是上等美德；智慧能够包罗天地，能够辨识一切事物，明白天地万物之理，这是中等美德；勇悍果敢，能够聚合众人，可以率领士兵，这是下等美德。"

孔子又说道："大凡有人能够有其中一种美德，就足以南面而称孤寡，南面称王了。"孔子上来先恭维一番，可谓是因材施教了。

孔子又说道："现在将军同时兼有这三种美德，身长足足有八尺二寸。面露红光，双目有神；嘴唇鲜红如同朱砂一般；牙齿犹如编织整齐的贝壳一般雪白；声音如同黄钟一样洪亮。可是名字却叫盗跖，孔丘觉为将军被叫这个名字感到耻辱。”

孔子又说道：“将军如果有意听为臣劝说，为臣请求往南出使吴国和越国，往北出使齐国和鲁国，往东出使宋国和卫国，往西出使晋国和楚国，派人为将军造数百里的大城。确立数十万户的封邑，尊将军为诸侯，为天下诸侯除去旧的怨恨翻开新的一页。推行大道于天下，止息干戈，休养士卒。天下人都是兄弟，祭祀天下共同的先祖。天下一家。此是圣人贤德之士所该做的，这也是天下的愿望。”由此可见，圣人孔子的一片苦心。

4. 以利规劝

【原文】盗跖大怒曰：“丘来前！夫可规以利而可谏以言者，皆愚陋恒民之谓耳。今长大美好，人见而悦之者，此吾父母之遗德也。丘虽不吾誉，吾独不自知邪？且吾闻之，好面誉人者，亦好背而毁之。今丘告我以大城众民，是欲规我以利而恒民畜我也，安可久长也！城之大者，莫大乎天下矣。尧舜有天下，子孙无置锥之地；汤武立为天子，而后世绝灭；非以其利大故邪？

【注释】盗跖听了大怒道：“孔丘你走到前面来！可以以利益规劝，而可以用言语去劝谏的，都是愚昧浅陋的常人罢了。”

盗跖又说道：“现在长大成人，长相美好，人见到而喜悦，这只不过是我父母给我遗留下来的恩德。”

盗跖又说道：“孔丘你即使不赞誉我，难道我没有自知之明吗？我听闻过这样一句话，喜欢当面赞誉别人的人，也喜欢在背地里诋毁别人。”

盗跖又说道：“现在孔丘你告诉我可以拥有大的城池和众多的百姓，这是想用利益来规劝我。这是以常人的眼光来对待我的，如此哪里可以长久呢！”

盗跖又说道：“你以大城池这样的利益引诱我，城池虽然很大，可是不如天下的利益大吧。可是大利益并非是什么好事。尧舜虽然拥有天下，可是子孙却无立锥之地。成汤、周武王虽然立为天子，而后世子孙被灭绝，没有继承人了。这难道不是因为贪大利的缘故吗？”

5. 乱人之徒

【原文】“且吾闻之，古者禽兽多而人少，于是民皆巢居以避之，昼拾橡栗，暮栖木上，故命之曰有巢氏之民。古者民不知衣服，夏多积薪，冬则炀之，故命之曰知生之民。神农之世，卧则居居，起则于于，民知其母，不知其父，与麋鹿共处，耕而食，织而衣，无有相害之心，此至德之隆也。然而黄帝不能致德，与蚩尤战于涿鹿之野，流血百里。尧舜作，立群臣，汤放其主，武王杀纣。自是之后，以强陵弱，以众暴寡。汤武以来，皆乱人之徒也。

【注释】盗跖又说道："况且我听闻，远古时代，禽兽多而人烟稀少，于是百姓都在树上筑巢居住，以避开禽兽的伤害。白天拾取橡树、栗树上的果实，夜幕降临的时候就栖息在树上，所以称之为有巢氏的百姓。"现在的人们忘却初心了，房子原本在树上、在山洞里；再变成茅草屋，瓦房，现在是楼房和别墅。房子是用来住的，不是用来炒的。

盗跖又说道："远古时代的百姓，不知有衣服这一回事。夏天就堆积柴火，冬天可以生火取暖。所以称之为知道生火的百姓。"古人以树叶、兽皮遮羞，而现在有各种布料。还要攀比追求品牌，现在人也忘却初心了。

盗跖又说道："到了神农氏的时候，卧居的时候，非常清静的样子；起来的时候，悠闲自得的样子。百姓只知道自己的母亲是谁，不知道父亲是谁。和麋鹿一起共处，耕种而吃饭，织布而穿衣，没有相互伤害之心。这是由于道德隆盛到了极致的缘故。"

盗跖又说道："然而黄帝时代，就不能至于盛德，和蚩尤大战于涿鹿的郊野，血流百里。"虽然如此说黄帝也是不对的，黄帝为得道高人。黄帝曾经向广成子求道。黄帝慈悲后世子孙，留有《黄帝内经》《黄帝阴符经》等。

盗跖又说道："尧舜为天子的时候，设立群臣。成汤为天子的时候，又流放了原先的天子夏桀。到了周武王为天子的时候，就又以下犯上，杀死了原先的天子纣王。"

盗跖又说道："从此以后，天下人都以强凌弱，以众欺寡。成汤、周武王以来，这一类人，都是犯上作乱之徒罢了。"虽然此为一大盗贼，却能有如此高论，不得不令人刮目相看。

6. 修文武之道

【原文】"今子修文武之道，掌天下之辩，以教后世，缝衣浅带，矫言伪行，以迷惑天下之主，而欲求富贵焉，盗莫大于子。天下何故不谓子为盗丘，而乃谓我为盗跖？子以甘辞说子路而从之，使子路去其危冠，解其长剑，而受教于子，天下皆曰孔丘能止暴禁非。其卒之也，子路欲杀卫君而事不成，身菹于卫东门之上，是子教之不至也。子自谓才士圣人邪？则再逐于鲁，削迹于卫，穷于齐，围于陈蔡，不容身于天下。子教子路菹此患，上无以为身，下无以为人，子之道岂足贵邪？"

【注释】盗跖又说道："现在你号称修周文王、周武王的治理天下的方略。掌管天下的舆论导向，用来教育后世子民。你穿着宽而长大的儒服，系着宽大的腰带。矫揉造作，假言伪行，披着仁德的外衣，以迷惑天下的诸侯。你这样做，只不过是想求富贵罢了。天下最大的大盗莫不如你了。"

盗跖又说道："天下人为何不称你为盗丘，而唯独称呼我为盗跖呢？"盗跖骂得真酣畅淋漓，不知孔子当时如何想。

盗跖又说道："孔丘你用花言巧语游说子路追随你，使得子路除去高冠，解去腰间佩戴的长剑，而心甘情愿地接受你的教诲。你这是以礼来引诱子路。天下人都称赞孔丘能止息暴力，禁阻非礼。"子路一开始是何等威武，被孔子收服了。

盗跖又说道："最后呢，子路在卫国遭遇内乱，要杀死卫国君主，可是谋事不成。自身在卫国东门之上被剁成肉酱。这都是你教育失败所致。"

盗跖又说道："你教育失败若此，你还敢妄称自己是贤德的圣人吗？你再一次被鲁国驱逐出去；绝迹于卫国，不敢踏入卫国半步；在齐国走投无路；又被困于陈国和蔡国之间。你在天下已无容身之处了。"

盗跖又说道："你教子路却遭遇杀身之祸，上无法立身，下无法做人，你的道难道有什么值得珍贵的吗？"

7. 利惑其真

【原文】"世之所高，莫若黄帝，黄帝尚不能全德，而战涿鹿之野，流血百里。尧不慈，舜不孝，禹偏枯，汤放其主，武王伐纣，文王拘羑里。此六子者，世之所高也，孰论之，皆以利惑其真而强反其情性，其行乃甚可羞也。"

【注释】盗跖又说道："世人所推崇的，莫过于黄帝了，然而，黄帝尚且不能够全德，而大战于涿鹿郊野，血流百里。"黄帝不愧为人文始祖，他如此说是过了。

盗跖又说道："尧不够慈爱，杀死长子丹朱；舜不够孝顺，放逐自己的父亲；大禹治水，积劳成疾，半身不遂了，身体偏枯了；成汤大败夏桀，流放自己的主人；周武王讨伐纣王；周文王虽然仁德，但是却被纣王囚禁在羑里。"

盗跖又说道："尧、舜、大禹、成汤、周武王和周文王这六个人，都是世人所高看的。仔细评论这六个人，只不过是被名利诱惑其真性，而违背本有的性情罢了。他们的所言所行真是令人感到羞耻。"每个人都有自性本心，这是真性情。虽然他如此说，但是起码黄帝、尧舜、周文王等都是得道高人。如果周文王未得道，也不能推演八卦。

8. 世之贤士

【原文】“世之所谓贤士，伯夷叔齐。伯夷叔齐辞孤竹之君而饿死于首阳之山，骨肉不葬。鲍焦饰行非世，抱木而死。申徒狄谏而不听，负石自投于河，为鱼鳖所食。介子推至忠也，自割其股以食文公，文公后背之，子推怒而去，抱木而燔死。尾生与女子期于梁下，女子不来，水至不去，抱梁柱而死。此六子者，无异于磔犬流豕操瓢而乞者，皆离名轻死，不念本养寿命者也。”

【注释】盗跖又说道：“世人所谓的贤士，莫过于伯夷叔齐。伯夷和叔齐是孤竹国君的长子和次子，都想把王位让给对方，辞别了孤竹君，不肯吃周朝的粮食，而饿死在首阳山。骨肉都无人问津，无人不安葬。”虽然是贤德之士，下场并不好。

盗跖又说道：“周朝有个隐士鲍焦，不肯吃周朝的粮食，羞于脚踩周朝的土地，只是拾取橡子充饥。只不过是伪饰清高，非议世事罢了。结果抱木而饿死。”

盗跖又说道：“殷商有个隐士申徒狄，因为进谏不被听取，不被采纳，所以自己投河自尽，被鱼鳖所吃。”这些人都被仁德美名所伤害。难怪《道德经》中讲，不尚贤，使民不争。

盗跖又说道：“介子推极其忠诚，晋文公重耳在逃难途中，几乎饿死，介子推自己割下腿上的肉，煮汤喂给晋文公，救了晋文公一命。可是后来晋文公背弃他，奖赏有功之臣的时候，忘记他了。介子推因此大怒而离去，晋文公知道自己的过失，就去追介子推。介子推在介山上不肯下来，只好放火烧山，想把他逼下山，结果介子推宁死不肯下山，抱树而被烧死。”

盗跖又说道：“尾生高和女子在桥下约会，女子不知为何不来，放鸽子。河水涌来，尾生高坚守约会，不肯离去，抱着桥柱而淹死。”

盗跖又说道：“这六个人，跟肢体被肢解用于祭祀用的狗、漂流在河流上的死猪、拿着瓢乞讨的乞丐没有什么区别。这些人都是把贤德的美名看得很重，而轻视自己的性命。这些都是不念及滋养自性本心，不念及长寿保命之徒罢了。”

9. 世之忠臣

【原文】“世之所谓忠臣者，莫若王子比干、伍子胥。子胥沈江，比干剖心，此二子者，世谓忠臣也，然卒为天下笑。自上观之，至于子胥比干，皆不足贵也。”

【注释】盗跖骂完贤人，现在又要开始骂迂腐的忠臣了，又说道：“世上所谓的忠臣，莫如商朝的比干和楚国的伍子胥了。伍子胥被吴王夫差沉入江中，比干被商纣王挖心。这两个人，也就是世上所谓的忠臣，然而最终却未免被天下人所耻笑罢了。”

盗跖又说道：“从上至下而看，从黄帝再到伍子胥和比干这些人，都不足以为贵。”

10. 白驹过隙

【原文】“丘之所以说我者，若告我以鬼事，则我不能知也；若告我以人事者，不过此矣，皆吾所闻知也。今吾告子以人之情，目欲视色，耳欲听声，口欲察味，志气欲盈。人上寿百岁，中寿八十，下寿六十，除病瘦死丧忧患，其中开口而笑者，一月之中不过四五日而已矣。天与地无穷，人死者有时，操有时之具而托于无穷之间，忽然无异骐骥之驰过隙也。不能说其志意，养其寿命者，皆非通道者也。”

【注释】盗跖又说道：“孔丘之所以用来说服我的，如果告诉我那些稀奇古怪的鬼神之事，则我不能知道，对我说也没有用。如果你告诉我黄帝等这些人的事情，不过如此而已，都是我所听说过的，都是我所知道的。”

盗跖又说道：“好了，你好像也没有什么好劝说我的了。轮到我告诉你一些事情了。我告诉你人的常情是什么样的，眼睛无非想看美色，耳朵无非想听美妙的乐音，嘴巴无非想吃到美味，志气无非想要志得意满，人人都想少年得志。”

盗跖又说道：“人最长寿的不过百岁，中等寿命八十岁，下等寿命六十岁罢了。人生不过百年，除去病痛，死伤和忧患，其中开口开心大笑的，一个月当中只不过四五天而已。”真可谓是人生苦短啊！我们可以想想自己一个月有没有笑着这么多天。

盗跖又说道：“天和地长久无有穷尽，然而人却只有有限的时间就会死去。以有限的生命，寄托于无穷的天地之间，就好像是骐骥飞驰过缝隙一样，一闪而过罢了。”人生如同白驹过隙。

盗跖又说道：“人一辈子这么短暂，如果郁郁不得志，不能志得意满，滋养其寿命，都并非通达于大道的。”虽然他说的有些过，可是许多人一辈子为别人而活，有无真正考虑过为自己活一回呢，当然，并不是说像他那样无恶不作了。

11. 无病自灸

【原文】“丘之所言，皆吾之所弃也。亟去走归，无复言之！子之道，狂狂汲汲，诈巧虚伪事也，非可以全真也，奚足论哉！”

孔子再拜趋走，出门上车，执辔三失，目芒然无见，色若死灰，据轼低头，不能出气。归到鲁东门外，适遇柳下季。柳下季曰：“今者阙然数日不见，车马有行色，得微往见跖邪？”孔子仰天而叹曰：“然。”柳下季曰：“跖得无逆汝意若前乎？”孔子曰：“然。丘所谓无病而自灸也，疾走料虎头、编虎须，几不免虎口哉！”

【注释】盗跖又说道：“孔丘你所言，都是我所唾弃的糟粕。你赶紧走，赶紧回去，不要再多说什么了！你所说的道，都是狂狂而失去本性，汲汲而求名利的样子，都是诈巧虚伪的事情罢了。并非可以保全真性，又有什么值得在我这里谈论的呢！”

孔子再次拜过，然后快步离开，出门就上车，手抓马的缰绳，三次都掉落在地上没有抓稳。两眼茫然若失，好像看不见东西的样子，脑袋瓜还没有缓过神来。面色如同死灰一般，扶着车前面的横木，低头不语，连喘气都不太顺畅了。

孔子回到鲁国都城的东门外的时候，刚好遇见柳下惠。

柳下惠说道：“近日多日不见，心里感到很不踏实。看你的车马好像外出过的样子，形色匆匆，是不是（得微）前去见我的弟弟跖了吧？”

孔子听了，仰天长叹道：“是的。”

柳下惠问道：“跖是不是违逆你的心意了，正如我先前所说的那样呢？”

孔子回答道：“是的。孔丘我这样做，正所谓像没有病而自己针灸一样。我这是在自讨苦吃，没事去撩拨老虎的头，整编老虎的胡须，险些落入虎口了！”

12. 抱其天乎

【原文】子张问于满苟得曰：“盍不为行？无行则不信，不信则不任，不任则不利。故观之名，计之利，而义真是也。若弃名利，反之于心，则夫士之为行，不可一日不为乎！”满苟得曰：“无耻者富，多信者显。夫名利之大者，几在无耻而信。故观之名，计之利，而信真是也。若弃名利，反之于心，则夫士之为行，抱其天乎！”

【注释】孔子弟子子张问满苟得道："为何不修养德行呢？没有德行就不能得到众人的信任，不能得到信任，就不能被任用，不能被任用就不能获得利禄。"

子张又说道："所以说，用名誉来考量，用利禄来计算，而仁义果真还是重要的。"仁义并非没有用，而是有实实在在的好处。

子张又说道："假如抛开名利不说，反问自心，则作为士的品行修养，不可以一日停止，不可一日不讲求仁义!"

满苟得听了，就说道："那些无耻的人就会富有，用仁义骗取别人信任的人就会显贵。"

满苟得又说道："那些获得大名大利的人，几乎都是假仁假义的，几乎都是利用无耻的手段而骗取别人的信任。"

满苟得又说道："所以说，用名誉来考量，用利禄来计算，而骗取信任真的是重要啊。"

满苟得又说道："如果抛开名誉和利禄不说，反观于内心，则作为士的品行修养，只要抱守天性就可以了!"仁义只不过如同多余的手指头罢了，只需要持守天性就可以了。从对话看来，满苟得为得道高人，比子张水平要高一个层次。

13. 成者为首

【原文】子张曰："昔者桀、纣贵为天子，富有天下。今谓臧聚曰：'汝行如桀、纣。'则有怍色，有不服之心者，小人所贱也。仲尼、墨翟穷为匹夫，今谓宰相曰：'子行如仲尼、墨翟。'则变容易色称不足者，士诚贵也。故势为天子，未必贵也；穷为匹夫，未必贱也；贵贱之分，在行之恶美。"满苟得曰："小盗者拘，大盗者为诸侯，诸侯之门，义士存焉。昔者桓公小白杀兄入嫂而管仲为臣，田成子常杀君窃国而孔子受币。论则贱之，行则下之，则是言行之情悖战于胸中也，不亦拂乎！故书曰：孰恶孰美？成者为首，不成者为尾。"

【注释】子张听了，说道："昔日夏桀、商纣王贵为天子，富有天下。现在今非昔比了，只要对地位卑下的人说：'你的所言所行如同桀纣那样。'则即使是奴婢（臧）、养马的人（聚）那样地位卑微的人听见了，都会露出惭愧的脸色，还会有不服气之心，因为连小人都卑贱桀纣的行为。"

子张又说道："孔丘和墨子虽然穷困，为一介匹夫。然而现在即使对贵为宰相的人说：'你的所言所行如同孔丘和墨子。'别人听了，必定改变表情，连忙称自己有许多不足，如何敢和孔丘和墨子相提并论。这说明贤德之士确实很珍贵。”

子张又说道：“所以说，虽然势大为天子，未必就高贵；穷困为匹夫，未必卑贱。贵贱之分，在于言行的恶还是美善。”子张讲得似乎很有道理，看看满苟得有何高论。

满苟得听了，就说道：“小盗小摸却被拘禁起来，而窃国大盗却大摇大摆成为诸侯。窃钩者诛，窃国者成为诸侯。而诸侯的门下，却以仁义的美名招揽义士。”

满苟得又说道：“昔日齐桓公小白杀死自己的兄长，而把自家嫂子纳为妻妾。齐桓公不仅如此，还把兄长的臣子管仲招揽为自己的大臣。”管仲可以说是义士了。

满苟得又说道：“田常杀死自己的国君齐简公，自立为王，而孔子号称仁德，可是却接受他馈赠的币帛。”这里也许有玷污孔圣人了，据历史记载，孔子听闻田常杀死国君，孔子劝说鲁国国君出兵讨伐田常。

满苟得又说道：“在谈论中卑贱看低他们，却言行不一致，在心动上却又屈从于他们。”

满苟得又说道：“如此是由于言行不同，在心中悖逆交战，胸中极其矛盾造成的，岂不是不太合情理呢！”

满苟得又说道：“所以古书上有讲：到底谁恶谁美呢？成者为首领，为王侯，而败者为人下人，败者为寇了。”

14. 亲疏贵贱

【原文】子张曰：“子不为行，即将疏戚无伦，贵贱无义，长幼无序；五纪六位，将何以为别乎？”满苟得曰：“尧杀长子，舜流母弟，疏戚有伦乎？汤放桀，武王杀纣，贵贱有义乎？王季为适，周公杀兄，长幼有序乎？儒者伪辞，墨者兼爱，五纪六位将有别乎？

【注释】子张听了，又说道：“你假如不修养德行，就会失去亲疏的人伦关系，失去贵贱不同的礼仪，长幼就没有一个顺序了。五纪六位之间，又将拿什么来分别呢？”五纪，五伦，指君臣、父子、夫妇、兄弟和朋友。六位指诸父、兄弟、族人、诸舅、师长和朋友。

满苟得说道：“尧帝杀死自己的长子丹朱；舜帝流放自己的继母和弟弟象，尧舜还有亲疏人伦关系吗？”

满苟得又说道：“成汤流放自己的主人夏桀；周武王弑杀商纣王。贵贱之间还有什么礼仪可以讲吗?”

满苟得又说道:“王季(周文王之父)为嫡子,是由于王季的兄长吴太伯、仲庸让位的缘故;周公诛杀自己的兄长管叔和蔡叔。长幼还有什么次序吗?”

满苟得又说道:“儒者虚言假语,讲究仁义,称兄道弟,感恩就认义父义母,结拜金銮,还有什么五伦六位可言呢?对于墨者也是如此,墨者说兼爱,父子、兄弟和夫妇混同一起没有分别,还有什么五伦六位可言呢?”

15. 上世所传

【原文】“且子正为名,我正为利。名利之实,不顺于理,不监于道。吾日与子讼于无约曰:‘小人殉财,君子殉名。其所以变其情、易其性,则异矣;乃至于弃其所为而殉其所不为,则一也。’故曰,无为小人,反殉而天;无为君子,从天之理。若枉若直,相而天极;面观四方,与时消息。若是若非,执而圆机;独成而意,与道徘徊。无转而行,无成而义,将失而所为。无赴而富,无殉而成,将弃而天。比干剖心,子胥抉眼,忠之祸也;直躬证父,尾生溺死,信之患也;鲍子立干,申子不自理,廉之害也;孔子不见母,匡子不见父,义之失也。此上世之所传,下世之所语,以为士者正其言,必其行,故服其殃,离其患也。”

【注释】满苟得又说道:“况且你心里所想的正是仁德美名,而我心里所想的是利禄。名利也是半斤八两,你所想的也好不到哪里去。名利说实在一点,不符合于理,也不明于道。”

满苟得又说道:“我往日和你一起在无约(人名)面前争辩,说道:‘小人为财殉命,君子为名殉命。他们改变性情的原因有所不同,一个为名改变自性本心,一个为利改变自性本心。然而从另外一个角度来看,则都是一样的。都是放弃应该做的,也就是修养身心,而为名利殉命。’”

满苟得又说道:“所以说,不要做小人,要返回自己本有天性;不要做君子,去追求假仁假义,只需要顺从天理罢了。”

满苟得又说道:“评判曲直,以你的天性为准则;面观四方,顺应四时变化而已,只需要顺势而为。”

满苟得又说道:“评判是非,执守你的枢机,就可以圆融通达了。本来无是无非,将是非混而为一,无有分别心。独自归于孤寂,与大道徘徊。”

满苟得又说道:“不要刻意转变你的行为,刻意去符合仁德;不要刻意去行仁义;否则将失去你本有的自性。”

满苟得又说道："不要奔赴而为富贵，不要殉命而谋取成功，将抛弃你的本有天性了。"

满苟得又说道："比干被挖心，伍子胥被挖眼，这都是忠诚的祸害；直躬指正父亲偷羊，尾生因为约会而溺死在桥下，这都是诚信所造成的祸患。"

满苟得又说道："鲍焦为周朝隐士，因为不肯吃周朝粮食，每天拾取橡子为食，抱树而立，干枯而死；晋献公的儿子申生，被骊姬所陷害，却不申辩清白，自缢而死。这都是由于固执地持守廉洁所造成的祸害。"

满苟得又说道："孔子由于周游列国，母亲临死前都未能相见；匡子（齐国人）因为劝谏自己的父亲，父亲不听，反而逐出家门，终生未能相见。这都是由于坚守义的缺失。"由于坚守义，忠孝不能两全，所以只能与父母不能相见了。

满苟得又说道："这都是由于上世传承下来的，下面的世代就自然而然地继承了，人云亦云，不敢有丝毫的违抗。将仁义作为士的言行标准，所以就使得士人遭殃，就有祸患了。"

16. 富则人归

【原文】无足问于知和曰："人卒未有不兴名就利者。彼富则人归之，归则下之，下则贵之。夫见下贵者，所以长生安体乐意之道也。今子独无意焉，知不足邪？意知而力不能行邪？故推正不忘邪？"

【注释】无足（人名，不知止足的人）问知和（人名，知中和的人）道："人们没有不立名追求利禄的。谁富有则人就归附他，归附他则甘居人下，居于人下则以人为贵，以己为卑贱。"

无足又说道："被下面的众人所尊贵，这是长生、安乐和快意之道。可是现在你却唯独没有意愿去追求名利地位，难道是明知自己德能不足以去追求吗？或许是有这个意愿，可是不能身体力行？抑或推行正道而一心不忘呢？"

17. 不免于患

【原文】知和曰："今夫此人，以为与己同时而生，同乡而处者，以为夫绝俗过世之士焉；是专无主正，所以览古今之时，是非之分也，与俗化世。去至重，弃至尊，以为其所为也；此其所以论长生安体乐意之道，不亦远乎！惨怛之疾，恬愉之安，不监于体；怵惕之恐，欣欢之喜，不监于心。知为为而不知所以为，是以贵为天子，富有天下，而不免于患也。"

【注释】知和听了，就回答道："现在有些人只是盲目追求名利罢了，并非知晓自己真正想要的是什么，并不知中和之道什么。有一种东西是最尊贵的，别以为和自己同时而生，同乡而处，就以为自己就是超凡绝俗、脱离世俗的人了。"这种东西是什么呢？这是每个人身上都有的无上珍宝，也就是自性本心。每个人都与生俱来的，并不是带着这个珍宝，每个人就天然地都能够超凡脱俗。每个人都要做致良知的功夫，还要觉悟才可以。否则，只能是随着欲望身不由己去行事罢了。世俗之人对喜怒哀乐未发之中不曾了解，更不知晓何为中和之道。

知和又说道："这些人不知道什么是一身的主宰。自性本心才是真正的主人。如果回归于自性本心，就无古今之分，无是非之分了。然而这些人失去自性本心，被物欲所遮蔽了，只能与世俗混同了，茫然而不自知。"

知和又说道："这些人去除本应该重视的大道，违背大道；背弃至尊的德性。古人讲尊德性而道问学。每个人都本有光明的德性，只是被物欲遮蔽了。这些人完全背弃德性，而去追求自己认为重要的富贵，并乐此不疲。"

知和又说道："这些人不仅如此，还以为这就是长寿、安乐和快意之道，岂不是离得很远呢！这是南辕北辙了！"

知和又说道："有时痛苦（惨怛）的疾病，有时恬愉安适，看不清追求富贵对自己身体健康所造成的影响。有时惊慌（怵惕）恐惧，有时欢欣喜悦，看不清追求富贵对自己心灵的影响。"拥有富贵的时候，恐怕失去，战战兢兢如履薄冰。没有富贵的时候，不择手段去做，以自己的身家性命为代价去追求。

知和又说道："虽然看似知道自己在做什么，在追求名利，但是却不知为何要这么做。好像自己完全都不能把握自己的命运。所以虽然贵为天子，富有天下，也难免于祸患。"

18. 富之于人

【原文】无足曰："夫富之于人，无所不利。穷美究埶，至人之所不得逮，贤人之所不能及，侠人之勇力而以为威强，秉人之知谋以为明察，因人之德以为贤良，非享国而严若君父。且夫声色滋味权势之于人，心不待学而乐之，体不待象而安之。夫欲恶避就，固不待师，此人之性也。天下虽非我，孰能辞之！"

【注释】无足听了，就说道："富贵的人，无往而不利。有钱有势，什么都可以办到了。"想想当今之世，也是如此，金钱几乎可以办到想办的事情，但是金钱真的是万能的吗？无足只是看富贵的风光一面，想想韩信整个家族三千多口人，在长安凛冽的寒风中被斩首，难道不值得深思吗？

无足又说道："享尽天下最美好的东西，拥有很高的权势（埶，通势）。虽然是至德的圣人也不能如此，贤人也不能比及。"想想也是，颜回一箪食一瓢饮，穷得叮当响，如何能够比及呢？然而世人不知颜回之乐。

无足又说道："如果能够富贵，就可以要挟别人的勇力为己所用，以增加自己的威武和强大，无人敢轻视；可以用别人的智谋，增加自己的明察，就不会被事物所蒙蔽；可以用别人的德行，显示自己的贤良；虽然并没有享有国家，并非一国之主，然而却威严俨如一国之君。"

无足又说道："声色、滋味和权势对于人而言，心不用去学而就自然乐于去享受；身体根本不用试，而自然安于此了。"

无足又说道："欲望（对名利欲望）、厌恶（厌恶没有名利）、避开（避开穷困）和趋就（追求名利），对于名利这些态度，根本都不用跟老师学，自然就会了，这是人的本性而已。"

无足又说道："天下人虽然非议我的这种说法，但是又有谁能够脱离声色、滋味和权势呢！"

19. 知者之为

【原文】知和曰："知者之为，故动以百姓，不违其度，是以足而不争，无以为故不求。不足故求之，争四处而不自以为贪；有余故辞之，弃天下而不自以为廉。廉贪之实，非以迫外也，反监之度。势为天子而不以贵骄人，富有天下而不以财戏人。计其患，虑其反，以为害于性，故辞而不受也，非以要名誉也。尧、舜为帝而雍，非仁天下也，不以美害生也；善卷、许由得帝而不受，非虚辞让也，不以事害己。此皆就其利，辞其害，而天下称贤焉，则可以有之，彼非以兴名誉也。"

【注释】知和听了，就说道："有智慧的圣人治理天下，以百姓的意愿实施政令，不会随便违背已经形成的法度。所以圣人自己自足而不与民争利。圣人自性本心具足，无为而不向外求索富贵。"

知和又说道："世俗的人正是因为不知足，不知本性具足，所以向外求索。争战四方的财物，可是还不觉得自己不够贪婪。圣人内心感到自足而有余，所以处处辞让。虽然舍弃天下这么大的诱惑，也不会觉得自己清廉。"前面章节讲让王，名利最大莫过于君王了。把天下都能够辞让，这可以说是世俗最大的清廉了。

知和又说道："清廉和贪婪的实情，并非由于受外力迫使，不得不贪，而是可以反观自己的秉性和气度。"由于不知足，所以贪婪，并非外力迫使。有人也许会说，这是生活所迫啊。可是反观孔子的弟子颜回，一箪食一瓢饮，还是安贫乐道。

知和又说道："虽然权势极大，贵为天子，而不会因为贵至极点而以傲慢对待别人；虽然富有天下，而不会以富有而戏弄看不起别人。"周文王虽然贵为君王，可是礼贤下士，拜姜太公为军师。范蠡经商而成为巨富，然而却三次散尽家财。

知和又说道："圣人能够想到富贵所带来的隐患，考虑到物极必反的道理，清楚富贵会伤害自性本心，所以就会辞让而不愿意接受。不会为了富贵而沽名钓誉。"

知和又说道："尧舜为帝王的时候，天下和睦（雍）。尧舜并非刻意以仁义治理天下，不以世俗所认为美好的东西（名利）伤害百姓的自性罢了。"

知和又说道："善卷和许由虽然得到禅让的帝位，可是却辞让而不接受。并非他们是虚伪地辞让，嘴巴上说不要不要，可是心里却想要。他们只是不想以复杂的世俗之事伤害自性罢了。"

知和又说道："他们可以说也是趋就其利，而回避其害的人。世人以富贵为利，而圣贤以自性为利。正是由于他们两人辞让，所以天下称颂他们贤德，则有贤德的美名，并非他们故意沽名钓誉。"

20. 平常为福

【原文】无足曰："必持其名，苦体、绝甘、约养以持生，则亦久病长阨而不死者也。"

知和曰："平为福，有余为害者，物莫不然，而财其甚者也。今富人，耳营钟鼓管籥之声，口嗛于刍豢醪醴之味，以感其意，遗忘其业，可谓乱矣；侅溺于冯气，若负重行而上阪，可谓苦矣；贪财而取慰，贪权而取竭，静居则溺，体泽而冯，可谓疾矣；为欲富就利，故满若堵耳而不知避，且冯而不舍，可谓辱矣；财积而无用，服膺而不舍，满心戚醮，求益而不止，可谓忧矣；内则疑劫请之贼，外则畏寇盗之害，内周楼疏，外不敢独行，可谓畏矣。此六者，天下之至害也，皆遗忘而不知察。及其患至，求尽性竭财，单以反一日之无故而不可得也。故观之名则不见，求之利则不得，缭意绝体而争此，不亦惑乎！"

【注释】无足说道："如果必定坚持清廉贤德的美名，必然会使得肉体受苦、弃绝甘美的食物、俭约地维持起码的生计罢了。如果仅仅如此，无异于久病顽疾、长久地承受困厄，在死亡线上挣扎而没有死去的人罢了。”

知和听了，就说道：“平平常常那样就是福了，如果富贵有余则为祸害，不仅仅伤害自性，也可能给自己带来灾祸。贪恋外物莫不是对人有所伤害的，而财物尤其如此。”

知和又说道：“当今的富人，耳边听着钟鼓箫笛的靡靡之音，嘴巴爽快于美肉（刍豢）和佳酿（醪醴）的美味。如此诱发其欲望，忘却该做的正业，如此可以说心志昏乱了。”

知和又说道：“沉溺（侅溺）于自负当中，盛气（冯气）凌人，如同背负着重物在上坡（上阪）一样，可以说太辛苦了。”富贵而骄傲，这是很辛苦的事情。

知和又说道：“贪求财物而慰藉其心，贪求权势而殚精竭虑，静居于室内则沉溺于色欲，体肥而润泽，可是气血堵塞，可以说已经生病了。”

知和又说道：“为贪求富贵，追求私利，家里的财物已经堆积如墙那么高而还不知避让，收敛财物越多，越发不舍得收敛，可以说是耻辱。”

知和又说道：“财物堆积如此之多，而无有用处；念念不忘（服膺）而不舍得丁点财物。满心的烦恼（戚醮），还在求如何增益财物而不知止足，可以说成忧患了。”忧虑失去财物，忧虑财物不继续增加。

知和又说道：“在家内则忧虑盗贼来家劫取财物；在家外则畏惧盗贼谋财害命。于是在家院子里修筑周密的防盗设施，在外不敢单独行走，可以说是恐惧症了。”

知和又说道：“前面提到这六点，是天下人最大的伤害，可是都遗忘了，而不知觉察。等到祸患降临了，慌慌张张抛却钱财以保全性命，可是想要求得一天安稳的日子，都不能得到了。”秦国丞相李斯被腰斩之前，曾经感叹，想要带着小狗遛弯一下，也都是奢侈的事情了。

知和又说道：“所以，如果灾祸降临的时候，想看到名声，也看不到了，已经身败名裂了；想要求得私利，也了不可得了。”

知和又说道：“内心念念不忘（缭意），牺牲身家性命而争夺名利，岂不是太过于迷惑了吗!”

第八章　说　　剑

1. 好之不厌

【原文】昔赵文王喜剑，剑士夹门而客三千余人，日夜相击于前，死伤者岁百余人，好之不厌。如是三年，国衰，诸侯谋之。太子悝患之，募左右曰："孰能说王之意止剑士者，赐之千金。"左右曰："庄子当能。"

【注释】昔日赵惠文王喜欢剑，剑士争相而至门下，而食客有三千多人。日夜在赵惠文王面前比试剑术，死伤者一年就有一百多人。赵惠文王一直都喜好如此，从来都不会厌倦。

像这样过了三年时间，国运逐渐衰退，其他诸侯国都在图谋攻打赵国。赵惠文王的父亲赵武灵王非常了得，曾经推行胡服骑射，使得赵国的骑兵实力大增。

太子悝对这种情况十分担忧，太子征求左右的近侍的意见，说道："谁能够说服君王回心转意，停止比剑，赏赐千金。"

左右听了，就说道："庄子应当可以办到。"

2. 请治剑服

【原文】太子乃使人以千金奉庄子。庄子弗受，与使者俱往见太子曰："太子何以教周，赐周千金?"太子曰："闻夫子明圣，谨奉千金以币从者。夫子弗受，悝尚何敢言!"庄子曰："闻太子所欲用周者，欲绝王之喜好也。使臣上说大王而逆王意，下不当太子，则身刑而死，周尚安所事金乎? 使臣上说大王，下当太子，赵国何求而不得也!"太子曰："然。吾王所见，唯剑士也。"庄子曰："诺。周善为剑。"太子曰："然吾王所见剑士，皆蓬头突鬓垂冠，曼胡之缨，短后之衣，瞋目而语难，王乃说之。今夫子必儒服而见王，事必大逆。"庄子曰："请治剑服。"治剑服三日，乃见太子。太子乃与见王，王脱白刃待之。

【注释】太子就派人把千金奉送给庄子。庄子不肯接受，与使者一起前往拜见太子，庄子问道："太子有何见教于庄周我的呢？赏赐我千金这么重的厚礼。"

太子回答道："听闻先生圣明，所以恭敬地奉送千金以犒劳你。先生不肯接受，太子悝我如何还敢说什么呢！"

庄子听了，就说道："听闻太子所想要用庄周的地方，是想要断绝赵惠文王对于剑术的喜好。假使为臣对上游说大王，而违逆大王的意愿；对下也对不起太子，则身体就会受刑罚而死去了，庄周我哪里还用得着金钱呢？给我千金也没有什么用处。"

庄子又说道："假使为臣对上能够说服大王，对下能够符合太子的意愿，在赵国这块土地上，我想求什么不能得到呢！"

太子听了，就说道："对的。我父王眼里所见，只有剑士。"

庄子说道："好啊，庄周我擅长使剑。"

太子听了，就说道："然而我父王所见到的剑士，可不是长得像你这样的。那些剑士都是头发蓬乱、鬓毛突出和帽子低垂的。"我们在电视上看到的剑客，许多都是低垂帽子，遮住眉目，使人不轻易见到其真面目。

太子又说道："粗实的帽缨，穿着紧身的上衣，瞪大双眼，而胸中积满怒气而言语不太顺畅，大王见到就会喜悦。现在先生你必然只能穿儒者宽大的服饰去拜见大王，事情必定是办不好的了。"

庄子听了，就说道："请太子帮我制作一套剑服。"

三天后，就做好剑服，穿着去拜见太子。太子就和庄周一起拜见赵惠文王。赵惠文王抽出利剑等待庄子。

3. 天下无敌

【原文】庄子入殿门不趋，见王不拜。王曰："子欲何以教寡人，使太子先。"曰："臣闻大王喜剑，故以剑见王。"王曰："子之剑何能禁制？"曰："臣之剑，十步一人，千里不留行。"王大悦之，曰："天下无敌矣！"

【注释】庄子进入大殿门而不快步走，见到大王也不下跪拜见。

赵惠文王问道："你有何见教要对寡人说，而且令太子先行引荐。"

庄子回答道："为臣听闻大王喜欢剑术，所以以剑法拜见大王。"

赵惠文王又问道："你的剑如何能遏制和战胜对手呢？"

庄子回答道：“为臣的剑，十步之内能杀死一个人，如此直行千里，不会有人能阻挡。”

赵惠文王听了，大悦，说道：“如此天下无敌了！”

4. 后发制人

【原文】 庄子曰：“夫为剑者，示之以虚，开之以利，后之以发，先之以至。愿得试之。”王曰：“夫子休，就舍待命，令设戏，请夫子。”王乃校剑士七日，死伤者六十余人，得五六人，使奉剑于殿下，乃召庄子。王曰：“今日试使士敦剑。”庄子曰：“望之久矣。”王曰：“夫子所御杖，长短何如？”曰：“臣之所奉皆可。然臣有三剑，唯王所用，请先言而后试。”

【注释】 庄子说道：“善于运用剑术的人，故意把弱点暴露给对方，引诱对方攻击自己，而后发制人，比对手先击中对方的要害。但愿有机会试试我的剑法。”

赵惠文王说道：“先生先休息，在馆舍待命，让我安排好击剑比赛，再请先生参加。”

赵惠文王就让花七天时间考验剑士，死伤有六十多人，最后选中了五六个人。让剑士持剑在大殿下待命，才召见庄子。

赵惠文王说道：“今天请先生和剑士比剑。”

庄子听了，就说道：“已经盼望这一天很久了。”

赵惠文王问道：“先生所习惯用的剑，长短是怎么样的呢？”

庄子回答道：“为臣的剑术，长短都可以。然而为臣有三种剑，大王可以随便选用，不过我先简短说明，之后再进行比试。”

5. 愿闻三剑

【原文】 王曰：“愿闻三剑。”曰：“有天子剑，有诸侯剑，有庶人剑。”王曰：“天子之剑何如？”曰：“天子之剑，以燕谿石城为锋，齐岱为锷，晋魏为脊，周宋为镡，韩魏为夹；包以四夷，裹以四时，绕以渤海，带以常山；制以五行，论以刑德；开以阴阳，持以春夏，行以秋冬。此剑，直之无前，举之无上，案之无下，运之无旁，上决浮云，下绝地纪。此剑一用，匡诸侯，天下服矣。此天子之剑也。”文王芒然自失，曰：“诸侯之剑何如？”曰：诸侯之剑，以知勇士为锋，以清廉士为锷，以贤良士为脊，以忠圣士为镡，以豪杰士为夹。此剑，直之亦无前，举之亦无上，案之亦无下，运之亦无旁；上法圆天以顺三光，下法方地以顺四时，中和民意以安四乡。此剑一用，如雷霆之震也，四封之内，无不宾服而听从君命者矣。此诸侯之剑也。”王曰：“庶人之剑何如?”曰：“庶人之剑，蓬头突鬓垂冠，曼胡之缨，短后之衣，瞋目而语难。相击于前，上斩颈领，下决肝肺，此庶人之剑，无异于斗鸡，一旦命已绝矣，无所用于国事。今大王有天子之位而好庶人之剑，臣窃为大王薄之。”

【注释】赵惠文王听了，就说道：“本王愿意听你说说三剑。”

庄子说道：“有三种剑，分别是天子剑，诸侯剑，庶人剑。”

赵惠文王听了，感到奇怪，就问道：“天子剑是怎么样的呢?”

庄子回答道：“天子剑，以燕谿（燕国地名）塞外的石城山为剑锋；以齐国的泰山（岱）为剑刃（锷）；以晋国和魏国为剑背（脊），以周朝王畿和宋国为剑环（镡）；以韩国和魏国为剑把（夹）。四夷（中原以外的四方）和四时为包裹，作为剑鞘，以渤海环绕着，以常山（北岳恒山）作为系带。”

庄子又说道：“天子剑以五行之法统御，以刑罚和德政论剑法高下。以阴阳之道开合，春夏为阳持守，秋冬为阴而行去。”

庄子又说道：“此天子剑，直冲向前，所向披靡；举起和按下，上下不能阻挡；挥动起来，旁若无物。对上能够决裂浮云，对下能够绝裂地纪。此天子剑一用，匡正诸侯，天下顺服。此为天子剑。”

赵惠文王听了，茫然若失的样子，问道：“诸侯剑是怎么样子的呢?”

庄子回答道：“诸侯剑，以智勇之士为剑锋，以清廉之士为剑刃，以贤良之士为剑背，以忠诚圣明之士为剑环，以豪杰之士为剑柄。”

庄子又说道：“此诸侯剑，往前冲刺，也能够一往无前。举起和按下，都无所阻挡。挥动起来，旁若无物。”

庄子又说道：“诸侯剑对上效法圆天（古人讲，天圆地方）以顺日月星辰，对下效法方地以调顺四时，对中调和民意以安定四方。”

庄子又说道：“此诸侯剑一用，如同雷霆震动，四海之内，无不顺服而听从君王的号令。此为诸侯剑。”

赵惠文王听了，又问道：“庶人剑是怎么样的呢?”

庄子回答道：“庶人剑，蓬乱的头发、突起的发髻、低垂的帽子、粗实的帽缨，紧身方便格斗的上衣，怒目圆睁、胸中充满怒气而说话都有点艰难。”

庄子又说道：“相互争斗在君王面前，在上能斩断脖颈，在下能够决裂肝肺，此为庶人剑。如此争斗无异于斗鸡，虽然一旦因为争斗命绝，对于国事一无所用。并不会对国家有什么贡献。”

庄子又说道：“现在大王有天子的高位，而喜好庶人剑，为臣斗胆私下为大王鄙视这种做法。”

6. 三月不出

【原文】王乃牵而上殿。宰人上食，王三环之。庄子曰：“大王安坐定气，剑事已毕奏矣。”于是文王不出宫三月，剑士皆服毙自处也。

【注释】赵惠文王拉着庄子的手，走上大殿。让厨师端上食物，赵惠文王听闻庄子之言，很是惭愧，绕着餐桌走了三周，都没有好意思坐下来吃饭。

庄子说道：“请大王安心坐下，平定心气，有关于剑术之事为臣已经奏报完毕了。”于是赵惠文王三个月都不出宫门，剑士们都在住所自杀了。当然了，不可效法剑士这种自残的行为。

第九章 渔 父

1. 杏坛之上

【原文】孔子游于缁帷之林，休坐乎杏坛之上。弟子读书，孔子絃歌鼓琴。奏曲未半，有渔父者，下船而来，须眉交白，被发揄袂，行原以上，距陆而止，左手据膝，右手持颐以听。曲终而招子贡子路，二人俱对。

【注释】孔子带弟子一起游学，来树林里，树木郁郁葱葱，非常茂密。如同拉上黑色的帷幕，遮天蔽日，非常阴沉。树林边上有一片渔泽之地，孔子和弟子们走累了，坐在长满杏树的土坛上休息。

弟子们读书，孔子弹琴吟唱。奏琴曲还没有到一半，有打鱼的渔父下船而来，胡须和眉毛都白了。披着头发，扬起衣袖，沿着泽岸走上来，走到高处就停下脚步。

渔父左手按着膝盖，右手托着下巴听孔子弹琴吟唱。曲终以后，渔父用手招呼子贡和子路过去，两个人一起回答渔父的问话。

2. 以危其真

【原文】客指孔子曰："彼何为者也？"子路对曰："鲁之君子也。"客问其族。子路对曰："族孔氏。"客曰："孔氏者何治也？"子路未应，子贡对曰："孔氏者，性服忠信；身行仁义，饰礼乐，选人伦，上以忠于世主，下以化于齐民，将以利天下。此孔氏之所治也。"又问曰："有土之君与？"子贡曰："非也。""侯王之佐与？"子贡曰："非也。"客乃笑而还，行言曰："仁则仁矣，恐不免其身；苦心劳形以危其真。呜呼，远哉其分于道也！"

【注释】渔父指着孔子问道："他是做什么的呢？"

子路回答道："鲁国的君子。"渔父问姓氏。子路回答道："姓孔。"渔父又问道："孔氏做什么事业呢？"

子路没有回答，子贡回答道："孔氏这个人，本性信服忠信；身体力行仁义，修治礼乐，序定人伦关系。对上忠诚于国君，对下教化百姓，以此造福天下。这就是孔氏的事业。"

渔父听了，又问道："孔子是有土地的君主吗？"

子贡回答道："不是的。"

渔父又问道："是侯王的佐臣吗？"子贡回答道："不是的。"

渔父于是笑着，转身就走，边走边说道："孔子仁德，可以说已经够仁德的了，然而恐怕不免身体遭受祸害。内心痛苦，身体劳累，如此会危害其真如本性。哎，他离真正的大道，实在是太遥远了！"

3. 敢不虚心

【原文】 子贡还，报孔子。孔子推琴而起曰："其圣人与？"乃下求之，至于泽畔，方将杖拏而引其船，顾见孔子，还乡而立。孔子反走，再拜而进。

客曰："子将何求？"孔子曰："曩者先生有绪言而去，丘不肖，未知所谓，窃待于下风，幸闻咳唾之音以卒相丘也！"客曰："嘻！甚矣，子之好学也！"孔子再拜而起曰："丘少而修学，以至于今，六十九岁矣，无所得闻至教，敢不虚心！"

【注释】 子贡回来，报告给自己的老师孔子。孔子把琴推开而站起来说道："渔父是个圣人吧？"于是孔子匆匆忙忙走下杏坛，去寻找刚才那个渔父。孔子走到湖泽岸边，看见渔父正在持篙撑船，回头看见孔子，就回过身来，面对孔子站着。孔子后退了几步，再恭敬地拜了又拜，走上前去。

渔父问道："你来找我有什么事吗？"

孔子回答道："刚才（曩）先生有简略说了一下，可是没有把话说完就走了。孔丘我实在生性驽钝，不能明白先生所说的话。希望有幸能够听闻先生的教诲，以便最终能够帮助孔丘我在学问上有所进益！"

渔父听了，就说道："咦！不错啊！你实在是很好学啊！"

孔子再次拜谢，站起来说道："孔丘我从小就开始努力修学，到了今天，已经六十九岁了。对于真正的关于大道的教诲，却没有多少机会听闻，怎么敢不虚心请教呢！"

4. 不泰多事

【原文】客曰："同类相从，同声相应，固天之理也。吾请释吾之所有而经子之所以。子之所以者，人事也。天子、诸侯、大夫、庶人，此四者自正，治之美也，四者离位而乱莫大焉。官治其职，人忧其事，乃无所陵。故田荒室露，衣食不足，征赋不属，妻妾不和，长少无序，庶人之忧也；能不胜任，官事不治，行不清白，群下荒怠，功美不有，爵禄不持，大夫之忧也；廷无忠臣，国家昏乱，工技不巧，贡职不美，春秋后伦，不顺天子，诸侯之忧也；阴阳不和，寒暑不时，以伤庶物，诸侯暴乱，擅相攘伐，以残民人，礼乐不节，财用穷匮，人伦不饬，百姓淫乱，天子有司之忧也。今子既上无君侯有司之势而下无大臣职事之官，而擅饰礼乐，选人伦，以化齐民，不泰多事乎！"

【注释】渔父听了，就说道："同类的事物聚集在一起，相同的音声互相应和，这本来是天然的道理。"物以类聚，人以群分，同类的东西容易聚集在一起。人有人的圈子，鸟兽成群。前面有个例子，有两把瑟，一把放在堂上，一把放在室内。堂上的瑟弹奏宫音，室内的瑟宫音会产生共鸣。如果弹奏角音，角音会产生共鸣。儒者与儒者容易共鸣，墨者与墨者容易共鸣。吃货与吃货容易产生共鸣。

渔父又说道："请允许我说明我的所有见解，从而分析你的所言所行。"

渔父又说道："你所整日忙碌的，只是尘世的人事罢了。天子、诸侯、大夫和庶人，这四者能归于正位，各司其职，天下治理就美好。"天子该居天子正位，而不能偏离。天子只要无为而治，传诏书就可以了，不必事事都亲力亲为，御驾亲征，做了大臣该做的工作，这就不是居于正位。心为君主之官，也要居于正位，如果心跟着口舌之欲跑，就是偏心了，不是正心。

渔父又说道："如果这四者离位，君非君、臣非臣，天下就大乱了。百官忠于职守，各司其职；百姓操心自己各自的事情。如此君有君道，臣有臣道；官有官道，民有民道，就不会凌乱和侵扰。"

渔父又说道："所以说，百姓所忧虑的是：天地荒芜，房屋无片瓦遮天；衣食不充足；赋税不能按时缴纳；妻妾不能和睦；长幼没有尊卑之序。"

渔父又说道："大夫所忧虑的是：自己的能力不能胜任；本职的事务不能妥善处理；品行不够清廉；属下疏忽怠慢；无功劳于国家、无美誉于百姓；自己的爵位和俸禄不能保持。"

渔父又说道："诸侯所忧虑的是：朝廷之上没有忠臣；国家昏暗混乱；百工没有高超的技巧；朝贡给天子的贡品不佳；春秋季节朝拜天子，落在后面，失去朝觐天子的伦次（按照一定的次序排名朝觐天子）；不顺天子之意。”

渔父又说道：“天子所忧虑的是：天地阴阳不能调和；寒暑变化不合时令，该冷的不冷，该热的不热；万物遭受伤害；诸侯发生暴乱；诸侯国之间擅自互相攻伐，伤害百姓；礼乐失度，天子没有天子的礼乐，诸侯以下犯上享受天子的礼乐；财用耗尽匮乏，国库空虚；人伦关系得不到整顿，不能长幼尊卑有序；天下的百姓淫乱。这是天子和主管这方面事务的大臣所忧虑的。”

渔父又说道：“现在你既上无君侯和主管国家事务官吏的权势，而下不是朝廷大臣，没有负责一方面职事的一官半职，而你却擅自修治礼乐，序定人伦关系，从而教化百姓，不是太过于多事了吗！”

5. 八疵四患

【原文】“且人有八疵，事有四患，不可不察也。非其事而事之，谓之摠；莫之顾而进之，谓之佞；希意道言，谓之谄；不择是非而言，谓之谀；好言人之恶，谓之谗；析交离亲，谓之贼；称誉诈伪以败恶人，谓之慝；不择善否，两容颊适，偷拔其所欲，谓之险。此八疵者，外以乱人，内以伤身，君子不友，明君不臣。所谓四患者，好经大事，变更易常，以挂功名，谓之叨；专知擅事，侵人自用，谓之贪；见过不更，闻谏愈甚，谓之很；人同于己则可，不同于己，虽善不善，谓之矜。此四患也。能去八疵，无行四患，而始可教已。”

【注释】渔父又说道：“况且人有八种瑕疵毛病，事情有四种祸患，不可不明察。”哪八种毛病呢？我们也反省一下自己。

渔父又说道：“并非自己的事，而总是包揽过去做，称之为揽（摠）；没人理会而自己却不断地进忠言，称之为佞；揣摩别人的意思，而专门讲些迎合别人的话，称之为谄；不明辨是非而阿谀奉承，称之为谀；喜欢说别人的坏话，称之为谗；喜欢离间别人，将别人与亲朋好友分开，称之为贼；专门赞誉诈伪的奸邪小人，让别人误用恶人，好坏不分，称之为慝；不分别善人和恶人，当好好人，两边都和颜悦色地对待，暗中攫取自己想要的东西，称之为险。”

渔父又说道：“此八种瑕疵毛病，外能够惑乱别人，在内会伤害自身，君子不以其为好友，圣明的君主不以其为大臣。”

渔父又说道：“所谓事情的四种祸患：喜欢经营大的事业，改变常规，以求功名，称之为叨（好大喜功）；专权独断，擅作主张，刚愎自用，称之为贪（贪婪无度）；见到自己的过失却不更改，听闻别人的劝谏还更加过分，称之为很（执拗不化）；别人跟自己意见相同，就认可别人，有不同意见，虽然再好，也不认可，称之为矜（自负矜夸）。这就是事情的四种祸患。”

渔父又说道：“如果能够去掉八种瑕疵毛病，不去做四种祸患的事情，才是可以接受教化的。”正所谓佛渡有缘人，如果不能虚心改正的，如何能够教化。

6. 处阴休影

【原文】孔子愀然而叹，再拜而起曰：“丘再逐于鲁，削迹于卫，伐树于宋，围于陈蔡。丘不知所失，而离此四谤者何也？”客凄然变容曰：“甚矣子之难悟也！人有畏影恶迹而去之走者，举足愈数而迹愈多，走愈疾而影不离身，自以为尚迟。疾走不休，绝力而死。不知处阴以休影。处静以息迹，愚亦甚矣！子审仁义之间，察同异之际，观动静之变，适受与之度，理好恶之情，和喜怒之节，而几于不免矣。谨修而身，谨守其真，还以物与人，则无所累矣。今不修之身而求之人，不亦外乎！”

【注释】孔子听了，满脸伤感的样子，长叹了一口气，再次拜谢而起身道：“孔丘我再次被鲁国驱逐出境；从此绝迹于卫国；在宋国遭受被砍伐掉大树的羞辱；在陈国和蔡国之间被围困。孔丘我不知自己有什么过失，而遭受这四次毁谤，这是什么原因呢？”

渔父听了，不禁感到悲凉，面容充满对孔子的同情，他说道：“你可真是太难觉悟了！自己还不清楚自己遭遇这么多灾祸的缘故。”

渔父又说道：“有人畏惧自己的影子，厌恶自己的足迹，想避开它们而快跑。迈步越快，而足迹越多；走得越快，而影子还是寸步不离自身。这个人还以为走得不够快。所以，他就走得更快，丝毫不敢休息，用尽气力而死。”

渔父又说道：“这是由于这个人不知道躲在阴暗处，影子自然就消失了。”

渔父又说道：“这个人不知道处于宁静之中，就可以止息一切足迹。实在是太愚蠢了！”渔父所说的话是对孔子说的，孔子尚且有所反思，何况是我们呢？我们想把烦恼摆脱，把贫困摆脱，然而却只是一味地对外求索，追求富贵，却不知只需要归于阴处的大道，处于静定之中，就可以摆脱烦恼和痛苦了。

渔父又说道：“你好好反省一下你之前所做的事情，不正是如同害怕影子和足迹的那个人吗？你在那里忙着推究仁义的道理，考察事物的同异，观察动静变化，掌握取舍的分寸，调理好恶的情感，调和喜怒有节，而虽然你这么忙活，可是却未免遭受祸患。”

渔父又说道："我教你一个聪明的办法，就是躲到阴凉处，安静下来。谨慎地修养身心，谨慎地持守自己的真如本性，把多余的外物都还给别人，则就不会有所负累了。"

渔父又说道："现在你不忙着修身养性，而却要求别人，不是舍内而求外吗！如此不是南辕北辙了吗！"

7. 晚闻大道

【原文】孔子愀然曰："请问何谓真?"客曰："真者，精诚之至也。不精不诚，不能动人。故强哭者虽悲不哀，强怒者虽严不威，强亲者虽笑不和。真悲无声而哀，真怒未发而威，真亲未笑而和。真在内者，神动于外，是所以贵真也。其用于人理也，事亲则慈孝，事君则忠贞，饮酒则欢乐，处丧则悲哀。忠贞以功为主，饮酒以乐为主，处丧以哀为主，事亲以适为主。功成之美，无一其迹矣；事亲以适，不论所以矣；饮酒以乐，不选其具矣；处丧以哀，无问其礼矣。礼者，世俗之所为也；真者，所以受于天也，自然不可易也。故圣人法天贵真，不拘于俗。愚者反此。不能法天而恤于人，不知贵真，禄禄而受变于俗，故不足。惜哉，子之蚤湛于人伪而晚闻大道也!"

【注释】孔子听了，满脸伤感的样子，说道："请问什么才能称之为真呢?"我们经常听到这几次词，真言，真人，真心，天真无邪，然而什么是真呢?

渔父回答道："所谓真，是精诚到极点了。如果不能精纯，不能诚意，就不能打动别人。"

渔父回答道："所以说，勉强哭泣的人，虽然看似悲伤，但是却不哀痛。勉强发怒的人，虽然看似严厉，但是却缺乏威严。勉强亲民的人，虽然笑容可掬，然而却缺乏亲和力。"

渔父又说道："真正的伤悲，虽然没有哭泣的声音，而却哀痛到极点；真正的动怒，虽然没有发出来，而极具威严；真正的亲和，虽然没有笑出来，但是极具亲和力。"

渔父又说道："真诚在内心，神情就会表露于外，所以内在的真诚为珍贵。"

渔父又说道："如果在内能够真诚，用于人情世故上，侍奉亲人，对待双亲就能够孝顺，对待儿女就能慈爱；侍奉君主就能够忠贞不贰；饮酒的时候，就能够欢乐；居丧就能够悲伤哀痛。"正所谓酒品如人品，如果饮酒的时候，内在不抱有真诚，光想着别人多喝，把别人灌醉，自己尽量少喝伤身体，如此就很难欢乐了。

渔父又说道："对君主的忠贞以建功立业为主旨；饮酒以欢乐为主旨，开心就好，不在于喝多少；居丧以哀痛去世的人为主旨；侍奉双亲以对方舒适为主旨。"

渔父又说道："侍奉君主，建功立业，功成名就的美好，并无一定固定的形式（舍命救主、忠于职守等都是可以的）；侍奉双亲，以双亲感觉舒适为主，不讲究用什么方法（常回家看看也可以，实在不方便常寄书信财物也可以），主要是发自内心的真诚；饮酒以欢乐为主，一壶浊酒喜相逢也可以，不讲究饮酒所用的器具；居丧以哀痛为主，不讲究遵循什么样的礼节。"

渔父又说道："所谓礼节，只是世俗的人制定出来的罢了；真诚，这是禀受于上天，自然的本性，不可以更改。"

渔父又说道："所以说，圣人效法天性，以真如本性为贵，不拘泥于世俗的礼节。"

渔父又说道："而愚痴的人刚好相反。不能效法天性，而体恤于世人；不知以真如本性为贵；庸庸碌碌地受世俗的变化而变化，所以总是不满足。"

渔父又说道："真是太可惜了，你早就沉溺于虚伪的世俗之中，而听闻大道太晚了！"

8. 慎勿与之

【原文】孔子又再拜而起曰："今者丘得遇也，若天幸然。先生不羞而比之服役，而身教之。敢问舍所在，请因受业而卒学大道。"客曰："吾闻之，可与往者与之，至于妙道；不可与往者，不知其道，慎勿与之，身乃无咎。子勉之！吾去子矣，吾去子矣！"乃刺船而去，延缘苇间。

【注释】孔子听了，又再次拜谢，而起身说道："今天孔丘我得遇先生，如同上天的恩赐。先生不会以我为羞耻，而把我当成弟子，亲身教诲。"

孔子又说道："敢问先生住在哪里，让我跟着完成学业，而最终学会大道。"

渔父听了，就说道："我听闻，对于能够迷途知返的人，有大根器能够承受大道的人，就可以传授妙道于他；对于不能迷途知返的人，不懂得大道，慎勿将大道传于他，自身才不至于遭受祸害。"古人对于妙道而言，得其人而传，不传不行；如果不得其人而传，传了难免自身遭受祸害。黄石公试探张良，是可以承受大道的贤德之人，所以传给他。张良观子孙无可传之人，所以把《素书》带入坟墓之中了。

渔父又说道：“你自己努力吧！我要尽快离开你了！我要尽快离开你了！”渔父说完这番话，就撑船而匆匆离去，沿着芦苇丛边划船，转眼间就淹没在茂密的芦苇丛中了。

9. 道之所在

【原文】 颜渊还车，子路授绥，孔子不顾，待水波定，不闻拏音而后敢乘。

子路旁车而问曰：“由得为役久矣，未尝见夫子遇人如此其威也。万乘之主，千乘之君，见夫子未尝不分庭伉礼，夫子犹有倨敖之容。今渔父杖拏逆立，而夫子曲要磬折，言拜而应，得无太甚乎？门人皆怪夫子矣，渔人何以得此乎？”孔子伏轼而叹曰：“甚矣由之难化也！湛于礼仪有间矣，而朴鄙之心至今未去。进，吾语汝！夫遇长不敬，失礼也；见贤不尊，不仁也。彼非至人，不能下人。下人不精，不得其真，故长伤身。惜哉！不仁之于人也，祸莫大焉，而由独擅之。且道者，万物之所由也。庶物失之者死，得之者生。为事逆之则败，顺之则成。故道之所在，圣人尊之。今渔父之于道，可谓有矣，吾敢不敬乎！”

【注释】 颜回调转车头，子路把拉着上车的绳子递给孔子，孔子看都不看一下，还在目送渔父离开。等到水波平定了，没有听到划桨的声音（拏音），而后才敢乘车。

子路靠在马车旁，问道：“仲由我做先生的弟子已经很久了，未尝见到先生对人如此谦卑敬畏。”孔子对道的敬畏，爱屋及乌，对得道的圣贤也会敬畏，而非对于特定的人。

子路又说道：“拥有万乘战车的大国之君，千乘战车的小国君主，见到先生未尝不分处于廷中，设礼相待，平等对待。先生尚且还会有桀骜不驯的表情。”

子路又说道：“今天渔父只是抓着船桨，对面而站立，而先生却像石磬一样弯腰鞠躬，先拜谢而后再应答，难道这样不是太过分了吗？”

子路又说道：“弟子们都怪先生太过了，这样的一个渔父为何能够得到如此的礼遇呢？”

孔子听了子路这番话，就依靠着车前的横木，长叹一声说道：“仲由啊，你可真是冥顽不化啊！很难教化！”轮到孔子给子路教诲了。

孔子又说道：“你虽然泡在礼仪之中已经很久了，可是粗鄙的心还是未曾去除半点。”

孔子又说道："走过来，我告诉你！如果遇见长者不恭敬，就是失礼；见到贤者不尊重，就是不仁。"

孔子又说道："渔父如若不是至德的人，不是得道的人，是不能使人谦下的。对人谦下不精诚，一方面不能够得到真传，另一方面也不能得到真如自性，所以就会长期伤害自身本性。"骄傲本来为一毒，会伤害自身本性。

孔子又说道："真是太可惜了！不能见贤思齐，对于有这个毛病的人而言，祸患没有比这个更大的了，属于自己切断了进步的慧命。而仲由你却偏偏有这个毛病。"

孔子又说道："况且所谓大道，万物产生的根源。"万物如梦如幻，万法唯心造。庄子有个公案，大风吹大树，大树有万种声音。万种声音对应于万事万物。

孔子又说道："众物失去大道而死去，得道而生。做事情违逆大道而失败，顺应大道而成功。"由此可见，孔子并非迂腐，他知晓越多，对大道越有敬畏之心。

孔子又说道："所以大道所在的地方，圣人就会尊崇它。现在渔父对于大道而言，可以说已经怀有大道了，所以我不敢不恭敬！"

第十章　列御寇

1. 中道而返

【原文】列御寇之齐，中道而反，遇伯昏瞀人。伯昏瞀人曰：“奚方而反?”曰：“吾惊焉。”曰：“恶乎惊?”曰：“吾尝食于十浆，而五浆先馈。”伯昏瞀人曰：“若是，则汝何为惊已?”曰：“夫内诚不解，形谍成光，以外镇人心，使人轻乎贵老，而其所患。夫浆人特为食羹之货，无多余之赢，其为利也薄，其为权也轻，而犹若是，而况于万乘之主乎！身劳于国而知尽于事，彼将任我以事而效我以功，吾是以惊。”伯昏瞀人曰：“善哉观乎！女处己，人将保女矣!”

【注释】列子往齐国去，中途就返回来了，遇见伯昏瞀人。

伯昏瞀人问道：“为何还没去到就返回来呢?”

列子回答道：“我惊吓到了。”伯昏瞀人又问道：“什么惊吓到你了呢?”列子回答道：“我吃了十碗米汤，结果五碗先免费送给我了。”

伯昏瞀人听了，就问道：“这不是好事吗，怎么会让你如此惊讶呢?”

列子回答道：“内心的至诚不能化解掉，在外就会泄发出来，显露出神采，不能含光内敛。从外表而言，足以镇服人心，使得别人尊重自己胜过尊重老人，所以必然会招致祸患。”

列子又说道：“那些卖米汤的人，只不过是为了卖掉一些米汤罢了，并无多少盈利，所得的利润是极其微薄的。他们送我米汤所带有的期望也是很轻的，可以忽略不计。而尚且如此，更何况是拥有万乘战车的君主!”

列子又说道：“这些大国的君主亲身操劳于国家，而才智耗尽在于政事上面。他们见到我，必定委任我以国家大事，而效验我的功绩，是否能够达到他们的期望。所以我就感到惊吓了。”

伯昏瞀人听了，就回答道：“你太会观察问题了！你安居下来，不用到处求功名，不要到处乱跑了，别人必定也会归附于你门下的!”

2. 摇而本性

【原文】 无几何而往，则户外之屦满矣。伯昏瞀人北面而立，敦杖蹙之乎颐，立有间，不言而出。宾者以告列子，列子提屦，跣而走，暨乎门，曰："先生既来，曾不发药乎?"曰："已矣，吾固告汝曰人将保汝，果保汝矣。非汝能使人保汝，而汝不能使人无保汝也，而焉用之感豫出异也！必且有感，摇而本性，又无谓也。与汝游者又莫汝告也，彼所小言，尽人毒也。莫觉莫悟，何相孰也！巧者劳而知者忧，无能者无所求，饱食而敖游，汎若不系之舟，虚而敖游者也。"

【注释】 没过多久，伯昏瞀人去拜访列子，看到屋外摆满鞋子。

伯昏瞀人朝北面而站立，拄着拐杖，撑着下巴，站了一会儿，一句话都没有说，就走了。

接引宾客的人告诉列子，列子提着鞋子，光着脚就跑出去，走到大门口，问道："先生既然已经来了，为何不说一句批评指教的话就走呢?"

伯昏瞀人回答道："算了吧，我也不想说什么了。我原来就告诉你，别人会归附于你的门下，现在果真应验了。"

伯昏瞀人又说道："并非你能使人归附于你门下就是真本事，而是你不能使人不归附于你门下。你为何要为了感人欢心，而刻意表现得与众不同呢！"

伯昏瞀人又说道："必然要感人欢心，表现得有异于别人，如此会动摇你的真如本性，显然是不用多说，都知道是有损无益的。"

伯昏瞀人又说道："同你一起交往的这些人，又无法告诉你这些道理。他们所讲的东西，都是细小之言，并非大音希声的大道。并不是真言，所讲的尽皆是毒害人、迷惑人的功利之言。"

伯昏瞀人又说道："如果不是觉醒和开悟了，如何能够互相审视详察，互相提醒呢！"觉悟而得道的人就能够看得很清楚了。

伯昏瞀人又说道："有技巧的人大多劳苦，而有智巧的人大多忧虑操心；像我这种无什么能耐的人，无所追求的人，整日吃饱了就遨游于大道之乡。如同江河中漂浮不定的小舟一样，没有系缚。只是在虚无的大道之乡遨游罢了。"

3. 不报其人

【原文】 郑人缓也，呻吟裘氏之地。祇三年而缓为儒。河润九里，泽及三族，使其弟墨。儒、墨相与辩，其父助翟。十年而缓自杀。其父梦之曰："使而子为墨者，予也。阖胡尝视其良，既为秋柏之实矣？"

夫造物者之报人也，不报其人而报其人之天。彼故使彼。夫人以己为有以异于人以贱其亲。齐人之井饮者相捽也。故曰今之世皆缓也。自是有德者，以不知也，而况有道者乎！古者谓之遁天之刑。

圣人安其所安，不安其所不安；众人安其所不安，不安其所安。

【注释】郑国有名字叫"缓"的人，在裘氏这个地方吟诵经典。仅仅用了三年的时间，缓就成为儒者。当年苏秦闭门读书，头悬梁锥刺股，仅用一年时间就初步领悟《阴符经》的精髓。

大河宽大，足可以润泽周围九里的土地；由于他读书成为儒者，有功名富贵，恩泽及三族。他就让自己的弟弟学习墨家思想。在一个家庭内部，儒和墨家两种思想相互辩论，可是他的父亲却相助墨家。十年以后，缓居然不能胜却其弟弟的墨家思想，而只好自杀。当然了，这种极端行为，不可效法。

父亲做梦梦见自己死去的儿子。缓责怪自己的父亲说道："让你的小儿子成为墨者的，是我。这并不是你的功劳，一开始是我让弟弟去学墨家的。弟弟根性良好，不仅生根发芽，已经结出秋柏的果实了。"

造物者成就人，并非报于人事，而是报于天性。天性适合于墨家，就特别容易从墨家法门入；天性适合于儒家，就特别容易从儒家法门入。报于天性，自然就会生出才能。天性看似无用，却有大用。用于兵法，就如孙武；用于运筹帷幄，就如张良。平时我们说，福报，报应，讲的根本是报于天性。如果做恶事，就会伤天性；做善事，就会有利于天性。天性恢复一分，相由心生，福报就会增长一分。只要天性恢复了，德性就会增加一分。不是不报时候未到，福报迟早会兑现的，不必担心。

缓的弟弟天性比较贴近于墨者，所以令其成为墨家的学人。

缓以自己有异于常人的功劳，而托梦责怪自己的父亲。齐国有个人穿井，以为是自己的功劳，而去揪打饮水的人。所以说，当今之世，有许多人都像缓一样。

自以为自己有德的人，正是由于不知道什么是德。更何况是道呢！自以为自己有道，得道的人，正是由于不知道什么是道！以为自己学富五车，学识渊博就是道了，那就大错特错了。古人称之为失去天理，失去天性。正是由于失去天性，就会如此，不知道，不懂德。世人失去天性，所以就会贪天之功，以为建立儒家，建立墨家，就有门户之见。自己挖个井，虽然挖出些清泉出来，那只是天性自然流露罢了。执着于那个井，只是坐井观天罢了。不管是儒家还是墨家，只是看到天的一块罢了。正是由于失去天性，就会为了维护一己之见，大打出手，甚至做出伤害性命的事情。如此真的是悲哀啊！

圣人安于天性，这是所应该安住的心灵家园；不会安于所不该安住的。不会安于儒家，也不会安于墨家，只是安于天性罢了。不会安于物欲，不会因为人欲而失去天性。如此就是鸠占鹊巢了。

众人刚好是相反的，安住于不该安住的地方，安于墨家，而攻击儒家；安于儒家，而攻击墨家。安于牛顿经典力学，而攻击量子理论；安于量子理论而攻击牛顿经典力学。众人不安住于该安住的地方，不安住于天性，如此就失去天性了。固执于门户之见，固执于儒家和墨家，就会失去天性了。

4. 屠龙之技

【原文】 庄子曰："知道易，勿言难。知而不言，所以之天也；知而言之，所以之人也。古之人，天而不人。"

朱泙漫学屠龙于支离益，单千金之家，三年技成而无所用其巧。

圣人以必不必，故无兵；众人以不必必之，故多兵；顺于兵，故行有求。兵，恃之则亡。

小夫之知，不离苞苴竿牍，敝精神乎蹇浅，而欲兼济道物，太一形虚。若是者，迷惑于宇宙，形累不知太初。彼至人者，归精神乎无始，而甘冥乎无何有之乡。水流乎无形，发泄乎太清。悲哉乎！汝为知在毫毛，而不知大宁。

【注释】 庄子说道："知晓大道容易，真正得道而不论道，这就比较难了。知晓此道而不言说，这是安守天性罢了。知晓此道而言说，只是落于人事罢了。上古得道的人，安住于天性，而不落于人事。"庄子所说，刚好顺承上面那句话。

朱泙漫（人名）向支离益学习屠龙的技巧，殚尽千金的家财。三年以后，学成屠龙的技巧，而却没有用武之地。也是啊，到哪里去找龙呢？学道如同学习屠龙，并非学习屠龙有多难，最难的是虽然学习而不用；虽然知晓大道而不用论道。

圣人把世人眼中固执的必然的事情，看成是相对的，不是一成不变必然的东西，所以就没有争论了。不会以为儒家是必然之理，也不会以墨家为必然之理，争论不休。爱因斯坦有狭义相对论，广义相对论，看来还可以搞个增广义相对论，一切都是相对的。难易相对，大小相对。众人却不同，抱一己之见，不是必然之理，却固执为必然之理，所以就争论很多。如果曲而顺从于这种争论，如此行为就有所求了。屈从于儒家，以求名利。所以说，如果自恃于争论，自恃于己见，必然会败亡。

世俗那些心智狭小的人，整日不离馈赠和酬答，津津乐道于琐碎世俗的事务而消耗精神。忙于世俗琐事，又想兼济大道和万物，进入太一虚空的境界，这是了不可得的。苞苴，把果类的物品馈赠别人。竿牍，古人以竹简为书，相互问候酬答。

像这样的人，被宇宙所迷惑了，形体劳累而不知太初之道。

而对于得道的真人而言，把精神回归于宇宙无始之处，而不会将精神消耗于琐碎事物，只是安住于无所有的大道之乡。

至人如水，正所谓上善若水，无有固定的形迹。水在方则方，在圆则圆，最终流于清虚之域。水可以化为气，无影无踪。圣人也是如此，可以归于空灵自性。

真是为忙碌的世人感到悲哀啊！只是在鸡毛蒜皮的琐事上面寻求智慧，而不知自性本心是最大的安宁之乡，这才是最大的温柔乡！

5. 所治愈下

【原文】宋人有曹商者，为宋王使秦。其往也，得车数乘；王说之，益车百乘。反于宋，见庄子曰："夫处穷闾阨巷，困窘织屦，槁项黄馘者，商之所短也；一悟万乘之主而从车百乘者，商之所长也。"庄子曰："秦王有病召医，破痈溃痤者得车一乘，舐痔者得车五乘，所治愈下，得车愈多。子岂治其痔邪，何得车之多也？子行矣！"

【注释】宋国有个名字叫曹商的人，为宋国君主出使秦国。

他出使秦国之前，宋国君主赏赐他数辆车。他在秦国的时候，秦王很喜欢他，又赏赐百辆车给他。

返回宋国，见到庄子，就讥讽道："你穷困潦倒，住在狭窄偏僻的巷子里；生活如此贫困，靠织草鞋为生；脖子都枯槁如树枝一样（槁项），脸面黄瘦（黄馘），这可是曹商我的短处。一语令万乘的国主醒悟，而可以得到百乘的车辆，这是曹商我的长处啊。"

庄子听了，就说道："秦王有病所以召唤一声，如果能够把脓疮弄破，就可以得到一辆车；如果能够舔舐治好痔疮，就可以得到五辆车。所治疗的部位越卑下，所得的车就越多。"

庄子又说道："你是怎么治好秦王的痔疮的呢，得到的车如此之多？你赶紧走开吧！"

6. 内外刑罚

【原文】鲁哀公问乎颜阖曰："吾以仲尼为贞干，国其有瘳乎？"曰："殆哉圾乎！仲尼方且饰羽而画，从事华辞，以支为旨，忍性以视民而，不知不信；受乎心，宰乎神，夫何足以上民！彼宜女与？予颐与？误而可矣。今使民离实学伪，非所以视民也，为后世虑，不若休之。难治也。"

施于人而不忘，非天布也。商贾不齿，虽以事齿之，神者弗齿。

为外刑者，金与木也；为内刑者，动与过也。宵人之离外刑者，金木讯之；离内刑者，阴阳食之。夫免乎外内之刑者，唯真人能之。

【注释】鲁哀公问颜阖（鲁国的贤人）道："我以仲尼（孔子）为国家的栋梁（贞干），鲁国就有望治理好了吗？"瘳，病愈。

颜阖听了，就回答道："如此就危险了，岌岌（圾圾）可危了！"

颜阖又说道："仲尼方将修饰完羽毛而又加画画，只是在用礼义粉饰，画蛇添足罢了。而不知回归于天性。"

颜阖又说道："仲尼从事于华丽的辞藻，以支离破碎，细枝末叶为主旨，而失去根本。压抑天性而显示给百姓看，而不知百姓根本就不会相信。"所谓忍，上面一把刀刃，下面是心，只是压抑心性罢了。百姓的天性只能引导，而非强制压制。压牛喝水是很难的，牛口渴自然会喝。

颜阖又说道："受制于自己的妄心，被心神所主宰，而不是做自己的主人，不以自性本心为主宰，何足以治理好百姓呢？仲尼适宜委以重任吗？他果真能够颐养天下百姓吗？如果是误用则可以，假如仔细审查，的确不能用啊。"

颜阖又说道："现在使得百姓远离朴实真如本性，而舍近求远，去学虚伪之学。这并不能显示给百姓看，为后世考虑，不如不任用的好。孔子难以治理好的。"

孔子施行仁义之政，而使人不忘却他的功德，此并非天道布施。《金刚经》中讲，不住相布施，布施的人不住相，不会刻意挑选贫富布施，也不会刻意回避贫富布施。商人都不齿于此，更何况是得道的人呢。以人事还是会谈到孔子，但是得道的人是不会以孔子为荣的。

外在的刑罚，无外乎金（金属的刑具，刀斧等）和木（木制的刑具，枷锁等）。内在刑罚，无外乎是内心妄动，烦恼很多；因为过失而懊悔。

小人（宵人）遭受外在刑罚的时候，不外乎用刀斧、枷锁等刑具审讯。小人遭受内在刑罚的时候，不外乎阴阳二气受到伤害。

能够免于内外刑罚的，只有真人能够做到。有时内在刑罚比刀斧还更加厉害。

7. 人心险峻

【原文】孔子曰："凡人心险于山川，难于知天。天犹有春秋冬夏旦暮之期，人者厚貌深情。故有貌愿而益，有长若不肖，有顺懁而达，有坚而缦，有缓而釬。故其就义若渴者，其去义若热。故君子远使之而观其忠，近使之而观其敬，烦使之而观其能，卒然问焉而观其知，急与之期而观其信，委之以财而观其仁，告之以危而观其节，醉之以酒而观其侧，杂之以处而观其色。九征至，不肖人得矣。"

【注释】孔子说道："人心比山川还要险恶，比天气还更难于预知。天尚且有春秋冬夏，还有朝暮的分别，而人貌似宽厚而感情却深藏不露。"

孔子又说道："所以有貌似谨慎老实（愿）而实际上却很孤傲的（益，自满而溢出）。有貌似长者而实际上内心很坏。"

孔子又说道："有貌似急躁（顺懁）而内心却通情达理的。有貌似坚强而实际上很脆弱（缦）。有貌似舒缓而却很强悍（焊）。"

孔子又说道："所以有人追求仁义如同渴者思念水；而同时抛弃仁义的时候，又如同逃离火海那样着急。"

孔子又说道："所以说，君子被派去很遥远的地方，而能够观察到他的忠诚；令其在近处做事，就可以观察到他是否恭敬；令其处理烦难的事务，而能够观察他的才能。"

孔子又说道："突然地问他难以回答的问题，而观察他的智慧。约期着急的事情，而观察他的诚信，是否如期完成，如果不能如期完成，能否如实交代。"

孔子又说道："委托他管理财物，而观察他是否仁厚。告诉他危难的事情，而观察他是否有节操。"

孔子又说道："让他喝醉酒，而观察他是否有规矩。男女混处，而观察他是否好色。"

孔子又说道："用以上九种验证的方法验证，就可以区分出不贤德的小人了。"孔子教识人用人，曾国藩善于用人，他留有一本《冰鉴》。

8. 人有心眼

【原文】正考父一命而伛，再命而偻，三命而俯，循墙而走，孰敢不轨！如而夫者，一命而吕钜，再命而于车上儛，三命而名诸父，孰协唐许！

贼莫大乎德有心而心有睫，及其有睫也而内视，内视而败矣。凶德有五，中德为首。何谓中德？中德也者，有以自好也而吡其所不为者也。

穷有八极，达有三必，形有六府。美、髯、长、大、壮、丽、勇、敢，八者俱过人也，因以是穷。缘循、偃佒、困畏不若人，三者俱通达。知慧外通，勇动多怨，仁义多责。达生之情者傀，达于知者肖，达大命者随，达小命者遭。

【注释】正考父（为孔子的十代祖，宋国大夫），第一次被任命为士的时候，见到人就曲背（伛）而行走。第二次被任命为大夫的时候，见到人就弯下腰（偻）而行走。第三次被任命为卿的时候，见到人就伏向地而走。第四次被任命更高职位的时候，见到人就循着墙根而行走了。他尚且如此谦逊，还有谁敢做不轨之事呢！孔子的先祖，职位越高越加谦逊。

如果是俗世的凡夫，第一次任命的时候，就骄傲自大（吕钜）了。第二次任命，在车上就带着满脸的轻狂的姿态（儛）了。第三次任命，对于叔伯长辈就直呼其名了。天下又有谁能够和唐尧禅让帝位于许由的故事相比呢！

最大的贼害莫过于有心为德，刻意为仁德，而心里有眼。我们平时说一个人有心眼。我们接着看庄子对于心眼有何高论。

如果有心眼，就会向内审视，思虑很多。如果心眼太多，太多思虑，就必然会败坏真性了。

招惹凶事的官能有五德（即五得，眼睛得色；耳朵得声；鼻子得嗅；嘴巴得味；心得思虑）（眼睛、耳朵、鼻子、口和心），心为君主之官，居于中，所以称之为中德。以心为五者之首。为何称心为中德呢？所谓中德，以自我为中心，以心为中心。自己喜好的，就认可；自己不喜好的，就会诋毁（吡），不能接受不同意见。

困厄是由于有八种情况而骄傲自满，通达是由于三种情况而谦逊，是困厄还是通达，就像人的形体必然有六腑一样，这是必然之事。

美貌、长须、身长、高大、健壮、华丽的辞藻、勇武和果敢，此八者如果都有过人之处，就会因此而遭受困厄。因为有过人之处，就会有骄傲的心，如此就容易得罪于人了。

随缘而应物，不会强求（缘循）；俯仰随人，能屈能伸，而不得罪于人

（偃佚）；持有敬畏之心，不敢自比于人。具备这三种情况的人呢，遇事就能够通达了。

智慧不能内敛，而通泄于外；自恃其勇，妄动争斗，而多怨恨；倡导仁义，而多苛责。智、慧、勇、动、仁和义这六种情况，就危险了。

通达于性命之情的人，则胸襟广大（傀）。仅仅达于智巧的人，则胸襟狭小。通达于大命大我的人，则能够顺应自然，也能够改造命运。仅仅达于小命小我的人，则只能是如浮萍一样，遭遇什么就是什么了。

9. 千金之珠

【原文】人有见宋王者，锡车十乘，以其十乘骄穉庄子。庄子曰："河上有家贫恃纬萧而食者，其子没于渊，得千金之珠。其父谓其子曰：'取石来锻之！夫千金之珠，必在九重之渊而骊龙颔下，子能得珠者，必遭其睡也。使骊龙而寤，子尚奚微之有哉！'今宋国之深，非直九重之渊也；宋王之猛，非直骊龙也；子能得车者，必遭其睡也。使宋王而寤，子为齑粉夫！"

【注释】有个人拜见宋国君主，宋王恩赐（锡，通赐）十辆车给他。此人用宋王送给他的十辆马车，骄傲（骄穉）地在庄子面前炫耀。我们看看庄子怎么损他。

庄子说道："河边上有一户人家，家里很贫困，依靠编织芦苇为生。他的儿子潜入深渊之中，得到价值千金的宝珠。"

庄子又说道："父亲对自己的儿子说道：'赶紧取来石头，把宝珠捶碎！千金的宝珠，必然是在九重深渊之下，在黑（骊）龙的下巴下。你能够得到如此宝珠，必然刚好遇见黑龙在熟睡。假如黑龙醒来，你还会存在于这个世界上吗？马上会消失了，一点踪迹都没有了！'"

庄子又说道："当今宋国的水很深，社稷很复杂，不仅仅有九重深渊那么深。宋王的凶猛，不仅仅是黑龙那样凶猛，还更加的凶猛；你之所以能够得到这十辆车，必然是由于宋王昏睡，一时糊涂所致。假如宋王醒悟过来，你就粉身碎骨（齑粉）了！"

10. 祭祀的牛

【原文】或聘于庄子，庄子应其使曰："子见夫牺牛乎？衣以文绣，食以刍叔，及其牵而入于大庙，虽欲为孤犊，其可得乎！"

【注释】有人想聘用庄子，庄子回应使者，说道："你见过祭祀所用的牛吗？祭祀的牛身上披着锦绣。生前用精细的草料（刍）和大豆（叔）喂养。等到它被牵入太庙，宰杀进行祭祀的时候，虽然想成为孤单的牛犊留下来，也不可能了！"

11. 庄子将死

【原文】庄子将死，弟子欲厚葬之。庄子曰："吾以天地为棺椁，以日月为连璧，星辰为珠玑，万物为赍送。吾葬具岂不备邪？何以加此？"弟子曰："吾恐乌鸢之食夫子也。"庄子曰："在上为乌鸢食，在下为蝼蚁食，夺彼与此，何其偏也。"

【注释】庄子将要死去的时候，弟子想厚葬他。

庄子就说道："我以天地为内棺外棺（椁），把日月当作连璧（并连的双玉璧），把星辰当作珠玑，把万物当成殉葬品（赍送）。我送葬的器具难道还不齐备吗？还有什么送葬的器具能够超过如此呢？"

弟子说道："我只是恐怕老鹰（乌鸢）会吃了先生。"

庄子又说道："在上被老鹰所吃，在下被蚂蚁所吃。从老鹰嘴巴里夺走，而送给蚂蚁吃，这样岂不是太偏心了，岂不是太不公平了。"

12. 其平不平

【原文】以不平平，其平也不平；以不征征，其征也不征。明者唯为之使，神者征之。夫明之不胜神也久矣。而愚者恃其所见入于人，其功外也，不亦悲乎！

【注释】以为不公平，刻意地使得公平，看似公平，实际上已经不公平了。世界上哪里有绝对的公平呢？古人以为地球是平的，后来发现是不平的，海平面也不是平的。爱因斯坦发现时空弯曲，但是这仅仅停留在现象层面，所以看到的弯曲是表象罢了。

以不能验证的事物和方法去验证，虽然验证了，也好像是没有验证了一样。世人削尖脑袋地去思考，去求索验证宇宙的实相，然而也许只是用谎言去验证谎言，用现象去验证现象罢了。对于没有得道的人，如何去验证得道的人的境界呢？物理实验只是停留在现象，用现象去验证现象，如同用谎言去验证谎言，更加加重了这种真实感。真正的科学思想正在回归，新一轮科学革命已经在波澜壮阔地展开。世界是简单而美妙的，并不像西方量子理论和相对论描述的那么复杂，它们仅仅是停留在现象界罢了。原子系统如同太阳系一样简单而美妙，上帝不会投掷骰子。爱因斯坦的直觉没有错，大统一理论将由东方文化揭晓。

自以为聪明的人，只是被外物所御使罢了，并不能主宰自己。魍魉不能主宰自己，被影子所主宰；影子不能主宰自己，被身体所主宰；身体也不能主宰自己，被自性本心所主宰，这才是真正的主人。只有得道的神人能够验证宇宙和人生的实相。

小聪明不能胜过大智慧的神明，这样的情况已经很久了，自古以来都是如此。

而愚昧的人总是自恃他的成见和所见的东西，沉溺于人事之中，所用的功夫只是在外面，向外求索了，不也是很悲哀的事情吗!

第十一章 天 下

1. 天下方术

【原文】天下之治方术者多矣，皆以其有为不可加矣！古之所谓道术者，果恶乎在？曰："无乎不在。"曰："神何由降？明何由出？""圣有所生，王有所成，皆原于一。"

【注释】天下那些研究方术，也就是道术的人很多，都自以为是，以为自己的成就已经达到无以复加的地步了！以为自己水平已经高得不得了了！所谓方术，是道术局限于一方，局限于一角。

远古以来所谓的道术，果真是存在的吗？存在于何处呢？

回答道："无所不在。"又问道："神圣的圣人从何处降生？贤明的君王从何处出现呢？"回答道："圣人之所以生，贤明的君王之所以成，皆可归于一，归于大道。"

2. 以道为门

【原文】不离于宗，谓之天人；不离于精，谓之神人；不离于真，谓之至人。以天为宗，以德为本，以道为门，兆于变化，谓之圣人；以仁为恩，以义为理，以礼为行，以乐为和，熏然慈仁，谓之君子；以法为分，以名为表，以参为验，以稽为决，其数一二三四是也，百官以此相齿；以事为常，以衣食为主，蕃息畜藏，老弱孤寡为意，皆有以养，民之理也。古之人其备乎！配神明，醇天地，育万物，和天下，泽及百姓，明于本数，系于末度，六通四辟，小大精粗，其运无乎不在。其明而在数度者，旧法、世传之史尚多有之；其在于《诗》、《书》、《礼》、《乐》者，邹鲁之士、缙绅先生多能明之。《诗》以道志，《书》以道事，《礼》以道行，《乐》以道和，《易》以道阴阳，《春秋》以道名分。其数散于天下而设于中国者，百家之学时或称而道之。

【注释】万变不离于大道这个宗本，万法归于宗本，这样的圣人可以称之为天人。

须臾不脱离于精纯的大道，这样的圣人可以称之为神人。王阳明先生曾经用一个生动的例子来打比方，致良知的过程就像加工精纯大米的过程。要经过许多精深专一的加工过程。此心如果能够恢复精纯的本心，如同金子越来越精纯，就可以称之为神人。

丝毫不脱离于本真，真心，可以称之为至人。所谓至人，前面我们也解释过了，就是到家的人，回归于自性本心家园的人。

以天性为宗，正所谓天人合一，天性赋予人本有的德性，赋予人自性本心；以人人本有的光明德性为本；以大道为天门，如果能够见道，就打开了大道的天门；能够知晓变化的天机，能够知晓兆头，趋吉避凶，这样的人称之为圣人。

以仁爱布施恩德；以义辨别清楚事物之理；以礼法规范言行；以雅正的乐调和性情；仁慈馨香的样子，可以称之为君子。

以法度划分尊卑，才德高的为尊，才德低的位卑；以名分为表进行区分；以参照比较校验划分名分的正确与否；以稽考考察作为决断的依据，如同一二三四这些数字一样分明。百官以此划分职位的高低，所负责的工作。

以耕作为常业，以农为本；以满足百姓衣食为主；繁衍（蕃）、生殖（息）、蓄积（畜）和收藏；把老弱孤寡放在心上，都能够有所恩养，这是百姓生存之理。

古代圣人的道德是极其完备的！圣人的德性匹配于天性的光明；取法（醇）于天地，天覆地载，厚德载物；化育万物；以天道调和天下；仁爱泽及百姓；既明于大道的根本，又能够下接地气，细枝末节的法度都处理得很好；六合通达，四时顺畅；不管大事小情，事物精细粗大，都无所不至，已经面面俱到了。

圣人在礼教法度上的圣明，在旧的典章制度、世代相传的史书中多有记载。那些记载在《诗》《尚》《礼》《乐》典籍里的事情，邹和鲁地的学者和官吏大多都能够明白其中的道理。

《诗》以言志，我们平时经常说诗言志，也是这个道理；《书》以言政事；《礼》为行为规范；《乐》可以调和性情；《易》以明阴阳，阴阳明，大道就可以明了；《春秋》讲清楚尊卑名分。

这些学问散部于天下，而施行于中原之地，诸子百家的学问时常会引述而称道。

3. 为天下裂

【原文】天下大乱，贤圣不明，道德不一。天下多得一察焉以自好。譬如耳目鼻口，皆有所明，不能相通。犹百家众技也，皆有所长，时有所用。虽然，不该不遍，一曲之士也。判天地之美，析万物之理，察古人之全。寡能备于天地之美，称神明之容。是故内圣外王之道，暗而不明，郁而不发，天下之人各为其所欲焉以自为方。悲夫！百家往而不反，必不合矣！后世之学者，不幸不见天地之纯，古人之大体。道术将为天下裂。

【注释】天下大乱，贤圣的学说不能显明于世上，大道不行于天下，不能回归于一，回归于道德。

天下各门各派，大多只是得管窥之见（一察，一孔之见），而自以为是，抱着不肯放下。

比如耳目鼻口，都有所明了的地方，都有一定的官能，然而却不能相通。眼睛执着于眼睛所见；耳朵执着于耳朵所听，互相都不能够说服对方。犹如百家众多的技艺，都各有所长，适合的场合都各有所用。

虽然如此，然而各家之言，都不能够兼备（该），不能周遍，不能穷尽万物之理，只是偏于一隅之见罢了。

如此各执己见，就会割裂天地自然的美；离析万物之理，不能穷尽万物之理；破坏古人的全德。西方的哲学思维是分科的思维，所以有越来越精细的分科。西方哲学思维从小看大，就看不明大道。东方思维是从大看小，看细节不是很明了。科学也有科学的好处。东西方互为阴阳，两个视角都要有，就可以看清楚了。

他们很少能够具备天地之美，只有发明本有的明德，天人合一，才具备天地之美，大美而不言，行不言之教。他们不能有大爱圣明的仪容。

所以说，此道为内圣外王之道；暗昧而不能发明；郁闷而不能发扬；天下的人各自为自己的私欲，偏执于自己喜爱的方术。

真是太悲哀了！诸子百家的道术，走入极端，而不知迷途知返，必然不能与古人的大道相合！当今科学也是如此，现代物理学已经走入极端，陷入复杂的数学游戏，无法自拔，无法与大道相合，如何能够走出困境呢？

后世的学者，很不幸不能见到天地本来纯净之美，不能体悟天人合一之美；不能见到古代真人所实证的天地万物为一体。古人的道术就这样被天下人割裂了。爱因斯坦为物理学的大统一花费了后半生的时间，都一无所获。只是世人各执己见，割裂心和物罢了。本来心和物是一元的，如果已经割裂开来，如何能够得到大统一理论呢?

4. 墨子之道

【原文】不侈于后世，不靡于万物，不晖于数度，以绳墨自矫，而备世之急。古之道术有在于是者，墨翟、禽滑厘闻其风而说之。为之大过，已之大顺。作为《非乐》，命之曰《节用》。生不歌，死无服。墨子泛爱兼利而非斗，其道不怒。又好学而博，不异，不与先王同，毁古之礼乐。黄帝有《咸池》，尧有《大章》，舜有《大韶》，禹有《大夏》，汤有《大濩》，文王有辟雍之乐，武王、周公作《武》。古之丧礼，贵贱有仪，上下有等。天子棺椁七重，诸侯五重，大夫三重，士再重。今墨子独生不歌，死不服，桐棺三寸而无椁，以为法式。以此教人，恐不爱人；以此自行，固不爱己。未败墨子道。虽然，歌而非歌，哭而非哭，乐而非乐，是果类乎？其生也勤，其死也薄，其道大觳。使人忧，使人悲，其行难为也。恐其不可以为圣人之道，反天下之心，天下不堪。墨子虽独能任，奈天下何！离于天下，其去王也远矣！

【注释】教诲后世子孙不要奢侈；不要奢靡于万物；不使得各种尊卑等级差别（数度）过于明显（晖）；以绳墨规矩自行矫正自己的过失和偏差；以此来防备世上的应急之需。如果平时就挥霍无度，遇见战乱和灾害，就无法满足应急之需了。

远古的道术确实包含以上内容，这些都是贤明的君主治理天下所遗留下来的遗风，墨翟（墨子）和禽滑厘之流听闻这些遗风，就会很欣悦。

不过墨子他们所推行和主张的却太过了，要人们抑制情欲而顺从此道。他们提倡非乐，不要贪图享乐，而要求人们节约民力物力，不要随便浪费使用（《墨子》一书中有《非乐》《节用》等）。

生前不歌唱，死时不穿丧服。面对当时厚葬过于奢靡情况，有一定积极意义，但是不可矫枉过正了。墨子提倡泛爱、互利而反对非正义的战争，墨家之道不主张怒威杀伐（《墨子》一书中有《兼爱》《非攻》等）。

墨子本人又好学而博学，不求标新立异，也不与先王的礼法苟同，主张毁弃古代的礼乐。

（1）墨子反对古代的乐。黄帝有《咸池》，尧帝有《大章》，舜帝有《大韶》，大禹有《大夏》，成汤有《大濩》，文王有《辟雍》这些雅正的音乐，而武王和周公作《武》。这些乐曲都是古代贤明的君主所喜爱的雅正音乐。

（2）墨子反对古代的礼。古人的丧礼，贵贱有不同的礼仪，上下有不同的等级。天子的棺椁有七重，一层层互相嵌套；诸侯有五重；大夫有三重；士是两重。现在墨子却主张生前不歌唱，死去不穿丧服，只需要用桐木做的棺材三寸就可以，不需要外棺，以此为天下的法则。令天下人效法于此。以此法则教世人，恐怕不爱世人；以此法则对待自己，固然也不能爱惜自己。

庄子我这么说，并非刻意去抨击墨子的学说。虽然如此，人们在想歌唱的时候，抑制人们不去歌唱；人们想要哭泣的时候，而抑制人们的不去哭泣；人们想要快乐的时候，抑制人们不要去享受快乐。这难道合乎人本有的性情吗？

墨子主张人生的时候要勤劳，死后要薄葬，墨子的学说对于人性未免太过于刻薄（觳）了。

这样的学说实行起来，未免使得人容易忧虑，使人悲伤，实行起来百姓难以做到。

恐怕墨子的学说不能说是圣人之道，这是违反天下的人心的学说，天下的百姓已经不堪忍受了。

墨子虽然唯独自己能够胜任此道，自己能够做到，然而他又能拿天下人怎么样呢！脱离了天下的百姓，其学说离先王之道就很远了！先生之道如《大学》中所说，大学之道，在明明德，在亲民。如果远离百姓，不走群众路线，就错得太远了。

5. 不足谓墨

【原文】墨子称道曰："昔禹之湮洪水，决江河而通四夷九州也。名山三百，支川三千，小者无数。禹亲自操橐耜而九杂天下之川。腓无胈，胫无毛，沐甚雨，栉疾风，置万国。禹大圣也，而形劳天下也如此。"使后世之墨者，多以裘褐为衣，以屐蹻为服，日夜不休，以自苦为极，曰："不能如此，非禹之道也，不足谓墨。"

【注释】墨子称赞说："昔日大禹治水的时候，堵塞（湮）洪水，疏通长江和黄河，而通达于四夷九州。"

墨子又说道："整治的名山大川三百条，支流三千条，细小的沟渠无数条。"

墨子又说道："大禹亲力亲为，亲自拿着抬筐、挖土，而汇聚天下的河川。"橐，盛土的器具；耜，挖土的工具。

墨子又说道："大禹太过于辛劳，小腿肚子（腓）都没有肉，小腿（胫）都没有毛了。沐浴于大雨之中，狂风梳理（栉）头发。安置成千上万个城邑。大禹是大圣人啊，为天下操劳到如此程度。"

所以，要以大禹为榜样去效法，使得后世的墨者，大多用羊皮和粗布

（裘褐）作衣服，穿着木屐和麻鞋（蹻），日夜不休地辛苦劳作，以自我受苦清修为行为准则。

并且还说："如果不能如此，就并非大禹之道，不足以称之为墨者。"

6. 后世墨者

【原文】 相里勤之弟子，五侯之徒，南方之墨者若获、已齿、邓陵子之属，俱诵《墨经》，而倍谲不同，相谓别墨。以坚白同异之辩相訾，以奇偶不仵之辞相应，以巨子为圣人。皆愿为之尸，冀得为其后世，至今不决。

墨翟、禽滑厘之意则是，其行则非也。将使后世之墨者，必以自苦腓无胈、胫无毛相进而已矣。乱之上也，治之下也。虽然，墨子真天下之好也，将求之不得也，虽枯槁不舍也，才士也夫！

【注释】 后世墨者相里勤及其弟子五侯之流，南方的墨者若获、已齿和邓陵子等辈，都诵读《墨经》，而却背异（倍谲）不同，相互之间都称之为墨家的旁门左道，称之为别墨，并非墨家的正统。

后世墨者沦落于以离坚白、合同异这样的辩题相互辩论，相互诋毁（相訾）。可能当时名家公孙龙、惠施关于离坚白、合同异和白马非马等言论名扬于天下，所以后世墨者也以此为辩题，以区分高下，区分哪家为墨家正统。

如此辩论本来就是牛头不对马嘴的事情，以奇偶如何能够相互对应呢？以墨家辩论胜出的人称之为巨子，推举为圣人。同样的道理，墨家称之为巨子，儒家称之为硕儒或者鸿儒。

他们都心甘情愿奉这样的圣人为领袖，希望能够传之于后世，至今各个门派之间还在争论不休。

墨翟和禽滑厘的本意是好的，可是推行起来就不对劲了。

如此将会使得后世的墨者，必然以自苦，乐此不疲。辛劳到小腿无肉、小腿无毛，相互争胜罢了，比比哪个更加努力。

他们扰乱天下的过错多，而使得天下大治的功劳少啊。

虽然如此，墨子真是天下难得的好人啊，世上是很难再找到的了，虽然弄得自己形容枯槁，而不会舍弃自己的主张，可以算是很有才能的大才了！

7. 以此白心

【原文】 不累于俗，不饰于物，不苟于人，不忮于众，愿天下之安宁，以活民命，人我之养，毕足而止，以此白心。古之道术有在于是者，宋钘、尹文闻其风而悦之。作为华山之冠以自表，接万物以别宥为始。语心之容，命之曰“心之行”。以聏合欢，以调海内，请欲置之以为主。见侮不辱，救民之斗，禁攻寝兵，救世之战。以此周行天下，上说下教。虽天下不取，强聒而不舍者也。故曰：上下见厌而强见也。

【注释】前面讲墨家，现在讲另一个学说流派。代表人物为宋钘和尹文。他们的主张是反对战争，提倡均等，崇尚节俭等，与墨家有一定相似之处。

不为世俗所牵累，不以外物为追求，不依赖他人而存活，不违背（忮）大众的性情，但愿天下都能够得到安宁，以保全百姓的性命。人人都能够得到足够的给养，能够满足就可以了，不求奢侈，以此表白心迹。

远古的道术也存在这方面的情况，宋钘和尹文如果听闻有如此的遗风，就会感到欣悦。他们自己制作华山形状的帽子，以表明自己的心迹，表明自己均平的思想。因为华山上下都是均平的，在华山之巅，也是平坦的。心接万物，首先不要带有偏见，要去除物欲的遮蔽（别宥）。

他们说心可以包容天地万物，称之为心之行。

以柔和（聏）的态度，包容天下的人，与人欢乐地相处，调和海内外所有的人，不发生纷争。并请大家把这样的人安置于天下共主的位置。

遇见侮辱之事而不感到耻辱和羞耻，能够容忍天下的人；能够挽救百姓的争斗，解除纷争；禁止相互之间攻伐，止息刀兵；挽救天下战争所带来的灾难。

以此主张周游于天下，对上游说列国诸侯，对下教诲百姓。

虽然天下的人没有采取他们的主张，然而，还是勉强坚持喧嚷不休（强聒），丝毫不舍得放弃。所以说：他们的主张虽然对于身居高位的君主，对于底层百姓而言，都已经感到厌烦了，但是还是强行去表现。

8. 不忘天下

【原文】虽然，其为人太多，其自为太少，曰：“请欲固置五升之饭足矣。”先生恐不得饱，弟子虽饥，不忘天下，日夜不休。曰：“我必得活哉！”图傲乎救世之士哉！曰：“君子不为苛察，不以身假物。”以为无益于天下者，明之不如已也。以禁攻寝兵为外，以情欲寡浅为内。其小大精粗，其行适至是而止。

【注释】他们为人们谋求太多，而为自己谋求太少了。他们说道：“请给我准备五升米饭，能够吃饱就可以了。”

他们的先生恐怕都吃不饱饭，弟子们虽然在忍饥挨饿，然而却不忘天下，日夜不停地操劳和奔波。春秋战国的时候，战乱频仍，仁人志士都在谋求挽救天下苍生。他们说道："我必须得活着呀！如此才可以挽救天下。"他们似乎很高傲的样子（图傲），俨然如同救世主一样！

他们说道："君子不会过于苛求明察，不会令自身过于受外物的诱惑。"他们认为无益于天下的事，弄得太明白还不如到此为止了。

他们对外禁止攻伐，止息刀兵；对内清心寡欲，节制情欲。

他们对于大事小情，都只是适可而止。

9. 有所不可

【原文】公而不党，易而无私，决然无主，趣物而不两，不顾于虑，不谋于知，于物无择，与之俱往。古之道术有在于是者，彭蒙、田骈、慎到闻其风而悦之。齐万物以为首，曰："天能覆之而不能载之，地能载之而不能覆之，大道能包之而不能辩之。"知万物皆有所可，有所不可。故曰："选则不遍，教则不至，道则无遗者矣。"

【注释】公正而不结党营私；平易而无私心；如同河流决口一样顺其自然，而不会刻意人为做主；与万物合一，而不生二心；不去思虑太多；不使用智巧进行谋求；于万事万物不会刻意选择，哪个喜欢的，哪个不喜欢的，都能够随遇而安。

远古的道术也存在这种情况，彭蒙、田骈和慎到听闻如此遗风，就会感到欣悦。

他们的学说，以齐同万物为首要任务。单以庄子《齐物论》一篇已经超越此学说许多了。

他们说道："天能够覆盖万物，而不能够承载万物；大地能够承载万物而不能够覆盖万物；大道能够包容天地万物，而不能够辩白清楚。"由此可知，万物都有所可以的，也有其所不可以的。

所以说："如果刻意人为选择了，就有不周遍，不周到的地方；如果教诲别人，就有教诲不到的地方；只有顺应天道则就不会有所遗漏。"

10. 块不失道

【原文】是故慎到弃知去己，而缘不得已。泠汰于物，以为道理。曰："知不知，将薄知而后邻伤之者也。"謑髁无任，而笑天下之尚贤也；纵脱无行，而非天下之大圣；椎拍輐断，与物宛转；舍是与非，苟可以免。不师知虑，不知前后，魏然而已矣。推而后行，曳而后往。若飘风之还，若羽之旋，若磨石之隧，全而无非，动静无过，未尝有罪。是何故？夫无知之物，无建己之患，无用知之累，动静不离于理，是以终身无誉。故曰："至于若无知之物而已，无用贤圣。夫块不失道。"豪桀相与笑之曰："慎到之道，非生人之行，而至死人之理，适得怪焉。"

【注释】所以说，慎到（前面提到的人名）弃绝智巧，去除自己的偏见，而顺应于天道。淘汰（泠汰）万事万物，摆脱外物的束缚；把智巧和偏见都去除；以此为大道之理。他说道："人们如果知晓自己不知道的事情，将由于知之不深，只是一知半解而被误导而受到伤害。"

一切顺应自然，就容易产生懈怠，自己懈怠（謑髁）无任职事，而却笑天下崇尚贤能；放纵洒脱而无修德行，完全缺乏人为努力精进修行德行，而非议天下的大圣人；或击（椎）、或拍（拍）、或削（輐）、或切（断），如此应对外事外物，与物宛转变化，把外物当成是束缚自己的刑具，不断地推脱，想办法摆脱束缚；舍弃是非之见，苟且可以免除物欲的牵累。

不以智巧和思虑为师，不深究前因和后果，岿然而独立罢了。从前面此家的主张可以看出，摒弃人为刻意的选择，人为的教诲，一味顺应于天道。如果单纯顺应于天道，如此容易走过了，就如同墙头草，风吹往哪一边，就倒向哪一边了。推一推而后往前行走，拽一拽而后往前走。

如同旋风一样回旋，如同飞羽一样盘旋，如同磨盘的石头一样转圈（隧），能够圆融保全自己而不受责难，动静都无过失，未尝有什么罪过。

这是为什么呢？如同无有感知的无情外物，无情众生一样；无有性情的自我，就没有祸患，正如《道德经》中所讲："宠辱若惊，贵大患若身"。如果没有此身，又有何忧患呢？无使用智巧，所以不会被思虑和智巧所牵累。一物必有一理，对于此家学说，人如同草木，草木必有其理。所以草木顺应天道而行，须臾不离于天理。所以，终身也就无所谓名誉。

所以说："以至于如同无感知的物件一样而已，无须圣贤，只是土块都不失此道。"

那些才华出众的人（豪桀）经常在一起讥笑道："慎到的学说，并非活人所能实行，而只是死人之理罢了，理所当然被人们看成是怪异的学说了。"

11. 未曾知道

【原文】田骈亦然，学于彭蒙，得不教焉。彭蒙之师曰："古之道人，至于莫之是、莫之非而已矣。其风口窢然，恶可而言。”常反人，不见观，而不免于魭断。其所谓道非道，而所言之韪不免于非。彭蒙、田骈、慎到不知道。虽然，概乎皆尝有闻者也。

【注释】田骈也是如此，从学于彭蒙，深得其要旨，得其真传心法。彭蒙行不言之教，不教自明。

彭蒙的老师曾说道：“上古得道的真人，已经达到不分是非的境界了。上古真人何曾有什么言教，开口呼气如同清风吹过，湛然寂静的样子（窢然），还需要有什么言语呢?”庄子在前面有讲，无是就无非，有是就有非。对于真人而言，没有分别心了，是和非都泯灭了，都归于一了。

田骈、彭蒙他们所说的，经常违反人的本性，不见自己本心，不能直观于自性本心，而未免就会割断分裂（魭断）来看待外事外物了。

他们所谓的道，并非真正的大道，他们所说的是（韪），在大道的角度，未免落入非了。

彭蒙、田骈和慎到的确都不能真正知晓大道。庄子对他们进行印证了。虽然如此，大概他们也曾经对大道有所耳闻吧。

12. 老子之道

【原文】以本为精，以物为粗，以有积为不足，澹然独与神明居。古之道术有在于是者，关尹、老聃闻其风而悦之。建之以常无有，主之以太一。以濡弱谦下为表，以空虚不毁万物为实。

关尹曰：“在己无居，形物自著。”其动若水，其静若镜，其应若响。芴乎若亡，寂乎若清。同焉者和，得焉者失。未尝先人而常随人。

老聃曰：“知其雄，守其雌，为天下溪；知其白，守其辱，为天下谷。”人皆取先，己独取后。曰：“受天下之垢”。人皆取实，己独取虚。“无藏也故有余”。岿然而有余。其行身也，徐而不费，无为也而笑巧。人皆求福，己独曲全。曰：“苟免于咎”。以深为根，以约为纪。曰：“坚则毁矣，锐则挫矣”。常宽容于物，不削于人，可谓至极。

关尹、老聃乎，古之博大真人哉!

【注释】以无形的大道为本，以本为精纯；外物为末梢，本末就区分清楚了，以外物为粗杂。修炼大道如同修炼真金，纯度越精纯，越接近于大道。大道如同精米，越加工，越精纯。此道如同真心，越做功夫，此心越真，越精纯。

世人以为积蓄财货为富足，以为积蓄知见知识、以为博学为富足，然而不是如此的，恰恰相反，这是不足。为学日益，为道日损。自性本来就自足，无须外求。古代真人只需要恬淡自守，与神明合一，回归于自性本心就可以了。

上古的道术存在这方面的情况，关尹和老子听闻这样的遗风，就会欣悦。关尹在函谷关请老子写下五千真言，所以就有《道德经》传世。关尹和老子的学说，树立常无和常有的说法，有和无又归于太一。《道德经》中讲，“故常无，欲以观其妙；常有，欲以观其徼。”常无，去除名相，观察大道的奥妙；常有，在名相之中，在万物之中观察大道的形迹。

老子此道，以柔弱谦下为表，而以虚空、生养万物而不毁万物为里。《道德经》中讲，道生一，一生二，二生三，三生万物。

关尹说道：“自己不会以成就万物之功而自居，有形万物自己彰显罢了。”大道动起来，如同流水一样；安静的时候，如同明镜一样。感应外物，如同声响，如同回声。物来则应，物去不留。山谷虚空，对着山谷呼喊，必定会有回声。恍惚（芴）之中似乎无物存在，寂静得似乎清虚无物。混同而归于中和，无和有归于一，是和非归于一；欲多得而反而失去。未尝敢于为人先，而常随顺别人。《道德经》中讲，不敢为天下先。

老子说道：“知雄的刚强高傲，而守雌的柔弱谦下；正是犹如谦下，如同溪流处于低下的位置，天下的涓涓细流都汇聚于溪；知白的荣光和显耀，而守暗昧的诟辱，为天下的幽暗深谷。”人都争着为先，而唯独自己却不敢为天下先，而取其后。

老子又说道：“甘受天下的辱垢”。天下涓涓细流，不管是污垢的还是干净的，都汇聚于溪流。世人都取实有外物，而唯独自己取虚无大道，归于虚无自性本心。

老子又说道：“无积蓄和储藏，似乎有余的样子。”六祖讲，自性具足一切。王阳明先生也讲，自性本自具足。自性已经具有一切了，无须刻意积蓄外物。充足的样子（岿然），而似乎很有余。立身行事，安于大道，徐徐而动，似乎不费气力的样子。自己恬淡无为，而笑话那些追求智巧的人。人人都追求福贵，而唯独自己在功名面前，懂得弯曲自己，而保全自己。

老子又说道：“但求（苟）免于祸患（咎）”。此道以玄深为根，需要一门深入，深入而入于大道的根本；以俭约为纲纪。老子有三宝，慈、俭和不敢为天下先。

老子又说道：“坚硬就容易毁坏了，尖锐就容易挫败了”。坚硬不容易弯曲，就容易毁坏而折断；太过于尖锐，锋芒毕露，就容易被挫掉棱角。常能宽容待物，不会过于坚硬和尖锐，就不会被外物所伤；不会被人所削去棱角，可以说这是达到妙道的极致了。

关尹和老子，可以说是博大精深的得道真人！由此可见，庄子对于老子的评价如此之高。纵观庄子全书，都在发明老子的要旨。

13. 庄子之道

【原文】芴漠无形，变化无常，死与生与，天地并与，神明往与！芒乎何之，忽乎何适，万物毕罗，莫足以归。古之道术有在于是者，庄周闻其风而悦之。以谬悠之说，荒唐之言，无端崖之辞，时恣纵而不傥，不以觭见之也。以天下为沈浊，不可与庄语，以卮言为曼衍，以重言为真，以寓言为广。独与天地精神往来，而不敖倪于万物。不谴是非，以与世俗处。其书虽瑰玮，而连犿无伤也。其辞虽参差，而諔诡可观。彼其充实，不可以已，上与造物者游，而下与外死生、无终始者为友。其于本也，宏大而辟，深闳而肆；其于宗也，可谓稠适而上遂矣。虽然，其应于化而解于物也，其理不竭，其来不蜕，芒乎昧乎，未之尽者。

【注释】此道寂寞（芴漠）清静，无形无相。造化变化无常，人的生死变化也是无常的。然而死生如同昼夜变化，本无生无死。不管是生是死，都和天地同为一体。只是顺应天地万物一起变化罢了。

茫茫然而不知往何处去；恍恍惚惚又不知何处安居；此道保罗天地万物，在万物之中未尝须臾离开此道，一物必有一理，万物莫不以道为依归，以道为天地万物之根。

上古的道术有关于这方面的描述，庄子听闻如此遗风，就会欣然喜悦。

庄子似乎用荒谬悠远的说法、荒唐的言论、不着边际的言辞，时常放纵不拘，而不会拘泥于一家之言，不以一孔之见而表现自己的道术。

庄子以为天下人都沉迷不觉悟，在世间的污浊之中；世人迷惑，不能接受真言，所以不可以直接与庄子交谈；用无妄心的真言，任意挥洒发挥，如同泼墨，浑然天成；以古圣先贤的话加重份量，令人信服；不能直接讲真言，世人多不相信，就以寓言广泛地阐发道理。

庄子独自与天地精神往来，而不傲视（敖倪）万物。不谴责谁是谁非，入于世俗共处。

庄子的著作虽然奇特宏伟（瑰玮），然而却很连贯，丝毫看不出缝隙，浑然一体，能够阐明天理。言辞虽然参差不齐，而却奇异（諔诡）引人入胜。

庄子的著作内容充实，无所不包，不能穷尽。上与造物者同游于太虚；而在下能够超脱个人生死，进入无生无死，无始无终之域。与造物者为友。

庄子上达于本源，上达于道，宏大而精辟地论述大道；归于大道之宗，可以说调和天地万物，都归于形而上之道了。

虽然如此，能顺应造化之机，而解除万物之累；庄子的学说，阐发大道的宗旨，如同找到源头活水，万物之理从中涌出，不可穷竭；一物一理都不离大道的宗本。庄子的学说，幽暗深远，无有穷尽。

14. 惠施之道

【原文】惠施多方，其书五车，其道舛驳，其言也不中。历物之意，曰："至大无外，谓之大一；至小无内，谓之小一。无厚，不可积也，其大千里。天与地卑，山与泽平。日方中方睨，物方生方死。大同而与小同异，此之谓'小同异'；万物毕同毕异，此之谓'大同异'。南方无穷而有穷。今日适越而昔来。连环可解也。我知天之中央，燕之北、越之南是也。泛爱万物，天地一体也。"

【注释】惠施有很多的方术，学富五车，然而其道驳杂不纯（舛驳）。他的言说都不能切中于大道的要妙。心要纯真，才能称之为真心；有纯真的心，才能称之为真人。

惠施有著名的"历物十事"，也就是深究万物之理。王阳明先生讲格物致知，只需要把心本有的良知恢复了，就可以穷尽万物之理了。惠施之道和王阳明之道都是相通的。华山顶上各个山峰是相通的，在形而上的高度，可以融会贯通。

惠施说道："至大无外，谓之大一；至小无内，谓之小一。"我们对宇宙很好奇，宇宙外面是什么呢？难道是太阳系、银河系吗？最小的单元是什么呢？难道是原子、夸克吗？惠施在这里回答我们了，宇宙很大，但是没有外面的边界。万物可以无限的划分，但是没有最小的边界。宇宙是无内无外的，内外只不过是虚幻的概念罢了。正是有内，所以就有外；正是有长，所以就有短。什么是大一呢？天地万物，都同为大统一的、都是一体的，所以称之为大一。什么是小一呢？对于万事万物而言，不管多么小的一个个体，都是一个个的小我，都可以立足于一物，观察整个宇宙。

惠施又说道："无厚，不可积也，其大千里。"如果没有厚度，是无法累积的，尘埃虽然细小，但是有其厚度，所以可以堆积成大地，绵延千里。心没有憨厚，没有至诚，就无法积德，就无法积累厚德，心就不会绵延千里，不会无所不包。所谓的厚度，大小长短这些尺寸，也是相对的，相对论中有"尺缩效应"。本来是无厚无薄，无长无短的。

惠施又说道："天与地卑，山与泽平。"从宇宙的视角来看，天和地一样都是低下的；高山和河泽也都是一样低平的。

惠施又说道："日方中方睨，物方生方死。"太阳刚刚升到正中，就开始偏斜了；万物方才出生，就面临死亡了。万事万物都是在变化当中，本来是无生无死，无正无斜的。太阳对于地球某个地方是日中，另外一个地方就是斜的了，如此看来一切都是相对的。

惠施又说道："大同而与小同异，此之谓'小同异'。"大同小异这个成语从这里引出。什么是小同异呢？小同异也就是小异。对于任何一个事物，都是一个小宇宙，一花一世界，一叶一菩提。虽然看似完全相同的两片叶子，可是会有细微的差别。从古至今没有完全相同的两个面孔，没有两个完全一样的指纹。王阳明先生格竹子，虽然当时没有清楚竹子之理，可是后来他谈到竹子之理了。没有完全相同的两片竹叶，没有完全相同的两节竹子。

惠施又说道："万物毕同毕异，此之谓'大同异'。"什么是大同呢？天地万物本来同为一体，称之为大同。古圣先贤一直致力于人类的大同世界。所谓天下大同，不管是哪个民族，哪个肤色，普天下的人都是同为一家的，都是同为一体的。万物都是毕竟同为一体的，可是万物各自都是毕竟有差异的，这称之为大同异。大同小异分开讲是大同异和小同异。

惠施又说道："南方无有穷尽，似乎很广大无边无际，然而却是有穷尽的。"此句一语道破空间本质。天下本来无南无北，只是人为划分罢了。孩子会很好奇地问，哪边是左边，哪边是右边。左右的分别，只是人的概念；同样的道理，南北的分别也是如此。《六祖坛经》中讲，人有南北，可是佛性并无南北。

惠施又说道："今日适越而昔来。"此句一语道破时间本质。时间是相对的，楚国的时间和越国的时间是不同的。天上的时间和地上的时间是不同的。相对论中讲时间有钟慢效应。今天从楚国出发去越国，而昨天就到达了。东方的越国比西方的楚国要早看到太阳的升起。比如越国处于二号的时候，楚国还是一号。如果从楚国出发去越国，从楚越边境上出发，走得足够快，楚国还在一号的时候，就到越国了。这个人在越国一看手表，就会觉得很奇怪，越国现在已经是二号了，可是手表上还是楚国的一号，也就是说昨天就到达了。现在有飞机，飞机在地球上不同时区之间穿梭，就更加容易实现了。

惠施又说道："连环可解也。"此句从古至今的解释五花八门。南北只是相对的，南北互为阴阳。比如磁铁有南北两极，可以环环相扣，组成连环。解在何处呢？南北回归于一，回归于无南无北。前面有个故事。南帝和北帝相聚于中间的浑沌帝之地。如果回归于浑沌，就可以解脱了。有今就有昔，无今就无昔。有今就有古，无今就无古。时间如同流水一样，今天和昨天环环相扣，无法解脱。然而每个今天都是独立的，当下一刻是永恒，在每一个当下就可以解开时间连环。我们每个人的念头都是连环不断的，绵绵密密，念念相续，然而如果把念头放在一句佛号上，就可以打破连环，破妄念的连环八卦阵了。制心一处无事不办，就可以打破妄念的连环。惠施讲，飞鸟之影未尝动。西方人讲飞矢不动。运动如同连环，环环相扣。万事万物都可以用八卦图表达，循环往复，如同连环。

惠施又说道："我知天之中央，燕之北、越之南是也。"惠施说他敢肯定宇宙的中央在哪里，就在燕国之北，越国之南的那个地方。连环的每个地方都是破解之处，连环的每个地方都可以作为整个环的中心。一物一太极，每个事物都可以当成宇宙的中心。以地球为中心建立参照系可以，以月球为中心也可以，以太阳为中心也可以。可以说地心说也没有错，日心说也没有错，以任何一物为中心观测宇宙都是可以的。

惠施又说道："泛爱万物，天地一体也。"此心广泛，无所不包，大爱天下万物。天地万物本来都是同为一体。既然同为一体，同为手足，就会有无缘大慈，同体的大悲心。

15. 飞鸟之影

【原文】惠施以此为大，观于天下而晓辩者，天下之辩者，相与乐之：卵有毛；鸡有三足；郢有天下；犬可以为羊；马有卵；丁子有尾；火不热；山出口；轮不蹍地；目不见；指不至，至不绝；龟长于蛇；矩不方，规不可以为圆；凿不围枘；飞鸟之景，未尝动也；镞矢之疾，而有不行、不止之时；狗非犬；黄马骊牛三；白狗黑；孤驹未尝有母；一尺之棰，日取其半，万世不竭。辩者以此与惠施相应，终身无穷。

【注释】惠施把"历物十事"当成天底下最伟大的真理，向天下人展示，并让所有善辩的人知晓。而天下那些喜欢辩论的人，也很喜欢和惠施谈论这些话题。惠施是庄子的至交好友，了解惠施，就能帮助我们更好地了解庄子。

卵有毛：由于鸡有毛，所以猜测鸡蛋之中也藏有毛。可是鸡蛋当中我们何尝看见过毛呢？道德当中难道藏有仁义吗？善恶可以归于一，一当中藏有善恶吗？太阳光可以分出七色，太阳光藏有七色光吗？喜怒哀乐未发谓之中，中当中藏有喜怒哀乐吗？一根竹管开孔，就分出五音，竹管中藏有五音吗？

鸡有三足：战国名家公孙龙子中有关于鸡有三只腿的论述。当我们观测王阳明山中之花的时候，就创造了花的影像。当我们不观测花，花和心归于寂静。当我们观测鸡腿的一瞬间，创造了鸡腿的影像，就会发现鸡有两只腿。当我们不观测鸡腿的时候，鸡腿和心归于寂静，然而只有鸡腿这一个实相了。如此看来，不观测，鸡腿实相只有一个；观测，鸡腿就有两个，加起来就有三只腿了。

郢有天下：郢都含有整个天下吗？一花一世界，一叶一菩提。心包天地万物，心即天下。郢都有多少楚国人呢？有多少颗心呢？古时候楚国人的心和今人的心未尝有什么不同。

犬可以为羊：犬可以用羊这个名字所代替。犬、羊的名字都是人为起的，只要约定就好了。不要小看这一点，如此是打破名相。脱离语言文字相，即是无上甚深禅。

马有卵：马本来是胎生的，可是，如果一开始我们可以称之为卵生，如此未尝不可。请注意了，这里是指用卵生代替胎生，只是叫法的替换罢了。类似于给人改名字。

丁子有尾：丁子是青蛙。蝌蚪有尾巴，可是变成青蛙就没有尾巴了。所以不能说青蛙有尾巴。道德类似于青蛙，仁义类似于尾巴。如果回归于道德，仁义也就如同尾巴一样，没有踪迹了。尾巴就如同多余的手指头，对于青蛙而言是多余的东西。

火不热：人去感知火的一瞬间，就会创造热这种感觉。如果人不去感知，那火也不存在热这种感觉。所以说，离开人的感觉，火并不热。类似于离坚白的言论。手去触碰石头的一瞬间，创造了坚的感觉。眼睛去看石头的一瞬间，创造了白的感觉。

山出口：山本来是无名的，山的名字比如华山、泰山等都是出于人的口。完全可以把华山改成泰山，把泰山改成华山。如此就可以脱离语言文字相，步入禅境了。

轮不蹍地：车轮不会整个碾压地面，车轮在高速运转的时候，始终只有很小的接触面。所以说车轮并非碾压地面。前面庄子有讲到立足之地只有很小的一小块区域，正是由于有广大的无用区域，所以才能走动。

目不见：眼睛不能自己看见东西，要看见东西必须要借助光线。当然了，明察秋毫的人，不能称之为目明。只有能够见到自己自性光芒的人，才能称之为目明。只有听见自己心声的人，才能称之为耳聪。

指不至，至不绝：用手指去指认和感知外事外物，是永远无法知晓外物的实相的。正如康德的物自体，人永远是无法感知的。手指去摸石头的一瞬间，创造了石头的坚，然而，石头如果不被触摸，就不会有坚这个感觉。即使手指去摸，去感知，也无法穷尽石头的实相。

龟长于蛇：长短只是人去观测的结果，本来是无长无短。相对论中有“尺缩效应”。假如蛇以接近光速飞行，乌龟的确比蛇要长。

矩不方，规不可以为圆：矩不能画出绝对的方，圆规也不能画出绝对的圆。如果一个很大的圆规，刚好画出地球的圆形轮廓，然而，对于观察者而言，似乎并不是圆的，而是笔直的。我们在开车的时候，可以看见远方的路面是弯曲的，越远路面就越显得狭小。相对论中有关于空间弯曲的论述。其实道理也是相通的。所谓的空间弯曲，离不开观察者，是在观察者眼中的弯曲罢了。《道德经》中讲，大方无隅。似乎很大的方形，都没有棱角。

凿不围枘：古时候做木工，在木头挖一个眼（凿），把相同形状的木块（枘）放进去。两者无法完全匹配，总是有空隙存在。如果能够完全做到无缝隙，除非是水了。道可以完全浸入天地万物，无缝隙存在。只要无有物欲夹杂其间，就不会有缝隙存在。称之为无间道，有物欲夹杂，就是有间道了。

飞鸟之景，未尝动也：飞鸟的影子，未曾动。西方有飞矢不动的悖论。动和静只是观察者的眼中的概念罢了，离开观察者，无动无静。《太极张三丰》这部电影主题曲中唱道："没有动，哪有静。没有胜，哪有败。"禅宗有个著名的公案，不是风动，不是幡动，仁者心动。飞鸟运动的时候，留下了影子的轨迹，影子如同连环。如何破解影子这个运动连环呢？动和静的概念只是人观察的结果罢了。

镞矢之疾，而有不行、不止之时：迅疾飞行的箭头，而有不飞行、不停止的时刻。箭头是非动、非静，停止对应于静，飞行对应于动。这个命题和西方飞矢不动的悖论如出一辙。西方古希腊的芝诺、东方的庄子和惠施，差不多生活在同样一个年代。东西方的先贤几乎同时提出这样一个命题。

狗非犬：对于古人而言，大的称之为犬，而小的称之为狗。所以，我们说小狗。当然，狗、犬的称呼是可以调换的，也是人为起的。如此就可以打破名相的束缚了。

黄马骊牛三：一匹黄马、一头骊牛在草地上吃草。假如我们去观测他们的时候，就可以数出二，有数字二的概念。如果我们不去观测他们，他们归于寂静，归于一；心归于寂静，归于一。二加一，就等于三了。这有点类似于"鸡三足"那个诡辩命题。

白狗黑：世界上本来无白无黑，之所以有白天和黑夜，也只是日月轮回的结果。如果我们看不见东西，就无法理解白是什么样的白，黑是什么样的黑。由于人的眼睛接收到白色光波，所以在头脑中有白的影像。如果接收不到任何光波或者接收到黑色光波，头脑中就有黑的影像。白和黑的名字最初的时候是未曾有的，可以以白为黑，以黑为白，把名字颠倒过来。所以，白狗可以称之为黑狗。

孤驹，未尝有母：小马出生以后，母马就死去了。可以说小马未曾有母亲。这似乎是诡辩的说法。禅宗里有参话头，提升修行者的悟性。其中有个话头是：未生之前的本来面目。天地是一个大熔炉，可以生出母马，小马，也可以生出人身。小马实则真正的母亲是天地，是大道。

一尺之棰，日取其半，万世不竭：一尺长的木杖，每天截取一半，万世都不能截取完。一小节一小节的木杖，连成整根木杖，如同连环。

那些喜欢辩论的人，把上述这些问题和惠施进行辩论，一辈子都辩论不完。《道德经》中讲：善者不辩，辩者不善。

16. 不服人心

【原文】桓团、公孙龙辩者之徒，饰人之心，易人之意，能胜人之口，不能服人之心，辩者之囿也。惠施日以其知与之辩，特与天下之辩者为怪，此其柢也。

【注释】桓团和公孙龙都是名家的代表人物。他们两个都是赵国平原君的门客。公孙龙留有《公孙龙子》一书，里面有关于白马非马、离坚白等精彩论述。

桓团和公孙龙都只是狡辩之徒罢了。庄子这么批判也许有点过，不过的确名家提出这些诡辩论题，容易扰乱人心，混淆是非。如果我们去留意公孙龙的著述，就会发现，他也是得道高人。

桓团和公孙龙通过诡辩，蒙蔽世人的心。前面庄子讲到，小的迷惑，可能会迷失大道的方向。大的迷惑，就会改变人的自性本心了。这样的诡辩，就容易改变人的意向。本来世人的心向道，而使得世人流连于诡辩之中。

虽然诡辩能够胜别人的嘴巴，可是不能使得心服口服。公孙龙能够硬生生地把鸡辩论成三只腿，但是却不能让人心服。这是善辩者的局限，自己把自己束缚起来了。只是在语言文字的圈子里打转，不能跳出语言文字的束缚。

惠施每天都以他所知的东西和天下善辩的人辩论，特立独行地和天下善辩的人辩论一些怪异的话题。上述大概就是他们所辩论的情况了。

17. 善辩为名

【原文】然惠施之口谈，自以为最贤，曰："天地其壮乎！"施存雄而无术。南方有倚人焉曰黄缭，问天地所以不坠不陷，风雨雷霆之故。惠施不辞而应，不虑而对，遍为万物说。说而不休，多而无已，犹以为寡，益之以怪。以反人为实，而欲以胜人为名，是以与众不适也。弱于德，强于物，其涂隩矣。由天地之道观惠施之能，其犹一蚊一虻之劳者也。其于物也何庸！夫充一尚可，曰愈贵道，几矣！惠施不能以此自宁，散于万物而不厌，卒以善辩为名。

惜乎！惠施之才，骀荡而不得，逐万物而不反，是穷响以声，形与影竞走也，悲夫！

【注释】然而惠施矢口而谈，自以为天底下自己最贤德了。他感叹道："天地何其的壮观和伟大啊！"似乎惠施已经知晓天地的所有奥秘了。实则惠施自以为是罢了，以为自己最了不起，普天之下没有人能够辩论胜过自己了。《道德经》中讲，大辩若讷。最擅长辩论的人，似乎很木讷一样。

依庄子看来，惠施只是存有雄辩之心，而实则没有什么道术。

南方楚国有异人（倚人），很善于辩论，名字叫黄缭。他问惠施，天为什么不下坠，而地为什么不下陷呢？问刮风下雨和打雷闪电的原因是什么。惠施毫不推辞和谦让，不假思索直接就回应他，遍说天地万物之理。说得不知休止，话多得没完没了，还以为说得不够多。而且又增加了许多奇谈怪论。

惠施如此说，违反人之常情并把它当成实在的真理，而想通过雄辩而胜过别人，以此博取名声。所以他和众人似乎不相适宜，老是想争辩赢别人。

惠施如此这般，弱化自己内德修养，而强化对外物的雄辩，这不仅仅是把自己带入歧路，而且引导世人越走越偏，走入邪僻的路途。

从天地大道的角度来反观惠施的才能，就好像是一只蚊子、一只牛虻在那里不停地嗡嗡劳作辩论不休罢了。对天地宇宙没有半点用处，只是在徒劳无功罢了。惠施如此，对于外物又有什么用处呢！

如果勉强以惠施之言充当一家之言，尚且可以。但是认为他所说的东西，比大道还要珍贵，这就危险了！

惠施自己不能以充当一家之言而自安，还要把自己的精神分散在对万事万物不厌其烦的辩论上，最终只是落得个善辩的好名声。

真是太可惜了！惠施本来很有才华，可是精神游荡于外物，游荡于美名而不自得。追逐外物而不知道反观自性。这就好像是用声音来灭掉回响，用身体和自己的影子比赛跑步一样，真是太可悲了！

如果要灭掉回响，只需要不发声就好了，不去辩论就好了。惠施本来是要灭掉世上的杂音，有助于世人，可是发出嗡嗡的声音，自己反而在制造噪音了。惠施想消灭掉影子，自己的阴影，却不知走到阴凉的地方，不知止步，却越走越快，影子也只能跟着越跑越快，无法摆脱。

后　　记

本书的出版，首先感谢中山大学出版社徐劲社长的大力支持，感谢出版社的老师们，特别是钟永源老师。钟老师在出版行业勤勤恳恳几十年，对传统文化有精深的造诣。老庄、黄老之学，在优秀传统文化当中占有相当重要的地位。庄子如同东方的雄鸡，相隔两千多年以后，会再次一鸣惊人。有些树五百年一开花，东方雄鸡两千年一次鸣叫。如何如实地传承庄子的正道正学心法，笔者在解析当中战战兢兢如履薄冰，感觉责任重大。在反复的修改、请教和探讨中，本来有疑惑的问题，也慢慢豁然开朗了。钟老师的鼓励和启发给予我莫大的精神动力和勇气。

习近平总书记曾说，体现一个国家综合实力最核心的、最高层的，还是文化软实力，这事关一个民族精气神的凝聚。我们要坚持道路自信、理论自信、制度自信，最根本的还有一个文化自信。只要把我们的优秀文化传承好，核心价值观建设好，就一定能把我们的国家建设成为社会主义强国。

实现复兴中华文明的中国梦，首要在于复兴优秀传统文化。传统文化断层百年，不破不立。这是历史的选择，有利于吸纳西方优秀文化。此次传统文化的回归，将与西方优秀文化进行融合，形成新的中华文化，再次彰显中华文化海纳百川的魅力。在全球化的今天，传承正道正统，显得尤其重要。有利于唤醒更多的中华民族子孙心中的正学道统种子，有助于增强文化自信。

庄子在书中用了许多的寓言故事。因为此道用语言文字很难讲清楚，即使讲出来世人大多不信。庄子很有智慧，用了大量的寓言故事和比方。为了让世人信服，还托黄帝、老子、列子和孔子等古圣先贤之口说出来，从而加重分量。《道德经》中讲，不笑不足以为道。庄子实在是不得已而为之。

古人重道。什么是道呢？道字里面是首，下面是走之旁，也就是走到路起始的地方，也就是不忘初心。回归初心，回归自性本心就是道。孔子讲，朝闻道，夕死可矣。孔子把道看得比自己性命还要重要。韩愈讲，老师重要的任务就是要传道，就是要把道理给讲清楚。其次才是授业解惑。北宋理学家杨时在《此日不再得》这首诗中写道："鸡犬犹知寻，自弃良可伤。欲为君子儒，勿谓予言狂。"杨时讲，即使是鸡犬尚且都知道去寻道，去找到良心的家，更何况是人呢？复兴中华传统文化，关键在于复兴正道正学正统。综观庄子全文，几乎把《道德经》中的要点都发挥得淋漓尽致了。老子和庄子的学说代表着正学正道正统。正统正道回归了，正本清源，一切歪曲中华传统文化的学说就会烟消云散。

中华传统文化的精髓就在庄子一书中。庄子一书记录了黄帝、老子、孔子、列子、惠施、公孙龙、墨子和杨朱等古圣先贤的典故和故事。虽然是一家之言，实则是囊括了诸子百家的精华。孔子曾经拜老子为师，老子的《道德经》都是讲明大道。孔子之道、庄子之道和老子之道实则并无本质差别的。在古圣先贤那里，大道至简，圆融通达，三教本来是合一的。如此看来，庄子之道是中华文明的道统所在，这是龙的传人真正的血脉。

本书在写作的过程中，得到了重庆师范大学杨蕊溢老师的大力支持和指导，在此一并感谢。本书参考的版本为中国社会科学出版社于2006年5月出版的《庄子通释》（作者陆永品）。